W0311159

Aktien-, Zins- und Währungsderivate

Susanne Kruse

Aktien-, Zins- und Währungsderivate

Märkte, Einsatzmöglichkeiten, Bewertung und Risikoanalyse

Springer Gabler

Susanne Kruse
Bonn, Deutschland

ISBN 978-3-8349-4303-3 ISBN 978-3-8349-4304-0 (eBook)
DOI 10.1007/978-3-8349-4304-0

Die Deutsche Nationalbibliothek verzeichnet diese Publikation in der Deutschen Nationalbibliografie; detaillierte bibliografische Daten sind im Internet über http://dnb.d-nb.de abrufbar.

Springer Gabler

Gedruckt auf säurefreiem und chlorfrei gebleichtem Papier

Springer Gabler ist eine Marke von Springer DE. Springer DE ist Teil der Fachverlagsgruppe Springer Science+Business Media
www.springer-gabler.de

Vorwort

Der Derivatemarkt hat in den letzten Jahrzehnten immer wieder zu extremen Entwicklungen geneigt. Wurden Derivate zunächst als Heilsbringer zur Risikosteuerung und als ausgezeichnete Möglichkeit, mit geringem Kapitaleinsatz auf die Entwicklung der Kapitalmärkte zu spekulieren, gefeiert, stehen sie nun im Nachgang der Finanzkrise als potentielle finanzielle Massenvernichtungswaffen im Fokus.[1] Die Wahrheit liegt dabei sicher zwischen den beiden Extremen und hängt vor allem von dem verantwortungsvollen Umgang der Marktteilnehmer mit diesen Finanzprodukten ab. Jedoch setzt ein verantwortungsvolles Handeln ein tieferes Verständnis der Derivate, insbesondere deren Risiken und Chancen sowie Einsatzmöglichkeiten, und ihrer Märkte voraus. Dabei spielt die Bewertung der Derivate eine besondere Rolle, da sie nicht nur Grundvoraussetzung für den Handel sondern auch für die Risiko- und damit Konsequenzanalyse ist.

Ziel dieses Buches ist es, zu diesem Verständnis bei Berufseinsteigern/-innen im Bereich des Derivatehandels, Risikocontrollings und des Corporate Treasury beizutragen und Studierenden der Betriebswirtschaft an Fachhochschulen und Universitäten eine praxisorientierte und ausführliche Einführung in die Thematik zu geben. Hierzu konzentriert sich das Buch auf Aktien-, Zins- und Währungsderivate, da diese Produkte nicht nur in nahezu jedem Kreditinstitut zur Risikosteuerung, in deren Kundengeschäft oder im Corporate Treasury größerer international tätiger Unternehmen eingesetzt werden, sondern vielmehr auch eine einfache Einführung in die Bewertung von Derivaten ermöglichen ohne tiefere mathematische Vorkenntnisse vorauszusetzen.

Didaktisch setzt dieses Buch auf eine Vielzahl von Fallbeispielen und Vertiefungsfragen, anhand derer sich die Einsatzmöglichkeit der Derivate in der Berufspraxis erschließt. Zusätzlich bietet das Buch einen umfangreichen Einblick in die Umsetzung der dargestellten Bewertungsmodelle, nicht ohne dabei auf die damit verbundenen Probleme in der Praxis hinzuweisen. Hierbei spielt die Wahl der zugrunde liegenden Marktinformationen eine besondere Rolle, die sich in der Praxis oftmals nicht so eindeutig wie in der Literatur darstellt. Eine mathematische Herleitung der Modelle findet aufgrund der angestrebten Zielgruppe der Leser/-innen nicht statt, die Motivation der angesprochenen Bewertungsmodelle erfolgt auf Basis der grundsätzlich in betriebswirtschaftlichen Studiengängen vorhandenen Kenntnisse in Stochastik und Wirtschaftsmathematik. Werden aus didaktischen Gründen vereinfachende Annahmen getroffen oder Fallbeispiele vereinfacht dargestellt, so wird explizit darauf hingewiesen, worin sich diese zur Umsetzung in der Praxis unterscheiden. Bei den Bewertungen wurde Wert darauf gelegt, dass diese von den Leser/-innen rechnerisch nachvollzogen werden können, sodass mit gerundeten Werten und unter Berücksichtigung der Zwischenschritte gerechnet wurde, auch wenn dies nicht der Vorgehensweise in der Praxis entspricht.

---

1 Diese Bezeichnung geht auf eine Äußerung des professionellen Investors Warren Buffet in einem Interview zurück.

Im ersten Teil dieses Buches werden die finanzmathematischen Grundlagen gelegt, die zur Bewertung von Derivaten benötigt werden. Aufbauend auf den Grundprinzipien der Zinsrechnung und insbesondere den Annahmen der arbitragefreien Bewertung und Risikoanalyse von Finanzinstrumenten werden zunächst festverzinsliche Finanzinstrumente wie Kuponanleihen und Floating Rate Notes in einer bestehenden Zinssituation bewertet. Grundlage dieser Bewertung bildet die Zinsstrukturkurve, die den Zusammenhang der Höhe der Zinssätze mit ihrer Fristigkeit darstellt. Da die erforderliche Information hinsichtlich der Zinsstruktur in der Praxis häufig nicht als direkte Information am Kapitalmarkt vorliegt, ist eine Berechnung dieser aus vorliegenden Marktinformationen, wie etwa Anleihekursen, ein weiterer Bestandteil dieses Teiles des Buches. Ferner wird die Abhängigkeit der Marktwerte festverzinslicher Finanzinstrumente von Veränderungen des Zinsgefüges und damit der Zinsstrukturkurve vorgestellt und mit den Key Rate Durations und den Basis Point Values ein gängiges Konzept der kurzfristigen Zinsrisikoanalyse festverzinslicher Finanzinstrumente vorgestellt, dessen Grundidee sich im späteren auf die Risikoanalyse von Derivaten übertragen lässt.

Im zweiten Teil „Derivatemärkte“ wird auf die Märkte und die Gestaltung derivativer Finanzinstrumente, deren Wert sich aus einem zugrunde liegenden Referenzwert ableitet, eingegangen, indem zunächst ein allgemeiner Überblick über existierende Produktklassen der Derivate gegeben wird ohne dabei genauer auf den zugrunde liegenden Basiswert einzugehen. Es werden Motive für den Einsatz von Derivaten vorgestellt und dabei möglicherweise entstehende Risiken und deren Risikoanalyse ebenso wie Vermeidungsstrategien diskutiert. Als eine der weltweit größten Derivatebörsen wird die EUREX vorgestellt und dabei ein Überblick über deren Produktspektrum, den Ablauf sowie die dazu gehörigen Handels- und Abwicklungsregelungen des Handels an der EUREX gegeben.

Forward- und Future-Geschäfte auf unterschiedliche Basiswerte werden im dritten Teil dieses Buches dargestellt und deren Einsatzmöglichkeiten, Bewertung und Risikoanalyse erläutert. Bei einem Forward-Geschäft handelt es sich um ein Termingeschäft, in dem der zukünftige Kauf bzw. Verkauf des Basiswertes und dessen Kaufpreis bereits bei Abschluss des Derivates fixiert werden. Diese Geschäftsform wird als Future-Kontrakt bezeichnet, sofern sie über eine Börse und innerhalb der damit verbundenen Handelsregularien abgeschlossen wird. Aufbauend auf den allen Forward- und Future-Geschäften zugrunde liegenden Gemeinsamkeiten werden zunächst die Einsatzmöglichkeiten von Aktienforwards und -futures vorgestellt und deren Bewertung und Risikoanalyse untersucht. Es folgt eine ähnliche Betrachtung für Forward-Geschäfte auf zinstragende Kontrakte, wobei zwischen Anleiheforwards und Forwards auf Geldmarktgeschäfte, den Forward Rate Agreements, unterschieden wird. Abschließend gilt der Fokus nach einer Darstellung ausgewählter Grundlagen des Devisenhandels den Devisenforwards und -futures.

Die Konstruktion unterschiedlicher Swap-Geschäfte wird im vierten Teil „Swaps“ beschrieben. Swaps sind unbedingte Termingeschäfte, in deren Rahmen sich zwei Kontraktpartner zum Tausch von zukünftigen Zahlungen verpflichten. Diese Zahlungen können sich aus unterschiedlichen Referenzgrößen wie Aktienrenditen, festen oder variablen Zinssätzen oder Wechselkursen ableiten. Nach einer allgemeinen Übersicht über existierende Swap-Arten, gilt der Fokus zunächst den Equity Swaps, deren Zahlungsströme sich aus zukünftigen Aktienrenditen ableiten. Anschließend werden Zinsswaps in ihrer wichtigsten Form, den Kuponswaps, dargestellt und bewertet. Darüber hinaus werden weiterführende Zinsswaps vorgestellt. Aufbauend auf den Kenntnissen über Zinsswaps werden Devisenswaps und Währungsswaps eingeführt. Ferner werden in den einzelnen Kapiteln die Einsatzmöglichkeiten für die dargestellten Swap-Geschäfte diskutiert.

Im letzten Teil „Optionen" dieses Buches werden die genaue Gestaltung, Einsatzmöglichkeiten sowie Motive für den Einsatz von Aktien-, Devisen- und Zinsoptionen dargestellt. Ferner werden ausgewählte, über die einfachen Call- und Put-Optionen hinausgehende, gebräuchliche exotische Optionen erläutert. Nach der Übertragung der allgemeinen Darstellung der modellunabhängigen Analyse von Optionen auf Aktienoptionen, Zinsoptionen und Devisenoptionen werden im jeweiligen Kapitel mathematische Modelle zur Bewertung von Optionen eingeführt. Die Nichtlinearität der zugrunde liegenden Finanzprodukte, die auf dem Wahlrecht des Käufers beruht, führt dazu, dass eine Bewertung nur unter der Annahme einer Wahrscheinlichkeitsverteilung des Basiswertes, d.h. des zukünftigen Aktienkurses, Anleihepreises, Zinssatzes oder Währungskurses, möglich ist. Somit beruht die Optionspreistheorie auf den Erkenntnissen der Wahrscheinlichkeitstheorie. Insbesondere besteht das Problem, eine realistische Verteilungsannahme zu treffen und eine mathematische Formulierung der Arbitragefreiheit aufzustellen. Hierbei beschränkt sich das Buch auf die Darstellung und kritische Würdigung der Standardmodelle, allerdings nicht ohne auf weiterführende Modelle zu verweisen.

Mein persönlicher Dank geht an alle Personen, die mich bei der Entstehung dieses Buches unterstützt haben. Insbesondere danke ich Herrn Dr. Peter Sauerbier von der DekaBank für seinen umfangreichen und hilfreichen Beitrag im Bereich der Bewertung zinstragender Produkte und des Handels an der EUREX. Er hat mir einen tieferen Einblick in die Problematik bei der Wahl der der Bewertung zugrunde liegenden Zinsstrukturen in der Praxis gegeben und bei der Erstellung des Marktüberblicks hilfreich zur Seite gestanden. Mein Dank gilt auch Herrn Dr. Oliver Brockhaus von der MathFinance AG, der sein Wissen und eigenes Material über die Optionsmärkte mit mir geteilt und damit wesentlich zur Entstehung des fünften Teils des Buches beigetragen hat. Tatkräftig unterstützt hat mich Frau Dr. Anna Zoporowski von der Hochschule der Sparkassen-Finanzgruppe, die die mühsame Qualitätssicherung dieses Lehrbuchs übernommen hat, wofür ich ihr sehr dankbar bin.

Nicht zuletzt gilt mein besonderer Dank meinem Mann, der mir in der Entstehungsphase dieses Buches oftmals den Rücken frei gehalten hat und stets Verständnis für die durch das Schreiben dieses Lehrbuchs entgangene gemeinsam verbrachte Zeit hatte.

Bonn, August 2013 Susanne Kruse

Inhaltsverzeichnis

Teil I Finanzmathematische Grundlagen

1 Grundprinzipien der Finanzmathematik und der Zinsrechnung ... 2
1.1 Zinsrechnungsarten und Zinsrechnungskonventionen ... 3
1.1.1 Diskontfaktoren und Zinsrechnungsarten ... 3
1.1.2 Zinsrechnungskonventionen ... 6
1.2 Arbitragefreie Bewertung und Risikoanalyse von Finanzinstrumenten ... 8
1.3 Barwertberechnung ... 9
1.3.1 Bewertung einer zukünftigen Zahlung ... 9
1.3.2 Bewertung von Zahlungsströmen ... 10
1.4 Risikoneutrale Bewertung von nicht deterministischen Zahlungsströmen der Derivate ... 11
1.5 Vertiefungsfragen zu Kapitel 1 ... 16

2 Bewertung von festverzinslichen Finanzinstrumenten ... 18
2.1 Diskontfaktor- und Zinsstrukturkurve ... 18
2.1.1 Mögliche Formen der Zinsstrukturkurve ... 19
2.1.2 Forward-Zinssätze ... 20
2.1.3 Arbitragefreiheit von Diskont- und Zinsstrukturkurven ... 23
2.1.4 Zinsstrukturkurven für unterschiedliche Bonitätsklassen ... 24
2.2 Bewertung von Kuponanleihen ... 25
2.2.1 Quotierungen von Anleihepreisen ... 26
2.2.2 Bewertung von Kuponanleihen ... 27
2.3 Floating Rate Notes ... 28
2.3.1 Grundidee der Bewertung von Floating Rate Notes ... 30
2.3.2 Bewertung von Floating Rate Notes (Modell mit einer Zinskurve) ... 30
2.3.3 Bewertung von Floating Rate Notes (Modell mit unterschiedlicher Diskont- und Forward-Kurve) ... 34
2.4 Vertiefungsfragen zu Kapitel 2 ... 39

3 Ermittlung von Zinsstrukturkurven . . . 41
3.1 Eingangsdaten . . . 41
3.2 Methoden zur Kalibrierung einer Zinskurve . . . 42
3.2.1 Bootstrapping . . . 42
3.2.2 Interpolation von Zinssätzen . . . 44
3.2.3 Simultane Interpolation und Bootstrapping . . . 48
3.3 Kalibrierung für den Fall unterschiedlicher Diskont- und Forward-Kurven . . . 48
3.4 Vertiefungsfragen zu Kapitel 3 . . . 51

4 Risikoanalyse zinstragender Finanzinstrumente . . . 53
4.1 Zinsänderungs- und Kursrisiko . . . 53
4.2 Sensitivitätsanalyse festverzinslicher Finanzinstrumente . . . 55
4.2.1 Sensitivitätsanalyse eines Zero Bonds . . . 56
4.2.2 Sensitivitätsanalyse einer Festkuponanleihe . . . 58
4.3 Vertiefungsfragen zu Kapitel 4 . . . 61

Teil II Derivatemärkte

5 Grundlagen des Derivatemarktes . . . 66
5.1 Der Markt für Derivate . . . 66
5.2 Klassifizierung von Derivaten . . . 68
5.3 OTC-Derivate und börsengehandelte Derivate . . . 70
5.4 Formen der Erfüllung der Derivate . . . 72
5.5 Motive für den Einsatz von Derivaten . . . 72
5.5.1 Hedging - Risikoabsicherung . . . 72
5.5.2 Trading - Handel . . . 73
5.5.3 Arbitrage . . . 74
5.6 Allgemeine Risiken derivativer Finanzinstrumente . . . 74
5.7 Risikovermeidung beim Einsatz von derivativen Finanzinstrumenten . . . 77
5.8 Risikoanalyse derivativer Finanzinstrumente . . . 79
5.9 Vertiefungsfragen zu Kapitel 5 . . . 80

6 Die EUREX . . . 82
6.1 Aufbau der EUREX-Gruppe . . . 82
6.2 Teilnehmer an der EUREX . . . 84
6.3 Handelsmodell der EUREX . . . 85
6.3.1 Orderformen . . . 86
6.3.2 Handelsphasen an der EUREX . . . 87
6.3.3 Zusammenführung von Orders im Orderbuch . . . 88
6.4 Clearing- und Margin-System der EUREX . . . 92
6.4.1 Abstufungen der EUREX-Mitgliedschaft . . . 93
6.4.2 Positionslimite . . . 94

6.4.3 Risk Based Margining . . . 94
6.4.4 Fazit zum Konzept der zentralen Gegenpartei . . . 96
6.5 Börsengehandelte Derivate an der EUREX . . . 97
6.6 Vertiefungsfragen zu Kapitel 6 . . . 99

Teil III Forwards und Futures

7 Einführung in die Forward- und Future-Geschäfte . . . 102
7.1 Grundpositionen in Forwards und Futures . . . 102
7.2 Ermittlung des fairen Forward-Preises und Bewertung eines Forward- und Future-Geschäftes . . . 104
7.3 Vertiefungsfragen zu Kapitel 7 . . . 107

8 Aktienforwards und -futures . . . 108
8.1 Ermittlung des fairen Forward-Preises einer Aktie und Bewertung von Aktienforwards . . . 108
8.2 Risikoanalyse von Aktienforwards und -futures . . . 114
8.3 Vertiefungsfragen zu Kapitel 8 . . . 115

9 Zinsforwards und -futures . . . 117
9.1 Ermittlung des fairen Forward-Preises einer Anleihe und Bewertung von Anleiheforwards . . . 117
9.2 Bewertung von Forwards auf Geldmarktgeschäfte . . . 123
9.3 Vertiefungsfragen zu Kapitel 9 . . . 127

10 Devisenforwards und -futures . . . 129
10.1 Ausgewählte Grundlagen des Devisenhandels . . . 129
10.2 Ermittlung der fairen Devisenterminkurse . . . 131
10.3 Bewertung und Risikoanalyse von Devisenforwards . . . 134
10.4 Vertiefungsfragen zu Kapitel 10 . . . 137

Teil IV Swaps

11 Einführung in die Swap-Geschäfte . . . 140
11.1 Grundkonstruktion eines Swaps . . . 140
11.2 Vertiefungsfragen zu Kapitel 11 . . . 143

12 Equity Swaps . . . 144
12.1 Bewertung von Equity Swaps . . . 144
12.2 Risikoanalyse von Equity Swaps . . . 150
12.3 Vertiefungsfragen zu Kapitel 12 . . . 151

13 Zinsswaps . . . 152
13.1 Kuponswaps und deren Bewertung . . . 152
13.2 Risikoanalyse von Kuponswaps . . . 161
13.3 Weitere Zinsswaps . . . 163
13.4 Vertiefungsfragen zu Kapitel 13 . . . 167

14 Währungsswaps ... 169
14.1 Devisenswaps ... 169
14.2 Währungsswaps ... 171
14.3 Risikoanalyse von Währungsswaps ... 176
14.4 Vertiefungsfragen zu Kapitel 14 ... 178

Teil V Optionen

15 Einführung in die Optionsgeschäfte ... 182
15.1 Grundpositionen in Optionen ... 182
15.2 Generelle Analyse von Optionen ... 187
15.3 Grundlagen der Bewertung und Risikoanalyse von Optionen ... 190
15.4 Die Rolle von Modellen für die Bewertung von Derivaten ... 195
15.5 Vertiefungsfragen zu Kapitel 15 ... 197

16 Aktienoptionen ... 200
16.1 Kategorisierung von Aktienderivaten ... 201
16.1.1 Plain Vanilla Optionen ... 202
16.1.2 Optionsstrategien und Optionskombinationen ... 203
16.1.3 Multi Asset-Derivate ... 206
16.1.4 Pfadabhängige Derivate ... 207
16.2 Allgemeine Bewertungsrelationen für Aktienoptionen ... 208
16.3 Standardmodelle zur Bewertung von Aktienoptionen ... 209
16.3.1 Optionsbewertung im Binomialmodell von Cox, Ross und Rubinstein ... 210
16.3.2 Bewertung europäischer Optionen im Modell von Black und Scholes ... 225
16.3.3 Ermittlung der Modellparameter für Aktienoptionen ... 230
16.3.4 Risikoanalyse von Aktienoptionen im Black-Scholes-Modell ... 233
16.3.5 Kritische Würdigung der vorgestellten Optionspreismodelle ... 235
16.4 Vertiefungsfragen zu Kapitel 16 ... 238

17 Zinsoptionen ... 240
17.1 Kategorisierung von Zinsoptionen ... 240
17.1.1 Calls und Puts auf Anleihen ... 240
17.1.2 Caps und Floors ... 242
17.1.3 Swaptions ... 244
17.1.4 Exotische Zinsderivate ... 247
17.2 Allgemeine Bewertungsrelationen für Zinsoptionen ... 248
17.2.1 Allgemeine Bewertungsrelationen für Anleiheoptionen ... 248
17.2.2 Allgemeine Bewertungsrelationen für Caps und Floors ... 251
17.2.3 Allgemeine Bewertungsrelationen für Swaptions ... 254

17.3 Standardmodell zur Bewertung von Zinsoptionen 255
17.3.1 Risikoneutrale Bewertung von Anleiheoptionen nach dem Modell von Black.................................. 256
17.3.2 Risikoneutrale Bewertung von Caps und Floors nach dem Modell von Black............................ 258
17.3.3 Risikoneutrale Bewertung von Swaptions nach dem Modell von Black.................................. 261
17.3.4 Implizite Volatilitätsflächen 264
17.4 Kritische Würdigung des Black-Modells.......................... 267
17.5 Vertiefungsfragen zu Kapitel 17 268

18 Devisenoptionen.. 271
18.1 Kategorisierung von Devisenoptionen............................ 271
18.1.1 Plain Vanilla Optionen 271
18.1.2 Optionsstrategien....................................... 273
18.1.3 Barrierenprodukte 275
18.1.4 Asiatische Devisenoptionen 277
18.2 Allgemeine Bewertungsrelationen für Devisenoptionen.............. 277
18.3 Das Modell von Garman und Kohlhagen zur Bewertung von Devisenoptionen 279
18.4 Risikoanalyse von Devisenoptionen im Modell von Garman und Kohlhagen.. 282
18.5 Der Volatilitätssmile von Devisenoptionen......................... 283
18.6 Kritische Würdigung des Standardmodells......................... 287
18.7 Vertiefungsfragen zu Kapitel 18 288

Lösungen der Vertiefungsfragen 290
Lösungen der Vertiefungsfragen zu Kapitel 1.............................. 291
Lösungen der Vertiefungsfragen zu Kapitel 2.............................. 294
Lösungen der Vertiefungsfragen zu Kapitel 3.............................. 298
Lösungen der Vertiefungsfragen zu Kapitel 4.............................. 301
Lösungen der Vertiefungsfragen zu Kapitel 5.............................. 307
Lösungen der Vertiefungsfragen zu Kapitel 6.............................. 309
Lösungen der Vertiefungsfragen zu Kapitel 7.............................. 312
Lösungen der Vertiefungsfragen zu Kapitel 8.............................. 314
Lösungen der Vertiefungsfragen zu Kapitel 9.............................. 318
Lösungen der Vertiefungsfragen zu Kapitel 10............................. 322
Lösungen der Vertiefungsfragen zu Kapitel 11............................. 326
Lösungen der Vertiefungsfragen zu Kapitel 12............................. 327
Lösungen der Vertiefungsfragen zu Kapitel 13............................. 329
Lösungen der Vertiefungsfragen zu Kapitel 14............................. 334

Lösungen der Vertiefungsfragen zu Kapitel 15 338
Lösungen der Vertiefungsfragen zu Kapitel 16 343
Lösungen der Vertiefungsfragen zu Kapitel 17 353
Lösungen der Vertiefungsfragen zu Kapitel 18 358

Anhang 362

Normalverteilungstabelle 362

Literaturverzeichnis 369

Schlagwortverzeichnis 373

Abbildungsverzeichnis

Abbildung 1.1	Entwicklung des Basiswertes und des Derivates	12
Abbildung 2.1	Mögliche Formen von Zinsstrukturkurven	21
Abbildung 2.2	Zinsstrukturkurven für unterschiedliche Bonitätsklassen (schematisch)	25
Abbildung 3.1	Zinsstrukturkurve für Bundeswertpapiere	45
Abbildung 3.2	Schema der linearen Interpolation von Zero-Zinssätzen	47
Abbildung 4.1	Grundidee des Konzeptes der Key Rate Duration	56
Abbildung 5.1	Systematisierung von Derivaten	69
Abbildung 6.1	Organigramm der EUREX-Gruppe	83
Abbildung 6.2	Ablauf eines Handelstags an der EUREX (Schema)	88
Abbildung 6.3	Mögliche Vertragsbeziehungen bei Derivategeschäften an der EUREX	93
Abbildung 9.1	Ablauf eines $t \times t + \Delta t$-FRA	124
Abbildung 11.1	Standardkonstruktion eines Swap-Geschäftes	142
Abbildung 11.2	Asset Swap aus Fallbeispiel 11.1	143
Abbildung 12.1	Zahlungsströme eines 3-jährigen Equity for Floating Swaps aus Sicht des Equity Receivers	145
Abbildung 12.2	Zahlungsströme eines 3-jährigen Equity for Floating Swaps aus Sicht des Equity Payers	146
Abbildung 13.1	Payer Swap aus Sicht des Market Makers	155
Abbildung 13.2	Receiver Swap aus Sicht des Market Makers	156
Abbildung 13.3	Zahlungsströme eines 3-jährigen Kuponswaps aus Sicht des Receivers	156

Abbildung 13.4 Zahlungsströme eins 3-jährigen Kuponswaps aus Sicht des Payers 157

Abbildung 14.1 Zahlungsströme eines marktgerechten Devisenswaps. 170

Abbildung 14.2 Zahlungsströme eines Cross Currency Swaps 174

Abbildung 15.1 Gewinn- und Verlustprofil einer Kaufoption 185

Abbildung 15.2 Gewinn- und Verlustprofil einer Verkaufsoption 186

Abbildung 16.1 Preis europäischer Optionen in Abhängigkeit vom Basispreis. 203

Abbildung 16.2 Auszahlungsprofil eines Put-Spread im Fallbeispiel 16.2. 204

Abbildung 16.3 Gewinn- und Verlustprofil eines Bottom-Straddle im Fallbeispiel 16.4. 205

Abbildung 16.4 Gewinn- und Verlustprofil einer Top Vertical Combination im Fallbeispiel 16.5 206

Abbildung 16.5 Aktienkursbewegung für eine Periode im Binomialmodell. 211

Abbildung 16.6 Entwicklung der Aktie über die Optionsfrist im Fallbeispiel 16.8. 214

Abbildung 16.7 Aktienkursbewegung für zwei Perioden im Binomialmodell 215

Abbildung 16.8 Entwicklung der Aktie über zwei Perioden während der Optionsfrist im Fallbeispiel 16.9. 217

Abbildung 16.9 Entwicklung der Aktie über zwei Perioden während der Optionsfrist im Fallbeispiel 221

Abbildung 16.10 Entwicklung des Aktienkurses über zwei Perioden. 232

Abbildung 16.11 Implizite Volatilitätsfläche für Aktienoptionen 237

Abbildung 17.1 Absicherungsperiode eines Caplets/Floorlets 243

Abbildung 17.2 Grundlegende Funktionsweise einer Swaption mit Physical Settlement 246

Abbildung 17.3 Cap Smile. 265

Abbildung 18.1 Währungsoptionen im Fallbeispiel 18.1 273

Abbildung 18.2 Gewinn- und Verlustprofil eines Risk-Reversal. 274

Abbildung 18.3 Gewinn- und Verlustprofil eines Butterfly 275

Abbildung 18.4 Bewegung impliziter FX-Volatilitäten. 286

Tabellenverzeichnis

Tabelle 1.1 Gebräuchliche Zinsrechnungskonventionen (Day Count Conventions) 7

Tabelle 1.2 Duplikationsstrategie eines Derivates mittels Basiswert und Zero Bond am Ende der Laufzeit T 13

Tabelle 2.1 Vergleich der Investmentstrategien 21

Tabelle 2.2 Zahlungsstrom einer Kuponanleihe mit jährlichem Kupon. 26

Tabelle 2.3 Zahlungsstrom einer einfachen Floating Rate Note mit jährlicher Zinszahlungsfrequenz 29

Tabelle 2.4 Motivation der grundlegenden Bewertungsidee des unbekannten Zahlungsstroms eines Plain Vanilla Floaters mit jährlicher Zinszahlung 31

Tabelle 4.1 Kurzfristige Entwicklung der Zinsstruktur 59

Tabelle 5.1 Die fünf umsatzstärksten Terminbörsen 2012 67

Tabelle 6.1 Ausgewählte handelbare Derivate an der EUREX 98

Tabelle 8.1 Motivation der Formel für den Forward-Preis einer Aktie mit Dividendenzahlung 109

Tabelle 8.2 Motivation der Formel für den Forward-Preis einer Aktie mit Dividendenzahlung 113

Tabelle 9.1 Motivation der Formel für den Forward-Preis einer Anleihe im Cost of Carry-Ansatz 119

Tabelle 9.2 Motivation der Formel für den Forward-Preis einer Anleihe durch Diskontierung des relevanten Zahlungsstroms 120

Tabelle 9.3 Zahlungsstrom eines fairen $t \times t + \Delta t$-FRA. 124

Tabelle 10.1 Quotierung von Devisenterminkursen am Beispiel Euro/Schweizer Franken mit EUR/CHF-Spot Rate 1,2361 (bid) und 1,2372 (ask). 131

Tabelle 10.2 Motivation des fairen Terminkurses $F_X(t)$ 132

Tabelle 12.1 Motivation der Marktgerechtigkeit eines Equity für Floating Swaps 147

Tabelle 12.2 Bewertung eines Equity for Floating Swaps zwischen zwei Zahlungsterminen aus Sicht des Equity Receivers 148

Tabelle 13.1 Quotierung der Swap-Sätze gegen den 6M-EURIBOR 154

Tabelle 15.1 Risikocharakteristik der Optionspositionen 187

Tabelle 15.2 Moneyness von Optionen 188

Tabelle 15.3 Motivation der Put-Call-Parität für europäische Optionen 191

Tabelle 15.4 Zusammenhang zwischen Moneyness der Option und Volatilität des Basiswertes mit Verlustrisiko und Gewinnchancen des Käufers einer Option 193

Tabelle 16.1 Näherungsweise Nachbildung einer Digitaloption im Fallbeispiel 16.3 205

Tabelle 16.2 Bewertung einer Call-Option mittels Replikation 211

Tabelle 16.3 Optionssensitivitäten (Griechen) im Black-Scholes-Modell 234

Tabelle 17.1 Handelsstrategie zur Herleitung der Put-Call-Parität (Anleiheoptionen). 249

Tabelle 17.2 Handelsstrategie zur Herleitung der Put-Call-Parität (Futures) 251

Tabelle 17.3 Handelsstrategie zur Herleitung der Put-Call-Parität für Caps und Floors. 252

Tabelle 17.4 Swaption-Volatilitäten 266

Tabelle 18.1 Optionssensitivitäten (Griechen) im Modell von Garman und Kohlhagen 282

Tabelle 18.2 Quotierung von Volatilitäten für Währungsoptionen 285

Tabelle 18.3 Quotierung von Volatilitäten für Währungsoptionen mittels Risk Reversal und Butterfly 286

Abkürzungsverzeichnis

AG	Aktiengesellschaft
AIG	American International Group
ATM	At the Money
Bobl	Bundesobligation
bp	Basispunkt
CAD	Kanadischer Dollar
CBOE	Chicago Board Options Exchange
CCP	Central Counterparty
CCS	Cross Currency Swap
CDS	Credit Default Swap
CHF	Schweizer Franken
CLN	Credit Linked Note
CME	Chicago Mercantile Exchange
CMS	Constant Maturity Swap
DAX	Deutscher Aktienindex
DCM	Direct-Clearing-Mitglieder
DTB	Deutsche Terminbörse
EEX	European Energy Exchange
EONIA	Euro Overnight Index Average
ETF	Exchange Traded Funds
EUR	Euro
EUREX	European Exchange
EURIBOR	Euro Interbank Offered Rate

FX, Forex	Foreign Exchange
FRA	Forward Rate Agreements
FRN	Floating Rate Note
GCM	General-Clearing-Mitglieder
GFD	good for day
GBP	Britisches Pfund
GTC	good till cancelled
GTD	good till date
IRS	Interest Rate Swap
ISDA	International Swaps and Derivatives Association
JPY	Japanische Yen
KRX	Korea Exchange
LCH	London Clearing House
LEPO	Low Exercise Price Options
LIBOR	London Interbank Offered Rate
LIFFE	London International Financial Futures Exchange
MaRisk	Mindestanforderungen an das Risikomanagement
NASDAQ	National Association of Securities Dealers Automated Quotations
NCM	Non-Clearing-Mitglied
NSE	National Stock Exchange
NYSE	New York Stock Exchange
OIS	Overnight Indexed Swaps
OTC	Over the counter
p.a.	per annum, jährlich
Repo	Repurchase Agreement

S&P	Standard & Poor's, Ratingagentur
SOFFEX	Suisse Options and Financial Futures Exchange
TARN	Target Redemption Note
US	United States
USD	US-Dollar

Notationsverzeichnis

$A(t)$	Preis der Annuität zum Zeitpunkt t
$a(0,t)$	vergangene Zinstage einer Zinsperiode im Falle der Zinsrechnungskonvention 30/360
BF	Butterfly
BPV_t	Basis Point Value der Zahlungen im Zeitpunkt t
BW	Barwert
BW^{akt}	heutiger, aktueller Barwert
BW^{szen}	tatsächlicher Barwert im Zinsszenario
c	Höhe der Kuponzahlungen einer Anleihe
c_0	Stückzinsen
$C(0)$	heutiger Preis einer Call-Option
$C(T)$	Auszahlungsprofil einer Call-Option zum Zeitpunkt T
$c(0,t)$	aktueller Kuponzins mit Laufzeit t
$c_s(0,t)$	aktueller Swap-Satz mit Laufzeit t
$C^a(0)$	heutiger Preis einer amerikanischen Call-Option
$C_d^a(t)$	Preis einer amerikanischen Call-Option mit Abwärtsbewegung zum Zeitpunkt t
$C_u^a(t)$	Preis einer amerikanischen Call-Option mit Aufwärtsbewegung zum Zeitpunkt t
$C_d(t)$	Preis einer Call-Option mit einfacher Abwärtsbewegung zum Zeitpunkt t
$C_{dd}(t)$	Preis einer Call-Option mit zweifacher Abwärtsbewegung zum Zeitpunkt t
$C^e(0)$	heutiger Preis einer europäischen Kaufoption
$C_d^e(t)$	Preis einer europäischen Call-Option mit Abwärtsbewegung zum Zeitpunkt t

$C_u^e(t)$	Preis einer europäischen Call-Option mit Aufwärtsbewegung zum Zeitpunkt t
$C_{IW}(0)$	heutiger innerer Wert einer Call-Option
$C_u(t)$	Preis einer Call-Option mit einfacher Aufwärtsbewegung zum Zeitpunkt t
$C_{ud}(t)$	Preis einer Call-Option mit Auf- und Abwärtsbewegung zum Zeitpunkt t
$C_{uu}(t)$	Preis einer Call-Option mit zweifacher Aufwärtsbewegung zum Zeitpunkt t
$CCS^{FX-Payer}(0)$	heutiger Wert eines Cross Currency Swaps aus Sicht des Fremdwährungszahlers
$CCS^{FX-Receiver}(0)$	heutiger Wert eines Cross Currency Swaps aus Sicht des Fremdwährungsempfängers
CF_t	Zahlungsstrom in den Zeitpunkten $t = 1, \dots, T$
d	Abwärtsrendite
$D_{\#}$	Anzahl Tage im letzten Monat der Zinsperiode
$D(t)$	Wert des Derivates zum Zeitpunkt t
d_1, d_2	spezielle Stellen der Normalverteilungsfunktion $N(d)$
$D_d(T)$	durch Aufwärtsrendite d definierter Derivatwert zum Zeitpunkt der Fälligkeit T
$D_u(T)$	durch Aufwärtsrendite u definierter Derivatwert zum Zeitpunkt der Fälligkeit T
$DF(0,t)$	aktueller Diskontfaktor mit Laufzeit t
$DF(t,T)$	Forward-Diskontfaktor von t bis T
$DF^A(0,t)$	aktueller Diskontfaktor in der Auslandswährung mit Laufzeit t
$DF^{Fwd}(0,t)$	aktueller Diskontfaktor mit Laufzeit t, aus der Terminzinskurve
$DF^I(0,t)$	aktueller Diskontfaktor in der Inlandswährung mit Laufzeit t
$DF_s(0,t)$	aktueller Swap-Diskontfaktor mit Laufzeit t
div	proportionale Dividendenrendite einer Aktie

$Div(t)$, Div	Dividendenzahlung einer Aktie zum Zeitpunkt t
e	Eulersche Zahl
$E[...]$	Erwartungswert
$E^*[\cdot]$	modifizierter Erwartungswert
$E_N[...]$	mittels neuer Wahrscheinlichkeitsverteilung mit Numéraire N berechneter Erwartungswert
$ES^{Payer}(t^*)$	Wert eines Equity for Floating Swaps aus Sicht des Payers im Zeitpunkt t^*
$ES^{Receiver}(t^*)$	Wert eines Equity for Floating Swaps aus Sicht des Receivers im Zeitpunkt t^*
$E[D(T)]$	Erwartungswert einer zukünftigen Derivatauszahlung
$E[S(T)]$	erwarteter zukünftiger Aktienkurs
$E[U(T)]$	Erwartungswert eines zukünftigen Kurses des Basiswerts
F	vereinbarter Forward-Preis
$F_K(T)$	aktueller, fairer Forward-Preis einer Kuponanleihe für den Erfüllungszeitpunkt T
$F_{K_{ZB}}(T)$	aktueller, fairer Forward-Preis eines Zero Bonds für den Erfüllungszeitpunkt T
$F_S(T)$	aktueller, fairer Forward-Preis einer Aktie für den Erfüllungszeitpunkt T
$F_S^{t_i}(t_{i+1})$	Forward-Preis einer Aktie zum Zeitpunkt t_i mit Erfüllungszeitpunkt t_{i+1}
$F_{S,d}^{T/2}(T)$	Forward-Preis einer Aktie zum Zeitpunkt $T/2$ mit Erfüllungszeitpunkt T im Falle der Abwärtsbewegung um d
$F_{S,u}^{T/2}(T)$	Forward-Preis einer Aktie zum Zeitpunkt $T/2$ mit Erfüllungszeitpunkt T im Falle der Aufwärtsbewegung um u
$F_U(T)$	aktueller, fairer Forward-Preis des Underlyings U mit Erfüllungszeitpunk T
$F_X(t)$	aktueller, fairer Terminwechselkurs für den Zeitpunkt T
$F_X^M(t)$	aktueller fairer Terminwechselkurs in Mengennotierung für den Zeitpunkt T

$F_X^P(t)$	aktueller, fairer Terminwechselkurs in Preisnotierung für den Zeitpunkt T
$FPS(0)$	heutiger Wert eines Forward Payer Swaps
$FR(t,T)$	aktueller Forward-Zero-Zinssatz/Terminzinssatz für die Periode von t bis T
$FRA(t,t+\Delta t)$	aktueller FRA-Satz für die Periode von t bis $t+\Delta t$
$FR^{Ref}(t,T)$	aktueller Forward-Zinssatz für die Periode von t bis T, aus der Referenzzinskurve
$FR^{lin}(t,T)$	aktueller, linear verzinslicher Forward-Zinssatz für die Periode von t bis T
$FR_r(t,T)$	aktueller, stetiger Forward-Zins für die Periode von t bis T
$FR_s(t,T)$	aktueller Swap-Forward-Zins für die Periode von t bis T
$FRS(0)$	heutiger Wert eines Forward Receiver Swaps
$FSR(t,T)$	Forward Swap Rate für die Periode von t bis T
$I(t)$	Stand eines Aktienindex im Zeitpunkt t
$IRS^{Payer}(0)$	heutiger Wert eines Kuponswaps aus Sicht des Payers
$IRS^{Receiver}(0)$	heutiger Wert eines Kuponswaps aus Sicht des Receivers
IV	Investitionsvolumen
$i(0,t)$	lineare Rendite eines Zero Bonds mit Laufzeit t
$i^A(0,t)$	linearer Zinssatz in der Auslandswährung mit Laufzeit t
$i^I(0,t)$	linearer Zinssatz in der Inlandswährung mit Laufzeit t
$i^{Ref}(t,T)$	zum Zeitpunkt t am Markt vorliegender Referenzzins mit Laufzeit $T-t$ bis zum Zeitpunkt T,
k	Basiszinssatz (Strike)
K	Basispreis/Ausübungspreis einer Option
$K(0),\ K^{akt}(0)$	aktueller Wert einer Kuponanleihe zur vorliegenden Zinsstruktur
$K^A(0)$	heutiger Wert der Auslandsanleihe
K_{ATM}	At the Money-Basispreis einer Option

K_C	Basispreis einer Call-Option
$K_{FRN}(0)$	heutiger Wert einer Floating Rate Note
$K_{FRN}^{LZ=T}(0)$	heutiger Wert einer Floating Rate Note mit Fälligkeit in T
$K^I(0)$	heutiger Wert der Inlandsanleihe
K_L	Basispreis eines Long Put
$K^{LZ=T}(0)$	heutiger Wert einer Kuponanleihe mit Fälligkeit in T
K_P	Basispreis einer Put-Option
K_S	Basispreis eines Put Short
$K^{szen}(0)$	neuer Wert einer Kuponanleihe in einem kurzfristigen Zinsszenario
$K_{ZB}(0)$	heutiger Wert eines Zero Bonds
$K_{ZB}^{LZ=T}(0)$	heutiger Wert eines Zero Bonds mit Fälligkeit in T
$K_{ZB}^A(t)$	heutiger Wert des Zero Bonds in der Auslandswährung
$K_{ZB}^I(t)$	heutiger Wert des Zero Bonds in der Inlandswährung
$K_{ZB}^{approx}(0)$	näherungsweiser Wert eines Zero Bonds
$K(t)$	Wert einer Kuponanleihe zum Zeitpunkt t
KRD_t	Key Rate Duration der Zahlungen im Zeitpunkt t
LZ	Laufzeit $T - t$
$M_{\#}$	Anzahl Monate der Zinsperiode
MD	Modified Duration
N	Nominal, Nominalvolumen
$n(d)$	Dichte der Standardnormalverteilung
$N(d)$	Wert der Normalverteilungsfunktion an der Stelle d
p, p_d, p_u	risikoneutrale Wahrscheinlichkeiten im Binomialmodell
$P(0)$	heutiger Preis einer Put-Option
$P(T)$	Auszahlungsprofil einer Put-Option zum Zeitpunkt T

$P^a(0)$	heutiger Preis einer amerikanischen Put-Option
$P_d^a(t)$	Preis einer amerikanischen Put-Option mit Abwärtsbewegung zum Zeitpunkt t
$P_u^a(t)$	Preis einer amerikanischen Put-Option mit Aufwärtsbewegung zum Zeitpunkt t
$P_d(t)$	Preis einer Put-Option mit einfacher Abwärtsbewegung zum Zeitpunkt t
$P_{dd}(t)$	Preis einer Put-Option mit zweifacher Abwärtsbewegung zum Zeitpunkt t
$P^e(0)$	heutiger Preis einer europäischen Put-Option
$P_d^e(t)$	Preis einer europäischen Put-Option mit Abwärtsbewegung zum Zeitpunkt t
$P_u^e(t)$	Preis einer europäischen Put-Option mit Aufwärtsbewegung zum Zeitpunkt t
$P_{IW}(0)$	heutiger innerer Wert einer Put-Option
$P_u(t)$	Preis einer Put-Option mit einfacher Aufwärtsbewegung zum Zeitpunkt t
$P_{ud}(t)$	Preis einer Put-Option mit Auf- und Abwärtsbewegung zum Zeitpunkt t
$P_{uu}(t)$	Preis einer Put-Option mit zweifacher Aufwärtsbewegung zum Zeitpunkt t
$PS(0)$	Barwert einer Payer Swaption
q	stetige Dividendenrendite eines Aktienindex
r	stetiger Zins einer flachen Zinsstruktur
$r(0,t)$	aktueller, stetiger Zins mit der Laufzeit t
$r_I(t-\Delta t, t)$	realisierte Aktienindexrendite für die Periode von $t-\Delta t$ bis t
RR	Risk Reversal
$RS(0)$	heutiger Barwert einer Receiver Swaption
RZB	Rückzahlungsbetrag
s	Spread/Quoted Margin/Zinsaufschlag

$S(0)$	heutiger Aktienkurs
$s(0,t)$	laufzeitabhängiger Kreditrisikospread mit Laufzeit t
$S(t)$	Aktienkurs zum Zeitpunkt t
$S_d(t)$	Aktienkurs mit einfacher Abwärtsbewegung zum Zeitpunkt t
$S_{dd}(t)$	Aktienkurs mit zweifacher Abwärtsbewegung zum Zeitpunkt t
$S_u(t)$	Aktienkurs mit einfacher Aufwärtsbewegung zum Zeitpunkt t
$S_{ud}(t)$	Aktienkurs mit Auf- und Abwärtsbewegung zum Zeitpunkt t
$S_{uu}(t)$	Aktienkurs mit zweifacher Aufwärtsbewegung zum Zeitpunkt t
t, t^*, t_i	Zeitpunkte
T	Laufzeit/Fälligkeit eines Kontraktes
T_A	Fälligkeitszeitpunkt einer Anleihe
t_c	Zeitpunkt der Kuponzahlungen einer Anleihe
u	Aufwärtsrendite
$U(t)$	Wert eines allgemeinen Basiswertes (Underlying) eines Derivates zum Zeitpunkt t
$U_d(T)$	durch Abwärtsrendite d definierter Basiswert (Underlying) zum Zeitpunkt der Fälligkeit T
$U_u(T)$	durch Aufwärtrendite u definierter Basiswert (Underlying) zum Zeitpunkt der Fälligkeit T
V	Vega, Optionssensitivität
V_C	Vega einer Call-Option
V_P	Vega einer Put-Option
V_{PF}	Vega eines Portfolios
$V(t,S(t))$	Preis eines Aktienderivates als Funktion in der Zeit und des Aktienkurses
W	Brownsche Bewegung
$X(0)$	aktueller Wechselkurs in Preisnotierung
X_i, Y_i	Zufallsvariablen

$X^M(0)$	aktueller Wechselkurs in Mengennotierung
y	Rendite bis Fälligkeit (Yield to Maturity) einer Kuponanleihe
z	exponentieller Nullkuponzins einer flachen Zinsstruktur
$z(0,t)$	aktueller, exponentieller Nullkuponzins mit Laufzeit t
$Z(dt)$	standardnormalverteilte Zufallsvariable
$z(t,T)$	zum Zeitpunkt t am Markt vorliegender Nullkuponzins mit Laufzeit $T-t$ bis zum Zeitpunkt T,
$z^{CREDIT}(0,t)$	aktueller, exponentieller Nullkuponzins unter Berücksichtigung des Kreditrisikos mit Laufzeit t
$z_n(0,t)$	aktueller, exponentieller Nullkuponzins mit Zinszahlungs-frequenz n und Laufzeit t
$z_s(0,t)$	aktueller Swap-Zero-Zins mit Laufzeit t
β_i	Interpolationsparameter
Δ	Delta, Sensitivität bzgl. des Basiswertes
$\Delta_{abs}BW$	absolute Barwertänderung
$\Delta_{abs}CCS^{FX-Payer}(0)$	absolute Wertänderung eines Währungsswaps aus Sicht des Fremdwährungszahlers
$\Delta_{abs}CCS^{FX-Receiver}(0)$	absolute Wertänderung eines Währungsswaps aus Sicht des Fremdwährungsempfängers
$\Delta_{abs}K(0)$	absolute Wertänderung einer Kuponanleihe
Δ_C	Delta einer Call-Option
$\Delta_C^n(K)$	$= x$, normalisiertes Call-Delta
Δ_F	Delta eines Devisenforwards
Δ_P	Delta einer Put-Option
Δ_{PF}	Delta eines Portfolios
$\Delta_{rel}K(0)$	relative Wertänderung einer Kuponanleihe
Δ_U	Delta des Underlyings
Δbp_t	Zinsänderung für die Laufzeit t in Basispunkten ausgedrückt

$\Delta BW_{abs}^{Fixed\ Leg}$	absolute Marktwertänderung des Fixed Legs eines Kuponswaps
$\Delta BW_{abs}^{Floating\ Leg}$	absolute Marktwertänderung des Floating Legs eines Kuponswaps
ΔPF	absolute Änderung des Portfoliowertes
Δt	Länge einer Periode
$\Delta z(0,t)$	Änderung des aktuellen Zero-Zinssatzes in Prozent
δ_0	Investitionsbetrag in den Basiswert zum Bewertungszeitpunkt $t = 0$
Γ	Gamma, Optionssensitivität
Γ_C	Gamma einer Call-Option
Γ_P	Gamma einer Put-Option
Θ	Theta, Optionssensitivität
Θ_C	Theta einer Call-Option
Θ_P	Theta einer Put-Option
σ	Schwankungsmaß/Volatilität eines Basiswertes
$\sigma(x)$	Volatilität zum normalisierten Call-Delta x
σ_{ATM}	At the Money-Volatilität
τ_i	Interpolationsparameter
Ω	Omega, prozentuale Änderung des Optionswertes bzgl. prozentualer Änderungen des Basiswertes

I Finanzmathematische Grundlagen

1 Grundprinzipien der Finanzmathematik und der Zinsrechnung

Kreditinstitute bestreiten ihr wirtschaftliches Ergebnis ebenso wie Unternehmen außerhalb des Finanzdienstleistungssektors u.a. durch die bewusste Übernahme und Steuerung von Risiken. Insbesondere kann dies durch den Einsatz von Derivaten erfolgen. Um die Auswirkungen eines einzelnen Derivates abschätzen zu können, muss dieses bewertet und einer weiteren quantitativen Analyse unterzogen werden. Dabei bildet die Zinsrechnung die Basis jeder Bewertungstheorie. Als Grundlage der im Weiteren dargestellten Bewertungsmethoden werden in diesem Kapitel die Grundprinzipien der Finanzmathematik insbesondere der Zinsrechnung dargestellt. Zunächst werden grundlegende Sachverhalte der Zinsrechnung wie Diskontfaktoren, Zinsrechnungsarten und -konventionen dargestellt. Zur Vereinfachung der Situation werden grundlegende Annahmen getroffen. Auf Basis von Marktzinsen bzw. -diskontfaktoren erfolgt die aktuelle Bewertung zinstragender Titel mit deterministischen Zahlungsströmen durch die Ermittlung ihrer Barwerte. Ferner wird die Grundidee der risikoneutralen Bewertung und Duplikation nicht deterministischer Zahlungsströme präsentiert.

Vertiefende Literatur

Bleymüller, J. (2012): Statistik für Wirtschaftswissenschaftler, 16. Auflage, Verlag Vahlen, München.

Harrison, J. / Kreps, D. M. (1979): Martingales and Arbitrage in Multiperiod Securities Markets, Journal of Economic Theory 20 (3), S. 381-408.

Harrison, J. M. / Pliska, S. R. (1981): Martingales and Stochastic Integrals in the Theory of Continuous Trading, Stochastic Processes and Their Applications 11 (3), S. 215-260.

ISDA (Hrsg.) (2006): 2006 ISDA Definitions, International Swaps and Derivatives Association, New York.

Puhani, J. (2012): Statistik: Einführung mit praktischen Beispielen, 12. Auflage, Lexika Verlag, Eibelstadt.

S. Kruse, *Aktien-, Zins- und Währungsderivate*,
DOI: 10.1007/978-3-8349-4304-0_1, © Springer Fachmedien Wiesbaden 2014

1.1 Zinsrechnungsarten und Zinsrechnungskonventionen

1.1.1 Diskontfaktoren und Zinsrechnungsarten

In diesem Abschnitt wird zunächst eine Anlageform betrachtet, die einen Rückzahlungsbetrag verspricht, bei dem die Zinsen zusammen mit dem investierten Kapital kumuliert am Ende der Laufzeit ausgezahlt werden. Am Anleihemarkt entspricht diese Anlageform den **Nullkuponanleihen** (**Zero Bonds**). Dies sind Anleihen, die keine Zinsen während der Laufzeit zahlen, sondern diese thesauriert am Ende der Laufzeit ausschütten.[2] Die Zinsausschüttung erfolgt derart, dass der Käufer der Anleihe bei Kauf einen festen Preis bezahlt und dafür einen festen Rückzahlungsbetrag erhält. Dieser Rückzahlungsbetrag wird auch als **Nominalbetrag** oder **Nominal** des Zero Bonds bezeichnet. Die stets positive Differenz aus dem Rückzahlungsbetrag und dem Kaufpreis entspricht den kumulierten Zinsen und wird auch als **Diskont** auf das Nominal bezeichnet. Man bezeichnet Zero Bonds daher auch als **Diskontpapiere.** Betrachtet man nun den Quotienten aus dem zu investierenden Betrag und dem Rückzahlungsbetrag, so gibt dieser Auskunft darüber wie viel der Investor heute theoretisch in diese Anlageform investieren muss, um am Ende der Laufzeit genau eine Geldeinheit zu erhalten. Dieser Quotient wird als **Diskontfaktor** und mit $DF(0,t)$ bezeichnet, wobei 0 den aktuellen Zeitpunkt des Kaufs und t den Zeitpunkt der Fälligkeit bzw. das Ende der Laufzeit bezeichnet.[3]

Fallbeispiel 1.1 Ermittlung von Diskontfaktoren aus Nullkuponanleihen
Einem Bankkunden wird von seinem Kundenberater eine Anlagemöglichkeit empfohlen, bei der er heute 9.218 € investiert und in drei Jahren einen Rückzahlungsbetrag von 10.000 € erhält. Es fallen dabei keine zwischenzeitlichen Zinszahlungen an. Der in dieser Anlage enthaltene Diskontfaktor entspricht somit $DF(0{,}3) = \frac{9.218\text{ €}}{10.000\text{ €}} = 0{,}9218$.

In der Praxis werden in der Regel die mit einer festverzinslichen Anlage erzielten Zinsen ausgewiesen und nicht immer liegen die Informationen über die aktuelle Zinssituation in Form von Diskontfaktoren vor. Die Berechnung von entsprechenden Zinssätzen kann auf unterschiedlichen Wegen erfolgen. Man unterscheidet in Abhängigkeit von der Länge der Zinsperiode und der Frequenz der Zinsverrechnung die lineare Verzinsung, die exponentielle Verzinsung und die stetige Verzinsung. Anhand der jeweiligen Zinsrechnungsart lässt sich die Frage beantworten, welcher Zinssatz mittels einer festverzinslichen Anlage erwirtschaftet wird. Der gleichmäßig über die Laufzeit der Anlage erwirtschaftete Zins wird als **Rendite** (**Rendite bis Fälligkeit**, **Yield to Maturity**) oder auch

2 Hierbei handelt es sich um eine nachschüssige – am Ende der Zinsperiode gezahlte – Zinszahlung. Die Darstellungen in diesem Buch konzentrieren sich ausschließlich auf diese Form der Zinszahlung.

3 Der Diskontfaktor $DF(0,t)$ entspricht somit dem heutigen Preis eines in t fälligen Zero Bonds in Prozent des Nominalbetrags. Dieser Zero Bond-Preis wird im Folgenden auch mit $K_{ZB}(0)$ bezeichnet – insbesondere dann, wenn auf Marktpreise von Zero Bonds referenziert wird.

als **Effektivrendite** bezeichnet. Je nachdem welche Zinsrechnungsart benutzt wird, unterscheidet man lineare, exponentielle und stetige Renditen.

Die **lineare Verzinsung** wird in der Praxis u.a. zur Berechnung von Zinszahlungen herangezogen, deren Zahlung sich auf eine Zinsperiode mit einer Länge von bis zu einem Jahr bezieht. Bei der linearen Zinsrechnung findet innerhalb des betrachteten Zeitraums, über den die Zinsen gezahlt werden, keine Verrechnung von Zinsen statt, sodass kein Zinseszinseffekt auftritt. Der Diskontfaktor über eine Laufzeit dieser Länge wird mittels der linearen Zinsrechnung aus der linearen Rendite $i(0,t)$ definiert als

$$DF(0,t) = \frac{1}{(1+\boldsymbol{i(0,t)}\cdot\boldsymbol{t})} \tag{1.1}$$

Die zu dieser Laufzeit gehörige **lineare Rendite eines Zero Bonds** $i(0,t)$ ermittelt sich somit mittels der linearen Zinsrechnung aus dem bekannten Diskontfaktor als

$$i(0,t) = \left(\frac{1}{DF(0,t)} - 1\right) \cdot \frac{1}{t} \tag{1.2}$$

Die **exponentielle Zinsrechnung** berücksichtigt den Zinseszinseffekt, der entsteht, wenn während der Anlagefrist mehrere Zinszahlungstermine liegen und eine Verrechnung der auflaufenden Zinsen stattfindet. Die exponentielle Verzinsung unterstellt typischerweise eine jährliche Wiederverzinsung des Kapitals und damit eine **jährliche Zinszahlungsfrequenz** (**yearly compounding**). Die exponentielle Rendite eines der aktuellen Marktmeinung entsprechenden Zero Bonds mit Laufzeit t wird als **Nullkuponzins** (**Zero Rate**)oder **Spot Rate** und mit $z(0,t)$ bezeichnet. Der Diskontfaktor über eine Laufzeit dieser Länge definiert sich mittels der exponentiellen Zinsrechnung aus der exponentiellen Rendite $z(0,t)$ als

$$DF(0,t) = \frac{1}{(1+z(0,t))^t} = \left(1 + z(0,t)\right)^{-t} \tag{1.3}$$

Die zu dieser Laufzeit gehörige **exponentielle Rendite eines Zero Bonds** $z(0,t)$ ermittelt sich somit mittels der exponentiellen Zinsrechnung aus dem Diskontfaktor als

$$z(0,t) = \sqrt[t]{\frac{1}{DF(0,t)}} - 1 = DF(0,t)^{-\frac{1}{t}} - 1 \tag{1.4}$$

Hierbei ist zu beachten, dass bei einer Laufzeit von einem Jahr kein Unterschied zwischen der linearen und der exponentiellen Rendite eines Zero Bonds besteht. Es gilt also

$$z(0,1) = i(0,1) \tag{1.5}$$

Erhöht man jedoch die Zinszahlungsfrequenz auf mehrere Zinszahlungen im Jahr, so spricht man von einer **unterjährigen Zinszahlungsfrequenz**. In der Praxis findet man häufig halbjährliche (**semi annual compounding**) oder vierteljährliche Zinszahlungen (**quaterly compounding**). Im Folgenden bezeichnet n die Zinszahlungsfrequenz in einem Jahr. Dann ist der Diskontfaktor über die Laufzeit t anhand der zugehörigen Rendite

$z_n(0,t)$ definiert durch

$$DF(0,t) = \frac{1}{\left(1+\frac{z_n(0,t)}{n}\right)^{n\cdot t}} = \left(1+\frac{z_n(0,t)}{n}\right)^{-n\cdot t} \tag{1.6}$$

Die zu dieser Laufzeit und Zinszahlungsfrequenz gehörige Rendite $z_n(0,t)$ ermittelt sich aus dem Diskontfaktor als

$$z_n(0,t) = \left(\sqrt[n\cdot t]{\frac{1}{DF(0,t)}} - 1\right)\cdot n = \left(DF(0,t)^{-\frac{1}{n\cdot t}} - 1\right)\cdot n \tag{1.7}$$

Die **stetige Zinsrechnung** berücksichtigt wie die exponentielle mit jährlicher oder n-facher Zinszahlungsfrequenz den Zinseszinseffekt, nun allerdings unter der Annahme, dass während der Anlagefrist die Zinsen nicht jährlich, sondern kontinuierlich gezahlt werden. Der stetige Zins entspricht somit dem Grenzwert des Zinssatzes $z_n(0,t)$ für $n \to \infty$. Die stetige Verzinsung wird in der Praxis simultan zur exponentiellen Verzinsung genutzt. Insbesondere ist diese Verzinsungsart mathematisch leichter zu handhaben.[4] Der Diskontfaktor definiert sich mittels der stetigen Zinsrechnung aus der stetigen Rendite $r(0,t)$ als

$$DF(0,t) = \mathrm{e}^{-r(0,t)\cdot t} \tag{1.8}$$

Die zu dieser Laufzeit gehörige **stetige Rendite eines Zero Bonds** $r(0,t)$ berechnet sich somit mittels der stetigen Zinsrechnung aus dem Diskontfaktor als

$$r(0,t) = -\frac{\ln\left(DF(0,t)\right)}{t} \tag{1.9}$$

Fallbeispiel 1.2 Zusammenhang der verschiedenen Zinsrechnungsarten

Dem Bankkunden aus Fallbeispiel 1.1 wurde eine Anlagemöglichkeit mit Laufzeit von drei Jahren und kumulierter Zinsausschüttung empfohlen, deren impliziter Diskontfaktor $DF(0,3) = 0{,}9218$ entspricht. Mittels obiger Formeln zur Ermittlung der einzelnen, der jeweiligen Zinsrechnungsart zugehörigen Renditen berechnen sich diese als

$DF(0,3)$	$z(0,3)$	$z_2(0,3)$	$z_4(0,3)$	$r(0,3)$
0,9218	2,751%	2,733%	2,723%	2,714%

Anhand dieses Fallbeispiels wird deutlich, dass zwischen den zu den unterschiedlichen Zinsrechnungsarten und -zahlungsfrequenzen gehörigen Zinssätzen gleicher Laufzeit ein Unterschied besteht. Liegen keine konkreten Informationen zu den Diskontfaktoren vor, so muss bei der direkten Ab- oder Aufzinsung eines Betrages bekannt sein, welche

4 Bei der Bewertung von Derivaten wird die stetige Verzinsung im Rahmen zeitstetiger Modelle genutzt, vgl. Kapitel 8, 16, 17 und 18.

Zinszahlungsfrequenz dem gegebenen Zinssatz zugrunde liegt. Insbesondere lassen sich vorliegende exponentielle Zinssätze in stetige Zinssätze umwandeln und umgekehrt. Zu diesem Zweck setzt man die Diskontfaktoren gleich

$$\left(1 + z(0,t)\right)^{-t} = \mathrm{e}^{-r(0,t)\cdot t} \tag{1.10}$$

und erhält mittels entsprechender Umformungen der Gleichung somit die Formel zur Berechnung des exponentiellen Zinses aus dem stetigen Zins

$$z(0,t) = \mathrm{e}^{r(0,t)} - 1 \tag{1.11}$$

und die Formel zur Berechnung des stetigen Zinses aus dem exponentiellen Zins

$$r(0,t) = \ln(1 + z(0,t)) \tag{1.12}$$

Fallbeispiel 1.3 Umrechnung eines exponentiellen in einen stetigen Zinssatz
Ein Aktienoptionshändler benötigt zur Bewertung einer Aktienoption einen stetigen Zinssatz und erhält von seinem Kollegen einen exponentiellen Zins von 2,751% p.a. Er berechnet den zugehörigen stetigen Zins als $r = \ln(1 + 0{,}02751) = 0{,}02714 = 2{,}714\%$ p.a.

1.1.2 Zinsrechnungskonventionen

Bei der Berechnung einer Zahlung spielt die Laufzeit des Anlagevertrages eine offensichtliche Rolle. Die Berechnung eben dieser Laufzeit kann anhand unterschiedlicher Methoden erfolgen, die als **Zinsrechnungskonventionen** oder **Tageberechnungskonventionen** (**Day Count Convention**) bezeichnet werden. Diese unterscheiden sich in der Zählung der bereits vergangenen Zinstage einer Zinsperiode ebenso wie in der Anzahl der Tage eines Kalenderjahres.

Die offensichtliche Variante ist die exakte oder taggenaue Zählung der tatsächlichen Kalendertage, an denen verzinst wird. Diese Zinsrechnungskonvention wird mit **act** für Englisch actual (tatsächlich) bezeichnet. Hierbei entsprechen die Tage eines Monats den tatsächlichen Tagen und die Tage eines Jahres sind mit 365 und in Schaltjahren mit 366 Tagen gegeben. Ferner existieren weitere Konventionen, die u.a. eine Normierung der Monate auf einheitlich **30** Tage oder eine Normierung des Kalenderjahres auf **360** bzw. **365** Tage vornehmen. Gebräuchliche Varianten sind in der folgenden **Tabelle 1.1** dargestellt:[5]

[5] In diesem Abschnitt werden nur die wesentlichen Eigenschaften der am Markt gebräuchlichen Zinskonventionen dargestellt. Details finden sich in den Veröffentlichungen von entsprechenden Berufsverbänden wie bspw. in Abschnitt 4.16 in ISDA (Hrsg.) (2006). Es werden beispielhaft Finanzinstrumente genannt, für welche die entsprechende Konvention typischerweise Verwendung findet. In der Praxis ist die jeweilige Konvention jedoch nicht für jedes einzelne Geschäft aus der aufgeführten Gruppe zwingend.

Tabelle 1.1 Gebräuchliche Zinsrechnungskonventionen (Day Count Conventions)

Kürzel	Alternative Bezeichnung	Typische Verwendung	Ermittlung
act/act[6]	taggenau/taggenau	Staatsanleihen mit festem Kupon, die von Deutschland, USA oder Großbritannien emittiert werden	Tatsächliche Zinstage werden auf tatsächliche Zinstage im Kalenderjahr bezogen
act/365	taggenau/365	Geldmarktgeschäfte und Swaps in britischen Pfund	Tatsächliche Zinstage werden auf 365 Zinstage pro Kalenderjahr bezogen
act/360	taggenau/360	Geldmarktgeschäfte und variabel verzinsliche Anleihen in EUR oder US-Dollar	Tatsächliche Zinstage werden auf 360 Zinstage pro Kalenderjahr bezogen
30/360 bzw. 30E/360[7]	Bond Basis bzw. Eurobond Basis	Fixe Seite von Swaps in EUR, diverse Kapitalmarktinstrumente	30 Zinstage im Monat werden auf 360 Zinstage pro Kalenderjahr bezogen

Die vergangenen Zinstage einer Zinsperiode lassen sich im Falle der Bond Basis Methode (30/360) mittels Zuweisung der Stellung im Jahr für jeden einzelnen Kalendertag berechnen

$$a(0,t) = (M_{\#} - 1) \cdot 30 + D_{\#} \tag{1.13}$$

wobei $M_{\#}$ die Anzahl der Monate und $D_{\#}$ die Anzahl der Tage im letzten Monat bezeichnen. Die Zinstage zwischen zwei Daten ermitteln sich dann nach der 30-Zählung aus der Differenz der beiden Stellungen im Jahr.

Fallbeispiel 1.4 Ermittlung der vollen Zinstage innerhalb einer Zinsperiode

Ein Anleihehändler hat mehrere Wertpapiere im Bestand, die ihre jährliche Zinszahlung am 15. Mai zahlen. Zum 29. Oktober möchte er nun die Zinstage bestimmen, die seit der letzten Zinszahlung vergangen sind und ermittelt diese anhand der unterschiedlichen Zinsrechnungskonventionen als

---

6 Diese Konvention gibt es in unterschiedlichen Varianten. Siehe bspw. ISDA (Hrsg.) (2006).

7 Auch bei dieser Konvention existieren Subvarianten, die sich u.a. in der Berechnung von Zeiträumen unterscheiden, deren Grenzen auf ein Monatsende fallen – insbesondere auf den 31. eines Monats. Siehe bspw. ISDA (Hrsg.) (2006) für Details.

Bezeichnung	Volle Zinstage seit dem 15. Mai
act	$167 = 17 + 30 + 31 + 31 + 30 + 28$
30	$164 = (10 - 1) \cdot 30 + 28 - ((5 - 1) \cdot 30 + 14)$

Möchte er nun die bereits angesammelten Zinsen seit dem letzten Zinszahlungstermin eines dieser Wertpapiere mit einer verbrieften Zinszahlung von 10.000 € und einer Zinsrechnungskonvention von 30/360 ermitteln, so entsprechen diese 10.000 € · 164/360 = 4.555,56 €.

1.2 Arbitragefreie Bewertung und Risikoanalyse von Finanzinstrumenten

Die in diesem Buch dargestellten Bewertungsmethoden beruhen alle auf den gleichen grundlegenden Annahmen. Zur Vereinfachung der Bewertungssituation wird ein gut funktionierender Finanzmarkt zugrunde gelegt. Dies führt – wie im Folgenden erläutert – u.a. zu einer Bewertung eines unbekannten Finanzinstrumentes durch Duplikation dessen Auszahlungsprofils mittels bekannter Finanzinstrumente. Man bezeichnet einen derart gut funktionierenden Finanzmarkt als **vollkommenen und vollständigen Finanzmarkt** und charakterisiert diesen durch die Erfüllung der folgenden Annahmen:

- **Der Finanzmarkt ist friktionslos.** Alle Finanzinstrumente sind beliebig teilbar und es existieren keine Handelsbeschränkungen. Ferner werden weder Transaktionskosten erhoben noch erfolgt eine Besteuerung. Soll- und Habenzins weichen nicht voneinander ab.[8]
- **Alle Marktteilnehmer haben homogene Erwartungen.** Alle Marktteilnehmer verfügen über die gleiche Information und besitzen eine übereinstimmende Erwartung bzgl. möglicher Ereignisse und unsicherer Zahlungen.
- **Es existieren keine Arbitragemöglichkeiten.** Dies ist gleichbedeutend damit, dass keine risikolose Handelsstrategie existiert, deren Gewinn unter Berücksichtigung aller Kosten die eingesetzten Mittel zum Aufbau der Strategie übersteigt. Die Arbitragefreiheit des Finanzmarktes impliziert die Gültigkeit des **Gesetzes des einen Preises** (**Law of One Price**), das besagt, dass zwei Finanzinstrumente, die ein identisches Auszahlungsprofil aufweisen, auch den gleichen Preis haben müssen – da man sonst durch den gleichzeitigen Kauf des einen und Verkauf des anderen einen solchen risikolosen Gewinn realisieren könnte.

[8] Entgegen der der Quotierung am Markt üblichen Unterscheidung zwischen dem Geldkurs (bid, Kaufpreis eines Marktteilnehmers) und dem Briefkurs (ask, Verkaufspreis eines Marktteilnehmers) wird in diesem Buch daher im Weiteren stets mit dem Mittelwert aus beiden (mid) gerechnet.

- **Der Finanzmarkt ist vollständig.** Die Vollständigkeit eines Finanzmarktes besagt, dass für alle existierenden Instrumente eine Handelsstrategie existiert, die deren Auszahlungsprofil dupliziert.

Obwohl die Annahme eines vollkommenen Finanzmarktes deutlich von der tatsächlich vorliegenden Situation am Finanzmarkt abweicht, wird diese in der Praxis häufig implizit zugrunde gelegt. Dies begründet sich nicht zuletzt in der zunehmenden Komplexität solcher Modelle, die diese Annahme nicht treffen. Ferner kann man argumentieren, dass mit einer zunehmenden Effizienz des Finanzmarktes hinsichtlich Information und Liquidität die Annahme des vollkommenen Finanzmarktes fast erreicht wird.

1.3 Barwertberechnung

1.3.1 Bewertung einer zukünftigen Zahlung

Wie bereits in Abschnitt 1.1.1 erläutert, gibt der Diskontfaktor $DF(0,t)$ Auskunft darüber, welchen Betrag ein Investor heute anlegen muss, um zum Zeitpunkt t genau eine Geldeinheit zu erhalten. Verallgemeinert man diese Aussage auf einen beliebigen Anlagebetrag, so erhält man den **Barwert einer Zahlung** (Cash Flow) CF_t zum Zeitpunkt t. Dieser entspricht dem Betrag, den man heute – zu Beginn der Anlageperiode – investieren muss, damit man zum Zeitpunkt t genau die zu bewertende Zahlung CF_t erhält. Das Verhältnis zwischen Anlage- und Rückzahlungsbetrag ist wiederum durch den Diskontfaktor $DF(0,t)$ für den entsprechenden Anlagezeitraum gegeben. Der Barwert BW berechnet sich somit als

$$BW = CF_t \cdot DF(0,t) \tag{1.14}$$

Nach diesen Überlegungen muss der faire heutige Preis für eine zukünftige Zahlung genau seinem Barwert entsprechen. Würde er davon abweichen, könnte man über eine Investition in Zero Bonds mit Laufzeit t Arbitragegewinne erzielen.

Der Barwert stellt also den Zusammenhang zwischen zukünftigen Zahlungen und heutigen Zahlungen her. Damit ist man in der Lage, zwei zukünftige Zahlungen zu vergleichen, die zu verschiedenen Zeitpunkten fällig werden.[9]

Fallbeispiel 1.5 Vergleich zweier zukünftiger Zahlungen anhand ihres Barwertes
Ein Bankkunde kann zwischen zwei verschiedenen Festgeldern mit einer festen Laufzeit von zwei bzw. drei Jahren und kumulierter Ausschüttung der Zinsen wählen. Während

9 Anstelle des Barwerts kann man auch den Geldbetrag berechnen, den man durch eine heutige Investition eines Anlagebetrags zu einem zukünftigen Zeitpunkt zur Verfügung hat. Dieser zukünftige Betrag wird als Zeitwert oder – falls der Zeitpunkt am Ende der Investitionsdauer liegt – als Endwert bezeichnet. Genauso wie durch Barwerte können Zahlungen zu unterschiedlichen Zeitpunkten durch End- bzw. Zeitwerte verglichen werden.

ihm Anlage I einen Betrag von 10.000 € in zwei Jahren verspricht, erhält er bei Anlage II in drei Jahren einen Betrag von 10.050 €. Bei der Ermittlung des erforderlichen heutigen Anlagebetrages unterstellt die Bank einen Diskontfaktor für die Laufzeit von zwei Jahren von $DF(0{,}2) = 0{,}9426$ und für die Laufzeit von drei Jahren von $DF(0{,}3) = 0{,}9151$. Der Barwert der Anlage I ermittelt sich als 10.000 € · 0,9426 = 9.426,00 €, während sich der Barwert von Anlage II berechnet als 10.050 € · 0,9151 = 9.196,76 €. Somit weiß der Kunde, dass er für Anlage II heute weniger Geld fest anlegen muss als für Anlage I. Anders ausgedrückt, ist die Zahlung von 10.000 € aus Anlage I bei den unterstellten Diskontfaktoren aus heutiger Sicht um die Differenz der Barwerte wertvoller als die später ausgezahlten 10.050 € aus Anlage II.

1.3.2 Bewertung von Zahlungsströmen

Bisher wurde von der kumulierten Ausschüttung von Zahlungen ausgegangen. In der Praxis finden sich am Finanzmarkt ebenso wie im Kunden- und Einlagengeschäft häufiger Anlagemöglichkeiten, die eine regelmäßige Ausschüttung der Zinszahlungen während der Laufzeit bieten. Dies führt zu einem Zahlungsstrom, der sich aus den Bedingungen der Anlage ableiten lässt und aus einzelnen, an verschiedenen Zeitpunkten stattfindenden Zahlungen besteht. Aufbauend auf den in Abschnitt 1.2 getroffenen Annahmen und dem daraus resultierenden Gesetz des einen Preises kann man einen solchen Zahlungsstrom als ein Bündel von kumuliert ausschüttenden Anlagemöglichkeiten, den Zero Bonds, betrachten und seinen Preis mit der Summe der Preise dieser einzelnen Zero Bonds gleichsetzen. Der aus einer Anlagemöglichkeit mit einer Gesamtlaufzeit von T resultierende Zahlungsstrom mit jährlichen Zahlungen an den Zeitpunkten $t = 1, \ldots, T$ wird mit CF_t bezeichnet. Im Fall des **Barwertes eines Zahlungsstroms** führt dies zu der Formel

$$BW = \sum_{t=1}^{T} CF_t \cdot DF(0,t) \tag{1.15}$$

Fallbeispiel 1.6 Ermittlung des Barwertes eines Kredits
Ein Unternehmer schließt mit seiner Hausbank einen Kredit mit einer Laufzeit von fünf Jahren, einem jährlich zu zahlenden Kreditzins von 5% und einer Kreditsumme von 100.000 € ab. Die Bank unterstellt bei der Bewertung dieses Kredites die folgenden Diskontfaktoren

t	1	2	3	4	5
$DF(0,t)$	0,9804	0,9426	0,8890	0,8227	0,7473

und berechnet den Barwert des Kredites für die Bank als

$$\begin{aligned} BW &= 5.000\,€ \cdot 0{,}9804 + 5.000\,€ \cdot 0{,}9426 + 5.000\,€ \cdot 0{,}8890 \\ &\quad + 5.000\,€ \cdot 0{,}8227 + 105.000\,€ \cdot 0{,}7473 \\ &= 4.902{,}00\,€ + 4.713{,}00\,€ + 4.445{,}00\,€ + 4.113{,}50\,€ + 78.466{,}50\,€ = 96.640{,}00\,€ \end{aligned}$$

Hierbei leitet sich der Zahlungsstrom in den ersten vier Jahren aus den jährlich fälligen Zinszahlung in Höhe von $5\% \cdot 100.000\ € = 5.000\ €$ und im fünften Jahr aus dem Zins und der Rückzahlung der Kreditsumme $100.000\ € + 5\% \cdot 100.000\ € = 105.000\ €$ ab. Aus der Berechnung des Barwertes weiß die Bank, dass sie bei der zugrunde liegenden Bewertung anhand der Diskontfaktoren den Kredit mit einem Abschlag auf die Kreditsumme zu höchstens 96.640 € ausgeben darf.

1.4 Risikoneutrale Bewertung von nicht deterministischen Zahlungsströmen der Derivate

Bisher wurden deterministische, risikolose Zahlungsströme, deren Höhe zu Beginn der Laufzeit festgelegt wird, betrachtet. Derivate sind jedoch Finanzinstrumente, deren Wert sich aus dem zukünftigen Wert eines anderen Finanztitels ableitet. Dies führt zu einem zukünftigen, zufallsabhängigen Zahlungsstrom im Derivat, der von dem jeweiligen erreichten Wert des zugrunde liegenden Finanztitels, auch **Basiswert** (**Underlying**) genannt, abhängt.

Die arbitragefreie Bewertung lässt sich am Beispiel eines einfachen Derivates auf einen zugrunde liegenden, gehandelten Basiswert motivieren. Hierbei kann der Basiswert (Underlying), bezeichnet mit U, ausgehend von seinem heutigen Wert $U(0)$ zum Zeitpunkt der Fälligkeit T des Derivates nur zwei Zustände $U_u(T)$ und $U_d\,(T)$ annehmen. Die beiden Zustände sind durch eine Aufwärtsrendite u mit $U_u(T) = U(0) \cdot (1 + u)$ und eine Abwärtsrendite d mit $U_d(T) = U(0) \cdot (1 + d)$ definiert, wobei u und d so gewählt werden, dass zur Vermeidung von Arbitrage gilt[10]

$$u > DF(0,T)^{-1} - 1 > d \tag{1.16}$$

Das Derivat D zahlt in Abhängigkeit von der Höhe des Basiswertes den Wert $D_u(T)$ bzw. $D_d(T)$. **Abbildung 1.1** verdeutlicht diese Situation.

Zur Bewertung des Derivates in dieser Situation benutzt man wiederum das Gesetz des einen Preises und die daraus resultierende Grundidee, dass man unter der Annahme der Arbitragefreiheit und eines vollständigen Marktes eine Handelsstrategie aus bekannten Finanzinstrumenten findet, die das Auszahlungsprofil des zu preisenden Instrumentes dupliziert. Man bezeichnet diese Strategie daher als **Duplikationsstrategie** und unterscheidet hierbei zwischen dem Kauf bzw. der Mittelanlage (**long**) und dem Verkauf bzw. der Mittelaufnahme (**short**) in den bekannten Finanzinstrumenten.

---

[10] Diese Bedingung stellt u.a. sicher, dass die im Folgenden ermittelten risikoneutralen Wahrscheinlichkeiten zwischen 0 und 1 liegen.

Abbildung 1.1 Entwicklung des Basiswertes und des Derivates

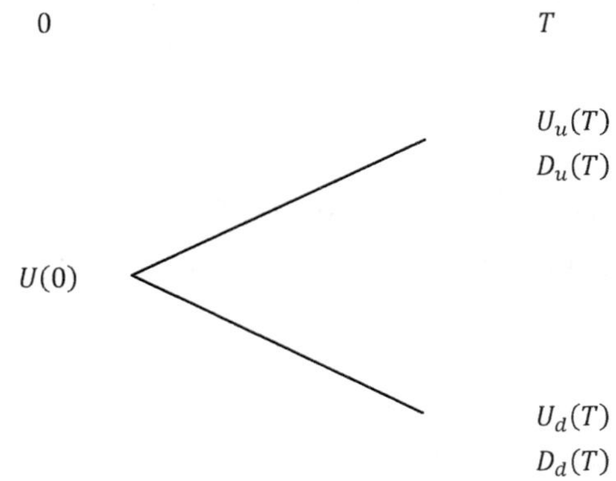

In dieser Situation kennt man den Preis eines risikolosen Zero Bonds mit Laufzeit T, $DF(0,T)$, und den Preis des Basiswertes im Bewertungszeitpunkt 0, $U(0)$. Dazu muss man aus der Gleichheit des Zahlungsstroms aus dem Derivat und des Zahlungsstroms aus einer Handelsstrategie, bestehend aus dem Basiswert selbst und dem Zero Bond, ableiten, welcher Betrag zum Bewertungszeitpunkt in den Basiswert, bezeichnet mit δ_0, und welcher Betrag in den Zero Bond investiert wird.

Der Wert der Handelsstrategie zum Zeitpunkt der Bewertung muss also dem unbekannten Wert $D(0)$ des Derivates entsprechen:

$$\underbrace{D(0)}_{\text{Wert des Derivates}} = \underbrace{\underbrace{\delta_0 \cdot U(0)}_{\text{Investion in den Basiswert}} + \underbrace{(D(0) - \delta_0 \cdot U(0))}_{\text{Mittelaufnahme/-anlage im Zero Bond}}}_{\text{Wert der Handelsstrategie}} \tag{1.17}$$

Der Wert der Handelsstrategie und des Derivates am Ende der Laufzeit, also zum Zeitpunkt T, hängt wiederum wie in **Tabelle 1.2** dargestellt von dem erreichten Zustand des Basiswertes ab. Somit handelt es sich um ein lineares Gleichungssystem mit zwei Unbekannten $D(0)$ und δ_0:

$$\begin{aligned} (I) \quad & \delta_0 \cdot U_u(T) + \frac{D(0)-\delta_0 \cdot U(0)}{DF(0,T)} = D_u(T) \\ (II) \quad & \delta_0 \cdot U_d(T) + \frac{D(0)-\delta_0 \cdot U(0)}{DF(0,T)} = D_d(T) \end{aligned} \tag{1.18}$$

Dessen Lösung ist gegeben durch

$$\delta_0 = \frac{D_u(T)-D_d(T)}{U_{u(T)}-U_d(T)} \tag{1.19}$$

und

$$D(0) = \frac{D_d(T) \cdot U_u(T) - D_u(T) \cdot U_d(T)}{U_u(T) - U_d(T)} \cdot DF(0,T) + \frac{(D_u(T) - D_d(T)) \cdot U(0)}{U_u(T) - U_d(T)} \tag{1.20}$$

Tabelle 1.2 Duplikationsstrategie eines Derivates mittels Basiswert und Zero Bond am Ende der Laufzeit T

Preis des Basiswertes in T	Wert der Duplikationsstrategie	Wert des Derivates
$U_u(T) = U(0) \cdot (1+u)$	$\delta_0 \cdot U_u(T) + \frac{D(0) - \delta_0 \cdot U(0)}{DF(0,T)}$	$D_u(T)$
$U_d(T) = U(0) \cdot (1+d)$	$\delta_0 \cdot U_d(T) + \frac{D(0) - \delta_0 \cdot U(0)}{DF(0,T)}$	$D_d(T)$

Damit führt die hergeleitete Duplikationsstrategie aus Basiswert und Zero Bond mittels Umstellung der Terme zu einer linearen Bewertungsgleichung der Form

$$D(0) = \left(\underbrace{\frac{\frac{U(0)}{DF(0,T)} - U_d(T)}{U_u(T) - U_d(T)}}_{=p} \cdot D_u(T) + \underbrace{\frac{U_u(T) - \frac{U(0)}{DF(0,T)}}{U_u(T) - U_d(T)}}_{=1-p} \cdot D_d(T) \right) \cdot DF(0,T) \tag{1.21}$$

Betrachtet man die beiden mathematischen Ausdrücke vor den einzelnen möglichen Auszahlungen des Derivates, so kann man zeigen, dass diese unter Berücksichtigung der No Arbitrage-Bedingung (1.16) an die Auf- und Abwärtsrenditen zwischen 0 und 1 liegen und sich zu 1 aufaddieren. Somit kann man diese als Wahrscheinlichkeiten

$$p = \frac{\frac{U(0)}{DF(0,T)} - U_d(T)}{U_u(T) - U_d(T)} = \frac{\frac{1}{DF(0,T)} - (1+d)}{u-d} \tag{1.22}$$

und $1-p$ interpretieren, mit denen die beiden zugehörigen Auszahlungen $D_u(T)$ und $D_d(T)$ des Derivates und damit die beiden Zustände $U_u(T)$ und $U_d(T)$ eintreten. Mit Hilfe dieser Wahrscheinlichkeiten lässt sich Bewertungsgleichung (1.21) auch kurz schreiben als:

$$D(0) = DF(0,T) \cdot \big(p \cdot D_u(T) + (1-p) \cdot D_d(T)\big) = DF(0,T) \cdot E[D(T)] \tag{1.23}$$

Der heutige Wert des Derivates entspricht also dem diskontierten Erwartungswert $E[D(T)]$ seiner zukünftigen Auszahlung.

Mittels der obigen No Arbitrage-Überlegungen lässt sich also der faire Preis eines Derivates aus dem Wert eines Portfolios aus risikoloser Anlage und dem Basiswert ableiten. Die resultierende Bewertungsgleichung für ein Derivat oder jedes andere zu bewertende

Instrument lässt sich mit Hilfe einer geeignet ermittelten Wahrscheinlichkeitsverteilung als diskontierter Erwartungswert des zukünftigen Zahlungsstroms des Finanzinstruments darstellen. Die Bewertungsgleichung stellt somit eine Erweiterung des Bewertungsprinzips aus Abschnitt 1.3 auf zum Bewertungszeitpunkt noch unbekannte, zufallsabhängige Zahlungsströme dar.

Ermittelt man mit Hilfe der Wahrscheinlichkeiten p und $1-p$ den diskontierten erwarteten Kurs des Basiswerts, so gilt:

$$DF(0,T)\cdot E[U(T)] = DF(0,T)\cdot\left(\underbrace{\frac{\frac{U(0)}{DF(0,T)}-U_d(T)}{U_u(T)-U_d(T)}}_{=p}\cdot U_u(T)+\underbrace{\frac{U_u(T)-\frac{U(0)}{DF(0,T)}}{U_u(T)-U_d(T)}}_{=1-p}\cdot U_d(T)\right)=U(0) \qquad (1.24)$$

Dabei gibt $E[U(T)]$ den Erwartungswert des zukünftigen Kurses des Basiswerts an. Dies ist äquivalent zu der Aussage, dass die erwartete Rendite des Basiswerts unter der risikoneutralen Verteilung dem risikolosen Zinssatz entspricht. Von ihrer Struktur her entspricht die Bewertungsgleichung damit genau der Bewertungsgleichung für riskante Finanzinstrumente, falls alle Investoren risikoneutral sind.[11] Man bezeichnet die Wahrscheinlichkeiten p und $1-p$ daher als **risikoneutrale Wahrscheinlichkeiten** unter der Annahme, dass der Basiswert einer Binomialverteilung folgt.[12] Unter dieser Wahrscheinlichkeitsverteilung haben sämtliche Finanzinstrumente eine erwarte Rendite in Höhe der risikolosen Verzinsung.[13]

Umgekehrt kann man also unter der Annahme eines vollkommenen und vollständigen Kapitalmarkts zur Bewertung von Derivaten und anderen Finanzinstrumente auf die risikoneutrale Bewertungsgleichung zurückgreifen. Die Bewertungsgleichung basiert auf No Arbitrageargumenten und zu ihrer Herleitung werden keine weiteren Annahmen bezüglich der Risikopräferenzen der Investoren getroffen. Daher ist die Bewertungsmethode auch gültig, falls die Investoren nicht risikoneutral sind, was in der Praxis typischerweise der Fall ist. Es gilt also für den Basiswert:

$$U(0) = DF(0,T)\cdot E[U(T)] \qquad (1.25)$$

---

11 Investoren sind risikoneutral, falls sie indifferent gegenüber einem möglichen Risiko der Finanzinstrumente sind. Sie erwarten somit keine zusätzliche Prämie für die Risiken aus einem Finanzinstrument. In die Bewertungsgleichung geht damit wie in Gleichung (1.24) lediglich die erwartete Rendite, nicht aber ein Aufschlag für das Risiko des Finanzinstrumentes mit ein.

12 Die Binomialverteilung besagt, dass die zugrunde liegende zufallsabhängige Variable nur zwei Zustände mit den Wahrscheinlichkeiten p und $1-p$ annehmen kann, vgl. Puhani (2012), Bleymüller (2012)

13 Unter der Annahme der Arbitragefreiheit und Vollständigkeit des Finanzmarkts ist diese Wahrscheinlichkeitsverteilung eindeutig und wird als Martingalmaß bezeichnet, was gleichbedeutend damit ist, dass der aktuelle Wert des Basiswertes den (diskontierten) Erwartungen an die Zukunft entspricht. Das Bewertungsprinzip über risikoneutrale Wahrscheinlichkeiten wurde von Harrison / Kreps (1979) sowie Harrison / Pliska (1981) formuliert und hat sich mittlerweile als ein Standard-ansatz zur Bewertung von Derivaten etabliert.

Die obige Gleichung kann zur Ermittlung der risikoneutralen Wahrscheinlichkeitsverteilung eingesetzt werden. Hat man sie ermittelt, lässt sich dann der Preis des Derivates als diskontierter Erwartungswert des zukünftigen Auszahlungsprofils berechnen:

$$D(0) = DF(0,T) \cdot E[D(T)] \quad (1.26)$$

Dieser Preis entspricht dem mittels der oben dargestellten Duplikationsstrategie hergeleiteten arbitragefreien Preis. Man spricht vom Prinzip der **risikoneutralen Bewertung** eines Derivates.[14]

Tipp

Die risikoneutrale Bewertung führt wie dargestellt zu Preisen, die nicht nur in einer risikoneutralen Welt Gültigkeit besitzen. Die Risikoneutralität erlaubt allerdings nicht die eindeutige Bestimmung der Preise, sondern hängt vielmehr von der konkreten Verteilungsannahme ab. Bei den unter einer konkreten Verteilungsannahme hergeleiteten risikoneutralen Wahrscheinlichkeiten handelt es sich nicht um die tatsächliche Wahrscheinlichkeitsverteilung der Basiswertentwicklung in der realen Welt, sondern lediglich um die Verteilung, die sich zur Bewertung eines Derivates auf diesen Basiswert eignet. Zur Simulation einer zukünftigen Wertentwicklung des Basiswertes, wie sie beispielsweise im Risikocontrolling eines Kreditinstituts eingesetzt wird, werden daher Verteilungen benutzt, die den markgerechten Risikoaufschlag mitberücksichtigen.

Fallbeispiel 1.7 Risikoneutrale Bewertung eines Derivates

Eine Investmentbank bietet ihren institutionellen Kunden ein Derivat auf eine Aktie an, das bei Erreichen eines Aktienkurses von 28,50 € in zwei Jahren eine Auszahlung von 10.000 € verbrieft und ansonsten wertlos verfällt. Der aktuelle Aktienkurs liegt bei 25,00 €, der risikolose Diskontfaktor bei 0,9426. In einem stark vereinfachten Bewertungsszenario nimmt die Bank an, dass der Aktienkurs ausgehend vom heutigen Niveau auf 28,50 € steigt oder auf 20,00 € fällt. Mathematisch formuliert sich die vorliegende Information wie folgt: $T = 2$, $U(0) = 25{,}00$ €, $U_u(2) = 28{,}50$ €, $U_d(2) = 20{,}00$ €, $D_u(2) = 10.000$ €, $D_d(2) = 0$ €, $DF(0{,}2) = 0{,}9426$. Auf Basis dieser Annahmen bewertet die Bank das Derivat direkt durch Ermittlung der risikoneutralen Wahrscheinlichkeitsverteilung

$$p = \frac{\frac{U(0)}{DF(0,T)} - U_d(T)}{U_u(T) - U_d(T)} = \frac{\frac{25{,}00\,€}{0{,}9426} - 20{,}00\,€}{28{,}50\,€ - 20{,}00\,€} = 0{,}7673 \quad \text{und} \quad 1 - p = 0{,}2327.$$

Der Wert des Derivates berechnet sich gemäß Gleichung (1.22) als

$$D(0) = \left(p \cdot D_u(T) + (1-p) \cdot D_d(T)\right) \cdot DF(0,T) = (0{,}7673 \cdot 10.000\,€ + 0{,}2327 \cdot 0\,€) \cdot 0{,}9426$$
$$= 7.232{,}57\,€$$

---

[14] Diese lässt sich verallgemeinern auf komplexere als das hier dargestellte Szenario mit nur zwei Zuständen und behält auch für stetige Verteilungen ihre Gültigkeit, vgl. Kapitel 16, 17 und 18. Die Grundidee der Bewertung mit zwei möglichen Zuständen des Basiswertes wird im weiteren Verlauf trotzdem wieder aufgegriffen und als Bewertung von Derivaten im Binomialbaum bezeichnet, vgl. Kapitel 16.

Die zugehörige Handelsstrategie in der Aktie und dem Zero Bond, die die Auszahlung in einem Jahr nachbildet, kann dann durch die Ermittlung des in die Aktie zu investierenden Anteils abgeleitet werden:

$$\delta_0 = \frac{D_u(T)-D_d(T)}{U_u(T)-U_d(T)} = \frac{10.000\,€-0\,€}{28{,}50\,€-20{,}00\,€} = 1.176{,}47$$

In diesem einfachen Szenario ist die Bank nicht nur in der Lage, das Derivat zu bewerten. Sie kann aus der Duplikationsstrategie eine absichernde Handelsstrategie ableiten, mit der sie das eigene Risiko begrenzt. Die Duplikationsstrategie aus dem Kauf von 1.176,47 Aktien,[15] m.a.W. einer Aktieninvestition von $\delta_0 \cdot U(0) = 1.176{,}47 \cdot 25{,}00\,€ = 29.411{,}75\,€$, und einer Finanzierung von $D(0) - \delta_0 \cdot U(0) = 7.232{,}57\,€ - 29.411{,}75\,€ = -22.179{,}18\,€$ mittels des Zero Bonds,[16] führt zum gleichen Auszahlungsprofil wie das Derivat. Zur Absicherung des Derivates will die Investmentbank jedoch den Zahlungsstrom nicht duplizieren, sondern durch ein Gegengeschäft abdecken. Daher entspricht die zugehörige Absicherungsstrategie der Gegenposition aus dem (Leer-)Verkauf[17] von 1.176,47 Aktien und einer Investition im Zero Bond von 22.179,18 €.

1.5 Vertiefungsfragen zu Kapitel 1

Frage 1

In einem Kreditinstitut liegt im Aktienhandel die folgende Zinsinformation vor.

t	1	2	3	4	5
$r(0,t)$	2,00%	2,25%	2,50%	2,75%	3,00%

Ermitteln Sie die zugehörigen Diskontfaktoren und exponentiellen Zinsen für die unterschiedlichen Laufzeiten.

Frage 2

Zur Abschätzung des bisher aufgelaufenen Aufwands aus dem Einlagengeschäft seit dem Jahreswechsel benötigt der Treasurer eines kleineren Kreditinstitutes die seit Jahresbeginn

15 Hier wird die Bedeutung der Annahme eines friktionslosen Marktes deutlich, nämlich dass für die Umsetzung einer solchen Handelsstrategie die uneingeschränkte Teilbarkeit der Anlagen eine wichtige Voraussetzung ist.

16 Das negative Vorzeichen gibt an, dass hier nicht Geld investiert, sondern Geld aufgenommen werden muss.

17 Ein Leerverkauf ist ein Kontrakt, bei dem der Basiswert verkauft wird, ohne im Besitz des Verkäufers zu sein. Der zugrunde liegende Basiswert wird von einer dritten Partei geliehen mit dem Versprechen, diesen zu einem zukünftigen Zeitpunkt – in diesem Beispiel in zwei Jahren – zurück zu geben.

aufgelaufenen Zinstage zum 28. Juni. Gehen Sie ihm hierbei zur Hand und ermitteln Sie für alle Ihnen bekannten Zinsrechnungskonventionen die vollen Zinstage bis zu diesem Termin sowie den Anteil des Jahres, der bereits verstrichen ist. Berücksichtigen Sie dabei, dass es sich um ein Schaltjahr handelt.

Frage 3

Berechnen Sie den Barwert einer Nullkuponanleihe mit einer Laufzeit von drei Jahren, und vergleichen Sie diesen mit dem Barwert einer Festkuponanleihe mit einem jährlichen Kupon von 4% und einer Laufzeit von drei Jahren. Unterstellen Sie dabei ein Nominal von 10.000 € und einen über alle Laufzeiten einheitlichen exponentiellen, jährlichen Zins von 3,5% p.a. Was können Sie aus den Barwerten über die beiden Anlagen schließen?

Frage 4

Ein Aktienhändler möchte den Preis eines Derivates bestimmen, das ihm in Abhängigkeit von der zugrunde liegenden Aktie entweder eine Auszahlung einer Geldeinheit bei einem genau auf 55,00 € steigenden Kurs oder sonst keine Auszahlung verbrieft.[18] Zur starken Vereinfachung der Situation nimmt der Aktienhändler zwei mögliche Zustände des Aktienkurses bei Fälligkeit des Derivates in einem Jahr an. Ausgehend vom heutigen Aktienkurs von 51,50 € kann die Aktie auf 55,00 € steigen oder auf 49,00 € fallen. Der (risikolose) Diskontfaktor für die Laufzeit von einem Jahr liegt bei 0,9524. Bewerten Sie für den Händler das Derivat und stellen Sie eine entsprechende Handelsstrategie auf.

[18] Dieses Derivat wird in der Literatur als Arrow-Debreu-Security bezeichnet.

2 Bewertung von festverzinslichen Finanzinstrumenten

Zinsstrukturkurven werden zur Bewertung zukünftiger Zahlungsströme eingesetzt und bilden somit zentrale Bausteine der Bewertung nahezu aller Finanzinstrumente. In diesem Kapitel wird das Konzept einer Zinsstrukturkurve vorgestellt und zur Bewertung von festverzinslichen Finanzinstrumenten wie Zero Bonds, Kuponanleihen und Floating Rate Notes eingesetzt.[19] Die dargestellten Methoden bilden die Grundlage für komplexere Bewertungsmodelle in den späteren Kapiteln.

Vertiefende Literatur

Bianchetti, M. (2010): Two Curves, One Price, Risk Magazine 23(8), S. 66-72.

Bianchetti, M. / Carlicchi, M. (2011): Interest Rates After the Credit Crunch: Multiple-Curve Vanilla Derivatives and SABR, SSRN Working Paper, Banca Intesa San Paolo, Mailand.

Duffie, D. / Liu, J. (2001): Floating-Fixed Credit Spreads, Financial Analyst Journal 57(3), S. 76-87.

Duffie, D. / Singleton, K. J. (2003): Credit Risk: Pricing, Measurement, and Management, Princeton University Press, Princeton.

Henrard, M. P. A. (2010): The Irony in the Derivatives Discounting Part II: The Crisis, Wilmott Journal 2010 (2), S. 301-316.

Hull, J. C. (2012): Optionen, Futures und andere Derivative, 8., aktualisierte Auflage, Pearson Studium, München.

Mercurio, F. (2009): Interest Rates and the Credit Crunch: New Formulas and Market Models, Bloomberg Portfolio Research Paper 2010(1), New York.

Morini, M. (2009): Solving the Puzzle in the Interest Rate Market, SSRN Working Paper, Bocconi University, Mailand.

2.1 Diskontfaktor- und Zinsstrukturkurve

Trägt man die Zero Bond-Preise bzw. Diskontfaktoren $DF(0,t)$ für ein bezüglich Währung, Bonität und Liquidität homogenes Segment des Anleihenmarkts über der Fälligkeit t auf, so erhält man die **Diskontfaktorkurve** für dieses Segment. Wie in Kapitel 1 ausgeführt

---

[19] Auch variabel verzinsliche Instrumente gehören in die Klasse der festverzinslichen Instrumente. Der leicht missverständliche Begriff umfasst sämtliche Fremdkapitalinstrumente.

S. Kruse, *Aktien-, Zins- und Währungsderivate*,
DOI: 10.1007/978-3-8349-4304-0_2, © Springer Fachmedien Wiesbaden 2014

wird, können sämtliche festgelegte zukünftige Zahlungen[20] mit Hilfe von Zero Bond-Preisen bzw. Diskontfaktoren bewertet werden.

Oftmals werden statt der Diskontfaktoren die Renditen der Zero Bonds über deren Fälligkeiten aufgetragen. Dieser Graph wird als **Zinsstrukturkurve** bezeichnet. Die entsprechenden Renditen werden **Zero-Zinssätze** oder **Kassazinssätze** genannt. Der Vorteil der Darstellung mit Hilfe von Renditen ist ihre intuitivere Interpretationsmöglichkeit. Im Gegensatz zur Diskontfaktorkurve ist die Zinsstrukturkurve jedoch abhängig von den Zinsrechnungskonventionen (linear, exponentiell, Tageszählmethode), die bei der Ermittlung der Renditen verwendet worden sind. Bei der exponentiellen Zinsberechnung, die im Weiteren in der Regel verwendet wird, gilt der bereits in Kapitel 1 dargestellte Zusammenhang zwischen Zero-Zinssätzen $z(0,t)$ und Diskontfaktoren:

$$DF(0,t) = \left(1 + z(0,t)\right)^{-t} \tag{2.1}$$

2.1.1 Mögliche Formen der Zinsstrukturkurve

Zinsstrukturkurven können drei unterschiedliche Grundformen haben. Steigen die Zero-Zinssätze $z(0,t)$ mit der Fälligkeit t an, spricht man von einer **normalen Zinsstrukturkurve**. Sinken die Zero-Zinssätze $z(0,t)$ mit der Fälligkeit t, liegt eine **inverse Zinsstrukturkurve** vor. Sind die Zero-Zinssätze $z(0,t)$ für alle Fälligkeiten konstant, spricht man von einer **flachen Zinsstrukturkurve**. In der Realität können Zinskurven auch eine Mischung aus den drei Grundformen aufweisen. In diesem Fall besitzt eine Zinsstrukturkurve sowohl normale als auch inverse Abschnitte. **Abbildung 2.1** zeigt diese Grundformen von Zinsstrukturformen.

20 Hierbei wird vorausgesetzt, dass die zu bewertenden Zahlungen und die dazu verwendeten Diskontfaktoren eine vergleichbare Bonität und Liquidität aufweisen.

Abbildung 2.1 Mögliche Formen von Zinsstrukturkurven

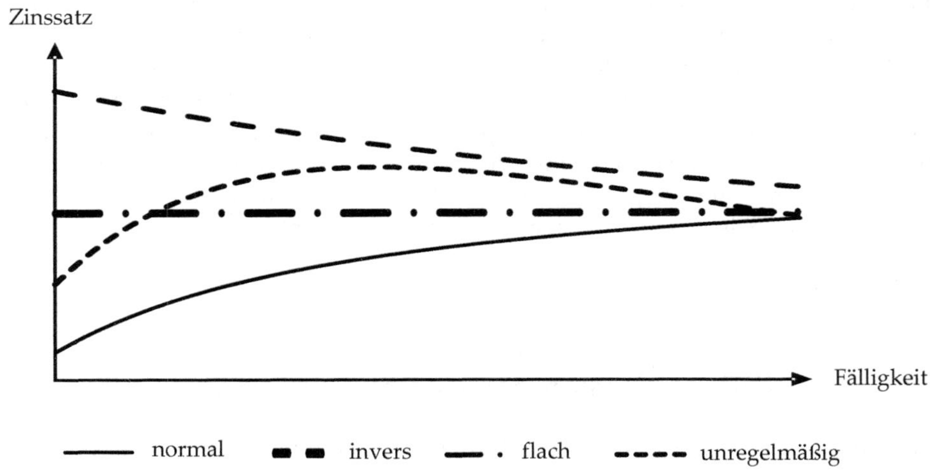

2.1.2 Forward-Zinssätze

Bisher wurden ausschließlich Zinssätze $z(0,t)$ und Diskontfaktoren $DF(0,t)$ betrachtet, die für eine Anlageperiode von Zeitpunkt 0 (heute) bis zum Zeitpunkt t gültig sind. Diese dienen der Bewertung zum heutigen Zeitpunkt. Aus der Zinsstrukturkurve bzw. den Diskontfaktoren kann jedoch auch der nach heutiger Marktmeinung erwartete Wert eines Zahlungsstroms zu einem zukünftigen Zeitpunkt ermittelt werden. Dazu wird ein Zero Bond mit Nominal 100% und Fälligkeit in T betrachtet. Sein heutiger Wert $K_{ZB}(0)$ entspricht dem diskontierten Nominalbetrag:

$$K_{ZB}(0) = DF(0,T) \cdot 100\% \tag{2.2}$$

Verkauft ein Investor den Zero Bond heute zu seinem Barwert $K_{ZB}(0)$ und legt das Geld bis zum Zeitpunkt t mit $0 < t < T$ an, so verfügt er im Zeitpunkt t über ein Vermögen in Höhe von

$$K_{ZB}(0) \cdot (1 + z(0,t))^t = \frac{DF(0,T)}{DF(0,t)} \cdot 100\% \tag{2.3}$$

Alternativ könnte der Investor den Bond nicht sofort, sondern erst zum Zeitpunkt t zu einem bereits heute festgelegten Preis $F_{K_{ZB}}(t)$ veräußern. Die beiden unterschiedlichen

Anlagemöglichkeiten sind in **Tabelle 2.1** dargestellt.

Tabelle 2.1 Vergleich der Investmentstrategien

Strategie	(Netto-)Zahlung in $t = 0$	Endvermögen in t
Heutiger Verkauf des Zero Bonds und sofortige Anlage des Erlöses	$+K_{ZB}(0) - K_{ZB}(0) = 0$	$+K_{ZB}(0) \cdot (1 + z(0,t))^t$
Verkauf des Zero Bonds auf Termin	0	$+F_{K_{ZB}}(t)$

Da Arbitrage ausgeschlossen ist, müssen beide Strategien zum gleichen Endvermögen in t führen, d.h. es muss gelten

$$F_{K_{ZB}}(t) = \frac{DF(0,T)}{DF(0,t)} \cdot 100\% \tag{2.4}$$

Der heute festgelegte und in der Zukunft in t geltende Wert $F_{K_{ZB}}(t)$ des Zero Bonds[21] ist also gleich dem mit dem **Forward-Diskontfaktor** $DF(t,T)$ von T auf t diskontierten Rückzahlungskurs und gibt damit an, welchen Betrag ein Investor *aus heutiger Sicht* in t anlegen müsste, um in T eine Geldeinheit zurückgezahlt zu bekommen. Dieser ergibt sich aus den heutigen Diskontfaktoren durch die folgende Gleichung:

$$DF(t,T) = \frac{DF(0,T)}{DF(0,t)} \tag{2.5}$$

Analog zu den Forward-Diskontfaktoren bestimmt die heutige Zinsstruktur auch die impliziten Terminzinssätze für Anlagen und Kredite, die erst in der Zukunft beginnen. Der **implizite Terminzinssatz** oder **Forward-Zero-Zinssatz** (**Forward Rate**) $FR(t,T)$ für die Periode von t bis T ist gegeben durch

$$\left(1 + FR(t,T)\right)^{T-t} = \frac{DF(0,t)}{DF(0,T)} = DF(t,T) \tag{2.6}$$

Wird heute ein davon abweichender Zinssatz für eine Termingeldanlage oder eine Termingeldaufnahme vereinbart, ergeben sich Arbitragemöglichkeiten. Dies ist einfach zu erkennen, wenn man die vorhergehende Gleichung allein mit Hilfe von Zero-Zinssätzen ausdrückt:

$$\left(1 + z(0,t)\right)^t \cdot \left(1 + FR(t,T)\right)^{T-t} = \left(1 + z(0,T)\right)^T \tag{2.7}$$

Ökonomisch interpretiert bedeutet dies, dass die Rendite aus einer Anlage vom Zeitpunkt 0 bis T genauso hoch sein muss, wie die kumulierte Rendite aus einer Anlage bis t und einer

21 Dieser wird auch als Forward-Preis des Zero Bonds bezeichnet, vgl. Kapitel 9.

Terminanlage von t bis T. Die Forward-Zero-Zinssätze berechnen sich somit aus den Zero-Zinssätzen mittels folgender Formel

$$FR(t,T) = \left(\frac{DF(0,t)}{DF(0,T)}\right)^{\frac{1}{T-t}} - 1 = \sqrt[T-t]{\frac{DF(0,t)}{DF(0,T)}} - 1 = \left(\frac{(1+z(0,T))^T}{(1+z(0,t))^t}\right)^{\frac{1}{T-t}} - 1 = \sqrt[T-t]{\frac{(1+z(0,T))^T}{(1+z(0,t))^t}} - 1 \qquad (2.8)$$

Analog zu der Vorgehensweise bei Kassazinssätzen können auch Terminzinssätze für die Bewertung von Zahlungsströmen mit mehreren Zahlungszeitpunkten verwendet werden.[22]

Bei den impliziten Forward-Zero-Zinssätzen handelt es sich um Marktinformationen, die anhand der heutigen Marktmeinung in Form der vorliegenden Zinsstruktur errechnet werden. Der Zinssatz $FR(t,T)$ ist also der arbitragefreie Zinssatz, den man *heute* am Markt für eine Mittelanlage bzw. -aufnahme in t mit Laufzeit $LZ = T - t$ bis zum Zeitpunkt T vertraglich fixiert. Terminzinssätze sind somit keine Vorhersagen zukünftiger Zinssätze.

Fallbeispiel 2.1 Ermittlung des impliziten Forward-Zinssatzes
Der Treasurer einer Bank kann zu folgenden Zero-Zinssätzen Geld aufnehmen:

T	1	2	3	4
$z(0,t)$	2,50%	2,00%	2,75%	3,50%

Er möchte die Bank über eine Termingeldaufnahme in zwei Jahren mit zweijähriger Laufzeit vorfinanzieren. Für die Ermittlung des arbitragefreien Forward-Zinssatzes $FR(2,4)$ dieser Termingeldaufnahme kann Gleichung (2.7) verwendet werden:

$$(1 + z(0,2))^2 \cdot (1 + FR(2,4))^{4-2} = (1 + z(0,4))^4$$

Setzt man die bekannten Kassazinssätze ein, erhält man:

$$(1 + 2,00\%)^2 \cdot (1 + FR(2,4))^2 = (1 + 3,50\%)^4$$

Diese Gleichung lässt sich nun nach dem gesuchten Forward-Zinssatz auflösen:

$$FR(2,4) = \sqrt[2]{\frac{(1+3,50\%)^4}{(1+2,00\%)^2}} - 1 = 5,022\%$$

Tipp
Unter der Annahme einer flachen Zinsstruktur vereinfacht sich die Situation erheblich, denn dann gilt, dass die Zinssätze über alle Laufzeiten gleich sind. Mit anderen Worten entsprechen die Zero-Zinssätze den Forward-Zero-Zinssätzen über alle Laufzeiten. Lediglich die Diskontfaktoren sind zu berechnen.

22 Vgl. Abschnitt 1.3.2.

2.1.3 Arbitragefreiheit von Diskont- und Zinsstrukturkurven

Die bei der Bewertung getroffene Annahme des vollkommenen und vollständigen Finanzmarktes schließt Arbitragemöglichkeiten aus. Um diese Arbitragefreiheit zu gewährleisten, muss die Form der Diskontfaktor- bzw. Zinsstrukturkurven bestimmte Voraussetzungen erfüllen.

- **Zinssätze dürfen nicht negativ sein.** Dies ist äquivalent zu der Forderung, dass sämtliche Diskontfaktoren kleiner gleich Eins sind, es gilt also $DF(0,t) \leq 1$ für alle $t \geq 0$. Bei Vorliegen von negativen Zinssätzen könnte man durch die Aufnahme eines Kredits Zinserträge erwirtschaften. Hält man das aufgenommene Geld in der Kasse, erzielt man ohne Kapitaleinsatz einen Gewinn. Solche Preise würden also Arbitrage zulassen.[23]
- **Diskontfaktoren $DF(0,t)$ müssen mit zunehmender Fälligkeit t monoton fallend sein.** Eine Verletzung dieser Eigenschaft führt ebenso zu Arbitrage. Zur Illustration der Arbitragemöglichkeit werden zwei Zeitpunkte t_1 und t_2 mit $t_2 > t_1$ betrachtet, die die geforderte Monotonie durch $DF(0,t_2) > DF(0,t_1)$ verletzen. Wenn ein Investor einen Zero Bond mit Fälligkeit in t_1 kauft und gleichzeitig einen in t_2 fälligen Zero Bond mit gleichem Nominal verkauft, fließt ihm zu diesem Zeitpunkt ein positiver Geldbetrag in Höhe der Differenz der beiden Zero Bond-Preise zu. In t_1 erhält er das Nominal des ersten Zero Bonds zurückgezahlt. Dies kann er bis t_2 in der Kasse halten und damit den leerverkauften Zero Bond zum Nominalbetrag zurückkaufen. Nicht monoton fallende Diskontfaktorkurven lassen also ebenfalls Arbitrage zu.

Diskontfaktoren und Zero-Zinssätze hängen unmittelbar zusammen. Daher schränkt die Monotoniebedingung an die Diskontfaktoren

$$DF(0,t_2) \leq DF(0,t_1) \qquad \text{für alle} \qquad t_2 > t_1 \tag{2.9}$$

auch die möglichen Formen für arbitragefreie Zinsstrukturkurven ein. Aus dieser Ungleichung erhält man in Kombination mit der Definition der Forward-Zinssätze aus Gleichung (2.8) unmittelbar folgende Bedingung an die Terminzinssätze für die Gültigkeit der Arbitragefreiheit:

$$FR(t_1,t_2) \geq 0 \qquad \text{für alle} \qquad t_2 > t_1 \tag{2.10}$$

Eine Zinsstrukturkurve ist also arbitragefrei, wenn sämtliche Forward-Zinssätze nicht negativ sind. Die aus der Arbitragefreiheit folgenden Restriktionen an die Zero-Zinssätze lassen sich nicht ganz so kurz und einfach formulieren wie die Bedingungen an Diskontfaktoren oder Terminzinssätze. Bei Vorliegen einer flachen oder einer normalen Zinsstrukturkurve sind die Diskontfaktoren monoton fallend und Arbitrage ist somit ausgeschlossen. Auch inverse Zinsstrukturkurven können arbitragefrei sein. Allerdings

---

23 Davon unabhängig gibt kann es in der Praxis zu Marktphasen kommen, in denen negative Zinssätze beobachtet werden können.

dürfen Zinsstrukturkurven nicht zu stark invers sein, da sonst die Monotoniebedingung (2.9) an die Diskontfaktoren nicht mehr erfüllt ist.

2.1.4 Zinsstrukturkurven für unterschiedliche Bonitätsklassen

Bisher ist bei der Darstellung von Zinsstrukturkurven nur ein Segment des Anleihemarkts betrachtet worden, das bezüglich Währung, Liquidität und Kreditrisiko homogen ist. Tatsächlich werden Anleihen und andere Finanzinstrumente von unterschiedlichen Schuldnern begeben. Je nach Schuldner, der bei kapitalmarktfähigen Anleihen als Emittent bezeichnet wird, tragen die versprochenen Zins- und Tilgungszahlungen ein unterschiedlich hohes Bonitätsrisiko, d.h. es liegen unterschiedlich hohe Wahrscheinlichkeiten für den Fall der Insolvenz eines Emittenten vor, in dem die Zahlungen aus den Anleihen nicht oder nur teilweise geleistet werden. Je höher die Wahrscheinlichkeit einer Insolvenz ist, desto größer ist auch das Risiko für den Käufer der entsprechenden Anleihen. Er wird daher als Kompensation für das zusätzliche Risiko eine höhere Rendite verlangen bzw. nur einen geringeren Preis für eine solche Anleihe zahlen.

Das Kreditrisiko der meisten Emittenten mit kapitalmarktfähigen Anleihen wird durch Ratingagenturen eingeschätzt. Diese Firmen wie beispielsweise Moody's oder Standard & Poor's, vergeben Bonitätseinschätzungen in Form von Noten, dem **Rating**. Die beste von Moody's vergebene Bonitätseinschätzung lautet Aaa. Diesen Anleihen wird nahezu kein Ausfallrisiko zugeschrieben. Zum Beispiel tragen deutsche Staatsanleihen zurzeit diese Note. Die zweitbeste Note heißt Aa, danach folgen A, Baa, Ba, B, Caa, Ca und C. Standard & Poor's hat eine ähnliche Notenskala. Beginnend mit der besten Bonität lauten die Noten AAA, AA, A, BBB, BB, B, CCC, CC, C und D. Beide Agenturen verwenden zusätzlich noch Zwischennoten zur detaillierteren Einschätzung.

Aufgrund der von den Investoren geforderten Preisabschläge weisen die Renditen einer Klasse von Anleihen mit schlechter Bonität eine höhere Rendite auf, als Anleihen mit (nahezu) keinem Kreditrisiko. Eine aus den Anleihepreisen von kreditrisikobehafteten Anleihen ermittelte Zinsstrukturkurve würde sich daher, wie in **Abbildung 2.2** dargestellt, oberhalb der Kurve für risikolose Anleihen bewegen.

Oftmals stellt man die Zinsstrukturkurve $z^{CREDIT}(0,t)$ für Anleihegruppen mit Kreditrisiko als Summe zweier Komponenten dar. Die erste Komponente ist der Zinssatz $z(0,t)$ für risikolose Anleihen für die entsprechende Fälligkeit. Die zweite Komponente besteht aus dem Renditeabstand zwischen kreditrisikofreien und kreditrisikobehafteten Anleihen, der als **Kreditrisikospread** $s(0,t)$ bezeichnet wird. Insgesamt stellt sich der einzelne Zinssatz somit wie folgt dar:

$$z^{CREDIT}(0,t) = z(0,t) + s(0,t) \tag{2.11}$$

Abbildung 2.2 Zinsstrukturkurven für unterschiedliche Bonitätsklassen (schematisch)

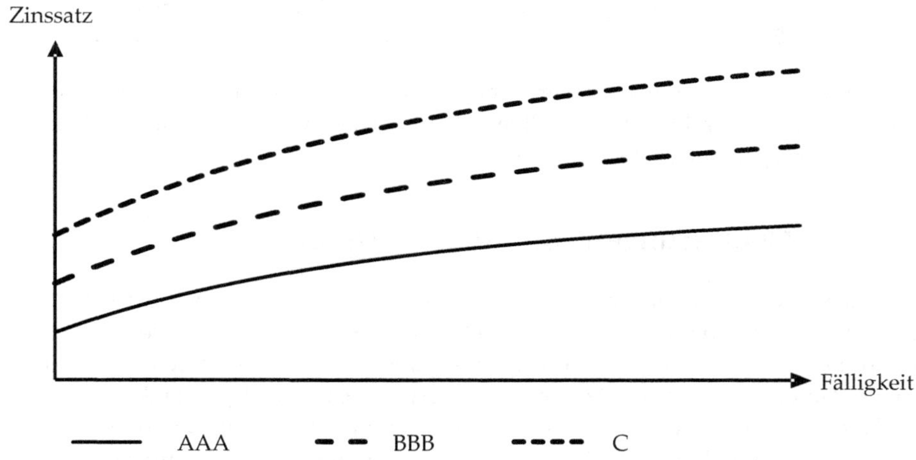

2.2 Bewertung von Kuponanleihen

Der Zahlungsstrom einer typischen (Fest-)Kuponanleihe (Plain Vanilla Bond[24]) weist periodische Kuponzahlungen in Höhe von c und eine Rückzahlung von 100% des Nominalbetrags zum Fälligkeitstermin T auf. In der Regel finden diese Kuponzahlungen halbjährlich oder jährlich statt und werden in Prozent auf den zugrunde liegenden Nominalbetrag angegeben. Die am Kupontermin fällige Zahlung beträgt unter Berücksichtigung der vereinbarten Zinsrechnungskonvention jeweils:

$$c \cdot \frac{\text{Zinstage in Kuponperiode}}{\text{Zinstage pro Jahr}} \cdot \text{Nominal} \qquad (2.12)$$

Zu Beginn muss der Käufer den Kaufpreis $K(0)$, der üblicherweise als Kurs und damit in Prozent des Nominalbetrags angegeben wird, entrichten. Die Zahlungsreihe für eine Anleihe mit einem jährlichen Kupon in der Höhe von c und einem Nennwert 100% hat daher die in **Tabelle 2.2** dargestellte Form.[25]

[24] Standardprodukte werden am Kapitalmarkt auch allgemein als Plain Vanilla Produkte bezeichnet.

[25] Bei dieser Darstellung wird auf eine Berücksichtigung der Zinsrechnungskonventionen zur Vereinfachung verzichtet.

Tabelle 2.2 Zahlungsstrom einer Kuponanleihe mit jährlichem Kupon

t	0	1	2	3	...	T
CF_t	$-K(0)$	c	c	c	...	$100\% + c$

Es gibt auch Varianten mit partieller Tilgung oder aufsteigenden und/oder absteigenden Kupons während der Laufzeit. Die Bewertung solcher Anleihen erfolgt analog zu den Methoden für regelmäßig zahlende Anleihen.

2.2.1 Quotierungen von Anleihepreisen

Die meisten aktiv gehandelten Anleihen werden als Inhaberpapiere mit **Stückzinsen** c_0 gehandelt. Nach Marktkonvention fließt dem Inhaber der Anleihe zu jedem Kuponzahlungstermin der gesamte Kupon zu, auch wenn er die Anleihe nicht über die gesamte Kuponperiode in Besitz gehabt hat. Erwirbt ein Investor eine Anleihe während einer laufenden Kuponperiode, muss er als Ausgleich dafür dem Verkäufer Stückzinsen c_0 bezahlen. Er bezahlt ihm somit den anteiligen Kupon, der dem Verkäufer seit dem letzten Zinszahlungstermin bis zur Valuta des Verkaufs zugeflossen wäre. Der gesamte Verkaufspreis der Anleihe, der als **Dirty Price** bezeichnet wird und dem Barwert $K(0)$ der Anleihe zum Verkaufszeitpunkt entspricht, setzt sich bei diesen Anleihen aus den Stückzinsen c_0 und dem **Clean Price** $CP(0)$ zusammen:

$$K(0) = CP(0) + c_0 \qquad (2.13)$$

Als Kurs quotiert wird bei Anleihetransaktionen in der Regel der Clean Price. Clean Prices ermöglichen einen einfacheren Vergleich von Anleihen mit unterschiedlichen Kuponterminen.

Manchmal werden Anleihekurse auch mittels ihrer Rendite y spezifiziert. Die **Rendite (bis Fälligkeit)** oder **Yield to Maturity** einer Anleihe entspricht dem internen Zinsfuß ihrer Zahlungsreihe. Zinst man also alle zukünftigen Zahlungen einer Anleihe mit dem gleichen Zinssatz y ab, so erhält man als Barwert der Zahlungen gerade den aktuellen Verkaufspreis $K(0)$ der Anleihe. Die Rendite lässt sich mittels dieses Zusammenhangs ermitteln, wobei in der Regel numerische Verfahren[26] eingesetzt werden:

$$K(0) = \sum_{t=1}^{T} c \cdot (1+y)^{-t} + 100\% \cdot (1+y)^{-T} \qquad (2.14)$$

Anders ausgedrückt: Liegt am Markt eine flache Zinsstruktur in Höhe der Rendite y der Anleihe vor, stellt sich der Preis $K(0)$ für diese Anleihe ein.

---

26 Bspw. kann die Yield to Maturity mittels einer Zielwertsuche in einem geeigneten Kalkulationsprogramm wie bspw. Microsoft Excel ermittelt werden.

Fallbeispiel 2.2 Preisquotierung einer Kuponanleihe
Ein Rentenhändler bietet eine ursprünglich 5 Jahre laufende Anleihe mit 2,25-jähriger Restlaufzeit und einem jährlichen Kupon von 5,00% mit den folgenden Worten an: „Ich bin bereit, die Anleihe bei einer Rendite von 4,75% zu verkaufen." Der Händler möchte also folgenden effektiven Kaufpreis für die Anleihe zu erzielen:

$$K(0) = 5\% \cdot (1 + 4{,}75\%)^{-0{,}25} + 5\% \cdot (1 + 4{,}75\%)^{-1{,}25} + 105\% \cdot (1 + 4{,}75\%)^{-2{,}25} = 104{,}25\%$$

Dies ist der Dirty Price der Anleihe. Um den üblicherweise quotierten Clean Price der Anleihe zu erhalten, müssen davon noch die Stückzinsen der aktuellen Zinsperiode, d.h. für das Dreivierteljahr seit dem letzten Kupontermin, abgezogen werden. Damit ergibt sich der Clean Price bzw. Kurs der Anleihe als:

$$CP(0) = 104{,}25\% - 5{,}00\% \cdot \frac{3}{4} = 100{,}50\%$$

Falls nicht explizit anders angegeben, werden im weiteren Verlauf des Buches die Begriffe Anleihepreise oder –kurse synonym mit dem Dirty Price verwendet, d.h. dem ausmachenden Betrag einer Verkaufstransaktion.[27]

Tipp
Renditen sind intuitiver interpretierbar als Preise von Anleihen, da diese Anleihen mit unterschiedlicher Kuponhöhe miteinander vergleichbar machen. Renditen werden daher häufig zu Preisquotierungen von Anleihen verwendet. Allerdings ist die Annahme einer flachen Zinsstrukturkurve, die der Renditeberechnung implizit zugrunde liegt, praktisch nahezu immer verletzt. Eine Auswahl von Anleihen allein aufgrund der Rendite führt daher teilweise zu falschen Entscheidungen.

2.2.2 Bewertung von Kuponanleihen

In Abschnitt 1.3.2 ist bereits die Bewertung eines festen Zahlungsstroms anhand von Diskontfaktoren dargestellt worden. Diese Methode kann direkt auf die Bewertung von Anleihen übertragen werden. Wie in Abschnitt 2.1.4 ausgeführt, müssen der zu bewertende Zahlungsstrom und die dazu verwendeten Diskontfaktoren bzw. Zero Bond-Preise bezüglich ihres Kredit- und Liquiditätsrisikos vergleichbar sein. Für den fairen Dirty Price der Anleihe mit einem vereinbarten Kupon c und einer Laufzeit T bedeutet dies:

$$K(0) = \sum_{t=1}^{T} c \cdot DF(0,t) + 100\% \cdot DF(0,T) \tag{2.15}$$

Alternativ kann der marktgerechte Preis der Anleihe auch mit Hilfe der Zero-Zinssätze aus der entsprechenden Zinsstrukturkurve ausgedrückt werden:

$$K(0) = \sum_{t=1}^{T} \frac{c}{(1+z(0,t))^t} + \frac{100\%}{(1+z(0,T))^T} \tag{2.16}$$

[27] Zu Beginn einer Kuponperiode sind Dirty und Clean Price ohnehin gleich, da sich die Stückzinsen auf Null belaufen.

Auf einem vollkommenen Markt muss der Kaufpreis der Anleihe gerade dem Barwert entsprechen, da sonst Arbitragemöglichkeiten bestehen.

Fallbeispiel 2.3 Ermittlung des arbitragefreien Kurses einer Anleihe
Am Kapitalmarkt liegt die folgende Zinsstrukturkurve für Staatsanleihen vor:

t	1	2	3
$z(0,t)$	1,50%	2,00%	3,00%

Ein Bankenkonsortium plant die Ausgabe einer neuen Staatsanleihe mit drei Jahren Laufzeit, die mit einem Nominalkupon von 4,00% ausgestattet sein soll. Das Konsortium möchte den fairen Preis der neuen Anleihe bestimmen. Dazu können die gegebenen Zero-Zinssätze des Anleihemarktsegments Staatsanleihen verwendet werden:

$$K(0) = 4\% \cdot (1+1{,}50\%)^{-1} + 4\% \cdot (1+2{,}00\%)^{-2} + 104\% \cdot (1+3{,}00\%)^{-3} = 102{,}96\%$$

Da die erste Kuponperiode zum Zeitpunkt der Bewertung noch nicht begonnen hat, fallen keine Stückzinsen an. Sowohl der faire Clean Price als auch der faire Dirty Price betragen 102,96%.

Tipp
Zur Bewertung von kreditrisikobehafteten Anleihen müssen Diskontfaktoren bzw. Zinssätze verwendet werden, die der jeweiligen Bonität des Emittenten entsprechen. Diese Zero-Zinssätze können gemäß Gleichung (2.11) in einen risikolosen und einen kreditrisikobehafteten Anteil aufgespaltet werden. Die Bewertungsgleichung für Festkuponanleihen mit Kreditrisiko lautet damit:

$$K(0) = \sum_{t=1}^{T} \frac{c}{(1+z(0,t)+s(0,t))^t} + \frac{100\%}{(1+z(0,T)+s(0,T))^T} \qquad (2.17)$$

2.3 Floating Rate Notes

Floating Rate Notes (**Floater**) sind Anleihen mit variabler Verzinsung. Die Kuponhöhen solcher Anleihen sind zu Laufzeitbeginn noch nicht festgelegt. Sie werden erst nach und nach während der Laufzeit der Anleihe gemäß einer festen Kuponberechnungsformel fixiert. In diese Formel geht die Höhe eines oder mehrerer Referenzindizes ein.

Die Kuponberechnungsvorschrift kann nahezu beliebig kompliziert sein und sich auf verschiedene Referenzindizes beziehen. Die meisten EUR-Anleihen referenzieren auf den **EURIBOR** (Euro Interbank Offered Rate). Der EURIBOR ist der Mittelwert der Zinssätze, zu denen große Banken bereit sind, sich untereinander unbesicherte EUR-Kredite zu geben. Die European Banking Federation erfragt an jedem Handelstag die entsprechenden Zinssätze für verschiedene Laufzeiten von einer Woche bis zu einem Jahr von einer festgelegten Gruppe von Banken und veröffentlicht pro Laufzeit deren Durchschnitt (man spricht vom EURIBOR-Fixing). Auch für andere Währungsräume gibt es ähnliche Indizes, wie z.B. den von der British Bankers' Association erhobenen USD-LIBOR (London Interbank Offered Rate). Die meisten Floating Rate Notes in EUR haben vierteljährliche (bzw. halbjährliche) Kuponzahlungen und referenzieren auf den 3M-EURIBOR[28] (bzw. 6M-EURIBOR).

In diesem Abschnitt werden zur Vereinfachung der Darstellung nur einfache Floating Rate Notes betrachtet. Deren Kuponformel referenziert auf den Geldmarkzinssatz für die jeweilige Kuponperiode, der dem zu Beginn der Periode vorliegenden linearen Zinssatz für die Zinsperiode entspricht.[29] Für die Periode mit Länge Δt, die zum Zeitpunkt $t-\Delta t$ beginnt und in t endet, beträgt die Höhe des Kupons einer solchen Anleihe:[30]

$$(i(t-\Delta t, t)+s)\cdot\frac{\text{Zinstage in Kuponperiode}}{\text{Zinstage pro Jahr}}\cdot\text{Nominal} \quad (2.18)$$

Dabei bezeichnet $i(t-\Delta t, t)$ den im Zeitpunkt $t-\Delta t$ am Markt vorliegenden Zinssatz bzw. Geldmarktzins für eine Anlageperiode der Länge Δt. Er wird am Anfang der Zinsperiode festgelegt und ist bis zum Zeitpunkt $t-\Delta t$ unbekannt.[31] Die Kupons der meisten Floating Rate Notes weisen zusätzlich einen Aufschlag s auf den variablen Zinssatz auf. Dieser Zinsaufschlag (**Spread**) s wird auch als **Quoted Margin** bezeichnet und üblicherweise in **Basispunkten** (**Basis Points**, bp) angegeben. Ein Basispunkt entspricht 0,01%. Die Verzinsung eines Floaters ohne vereinbarten Zinsaufschlag bezeichnet man auch als **flat**. **Tabelle 2.3** zeigt den Cash Flow einer einfachen Floating Rate Note (Plain Vanilla Floating Rate Note) mit jährlicher Zinszahlungsfrequenz ($\Delta t=1$), einem Nennwert von 100%und einem aktuellen Barwert $K_{FRN}(0)$..[32]

Tabelle 2.3 Zahlungsstrom einer einfachen Floating Rate Note mit jährlicher Zinszahlungsfrequenz

t	0	1	2	...	T
CF_t	$-K_{FRN}(0)$	$+i(0,1)+s$	$+i(1,2)+s$	···	$100\%+i(T-1,T)+s$

Neben den Plain Vanilla Floating Rate Notes, die vom ausstehenden Volumen her den Hauptteil der auf dem Kapitalmarkt gehandelten Floating Rate Notes ausmachen, gibt es

28 3M-EURIBOR ist die Abkürzung für die Euro Interbank Offered Rate für eine Laufzeit von drei Monaten. Für die Zinssätze für andere Laufzeiten werden analoge Abkürzungen verwendet.

29 Geldmarktzinssätze beziehen sich auf eine Anlageperiode von bis zu einem Jahr und sind damit lineare Zinssätze.

30 Die Anzahl der zu berücksichtigen Zinstage in der Kuponperiode und pro Jahr richtet nach der vereinbarten Zinsrechnungskonvention, die bei Geldmarktzinssätzen wie dem EURIBOR act/360 entspricht.

31 Diese Art der Zinsfestlegung nennt man auch Fixing in Advance.

32 Bei dieser Darstellung wird auf eine Berücksichtigung der Zinsrechnungskonventionen zur Vereinfachung verzichtet.

eine Fülle von komplexer ausgestalteten Floating Rate Notes, die bzgl. Kuponausstattung, Referenzindex, Fixingzeitpunkt, Zeitabhängigkeit des Spreads etc. von dem beschriebenen Standardtyp abweichen. Die Bewertung von Plain Vanilla Floating Rate Notes ist jedoch ein wichtiger Baustein für die Bewertungstheorie festverzinslicher Wertpapiere insgesamt.

2.3.1 Grundidee der Bewertung von Floating Rate Notes

Die ökonomische Grundidee für die Bewertung von Floating Rate Notes basiert auf der Zerlegung der Anleihe in ihre einzelnen Kuponperioden. In der Duplikationsstrategie nimmt der Emittent einer Floating Rate Note in jeder Kuponperiode einen Kredit zum aktuell gültigen Geldmarktzinssatz zzgl. der Quoted Margin s auf. Ist die Höhe des Spreads für das Kreditrisiko des Anleiheemittenten angemessen, so nimmt der Emittent in jeder Periode einen Kredit zum fairen Marktzinssatz auf. Kompensiert also der Spread Investoren für das Kreditrisiko des Emittenten, so kann der Zahlungsstrom eines Floaters mittels der Zahlungsströme einer Folge revolvierender Kredite zum jeweiligen marktgerechten Marktzinssatz dupliziert werden. Demzufolge beträgt der Wert eines Floaters in diesem Fall zu jedem Zinsanpassungstermin 100% des Nominalbetrags. Reicht der variable Referenzzinssatz zuzüglich der Quoted Margin nicht zur Kompensation für das Kreditrisiko aus, notiert der Floater unter 100%. Wird das Kreditrisiko durch den Spread überkompensiert, notiert die Floating Rate Note über 100%.

2.3.2 Bewertung von Floating Rate Notes (Modell mit einer Zinskurve)

Im Folgenden wird eine einfache Floating Rate Note bewertet. Dabei wird unterstellt, dass es eine eindeutige Zinsstrukturkurve gibt, die sowohl zur Diskontierung als auch zur Ermittlung der Forwards des variablen Referenzzinssatzes herangezogen wird.[33]

Die Grundlage der formalen Bewertungsmethodik bilden zwei Annahmen über den analysierten Finanzmarkt:

- Auf dem Finanzmarkt sind Geldanlagen und -aufnahmen zum Referenzzinssatz (z.B. EURIBOR) für die entsprechende Laufzeit möglich. Diese Geldanlage- und Geldaufnahmemöglichkeiten unterliegen demselben Kreditrisiko wie die zu bewertende Floating Rate Note.
- Die Zinsstrukturkurve für Anleihen mit dem Kreditrisiko der zu bewertenden Floating Rate Note sei mit den Zero-Zinssätzen $z(0, t)$ gegeben.

Da der Referenzzinssatz der marktgerechte Zinssatz für Anlagen mit dem Kreditrisiko des betrachteten Floaters ist, notiert eine entsprechende Plain Vanilla Floating Rate Note auf

[33] In Abschnitt 2.3.3 wird die Annahme aufgegeben und es werden unterschiedliche Diskont- und Forward-Zinskurven zur Bewertung verwendet.

den Referenzzinssatz ohne Spread ($s = 0$) zu jedem Zinsanpassungstermin bei 100% des Nominalbetrags. Dies gilt unabhängig von der Laufzeit T der Floating Rate Note. Dies lässt sich zur Bewertung einer einzelnen der zum heutigen Zeitpunkt unbekannten Zinszahlungen einer Floating Rate Note ausnutzen. Zur Vereinfachung wird im Weiteren ein Floater mit einer jährlichen Zinszahlung ($\Delta t = 1$). betrachtet. Zum Zeitpunkt t zahlt diese Anleihe einen Kupon in Höhe von $z(t-1,t)$.[34] Diese Zahlung lässt sich durch das folgende Portfolio duplizieren: Kauf einer Floating Rate Note $K_{FRN}^{LZ=t}(0)$ mit Fälligkeit t und eines Zero Bonds $K_{ZB}^{LZ=t-1}(0)$ mit Fälligkeit $t-1$ bei gleichzeitiger Aufnahme eines Kredits durch die Ausgabe (Emission) einer Floating Rate Note $K_{FRN}^{LZ=t-1}(0)$ mit Fälligkeit $t-1$ und eines Zero Bonds $K_{ZB}^{LZ=t}(0)$ mit Fälligkeit in t. Die kombinierte Zahlungsreihe des Portfolios inklusive der arbitragefreien Preise der enthaltenen Instrumente ist in **Tabelle 2.4** dargestellt.

Tabelle 2.4 Motivation der grundlegenden Bewertungsidee des unbekannten Zahlungsstroms eines Plain Vanilla Floaters mit jährlicher Zinszahlung

Instrument	0	1	…	$t-1$	T
$+K_{FRN}^{LZ=t}(0)$	-100%	$+z(0,1)$	…	$+z(t-2,t-1)$	100% $+z(t-1,t)$
$-K_{FRN}^{LZ=t-1}(0)$	$+100\%$	$-z(0,1)$	…	-100% $-z(t-2,t-1)$	
$-K_{ZB}^{LZ=t}(0)$	$+DF(0,t)$	0	…	0	-100%
$+K_{ZB}^{LZ=t-1}(0)$	$-DF(0,t-1)$	0	…	$+100\%$	
Summe der Geschäfte	$\boldsymbol{-(DF(0,t-1)}$ $\boldsymbol{-DF(0,t))}$	**0**	…	**0**	$\boldsymbol{+z(t-1,t)}$

[34] Für eine Laufzeit von einem Jahr entsprechen sich der lineare und der exponentielle Zinssatz, sodass zur besseren Verständlichkeit bei einjähriger Zinszahlungsfrequenz mit dem Zero-Zinssatz $z(t-1,t)$ argumentiert wird. Geldmarktsätze beziehen sich auf Laufzeiten bis zu einem Jahr, sodass der Referenzzins die lineare Verzinsung und damit einen linearen Referenzzins $i(t-\Delta t,t)$ unterstellt, sofern die Zinsperiode nicht genau ein Jahr beträgt.

Der Barwert einer einzelnen Zinszahlung $z(t-1,t)$ entspricht also der Differenz zweier Diskontfaktoren $DF(0,t-1) - DF(0,t)$. Zinst man diese Differenz bis zum Auszahlungszeitpunkt t des Kupons auf, erhält man:

$$DF(0,t) \cdot \big(DF(0,t-1) - DF(0,t)\big) = \frac{DF(0,t-1)}{DF(0,t)} - 1 = \frac{(1+z(0,t))^t}{(1+z(0,t-1))^{t-1}} - 1 = FR(t-1,t) \qquad (2.19)$$

Unter den getroffenen Annahmen kann man also den in $t = 0$ unbekannten variablen Zinssatz $z(t-1,t)$ zu Bewertungszwecken durch den aktuellen, impliziten Terminzinssatz $FR(t-1,t)$ für die zukünftige Periode von $t-1$ bis t ersetzen. Somit hat man die Bewertung eines heute unbekannten, erst in der Zukunft festgelegten Cash Flows auf die Bewertung eines festen Zahlungsstroms zurückgeführt. Diese Äquivalenz bzgl. der Bewertung vereinfacht die Berechnung der Barwerte von vielen Finanzinstrumenten wie z.B. Forward Rate Agreements und Swaps.[35]. Es sei explizit darauf hingewiesen, dass die oben ermittelten festen Cash Flows die variablen Zinszahlungen nicht duplizieren. Daher unterscheidet sich beispielsweise das Risikoprofil der variablen Zinszahlungen und der sie ersetzenden festen Cash Flows deutlich voneinander. Ihre Barwerte sind jedoch identisch, sodass die Ersetzung zu reinen Bewertungszwecken vorgenommen werden darf.

Fallbeispiel 2.4 Bewertung einer Floating Rate Note über Terminzinssätze
Auf dem betrachteten Kapitalmarkt können die Investoren Geld zu einem Referenzzinssatz mit Fristigkeit von einem Jahr aufnehmen und anlegen. Es gilt folgende Zinsstrukturkurve:

t	1	2	3	4
$z(0,t)$	1,00%	2,25%	3,00%	3,25%

Eine Floating Rate Note mit vergleichbarem Kreditrisiko, jährlichen Kuponperioden, einem Kupon in Höhe von $z(t-1,t)$ und Fälligkeit in $T = 4$ weist vier Kuponzahlungszeitpunkte auf. Zu Bewertungszwecken können die noch unbekannten Fixings des Referenzzinssatzes mit den Terminzinssätzen der Kuponperioden ersetzt werden. Mit Hilfe der Formel für Terminzinsätze

$$FR(t-1,t) = \frac{(1+z(0,t))^t}{(1+z(0,t-1))^{t-1}} - 1$$

ergeben sich die folgenden Forward-Zinssätze:

t	1	2	3	4
$FR(t-1,t)$	1,000%	3,515%	4,517%	4,004%

[35] Vgl. Kapitel 9 und Kapitel 13.

Ersetzt man die noch unbekannten Kupons durch die Terminzinssätze und diskontiert sie gemäß der gegebenen Zinsstrukturkurve, kann die Gültigkeit der ökonomischen Grundidee des Bewertungsprinzips überprüft werden:

$$K_{FRN}(0) = 1\% \cdot 1{,}01^{-1} + 3{,}515\% \cdot 1{,}0225^{-2} + 4{,}515\% \cdot 1{,}03^{-3} + 104{,}004\% \cdot 1{,}0325^{-4}$$

$$= 100{,}00\%$$

Der Wert der Floating Rate Note (in einem Zinsanpassungstermin) beträgt 100%.

Fallbeispiel 2.5 Bewertung einer Floating Rate Note nicht ganzjähriger Zahlungsfrequenz

Das Bewertungsprinzip für Floating Rate Notes gilt analog bei Berücksichtigung der Zinskonventionen. Dazu wird beispielhaft eine einjährige Floating Rate Note $T = 1$ mit vierteljährlichen Zahlungen betrachtet. Die Kuponhöhe entspricht dem Referenzzinssatz $z(t - 0{,}25, t)$, zu dem die Investoren über eine Periode von einem Vierteljahr Geld anlegen und aufnehmen können. Die kreditrisikoadäquate, exponentielle Zinsstrukturkurve beträgt:

t	$0{,}25$	$0{,}50$	$0{,}75$	$1{,}00$
$z(0,t)$	1,50%	2,00%	2,25%	2,50%

Um die Floating Rate Note zu bewerten, müssen nun wieder die entsprechenden Forward-Zinssätze bestimmt werden. Da es sich diesmal um unterjährige Zinszahlungen handelt, müssen die Forward-Zinsen unter Berücksichtigung der Zinskonvention des Index ermittelt werden. Dazu wird angenommen, dass dem Referenzzinssatz eine lineare Verzinsung zugrunde liegt und die Länge jeder Vierteljahresperiode gemäß der Tageszählkonvention genau 0,25 Jahre beträgt. Unter diesen Voraussetzungen bestimmen sich die (linear verzinsten) Forward-Zinssätze $FR^{lin}(\cdot)$ durch Umrechnung der errechneten exponentiellen Forward-Zinssätze:

$$\left(1 + FR^{lin}(t - 0{,}25, t) \cdot 0{,}25\right) = \left(1 + FR(t - 0{,}25, t)\right)^{0{,}25} = \frac{\left(1+z(0,t)\right)^{t}}{\left(1+z(0,t-0{,}25)\right)^{t-0{,}25}}$$

Diese Gleichung lässt sich nach den linearen Forward-Zinssätzen auflösen

$$FR^{lin}(t - 0{,}25, t) = \frac{1}{0{,}25} \cdot \left(\frac{(1+z(0,t))^{t}}{(1+z(0,t-0{,}25))^{t-0{,}25}} - 1\right)$$

und liefert das folgende Ergebnis:

t	$0{,}25$	$0{,}50$	$0{,}75$	$1{,}00$
$FR^{lin}(t - 0{,}25, t)$	1,492%	2,479%	2,724%	3,215%

Durch Diskontieren der erhaltenen Forward-Zinssätze unter Berücksichtigung der angenommenen Zinskonventionen lässt sich nun wieder die zugrundeliegende ökonomische Bewertungsidee für Floater verifizieren:

$$K_{FRN}(0,T) = 1{,}492\% \cdot 0{,}25 \cdot 1{,}015^{-0{,}25} + 2{,}479\% \cdot 0{,}25 \cdot 1{,}02^{-0{,}5} \\ +2{,}724\% \cdot 0{,}25 \cdot 1{,}0225^{-0{,}75} + (100\% + 3{,}215\% \cdot 0{,}25) \cdot 1{,}025^{-1} = 100{,}00\%$$

Wiederum beträgt der Barwert der Floating Rate Note zum Zinsanpassungstermin 100%.

2.3.3 Bewertung von Floating Rate Notes (Modell mit unterschiedlicher Diskont- und Forward-Kurve)

Die Verwendung von Terminzinssätzen erlaubt eine effiziente Bewertung von unterschiedlichen Arten von variabel verzinslichen Instrumenten. Die der Methode zugrundeliegenden Annahmen sind jedoch für einige praktische Bewertungsprobleme so stark verletzt, dass eine andere Art der Modellierung notwendig ist. Daher wird die erste Annahme aus Abschnitt 2.3.2 modifiziert:

- Der Referenzzinssatz (z.B. EURIBOR) und der marktgerechte Zinssatz für Geldanlagen und -aufnahmen mit einem Kreditrisiko, das mit dem Kreditrisiko des zu bewertenden Floaters vergleichbar ist, können für die gleiche Laufzeit unterschiedlich hoch sein.

Will man unter dieser Annahme eine Floating Rate Note bewerten, können die Methoden aus dem vorhergehenden Abschnitt nicht mehr angewendet werden. Deshalb wird auf die risikoneutrale Bewertung aus Abschnitt 1.4 zurückgegriffen.

2.3.3.1 Bewertung einer ausfallrisikofreien Floating Rate Note

Zunächst wird der Fall betrachtet, dass die Floating Rate Note kein Kreditrisiko aufweist. Der verwendete Referenzzinssatz beinhaltet jedoch eine Kreditrisikokomponente. Dies wäre beispielsweise bei Staatsanleihen mit erstklassigem Rating der Fall, deren Kupon auf Indizes wie den EURIBOR referenziert, d.h. also implizit auf Bankenrisiken. Dasselbe gilt für Zahlungen aus Derivaten, die entsprechend besichert sind.

Wie zuvor in Abschnitt 2.3.2 wird zur Vereinfachung eine jährliche Zinszahlung einer Floating Rate Note ohne Spread zum Zeitpunkt t betrachtet.[36] Ihre Höhe entspricht dem zukünftigen Referenzzins $i^{Ref}(t-1,t)$. Die Zinszahlung ist zum heutigen Zeitpunkt unbekannt, aber unter der Annahme eines vollkommenen und vollständigen Kapitalmarkts ist ihr heutiger Wert durch die risikoneutrale Bewertungsgleichung[37] gegeben:

---

[36] Ein festgelegter Spread unterscheidet sich ökonomisch nicht von einer Festzinszahlung und kann problemlos mit den entsprechenden Methoden bewertet werden.

[37] Die angegebene Bewertungsgleichung ist genau genommen eine Variante der risikoneutralen Bewertungsgleichung und wird in der Literatur als terminrisikoangepasste Bewertungsgleichung bezeichnet. Genauso wie die risikoneutrale Bewertungsgleichung basiert sie auf der Duplikation

$$BW = (1 + z(0,t))^{-t} \cdot E\left[i^{Ref}(t-1,t)\right] \tag{2.20}$$

Dabei bezeichnet $E[\cdot]$ den Erwartungswert unter den risikoneutralen Wahrscheinlichkeiten und der Diskontfaktor $(1 + z(0,t))^{-t}$ den Wert eines kreditrisikofreien Zero Bonds mit Fälligkeit in t. Prinzipiell ist zur Bestimmung des risikoneutralen Erwartungswerts ein umfassendes Modell notwendig, das simultan sämtliche Zins-, Kredit- und Liquiditätsrisiken berücksichtigt, denen der Referenzindex unterliegt. Ein solches Modell, wäre notwendigerweise sehr komplex.[38] An dieser Stelle wird stattdessen ein in der Praxis weitverbreiteter, vereinfachter Ansatz verfolgt, der mit mehreren Zinskurven arbeitet. Dabei wird der Erwartungswert als Terminzinssatz ausgedrückt:

$$E\left[i^{Ref}(t-1,t)\right] = FR^{Ref}(t-1,t) \tag{2.21}$$

Gemäß den bereits dargestellten finanzmathematischen Formeln lassen sich die Terminzinssätze auch mit Hilfe von Diskontfaktoren $DF^{Ref}(0,t)$ ausdrücken. Im Unterschied zum vorherigen Kapitel sind die Diskontfaktoren $DF^{Ref}(0,t)$ und impliziten Terminzinssätze $FR^{Ref}(t-1,t)$ jedoch nicht durch die Zinsstrukturkurve gegeben, die auch zum Diskontieren verwendet wird, sondern durch eine zweite Kurve, die allein aus den risikoneutralen Erwartungswerten der zukünftigen Referenzzinssätze gebildet wird.[39] Die aus dieser zweiten Zinsstruktur resultierende Kurve der Terminzinssätze $FR^{Ref}(t-1,t)$ wird als **Forward-Kurve des Referenzzinssatzes** bezeichnet und ist von den Forward-Zinssätzen, die aus der zur Diskontierung verwendeten Zinsstrukturkurve ermittelten werden können, verschieden.

Da das Kreditrisiko des Referenzzinssatzes von dem des hier ausfallrisikofreien Emittenten abweicht, notiert eine entsprechende Plain Vanilla Floating Rate Note des ausfallrisikofreien Emittenten nur dann zu jedem Zinsanpassungstermin bei 100% des Nominalbetrags, wenn der Spread dem marktgerechten Kreditrisikoauf- bzw. -abschlag entspricht.

Fallbeispiel 2.6 Bewertung einer Floating Rate Note über Terminzinssätze
Die B-Bank möchte eine zweijährige Staatsanleihe kaufen. Der Nominalkupon beträgt 12M-EURIBOR – 30 bp. Aus den risikolosen Festkuponanleihen des Staates ergibt sich die folgende Zinsstrukturkurve:

von Zahlungsströmen und der Arbitragefreiheit des Markts. Liegen keine Zinsänderungsrisiken vor, sind beide Bewertungsprinzipien exakt identisch. Zu den Unterschieden der beiden Verfahren siehe z.B. Hull (2012)).

38 Die Konstruktion eines solchen Modells wird bspw. in Mercurio (2009), Henrard (2010) und Morini (2009) diskutiert.

39 Hierbei ist die Fristigkeit des Zinssatzes zu beachten.

t	1	2
$z(0,t)$	1,00%	1,50%

Um den variablen Kupon $z^{Ref}(t-1,t) - 0{,}30\%$ zu bewerten, wird die Forward-Kurve $FR^{Ref}(t-1,t)$ für den 12M-EURIBOR ohne Abschlag herangezogen. Diese beträgt:

t	1	2
$FR^{Ref}(t-1,t)$	3,00%	2,75%

Diese Forward-Zinssätze können direkt zur Bewertung der Floating Rate Note eingesetzt werden. Nach Ersetzen der unbekannten variablen Zinszahlungen durch die entsprechenden Terminzinssätze $FR^{Ref}(t-1,t)$ und der Diskontierung mit Hilfe des risikolosen Zinssatzes ergibt sich der faire Kaufpreis für die variabel verzinsliche Anleihe:

$$K_{FRN}(0) = (3{,}00\% - 0{,}30\%) \cdot 1{,}01^{-1} + (100\% + 2{,}75\% - 0{,}30\%) \cdot 1{,}015^{-2} = 102{,}12\%$$

Tipp

Vergleicht man beispielsweise eine Floating Rate Note, die auf den 6M-EURIBOR referenziert, mit einer zweiten Floating Rate Note mit gleicher Fälligkeit, gleichem Kreditrisiko und gleichem Spread auf Basis des 3M-EURIBOR, so weist die erste Anleihe typischerweise einen höheren Wert auf. Die Forward-Kurve des 6M-EURIBOR liegt also systematisch über der Forward-Kurve des 3M-EURIBOR. Auch vor der Finanzkrise war dieser Effekt in geringem Ausmaß zu beobachten. Seit der im Jahr 2007 beginnenden Finanzkrise sind die von den Investoren geforderten Renditeaufschläge für die Übernahme von Kreditrisiken deutlich angestiegen. Diese Kreditrisikoprämien sind in der Regel laufzeitabhängig. Mit der absoluten Höhe der Risikoprämien sind auch ihre Unterschiede für verschiedene Laufzeiten angestiegen, sodass der EURIBOR für verschiedene Fristigkeiten unterschiedlich hohe Kreditrisikoprämien enthält. Daher haben sich auch die Unterschiede zwischen den Forward-Kurven für den EURIBOR für unterschiedliche Fristigkeiten deutlich verstärkt. Dies gilt auch für die meisten anderen Referenzzinssätze für Floating Rate Notes. Daher kann nicht eine einzige Forward-Kurve zur Bestimmung von risikoneutral erwarteten EURIBOR-Sätzen oder ähnlichen Indizes herangezogen werden. Für jede Fristigkeit des Referenzzinssatzes (z.B. 3M-EURIBOR) existiert somit eine eigene Forward-Kurve, die sich von den Forward-Kurven anderer Indizes unterscheiden kann. Für die Bewertung von Floating Rate Notes ist also neben der Diskontkurve die Kenntnis der Forward-Kurven für die entsprechenden Referenzzinssätze notwendig.

2.3.3.2 Skizzierung eines Ansatzes zur Bewertung einer Floating Rate Note mit Kreditrisiko

Nun wird die Bewertung einer ausfallgefährdeten Floating Rate Note analysiert. Im Unterschied zu Abschnitt 2.3.3.1 müssen bei der Berechnung des fairen Wertes einer solchen Anleihe neben den Risiken des Index nun auch simultan die Ausfallrisiken der

Floating Rate Note berücksichtigt werden. Praktische Anwendungsfälle sind die Bewertung von variabel verzinslichen Unternehmensanleihen oder die Bewertung von Derivaten unter Berücksichtigung des Kontrahentenausfallrisikos.

Ein erster einfacher Ansatz zur Bewertung einer solchen Anleihe besteht darin, den risikolosen Diskontfaktor aus Gleichung (2.20) durch einen dem Kreditrisiko der Floating Rate Note angepassten Diskontfaktor zu ersetzen. Der kreditrisikoangepasste Zinssatz $z^{CREDIT}(0,t)$ kann z.B. aus Festkuponanleihen der entsprechenden Risikoklasse ermittelt werden:

$$BW = (1 + z^{CREDIT}(0,t))^{-t} \cdot E^{*}\left[i^{Ref}(t-1,t)\right] \tag{2.22}$$

Bei dieser Vorgehensweise ist es jedoch nicht möglich, den risikoneutralen Erwartungswert des Index aus Gleichung (2.21) zu verwenden. Stattdessen muss ein modifizierter Erwartungswert $E^{*}\left[i^{Ref}(t-1,t)\right]$ verwendet werden, der je nach Vorliegen von bestimmten Voraussatzungen über die zufallsabhängige Entwicklung der Zins-, Liquiditäts- und Kreditrisiken von seinem Pendant aus Gleichung (2.21) abweichen kann. Um den Zusammenhang zwischen den beiden risikoneutralen Erwartungswerten herzuleiten, ist eine tiefer gehende Analyse von Modellen notwendig, die die Abhängigkeiten zwischen Kredit- und Zinsrisiken berücksichtigen können.[40] Solche Modelle können für die Bewertung von hybriden Produkten oder zur Modellierung von Kontrahentenausfallrisiken genutzt werden. Die Komplexität solcher Modelle übersteigt jedoch den Rahmen dieses Buches. Im Weiteren wird daher lediglich der obige einfache Ansatz verwendet. Dabei muss jedoch beachtet werden, dass die für die Berechnung des risikoneutralen Erwartungswerts in Gleichung (2.21) verwendeten Forward-Zinssätze zu der verwendeten Diskontkurve passen. Dieser Punkt wird in Abschnitt 3.3 noch einmal verdeutlicht.

Fallbeispiel 2.7 Heuristische Bewertung einer kreditrisikobehafteten Floating Rate Note über Terminzinssätze

Ein Rentenhändler möchte die neu begebene Floating Rate Note des Unternehmens X-Enterprises bewerten. Dazu steht ihm die folgende Zinsstrukturkurve zur Verfügung, mit deren Hilfe Festkuponanleihen der X-Enterprises bewertet werden können:[41]

t	1	2	3
$z(0,t)$	3,00%	3,00%	4,00%

40 Duffie / Singleton (2003) geben einen Überblick über die Modellierung von Kreditrisiken. Duffie / Liu (2001) diskutieren einige Aspekte der Anwendung solcher Modelle auf die Bewertung von ausfallrisikobehafteten Floating Rate Notes.

41 Bei dieser Darstellung wird auf eine Berücksichtigung der Zinsrechnungskonventionen zur Vereinfachung verzichtet.

Die Kuponhöhe der neuen Floating Rate Note der X-Enterprises beträgt $z^{Ref}(t-1,t)+$ 120 bp. Die Anleihe ist in $T = 3$ fällig und hat insgesamt drei jährliche Kuponzahlungen. Die für den 12M-EURIBOR relevante Zinsstruktur beträgt:[42]

t	1	2	3
$z^{Ref}(0,t)$	1,50%	2,00%	2,50%

Zunächst müssen aus der obigen Zinsstrukturkurve $z^{Ref}(0,\cdot)$ die impliziten, jährlichen Terminzinssätze errechnet werden. Dies geschieht über die bereits bekannte Terminzinsformel:

$$FR^{Ref}(t-1,t) = \left(\frac{\left(1+z^{Ref}(0,t)\right)^{t}}{\left(1+z^{Ref}(0,t-1)\right)^{t-1}}\right)^{\frac{1}{1}} - 1$$

Die Rechnung liefert:

t	1	2	3
$FR^{Ref}(t-1,t)$	1,500%	2,502%	3,507%

Zur Bewertung der Floating Rate Note werden nun die unbekannten zukünftigen Referenzzinsätze durch ihre risikoneutralen Erwartungswerte, d.h. die entsprechenden Terminzinssätze $FR^{Ref}(t-1,t)$, ersetzt. Die Diskontierung des Zahlungsstroms liefert den fairen Preis der Anleihe:

$$K_{FRN}(0) = (1{,}5\% + 1{,}2\%) \cdot 1{,}03^{-1} + (2{,}502\% + 1{,}2\%) \cdot 1{,}03^{-2} + (103{,}507\% + 1{,}2\%) \cdot 1{,}04^{-3}$$

$$= 99{,}19\%$$

Tipp

Für die Bewertung von Instrumenten wie Festzinsanleihen und Swaps ergeben sich bei Verwendung von unterschiedlichen Diskont- und Forward-Zinskurven relativ einfach handhabbare Bewertungsgleichungen. Der Grund hierfür ist, dass es sich bei den Instrumenten um symmetrische Instrumente handelt, deren risikoneutrale Bewertung nicht von der Volatilität der Basiswerte abhängt.[43] Betrachtet man asymmetrische Instrumente wie Optionen führt die Verwendung mehrerer Kurven zu wesentlich komplexeren

42 Die konkrete Berechnung dieser Forward-Kurve wird in Abschnitt 3.3 erläutert.

43 Zur Unterscheidung von symmetrischen und asymmetrischen Derivaten siehe auch Kapitel 5. Der Wert asymmetrischer Instrumente hängt typischerweise von der Stärke der Schwankung des Basiswerts ab. Die Volatilität ist ein Maß für die Intensität der Schwankung.

Formeln, bei denen insbesondere Korrelationseffekte zwischen den verschiedenen Kurven in die Bewertung mit eingehen.[44].

2.4 Vertiefungsfragen zu Kapitel 2

Frage 1

Ein Händler bietet Ihnen eine Anleihe mit den folgenden Worten an: „Ich habe noch Stücke der Anleihe X mit einem Nominalkupon von 4% da, die in 2¾ Jahren auslaufen wird. Ich biete Dir die Stücke bei einer Rendite von 2,50% an." Welchen Kurs stellt der Händler in Prozent des Nominalvolumens der Anleihe? Geben Sie sowohl den Clean als auch den Dirty Price an. Unterstellen Sie dabei, dass die Anleihe eine ursprüngliche Laufzeit von 10 Jahren aufweist und jährlich Kupons zahlt.

Frage 2

In einem Segment des Anleihemarkts liegt folgende Zinsstrukturkurve vor:

T	1	2	3	4
$z(0,t)$	5,00%	3,00%	2,50%	2,25%

a. Wie nennt man diese Form der Zinsstrukturkurve?
b. Überprüfen Sie die Arbitragefreiheit der Zinsstrukturkurve durch die Berechnung der resultierenden Preise für Zero Bonds.
c. Verifizieren Sie Ihr Ergebnis, indem Sie die impliziten einjährigen Terminzinssätze ausrechnen.
d. Nehmen Sie nun an, dass die Höhe des Kassazinssatzes $z(0,2)$ nicht bekannt ist. Alle anderen Zinssätze bleiben unverändert. In welchem Bereich darf $z(0,2)$ liegen, damit die Zinsstrukturkurve weiterhin arbitragefrei ist? Geben Sie eine obere und eine untere Schranke an.

Frage 3

Es liegt folgende Zinsstrukturkurve für ausfallrisikofreie Staatsanleihen vor:

T	1	2	3
$z(0,t)$	2,00%	2,50%	4,00%

---

[44] Die Berücksichtigung dieser Effekte geht über die Zielsetzung dieses Buches hinaus. Eine Darstellung findet sich bspw. in Bianchetti (2010), Bianchetti/Carlicchi (2011), Henrard (2010), Mercurio (2009) und Morini (2009).

a. Zu welchem Kurs notiert eine Staatsanleihe mit 4% Nominalkupon und dreijähriger Restlaufzeit?
b. Zu welchem Kurs notiert eine identisch zu der Staatsanleihe aus Teilaufgabe a ausgestattete Unternehmensanleihe, wenn die Zinsstrukturkurve für diese Unternehmensanleihe einen Kreditspread von 150 Basispunkten zu den Staatsanleihen aufweisen?

Frage 4

Auf dem in Frage 3 betrachteten Kapitalmarkt werden zwei variabel verzinsliche Anleihen gehandelt. Anleihe F1 ist eine zweijährige Staatsanleihe mit einem Kupon von 12M-EURIBOR – 7 bp. Anleihe F2 besitzt einen Kupon von 12M-EURIBOR +120 bp und hat eine Restlaufzeit von 3 Jahren. Es liegt folgende Zinsstrukturkurve verbunden mit dem 12M-EURIBOR vor:

T	1	2	3
$z^{Ref}(0,t)$	3,00%	3,10%	3,50%

Bestimmen Sie die Kurse der beiden Anleihen.

3 Ermittlung von Zinsstrukturkurven

Während im vorhergehenden Kapitel dargestellt wird, wie Zinsstrukturkurven zur Bewertung von festverzinslichen Instrumenten eingesetzt werden, werden in diesem Kapitel unterschiedliche Verfahren zur praktischen Ermittlung von Zinsstrukturkurven beschrieben. Zur Berechnung von Zinskurven werden die gleichen Bewertungsgleichungen wie zuvor verwendet. Anstatt jedoch faire Preise für Finanzinstrumente zu finden, werden die Gleichungen umgekehrt: Die beobachteten Marktpreise von Instrumenten wie Kuponanleihen und Floatern bilden die Eingangsdaten und die Bewertungsgleichungen werden nach den Zinssätzen aufgelöst. Zunächst werden die entsprechenden Techniken für eine einzelne Zinskurve dargestellt. Im Anschluss werden einige Aspekte der Zinskurvenermittlung bei getrennten Diskont- und Forward-Kurven beleuchtet.

Vertiefende Literatur

Deutsche Bundesbank (Hrsg.) (1997): Schätzung von Zinsstrukturkurven, Deutsche Bundesbank Monatsbericht Oktober 1997, S. 61-66.

Hagan, P. S. / West, G. (2006): Interpolation Methods for Curve Construction, Applied Mathematical Finance 13 (2), S. 89-129.

Svensson, L. E. O. (1994): Estimating and Interpreting Forward Interest Rates: Sweden 1992-1994, NBER Working Paper 4871, Stockholm University, Stockholm.

3.1 Eingangsdaten

Zero Bond-Preise und die Zinsstrukturkurve hängen über Gleichung (2.1) direkt zusammen. Bei Kenntnis ausreichend vieler Zero Bond-Preise könnte die Zinsstrukturkurve somit einfach durch die Inversion dieser Gleichung für jede gewünschte Fälligkeit ermittelt werden. In der Praxis gibt es jedoch nur sehr wenige liquide gehandelte Zero Bonds, deren Preise zur Konstruktion einer Zinskurve verwendet werden können. Eine direkte Ermittlung aller Kassazinssätze durch Gleichung (2.1) ist in den meisten praktischen Fällen nicht möglich.

In die Ermittlung einer Zinskurve gehen vielmehr unterschiedliche Arten von Instrumenten ein. Im unterjährigen Bereich werden oftmals Preise von Zero Bonds bzw. Instrumenten mit ökonomisch äquivalenten Auszahlungsprofilen verwendet, wie beispielsweise Kuponanleihen mit einer Restlaufzeit unterhalb der Länge einer Kuponperiode. Oberhalb der Laufzeit eines Jahres sind in der Regel nur noch Preise von Festkuponanleihen und Floating Rate Notes verfügbar. Diese Anleihen haben mehrere Zahlungszeitpunkte und folglich hängen deren Preise simultan von mehreren Punkten in der Zinskurve ab.[45]

[45] Neben der Verwendung von Anleihen werden in vielen praktischen Anwendungen auch die Preisquotierungen von Swaps zur Konstruktion von Zinskurven verwendet. Der Wert dieser in Kapitel

DOI: 10.1007/978-3-8349-4304-0_3,

3.2 Methoden zur Kalibrierung einer Zinskurve

Ausgangspunkt der Berechnung sind die aktuell, d.h. in $t = 0$, beobachteten Marktpreise von Zero Bonds $K_{ZB}(0)$ mit Fälligkeit in T und Kuponanleihen $K(0)$ mit Kuponrate c und Fälligkeit in T. Die Preise verstehen sich immer als Dirty Price, d.h. sie geben den effektiv ausmachenden Betrag an, der zum Erwerb des entsprechenden Instruments zu zahlen ist. Im Folgenden werden verschiedene Methoden zur Ermittlung einer Zinskurve aus diesen Daten dargestellt.

3.2.1 Bootstrapping

Es wird folgende Ausgangssituation betrachtet: Auf einem Finanzmarkt existieren zu jedem Zeitpunkt $T = 1, 2, 3, \ldots$ Kuponanleihen mit einer entsprechenden Restlaufzeit, deren Preise $K^{LZ=T}(0)$ am Markt beobachtet werden können. In diesem Fall kann die Zinskurve durch ein sukzessives Verfahren ermittelt werden, das üblicherweise als **Bootstrapping** bezeichnet wird.

Zunächst wird die Anleihe mit der kürzesten Restlaufzeit von $T = 1$ betrachtet. Diese Anleihe weist, auch wenn sie möglicherweise einmal eine Kuponanleihe gewesen sei mag, nur noch eine Zinsperiode und damit eine einzige Zahlung auf und ist somit ökonomisch äquivalent zu einem Zero Bond. Der Kassazinssatz für die Laufzeit von einem Jahr kann somit direkt durch die Inversion der Bewertungsgleichung ermittelt werden:

$$K^{LZ=1}(0) = \frac{100\%+c}{1+z(0,1)} \quad \Leftrightarrow \quad z(0,1) = \frac{100\%+c}{K^{LZ=1}(0)} - 1 \tag{3.1}$$

Anschließend wird die Anleihe mit der zweitkürzesten Restlaufzeit $T = 2$ analysiert. Ihr fairer Kurs hängt von den beiden Zero-Zinssätzen $z(0,1)$ und $z(0,2)$ ab:

$$K^{LZ=2}(0) = \frac{c}{1+z(0,1)} + \frac{100\%+c}{(1+z(0,2))^2} \tag{3.2}$$

Da jedoch der einjährige Kassazinssatz $z(0,1)$ bereits in Gleichung (3.1) ermittelt worden ist, kann die Bewertungsgleichung für die zweijährige Anleihe nach dem noch unbekannten Zero-Zinssatz $z(0,2)$ aufgelöst werden.

$$\frac{100\%+c}{\left(1+z(0,2)\right)^2} = K^{LZ=2}(0) - \frac{c}{1+z(0,1)} \quad \Leftrightarrow \quad z(0,2) \quad = \sqrt{\frac{100\%+c}{K^{LZ=2}(0)-c\cdot(1+z(0,1))^{-1}}} - 1 \tag{3.3}$$

---

13 diskutierten Derivate beträgt gerade die Summe der Preise einer Kuponanleihe und einer Floating Rate Note. Die Ermittlung einer Zinskurve mit Hilfe von Swaps erfolgt nach denselben Methoden wie bei der Verwendung von Preisen aus Kuponanleihen und Floating Rate Notes. Dasselbe gilt für den Einschluss von Quotierungen von Forward Rate Agreements und Zinsfutures, die ökonomisch äquivalent zu Swaps mit einer einzigen Kuponperiode sind.

Das Verfahren wird sukzessive weitergeführt. Aufbauend auf der Kenntnis der Kassazinssätze bis zum Zeitpunkt t, kann durch die Umkehrung der Bewertungsgleichung für die Anleihe mit der Restlaufzeit $T = t + 1$ der entsprechende Kassazinssatz $z(0, t + 1)$ ermittelt werden:

$$z(0, t+1) = \sqrt[t+1]{(100\% + c) \cdot \left(K^{LZ=t+1}(0) - \sum_{s=1}^{t} \frac{c}{(1+z(0,s))^s}\right)^{-1}} - 1 \tag{3.4}$$

Dieser wiederum bildet zusammen mit dem Preis einer in $t + 2$ fälligen Kuponanleihe die Basis für die Ermittlung des nächsten Zero-Zinssatzes $z(0, t + 2)$ usw.

Fallbeispiel 3.1 Bootstrapping einer Zinsstrukturkurve
Ein Händler beobachtet drei Staatsanleihen mit den folgenden Ausstattungen und Marktpreisen:

Anleihe	A	B	C
Restlaufzeit [Jahre]	1	2	3
Kupon	2,00%	2,50%	5,00%
Kurs	100,50%	99,50%	103,00%

Aufbauend auf diesen Marktdaten möchte er eine Zinsstrukturkurve für diese Staatsanleihen mittels des Bootstrapping-Verfahrens aufbauen. Der Zero-Zinssatz für das erste Jahr ergibt sich direkt aus dem Kurs von Anleihe A:

$$z(0,1) = \frac{100\%+2\%}{100{,}50\%} - 1 = 1{,}493\%$$

Für den zweijährigen Zero-Zinssatz kann die invertierte Bewertungsgleichung für Anleihe B verwendet werden:

$$z(0,2) \quad = \sqrt{\frac{100\%+2{,}50\%}{K^B(0)-2{,}50\%\cdot(1+z(0,1))^{-1}}} - 1 = 2{,}776\%$$

Zur Ermittlung des Zero-Zinssatzes muss die Bewertungsgleichung für Anleihe C:

$$K^C(0) = 103{,}00\% = \frac{5{,}00\%}{1+z(0,1)} + \frac{5{,}00\%}{(1+z(0,2))^2} + \frac{105{,}00\%}{(1+z(0,3))^3}$$

nach dem unbekannten Zero-Zinssatz $z(0,3)$ aufgelöst werden. Es ergibt sich:

$$z(0,3) \quad = \sqrt[3]{\frac{105{,}00\%}{K^C(0)-5\%\cdot(1+z(0,1))^{-1}-5\%\cdot(1+z(0,2))^{-2}}} - 1 = 4{,}002\%$$

Damit ist die Zinsstrukturkurve im Fallbeispiel bestimmt durch:

t	1	2	3
$z(0,t)$	1,493%	2,776%	4,002%

Das Bootstrapping ist ein sukzessives Verfahren zur Berechnung einer Zinsstrukturkurve aus Marktdaten. Das hier dargestellte reine Bootstrapping-Verfahren unterliegt jedoch zwei Einschränkungen:

- Um das Verfahren anwenden zu können, muss für jeden Zeitpunkt $t = 1, 2, 3, \ldots$ eine Anleihe mit einem am Markt beobachtbaren Kurs vorhanden sein.
- Das Verfahren liefert nur Informationen über die Zinsstrukturkurve zu den Zeitpunkten $t = 1, 2, 3, \ldots$ mit beobachtbaren Kursdaten. Über die Zinssätze zwischen den Punkten wird keine Information geliefert.

In den weiteren zwei Abschnitten werden Methoden dargestellt, die eine Ermittlung einer Zinsstrukturkurve auch ohne diese beiden Einschränkungen erlauben.

3.2.2 Interpolation von Zinssätzen

In der Praxis stehen für ein Segment des Anleihemarkts nur jeweils zu einer begrenzten Anzahl von Fälligkeitszeitpunkten Anleihepreise zur Verfügung. Zwischen diesen Zeitpunkten liegen i.d.R. keine Marktinformationen vor. Die für die Zwischenräume geltenden Zinssätze müssen vielmehr aus den ermittelbaren Werten der Kurve errechnet werden. Dazu werden unterschiedliche Interpolationsverfahren verwendet, die die Zinsstrukturkurve zwischen den bekannten Punkten vervollständigt.

Es gibt eine Vielzahl von Methoden zur Interpolation von Zinskurven mit unterschiedlichen Eigenschaften. Dabei ist es schwierig, allgemeingültige Aussagen über die Qualität eines Interpolationsverfahrens zu treffen. Die Güte hängt vielmehr vom Verwendungszweck der Kurve sowie der Struktur der vorhandenen Ausgangsdaten ab.[46] Im Folgenden soll eine kurze Einführung in Interpolationsverfahren gegeben werden.

Interpolationsverfahren können in lokale und globale Interpolationsverfahren unterteilt werden. Bei **globalen Interpolationsverfahren** wird die gesamte Zinsstrukturkurve mittels einer einzelnen Funktion beschrieben. Die Funktion enthält unterschiedliche Parameter. Je nach Wahl der Parameter, kann die Zinsstrukturkurve unterschiedliche Formen annehmen. Durch ein numerisches Optimierungsverfahren werden die Parameter so bestimmt, dass die beobachteten Marktdaten möglichst gut durch die Funktion erklärt werden. Da lediglich wenige Parameter an die verfügbaren Marktinformationen angepasst werden können, haben globale Verfahren nur wenige Freiheitsgrade, um sich an die Marktpreise

[46] Je nach verwendeter Interpolationsmethode weist die erhaltene Kurve unterschiedliche Eigenschaften auf. Siehe Hagan / West (2006) für einen detaillierteren Überblick über verschiedene Verfahren und ihre Konsequenzen für die erhaltenen Zinsstrukturkurven.

anzupassen. Oftmals werden daher nicht alle beobachtbaren Marktpreise gleich gut durch die parametrisierte Funktion angenähert. Dafür wird durch die Vorgabe der Funktionsform auch bei wenigen oder fehlerbehafteten Daten eine plausible Form der Zinsstrukturkurve in der Regel sichergestellt.

Abbildung 3.1 Zinsstrukturkurve für Bundeswertpapiere

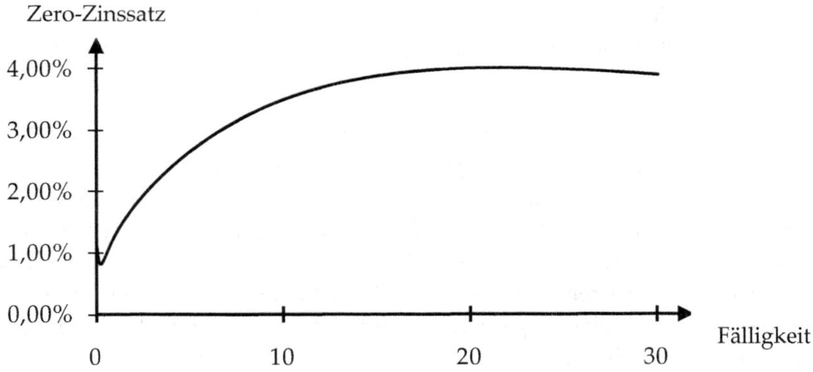

Quelle: Deutsche Bundesbank, eigene Berechnungen

Fallbeispiel 3.2 Zinsstrukturkurvenschätzung durch die Bundesbank

Die Bundesbank schätzt auf täglicher Basis die Zinsstrukturkurve, die sich aus den Preisen von börsennotierten Anleihen der Bundesrepublik Deutschland ergibt.[47] Dabei werden sämtliche Zero-Zinssätze $z(0,t)$ in Abhängigkeit von ihrer Laufzeit t durch eine Funktion mit insgesamt sechs Parametern $\beta_0, \beta_1, \beta_2, \beta_3, \tau_1, \tau_2$ definiert:

$$z(0,t) = \beta_0 + \beta_1 \cdot \left(\frac{1-e^{-t/\tau_1}}{t/\tau_1}\right) + \beta_2 \cdot \left(\frac{1-e^{-t/\tau_1}}{t/\tau_1} - e^{-t/\tau_1}\right) + \beta_3 \cdot \left(\frac{1-e^{-t/\tau_2}}{t/\tau_2} - e^{-t/\tau_2}\right) \quad (3.5)$$

Auf Basis realer Daten hat die Bundesbank durch ein statistisches Verfahren beispielsweise die folgenden Parameterwerte geschätzt:

β_0	β_1	β_2	β_3	τ_1	τ_2
1,78498%	−0,66769%	8,56203%	−1,38244%	10,92048	0,16720

[47] Die Schätzung der Zinsstrukturkurve wird im Rahmen der Kapitalmarktstatistik veröffentlicht und ist auf der Website der Bundesbank abrufbar: http://www.bundesbank.de/statistik. Die verwendete Schätzfunktion, die in Deutsche Bundesbank (Hrsg.) (1997) beschrieben wird, geht auf Svensson (1994) zurück.

Setzt man die Parameterwerte in die globale Schätzfunktion für die Zinsstrukturkurve ein, so erhält man die Zinsstrukturkurve in **Abbildung 3.1**.

Lokale Interpolationsverfahren verwenden zur Approximation eines Zinssatzes für eine Fälligkeit t zwischen zwei beobachtbaren Marktdaten nur Datenpunkte in der Nähe des Zeitpunkts t. Anhand der Punkte in der Nachbarschaft werden die Parameter einer Funktion so angepasst, dass sie diese Marktinformation möglichst gut annähert. Dabei werden in der Regel einfache Funktionstypen mit wenigen Parametern verwendet wie beispielsweise lineare oder quadratische Funktionen. Im Gegensatz zur globalen Interpolation gelten die jeweiligen Parameter jedoch nur für einen bestimmten Abschnitt der Kurve.

Da die Kurve in viele Abschnitte aufgeteilt wird, haben lokale Verfahren trotz der einfachen Näherungsfunktionen insgesamt wesentlich mehr Freiheitsgrade und können die interpolierte Zinskurve deutlich besser an die beobachteten Marktdaten anpassen. Zudem entspricht die lokale Vorgehensweise der Anpassung der ökonomischen Intuition. Dazu wird die beispielhafte Situation betrachtet, dass sich nur die Preise von langfristigen Anleihen mit Restlaufzeit von über 30 Jahren verändern, während alle anderen Preise gleich bleiben. Bei einem globalen Interpolationsverfahren hat dies typischerweise Auswirkungen auf die gesamte Kurve, also unter anderem auch auf den kurzfristigen unterjährigen Bereich. Bei lokalen Interpolationsverfahren ist dieser Einfluss gar nicht vorhanden oder nahezu vernachlässigbar.

Die Variabilität der lokalen Verfahren führt jedoch auch dazu, dass die Form der Kurve als Ganzes weniger stark vorgegeben ist und je nach verwendeten Näherungsfunktionen zu ökonomisch nicht plausiblen Formen führen kann.

Eines der einfachsten Interpolationsverfahren ist die lineare Interpolation von Zero-Zinssätzen.[48] Dabei werden die Zwischenräume zwischen zwei gegebenen, benachbarten Zero-Zinssätzen durch eine gerade Strecke zwischen den beiden Punkten wie in **Abbildung 3.2** aufgefüllt.

Für einen Zeitpunkt $t_1 < t < t_2$ zwischen zwei direkt aufeinanderfolgenden Zeitpunkten t_1 und t_2 mit bekannten Zero-Zinssätzen $z(0, t_1)$ und $z(0, t_2)$ liefert die lineare Interpolation damit folgenden Zinssatz:

$$z(0,t) = \frac{t_2-t}{t_2-t_1} \cdot z(0,t_1) + \frac{t-t_1}{t_2-t_1} \cdot z(0,t_2) \tag{3.6}$$

48 Denkbar ist auch die Anwendung der linearen Interpolation auf Diskontfaktoren oder auf Forward-Zinssätze. Die Kurvenform in diesen Fällen unterscheidet sich aber (etwas) von der Zinskurve, die man durch lineare Interpolation von Zero-Zinssätzen erhält. Bei der Anwendung der linearen Interpolation muss also genau spezifiziert werden, welche Größe linear interpoliert wird.

Abbildung 3.2 Schema der linearen Interpolation von Zero-Zinssätzen

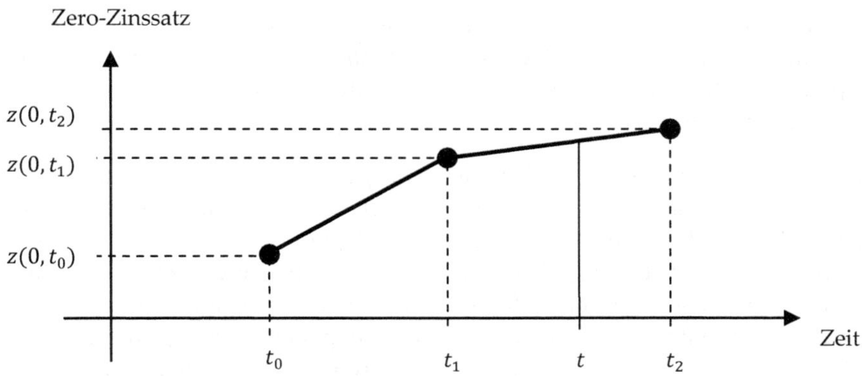

Fallbeispiel 3.3 Lineare Interpolation von Zero-Zinssätzen
Am Geldmarkt werden die folgenden Zero-Zinssätze für Anlagemöglichkeiten beobachtet, die am 20. Juni ($t = 0$) beginnen:

Periode	Startdatum	Enddatum	Zinstage	Zinssatz
3 Monate	20.06.	20.09.	92	1,75%
6 Monate	20.06.	20.12.	183	2,100%

Der Händler möchte mit Hilfe der linearen Interpolation (linear in Zero-Zinssätzen) den Zinssatz für die 4-Monats-Periode vom 20.06. bis zum 20.10. bestimmen. Die Periode weist 122 Zinstage auf. Gesucht ist also der Zero-Zinssatz $z(0, t)$ für $t = 122/365$. Mit Hilfe von Formel (3.6) ergibt sich für den gesuchten Zinssatz:

$$z(0, 122/365) = \frac{183/365 - 122/365}{183/365 - 92/365} \cdot 1{,}750\% + \frac{122/365 - 92/365}{183/365 - 92/365} \cdot 2{,}100\% = 1{,}865\%$$

Das lineare Verfahren erzeugt, wie aus **Abbildung 3.2** ersichtlich ist, typischerweise Knicke in der Zinskurve, die ökonomisch nicht plausibel erscheinen. Ein Vorteil des Verfahrens ist die einfache Berechnungsformel. Ferner erzeugt die lineare Näherung keine lokalen Minima oder Maxima zwischen zwei gegebenen Datenpunkten, d.h. die durch die Eingangsdaten gegebene Form der Zinskurve wird durch das Verfahren nicht beeinflusst.

3.2.3 Simultane Interpolation und Bootstrapping

Üblicherweise stehen zur Ermittlung einer Zinskurve nur in wenigen Fällen Anleihen mit aufeinanderfolgenden Fälligkeiten $t = 1, 2, 3, \ldots$ zur Verfügung. Oftmals fehlen verschiedene Laufzeiten. Außerdem liegen die Fälligkeiten von Anleihen typischerweise nicht regelmäßig, wie z.B. in jährlichen Abständen, vor. In diesem Fall können Bootstrapping und Interpolation nicht sukzessive durchgeführt werden, sondern müssen simultan angewendet werden.

Im Rahmen eines numerischen Optimierungsalgorithmus beginnt man mit einer anfänglichen Schätzung der Zinsstrukturkurve. Diese besteht aus einer Menge von Startwerten für die Zero-Zinssätze für eine festgelegte Anzahl von unterschiedlichen Fälligkeitszeitpunkten $\{t_1, t_2, \ldots t_N\}$. Anschließend werden die Differenzen der sich aus der anfänglichen Schätzung ergebenden fairen Preise zu den beobachtbaren Marktpreisen berechnet. Werden dafür Zinssätze für Fälligkeitszeitpunkte benötigt, die nicht in der Menge $\{t_1, t_2, \ldots t_N\}$ der Laufzeiten enthalten sind, werden diese anhand des gewählten Interpolationsverfahrens berechnet. Auf Basis der Preisdifferenzen wird die anfängliche Schätzung der Zinsstrukturkurve verbessert, um die Preisdifferenzen zu verringern. Die theoretischen Preise auf Basis der verbesserten Schätzung werden erneut den Marktpreisen gegenübergestellt und das Verfahren solange wiederholt, bis die Preisdifferenzen hinreichend klein sind.

3.3 Kalibrierung für den Fall unterschiedlicher Diskont- und Forward-Kurven

Zur Bewertung von Floating Rate Notes, deren Referenzindex nicht dem Kreditrisiko der Diskontfaktorkurve entspricht, sind sowohl eine Diskont- als auch eine Forward-Kurve erforderlich. Deren Ermittlung erfolgt in zwei Schritten. Zunächst wird die Diskontkurve $z(0, t)$ gemäß der in Abschnitt 3.2 dargestellten Methoden berechnet. Aufbauend auf der bekannten Diskontkurve kann die Forward-Kurve anhand der Preise von Floating Rate Notes $K_{FRN}(0)$ auf den entsprechenden Floating Rate Index ermittelt werden. Die Vorgehensweisen sind dabei analog zu den Methoden im vorhergehenden Abschnitt.

Wie zuvor in Abschnitt 3.2.1 wird ein Finanzmarkt betrachtet, an dem die Preise für einfache Floating Rate Notes auf den entsprechenden Referenzindex für jeden Zeitpunkt $t = 1, 2, 3, \ldots$ beobachtet werden können. Zur Vereinfachung der Darstellung wird das Verfahren anhand von Floating Rate Notes mit jährlichen Zinsperioden und entsprechendem Referenzindex dargestellt. Die Methode lässt sich analog auf Floating Rate Notes mit halbjährlichen, vierteljährlichen oder anderen Zahlungsfrequenzen übertragen. Der Preis eines in t fälligen Floaters mit einem konstanten Spread von s wird dabei als $K_{FRN}^{LZ=t}(0)$ bezeichnet. Zunächst wird der Preis des Floaters mit Fälligkeit in $T = 1$ betrachtet. Dieser ergibt sich als:

$$K_{FRN}^{LZ=1}(0) = \frac{100\% + z^{Fwd}(0,1) + s}{1 + z(0,1)} \tag{3.7}$$

Diese Gleichung lässt sich nach dem unbekannten Terminzinssatz $z^{Fwd}(0,1)$ der Forward-Kurve auflösen:

$$z^{Fwd}(0,1) = -(100\% + s) + \left(1 + z(0,1)\right) \cdot K_{FRN}^{LZ=1}(0) \tag{3.8}$$

Für den Preis des Floaters, der zum Zeitpunkt $T = 2$ fällig wird, gilt:

$$K_{FRN}^{LZ=2}(0) = \frac{z^{Fwd}(0,1)+s}{1+z(0,1)} + \frac{100\%+FR^{Fwd}(1,2)+s}{(1+z(0,2))^2} \tag{3.9}$$

Der Preis hängt von der Diskontkurve, dem bereits ermittelten Zero-Zinssatz $z^{Fwd}(0,1)$ und dem Forward-Zinssatz $FR^{Fwd}(1,2)$ ab. Die Bewertungsgleichung lässt sich nach dem noch unbekannten Forward-Zinssatz $FR(1,2)$ auflösen:

$$FR^{Fwd}(1,2) = -(100\% + s) + \left(1 + z(0,2)\right)^2 \cdot \left(K_{FRN}^{LZ=2}(0) - \frac{z^{Fwd}(0,1)+s}{1+z(0,1)}\right) \tag{3.10}$$

Wie beim Bootstrapping von Kuponanleihen wird das Verfahren sukzessive auf immer länger laufende Floating Rate Notes angewendet, wobei die bisher ermittelten Forward-Zinssätze als Eingangsdaten für den nächsten Zinssatz verwendet werden. Schließlich erhält man eine Reihe aufeinanderfolgender Forward-Zinssätze. Diese lassen sich, beispielsweise durch den Zusammenhang zwischen Kassazinssätzen und Forward-Zinssätzen, auch als Zero-Zinsstrukturkurve ausdrücken:

$$z^{Fwd}(0,t) = \sqrt[t]{\left(1 + z^{Fwd}(0,1)\right) \cdot \left(1 + FR^{Fwd}(1,2)\right) \cdot \ldots \cdot \left(1 + FR^{Fwd}(t+1,t)\right)} - 1 \tag{3.11}$$

Es sei noch einmal darauf hingewiesen, dass die Diskontzinssätze als Eingangsdaten in die Berechnung der Forward-Kurve eingehen. Folglich hängt die Forward-Kurve von der verwendeten Diskontkurve ab. Werden für unterschiedliche Instrumente auf denselben Referenzindex aufgrund der Zuordnung zu unterschiedlichen Bontitätsklassen verschiedene Diskontkurven verwendet, müssen auch unterschiedliche Forward-Kurven bei der Bewertung eingesetzt werden.

Fallbeispiel 3.4 Bootstrapping bei unterschiedlicher Diskont- und Forward-Kurve
Es wird noch einmal der Markt für Staatsanleihen aus Fallbeispiel 3.1 betrachtet. Der Händler hat bereits folgende Zinsstrukturkurve mit Hilfe des Bootstrappings von Kuponanleihen ermittelt:

t	1	2	3
$z(0,t)$	1,493%	2,776%	4,002%

Nun beobachtet er zwei weitere Staatsanleihen mit variablem Zinssatz, deren jährliche Kupons auf den 12M-EURIBOR referenzieren. Sie weisen folgende Ausstattungen und Marktpreise auf:

Anleihe	D	E
Restlaufzeit [Jahre]	1	2
Kupon	12M-EURIBOR - 50 bp	12M-EURIBOR
Kurs	100,00%	100,40%

Mit Hilfe dieser Anleihen kann der Händler die Forward-Zinssätze für den 12M-EURIBOR bestimmen. Der Forward-Zinssatz für das erste Jahr lautet:

$$z^{Fwd}(0,1) = -(100\% - 0{,}5\%) + (1 + 1{,}493\%) \cdot 100{,}00\% = 1{,}993\%$$

Mit Hilfe dieses Forwards und dem Marktpreis für Anleihe E lässt sich der Forward für den 12M-EURIBOR in einem Jahr berechnen:

$$FR^{Fwd}(1,2) = -100\% + (1 + 2{,}776\%)^2 \cdot (100{,}40\% - 1{,}993\% \cdot (1 + 1{,}493\%)^{-1}) = 3{,}977\%$$

Damit sind die Forward-Zinssätze für den 12M-EURIBOR für die ersten beiden Jahre bestimmt.

t	1	2
$FR^{Fwd}(t-1,t)$	1,993%	3,977%

Es sei noch einmal darauf hingewiesen, dass die Forward-Zinssätze für die Bonitätsklasse der betrachteten Staatsanleihen ermittelt worden sind und nicht ohne weitere Modellannahmen auf andere Bonitätsklassen übertragen werden können.

Tipp
Wie beim Bootstrapping einer Zinskurve aus Kuponanleihen unterliegt auch das hier dargestellte Bootstrapping-Verfahren für Forward-Kurven den zwei in Abschnitt 3.2.1 dargestellten Einschränkungen.

- Für jeden Zeitpunkt $t = 1, 2, 3, \ldots$ muss eine Floating Rate Note mit entsprechender Fälligkeit existieren, deren Kurs am Markt beobachtbar ist.
- Das Verfahren liefert nur Informationen über die Forward-Kurve zu den Zeitpunkten t mit beobachtbaren Kursdaten. Die Forward-Kurve zwischen diesen Punkten muss mit Hilfe zusätzlicher Informationen oder Annahmen errechnet werden.

Die Restriktionen können mit exakt denselben Techniken aufgehoben werden, die in den Abschnitten 3.2.2 und 3.2.3 für Kuponanleihen dargestellt werden.

3.4 Vertiefungsfragen zu Kapitel 3

Frage 1

Auf einem Kapitalmarkt werden die Kurse von drei Staatsanleihen mit den folgenden Ausstattungen beobachtet:

Anleihe	A	B	C
Restlaufzeit [Jahre]	1	2	3
Kupon	2,25%	0,00%	4,00%
Kurs	100,50%	94,90%	101,80%

Bestimmen Sie die Zinsstrukturkurve für Staatsanleihen.

Frage 2

a. Ermitteln Sie für die in Frage 1 gegebenen Staatsanleihen den Zero-Zinssatz für 1,5-jährige und 2,5-jährige Anleihen durch lineare Interpolation der Zero-Zinssätze.
b. Errechnen Sie aus den Ergebnissen von Teilaufgabe a den einjährigen Forward-Zinssatz in 1,5 Jahren. Zeigen Sie, dass der so ermittelte Forward-Zinssatz nicht durch lineare Interpolation der Forward-Zinssätze zustande kam.

Frage 3

Die risikoadäquate Zinsstrukturkurve für einen betrachteten Markt für Unternehmensanleihen ist flach bei 4,50%. Hierbei handelt es sich wie üblich um eine exponentielle Verzinsung mit jährlicher Zinszahlung. Auf diesem Markt gibt es zwei variabel verzinsliche Floating Rate Notes F1 und F2 mit den folgenden Ausstattungen und Kursen:

Anleihe	F1	F2
Kupon	6M-EURIBOR +80 bp	6M-EURIBOR +150 bp
Konvention	act/360	act/360
Restlaufzeit	1 Jahr	1,5 Jahre
Kurs	99,50%	100,75%

Das 6M-EURIBOR-Fixing für die aktuelle, 183 Zinstage lange Halbjahresperiode beträgt 2,762%. Berechnen Sie die Forward-Zinssätze für die folgenden beiden Halbjahre. Unterstellen Sie dabei, dass die nächsten beiden Halbjahre 182 bzw. 183 Zinstage lang sind.

4 Risikoanalyse zinstragender Finanzinstrumente

Die Marktwerte festverzinslicher Finanzinstrumente leiten sich, wie in den vorherigen Kapiteln dargestellt, neben den zugrunde liegenden Eigenschaften der jeweiligen Anleihe insbesondere aus der vorliegenden Zinsstrukturkurve ab. Damit unterliegt eine Investition in eine Anleihe oder eine Mittelaufnahme mittels bzw. der Leerverkauf einer Anleihe stets einem Zinsänderungsrisiko. Nach einer genaueren Motivation des Zinsänderungsrisikos und dessen möglichen Auswirkungen auf Investoren und Emittenten werden Kennzahlen zur kurzfristigen Zinsrisikoanalyse vorgestellt. Hierbei wird die Zinsrisikoanalyse mittels der Key Rate Duration erläutert. Eine besondere Rolle spielen dabei als Kennzahlen die Basis Point Values, die sich aus der Key Rate Duration ableiten.

Vertiefende Literatur

Peters, H. (2012): Wirtschaftsmathematik, 4., aktualisierte Auflage, Kohlhammer Verlag, Stuttgart.

Steiner, M. / Bruns, C. / Stöckl, S. (2012): Wertpapiermanagement – Professionelle Wertpapieranalyse und Portfoliostrukturierung, 10., überarbeitete Auflage, Schäffer Poeschel Verlag, Stuttgart.

4.1 Zinsänderungs- und Kursrisiko

Wie in Kapitel 2 dargestellt, bilden Zinsstrukturkurven die Grundlage der Bewertung festverzinslicher Finanzinstrumente. Die Marktwerte und Kurse dieser Wertpapiere orientieren sich an den vorliegenden Marktzinsen und unterliegen damit Schwankungen, die sich aus den Änderungen der relevanten Zinsstruktur ergeben. Das aus diesen Schwankungen resultierende Risiko, dem sich zinstragende Finanzinstrumente ausgesetzt sehen, wird als **Zinsänderungs-** oder **Kursrisiko** bezeichnet.

Während der Barwert bzw. der Kurs einer Kuponanleihe von einer ganzen Menge von Zinssätzen der Zinsstruktur mit unterschiedlichen Laufzeiten abhängt, ist das Zinsänderungsrisiko eines Zero Bonds vergleichsweise einfach abzuschätzen, da dessen Barwert nur von dem Zero-Zinssatz abhängt, dessen Laufzeit der Fälligkeit des Zero Bonds entspricht. Steigt dieser Zero-Zinssatz, so fällt der Barwert des Zero Bonds und fällt umgekehrt der Zero-Zinssatz, so steigt der Barwert des Zero Bonds.

Begreift man Kuponanleihen als ein Bündel von Zero Bonds unterschiedlicher Laufzeit, so wird deutlich, dass eine Änderung der Zinsstruktur mehrere Auswirkungen haben kann:

- Eine in allen Laufzeiten steigende Zinsstruktur führt zu fallenden Kursen bzw. Marktwerten.

DOI: 10.1007/978-3-8349-4304-0_4,

- Eine in allen Laufzeiten fallende Zinsstruktur führt zu steigenden Kursen bzw. Marktwerten.
- Eine Drehung bzw. die gleichzeitige Steigung und Absenkung ausgewählter Zinssätze unterschiedlicher Laufzeiten kann je nach Gestalt unterschiedliche Auswirkungen haben und richtet sich auch nach dem vereinbarten Zinssatz und der Laufzeit des Instrumentes.

Je nach Richtung und Gestalt der Zinsänderung kann sich das Zinsänderungsrisiko also unterschiedlich auswirken. Dabei ist auch relevant, ob man die zu betrachtende Zinsposition als Investor hält oder eine Verpflichtung als Emittent eingegangen ist. Aus Sicht des Investors besteht das Kursrisiko unter anderem in einer Änderung des Marktwertes aufgrund eines steigenden Zinsniveaus und damit in einem möglichen Wertverlust für den Investor, sollte dieser die Position zu dem vergleichsweise geringeren Marktwert auflösen müssen und dadurch eine geringere tatsächliche Rendite erzielen. Das Kursrisiko spielt daher bei Betrachtung des Gewinns und Verlustes eines Anlageportfolios oder einer Bilanz eine Rolle. Ferner entsteht dem Investor durch die Entscheidung für ein festverzinsliches Wertpapier das Risiko, dass er im Falle einer Zinssteigerung in seiner Anlage geringere Zinsen als am Markt erwirtschaftet. Umgekehrt setzt sich der Emittent dem Risiko fallender Zinsen aus, das sich in einem höheren Barwert der eingegangenen festverzinslichen Verpflichtung und im Vergleich zum Marktniveau erhöhten Zinskosten manifestieren kann. So findet eine Investitions- oder Finanzierungsentscheidung unter Unsicherheit statt und die letztendlich getroffene Entscheidung kann unterschiedliche Ziele der Zinsabsicherung, wie etwa die Sicherung von Marktwerten oder die Sicherung zukünftiger Zinszahlungen, verfolgen. Die in Frage kommenden festverzinslichen Finanzinstrumente unterscheiden sich dabei erheblich bezüglich ihres intrinsischen Zinsänderungsrisikos. Während Kuponanleihen von einer ganzen Reihe unterschiedlicher Zero-Zinssätze beeinflusst werden, beinhalten variabel verzinsliche Anleihen nur ein geringes Zinsänderungsrisiko, das mit dem Zinsrisiko eines Zero Bonds mit geringer Laufzeit vergleichbar ist. Dies begründet sich darin, dass eine Floating Rate Note zum nächsten Zinszahlungstermin wieder zu pari, also 100%, notieren wird. Das Zinsänderungsrisiko einer variabel verzinslichen Anleihe begründet sich also nur in der festgelegten Zinszahlung am Ende der aktuellen Zinsperiode.[49]

In einem Kreditinstitut können sich aufgrund der Verwendung festverzinslicher Finanzinstrumente und Produkte auf der Aktiv- und der Passivseite der Bilanz die Effekte einer Änderung der Zinsstruktur aufheben. Dabei werden die Aktiv- und Passivpositionen unter den obigen Gesichtspunkten und unter Berücksichtigung weiterer wichtiger Faktoren, wie etwa den Kundenwünschen oder einer bestimmten Produktstrategie mittels variabel- oder festverzinslicher Positionen, gestaltet. Darauf aufbauend kann das Treasury

[49] Bei dieser Argumentation wird das Kreditrisiko, das unter anderem aus dem Spreadänderungsrisiko besteht, vernachlässigt. Letzteres besteht in der Änderung des risikoadäquaten Kreditrisikospreads und würde sich in einer Abweichung des Kurses der Floating Rate Note von 100% im Zinsanpassungstermin äußern. An dieser Stelle wird angenommen, dass der vereinbarte Spread während der gesamten Laufzeit der Floater marktgerecht ist, vgl. Kapitel 2.

Management durch den Einsatz von entsprechenden Zinsderivaten[50] die Bilanz als Gesamtes unter Berücksichtigung der eigenen Zinsmeinung steuern oder einzelne Bilanzpositionen kostengünstiger gestalten. Ziel ist dabei unter anderem die bestmögliche Immunisierung der eigenen Positionen gegenüber möglichen Markteinflüssen. Bei dieser Steuerung spielen die Sensitivitäten gegenüber unterschiedlichen Marktfaktoren einzelner Bilanzpositionen sowie der gesamten Bilanz eine Rolle. Dazu werden neben der im Folgenden dargestellten Empfindlichkeit einer Anlage gegenüber Änderungen der Zinsstruktur auch die möglichen Reaktion auf Änderungen weiterer Einflussfaktoren wie Aktienkurse, Wechselkurse, etc. betrachtet. Bei der kurzfristigen Risikoanalyse steht dabei die Änderung der relevanten Marktfaktoren innerhalb weniger Handelstage im Vordergrund. Diese kann einerseits durch die konkrete Berechnung der Auswirkungen unterschiedlicher Zinsszenarien auf die Barwerte einer Position oder einer Anlage erfolgen. Dabei entsteht jedoch für jedes Szenario ein neues Ergebnis, sodass diese Methode und ihre Aussage insbesondere für die Steuerung großer Portfolien unübersichtlich und aufwendig sind. Daher ist bei der Steuerung großer Positionen in der Praxis die Sensitivitätsanalyse gebräuchlicher, deren Ergebnis – unabhängig von dem unterstellten Zinsszenario – eine Aussage über die Barwertänderung einer Position im Falle einer Zinserhöhung um 0,01% oder einem Basispunkt bietet.

4.2 Sensitivitätsanalyse festverzinslicher Finanzinstrumente

Die Sensitivitätsanalyse beruht auf der Annahme kurzfristiger Zinsänderungen und ist in der Lage unterschiedliche Änderungen der Zinsstruktur, wie etwa eine Parallelverschiebung oder eine Drehung der Zinsstruktur, bei der sich die Zinssätze unterschiedlicher Fristigkeiten in entgegengesetzte Richtungen bewegen, abzubilden. Ziel ist es, die daraus resultierende Wertänderung eines festverzinslichen Finanzinstrumentes anstelle einer genauen Berechnung durch einen leicht zu berechnenden Schätzwert anzunähern.

Je nach Zielsetzung unterscheidet man zwischen der absoluten Wertänderung $\Delta_{abs}K(0)$ mit

$$\Delta_{abs}K(0) = K^{szen}(0) - K^{akt}(0) \tag{4.1}$$

und der relativen Wertänderung $\Delta_{rel}K(0)$

$$\Delta_{rel}K(0) = \frac{K^{szen}(0) - K^{akt}(0)}{K^{akt}(0)} \tag{4.2}$$

wobei $K^{akt}(0)$ den aktuellen Kurs zur vorliegenden Zinsstruktur und $K^{szen}(0)$ den neuen Kurs zur angenommenen neuen Zinsstruktur im Zinsszenario bezeichnet. Im Weiteren

---

50 Vgl. Kapitel 9, 13 und 17.

bezeichnet $\Delta z(0,t)$ die im Zinsszenario unterstellte Änderung des aktuellen Zero-Zinssatzes $z(0,t)$ mit Laufzeit t.

4.2.1 Sensitivitätsanalyse eines Zero Bonds

Der Kurs einer Nullkuponanleihe mit Laufzeit t wird, wie in Kapitel 1 und 2 erläutert, berechnet als

$$K_{ZB}(0) = \frac{100\%}{(1+z(0,T))^t} = 100\% \cdot \left(1 + z(0,T)\right)^{-t} \tag{4.3}$$

und ist damit eine nicht lineare, konvexe Funktion des Zero-Zinssatzes $z(0,t)$ wie in **Abbildung 4.1** dargestellt.

Abbildung 4.1 Grundidee des Konzeptes der Key Rate Duration

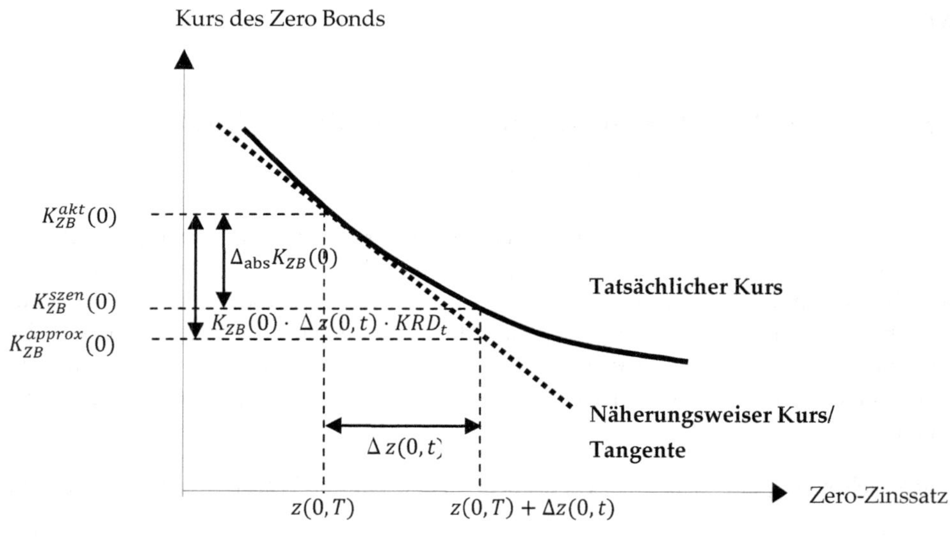

Unterstellt man eine Änderung des Zero-Zinssatzes von $z(0,t)$ auf $z(0,t) + \Delta z(0,t)$ so kann man, anstatt den neuen Kurs $K_{ZB}^{szen}(0)$ direkt zu berechnen, die Tangente dieser Funktion in $z(0,t)$ nutzen und eine näherungsweise Änderung des Kurses ableiten. Die Steigung der Tangente bestimmt sich dann über die erste Ableitung des Kurses nach dem Zinssatz $z(0,t)$.[51] Diese Ableitung entspricht der Funktion

[51] Eine Einführung in die Differentialrechnung findet sich in einer Vielzahl grundlegender Bücher wie bspw. Peters (2006).

$$\frac{dK_{ZB}(0)}{dz(0,t)} = -t \cdot 100\% \cdot \left(1 + z(0,t)\right)^{-(t+1)} \tag{4.4}$$

Auf Basis dieser Überlegungen definiert man die **Key Rate Duration** (***KRD***$_t$) bzgl. des Zero-Zinssatzes $z(0,t)$ als die Negative dieser ersten Ableitung geteilt durch den aktuellen Kurs:

$$KRD_t = -\frac{1}{K_{ZB}(0)} \cdot \frac{dK_{ZB}(0)}{dz(0,t)} = +\frac{t \cdot 100\% \cdot \left(1+z(0,t)\right)^{-(t+1)}}{K_{ZB}(0)} \tag{4.5}$$

Mittels der Key Rate Duration ist man nun in der Lage, die absolute Wertänderung

$$\Delta_{abs} K_{ZB}(0) = K_{ZB}^{szen}(0) - K_{ZB}^{akt}(0) \approx -KRD_t \cdot K_{ZB}(0) \cdot \Delta z(0,t) \tag{4.6}$$

und die relative Wertänderung $\Delta_{rel} K_{ZB}(0)$

$$\Delta_{rel} K_{ZB}(0) = \frac{K_{ZB}^{szen}(0) - K_{ZB}^{akt}(0)}{K_{ZB}^{akt}(0)} \approx -KRD_t \cdot \Delta z(0,t) \tag{4.7}$$

eines Zero Bonds mit einer Laufzeit von t Jahren näherungsweise zu berechnen.

Fallbeispiel 4.1 Wertänderungen eines Zero Bonds mit der Key Rate Duration
Ein Investor hält einen Zero Bond mit Laufzeit von drei Jahren, der aktuell bei einem Zero-Zinssatz dieser Laufzeit von 2,5% einen Wert von 92,86% des investierten Kapitals von 150.000 € aufweist. Der Investor geht aufgrund der Zinsanalyse der volkswirtschaftlichen Abteilung seiner Bank von einer Zinserhöhung über 40 bp aus. Die Key Rate Duration des dreijährigen Zero Bonds errechnet sich als

$$KRD_3 = \frac{3 \cdot 100\% \cdot (1+0{,}025)^{-4}}{92{,}86\%} = 2{,}927$$

Damit ist der Investor in der Lage, die absolute Änderung des Zero Bonds

$$\Delta_{abs} K_{ZB}(0) \approx -KRD_t \cdot K_{ZB}(0) \cdot \Delta z(0,t) = -2{,}927 \cdot 92{,}86\% \cdot 0{,}40\% = -1{,}087\ \%$$

und die relative Änderung des Zero Bonds

$$\Delta_{rel} K_{ZB}(0) \approx -KRD_t \cdot \Delta z(0,t) = -2{,}927 \cdot 0{,}40\% = -1{,}171\%$$

näherungsweise zu berechnen. Bezieht er diese Werte auf sein Investitionsvolumen von150.000 €, so kann er folgern, dass eine Zinserhöhung um 40 bp zu einer ungefähren absoluten Barwertänderung von $-1{,}087\% \cdot 150.000$ € = 1.630,50 € führen würde. Mit anderen Worten würde der aktuelle Wert der Position von $92{,}86\% \cdot 150.000 = 139.290$ € um 1,171% auf 137.658,91 € fallen.[52]

[52] Alternativ lässt sich der neue Barwert der Investition berechnen als $139.290 - 1.630{,}50 =$ 137.659,50 €. Die Differenz ergibt sich hierbei aus der Rundung der beiden Werte für die absolute und die relative Barwertänderung in diesem Beispiel.

Zur besseren Vergleichbarkeit wird in der Praxis die obige Näherung der absoluten Barwert- oder Kursänderung mittels der auf einen Basispunkt[53] normierten **Basis Point Values** (${BPV_t}$) bestimmt. Diese bieten eine direkte Aussage über die Barwertänderung für die Änderung des relevanten Zero-Zinssatzes um 1 bp und errechnen sich aus:

$$BPV_t = KRD_t \cdot K_{ZB}(0) \cdot 0{,}0001 = t \cdot 100\% \cdot \left(1 + z(0,t)\right)^{-(t+1)} \cdot 0{,}0001 \qquad (4.8)$$

Die absolute Wertänderung ermittelt sich dann mittels der Basis Point Values anhand der folgenden Formel:

$$\Delta_{abs} K_{ZB}(0) = -BPV_t \cdot \Delta bp_t \qquad (4.9)$$

wobei Δbp_t die Zinsänderung $\Delta z(0,t)$ in Basispunkten ausgedrückt bezeichnet.

Fallbeispiel 4.2 Kurs- und Barwertänderungen eines Zero Bonds mit den Basis Point Values

Der Investor aus Fallbeispiel 4.1. kann alternativ die Basis Point Values seines dreijährigen Zero Bonds berechnen als $BPV_3 = 3 \cdot 100\% \cdot (1 + 0{,}025)^{-4} \cdot 0{,}0001 = 0{,}027\%$. Bei einer Zinserhöhung von 0,40% handelt es sich somit um 40 bp und damit kann die absolute Kursänderung angenähert werden durch $\Delta_{abs} K_{ZB}(0) = -0{,}027\% \cdot 40 = 1{,}08\%$, was bezogen auf das Nominal wiederum eine näherungsweise Barwertänderung von $1{,}08\% \cdot 150.000 = 1.620$ € ergibt.[54]

4.2.2 Sensitivitätsanalyse einer Festkuponanleihe

Betrachtet man eine Kuponanleihe als ein Bündel mehrerer Zero Bonds mit unterschiedlichen Laufzeiten, so lässt sich die Sensitivität des Barwerts oder des Kurses $K(0)$ einer solchen Kuponanleihe mit Laufzeit von T Jahren und einem jährlichen Kupon von c gegeben durch

$$K(0) = \sum_{t=0}^{T} \frac{CF_t}{\left(1+z(0,t)\right)^t} = \sum_{t=0}^{T} CF_t \cdot \left(1 + z(0,t)\right)^{-t} \qquad (4.10)$$

mit den im vorherigen Abschnitt dargestellten Methoden der Key Rate Duration und der Basis Point Values für Zero Bonds abbilden. Hierbei steht CF_t für die jeweilige Zahlung im Zeitpunkt t. Dabei wird für jede einzelne Zahlung in den Zeitpunkten $t = 1, \dots, T$ die jeweilige Key Rate Duration KRD_t bzw. der Basis Point Value BPV_t betrachtet. Diese Vorgehensweise ermöglicht damit nicht nur eine einheitliche Erhöhung der Zinsstruktur, sondern bietet beispielsweise auch die Berechnung näherungsweiser Barwertänderung für eine Drehung der Zinsstruktur. Unterstellt man eine kurzfristige Entwicklung der Zinsstruktur gemäß **Tabelle 4.1** so entsprechen die Key Rate Durations

53 Zur Erinnerung: Ein Basispunkt (1bp) entspricht 0,01% = 0,0001.

54 Die Differenz zu den Ergebnissen des Fallbeispiels 4.1 ergibt sich wiederum aus den, zur besseren Nachvollziehbarkeit der Ergebnisse, gerundeten Zwischenschritten in der Berechnung.

$$KRD_t = -\frac{1}{K(0)} \cdot \frac{dK(0)}{dz(0,t)} = +\frac{t \cdot CF_t \cdot (1+z(0,t))^{-(t+1)}}{K(0)} \tag{4.11}$$

während sich die Basis Point Values mittels der folgenden Formel berechnen:

$$BPV_t = KRD_t \cdot K(0) \cdot 0{,}0001 = t \cdot CF_t \cdot \left(1 + z(0,t)\right)^{-(t+1)} \cdot 0{,}0001 \tag{4.12}$$

Tabelle 4.1 Kurzfristige Entwicklung der Zinsstruktur

Zeitpunkt t	1	2	…	T
$\Delta z(0,t)$	$\Delta z(0,1)$	$\Delta z(0,2)$	…	$\Delta z(0,T)$
Δbp_t	Δbp_1	Δbp_2	…	Δbp_T

Damit lässt sich analog zur Vorgehensweise bei Zero Bonds die absolute Kurswertänderung

$$\Delta_{abs}K(0) = K^{szen}(0) - K^{akt}(0) \approx -\sum_{t=0}^{T} KRD_t \cdot K(0) \cdot \Delta z(0,t) = -\sum_{t=0}^{T} BPV_t \cdot \Delta bp_t \tag{4.13}$$

und die relative Kurswertänderung

$$\Delta_{rel}K(0) = \frac{K^{szen}(0) - K^{akt}(0)}{K^{akt}(0)} \approx -\sum_{t=0}^{T} KRD_t \cdot \Delta z(0,t) \tag{4.14}$$

einer Festkuponanleihe mit einer Laufzeit von T Jahren mittels der Summe der Key Rate Durations bzw. der Basis Point Values näherungsweise berechnen. Rechnet man anstelle des Kurses mit dem Barwert einer Investition, so ergeben sich die absolute und die relative Barwertänderung analog.

Fallbeispiel 4.3 Näherungsweise Barwertänderungen einer Festkuponanleihe mit den Key Rate Durations und den Basis Point Values

Eine Bondhändlerin hält eine Position in einer Festkuponanleihe mit einer Restlaufzeit von vier Jahren, einem Kupon von 3,5% und einem Nominal von 2,5 Mio. €. Sie möchte die Sensitivität der Position hinsichtlich einer steiler werdenden Zinsstruktur wie in dem folgenden, kurzfristigen Zinsszenario untersuchen:

Zeitpunkt t	1	2	3	4
$z(0,t)$	1,75%	2,00%	2,25%	2,40%
$\Delta z(0,t)$	−0,55%	−0,20%	+0,15%	+0,40%
Δbp_t	−55 bp	−20 bp	+15 bp	+40 bp

Auf Basis des Zahlungsstroms der Anleihe entspricht ihr aktueller Barwert

$$3{,}5\% \cdot 1{,}0175^{-1} + 3{,}5\% \cdot 1{,}02^{-2} + 3{,}5\% \cdot 1{,}0225^{-3} + 103{,}5\% \cdot 1{,}024^{-4} = 104{,}21\%$$

Sie ermittelt zunächst die Key Rate Durations der Anleihe

$$KRD_1 = \frac{1 \cdot 3{,}5\% \cdot (1+0{,}0175)^{-2}}{104{,}21\%} = 3{,}244\% \qquad KRD_2 = \frac{2 \cdot 3{,}5\% \cdot (1+0{,}02)^{-3}}{104{,}21\%} = 6{,}330\%$$

$$KRD_3 = \frac{3 \cdot 3{,}5\% \cdot (1+0{,}0225)^{-4}}{104{,}21\%} = 9{,}218\% \qquad KRD_4 = \frac{4 \cdot 103{,}5\% \cdot (1+0{,}024)^{-5}}{104{,}21\%} = 352{,}851\%$$

Die relative Barwertänderung der Anleihe beträgt somit näherungsweise

$$\Delta_{rel}K(0) \approx -[3{,}244\% \cdot (-0{,}55\%) + 6{,}330\% \cdot (-0{,}20\%) + 9{,}218\% \cdot 0{,}15\%$$
$$+352{,}851\% \cdot 0{,}40\%] = -1{,}395\%$$

Die absolute Barwertänderung nähert die Händlerin mit Hilfe der Basis Point Values an:

$$BPV_1 = 1 \cdot 3{,}5\% \cdot (1{,}0175)^{-2} \cdot 0{,}0001 = 0{,}000\%$$

$$BPV_2 = 2 \cdot 3{,}5\% \cdot (1{,}02)^{-3} \cdot 0{,}0001 = 0{,}001\%$$

$$BPV_3 = 3 \cdot 3{,}5\% \cdot (1{,}0225)^{-4} \cdot 0{,}0001 = 0{,}001\%$$

$$BPV_4 = 4 \cdot 103{,}5\% \cdot (1{,}024)^{-5} \cdot 0{,}0001 = 0{,}037\%$$

Damit sieht sie auf einen Blick, dass eine Zinsänderung des vierjährigen Zero-Zinssatzes um einen Basispunkt zu einer Änderung des jetzigen Anleihekurses von 104,21% um 0,037% führt. Unterstellt sie die Zinsänderungen des obigen Zinsszenarios, so kann sie die absolute Barwertänderung annähern durch

$$\Delta_{abs}K(0) \approx -(0{,}000\% \cdot (-55) + 0{,}001\% \cdot (-20) + 0{,}001\% \cdot 15 + 0{,}037\% \cdot 40) = -1{,}475\%.$$

Bezogen auf das zugrunde liegende Nominal könnte die Bondhändlerin mit einer Verringerung des Positionswertes um 2.500.000 € · (−1,475%) = −36.875,00 € rechnen, falls sich die Zinsen wie angenommen entwickeln.

Mit den Basis Point Values ist man nun in der Lage, durch simple Multiplikation der Zinsänderung in Basispunkten die Reaktion einer festverzinslichen Position in unterschiedlichen Szenarien und mit geringem Rechenaufwand zu untersuchen. Daher werden Basis Point Values in der Praxis zur Steuerung und Risikoanalyse von ganzen Portfolien eingesetzt, wobei sich der zugrunde gelegte Zahlungsstrom CF_t durch die Zusammenfassung einzelner Zahlungsströme wie etwa den Kupon- und Tilgungszahlungen einzelner Anleihen mit unterschiedlichen Laufzeiten in Zeitintervallen ergeben.

Tipp

Das obige Konzept gilt für eine allgemeine Zinsstruktur und kann nicht nur einheitliche Zinserhöhungen, sondern vielmehr auch eine Drehung oder Veränderung der Steigung der

Zinsstruktur abbilden. Zur Vereinfachung der Situation wird aber in der Praxis im Bondportfoliomanagement auch gerne die Annahme einer flachen Zinsstruktur getroffen. Unterstellt man diese, so sind die Zero-Zinssätze über alle Laufzeiten gleich und anstatt unterschiedliche Key Rate Durations zu betrachten, konzentriert man sich nun auf die **Modified Duration**, die eine Änderung des einheitlichen Zinssatzes, der in der Regel durch die Yield to Maturity[55] der zugrunde liegenden Anleihe gegeben ist, abbildet. Beide Methoden basieren jedoch auf der gleichen Idee, die näherungsweise Änderung des Barwertes oder des Kurses mittels der Ableitung des Barwertes bzw. des Kurses nach dem zugrunde liegenden Zinssatz zu bestimmen. Dabei ist jedoch zu beachten, dass das Konzept der Modified Duration aufgrund der Flachheit der Zinsstruktur nur Parallelverschiebungen der Zinsstruktur abbilden kann.[56]

4.3 Vertiefungsfragen zu Kapitel 4

Frage 1

Ein Risikomanager möchte in einem bestimmten, kurzfristigen Zinsszenario mit Hilfe der Basis Point Values die Änderung des Barwertes einer Investition in eine Festkuponanleihe mit vier Jahren Restlaufzeit, einem jährlichen Kupon von 4,75% und einem Nominalwert von 1 Mio. € abbilden. Die Anleihe befindet sich in einem Kupontermin. Die aktuelle Zinsstruktur der Nullkuponzinsen ist die folgende

Zeitpunkt t	1	2	3	4
$z(0,t)$	3,25%	3,75%	4,25%	5,00%

während der Risikomanager folgendes Zinsszenario unterstellt

Zeitpunkt t	1	2	3	4
Δbp_t	+5 bp	−5 bp	+1 bp	−10 bp

a. Gehen Sie dem Risikomanager zur Hand und berechnen Sie neben dem aktuellen Barwert der Investition die Barwertänderung der Investition im unterstellten Zinsszenario mit Hilfe der Basis Point Values.

b. Berechnen Sie die tatsächliche Barwertänderung auf Basis der Zinsstruktur im Zinsszenario.

c. Vergleichen Sie die näherungsweise Barwertänderung mittels der Basis Point Values mit der tatsächlichen Barwertänderungen und begründen Sie deren Abweichung.

---

55 Die Yield to Maturity oder Rendite bis Fälligkeit wurde bereits in Abschnitt 2.2.1 erläutert.

56 Eine ausführlichere Erläuterung des Konzeptes der Modified Duration findet sich in einer Vielzahl von Lehrbüchern wie bspw. Steiner et al. (2012).

Frage 2
Auf Basis einer Zinsentwicklungsprognose eines volkswirtschaftlichen Instituts möchte eine Portfoliomanagerin mit Hilfe der Basis Point Values die Sensitivität einer umfangreichen Position in einer Floating Rate Note mit fünf Jahren Restlaufzeit, einer jährlichen Nominalzahlung von 12M-EURIBOR +45 bp und einem zugrunde liegenden Nominal von 25 Mio. € abbilden. Die Anleihe befindet sich genau in einem Zinsanpassungstermin, das Fixing des Referenzzinssatzes liegt bei 1,50%. Die relevante, aktuelle Zinsstruktur der Nullkuponzinsen ist die folgende

Zeitpunkt t	1	2	3	4	5
$z(0,t)$	1,95%	2,25%	2,33%	2,40%	2,75%

während sich aus der Zinsprognose die folgende kurzfristige Änderung der Zinsstruktur ergibt

Zeitpunkt t	1	2	3	4	5
Δbp_t	+30 bp	−20 bp	+15 bp	+10 bp	−10 bp

Berechnen Sie die absolute und relative Barwertänderung der Position unter der Annahme der Zinsprognose und geben Sie an, wie hoch der neue Barwert im Zinsszenario ungefähr sein wird. Unterstellen Sie dabei, dass der vereinbarte Spread von 0,45% (45 bp) marktgerecht ist und sich die Situation bis zum nächsten Zinsanpassungstermin nicht ändert.

Frage 3
Ein Kreditinstitut hat eine Anleihe mit einem Nominalvolumen von 15 Mio. € und den folgenden Eigenschaften im Bestand:

- Kuponzahlung 4,00%, jährlich, nachschüssige Zahlung,
- Fälligkeit in drei Jahren
- Nennwert 1.000 €
- Zinsrechnungskonvention 30/360
- Aktuelle Yield to Maturity 2,23%

Die Anleihe befindet sich in einem Zinszahlungstermin. Die aktuelle Marktzinsstruktur der Nullkuponzinsen ist gegeben durch

Zeitpunkt t	1	2	3
$z(0,t)$	1,50%	2,00%	2,25%

a. Berechnen Sie die Basis Point Values der Anleihe und interpretieren Sie Ihr Ergebnis hinsichtlich der absoluten Wertänderung des Anleihebestandes des Kreditinstitutes unter der Annahme des folgenden Zinsszenarios:

Zeitpunkt t	1	2	3
Δbp_t	+10 bp	+10 bp	+10 bp

b. Berechnen Sie die Modified Duration der Anleihe und interpretieren Sie Ihr Ergebnis hinsichtlich der absoluten Wertänderung des Anleihebestandes des Kreditinstitutes unter der Annahme einer Zinssteigerung um 10 bp.

c. Benennen Sie den wesentlichen Unterschied in den Annahmen, die einer Näherung der Barwertänderung durch die Modified Duration bzw. durch die Basis Point Values zugrunde liegen.

II Derivatemärkte

5 Grundlagen des Derivatemarktes

Gegenstand dieses Kapitels ist ein Einblick in die Märkte für derivative Finanzinstrumente sowie deren Gestaltung. Derivate sind Finanzgeschäfte, deren Ertrag von der Wertentwicklung eines eindeutig feststellbaren, vom Derivat unabhängigen Referenzwertes abhängt. Als Referenzwerte sind andere Finanztitel, Waren, Kreditrisiken oder makroökonomische Größen gebräuchlich, wobei sich dieses Buch auf Finanzderivate konzentriert. Zunächst werden derivative Finanzinstrumente in unbedingte – sogenannte Forwards und Futures sowie Swaps – und bedingte Termingeschäfte – Optionen – unterschieden. Ferner differenziert man zwischen börsengehandelten Derivaten wie Futures und standardisierten Optionen und den sogenannten Over the Counter-Derivaten (OTC-Derivate) wie Swaps, Forwards und OTC-Optionen. Derivate können aus unterschiedlichen Motiven heraus begeben oder gekauft werden. Sie können der Risikoabsicherung (Hedging), der Gewinnerzielung durch die gezielte Übernahme eines Risikos (Spekulation, Trading) oder der Ausnutzung von Preisdifferenzen auf unterschiedlichen Märkten (Arbitrage) dienen. Ferner werden die mit jeder Position in Derivaten verknüpften Risiken erläutert. Abschließend werden grundlegende Risikovermeidungsmöglichkeiten im Umgang mit Derivaten aufgezeigt.

Vertiefende Literatur

Böhm-Dries, A. / Kruse, S. (2008): Kreditderivate, WISU – das Wirtschaftsstudium 06/08, S. 854-859, 901-902.

Kerviel, J. (2010): Nur ein Rad im Getriebe – Memoiren eines Traders, FinanzBuch Verlag, München.

Le Bret, H. (2010): Die Woche, in der Jérôme Kerviel beinahe das Weltfinanzsystem gesprengt hätte: Ein Insiderbericht, Kunstmann, München.

Leeson, N. / Whitley, E. (1999): High Speed Money – Das Milliardenspiel, Goldmann, München.

5.1 Der Markt für Derivate

Derivative Finanzinstrumente sind Finanzgeschäfte, deren Wert sich aus dem Wert eines anderen Finanztitels, einer Ware oder eines anderen eindeutig feststellbaren Referenzwertes ableitet. Die Bezeichnung **Derivat** beruht auf dem Lateinischen „derivatum" (abgeleitet). Insbesondere sind Derivate, die sich auf einen anderen Finanztitel beziehen, im Wertpapierhandelsgesetz WpHG §2 definiert als „*... an einem im inländischen oder ausländischen Markt im Sinne des Absatz I gehandelten Rechte, deren Börsen- und Marktpreis unmittelbar oder mittelbar von der Entwicklung des Börsen- oder Marktpreises von Wertpapieren oder ausländischen Zahlungsmitteln oder der Veränderung von Zinssätzen abhängt.*" Die feste Verknüpfung zwischen dem Wert des Derivates und der zugrunde liegenden

S. Kruse, *Aktien-, Zins- und Währungsderivate*,
DOI: 10.1007/978-3-8349-4304-0_5, © Springer Fachmedien Wiesbaden 2014

Referenzgröße, auch **Basiswert** oder **Underlying** genannt, resultiert daraus, dass Derivate als Termingeschäfte aufgebaut sind, mit anderen Worten, dass Verpflichtungs- und Erfüllungszeitpunkt des Geschäftes zeitlich auseinander liegen.

Der Primärmarkt entspricht dem Teil des Finanzmarktes, auf dem ein Finanztitel wie beispielsweise eine Aktie oder eine Anleihe emittiert wird. Der Sekundärmarkt ist der Teil des Finanzmarktes, auf dem die bereits emittierten Wertpapiere, gehandelt werden. Der Markt für Derivate, auch **Tertiärmarkt** genannt, ist ein relativ junger Markt. Obwohl Termingeschäfte bereits seit dem Mittelalter existieren, fand der moderne Derivatehandel seinen Ursprung in der Eröffnung der Chicago Board Options Exchange (CBOE) in den USA erst im Jahre 1973. Bedingt durch die starke Verbindung der Termingeschäfte mit Spekulation im 17. und 18. Jahrhundert erlangten diese ein ausgeprägt negatives Bild in der öffentlichen Meinung, von dem sie sich über die Jahrhunderte nur langsam entfernen konnten.

Tabelle 5.1 Die fünf umsatzstärksten Terminbörsen 2012

Rang	Terminbörse	Umsatz in 2012 [# Kontrakte]
1	CME Group	2.890.036.506
2	EUREX	2.291.465.606
3	National Stock Exchange of India	2.010.493.487
4	NYSE Euronext	1.951.376.420
5	Korea Exchange	1.835.617.727

Quelle: FIA Annual Volume Survey 2012[57]

In Deutschland sorgte ab 1990 die Deutsche Terminbörse (DTB) für einen zunächst eingeschränkten Handel mit Derivaten und somit für den Anschluss an die von den USA initiierte internationale Entwicklung der Terminmärkte. Im Jahre 1998 schließlich schlossen sich die DTB und die schweizerische SOFFEX (Suisse Options and Financial Futures Exchange) zur EUREX (European Exchange) zusammen, die heute eine Vorreiterposition in vielen Teilmärkten des Handels mit derivativen Instrumenten einnimmt. Weitere wichtige Börsen für den Derivatehandel, die die größte Anzahl an Kontrakten umsetzen, sind die NYSE LIFFE (entstanden durch den Kauf der London International Financial Futures Exchange LIFFE durch NYSE Euronext in 2002) in London, die amerikanische CBOE (Chicago Board Options Exchange) und CME (Chicago Mercantile Exchange), die indische NSE (National Stock Exchange of India) und die KRX (Korea Exchange).[58] **Tabelle 5.1** zeigt den Umsatz der fünf größten Terminbörsen der Welt für das Jahr 2012.

57 Abrufbar auf der Website der Futures Industry Association (FIA), http://www.futuresindustry.com.

58 Eine Beschreibung des Handels an diesen Börsen ist nicht Bestandteil dieses Buches. Näheres findet sich auf den Internetseiten der Börsen: NYSE LIFFE https://globalderivatives.nyx.com/nyse-liffe, CBOE http://www.cboe.com, CME http://www.cmegroup.com, NSE http:// www.nseindia .com, KRX http://eng.krx.co.kr.

Von 1990 bis 2002 hatte sich beispielsweise der Umsatz in börslich gehandelten derivativen Finanzkontrakten weltweit fast verzehnfacht. Dabei war – und ist noch immer – die Nachfrage nach außerbörslichen Produkten deutlich höher als die nach börsengehandelten Derivaten. Dies beruhte auf der Möglichkeit außerbörslich gehandelte Derivate genau auf die Bedürfnisse der Käufer zuschneiden zu können, während börslich gehandelte Produkte eine hohe Standardisierung aufweisen. Mit dem Zusammenbruch der Investmentbank Lehman Brothers und der damit einsetzenden Finanzkrise im Jahr 2008 wurden Derivate aufgrund ihrer Rolle in Letzterer zunehmend hinterfragt und viele Banken engten ihr Engagement auf dem Derivatemarkt entsprechend ein.[59] In der öffentlichen Meinung werden Derivate seitdem als hoch spekulativ, zu komplex und damit gefährlich angesehen. Jedoch sind Derivate auch wertvolle Instrumente eines für Kreditinstitute, Versicherungen und Industrieunternehmen notwendigen Risikomanagements, die maß- und sinnvoll eingesetzt helfen, das Gefährdungspotential, dem sich ein Unternehmen aussetzt, zu minimieren. Ein funktionierender Derivatemarkt kann allerdings nur existieren, wenn sich zwei Kontraktpartner finden, die die jeweilig gegenläufige Position übernehmen. Das von einem abzusichernde Risiko entspricht dabei dann dem Risiko, das sein Kontraktpartner übernimmt, um einen aus seiner Sicht möglichen Gewinn zu generieren.

Darüber hinaus spielt die Liquidität des Derivatemarktes eine nicht unerhebliche Rolle. Diese wird – wie auch am Sekundärmarkt – durch **Market Maker** sicher gestellt, die sich verpflichten, durch ein ständiges Stellen von Kauf- (Geld-) und Verkaufs-(Brief)kursen die Handelbarkeit der Derivate zu sichern und vorübergehende Ungleichgewichte in Angebot und Nachfrage nach diesen Produkten auszugleichen.

5.2 Klassifizierung von Derivaten

Man kann Derivate anhand unterschiedlicher Merkmale gliedern. So unterscheidet man anhand der vertraglichen Vereinbarung in Bezug auf die Erfüllung des Geschäftes zwischen:

- **unbedingten Termingeschäften**, bei denen feste, verbindliche Liefer- und Abnahme- bzw. Zahlungsverpflichtungen für beide Kontraktpartner bestehen. Man spricht hier aufgrund der Symmetrie der Verteilung der Rechte und Pflichten der beiden Kontraktpartner auch von **symmetrischen Derivaten**. Zu den unbedingten Termingeschäften zählen die **Forwards** bzw. **Futures**, bei denen der zukünftige Kauf eines Basiswertes zu einem bei Abschluss festgelegten Preis vereinbart wird.[60] Ferner fallen in diese Kategorie **Swaps**, bei denen die Kontraktpartner den Tausch unterschiedlicher Zahlungsströme vereinbaren.[61] Durch die Symmetrie der Verteilung von Rechten und Pflichten haben marktgerechte, unbedingte Termingeschäfte bei

[59] So ist bspw. laut FIA die Anzahl der an der EUREX gehandelten Kontrakte von 2011 auf 2012 um 18,8% gefallen.

[60] Forwards und Futures werden in Kapitel 7 detailliert erläutert.

[61] Swaps werden in Kapitel 11 detailliert erläutert.

Abschluss einen Wert von Null. Werden die Konditionen abweichend von der bei Abschluss vorliegenden Marktmeinung für die beiden Kontraktpartner ungleich festgelegt, so muss eine **Ausgleichszahlung** (**Upfront Payment**) des sich im Vorteil befindenden Kontraktpartners an den benachteiligten Kontrahenten stattfinden.

- **bedingten Termingeschäften**, bei denen für den Käufer des Derivates ein Wahlrecht besteht, die Lieferung oder Abnahme bzw. Ausgleichszahlung vom Verkäufer zu verlangen. Man spricht hier aufgrund der Asymmetrie der Verteilung der Rechte und Pflichten der beiden Kontraktpartner auch von **asymmetrischen Derivaten**. Bei diesen handelt es sich um **Optionen.**[62] Somit muss bei Abschluss einer Option immer als Entlohnung für die Übernahme der Pflichten eine Zahlung des Käufers an den Verkäufer fließen. Diese wird als **Optionsprämie** (**Premium**) bezeichnet.

Abbildung 5.1 Systematisierung von Derivaten

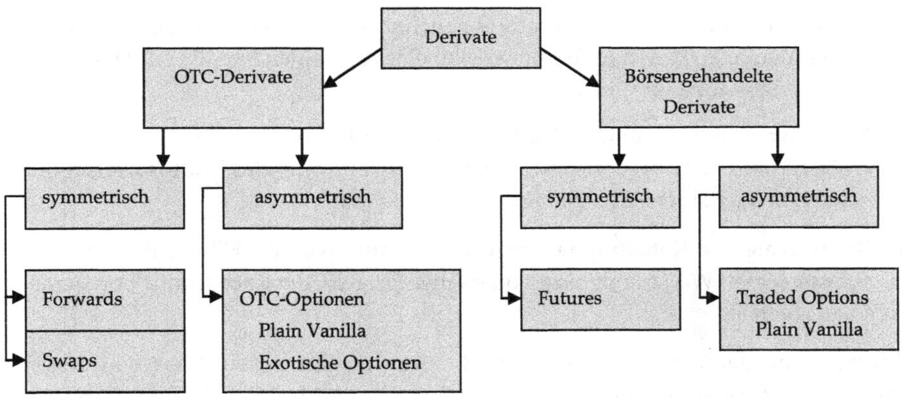

Ferner kann man Derivate nach dem Handelsplatz unterscheiden in:

- **börsengehandelte Derivate**. Wie der Name bereits sagt, sind diese Produkte an regulierten Börsen gelistet und handelbar. Typischerweise handelt es sich hierbei im Fall unbedingter derivativer Finanzkontrakte um Futures, bei bedingten Kontrakten um weitestgehend standardisierte Optionskontrakte, Optionsscheine, o.ä.
- **OTC-Derivate** (Over the Counter-Derivate), die außerbörslich gehandelten Derivate. Die unbedingten Termingeschäfte umfassen im außerbörslichen Handel die Forward- sowie die Swap-Geschäfte, als bedingte Geschäfte sind hier die OTC-Optionen zu nennen.

62 Optionen werden in Kapitel 15 detailliert erläutert.

Diese Systematisierung wird in **Abbildung 5.1** schematisch dargestellt.

Zusätzlich kann man anhand des zugrunde liegenden Basiswertes derivative Instrumente unterteilen in:

- **Finanzderivate**, auch **Financial Derivatives** genannt, die als Underlying einen Finanztitel (Zinssätze, zinstragende Finanzkontrakte wie etwa Anleihen, Wechselkurse oder Fremdwährungsbeträge, Aktien, Finanzindizes, ...) aufweisen. Diese werden je nach Basiswert als Zinsderivate, Währungsderivate, Aktienderivate, Aktienindexderivate, Rentenindexderivate, etc. bezeichnet. Es können als Underlying auch wiederum derivative Finanzinstrumente dienen; dann spricht man von zweifach derivativen Finanzinstrumenten, zu denen die Optionen auf Optionen oder die Optionen auf Futures gehören.
- **Warenderivate**, auch **Commodity Derivatives** genannt, die als Basiswert einen Warenwert zugrunde legen. Zu dieser Kategorie zählen unter anderem Energiederivate und Rohstoffderivate.
- **Kreditderivate**, auch **Credit Derivatives** genannt, sind derivative Finanzinstrumente, deren Wert vom Ausfall- oder Bonitätsrisiko eines einzelnen Kredits oder eines Kreditportfolios abhängt.
- **Makroderivate**, auch **Economic Derivatives**, deren Underlying eine makroökonomische Größe, wie etwa die Inflationsrate oder das Bruttosozialprodukt eines Landes oder einer Wirtschaftsregion, sein kann.
- **Wetterderivate** und **Katastrophenderivate**, die ihren Wert bei Fälligkeit oder Eintritt eines festgelegten Wetterereignisses oder einer festgelegten Katastrophe von deren Ausmaß ableiten.

Unabhängig von der Wahl des konkreten Basiswertes darf dessen Wert von den beiden Kontraktpartnern nicht beeinflussbar sein und muss am Markt beobachtbar sein, da dies sonst zu einer ungleichen Informationsverteilung zwischen den Vertragspartner führen und einen Anreiz zu unehrenhaftem, nicht geschäftsmäßigem Handeln geben kann.[63]

5.3 OTC-Derivate und börsengehandelte Derivate

OTC-Derivate werden in der Regel von einer Bank an einen Kunden oder an eine andere Bank verkauft und dabei genau an die Wünsche des Käufers angepasst. Hierbei setzen sich die beiden Kontraktpartner dem Kreditrisiko des jeweils anderen aus. Im günstigsten Fall beschränkt sich dieses auf das Wiedereindeckungsrisiko, das Derivat zu ungünstigeren Konditionen erneut abschließen zu müssen. Im ungünstigsten Fall kann das Vorleistungsrisiko schlagend werden, so kann es beispielsweise bei einem asymmetrischen

[63] Dies wird in der allgemeinen ökonomischen Theorie als Moral Hazard bezeichnet.

Derivat aus Sicht des Käufers zu einem Totalverlust der geleisteten Prämie kommen. Die Geschäfte werden im Telefonhandel mit Hilfe eines Handelssystems, wie etwa Bloomberg oder Thomson Reuters Eikon, getätigt. Einige Banken agieren als Market Maker für nicht liquide Derivate, mit anderen Worten stellen diese Finanzinstitute einen Preis, zu dem sie bereit sind zu kaufen (**bid price**) und zu verkaufen (**ask price**). Zur Sicherung der Beweispflicht werden die Telefongespräche in der Regel aufgezeichnet. Die International Swaps and Derivatives Association (ISDA) ist eine Handelsorganisation der Teilnehmer am Markt für OTC-Derivate mit Sitz in New York. Durch die Veröffentlichung eines standardisierten Vertrages, des ISDA Master Agreements, das zwei Kontrahenten abschließen, bevor sie miteinander Derivate handeln, hat die ISDA wesentlich zur Transparenz und damit zur Liquidität des OTC-Marktes für Derivate beigetragen.

Börsengehandelte Derivate hingegen zeichnen sich aus durch eine Standardisierung der Verträge hinsichtlich der Fixierung

- in Frage kommender Basiswerte, die aus dem Bereich der börslich gehandelten Standardwerte oder der quotierten Indizes stammen,
- der Fälligkeit/Laufzeit des Finanzkontraktes,
- des Volumens,
- des Erfüllungsortes und des Handelsplatzes.

Ferner wird zur Abwicklung des Geschäftes eine Clearing-Stelle eingeschaltet. Diese tritt bei Vertragsabschluss in den Kontrakt ein und übernimmt als Zwischenstelle für beide Marktparteien das Bonitätsrisiko. Diese Form der Abwicklung mittels eines zentralen Geschäftspartners wird als **Central Counterparty Model** (**CCP**) bezeichnet.[64] Diese führt zu einer Reduzierung der Transaktionskosten, da die Prüfung der Bonität der am Markt teilnehmenden Broker und Banken nun auf die Clearing-Stelle konzentriert wird. Zur Absicherung des eigenen Risikos verpflichtet die Clearing-Stelle die zugelassenen Börsenteilnehmer zur Hinterlegung einer Sicherheitsleistung (Margin) für das Eingehen und Halten einer Position. An der EUREX übernimmt diese Funktion die EUREX Clearing AG. Die EUREX berechnet die Margins mittels des Risk Based Margin-Systems, bei dem börsentäglich der aktuelle Marktwert der offenen Position mit dem Wert des Vortages verglichen wird (**Mark to Market**). Die entstandene Wertänderung wird auf dem Konto, dem sogenannten **Margin Account**, des jeweiligen Handelsteilnehmers oder seines Kunden verbucht.[65]

Während sich die europäischen Börsen für einen reinen Computerhandel entschlossen haben, existieren an den amerikanischen Börsen Parkett- und Computerhandel nebeneinander. Ferner ist zu beachten, dass die unterschiedlichen Derivatebörsen unterschiedliche Produkte anbieten – nicht alle der genannten Produktkategorien werden an der EUREX gehandelt. So bietet die EUREX keine börsengehandelten

---

64 Zur Einführung des Central Counterparty Models im OTC-Handel von Derivaten vgl. Abschnitt 6.4.4.

65 Das Risk Based Margin-System der EUREX wird in Kapitel 6 ausführlicher erläutert.

Fremdwährungsderivate an. Diese lassen sich beispielsweise über die NYSE LIFFE abwickeln.

5.4 Formen der Erfüllung der Derivate

Bei Fälligkeit oder bei der möglichen frühzeitigen Ausübung eines Derivates kommt es zur Erfüllung (Settlement) des Kontraktes. Hierbei unterscheidet man zwischen der

- Erfüllung durch Auszahlung eines Betrages bzw. Saldenausgleich, dem **Cash Settlement**, und der
- Erfüllung durch physische Lieferung oder Abnahme eines bei Abschluss des Vertrages festgelegten Wertes, dem **Physical Settlement**.

Bei der Berechnung des Cash Settlements richtet sich der Auszahlungsbetrag i.d.R. nach dem zugrunde liegenden Basiswert. Wird bereits bei Abschluss des Vertrages der Auszahlungsbetrag als fixer Betrag festgelegt, so spricht man von einem **Digital Settlement**. Die häufigste Form der Erfüllung am Derivatemarkt ist das Cash Settlement. Bei Abschluss des Kontraktes sollte man sich der Zielsetzung, die man mit dem Kauf oder Verkauf des Derivates verfolgt, bewusst sein. So gehen die mit dem Basiswert verbundenen Risiken bei einer physischen Lieferung auf den Kontrahenten über und wirken so über den Ausübungszeitpunkt hinaus, während die Zahlung eines Auszahlungsbetrags sich nur auf den Ausübungszeitpunkt auswirkt.

Nach der Häufigkeit der Erfüllung unterscheidet man auch Derivate

- mit einfacher Erfüllung (**Single Settlement**) wie etwa eine europäische Option oder
- mit mehrfacher Erfüllung (**Multiple Settlement**) wie etwa Zinsswaps, Zinsoptionen wie Caps und Floors.

5.5 Motive für den Einsatz von Derivaten

Wie bereits erwähnt sind Derivate Finanzinstrumente, mit denen ein Investor, gemäß seiner Risikopräferenzen, das Risikoprofil seines Portfolios schnell und mit geringen Transaktionskosten gestalten kann. Dabei können Derivate der Risikoabsicherung (Hedging), der gezielten Übernahme von Risiko zur Gewinnerzielung (Spekulation/Trading) oder der Ausnutzung von Preisdifferenzen (Arbitrage) dienen.

5.5.1 Hedging - Risikoabsicherung

Der Begriff **Hedging** kommt aus dem Englischen von „to hedge a bet", was sich mit auf Nummer sicher gehen oder auch wortwörtlich mit eine Wette absichern übersetzt. Die

Grundidee des Hedgings ist der Ausgleich oder die Verringerung des Preis- oder Bonitätsänderungsrisikos einer Position am Kassamarkt durch eine geeignete Position am Terminmarkt.[66] Dabei wird die abzusichernde Position gegen unerwünschte Marktentwicklungen geschützt. Geeignet sind Positionen, deren Wertentwicklung eine negative Korrelation mit den abzusichernden Instrumenten aufweist. Man unterscheidet zwischen solchen Absicherungsstrategien, die das Risiko eines ganzen Portfolios absichern sollen – den sogenannten **Portfolio-/Makro-Hedges** –, und jenen, die ein einzelnes Finanzinstrument absichern sollen – den **Mikro-Hedges**. Zur weiteren Erläuterung der Idee des Hedgings beschränkt sich das Folgende auf Mikro-Hedges. Gelingt es, eine vollständige Kompensation des Risikos durch den Aufbau einer Hedge-Position zu erreichen, so spricht man von einem **Perfect Hedge**. In der Realität lässt sich ein solcher Perfect Hedge allerdings nur schwer erreichen. Inkongruenz zwischen dem Kassainstrument und dem Hedging-Instrument bezüglich Kontraktparametern, wie Laufzeit, Basiskurs, Volumina und speziell im Zinsbereich auch das geeignete Underlying, führt zu Abweichungen bei der Risikoabsicherung. Insbesondere das Hedging mit börsengehandelten Futures und Optionen führt in der Regel aufgrund deren Standardisierung zum Aufbau einer nicht perfekten Hedge-Position. Ferner unterscheidet man zwischen einem **Bestands-Hedge** und einem **antizipativen Hedge**. Der Bestands-Hedge sichert eine Kassaposition im Bestand, während der antizipative Hedge den geplanten, zukünftigen Verkauf oder Kauf einer Kassaposition absichern soll. In Bezug auf die Veränderlichkeit der Absicherungsstrategie differenziert man zwischen dem statischen und dem dynamischen Hedging. Während beim **statischen Hedging** der gewünschte Absicherungseffekt durch den Abschluss der Derivate bereits von Anfang an erreicht ist und keine weitere Anpassung dieser Absicherungsstrategie während der Laufzeit notwendig ist, wird bei einem **dynamischen Hedge** die Wirkung der Strategie regelmäßig überprüft und die Hedging-Strategie an die sich ändernden Marktbedingungen angepasst. Das statische Hedging eignet sich insbesondere für die Durchführung eines Mikrohedges und setzt die Existenz eines Sicherungsinstrumentes oder einer Sicherungsstrategie voraus, die sich im Falle ändernder Marktpreise hinsichtlich der Grundposition betragsmäßig identisch, aber gegenläufig entwickelt. Das dynamische Hedging findet seinen Einsatz typischerweise bei der Durchführung von Makro-Hedges, wenn eine vollständige Absicherung praktisch nicht möglich ist und sich die Zusammensetzung des Portfolios ändern kann. Die regelmäßige Anpassung der Hedging-Strategie und die damit verbundenen Transaktionskosten sind erst ab einer entsprechenden Größe des Portfolios sinnvoll.

5.5.2 Trading - Handel

In Erwartung bestimmter – oftmals kurzfristiger – Markt- und Kursentwicklungen werden Trading-Strategien angewandt. Dem **Trading** von bestimmten Positionen – egal ob Kassa- oder Termingeschäfte – liegen spekulative Motive zugrunde. Die Übernahme eines Risikos

[66] Am Kassamarkt erfolgt die Erfüllung der Geschäfte spätestens zwei Tage nach Abschluss, man bezeichnet die am Kassamarkt gehandelten Produkte als Kassaprodukte.

erfolgt in Erwartung sich vorteilhaft für den Händler (Trader) entwickelnder Marktpreise, der hierzu bewusst eine offene Risikostrategie eingeht. Falls die Spekulation über Derivate erfolgen soll, werden die Auswirkungen erwarteter Kurssteigerungen oder -minderungen des Underlyings auf ihre Derivate berechnet und eine entsprechende Trading-Position in derivativen Produkten aufgebaut. Bei Eintritt der erwarteten Kursänderung steigt dann auch der Wert der Trading-Position in Derivaten. Wie bereits erwähnt, hält sich aus historischen Gründen ein negatives Bild der Spekulation mit Derivaten. Ein Grund hierfür ist, dass man mit Hilfe von Derivaten im Vergleich zu traditionellen Finanzinstrumenten mit einem relativ geringen Kapitaleinsatz große Risikopositionen aufbauen kann. Der Handel mit Derivaten erfordert daher ein präzises Risikomanagement, das sich insbesondere nicht an Nominalgrößen, sondern an den tatsächlichen Risikoparametern orientiert. Eine solche Risikosteuerung wurde in der Vergangenheit nicht von allen Spekulanten durchgeführt, sodass in einzelnen Fällen spektakuläre Verluste beim Handel mit Derivaten aufgetreten sind. Allerdings sollte man andererseits nicht vernachlässigen, dass spekulierende Marktteilnehmer Risiken übernehmen und durch ihren Handel mit Derivaten zur Liquidität des Marktes beitragen. Letztendlich ermöglichen es Derivate, finanzielle Risiken mit sehr geringen Transaktionskosten unter den Marktteilnehmern effizient zu verteilen. Dadurch verbessern sie die Funktionsweise der Märkte, was jedoch unweigerlich auch Spekulationen erleichtert.

5.5.3 Arbitrage

Wie schon erwähnt, handelt es sich bei **Arbitragegeschäften** um die Ausnutzung von Preisdifferenzen. Bei einer Arbitragestrategie werden Preisunterschiede an verschiedenen Märkten oder in verschiedenen Produkten mit dem gleichen Risikoprofil ausgenutzt, um risikolose Gewinne zu erzielen. Zu diesem Zweck werden Derivate (gegebenenfalls in Kombination mit ihren Underlyings) gekauft und augenblicklich zu einem höheren Preis an einen anderen Kontrahenten wiederveräußert. Der dabei erzielte Gewinn ist der risikolose Arbitragegewinn. Arbitrage kann beispielsweise zwischen dem börslichen Handel und dem OTC-Markt betrieben werden. Allerdings führt die Ausnutzung von Arbitrage in einem effizienten Markt wiederum zu einer Wiederherstellung der Gleichgewichtsverhältnisse und damit zu einer Verringerung der Arbitragemöglichkeiten. In der Realität sind die Gelegenheiten zur Arbitrage eher selten, da die damit verbundenen Transaktionskosten den eventuellen Preisvorteil kompensieren können. Daher ist Arbitrage nur für einen kleinen Teil von institutionellen Marktteilnehmern interessant, die neben den notwendigen Marktvolumina auch die entsprechenden Transaktionskosten aufbringen können.

5.6 Allgemeine Risiken derivativer Finanzinstrumente

Neben den im vorherigen Abschnitt beschriebenen Motiven für den Einsatz von Derivaten ist der Kauf bzw. Verkauf dieser Finanzinstrumente stets mit den folgenden Risiken verbunden:

- Das **Basisrisiko eines Derivates** steht für die Gefahr, dass durch den gewählten Basiswert des Derivates das Risiko einer Grundposition nicht wie beabsichtigt vermieden werden kann und die Ausgleichszahlung bei Ausübung den Verlust nicht vollständig abdeckt. Es entsteht insbesondere bei der Absicherung nicht kapitalmarktgehandelter Werte und beim Hedging eines Portfolios, für das kein passender Basiswert vorhanden ist.

- Das **Kontrahentenrisiko eines Derivates** besteht im möglichen Ausfall des Kontraktpartners und ist damit Teil des Kreditrisikos. Es bezeichnet unter anderem das **Wiedereindeckungs-** und das **Vorleistungsrisiko**. Das Wiedereindeckungsrisiko entsteht dem Vertragspartner, aus dessen Sicht das Derivat aktuell vorteilhaft ist – mit anderen Worten der Kontrahent, dessen Barwert der zu erhaltenden Zahlungen den Barwert der zu leistenden Zahlungen übersteigt. Zur Risikobegrenzung haben sich hier Netting-Vereinbarungen[67] etabliert. Ferner kann das Kontrahentenrisiko durch eine Besicherung des Derivates (Collateralization) reduziert werden, beispielsweise durch einen täglichen Gewinn- und Verlustausgleich (Mark to Market). Das vorzeitige Schließen eines derivativen Geschäftes bei einem bereits angeschlagenen Kontraktpartner, aus dessen Sicht das Geschäft unvorteilhaft ist, ist eher unwahrscheinlich oder mit entsprechenden Verlusten verbunden. Das Vorleistungsrisiko besteht darin, dass einer der Kontraktpartner den Vertrag bereits erfüllt hat und der andere vor Erbringung der Gegenleistung ausfällt. Denkbar ist es aber unter solchen Umständen, das drohende Risiko mittels eines Kreditderivates[68] abzusichern. Ferner sollten Limite bzgl. der einzelnen Kontraktpartner definiert und deren Einhaltung überwacht werden. Diese beiden Risiken können durch sorgfältige Auswahl der Kontrahenten und die Nutzung einer Clearing-Stelle reduziert werden.

- Das **Transaktionsrisiko** besteht in der Gefahr, dass zwischen dem Kauf bzw. Verkauf eines abzusichernden Wertes und des absichernden Derivates eine zeitliche Verschiebung liegt. Eine in diesem Zeitintervall liegende Kursänderung kann zu einer unvollständigen Absicherung führen. Dieses Risiko entsteht insbesondere bei Absicherung mit OTC-Produkten.

- Das **Organisationsrisiko** ist ein operationelles Risiko, das durch interne Unkenntnis über den aktuellen Stand des Portfolios, die Chancen und Risiken der einzelnen Derivate und handwerkliche Fehler im Handel (Betrugsrisiko, Nichtbeachtung der Insider- und Compliance-Regeln, Nichteinhaltung von Limitsystemen) und in der Abwicklung (fälschliche Vorleistung, Nichtausübung einer vorteilhaften Option) entsteht. Insbesondere das **Abwicklungsrisiko** wächst mit der Komplexität der gehandelten Derivate. Das Organisationsrisiko kann durch die Überwachung der Einhaltung vereinbarter Limitsysteme und des Gesamtrisikos durch das Risikocontrolling, durch eine Prüfung der Einzelgeschäfte im Middle Office (Überprüfung der gehandelten Preise anhand eines Fair Values aus einem adäquaten

[67] Unter einer Netting-Vereinbarung versteht man die gegenseitige Verrechnung unterschiedlicher Geschäfte zwischen zwei Kontrahenten.

[68] Für eine erste Einführung in diese Derivate siehe bspw. Böhm-Dries / Kruse (2008).

Modell zur Reduzierung des Betrugs- bzw. Abwicklungsrisikos) und Aufstellung von Zahlungs- und Ausübungsplänen (zur Reduzierung des Abwicklungsrisikos) sowie durch eine Prüfung der Einhaltung der Compliance-Regeln reduziert werden. Insbesondere sollte auch das **Modellrisiko** durch die interne Revision berücksichtigt werden; dieses besteht im Einsatz eines nicht adäquaten Bewertungsmodells. Zur Vermeidung des Organisationsrisikos ist eine entsprechende Schulung der Mitarbeiter und die Sicherstellung, dass diese Kenntnisse über die mit den gehandelten Derivaten verbundenen Pflichten und Rechte der Kontraktpartner besitzen, Voraussetzung.

- Das **Liquiditätsrisiko** entsteht durch die Unvorhersagbarkeit der zukünftigen Zahlungsströme und eine daraus resultierende Knappheit an freien Eigenmitteln. Es liegt aber auch in der ungenutzten Bereitstellung zukünftiger Mittel. So können unerwartet hohe Ab- und Zuflüsse aus dem Derivat – wie etwa durch zu zahlende oder zu erhaltende, hohe Margin-Zahlungen aus einem Kontrakt – zu einer unerwünschten Veränderung der zur Verfügung stehenden Mittel führen. Dies lässt sich nur durch eine entsprechende Steuerung der Liquidität über alle Vermögenswerte steuern. In der Regel basiert das Liquiditätsrisikomanagement einer Bank zunächst auf der Steuerung der täglichen Zahlungen und der Planung erwarteter Cash Flows unter Berücksichtigung des Zugangs zur Refinanzierung über Zentralbanken (sog. operative Liquidität). Darauf aufbauend erfolgt das taktische Liquiditätsrisikomanagement, das sich mit dem Zugang zu unbesicherten Finanzierungsquellen und den Liquiditätseigenschaften der Aktivposten aus der Bilanz der Bank beschäftigt. Letztendlich wird im strategischen Liquiditätsrisikomanagement ein Fälligkeitsprofil sämtlicher Aktiv- und Passivposten (sog. Liquiditätsablaufbilanz) erstellt und eine Strategie für eigene Emissionen festgelegt. In diesem Zusammenhang betrachtet man auch das **Illiquiditätsrisiko** oder **Wiederveräußerungsrisiko** des einzelnen Derivates. Es beschreibt das Risiko, dass das Kapitalmarktprodukt in einer illiquiden Marktphase veräußert werden muss. Dieses Risiko hängt zum einem vom gekauften Wert selbst ab, wird aber auch durch das Marktsegment, dem das Kapitalmarktprodukt zugeordnet ist, beeinflusst.

- Die **finanzmarktbezogenen Risiken** entstehen durch den Handelsplatz, an dem – oder mit wem bei OTC-Derivaten – das Derivat gehandelt wird. Hierzu gehören das **Steueränderungsrisiko**, das die Schmälerung der zukünftigen Nettorückflüsse durch eine mögliche Erhöhung der Steuern beschreibt, und das **rechtliche Risiko**, dass ein bestehender Anspruch rechtlich nicht durchsetzbar ist. Dies besteht insbesondere bei grenzüberschreitenden Kontrakten. Das **Länderrisiko**, das man beispielsweise bei Abschluss eines Derivates mit einem ausländischen Kontrahenten eingeht, ist ebenso Bestandteil der finanzmarktbezogenen Risiken. Die finanzmarktbezogenen Risiken lassen sich in der Regel nicht beeinflussen und sollten vor einem Engagement im jeweiligen Marktsegment berücksichtigt werden. Da die finanzmarktbezogenen Risiken und das Liquiditätsrisiko eng zusammen hängen, wird letzteres auch häufig als ein Teil des Finanzmarktrisikos gesehen.

- Das **Marktänderungsrisiko** beschreibt die Gefahr, dass sich der Markt und damit die Marktmeinung bzgl. des Underlyings und weiterer Einflussfaktoren auf die Preise der Derivate ändern. Da es sich bei Derivaten um Termingeschäfte handelt, ist unabhängig vom jeweiligen Basiswert, das **Zinsänderungsrisiko** ein Risiko, dem man sich automatisch mit Kauf eines Derivates aussetzt, denn es beschreibt das Risiko sich ändernder Marktzinsen. Durch die barwertige Betrachtung der Finanzinstrumente und Ermittlung der fairen Preise anhand der Zinsstruktur ist das Zinsniveau ein starker Einflussfaktor auf Derivate, deren Erfüllungs- bzw. Verkaufszeitpunkt in der Zukunft liegt. Eine Reduzierung des Marktrisikos kann bei offenen Positionen durch Kombination mit weiteren Zinsderivaten erzielt werden. Eine Betrachtung der einzelnen Komponenten des Marktänderungsrisikos – des Zinsänderungs-, des Aktienkurs-, des Währungsrisikos – aber auch des Kreditrisikos sollte in einen Finanzinstitut auf Basis des jeweiligen Teil-Portfolios erfolgen.

5.7 Risikovermeidung beim Einsatz von derivativen Finanzinstrumenten

Vor dem Hintergrund der 2007 einsetzenden Finanzkrise, bei deren Entstehung Verbriefungen, strukturierte Kreditprodukte und Kreditderivate einen nicht unwesentlichen Anteil hatten, ist die Frage nach dem gesamtwirtschaftlichen Nutzen eines Marktes für Derivate erneut in den Fokus von Praxis und Forschung gerückt. Während in der absoluten Wachstumsphase des Derivatemarktes in den 90er Jahren des letzten Jahrhunderts und zu Beginn des jetzigen Jahrhunderts die verbesserte Allokation von Ressourcen durch Derivate nicht in Frage gestellt wurde, ist gerade dieser Punkt wieder in den Mittelpunkt der Kritik getreten.

Dennoch bleiben die Kernfunktionen eines funktionierenden Tertiärmarktes und derivativer Finanzinstrumente die folgenden:

- Derivate ermöglichen die Transformation wirtschaftlicher und finanzieller Risiken.
- Mittels Derivaten erfolgt die Separierung der einzelnen Risikoarten (Aktienkurs-, Zins-, Kredit-, Währungs-, aber auch Wetter-, Waren- und sonstige wirtschaftliche Risiken).
- Durch die Transformation und Separierung resultiert die Marktfähigkeit und damit Handelbarkeit einzelner wirtschaftlicher und finanzieller Risiken.

Diese Kernfunktionen führen zu einer breiteren Streuung der Risiken auf mehrere Marktteilnehmer mit unterschiedlicher Risikoeinstellung und -tragfähigkeit. Aufgrund des relativ geringen Kapitaleinsatzes bei Abschluss eines Derivates – im Vergleich zu einer Direktinvestition in den Basiswert – können auch Kleinanleger und Investoren mit einem begrenzten Budget an diesen Märkten partizipieren und Risikotransformation betreiben.

Die Existenz derivativer Finanzinstrumente führt zur Vervollständigung des Kapitalmarktes. So lassen sich mittels Derivaten unterschiedliche Erwartungen an die zukünftige Entwicklung der Basiswerte entsprechenden Preisen zuordnen und damit die Informationseffizienz des Marktes steigern. Ferner wird durch einen Einsatz von Derivaten die Liquidität des Marktes erhöht. Allerdings erfordert der Einsatz von Derivaten von den

Marktteilnehmern ein fundiertes Wissen der einzelnen Instrumente und der verbundenen Risiken und daraus folgend einen adäquaten Einsatz der einzelnen Derivate. Unkenntnis der mit einem Handel von Derivaten verbundenen Risiken sowie deren zugrunde liegenden Märkte können zu hohen Verlusten führen. Zahlreiche Beispiele aus der Praxis belegen dies – in Deutschland hat neben den Auswirkungen der Finanzkrise insbesondere der Fall der Metallgesellschaft Anfang der 90er Jahre einen bleibenden Eindruck hinterlassen, der nicht zuletzt zu einer bewussten Auseinandersetzung mit dem Management von Risiken geführt hat. Die Metallgesellschaft hatte ihre langfristigen Verpflichtungen zur Lieferung von Öl und Kraftstoff durch ein kurzfristiges, rollierendes Engagement in Future-Kontrakten abgesichert. Durch fallende Öl- und Kraftstoffpreise und die daraus resultierenden Margin-Zahlungen der Metallgesellschaft in den Forward-Kontrakten geriet diese in einen Liquiditätsengpass und löste daher die offenen Positionen kurzfristig mit einem Milliardenverlust auf. Ebenso haben einige Stadtkämmerer deutschen Städten vor wenigen Jahren mit der Absicherung langfristiger Zahlungsverpflichtungen durch Constant Maturity Swaps und ähnlichen Zinsderivaten hohe Verluste beschert. Während die Metallgesellschaft und diese Städte zwei von vielen Einzelfällen im Aufbau einer risikoreichen Position darstellen, hat die Finanzkrise gegen Ende des ersten Jahrzehnts dieses Jahrhunderts gezeigt, dass das Schlagendwerden eines separierten Kreditrisikos, hier das Kreditrisiko US-amerikanischer Immobilienkreditnehmer, sich zu einem systemischen Risiko ausweiten kann. Systemische Risiken betreffen den gesamten Markt – in diesem Fall den weltweiten Kapitalmarkt.

Aus den Erfahrungen der Vergangenheit lassen sich die folgenden Risikovermeidungsstrategien, die beim Einsatz von Derivaten zu berücksichtigen sind, ableiten:

- Die **Definition von Risikolimiten und deren Einhaltung** ist unumgänglich. Mit diesen setzen die Institute eine klare Grenze für das tragbare Risiko. Daher werden diese Limite in der Regel durch den Vorstand als Gesamtlimite definiert und dann auf die einzelnen Händler und Positionen herunter gebrochen. Damit wird sicher gestellt, dass der Einzelne kein zu hohes Risiko eingeht, was bei einer Gesamtbetrachtung eventuell nicht auffällt. Ferner begünstigt die Einhaltung einzelner Risikolimite eine Diversifikation des Gesamtportfolios. Zur Vermeidung spezieller operationeller Risiken und dem Aufbau risikoreicher Positionen sollte eine stetige **Überwachung des Handels** und insbesondere jeden einzelnen Händlers stattfinden. Nichtsdestotrotz zeigen gerade die Erfahrungen der letzten Jahre, wie etwa der Fall betrügerischen Handels durch den Händler Jérôme Kerviel der französischen Société Générale oder durch den Händler Kweku Adoboli der Schweizer UBS, dass hier immer noch ein entsprechender Verbesserungs- und Handlungsbedarf besteht.[69]
- Eine **Trennung des Handels (Front Office), des Risikomanagements (Middle Office) und der Abwicklung (Back Office)** ist unbedingt erforderlich, um die Transparenz der

69 Zu diesen Fällen des betrügerischen Handels (Rogue Trading) existiert eine Vielzahl an nicht wissenschaftlichen Darstellungen, bspw. in Kerviel (2010), Leeson / Whitley (1999) und Le Bret (2010).

Einzelpositionen zu erhöhen und die Überwachung dieser zu gewährleisten. Hiermit können nicht nur Fehler bei der Abwicklung reduziert werden, sondern auch das Betrugsrisiko und die Nichteinhaltung der Insider- und Compliance-Regeln vermieden werden. Die Trennung der Bereiche Handel und Marktfolge ist in einem wichtigen Regelwerk der Bankenaufsicht, den **Mindestanforderungen an das Risikomanagement (MaRisk)**, vorgeschrieben.

- Insbesondere sollten beim Einsatz exotischer Produkte oder entsprechender OTC-Derivate deren **Liquiditätsrisiko** berücksichtigt werden. Strategien, bei denen die Annahme einer baldigen Wiederveräußerung zugrunde liegt, sind bei illiquiden Vermögensgegenständen ausgesprochen riskant.
- Bei der Abwicklung eines Geschäftes reduziert die **Zwischenschaltung einer Clearing-Stelle** das Kontrahentenrisiko.
- Eine **Beurteilung des Gesamtmarktes** ist unumgänglich, um sich der Markteuphorien und entsprechender Blasen bewusst zu werden. Gerade wenn viele Marktteilnehmer die gleichen Erwartungen haben und in Folge dessen die gleiche Strategie verfolgen, entsteht eine Situation, in der große Preisschwankungen und damit große Verluste entstehen können. Somit sollte eine Investition nur in solche Derivate erfolgen, deren Basiswerte und zugrunde liegende Märkte man beurteilen und beobachten kann.

5.8 Risikoanalyse derivativer Finanzinstrumente

Da sich der Marktwert eines Derivates aus dem Marktwert des zugrunde liegenden Basiswertes ableitet und die Erfüllung des Geschäftes in der Zukunft liegt, unterliegen Derivate unterschiedlichen Marktänderungsrisiken. Nach einer bewussten Entscheidung für den Einsatz von Derivaten gilt es diese Risiken zu analysieren und zu steuern. Somit spielen ebenso wie bei der kurzfristigen Risikoanalyse von zinstragenden Titeln entsprechende Kennzahlen zur Preissensitivität von Derivaten hinsichtlich der Änderung der einzelnen direkten Einflussfaktoren eine besondere Rolle im Risikomanagement eines Portfolios, das Derivate enthält, sowie bei der Risikoabsicherung einzelner Finanzinstrumente.

Während der Marktwert einer Anleihe offensichtlich von der aktuellen Zinsstruktur und der Bonitätseinschätzung des Marktes abhängt, leitet sich der Marktwert eines Derivates aus der Preisentwicklung des zugrunde liegenden Basiswertes ab. Ferner liegt die Erfüllung eines Derivates in der Zukunft, sodass bei einer heutigen, barwertigen Wertstellung ebenfalls die Zinsstruktur eine Rolle spielen muss. Somit lassen sich die wichtigsten Einflussfaktoren auf den Marktwert eines Derivates einfach identifizieren:[70]

---

[70] Neben diesen spielen natürlich die aus dem Derivatekontrakt resultierenden Faktoren wie die vereinbarte Leistung und die Fälligkeit des Geschäftes eine Rolle.

- Eine Änderung des Basiswertes wirkt sich direkt auch auf den Marktwert des Derivates aus. Die Sensitivität eines Derivates gegenüber Änderungen des Basiswertes um eine Einheit bezeichnet man als das **Delta Δ** des Derivates.[71]
- Darüber hinaus spielt je nach Derivatetyp die Einschätzung des Marktes hinsichtlich des zukünftigen Preisverhaltens des Basiswertes und dessen Schwankung eine Rolle. Die Kennzahl für diese Schwankung, die somit für das in einem Basiswert enthaltene Kursschwankungsrisiko steht, wird als **Volatilität** des Basiswertes bezeichnet. Die Sensitivität eines Derivates gegenüber Änderungen der Volatilität des Basiswertes um einen Prozentpunkt bezeichnet man als das **Vega V** des Derivates.
- Aufgrund der zeitlichen Diskrepanz zwischen der Wertstellung und der Erfüllung des Geschäftes wird der Marktwert ebenfalls – unabhängig davon, ob es sich bei dem Basiswert um einen zinstragenden Finanztitel handelt oder nicht – von der Zinsstruktur beeinflusst. Im Falle eines zeitlich festgelegten Single Settlements kann dies ein einzelner Zinssatz sein, bei einem Multiple Settlement kann die gesamte Zinsstrukturkurve einfließen.
- Darüber hinaus gibt es weitere Preissensitivitäten wie beispielsweise das **Theta Θ**, das den näherungsweisen Einfluss von Änderungen der Restlaufzeit auf den Derivatepreis abbildet.

Bei der Betrachtung der einzelnen Preissensitivitäten wird unterstellt, dass alle anderen Einflussfaktoren gleich bleiben. Die konkrete Berechnung dieser Preissensitivitäten setzt die Verwendung eines finanzmathematischen Modells voraus und beruht, wie bereits schon bei der Herleitung der Basis Point Values in Kapitel 4 motiviert, auf der näherungsweisen Bestimmung der Marktwertänderung mittels der ersten Ableitung einer existierenden Preisformel nach dem jeweiligen Einflussfaktor.[72]

5.9 Vertiefungsfragen zu Kapitel 5

Frage 1

a. Definieren Sie symmetrische und asymmetrische Derivate.

b. Argumentieren Sie, warum der Wert eines symmetrischen Derivates immer gleich Null sein muss oder ansonsten eine Ausgleichszahlung erfolgen muss.

Frage 2

Nennen Sie die Formen der Erfüllung von Derivaten und erläutern Sie, wie sich diese hinsichtlich ihrer Risikoübertragung unterscheiden.

---

[71] In diesem Kontext sind ebenfalls die in Kapitel 4 vorgestellten Kennzahlen der kurzfristigen Risikoanalyse von Anleihen zu verstehen. So werden die Basis Point Values auch allgemein als Zins-Deltas bezeichnet.

[72] Die konkrete Berechnung ausgewählter Preissensitivitäten der jeweiligen Derivate findet sich im Folgenden in den jeweiligen Kapiteln.

Frage 3
Beschreiben Sie das Organisationsrisiko und gehen Sie dabei auf mögliche Risikovermeidungsstrategien ein.

6 Die EUREX

In diesem Kapitel werden die Grundzüge des Handels an der EUREX dargestellt. Ferner werden einige grundlegende Regeln der Abwicklung von Derivatgeschäften an der EUREX beschrieben. Ziel des Kapitels ist dabei nicht eine erschöpfende Darstellung aller Handels- und Abwicklungsregeln der EUREX. Es soll vielmehr ein Überblick über das Produktspektrum und den Ablauf eines börsengehandelten Derivatgeschäfts gegeben werden. Insbesondere sollen einige Regelungen besprochen werden, die potenziell für die Bewertung von Derivaten relevant sind.

Vertiefende Literatur

Cecchetti, S. G. / Gyntelberg, J. / Hollanders, M. (2009): Central counterparties for over-the-counter derivatives, Bank for International Settlement (BIS) (Hrsg.), Bis Quaterly Review, September 2009, S. 45-58.

Kiff, J. et al. (2010): Making Over-The-Counter Derivatives Safer: The Role of Central Counterparties, International Monetary Fund, Global Financial Stability Report April 2010, S. 91-114.

6.1 Aufbau der EUREX-Gruppe

Die **EUREX** ist gemessen am Umsatz eine der weltweit größten Börsen für Termingeschäfte. Sie ist 1998 durch den Zusammenschluss der DTB (Deutsche Terminbörse) mit der schweizerischen Terminbörse SOFFEX (Swiss Options and Financial Futures Exchange) entstanden. Eigentümer der EUREX sind die Deutsche Börse AG und die SIX Swiss Exchange AG. Die EUREX ist auf verschiedenen Geschäftsfeldern tätig. Mit der EUREX und der zum Konzern gehörenden International Securities Exchange betreibt die EUREX-Gruppe Terminbörsen in Europa und den USA. Zudem hält die EUREX eine Beteiligung an der European Energy Exchange (EEX) in Leipzig, an der Terminkontrakte auf Energie (Strom, Kohle, etc.) und Zertifikate für CO_2-Emissionen gehandelt werden. Als eine der ersten großen Börsen hat die EUREX vollständig auf jegliche Form von Präsenzhandel verzichtet und ein rein computergestütztes Handelssystem eingerichtet. Daher hat die EUREX in einigen Bereichen der Informationstechnologie zum Betrieb von elektronischen Handelssystemen eine Vorreiterrolle inne. Neben dem Börsenbetrieb bietet die Gruppe über ihre Tochter EUREX Clearing AG Abwicklungsdienstleistungen für Derivate und Wertpapiere an. Diese beziehen sich nicht nur auf Geschäfte an einer der zum Konzern gehörenden Börsen oder elektronischen Handelsplattformen, sondern darüber hinaus ist die EUREX auch beispielsweise auf dem Markt für das zentrale Clearing von OTC-Kontrakten aktiv. Ferner bietet die Tochterfirma EUREX Repo GmbH eine

S. Kruse, *Aktien-, Zins- und Währungsderivate*,
DOI: 10.1007/978-3-8349-4304-0_6, © Springer Fachmedien Wiesbaden 2014

elektronische Handelsplattform für Repo-Geschäfte (Repurchase Agreements)[73] an. Ein weiteres Geschäftsfeld bildet die EUREX Bonds GmbH, über die die Börse zusammen mit Partnern eine elektronische Handelsplattform für OTC-Geschäfte in festverzinslichen Wertpapieren anbietet. In **Abbildung 6.1** ist das Organigramm der EUREX-Gruppe dargestellt.

Abbildung 6.1 Organigramm der EUREX-Gruppe[74]

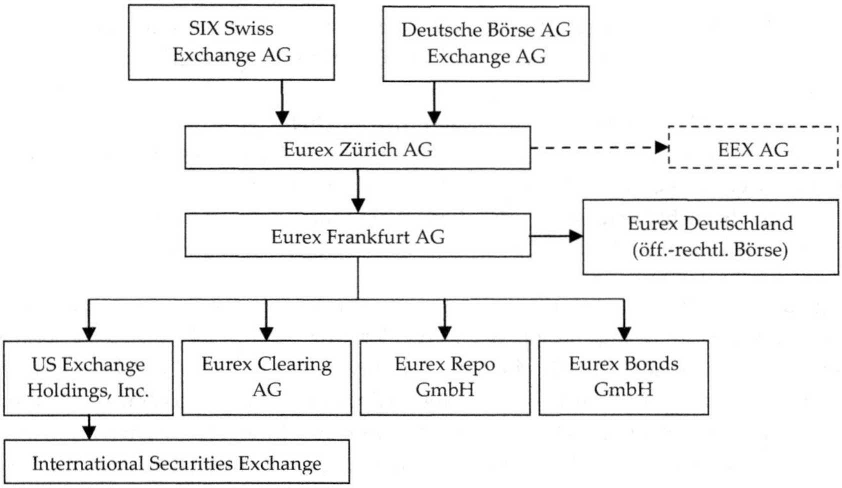

Gemessen am Handelsvolumen ist die EUREX-Gruppe eine der größten Terminbörsen weltweit. Ein bedeutender europäischer Konkurrent ist die NYSE LIFFE. Das nach mehreren Übernahmen und Fusionen entstandene Unternehmen, das mittlerweile zur NYSE Euronext Gruppe gehört, betreibt in London, Paris, Lissabon, Brüssel und Amsterdam Derivatebörsen. In einigen Produkten steht die NYSE LIFFE in direkter Konkurrenz zur EUREX, worin sich die in geplante Fusion der beiden Börsen begründete, die jedoch 2012 von der EU verhindert wurde. Ein weiteres bedeutendes Unternehmen ist die CME Gruppe, die in den USA Terminbörsen betreibt. Auch die indische National Stock Exchange (NSE) und die Korea Exchange (KRX) weisen ein vergleichbares Handelsvolumen auf.

---

[73] Repurchase Agreements bestehen aus dem Verkauf eines Wertpapiers und der simultanen Verpflichtung über den Rückkauf des Papiers zum gleichen Kurs zuzüglich vereinbarter Zinsen an einem festen zukünftigen Zeitpunkt. Repo-Geschäfte sind ökonomisch äquivalent zu mit (Wertpapier-) Sicherheiten unterlegten Krediten.

[74] Eigene Abbildung in Anlehnung an die Darstellung auf der Website http://www.eurexchange.com.

6.2 Teilnehmer an der EUREX

Banken, Broker und andere Unternehmen, die gewerbsmäßig Termingeschäfte für eigene oder fremde Rechnung abschließen, können **Mitglied der EUREX** werden und damit am Terminhandel teilnehmen. Die Mitgliedschaft an der EUREX im Sinne der Teilnahme ist nicht mit einer Beteiligung am Eigenkapital eines EUREX-Unternehmens verbunden. Die Mitgliedschaft wird durch die Zulassung zum Handel erworben und ist entsprechend auch nicht übertragbar – beispielsweise im Gegensatz zu Sitzen an einigen US-amerikanischen Börsen, die verkauft werden können.

An der EUREX existieren drei unterschiedliche Formen der Mitgliedschaft. **General-Clearing-Mitglieder (GCM)** und **Direct-Clearing-Mitglieder (DCM)** dürfen Termingeschäfte für sich, ihre Kunden und konzernverbundene Unternehmen abschließen und abwickeln. GCM können zusätzlich auch die Geschäfte jedes mit ihnen verbundenen Non-Clearing-Mitglieds (also auch solche konzernfremder Unternehmen) abwickeln. **Non-Clearing-Mitglieder (NCM)** dürfen Geschäfte für sich und ihre Kunden abschließen. NCM dürfen sie jedoch nicht abwickeln und benötigen daher eine entsprechende Clearing-Vereinbarung mit einem GCM oder DCM.

Um Mitglied an der Börse zu werden, müssen Unternehmen bestimmte Voraussetzungen bezüglich Kapitalausstattung, technischer Einrichtung, Personal, etc. erfüllen. Diese Mindestanforderungen an die Mitglieder sind ein Baustein zur Gewährleistung eines reibungslosen Ablaufs des Handels und der ordnungsgemäßen Erfüllung aller an der EUREX getätigten Geschäfte. Details regelt die Börsenordnung.[75] Für die Aufnahme als GCM oder DCM ist zusätzlich eine Clearing-Lizenz erforderlich, die an weitere Bedingungen geknüpft ist. Diese enthalten u.a. weitergehende Anforderungen an die Kapitalausstattung. Damit soll sichergestellt werden, dass ein GCM bzw. DCM seinen Verpflichtungen aus dem Clearing der durch dieses Mitglied abgewickelten Geschäfte auch prinzipiell nachkommen kann. Ein NCM muss stattdessen einen Vertrag mit einem GCM bzw. DCM nachweisen.

Als **Börsenhändler** werden die Personen bezeichnet, die Geschäftsabschlüsse für Mitgliedsunternehmen an der EUREX abschließen. Jeder Börsenhändler kann nur für ein einziges Mitglied Geschäfte abschließen. Wie die Mitglieder selbst müssen auch die Händler von der Börse zugelassen werden. Dazu müssen sie u.a. entsprechende Fachkenntnisse nachweisen.

Neben dem normalen Handel kann ein Mitglied auch als **Market Maker** für bestimmte Gruppen von Produkten (i.d.R. Optionen) fungieren. Market Maker haben die Verpflichtung, für diese Produkte während der Börsenzeit Kauf- und Verkaufskurse zu quotieren, zu denen sie bereit sind, Geschäfte in diesen Produkten zu tätigen. Im Gegenzug erhalten Market Maker besondere Rechte, wie beispielsweise Vergünstigungen bei den

[75] Die aktuelle Börsenordnung der EUREX Deutschland und der EUREX Zürich ist auf der Website http://www.eurexchange.com abrufbar.

EUREX-Gebühren. An der EUREX existieren drei Formen des Market Making: Regular Market Making, Permanent Market Making und Advanced Market Making. Beim **Permanent Market Making** ist der Market Maker verpflichtet, laufende Preisquotierungen abzugeben. Beim **Regular Market Making** ist der Market Maker nur dann zur Abgabe einer Quotierung verpflichtet, wenn ein anderes Mitglied einen Preis für diese Produkte anfragt. Beim **Advanced Market Making** handelt es sich um eine Mischform. Hierbei ist der Market Maker für bestimmte Produkte zu laufenden Quotierungen verpflichtet. Für andere Produkte müssen Preise nur auf Anfrage quotiert werden. Um eine Mindestliquidität für Produkte mit Market Making sicherzustellen, müssen die Quotierungen des Market Makers festgelegten Anforderungen genügen. Diese sind in den Market Maker-Verpflichtungen festgehalten und umfassen u.a.:

- Die Geld-Brief-Spanne, d.h. der Unterschied zwischen den angebotenen Kauf- und Verkaufskursen darf eine maximale Spanne nicht überschreiten.
- Die quotierten Kurse müssen für ein Mindestvolumen gültig sein.
- Die quotierten Kurse müssen eine festgelegte minimale Haltedauer gültig sein.

Die genauen Regelungen sind dabei abhängig von der Ausgestaltung des Produkts und anderen Faktoren. Beispielsweise wird auch die aktuelle Marktsituation berücksichtigt. Während Handelsphasen mit erhöhter Volatilität (Fast Market)[76] gelten weniger strenge Vorschriften für das Market Making. Die EUREX kontrolliert, ob die Market Maker ihren Pflichten zur Quotierung gemäß den von der Börse erlassenen Vorgaben nachkommen. Für jeden Market Maker wird die Anzahl der nicht regelkonformen Preisquotierungen protokolliert. Kommt ein Market Maker seinen Pflichten nicht in ausreichendem Maß nach, verliert der entsprechende Teilnehmer seinen Status als Market Maker in der entsprechenden Produktgruppe.[77]

6.3 Handelsmodell der EUREX

An der EUREX findet der Handel ausschließlich computergestützt statt. Somit existiert kein Präsenzhandel. Folgerichtig fehlen die aus den Futures Pits in Chicago und London bekannten Szenen, in denen sich Händler in – gemäß ihrer Funktion und Firmenzugehörigkeit eingefärbten – grellbunten Jacketts mit Hilfe von festgelegten Handzeichnen, Gesten und Geschrei innerhalb eines Meers von fliegenden Kurszetteln verständigen (Open Outcry-Märkte). Stattdessen können sich Händler auf der ganzen Welt mit Hilfe eines Computers in die Rechner der EUREX einloggen und Derivategeschäfte von ihrem Terminal an ihrem Schreibtisch aus tätigen. Auch die traditionellen amerikanischen Terminbörsen, wie z.B. die Chicago Mercantile Exchange, bieten parallel zum

[76] Das Vorliegen eines Fast Market wird von der Handelsüberwachungsstelle der EUREX festgestellt.

[77] Näheres zu den Market Making Vorschriften ist aus der jeweils aktuellen Fassung der Börsenordnung für die EUREX Deutschland und die EUREX Zürich auf http://www.eurexchange.com zu entnehmen.

Präsenzhandel elektronische Handelssysteme an, deren Handelsvolumen beständig zunimmt. Die NYSE LIFFE als ein bedeutender europäischer Konkurrent der EUREX hat mittlerweile sämtliche Futures Pits geschlossen und setzt seit der Jahrtausendwende ebenfalls ausschließlich auf den Computerhandel.

Im folgenden Abschnitt sollen die Grundzüge des Handelsmodells der EUREX erläutert werden. Dazu werden zunächst verschiedene Typen von Orders beschrieben. Daran wird das Zusammenführen von Orders (Order Matching) im Orderbuch erläutert. Abschließend erfolgt eine Beschreibung der Phasen eines Handelstags.

6.3.1 Orderformen

Es gibt verschiedene Arten von Kauf- und Verkaufsaufträgen, die für Derivate an der EUREX aufgegeben werden können. Im Folgenden werden einige grundlegende Orderformen beschrieben.

Eine **Market Order** oder **Marktorder** ist ein unlimitierter Auftrag zum Kauf oder Verkauf von Derivaten. Eine Marktorder wird sofort zum besten aktuell möglichen Preis ausgeführt (kaufe billigst, verkaufe bestens).

Eine **Limitorder** ist mit einem Kurs versehen. Eine limitierte Kauforder wird nur dann ausgeführt, wenn die entsprechenden Derivate zum Limitkurs oder zu einem geringeren Preis erworben werden können. Bei einer limitierten Verkaufsorder erfolgt die Ausführung, sobald ein Verkauf zum angegebenen Kurs oder zu einem höheren Kurs möglich ist. Kann eine Limitorder nicht gleich ausgeführt werden, so bleibt sie bis zu ihrer Stornierung oder bis zum Ablauf ihrer maximalen Gültigkeitsdauer im Handelssystem und wird gegebenenfalls später ausgeführt. Die maximale Gültigkeitsdauer kann dabei unterschiedlich lang gewählt werden. Limitorders mit dem Zusatz GTC (good till cancelled) verbleiben bis zu ihrer Erfüllung oder ihrer Stornierung durch den Auftraggeber gültig. Der Zusatz GTD (good till date) bedeutet, dass eine Order bis zu einem bestimmten Datum gültig bleibt. GFD-Orders (good for day) werden am Ende des Handelstags gelöscht. Die kürzeste Gültigkeitsdauer weisen immediate or cancel-Orders auf. Können sie nicht umgehend zum Zeitpunkt ihrer Abgabe ganz oder teilweise ausgeführt werden, wird der nicht ausgeführte Teil der Order gelöscht.

Eine **Stop Order** wird genauso wie eine Limitorder mit einem Kurs versehen. Solange sich der Kurs des betreffenden Derivates oberhalb des Limitkurses einer Stop Verkaufsorder befindet, wird diese nicht ausgeführt. Sobald der Limitkurs jedoch erreicht oder unterschritten wird, wandelt sich die Stop Verkaufsorder in eine unlimitierte Verkaufsorder um, die sofort ausgeführt wird. Eine Stop Kauforder funktioniert analog. Überschreitet der Kurs des Derivates das Limit der Order, so wandelt sich die Stop Order in eine unlimitierte Kauforder um. Solange der Kurs darunter bleibt erfolgt keine Ausübung. Der Name Stop Order leitet sich aus der absichernden Wirkung von Stop Orders her. Besitzt man eine Long-Position[78] in einem Derivat,

[78] Als Inhaber eines Derivates besitzt man eine Long-Position in diesem Derivat. Der Verkäufer als Gegenpartei nimmt die Short-Position ein.

so kann man mit Hilfe einer Stop Verkaufsorder die Verluste aus der Position begrenzen, sobald diese eine bestimmte Größe erreichen (Stop Loss Limit). Für Short-Positionen und Stop Kauforder gilt dies analog. Es ist jedoch zu beachten, dass es nicht garantiert ist, dass eine Stop Order zu dem angegebenen Limit auch ausgeführt werden kann. Je nach Marktlage kann die durch die entsprechende Kursfeststellung ausgelöste Market Order ganz oder teilweise zu schlechteren Kursen ausgeführt werden.

Neben diesen Grundtypen existieren weitere Formen. So kann man beispielsweise Orders in verschiedenen Derivaten miteinander koppeln, sodass diese nur zusammen ausgeführt werden können. In der Praxis bedeutsame Kombinationen sind zum Beispiel Time Spreads bei Futures, d.h. Futures-Positionen auf den gleichen Basiswert mit unterschiedlichen Fälligkeiten. Time Spreads werden oftmals zum **Rollen einer Futures-Position** benutzt.[79] Neben Kombinationsorders gibt es auch die Möglichkeiten, zwei Orders über den Zusatz one cancels other zu verbinden. Hier wird bei der Ausführung einer der beiden Orders die andere Order automatisch gelöscht.

6.3.2 Handelsphasen an der EUREX

Ein Handelstag an der EUREX gliedert sich in unterschiedliche Phasen. Die zeitliche Abfolge der Handelsphasen ist in **Abbildung 6.2** schematisch dargestellt. Der genaue Beginn und das genaue Ende der einzelnen Phasen sind jedoch produktspezifisch und hängen gegebenenfalls von weiteren Faktoren, wie beispielsweise der Marktentwicklung, ab.

Am Beginn eines Handelstages steht die **Pre-Trading-Phase**. Zu diesem Zeitpunkt können Orders eingestellt werden, sie werden jedoch noch nicht ausgeführt.

Daran schließt sich eine Eröffnungsauktion an, die als **Opening-Periode** bezeichnet wird. Hier werden alle aktuell gültigen Orders zusammengeführt[80] und ein Eröffnungskurs bzw. bei entsprechender Orderlage der beste Geld- und der beste Briefkurs für das entsprechende Produkt festgestellt. Die Handelsüberwachung der EUREX behält sich das Recht vor, die Opening-Periode für jedes Produkt zur Überprüfung der Eröffnungspreise einfrieren zu können. Nach Feststellung der Kurse werden die zusammengeführten Orders – soweit möglich – gegeneinander ausgeführt und die Opening-Periode endet.

---

[79] Werden Derivate zur allgemeinen Risikosteuerung eingesetzt, liegt die physische Erfüllung eines Future-Kontrakts oftmals nicht im Interesse eines Investors. Der Investor möchte vielmehr eine (liquide handelbare) derivative Risikoposition halten. Nähert sich der Erfüllungszeitpunkt einer Futures-Position, so wird diese glattgestellt und eine unter Risikogesichtspunkten ähnliche Position neu eröffnet. Dies lässt sich bspw. durch Time Spreads erreichen. Durch den Handel in Futures mit der kurzen Laufzeit wird die bestehende Position glattgestellt und durch die entgegengesetzte Transaktion in einem Future auf das gleiche Underlying mit einer längeren Laufzeit eine in etwa ökonomisch äquivalente Position neu begründet. Diese Laufzeitverlängerung der Position wird als „Rollen" einer Futures-Position bezeichnet.

[80] Vgl. Abschnitt 6.3.1.

Abbildung 6.2 Ablauf eines Handelstags an der EUREX (Schema)[81]

Dann erfolgt die **Trading-Phase** in dem entsprechenden Produkt, in der die Kontrakte laufend gehandelt werden. Während dieser Zeit können Orders eingegeben werden. Sofern Orders gegeneinander ausgeführt werden können, geschieht dies unverzüglich. In bestimmten Produkten endet die Trading-Phase mit einer Schlussauktion ähnlich der Auktion in der Opening-Phase. Je nach Handelsverlauf kann es unterschiedliche Formen der Trading-Phase geben. Sind beispielsweise wichtige marktbeeinflussende Informationen zu erwarten, kann die EUREX die Phase **Trading-Fast Market** feststellen. Ferner kann die EUREX den Handel in einzelnen Produkten vollständig anhalten (**Trading-Halt**). Ein möglicher Grund hierfür sind technische Schwierigkeiten, die einen ordnungsgemäßen Handel behindern. Auch durch extrem starke Preisschwankungen eines Produkts wird ein Stopp des Handels ausgelöst (**Volatility Interrupt**). Der Sinn dieser Pause liegt darin, den Marktteilnehmern Zeit für eine Neubewertung des Produkts zu geben. Innerhalb des Zeitraums, in dem der Handel ausgesetzt ist, haben die Marktteilnehmer Gelegenheit, die Gründe für die starken Preisausschläge zu analysieren und ihre Orders entsprechend anzupassen. Mit Hilfe dieses Mechanismus sollen Übertreibungen durch selbstverstärkende Kursentwicklungen eingedämmt werden und damit ein häufiges Gegenargument gegen einen reinen Computerhandel entkräftet werden.

Nach der Trading-Phase und einer gegebenenfalls stattfindenden Schlussauktion endet ein Handelstag mit der **Post-Trading-Phase**. Transaktionen finden während dieser Zeit nicht mehr statt. Es können in einem bestimmten Zeitintervall noch Orders für den nächsten Handelstag eingegeben werden und einige Optionsprodukte ausgeübt werden. Außerdem dient die Post-Trading-Phase zur Datenabfrage und Generierung von Auswertungen.

6.3.3 Zusammenführung von Orders im Orderbuch

Während der Trading-Phase und zur Eröffnungs- und Schlussauktion werden die Orders für jedes Produkt an der EUREX in einem **Orderbuch** zusammengeführt und – soweit es die Orderlage erlaubt – gegeneinander ausgeführt. Nicht ausgeführte Limitorders und Market Maker Quotierungen sind für alle Teilnehmer im elektronischen Orderbuch in

81 Eigene Abbildung in Anlehnung an die Darstellung in der Broschüre „Quick Reference Guide: EUREX Market Model" der EUREX, auf der Website http://www.eurexchange.com abrufbar.

aggregierter Form sichtbar. Daher sind für jedes Produkt die besten Brief- und Geldkurse inklusive der entsprechenden Volumenangaben für alle Händler einsehbar. Stop Orders werden jedoch nicht angezeigt. Man spricht daher auch von Iceberg Orders. An der EUREX werden je nach Produkt und Handelsphase drei unterschiedliche Methoden zur Zusammenführung von Orders (Order Matching) verwendet. Man unterscheidet:

- Prinzip des maximalen Umsatzes (Eröffnungs- oder Schlussauktionen),
- Preis-Zeit-Priorität (im laufenden Handel),
- Pro-Rata-Matching (im laufenden Handel).

In diesem Abschnitt sollen die Grundprinzipien beschrieben werden, nach denen Orders an der EUREX gegeneinander ausgeführt werden.

6.3.3.1 Prinzip des maximalen Umsatzes

Im Rahmen einer Eröffnungs- oder Schlussauktion finden alle Transaktionen zum gleichen Kurs statt. Der Kurs wird dabei so festgesetzt, dass bei der gegebenen Orderlage zu diesem Kurs die maximale Anzahl an Kontrakten ausgeführt werden kann. Kommt bei keinem Kurs eine Transaktion zustande, werden im Rahmen der Auktion die beste Brief- und die beste Geldseite ermittelt.

Das Prinzip des maximalen Umsatzes führt nicht immer zu einem eindeutigen Kurs. Wird der maximal mögliche Umsatz an Kontrakten bei unterschiedlichen Kursen erreicht, werden weitere Kriterien zur Auswahl des Kurses hinzugezogen. Liegt der Auktionskurs fest, werden die Orders soweit möglich gegeneinander ausgeführt. Bei der Ausführung genießen Orders unterschiedlich hohe Prioritäten. Market Orders werden dabei mit höherer Priorität als Limitorders ausgeführt. Kauforders mit einem höheren Limit und Verkaufsorders mit einem niedrigeren Limit werden gegenüber entsprechenden Orders mit niedrigerem bzw. höherem Limit bevorzugt. Weisen zwei Orders das gleiche Limit auf, so wird die Order bevorzugt, die zeitlich früher eingegeben worden ist.[82]

Fallbeispiel 6.1 Orderbuch und Eröffnungsauktion
Für einen beispielhaft betrachteten Future-Kontrakt auf eine Anleihe liegen an der EUREX während der Opening-Periode folgende Orders vor: Kauf 10 Stück billigst; Kauf 10 Stück mit Limit 110,20; Kauf 20 Stück mit Limit 110,30; Kauf 10 Stück mit Limit 110,40; Kauf 20 Stück mit Limit 110,50; Verkauf 15 Stück bestens; Verkauf 20 Stück mit Limit 110,40; Verkauf 50 Stück mit Limit 110,50. Alle Orders seien mit dem Zusatz GTC versehen. Bei dieser Orderlage ergibt sich das folgende Orderbuch:

82 Auf der Website der EUREX http://www.eurexchange.com findet sich die jeweils aktuelle Fassung des Leitfadens „Quick Reference Guide: Market Model", in dem das Order Matching detailliert beschrieben wird.

Aggregierte Nachfrage	Ordervolumen (Geld)	Limit	Ordervolumen (Brief)	Aggregiertes Angebot	Ausführbare Kontrakte
10	10	Market		85	**10**
30	20	110,50	50	85	**30**
40	10	110,40	20	35	**35**
60	20	110,30		15	**15**
70	10	110,20		15	**15**
70		Market	15	15	**15**

Die aggregierte Nachfrage zu einem bestimmten Kurs gibt die maximale Anzahl der Kontrakte an, die aufgrund der vorliegenden Kauforders zu diesem Kurs gekauft werden würden. Das aggregierte Angebot ergibt sich analog aus den kumulierten Verkaufsorders. In der letzten Spalte des Orderbuchs ist die Anzahl der gegeneinander ausführbaren Kontrakte angegeben. Sie entspricht dem Minimum des aggregierten Angebots und der aggregierten Nachfrage zu diesem Kurs. Der maximal mögliche Umsatz wird bei einem Eröffnungskurs von 110,40 erreicht. Ausgeführt werden beide unlimitierten Orders, sowie die Limitorders: Kauf 20 Stück mit Limit 110,50 und Verkauf 20 Stück mit Limit 110,40. Die Order Kauf 10 Stück mit Limit 110,40 wird nur teilweise ausgeführt (5 Kontrakte).

6.3.3.2 Preis-Zeit-Priorität

Für die meisten Produkte an der EUREX werden Orders in der Trading-Phase nach dem Prinzip Preis-Zeit-Priorität zusammengeführt. Ausnahmen bilden die Geldmarktfutures auf kurzfristige Zinsen, die mit Hilfe des im folgenden Abschnitt beschriebenen Pro-Rata-Matchings zusammengeführt werden.

Wird während des laufenden Handels eine Order eingegeben, so wird geprüft, ob sie gegen andere bestehende Orders im Buch ganz oder teilweise ausgeführt werden kann. Bei der Auswahl der Orders, die gegeneinander ausgeführt werden, gelten die gleichen Prioritäten wie bei der Ausführung innerhalb einer Eröffnungs- oder Schlussauktion. Unlimitierte Orders genießen die höchste Priorität. Limitorders werden in der Rangfolge ihres Limits ausgeführt, d.h. bei Kauforders werden die Aufträge mit höherem Limit, bei Verkaufsorders die Aufträge mit niedrigerem Limit bevorzugt. Bei gleichem Limit wird die früher eingegebene Order bevorzugt. Daher wird zu jeder Order nicht nur Limit und Volumen, sondern auch die exakte Eingabezeit gespeichert.

Fallbeispiel 6.2 Order Matching nach Preis-Zeit-Priorität

Im folgenden Beispiel wird weiter der Anleihefuture-Kontrakt aus dem vorherigen Fallbeispiel betrachtet. Unter der Annahme, dass keine weiteren Orders eingegeben worden sind, liegt nach Abschluss der Eröffnungsauktion folgendes Orderbuch vor:

Aggregierte Nachfrage	Ordervolumen (Geld)	Limit (Geld)	Limit (Brief)	Ordervolumen (Brief)	Aggregiertes Angebot
5	5	110,40	110,50	50	50
25	20	110,30			
35	10	110,20			

Der Future-Kontrakt notiert somit 110,40 – 110,50. Nun werden folgende Orders eingegeben: Kauf 20 Stück mit Limit 110,40 GTC und kurz darauf Verkauf 20 Stück mit Limit 110,40 GTC. Die erste Order kann zunächst nicht ausgeführt werden. Daher erhöht sie das Volumen auf der Geldseite bei Limit 110,40 auf insgesamt 25 Kontrakte. Die zweite Order kann direkt ganz ausgeführt werden, da genug Kaufgebote vorliegen. Nach der Preis-Zeit-Priorität werden zunächst die 5 verbliebenen Kontrakte aus der Limitkauforder über 10 Kontrakte bei 110,40 ausgeführt, die bereits zur Opening-Phase eingestellt wurde. Erst danach wird die später eingegebene Order über 20 Kontrakte bei Limit 110,40 teilausgeführt (15 Kontrakte). Sowohl Orderbuch als auch die Notierung des Futures sind nach der Transaktion über 20 Kontrakte unverändert.

6.3.3.3 Pro-Rata-Matching

Geldmarktfutures auf kurzfristige Geldmarktsätze, wie den 3M-EURIBOR oder den EONIA (Euro OverNight Index Average)[83], weisen meist nur geringe Preisschwankungen auf. Daher wird eine Zusammenführung ihrer Orders mit Preis-Zeit-Priorität nicht als angemessen angesehen. Stattdessen werden die Orders nach dem Pro-Rata-Matching zusammengeführt.

Kommt beim Pro-Rata-Matching beispielsweise eine neue Kauforder ins System, die ganz oder teilweise gegen bestehende Limitorders im Orderbuch ausführbar ist, zieht der Matching-Algorithmus sämtliche Verkaufsangebote mit dem aktuell niedrigsten Limit heran. Ungeachtet der zeitlichen Reihenfolge werden die Orders zu dem Anteil teilausgeführt, der ihrem Anteil am Volumen der besten Briefseite entspricht. Sollte sich dabei rechnerisch die Zuteilung von Bruchteilen eines Kontrakts ergeben, werden diese vernachlässigt und nur die ganzzahlige Kontraktzahl zugeteilt. Bleibt aufgrund des Abrundens der zugeteilten Kontraktzahlen noch ein ausführbarer Rest der Kauforder offen, werden die verbliebenen Kontrakte per Zufallsprinzip auf die verbliebenen Verkaufsorders mit dem besten Briefkurs aufgeteilt. Ausführbare Verkaufsorders werden entsprechend auf die Limitorders mit dem höchsten Geldkurs aufgeteilt.

Fallbeispiel 6.3 Zusammenführung von Orders nach Pro-Rata-Matching
Für einen Future-Kontrakt mit Pro-Rata-Matching liegt folgendes Orderbuch vor:

---

[83] Der EONIA ist der Mittelwert der Zinssätze, zu denen große Banken bereit sind, sich von einem Handelstag auf den nächsten untereinander unbesicherte EUR-Kredite zu geben.

Aggregierte Nachfrage	Ordervolumen (Geld)	Limit (Geld)	Limit (Brief)	Ordervolumen (Brief)	Aggregiertes Angebot
190	190	98,305	98,310	3520	3520
2250	2160	98,300	98,315	2670	6190

Die beste Geldseite teilt sich in drei Einzelorders auf: Kauf 100, Kauf 60 und Kauf 30 Stück jeweils mit Limit 98,305. Nun wird eine neue Verkaufsorder über 20 Stück mit Limit 98,305 eingegeben. Die Order ist ausführbar gegen die beste Geldseite und wird ihr Volumen um 20 Stück reduzieren. Der Kontrakt notiert nach der Transaktion weiterhin bei 98,305 – 98,310. Die drei Orders, die die beste Geldseite bilden, werden wie folgt teilausgeführt:

Ordervolumen	Anteil am Orderbuch	Anteil in Prozent	Anteil an Verkaufsorder	Nach Abrunden
100	100/190	52,63%	10,53	10
60	60/190	31,58%	6,32	6
30	30/190	15,79%	3,16	3

Auf diese Weise werden 19 Kontrakte der Verkaufsorder verteilt. Der zunächst übrig gebliebene Kontrakt der ursprünglich 20 Kontrakte umfassenden Order wird nach dem Zufallsprinzip einer der drei Kauforders zugeteilt.

Das Pro-Rata-Matching führt also dazu, dass eine größere Anzahl von Limitorders im Buch am Matching-Prozess beteiligt ist. So wird sichergestellt, dass der Marktzugang kleinerer Orders nicht durch eine einzelne große Order blockiert werden kann.

6.4 Clearing- und Margin-System der EUREX

Für alle an der EUREX abgeschlossenen Derivategeschäfte fungiert die EUREX Clearing AG als zentraler Geschäftspartner (Central Counterparty). Dies bedeutet, dass sich die EUREX bei jedem Geschäft zwischen Käufer und Verkäufer stellt. Kommt eine Transaktion an der EUREX zustande, so entsteht kein direktes Geschäft zwischen zwei Mitgliedern, sondern vielmehr zwei Transaktionen: Zum Einen kauft die EUREX die Derivate vom Verkäufer und zum Anderen verkauft die EUREX die Derivate an den Käufer. Der Vorteil einer zentralen Gegenpartei besteht darin, dass bei den Kauf- und Verkaufsentscheidungen der Mitglieder nur das Kontrahentenrisiko der EUREX und nicht das aller potenziellen Kontrahenten aus dem Kreis der Mitglieder berücksichtigt werden muss.

Die EUREX Clearing AG als zentrale Gegenpartei übernimmt also das Kontrahentenrisiko der Mitglieder. Durch verschiedene Regelungen im Rahmen ihres Clearing-Systems stellt die EUREX ihrerseits sicher, dass ihre Kontrahentenrisiken klein bleiben und für die

Erfüllung der Börsengeschäfte ein hohes Maß an Sicherheit gewährleistet ist. Das geringe Kontrahentenausfallrisiko von EUREX-Geschäften wiederum ist die Voraussetzung für einen liquiden Markt und einen reibungslosen Handel. Einige wichtige Bausteine dieser Sicherungsmechanismen, wie z.B.

- Abstufungen der EUREX-Mitgliedschaft,
- Positionslimite,
- Risk Based Margining,

werden in den folgenden Abschnitten beschrieben.

6.4.1 Abstufungen der EUREX-Mitgliedschaft

Wie in Abschnitt 6.2 beschrieben gibt es unterschiedliche Formen der EUREX-Mitgliedschaft. Alle Mitglieder können Börsengeschäfte für sich oder auf fremde Rechnung ausführen.

Abbildung 6.3 Mögliche Vertragsbeziehungen bei Derivategeschäften an der EUREX[84]

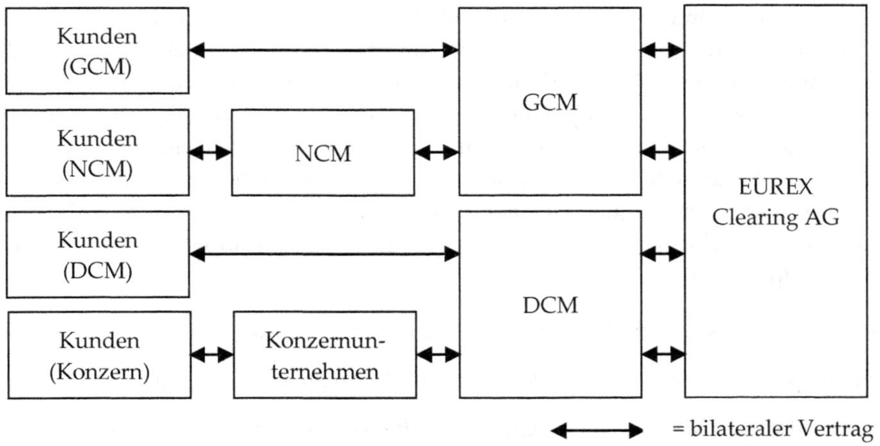

Der direkte Vertragspartner der EUREX Clearing AG ist jedoch immer ein Mitglied mit Clearing-Lizenz (GCM, DCM), an den besondere Anforderungen bzgl. der wirtschaftlichen Leistungsfähigkeit gestellt werden.

84 Eigene Abbildung in Anlehnung an die Darstellung in der Broschüre „EUREX: Clearing – Risk Based Margining“ der EUREX, auf der Website http://www.eurexchange.com abrufbar.

Wie in **Abbildung 6.3** ersichtlich ist, haben weder Kunden noch NCM eine direkte Vertragsbeziehung zur EUREX, sondern nur indirekt über ihre Clearing-Vereinbarungen mit einem GCM oder DCM.

6.4.2 Positionslimite

Die Geschäftsführung der EUREX kann Positionslimite, d.h. Höchstzahlen an Kontrakten für Long- oder Short-Positionen, festlegen, die jedes Mitglied für sich oder seine Kunden in einem EUREX-Produkt halten kann. Der Sinn dieser Begrenzung des Derivatebestands liegt zunächst in der Gewährleistung eines ordnungsgemäßen Handels. Kein Marktteilnehmer soll mit Hilfe von Derivaten eine marktbeherrschende Stellung aufbauen und auf diese Weise die Kurse der Derivate oder ihrer zugrundeliegenden Basiswerte manipulieren können. Gleichzeitig mindern Positionslimite auch das Kontrahentenrisiko. Ohne Positionslimite könnten sich Klumpenrisiken bilden, sodass z.B. bei einem Ausfall eines Kontrahenten alle oder nahezu alle Gegenseiten in einem bestimmten Kontrakt wegfallen könnten.

6.4.3 Risk Based Margining

Das Margin-System ist der wichtigste Bestandteil der Sicherungsmaßnahmen zur Gewährleistung der ordnungsgemäßen und vollständigen Erfüllung von Geschäften an der EUREX. Jedes Clearing-Mitglied muss in Abhängigkeit der über ihn getätigten Transaktionen Sicherheitsleistungen (Margins) in Geld oder in Form von der EUREX für diesen Zweck zugelassenen Wertpapieren hinterlegen. Gleichzeitig sind die Clearing-Mitglieder dazu verpflichtet, für die Geschäfte von Dritten (Kunden und angeschlossene NCM) ebenfalls Sicherheiten in mindestens der gleichen Höhe wie die EUREX zu verlangen. Die Höhe der Margins wird täglich neu berechnet und an die neue Marktlage sowie die neuen Positionen der Mitglieder angepasst. Die Margin-Leistungen umfassen dabei zwei Komponenten:

- Börsentäglicher Gewinn- und Verlustausgleich (Mark to Market),
- Sicherheitspuffer für das Verlustrisiko bis zur nächsten Sicherheitsleistung.

Das tägliche **Mark to Market** stellt sicher, dass die Teilnehmer – im Gegensatz zu den meisten OTC-Derivaten – durch ihre Derivatepositionen keine kumulierten Gewinne oder Verluste aufbauen können. Der Sicherheitspuffer dient dazu, die Zahlungsfähigkeit für den nächsten Mark to Market mit hoher Wahrscheinlichkeit zu gewährleisten. Kommt ein Mitglied seinen Margin-Verpflichtungen nicht fristgerecht nach, wird seine Derivateposition zum Marktwert aufgelöst. Bei Bedarf werden die hinterlegten Sicherheiten dieses Mitglieds zur Befriedigung der Ansprüche der Gegenparteien verwertet.[85]

---

[85] Details der Regelungen zum Clearing finden sich in den aktuellen Fassungen der „Clearing-Bedingungen der EUREX Clearing AG“ und des Leitfadens „Clearing: Risk Based Margining“, die

6.4.3.1 Täglicher Gewinn- und Verlustausgleich

Der börsentägliche Gewinn- und Verlustausgleich oder Mark to Market dient dazu, die Gewinne und Verluste aus Derivaten ständig auszugleichen, sodass während der Laufzeit der Derivate keine hohen Forderungssummen gegenüber einzelnen Mitgliedern auflaufen. Basis für das Mark to Market ist der Abrechnungskurs für den jeweiligen Kontrakt, der gegen Ende des Handelstags ermittelt wird. Bei Futures und Optionen mit Futures-Style-Abrechnungsverfahren werden die aus der Differenz der Abrechnungskurse vom aktuellen Handelstag und dem Vortag resultierenden Gewinne und Verluste durch die Zahlung der **Variation Margin** täglich ausgeglichen. Bei klassischen Optionen ist der Stillhalter dazu verpflichtet, für seine Short-Position an der EUREX jeweils Sicherheiten in Höhe des aktuellen Optionswerts hinterlegt zu haben. Diese Sicherheitsleistungen werden als **Premium Margin** bezeichnet. Der Inhaber der Option ist zu keinen Margin-Leistungen verpflichtet, da er mit der Zahlung des Optionspreises seinen Verpflichtungen aus dem Kontrakt bereits nachgekommen ist. Er erhält keine täglichen Gewinn- und Verlustausgleichszahlungen. Allerdings kann er den aktuellen Optionswert abzüglich eines Risikoabschlags zur Minderung seiner Margin-Verpflichtungen aus anderen Kontrakten anrechnen. Aufgrund dieser Regelungen ist in den meisten Fällen die ökonomische Wirkungsweise der Premium Margin und der Variation Margin sehr ähnlich.

6.4.3.2 Sicherheitsleistung für potenzielle Glattstellungskosten

Auch bei täglichem Gewinn- und Verlustausgleich verbleiben bei der EUREX Kontrahentenrisiken aufgrund der Marktbewegungen zwischen zwei Ausgleichszahlungen. Für diese Risiken verlangt die EUREX die Hinterlegung weiterer Sicherheiten. Die Höhe der zu hinterlegenden Sicherheiten ermittelt sich nach der saldierten Position des jeweiligen Mitglieds und dem Risiko seiner Positionen. Dazu errechnet die EUREX für jeden Kontrakt eine maximal ungünstige tägliche Preisbewegung (sowohl für Short- als auch für Long-Positionen).[86] Die aus dieser Worst Case-Preisentwicklung resultierenden Mark to Market-Verluste für jedes Mitglied müssen als Margin hinterlegt werden. Diese Sicherheitsleistungen werden als **Additional Margin** bezeichnet.

Hat ein Mitglied mehrere Futures-Positionen auf den gleichen Basiswert, aber mit unterschiedlichen Fälligkeitszeitpunkten, so werden gegenläufige Positionen teilweise miteinander verrechnet. Es wird also berücksichtigt, dass die Preisbewegungen der Future-Kontrakte zwar nicht identisch sind, aber von dem gleichen Underlying getrieben werden. In diesem Fall wird die Sicherheitsleistung als **Futures-Spread-Margin** bezeichnet. Zusätzlich kann die Höhe der von einem Mitglied geforderten Sicherheitsleistungen gegebenenfalls durch das **Cross-Marginining-Verfahren** weiter reduziert werden. Dabei werden Kontrakte mit verwandter Risikostruktur (z.B. alle Optionen und Futures auf den

---

auf der Website http://www.eurexchange.com abrufbar sind.

[86] Die von der EUREX verwendeten Risikoparameter werden täglich auf ihrer Website http://www.eurexchange.com veröffentlicht.

gleichen Basiswert) in Margin-Klassen eingeteilt. Gegenläufige Positionen innerhalb der gleichen Margin-Klasse führen zu einer Verringerung der Additional Margin. Ferner werden teilweise auch noch Margin-Klassen mit ähnlicher Risikostruktur (z.B. alle Derivate auf deutsche Bundesanleihen) in Margin-Gruppen eingeteilt, innerhalb derer eine im Vergleich zu den Margin-Klassen eingeschränktere Anrechnung gegenläufiger Positionen vorgenommen wird.

Sowohl die Berechnung der Futures-Spread-Margin als auch das Cross-Margining dienen dazu, die Margin-Leistungen der Mitglieder möglichst genau an die Höhe des tatsächlichen Kontrahentenrisikos der EUREX anzupassen. Aufgrund dieser Regelungen müssen die Mitglieder weniger Liquidität für die Handelsoperationen an der EUREX vorhalten. Dadurch sinken die Opportunitätskosten der Mitglieder, was höhere Handelsvolumina ermöglicht. Würden die Additional Margins für jeden Kontrakt einfach aufaddiert, würde das Risiko je nach Position des Mitglieds teilweise stark überzeichnet. Eine Überbesicherung des Kontrahentenrisikos in Abhängigkeit der jeweiligen Struktur des Derivateportfolios eines Mitglieds hätte neben der Verteuerung der Handelskosten noch einen weiteren nachteiligen Effekt. Würden bestimmte risikoreduzierende Trades (in Bezug auf das Kontrahentenrisiko) aufgrund einer stark verzerrten Risikoberechnung von der EUREX nicht honoriert bzw. sogar durch zusätzliche Margin-Forderungen bestraft, entfiele ein Anreiz für die Mitglieder zur Durchführung dieser Trades. Eine (ungleichmäßige) Überschätzung von Risiken führt also nicht zwangsläufig zu mehr Sicherheit.

6.4.4 Fazit zum Konzept der zentralen Gegenpartei

Die Funktion der EUREX und anderer Derivatebörsen als zentrale Gegenpartei in Verbindung mit einem risikobasierten Sicherheitensystem zur weitgehenden Elimination von Kontrahentenrisiken ist ein Grundpfeiler des Erfolgs dieser Börsen. Dieses Konzept trägt dazu bei, dass auch in unruhigen Zeiten, wie beispielsweise der 2007 durch den Zusammenbruch des US-Subprime-Marktes ausgelösten weltweiten Finanzkrise, ein liquider Markt für den Derivatehandel gewährleistet werden kann. Nicht zuletzt angesichts der Insolvenz von Lehman Brothers und den systemischen Risiken angeschlagener großer Derivatekontrahenten, wie beispielsweise dem Versicherungskonzern AIG (American International Group), ist es nicht überraschend, dass von Seiten der Aufsicht im Rahmen der Aufarbeitung der Finanzkrise unterschiedliche Überlegungen und Vorstöße angestellt worden sind, dieses Konzept auch für nicht börslich gehandelte OTC-Derivate anzuwenden. Tatsächlich bietet der EUREX-Konzern und andere Unternehmen, wie beispielsweise LCH (London Clearing House), die Abwicklung von bestimmten OTC-Derivaten als zentrale Gegenpartei an. Die Reduzierung des Kontrahentenrisikos erfolgt dabei über dieselben Prinzipien wie bei den börsengehandelten Derivaten. Bei OTC-Derivaten kommt jedoch zusätzlich die Schwierigkeit der Bewertung der Kontrakte hinzu. Für die OTC-Kontrakte existieren keine Börsenkurse, daher müssen sich die Marktteilnehmer auf einheitliche Bewertungsansätze verständigen, die auf eine große Klasse von nicht-standardisierten Kontrakten angewendet werden sollen.

Vor- und Nachteile einer zentralen Gegenpartei werden zurzeit von Wissenschaft, Aufsichtsbehörden und Banken intensiv diskutiert.[87] Vor dem Hintergrund der 2007 einsetzenden Finanzkrise haben die führenden Industrienationen im Rahmen des G20-Gipfels in 2009 beschlossen, den außerbörslichen Handel mit Derivaten stärker zu regulieren. Hierzu gehört neben einer Meldepflicht von OTC-Derivaten an ein Transaktionsregister auch die Einführung einer verpflichtenden Abwicklung von OTC-Derivaten über eine zentrale Gegenpartei. In der EU wurde diesem Beschluss mittels der in 2012 vom Europäischen Parlament erlassenen European Market Infrastructure Regulation (EMIR) Rechnung getragen.[88] Die darin enthaltene, zunächst für Anfang 2013 geplante Clearingpflicht wurde jedoch aufgrund der Komplexität deren Umsetzung auf frühestens 2014 verschoben.

Eine zentrale Gegenpartei kann Handelsfriktionen abbauen und die Liquidität des Marktes verbessern, da die Einzelprüfung vieler Kontrahenten entfällt. Außerdem führt das Zusammenführen vieler Transaktionen über eine zentrale Stelle zu multilateralen Aufrechnungsmöglichkeiten, sodass eine zentrale Gegenpartei risikomindernd wirken kann. Ein Nachteil des Konzepts ist die mögliche Entstehung von Klumpenrisiken, da sich die Kontrahentenrisiken auf wenige zentrale Gegenparteien konzentrieren. Die Insolvenz einer zentralen Gegenpartei hätte deutliche Auswirkungen auf den gesamten Finanzmarkt. Daher muss das Risikomanagement dieser Institutionen hohe Anforderungen erfüllen.

6.5 Börsengehandelte Derivate an der EUREX

An der EUREX kann mittlerweile ein breites Spektrum an Derivaten gehandelt werden. Mögliche Basiswerte sind dabei nicht nur finanzielle Größen wie Zinssätze, Anleihekurse, Aktienkurse o.ä., sondern auch andere Güter wie z.B. Warenpreise oder Wetterdaten. **Tabelle 6.1** gibt einen Überblick über die Assetklassen, die den an der EUREX gehandelten Derivaten zugrunde liegen. Die aufgelisteten Produkte stellen dabei nur einen Auszug der Produktpalette der EUREX dar. Eine komplette Liste findet sich im Produktleitfaden der EUREX.[89]

---

[87] Siehe bspw. Kiff et al. (2010) oder Cecchetti et al. (2009).

[88] Nähere Informationen zu EMIR sind auf den Webseiten der European Securities and Markets Authority (ESMA) zu finden: http://www.esma.europa.eu/page/European-Market-Infrastructure-Regulation-EMIR.

[89] Stand Juni 2012. Auf der Website der EUREX http://www.eurexchange.com sind die aktuelle Fassung der Produktübersicht und zusätzlich detailliertere Beschreibungen der unterschiedlichen Produktklassen abrufbar.

Tabelle 6.1 Ausgewählte handelbare Derivate an der EUREX

Assetklasse	Subkategorie	Derivate (Auswahl)
Aktienderivate	Einzelaktien	Futures und Optionen auf deutsche und internationale Aktienwerte
	Aktienindizes	EURO STOXX 50 Futures, Optionen auf den EURO STOXX 50, DAX-Futures, Optionen auf den DAX
	Volatilitätsindizes	VSTOXX Mini Futures, VSTOXX Optionen
	Dividenden	Futures auf Dividenden einzelner deutscher und internationaler Aktien, DivDAX-Dividenden-Futures, EURO STOXX 50 Index Dividenden Futures, Optionen auf EURO STOXX 50 Index Dividenden Futures
Investmentfonds-Derivate	Exchange Traded Funds (ETF)	Futures und Optionen auf ETF
Zinsderivate	Geldmarkt	1-Monats-EONIA Futures, 3M-EURIBOR Futures, Optionen auf 3M-EURIBOR Futures
	Kapitalmarkt	Futures auf synthetische Bundeswertpapiere (SCHATZ-, BOBL-, BUND-, BUXL-Futures), Optionen auf BOBL-, BUND-Futures, BTP-Futures, CONF-Futures
Kreditderivate	Kreditindizes	Futures auf iTRAXX Europe 5-Year Indizes (Main, HiVol und Crossover)
Warenderivate	Warenpreisindizes	Dow-Jones-UBS Commodity Index Futures
	Metalle	Optionen und Futures auf Gold, Optionen und Futures auf Silber
	Agrarprodukte	European Processing Potato Futures, London Potato Futures, Piglet Futures, Hog Futures, Butter Futures, Magermilchpulver Futures
	Energie	Phelix Base Futures, Phelix Peak Futures, Optionen auf Phelix Base Futures
Sonstige	Inflation, Emissionszertifikate, Wetter Immobilien	Futures auf den Eurozone HICP, Futures auf EU Emission Allowances, Futures auf Certified Emission Reductions, Hurrikan-Futures, IPD UK Annual All Property Index Futures

Es werden jedoch nicht alle Derivate aus der mittlerweile sehr umfangreichen Produktpalette mit der gleichen Intensität gehandelt. Die EUREX passt ihre Produktpalette daher ständig durch die Aufnahme neuer Produkte bzw. deutlich weniger häufig durch die Streichung von vom Markt nicht angenommenen Produkten an die Nachfrage an. Besonders stark nachgefragt sind die seit längerer Zeit an der EUREX handelbaren Finanzderivate auf Aktienindizes, Aktien und deutsche Staatsanleihen.

Gemessen an den absolut gehandelten Kontrakten werden vor allem Aktienindexderivate nachgefragt. Dabei ist jedoch zu beachten, dass sich das Nominalvolumen eines Kontrakts je nach Derivat unterscheidet. So haben Zinsderivate wie beispielsweise der BUND-Futures mit 100.000 € Nominalvolumen pro Kontrakt typischerweise ein deutlich höheres Nominal als Aktien- oder Aktienindexderivate, wie z.B. der EURO STOXX 50 Futures mit 10 € pro Indexpunkt.

6.6 Vertiefungsfragen zu Kapitel 6

Frage 1
Analysieren Sie unterschiedliche Typen von Orders an der EUREX.

a. Beschreiben Sie die Funktionsweise einer limitierten Kauforder.

b. Beschreiben Sie die Funktionsweise einer Stop Verkaufsorder.

c. Nicht ausgeführte Limitorders sind (in aggregierter Form) im jeweiligen Orderbuch der EUREX für alle Börsenteilnehmer sichtbar. Gilt dies auch für Stop Orders? Falls nein, geben Sie bitte einen ökonomischen Grund dafür an, Stop Orders anders zu behandeln.

Frage 2
Beschreiben Sie die Rolle einer Clearing-Stelle bei Termingeschäften.

a. Welche Vorteile ergeben sich für die Kontraktpartner?

b. Wie sichert sich die Clearing-Stelle der EUREX gegen gegebenenfalls entstehende Risiken ab?

c. Worin besteht in diesem Zusammenhang der Unterschied zwischen einem Forward und einem Future-Kontrakt?

Frage 3
Beschreiben Sie das Margin-System der EUREX.

a. Welche Funktion hat die Variation Margin?

b. Welche Funktion hat die Additional Margin?

c. Was versteht man unter Cross-Margining und warum wird es durchgeführt?

III Forwards und Futures

7 Einführung in die Forward- und Future-Geschäfte

Forwards gehören zu den symmetrischen, unbedingten Derivaten und bilden den historischen Ursprung derivativer Finanzinstrumente. Es handelt sich bei einem Forward um ein klassisches Termingeschäft, bei dem der Kauf bzw. Verkauf des Basiswertes zu einem zukünftigen Zeitpunkt bereits bei Abschluss des Derivates fixiert wird. Hierbei spielt die Ermittlung eines bei Abschluss marktgerechten, zukünftigen Kaufpreises des Basiswertes eine zentrale Rolle. Neben der Ermittlung dieses Kaufpreises und der Bewertung und Risikoanalyse eines bestehenden Kontraktes wird der Unterschied von außerbörslich gehandelten Forwards und über die Börse abgeschlossenen Futures betrachtet und Motive für den Einsatz von Forwards und Futures anhand von Fallbeispielen vertieft.

Vertiefende Literatur

Böhm-Dries, A. / Kruse, S. (2008): Kreditderivate, WISU – das Wirtschaftsstudium 06/08, S. 854-859, 901-902.

Cox, J. C. / Ingersoll, J. E. / Ross, S. A. (1981): The Relation Between Forward Prices and Future Prices, Journal of Financial Economics 9(4), S. 321-346.

Hull, J. C. (2012): Optionen, Futures und andere Derivative, 8., aktualisierte Auflage, Pearson Studium, München.

Rudolph, B. / Hofmann, B. / Schaber, A. / Schäfer, K. (2012): Kreditrisikotransfer – Moderne Instrumente und Methoden, 2. Auflage, Springer, Berlin, Heidelberg.

Schofield, N. C. (2007): Commodity Derivatives – Markets and Applications, Wiley Finance, Hoboken.

7.1 Grundpositionen in Forwards und Futures

Forwards sind unbedingte, symmetrische Termingeschäfte und der geschichtliche Ursprung derivativer Finanzgeschäfte. So wurden bereits vor Jahrhunderten Kontrakte auf Schweinehälften und Tulpenzwiebeln gehandelt, wobei letztere im 17. Jahrhundert zur ersten Finanzkrise der Neuzeit führten. Bei einem Forward-Geschäft gehen zwei Marktparteien ohne Zwischenschaltung einer Börse ein unbedingt zu erfüllendes Termingeschäft ein, das die verbindliche Vereinbarung der Lieferung eines zugrundeliegenden Finanztitels oder eines sonstigen Referenzwertes durch den Verkäufer des Forward-Kontraktes oder der Leistung einer entsprechenden Ausgleichszahlung zu einem im Voraus vereinbarten Basis- bzw. Kaufpreis, dem **Forward-Preis**, an einem

S. Kruse, *Aktien-, Zins- und Währungsderivate*,

DOI: 10.1007/978-3-8349-4304-0_7, © Springer Fachmedien Wiesbaden 2014

späteren Termin, dem **Erfüllungszeitpunkt** bzw. der **Fälligkeit**, an den Käufer des Forwards beinhaltet. Somit müssen Forward-Geschäfte immer erfüllt werden und es werden zwei Zeitpunkte betrachtet: Der Abschlusszeitpunkt des Geschäftes und der Erfüllungs- oder auch Fälligkeitszeitpunkt. Wird ein solches Termingeschäft jedoch im Rahmen eines standardisierten Vertrages über die Börse abgeschlossen und dort auch gehandelt, so geschieht dies in der Regel in Form von **Futures**. Forwards und Futures können als Basiswert nicht nur Anleihen, Aktien oder andere Finanztitel zugrunde liegen, sondern auch Zinssätze selbst. Hierbei unterscheidet man die börsennotierten Futures auf Zinsen, die **Forward Forwards**, und die OTC-gehandelten **Forward Rate Agreements (FRA)**. Mit dem Kauf eines Futures bzw. Forwards, einem **Long Future/Long Forward**, kann man sich – je nach zugrunde liegendem Basiswert – das heute am Markt vorliegende niedrige Preis- oder Zinsniveau sichern. Der Käufer eines Futures bzw. Forwards erwartet somit für die Zukunft ein steigendes Marktniveau. Mit dem Verkauf eines Futures bzw. Forwards, einem **Short Future/Short Forward**, sichert man sich das vorliegende hohe Marktniveau und erwartet, dass die Preise oder Zinsen – je nach Forward-Kontrakt – in der Zukunft fallen. Der Vorteil eines Forward-Geschäftes gegenüber einem direkten Kauf des Basiswertes ist der aktuelle Erhalt der Liquidität. Gleiches gilt – abgesehen von den zwischenzeitlich anfallenden Margin-Zahlungen – auch für Futures.

Forward- und Future-Geschäfte können sich auf unterschiedliche Basiswerte beziehen, so finden sich am Markt u.a.:

- **Aktienforwards/-futures** liegen einzelne Aktien zugrunde, während der Basiswert bei einem **Aktienindexforward/-future** einem Aktienindex entspricht.
- **Zinsforwards/-futures** beziehen sich auf entsprechende Zinsinstrumente. Sofern es sich bei dem Basiswert um eine Anleihe handelt, spricht man von einem **Anleiheforward/-future** oder auch – unter Berücksichtigung der meist längeren Laufzeit der Basiswerte – von einem **Kapitalmarktforward/-future**. Bezieht sich das Forward- oder Future-Geschäft auf einen Referenzzins des Geldmarktes, so spricht man von einem **Geldmarktforward/-future**.
- Einem **Währungsforward/-future** oder **FX Forward/FX Future** liegt ein entsprechender Wechselkurs zwischen zwei Währungen zugrunde.[90]
- Bezieht sich ein Forward auf ein Handelsgut, so spricht man von einem **Warenforward/-future** oder einem **Commodity Forward/Commodity Future**.[91]
- Der Wert eines **Credit Forwards/Credit Futures** leitet sich aus der Entwicklung eines zugrunde liegenden Risikos ab.[92]

---

90 FX steht für den englischen Ausdruck Foreign Exchange.

91 Eine Einführung in den Markt der Warenderivate und eine erste Darstellung von Commodity Forwards und Commodity Futures sowie deren Einsatzmöglichkeiten und der Grundidee der Bewertung findet sich bspw. in Schofield (2007).

92 Diese Instrumente gehören zur Klasse der Kreditderivate. Eine kurze Einführung in Kreditderivate findet sich in Böhm-Dries / Kruse (2008), eine detailliertere Betrachtung in Rudolph et al. (2012).

An der EUREX wird eine Vielzahl von Futures auf unterschiedliche Basiswerte gehandelt. Neben den Futures auf Aktien und Aktienindizes sowie Zinssätzen des Geldmarktbereiches wie den 1M-EONIA-Future und den 3M-EURIBOR-Future können Futures auf einen Volatilitätsindex, Futures auf fiktive kurzfristige, mittelfristige oder langfristige Schuldverschreibungen der Bundesrepublik Deutschland, die sog. Euro-Schatz-, Euro-Bobl- oder Euro-Bund-Futures, und auch Futures auf Exchange Traded Funds gehandelt werden.[93] Je nach Underlying variieren die Laufzeiten zwischen wenigen Monaten und drei Jahren.[94]

Der Wert eines Forwards – sowie eines Future-Geschäftes – bei Fälligkeit bestimmt sich aus Sicht des Käufers in Abhängigkeit von der Kursentwicklung des zugrundeliegenden Basiswertes als

$$\text{Wert des Long Forward bei Fälligkeit} = U(T) - F \qquad (7.1)$$

Während sich der Wert aus Sicht des Verkäufers umgekehrt berechnet als

$$\text{Wert des Short Forward bei Fälligkeit} = F - U(T) \qquad (7.2)$$

Hierbei steht $U(T)$ für den Wert des Underlyings bei Fälligkeit T des Termingeschäftes und F für den bei Abschluss des Kontraktes vereinbarten Forward-Preis.

7.2 Ermittlung des fairen Forward-Preises und Bewertung eines Forward- und Future-Geschäftes

Die Bewertung von Forward- und Future-Geschäften erfolgt anhand des Basiswertes. In diesem Zusammenhang muss man zwischen der Ermittlung des Forward-Preises oder Future-Kurses des zugrunde liegenden Basiswertes und der Bewertung eines Forwards oder Futures, dem Wert des Derivates, unterscheiden.

Die Ermittlung des Forward-Preises bzw. Future-Kurses beruht auf der Duplikation des Zahlungsstroms aus dem Forward. Aus Sicht des Käufers des Forwards vergleicht man den Zahlungsstrom des Forwards bzw. Futures mit dem direkten Kauf des Basiswertes. Durch den Kauf des Basiswertes zum aktuellen Kassapreis fließen Mittel ab, die wiederum zum aktuellen Zinssatz aufgenommen werden müssen. Die bis zum Erfüllungszeitpunkt zu zahlenden Zinsen auf die Mittelaufnahme sowie andere mit dem Halten des Basiswertes bis zum Erfüllungszeitpunkt verbundene Kosten (beispielsweise Lagerkosten bei einem Forward auf Waren) nennt man auch **Finanzierungskosten**. Andererseits liefert der Basiswert, den man nun

---

[93] Bei einem Exchange Traded Fund (ETF) handelt es sich um einen Investmentfonds, der an der Börse gehandelt wird.

[94] Vgl. Kapitel 6.

im Bestand hat, bis zum Erfüllungszeitpunkt gegebenenfalls Erträge (beispielsweise Dividenden, Kuponzahlungen, Stückzinsen, etc.), die **Finanzierungserträge**. Der Forward-Preis bzw. Future-Kurs ermittelt sich dann aus dem Wert der Duplikationsstrategie als Kassapreis zzgl. Finanzierungskosten abzgl. Finanzierungserträge:

$$\text{Forward-Preis} = \text{Kassakurs} + \text{Finanzierungskosten} - \text{Finanzierungserträge} \tag{7.3}$$

Die Differenz aus Finanzierungskosten und -erträgen stellt somit die Haltekosten dar, weshalb man diese auch **Cost of Carry** nennt:

$$\text{Forward-Preis} = \text{Kassakurs} + \text{Cost of Carry} \tag{7.4}$$

Der marktgerechte Forward-Preis des Basiswertes wird also aus dessen Erträgen und Kosten und der aktuellen Zinsstruktur hergeleitet.

Ferner liegt beim Handel von Forwards und Futures ein Augenmerk auf der Differenz zwischen dem aktuellen Preis bzw. Kurs des Basiswertes und dem Forward-Preis bzw. Future-Kurs. Diese Differenz wird als **Basis** bezeichnet und entspricht der negativen Cost of Carry des Termingeschäftes:

$$\text{Basis} = \text{Kassakurs} - \text{Forward-Preis} = -\text{Cost of Carry} \tag{7.5}$$

Daher führt ein über den Kassakurs liegender Forward-Preis zu einer negativen Basis, während ein unter dem Kassakurs liegender Forward-Preis zu einer positiven Basis führt. In diesem Zusammenhang spricht man auch von einem **Basis-Trade**, wenn zwei Kontraktpartner zeitgleich ein Kassa- und Forward-Geschäft bzgl. des Basiswertes abschließen. So führt der Kontraktpartner, der den Basiswert im Rahmen des Kassageschäfts erwirbt und zeitgleich einen Forward darauf verkauft, einen **Kauf der Basis** durch, während sein Kontrahent die Basis verkauft. Mittels eines Basis-Trades lässt sich auf eine Veränderung des Marktes spekulieren ohne das eigene Risiko bezüglich Änderungen des Basiswertes zu erhöhen.

Da es sich bei Forwards und Futures um symmetrische Derivate handelt, bei denen beide Kontraktpartner Rechte und Pflichten haben, werden die Kontraktdetails i.d.R. so gewählt, dass sich die entstehenden Rechte und Pflichten der beiden Kontraktpartner die Waage halten. Dies ist gleichbedeutend damit, dass bei der Wahl eines marktgerechten Forward-Preises der Forward-Kontrakt bei Abschluss einen Wert von Null hat. Wird bei der Vereinbarung des Forward-Preises vom marktgerechten Preis abgewichen, so erhält der dadurch benachteiligte Kontraktpartner von seinem Kontrahenten eine **Ausgleichszahlung** bei Abschluss, das **Upfront Payment**. Im Falle eines Futures findet eine solche Wertstellung (Mark to Market) täglich statt und wird von den Kontrahenten auf das Margin Account überwiesen.[95]

---

95 Vgl. hierzu auch Kapitel 6.

Wendet man die obige Berechnung des Forward-Preises eines Basiswertes direkt auf die Ermittlung dessen Future-Kurses an, so werden die an einer Börse fälligen Margin-Zahlungen und die damit erforderlichen Mittelanlagen und Mittelaufnahmen während der Laufzeit des Future-Kontraktes vernachlässigt, die dem periodischen Ausgleich der aufgelaufenen Gewinne und Verluste dienen. Je kürzer die Laufzeit des Kontraktes, desto geringer ist jedoch die aus der Vernachlässigung der Margins resultierende Differenz zwischen dem Future- und dem Forward-Preis.[96] Dieser Unterschied wird zur Vereinfachung im weiteren Verlauf dieses Buches nicht thematisiert.[97] Es sei aber darauf hingewiesen, dass es Kontrakte wie die Eurodollar-Futures der CME gibt, deren Erfüllungszeitpunkt bis zu zehn Jahren in der Zukunft liegen kann, die eine abweichende Berechnung der Future-Preise notwendig machen.[98]

Im Gegensatz zu Forwards werden die börsengehandelten Futures meist nicht bis zur Fälligkeit gehalten, sondern vorher geschlossen bzw. glatt gestellt.

Während der Laufzeit ermittelt sich der Wert des Forward- bzw. Future-Geschäftes aus der diskontierten Differenz des bei Bewertung aktuellen und des im Kontrakt vereinbarten Forward-Preises bzw. Future-Kurses. Möchte man einen bestehenden Forward mit Restlaufzeit T und einem bereits fixierten Forward-Preis F bewerten, so vergleicht man diesen hinsichtlich seiner Marktgerechtigkeit mit dem aktuellen, fairen Forward-Preis $F_U(T)$ des Underlyings U mit Erfüllungszeitpunkt T. Da beide Preise jedoch erst im Erfüllungszeitpunkt geleistet werden müssten, ist hier eine barwertige Betrachtung notwendig. Aus Sicht des Verkäufers ist der Wert des Forwards aufgrund der Tatsache, dass er den vereinbarten Forward-Preis F im Erfüllungszeitpunkt bekommt, gleich

$$\text{Wert des Forwards aus Sicht des Verkäufers} = (F - F_U(T)) \cdot DF(0,T) \quad (7.6)$$

während der Käufer den vereinbarten Forward-Preis F zahlen muss und damit seinen Wert wie folgt ermittelt:

$$\text{Wert des Forwards aus Sicht des Käufers} = (F_U(T) - F) \cdot DF(0,T) \quad (7.7)$$

Der Wert eines Futures ist allerdings für beide Parteien während seiner Laufzeit aufgrund der Margin-Zahlungen immer gleich Null, da der fiktive Wert des Kontraktes mit den Margin-Zahlungen bereits ausgeglichen ist.

96 Unter der Annahme einer flachen Zinsstruktur lässt sich aber zeigen, dass der Future-Kurs, unabhängig von der Länge der Laufzeit des Kontraktes, dem Forward-Preis entspricht, vgl. hierzu Cox et al. (1981).

97 Weitere Gründe für eine Differenz zwischen den beiden Preisen können die unter Annahme eines vollkommenen und vollständigen Kapitalmarktes ausgeschlossenen, in der Realität jedoch anfallenden Steuern und Transaktionskosten sowie die bei Forward-Kontrakten relevante Berücksichtigung des Kontrahentenrisikos sein.

98 Da es sich bei diesen Kontrakten um Zinsfutures handelt, ist die Annahme einer flachen Zinsstruktur nicht sinnvoll und macht aufgrund der Laufzeit bei der Berechnung des Future-Kurses eine entsprechende Korrektur des Forward-Preises erforderlich, vgl. Hull (2012).

Tipp

Ein ungedeckter Future Short oder Forward Short ist nicht mit einem **Leerverkauf (Short Sale)** des Basiswertes zu verwechseln. Ein Short Sale ist ein Kontrakt, bei dem der Basiswert heute verkauft wird, ohne sich im Besitz des Verkäufers zu befinden. Der zugrunde liegende Basiswert kann von einer dritten Partei geliehen mit dem Versprechen, diesen zu einem zukünftigen Zeitpunkt zurück zu geben, geliehen werden. Der Leerverkäufer hat dann den Zahlungsstrom des Basiswertes, wie etwa Kupon- oder Dividendenzahlungen, während der Laufzeit des Short Sales an den Verleiher zu entrichten, selbst wenn er diesen nicht erhält. Die Rückgabe des Basiswertes wird auch als Deckung oder Schließung der offenen Position bezeichnet. Ein Leerverkäufer erwartet, dass sich zwischen dem Verkauf des Basiswertes und des vereinbarten Rückgabetermins die Kurse rückläufig entwickeln. Fallen die Kurse, so kann er sich in der Zukunft billiger am Markt eindecken und einen Gewinn erzielen.

7.3 Vertiefungsfragen zu Kapitel 7

Frage 1

Erläutern Sie die Idee des Cost of Carry-Ansatzes bei der Bewertung von Forward-Geschäften.

Frage 2

Erklären Sie, was man unter einem Upfront Payment bei Abschluss eines Forwards versteht. Inwiefern ist es sinnvoll, ein nicht marktgerechtes Geschäft abzuschließen und eine solche Ausgleichszahlung in Kauf zu nehmen?

Frage 3

Stellen Sie den Gewinn- und Verlust eines marktgerecht abgeschlossenen Forwards bei Fälligkeit in Abhängigkeit von dem Wert des Basiswertes im Fälligkeitszeitpunkt grafisch dar. Unterscheiden Sie dabei zwischen der Position eines Long Forward und eines Short Forward.

8 Aktienforwards und -futures

Aktienforwards und -futures ermöglichen die Absicherung von Aktienpositionen sowie die Spekulation auf Aktienkursentwicklungen. Im Folgenden wird die Ermittlung von Aktienforward-Preisen nach dem Cost of Carry-Ansatz und mittels einer Duplikationsstrategie dargestellt und bestehende Aktienforwards während ihrer Laufzeit bewertet.[99] Ferner wird das Risiko sich ändernder Kurse des Basiswertes mittels der Sensitivität Delta des Aktienforwards analysiert.

8.1 Ermittlung des fairen Forward-Preises einer Aktie und Bewertung von Aktienforwards

Bei einem **Aktienforward/-future** verpflichten sich die beiden Vertragspartner zum Erfüllungszeitpunkt die zugrunde liegende Aktie zum bei Vertragsabschluss festgelegten Forward-Preis bzw. Future-Kurs zu kaufen bzw. zu verkaufen. Wie in Kapitel 7 dargestellt können Forwards bzw. Futures mit dem Cost of Carry-Ansatz bewertet werden. Die Grundidee beruht auf der Ausnutzung des Gesetzes des einen Preises, indem man eine Duplikationsstrategie entwirft, die den Zahlungsstrom des Forwards bzw. Futures exakt dupliziert. Es gilt der allgemeine Zusammenhang:

$$\text{Forward–Preis} = \text{Kassakurs} + \text{Finanzierungskosten} - \text{Finanzierungserträge} \tag{8.1}$$

Berücksichtigt man eine während der Laufzeit des Termingeschäftes mögliche, bekannte Dividendenzahlung, so führt dies zu Finanzierungserträgen. Dabei ist zu beachten, dass im Umfeld der Aktienbewertung in Praxis und Theorie in der Regel mit stetigen Zinsen gerechnet wird. Es bezeichne im Weiteren $S(0)$ den heutigen Aktienkurs, Div die bekannte Dividendenzahlung, T den Erfüllungszeitpunkt des Forwards, $S(T)$ den heute unbekannten Aktienkurs[100] zum Erfüllungszeitpunkt des Forwards, t mit $0 < t < T$ den Zeitpunkt, an dem die Dividendenzahlung erfolgt, und $F_S(T)$ den fairen Forward-Preis der Aktie. Dann muss die Duplikationsstrategie des Zahlungsstroms des Forwards aus

- der zugrunde liegenden Aktie,
- einer Mittelaufnahme zum heutigen Zins $r(0,T)$ bis zum Erfüllungszeitpunkt und
- der heute vereinbarten Anlage der Dividendenzahlung vom Zeitpunkt der Dividendenzahlung bis zum Erfüllungszeitpunkt zum heutigen, impliziten stetigen Forward-Zins $FR_r(t,T)$

---

[99] Wie bereits in Kapitel 7 erwähnt, kann man den Unterschied von Forward-Preisen und Future-Kursen für kürzere Laufzeiten vernachlässigen.

[100] S wie englisch „stock price" für Aktienpreis.

S. Kruse, *Aktien-, Zins- und Währungsderivate*,
DOI: 10.1007/978-3-8349-4304-0_8, © Springer Fachmedien Wiesbaden 2014

unter der Annahme der Arbitragefreiheit aus Sicht des Forward-Käufers zu dem gleichen Zahlungsstrom wie der Forward selbst führen, dessen Wert für den Käufer bei Fälligkeit gegeben ist durch:

$$\text{Wert des Long Forward bei Fälligkeit} = S(T) - F_S(T) \quad (8.2)$$

Tabelle 8.1 Motivation der Formel für den Forward-Preis einer Aktie mit Dividendenzahlung

Strategie/Zeit	0	...	t	...	T
Kauf der Aktie	$-S(0)$	0	0	0	$S(T)$
Dividendenzahlung	0	0	$+Div$	0	0
Mittelaufnahme von 0 bis T	$+S(0)$	0	0	0	$-S(0) \cdot e^{r(0,T) \cdot T}$
Anlage der Dividende von t bis T	0	0	$-Div$	0	$+Div \cdot e^{FR_r(t,T) \cdot (T-t)}$
Summe der Geschäfte	0	0	0	0	$S(T) - (S(0) \cdot e^{r(0,T) \cdot T} - Div \cdot e^{FR_r(t,T) \cdot (T-t)})$
Kauf des Aktienforwards	0	0	0	0	$S(T) - F_S(T)$

Betrachtet man die in **Tabelle 8.1** dargestellte Duplikationsstrategie, so muss unter Berücksichtigung der No-Arbitrage-Bedingung bei Berechnung des fairen Forward-Preises einer Aktie mit bekannter Dividendenzahlung die folgende Formel gelten:

$$F_S(T) = S(0) \cdot e^{r(0,T) \cdot T} - Div \cdot e^{FR_r(t,T) \cdot (T-t)} \quad (8.3)$$

sodass gilt

$$\text{Finanzierungskosten} = S(0) \cdot (e^{r(0,T) \cdot T} - 1) \quad (8.4)$$

und

$$\text{Finanzierungserträge} = Div \cdot e^{FR_r(t,T) \cdot (T-t)} \quad (8.5)$$

sowie

$$\text{Cost of Carry} = S(0) \cdot \left(e^{r(0,T) \cdot T} - 1\right) - Div \cdot e^{FR_r(t,T) \cdot (T-t)} \quad (8.6)$$

Der Einsatz und die Bewertung von Aktienforwards seien zunächst im folgenden Fallbeispiel an einem Forward auf eine während der Laufzeit des Termingeschäftes dividendenlose Aktie verdeutlicht.

Fallbeispiel 8.1 Motivation für den Kauf eines Forwards auf eine Aktie
Ein Aktienhändler kauft am 1. April einen Forward auf die Aktie der XY AG mit Erfüllungszeitpunkt am 1. Juli. Der aktuelle Börsenpreis der Aktie beträgt 54 €, während der vereinbarte Forward-Preis bei 55 € liegt und im Vertrag physische Lieferung vereinbart wurde. Der Händler erwartet somit, dass der Preis der Aktie der XY AG am 1. Juli über 55 € liegen wird und sichert sich damit einen aus seiner Sicht niedrigen zukünftigen Kaufpreis. Damit begrenzt er aus seiner Sicht das Preisrisiko, geht aber das Risiko ein, dass er bei einem unter 55 € fallenden Aktienkurs zu viel für die Aktie bezahlen muss. Der aktuelle stetige Zinssatz für die Laufzeit beträgt 2,5% p.a. bei einer zugrunde liegenden Zinsrechnungskonvention von 30/360. In den Monaten von April bis Juli zahlt die Aktie keine Dividende. Zur Ermittlung des Upfront Payments bestimmt der Händler den marktgerechten Forward-Preis mit dem Cost of Carry-Ansatz. Da die Aktie keine Dividende zahlt, sind die Finanzierungserträge gleich Null. Ferner müsste der Verkäufer in seiner – fiktiven, denn er kann den Forward ja auch ungedeckt eingehen – Duplikationsstrategie Zinsen über drei Monate zur Refinanzierung des Kassapreises zahlen, also betragen die

$$\text{Finanzierungskosten} = 54\,€ \cdot \left(e^{0{,}025 \cdot \frac{3}{12}} - 1\right) = 0{,}34\,€.$$

Somit berechnet sich der marktgerechte Forward-Preis der Aktie gemäß Formel (7.3) als

$$\text{Forward–Preis } F_S(T) = 54\,€ + 0{,}34\,€ - 0\,€ = 54{,}34\,€.$$

Der vom Aktienhändler vereinbarte Forward-Preis liegt somit um 0,66 € über dem marktgerechten Forward-Preis, ist also zu seinen Ungunsten zu hoch, und damit ist der Wert des Forwards aus seiner Sicht negativ. Der Preis des Forwards berechnet sich dann aus der diskontierten Differenz des marktgerechten und des vereinbarten Forward-Preises als

$$\text{Preis des Forwards aus Sicht des Käufers} = (54{,}34\,€ - 55\,€)/(1 + 0{,}025 \cdot \frac{3}{12}) = -0{,}66\,€$$

Der Forward ist also aus Sicht des Käufers unvorteilhaft. Somit muss der Verkäufer eine Ausgleichszahlung (Upfront Payment) in Höhe von 66 Cent bei Abschluss an den Käufer leisten.

Bei der Bewertung eines bestehenden Aktienforwards gelten die in Kapitel 7 dargestellten, allgemeinen Formeln (7.6) und (7.7) zur Bewertung eines Forward-Geschäftes unter Berücksichtigung exponentieller Zinsen, wobei F der im Kontrakt fixierte Forward-Preis, $F_S(T)$ der aktuelle, faire Forward-Preis sowie $r(0,T)$ der zur Restlaufzeit T des Forwards gehörige stetige Zins ist:

$$\text{Wert des Aktienforwards aus Sicht des Verkäufers} = (F - F_S(T)) \cdot e^{-r(0,T)\cdot T} \tag{8.7}$$

$$\text{Wert des Aktienforwards aus Sicht des Käufers} = (F_S(T) - F) \cdot e^{-r(0,T)\cdot T} \tag{8.8}$$

Wie schon zuvor erfolgt eine Bewertung eines Forward-Kontraktes während der Laufzeit, indem man den im Bewertungszeitpunkt aktuellen, fairen Forward-Preis berechnet und die Differenz dieses fairen Preises mit dem vereinbarten Forward-Preis über die Restlaufzeit diskontiert.

Fallbeispiel 8.2 Bewertung eines Aktienforwards mit Dividendenzahlung während der Laufzeit

Ein Unternehmen möchte zur Absicherung einer Beteiligungsveräußerung einen Forward auf die Aktie des anderen Unternehmens, an dem es die Beteiligung hält, verkaufen und schließt daher mit seiner Bank einen Forward in der Position des Verkäufers ab. Die Absicherung soll so gestaltet sein, dass das Unternehmen mit dem Verkauf des Forwards heute bereits einen Verkaufspreis von 58,50 € festschreibt. Der Forward hat eine Laufzeit von einem Jahr. Der Treasurer des Unternehmens verfügt über die folgenden Marktinformationen: Der heutige Aktienkurs des Basiswertes liegt bei 54,50 €, die Aktie zahlt in einem halben Jahr eine Dividende in der Höhe von 3,50 €, der stetige Zins für eine Laufzeit von einem Jahr entspricht 3% p.a. und für eine Mittelanlage, die in einem halben Jahr beginnt und ein halbes Jahr läuft, müsste er heute 4% p.a. vertraglich vereinbaren. Damit ist der Treasurer in der Lage, das von seiner Bank angebotene Geschäft – insbesondere eine bereits ermittelte Ausgleichszahlung – selbst zu bewerten. Zunächst kann er die notwendigen Informationen identifizieren als

$$S(0) = 54{,}50,\ \ Div = 3{,}50,\ \ T = 1,\ t = 0{,}5,\ r(0{,}1) = 0{,}03,\ FR_r(0{,}5;1) = 0{,}04,\ F = 58{,}50$$

Der faire Forward-Preis für die Aktie berechnet sich mit der obigen Gleichung (8.3) als

$$\begin{aligned} F_S(T) = {} & 54{,}50\,€ + 54{,}50\,€ \cdot (e^{0{,}03\cdot 1} - 1) - 3{,}50\,€ \cdot e^{0{,}04\cdot 0{,}5} = 54{,}50\,€ + 1{,}66\,€ - 3{,}57\,€ \\ = {} & 52{,}59\,€ \end{aligned}$$

wobei die Finanzierungskosten 1,66 € und die Finanzierungserträge 3,57 € betragen, sodass die Cost of Carry $1{,}66\,€ - 3{,}57\,€ = -1{,}91\,€$ entsprechen. Vergleicht der Treasurer nun den von ihm im Forward-Kontrakt angestrebten Forward-Preis von 58,50 € mit dem fairen Forward-Preis 52,59 € und betrachtet diese Differenz barwertig, so kann er den mit seiner Bank abgeschlossenen Forward bewerten:

$$\text{Wert des Forwards aus Sicht des Verkäufers} = (58{,}50\,€ - 52{,}59\,€) \cdot e^{-0{,}03\cdot 1} = 5{,}74\,€$$

Der Forward ist also aus Sicht des Verkäufers vorteilhaft und er muss an seine Bank eine Ausgleichszahlung in der Höhe von ca. 5,74 € pro abgesicherte Aktie zahlen. Hierbei ist zu beachten, dass die Bank für den Abschluss des Geschäftes einen entsprechenden Aufschlag für ihre Dienstleistung verlangen wird, sodass der ermittelte Preis des Forwards nur ein Richtwert sein kann.

In der Praxis liegen die Informationen hinsichtlich der aktuellen Zinsstruktur meist direkt in Form der stetigen Zinsen $r(0,T)$ oder Diskontfaktoren $DF(0,T)$ vor. Berücksichtigt man, dass sich der Forward-Diskontfaktor für die zukünftige Periode von t nach T wie folgt ermitteln lässt

$$DF(t,T) = \frac{DF(0,t)}{DF(0,T)} \tag{8.9}$$

so berechnet sich der faire Forward-Preis mit Hilfe der Diskontfaktoren als[101]

$$F_S(T) = S(0) + S(0) \cdot \left(\frac{1}{DF(0,T)} - 1\right) - Div \cdot \frac{DF(0,t)}{DF(0,T)} \tag{8.10}$$

Die Berechnung des Forward-Preises einer Aktie mit n Dividendenzahlungen $Div(t)$ in den Zeitpunkten t= $1, \cdots, T$ während der Laufzeit des Forward-Kontraktes erfolgt analog unter Berücksichtigung aller relevanten Forward-Diskontfaktoren als

$$F_S(T) = S(0) + S(0) \cdot \left(\frac{1}{DF(0,T)} - 1\right) - \sum_{t=1}^{T} Div(t) \cdot \frac{DF(0,t)}{DF(0,T)} \tag{8.11}$$

Ferner wird in der Praxis bei der Bewertung von **Aktienindexforwards**, auf die sich obiger Ansatz übertragen lässt, anstatt mit einer bekannten Dividende mit einer **Dividendenrendite** gerechnet, sofern ein Performanceindex zugrunde liegt.[102] Hierbei wird angenommen, dass der Aktienindex gleichmäßig über die Zeit eine stetige Rendite q erwirtschaftet. Hiermit entfällt die Abgrenzung möglicher Finanzierungserträge und eine Bewertung nach dem Cost of Carry-Ansatz ist nicht mehr möglich. Wie schon zuvor kann man aber unter der Annahme einer stetigen Dividendenrendite die Arbitragefreiheit des zugrunde liegenden Kapitalmarktes ausnutzen und eine Duplikationsstrategie des Zahlungsstroms des Forwards aus

- der Investition in den zugrunde liegenden Aktienindex bzw. den Kauf des Indexportfolios S_I und der stetigen Wiederanlage der Dividendenrendite q in das Indexportfolio selbst und
- einer Mittelaufnahme zum heutigen Zins $r(0,T)$ bis zum Erfüllungszeitpunkt

finden, die unter der Annahme der Arbitragefreiheit zu dem gleichen Zahlungsstrom wie der Forward selbst und damit zur Ermittlung des fairen Forward-Preises, wie in **Tabelle 8.2** dargestellt, führen muss.

Daher gilt bei der Berechnung des fairen Forward-Preises eines Aktienindex mit bekannter Dividendenrendite die folgende Formel:

$$F_{S_I}(T) = S_I(0) \cdot e^{(r(0,T)-q)\cdot T} \tag{8.12}$$

101 Dies begründet sich in der Ermittlung von Forward-Zinsen unter der Annahme stetiger Zinssätze.

102 Man unterscheidet bei Aktienindizes zwischen Performanceindizes und Kursindizes. Während sich der Kursindex rein aus den Aktienkursen der im Index berücksichtigten Aktien bestimmt, wird bei der Berechnung des Performanceindex die (fiktive) Reinvestition sämtlicher Erträge der im Index berücksichtigen Aktien, wie bspw. Dividenden, in das Indexportfolio selbst unterstellt.

Tabelle 8.2 Motivation der Formel für den Forward-Preis einer Aktie mit Dividendenzahlung

Strategie/Zeit	0	…	t	…	T
Kauf der Indexportfolios und stetige Wiederanlage der Dividendenrendite	$-S_I(0) \cdot \mathrm{e}^{-q \cdot T}$	0	0	0	$S_I(T)$
Mittelaufnahme von 0 bis T	$+S_I(0) \cdot \mathrm{e}^{-q \cdot T}$	0	0	0	$-S_I(0) \cdot \mathrm{e}^{-q \cdot T} \mathrm{e}^{r(0,T) \cdot T}$
Summe der Geschäfte	0	0	0	0	$S_I(T) - S_I(0) \cdot \mathrm{e}^{-q \cdot T} \mathrm{e}^{r(0,T) \cdot T}$
Kauf des Aktienforwards	0	0	0	0	$S_I(T) - F_{S_I}(T)$

Die Bewertung eines bestehenden Aktienindexforwards unter der Annahme einer Dividendenrendite aus der Aktie erfolgt wie bereits dargestellt, durch den Vergleich des fixierten Forward-Preises F hinsichtlich seiner Marktgerechtigkeit mit dem aktuellen, fairen Forward-Preis $F_{S_I}(T)$ gemäß (8.7) und (8.8).

Fallbeispiel 8.3 Ermittlung des fairen Forward-Preises eines Aktienindexforwards mit Dividendenrendite

Ein Aktienhändler möchte durch den Verkauf einer Forward-Position auf einen Performance-Aktienindex an der von ihm erwarteten negativen Marktentwicklung in den nächsten sechs Monaten partizipieren. Der Händler verfügt über die folgenden Marktinformationen: Der heutige Stand des Aktienindex liegt bei 3.800 und der stetige Zins für eine Laufzeit von einem halben Jahr entspricht 2,75% p.a. Ferner legt der Aktienhändler eine durchschnittliche, stetige Dividendenrendite von 5,00% zugrunde. Diese Informationen können wie folgt mathematisch dargestellt werden:

$$S_I(0) = 3.800;\ T = \tfrac{1}{2};\ r(0;0{,}5) = 0{,}0275;\ q = 0{,}05$$

Der faire Forward-Preis für die Aktie berechnet sich mit Gleichung (8.12) als

$$F_{S_I}(T) = 3.800 \cdot \mathrm{e}^{(0{,}0275 - 0{,}05) \cdot \frac{1}{2}} = 3.757$$

Der zu vereinbarende Forward-Preis in einem marktgerechten Forward liegt also bei 3.757. Weicht der Händler davon ab, so muss eine entsprechende Ausgleichszahlung fließen.

An der EUREX werden u.a. Aktienfutures auf europäische und ausgewählte internationale Aktien in den Währungen EUR, GBP, CHF und USD sowie Aktienindexfutures u.a. auf den DAX und den EURO STOXX 50 gehandelt.[103] Die Kontraktgrößen können zwischen einer bis zu 1.000 zugrunde liegenden Aktien variieren. Die Laufzeiten können bis zu 36 Monate betragen. Die Erfüllung erfolgt mittels Barausgleich.

103 Vgl. Kapitel 6.

Tipp
Bei der Bestimmung eines Forward-Preises spielt die Wahl des Refinanzierungssatzes, zu dem der Kauf der Aktie finanziert wird, eine große Rolle. Die richtige Wahl des Zinssatzes ergibt sich aus der Betrachtung der Duplikationsstrategie eines Forwards. Statt des Terminkaufs einer Aktie über den Forward, kann der Investor wie oben demonstriert auch alternativ einen Kredit aufnehmen und die Aktie sofort erwerben. Die Aktie kann in diesem Fall als Sicherheit für den Kredit verwendet werden, um die Finanzierungskosten zu verringern. Der Zinssatz dieses besicherten Kreditgeschäfts entspricht der Repo Rate eines **Repurchase Agreements** (**Repo**), das aus dem zeitgleichen Verkauf dieser Aktie und der Verpflichtung über den zukünftigen Rückkauf des Papiers zum gleichen Kurs zuzüglich vereinbarter Zinsen (**Repo Rate**) besteht. Zusätzlich kann man zwischen dem Refinanzierungssatz, zu dem die Finanzierungskosten entstehen, und dem Zinssatz, zu dem die Erträge, also die Dividenden, angelegt werden, unterscheiden. Während ersterer der Repo Rate entspricht, wird bei der Ermittlung der Finanzierungserträge häufig der übliche Geldmarktsatz unterstellt.

8.2 Risikoanalyse von Aktienforwards und -futures

Betrachtet man die Herleitung des Forward-Preises einer Aktie mit bekannter Dividendenzahlung bzw. Dividendenrendite gemäß Gleichung (8.3) bzw. (8.12) und setzt diese in die Bewertungsgleichungen (8.7) und (8.8) für einen Forward-Kontrakt ein, so ist offensichtlich, dass der Wert eines Forward-Kontraktes direkt von dem heutigen Wert der Aktie $S(0)$ abhängt.

Wie bereits in Kapitel 4 für Anleihepositionen erläutert, kann man den Wertgewinn oder -verlust einer allgemeinen Position in Abhängigkeit von einem sich ändernden Einflussfaktor näherungsweise anhand der ersten Ableitung nach diesem Einflussfaktor bestimmen. Möchte man also die Wertentwicklung einer Position in Aktienforwards bestimmen, so gilt es die Ableitung des Forward-Wertes nach dem heutigen Aktienkurs $S(0)$ zu bestimmen und anhand derer die Sensitivität der Position näherungsweise zu bestimmen. Diese Ableitung wird auch als Delta des Forward-Kontraktes bezeichnet. Im Falle einer bekannten Dividendenzahlung ist das **Delta des Aktienforwards** aus Sicht des Käufers gegeben durch

$$\Delta_{abs}\text{Forward-Wert} \approx \text{Delta des Forwards} = 1 \tag{8.13}$$

während die kurzfristige Sensitivität aus Sicht des Verkäufers -1 beträgt. Aus diesem Grund werden diese Derivate auch als **Delta-1-Produkte** bezeichnet.

Fallbeispiel 8.4 Risikoanalyse eines Aktienforwards mit Dividendenzahlung während der Laufzeit
Ein Händler einer Bank hält die Aktie der DEF AG für derzeit unterbewertet und rechnet fest mit einer Aufwertung dieser im Laufe des nächsten Jahres. Anstatt einer Direktinvestition in die Aktie der DEF AG hat er aus Liquiditätsgründen eine Forward-

Position auf diese von 5.000 Kontrakten mit Fälligkeit in einem Jahr und einem aktuell marktgerechten Forward-Preis $F = 31{,}37$ € aufgebaut. Der aktuelle Aktienkurs liegt bei 32,00 €. Die Aktie zahlt in einem halben Jahr eine Dividende von 2,50 €. Damit weist die Position eine gesamte Sensitivität von 5.000 auf, mit anderen Worten: Ändert sich der Aktienkurs um einen Euro, so reagiert die Forward-Position des Händlers um 5.000 €. Da der Händler als Käufer auftritt, ist der Zusammenhang positiv. Ein Wertverlust der Aktie um 5 € würde somit zu einem Wertverlust von 25.000 € in der Forward-Position führen.

Im Falle einer bekannten, stetigen Dividendenrendite ist das Delta eines Aktienindexforwards aus Sicht des Käufers gegeben durch

$$\Delta_{abs}\text{Forward-Wert} \approx \text{Delta des Forwards} = e^{-q \cdot T} \tag{8.14}$$

während die kurzfristige Sensitivität aus Sicht des Verkäufers $-e^{-q \cdot T}$ beträgt.

8.3 Vertiefungsfragen zu Kapitel 8

Frage 1

Ein Investor erwartet im Dezember 2013 die Lieferung einer Aktienposition der Aktie der XY AG von 1.000 Stück mit einem Nennwert von 50 € für den Dezember 2015. Zur Absicherung des zukünftigen Verkaufspreises schließt er mit einer Bank im Telefonhandel einen Forward auf 1.000 Stück dieser Aktie mit einem Forward-Preis der Aktie von 59,02 € ab. Der zweijährige, stetige Zins liegt bei Abschluss des Kontraktes bei 2,0%, während die Aktie zu 56,71 € notiert. Die Aktie zahlt in den Jahren 2013, 2014 und 2015 keine Dividende.

a. Welche Position – long oder short – ist der Investor in diesem Kontrakt eingegangen?

b. Überprüfen Sie die Marktgerechtigkeit des Forwards im Dezember 2013. Hätte einer der beiden Kontraktpartner ein Upfront Payment leisten müssen?

a. Im Dezember 2014 liegt der einjährige Zins bei 2,75%, während die Aktie zu 60,00 € notiert. Bewerten Sie den Kontrakt aus Sicht des Investors.

Frage 2

Ein Aktienhändler hält eine Forward-Position auf 50.000 Aktien der XYZ AG. Alle Forward-Kontrakte haben eine Restlaufzeit von 1,5 Jahren und einen vereinbarten Forward-Preis von 24,50 €. Die Aktie der XYZ AG zahlt in einem halben Jahr eine Dividende von 2,20 €, ihr aktueller Kurs liegt bei 26,70 €. Dem Aktienhändler liegt die aktuelle Zinsstruktur in Form von Diskontfaktoren vor:

t	0,5	1	1,5
$DF(0,t)$	0,9876	0,9709	0,9497

a. Welchen Forward-Preis müsste der Aktienhändler heute für einen marktgerechten Kontrakt auf die Aktie der XYZ AG mit der gleichen (Rest-)Laufzeit vereinbaren?

b. Ermitteln Sie die Cost of Carry des heute marktgerecht abgeschlossenen Forwards aus a.

c. Bewerten Sie die Forward-Position aus Sicht des Aktienhändlers vor dem Hintergrund der aktuellen Marktsituation. Unter welcher Markterwartung wäre es besser, die Position zum aktuellen Stand aufzulösen?

Frage 3

Der Kontraktpartner des Aktienhändlers aus Frage 2 betrachtet nun seine gegenläufige Forward-Position auf 50.000 Aktien der XYZ AG mit einer Restlaufzeit von 1,5 Jahren und einem vereinbarten Forward-Preis von 24,50 €. Bei der Ermittlung des fairen Forward-Preises, zu dem das Forward-Geschäft marktgerecht abgeschlossen würde, legt er die gleichen Marktinformationen wie sein Kontrahent zugrunde.

a. Welchen Forward-Preis müsste der Kontraktpartner des Aktienhändlers heute für einen marktgerechten Kontrakt auf die Aktie der XYZ AG mit der gleichen (Rest-)Laufzeit vereinbaren?

b. Bewerten Sie die Forward-Position aus Sicht des Kontraktpartners vor dem Hintergrund der aktuellen Marktsituation. Unter welcher Markterwartung wäre es aus Sicht des Kontraktpartners besser, die Position zum aktuellen Stand aufzulösen?

c. Geben Sie das Delta der Gesamtposition aus Sicht des Kontraktpartners an und berechnen Sie bei einer unterstellten Erhöhung des aktuellen Aktienpreises auf 28,00 € den näherungsweisen Gewinn bzw. Verlust.

9 Zinsforwards und -futures

Unter dem Begriff der Zinsforwards bzw. -futures werden in der Praxis unbedingte, symmetrische Termingeschäfte zusammengefasst, denen ein zinstragender Basiswert zugrunde liegt. Handelt es sich bei dem Basiswert um eine Anleihe, so spricht man von einem Forward auf Anleihen. Da die zugrunde liegenden Anleihen längere Restlaufzeit aufweisen, bezeichnet man diese auch als Kapitalmarktforwards bzw. -futures. Im Gegensatz dazu beziehen sich Geldmarktforwards bzw. -futures direkt auf einen am Markt quotierten Geldmarktsatz wie beispielsweise den EURIBOR in seinen unterschiedlichen Fristigkeiten. Zu diesen Geschäften zählen u.a. die Forward Rate Agreements.

Mittels Zinsforwards und -futures lassen sich Positionen gegen das Risiko steigender oder fallender Zinsen absichern oder entsprechende Markteinschätzungen spekulativ umsetzen. Im Folgenden wird der konkrete Aufbau dieser Termingeschäfte erläutert und neben der Ermittlung des fairen Forward-Preises bzw. -Zinses deren Bewertung während der Laufzeit dargestellt. Die kurzfristige Sensitivitäts- und Risikoanalyse von Zinsforwards und Zinsfutures kann anhand der in Kapitel 4 erläuterten Zinssensitivitäten erfolgen, macht jedoch eine Berücksichtigung der jeweils relevanten Zinsstruktur erforderlich.

9.1 Ermittlung des fairen Forward-Preises einer Anleihe und Bewertung von Anleiheforwards

Mit dem Abschluss eines **Anleiheforwards/-futures** verpflichten sich die Kontraktpartner die zugrunde liegende Anleihe zum Erfüllungszeitpunkt zu dem bei Abschluss festgelegten Forward-Preis bzw. Future-Kurs zu kaufen bzw. zu verkaufen. Der faire Forward-Preis einer Anleihe lässt sich unter der Annahme eines arbitragefreien Marktes auf zwei alternativen Wegen ermitteln, die jedoch beide zu dem gleichen Preis führen – durch den bereits vorgestellten **Cost of Carry-Ansatz** oder durch **Diskontierung des relevanten zukünftigen Zahlungsstroms** auf den Fälligkeitszeitpunkt des Forwards. Beim Cost of Carry-Ansatz ist die Grundidee – wie in den Kapiteln zuvor – die Duplikation des Zahlungsstroms des Forward-Kontraktes, wobei aber die durch einen Kauf der zugrunde liegenden Anleihe und einer Mittelaufnahme entstehenden Halte- und Zinskosten berücksichtigt werden. Der Terminpreis bildet sich somit wiederum aus der Summe des Kassakurses der Anleihe und dem Saldo der Finanzierungskosten und Finanzierungserträge, wobei sich diese aus den durch die Finanzierung entstehenden Zinskosten und den aus den Kuponzahlen zufließenden Mitteln berechnen. Die zweite Möglichkeit den Forward-Preis zu berechnen beruht rein auf der Diskontierung des Zahlungsstroms aus der Anleihe nach dem Fälligkeitszeitpunkt des Forwards auf diesen

S. Kruse, *Aktien-, Zins- und Währungsderivate*,
DOI: 10.1007/978-3-8349-4304-0_9, © Springer Fachmedien Wiesbaden 2014

Zeitpunkt selbst.[104]

Es bezeichne im Weiteren $K(0)$ den heutigen Kurs der zugrunde liegenden Kuponanleihe, c den in dieser Anleihe fixierten jährlichen Kupon, T_A den Fälligkeitszeitpunkt dieser Anleihe und T den Erfüllungszeitpunkt des Forwards mit $0 < T < T_A$. Ferner stehen t mit $t = 1, \dots, T_A$ für die Zeitpunkte, an denen die Kuponzahlungen fließen, und $K(T)$ für den heute unbekannten Kurs der Anleihe zum Erfüllungszeitpunkt T des Forwards sowie $F_K(T)$ für den aktuellen, fairen Forward-Preis.

Dann muss die Duplikationsstrategie des Zahlungsstroms des Forwards aus

- der zugrunde liegenden Anleihe,
- einer Mittelaufnahme zum heutigen Zinsniveau gegeben durch die exponentiellen Zero-Zinsen $z(0,t)$ bis zum Erfüllungszeitpunkt und
- der heute vereinbarten Anlage der Kuponzahlungen vom Zeitpunkt der Kuponzahlung bis zum Erfüllungszeitpunkt zum heutigen, impliziten Forward-Zero-Zins $FR(t,T)$

unter der Annahme der Arbitragefreiheit aus Sicht des Forward-Käufers zu dem gleichen Zahlungsstrom wie der Forward selbst führen, dessen Wert für den Käufer bei Fälligkeit gegeben ist durch:

$$\text{Wert des Long Forward bei Fälligkeit} = K(T) - F_K(T) \tag{9.1}$$

Beim Cost of Carry-Ansatz ist zu beachten, dass der Zahlungsstrom aus der Anleihe nach dem Erfüllungszeitpunkt des Forwards in T nicht mehr relevant ist.

Aufgrund der in **Tabelle 9.1** dargestellten Überlegung, die zur Vereinfachung jährliche Kuponzahlungen und eine Ermittlung des Forward-Preises in einem Zinszahlungstermin der Anleihe unterstellt, lässt sich der Forward-Preis einer Anleihe mittels folgender Formel errechnen:

$$F_K(T) = K(0) + K(0) \cdot \left(\left(1 + z(0,T)\right)^T - 1\right) - \sum_{t=1}^{T} c \cdot \left(1 + FR(t,T)\right)^{T-t} \tag{9.2}$$

sodass gilt

$$\text{Finanzierungskosten} = K(0) \cdot \left(\left(1 + z(0,T)\right)^T - 1\right) \tag{9.3}$$

und

$$\text{Finanzierungserträge} = \sum_{t=1}^{T} c \cdot \left(1 + FR(t,T)\right)^{T-t} \tag{9.4}$$

---

[104] Beide Methoden führen zu dem gleichen Preis, da aufgrund der in Kapitel 2 dargestellten Berechnung der Forward-Zinsen das Duplikationsportfolio des Cost of Carry-Ansatzes implizit in der Diskontierung des relevanten Zahlungsstroms enthalten ist.

sowie

$$\text{Cost of Carry} = K(0) \cdot \left(\left(1 + z(0,T)\right)^T - 1\right) - \sum_{t=1}^{T} c \cdot \left(1 + FR(t,T)\right)^{T-t} \qquad (9.5)$$

Tabelle 9.1 Motivation der Formel für den Forward-Preis einer Anleihe im Cost of Carry-Ansatz

Strategie/Zeit	0	…	t	…	T	…	T_A
Kauf der Anleihe	$-K(0)$	0	0	0	$K(T)$		
Kuponzahlungen	0	c	c	c	c		
Mittelaufnahme von 0 bis T	$+K(0)$	0	0	0	$-K(0) \cdot (1 + z(0,T))^T$		
Anlage der Kuponzahlungen von t bis T, $t = 1, \dots, T$	0	$-c$	$-c$	$-c$	$\sum_{t=1}^{T} c \cdot (1 + FR(t,T))^{T-t}$		
Summe der Geschäfte	0	0	0	0	$K(T) - K(0) \cdot (1 + z(0,T))^T$ $+\sum_{t=1}^{T} c \cdot (1 + FR(t,T))^{T-t}$		
Kauf des Aktienforwards	0	0	0	0	$K(T) - F_K(T)$		

Während der Cost of Carry-Ansatz den Forward-Kontrakt aus Sicht des Käufers dupliziert und damit den fairen Forward-Preis ableitet, kann man diesen alternativ mittels Transformation des für den Käufer relevanten Zahlungsstroms in der Zeit herleiten. Der Käufer eines Forwards geht mit dem Abschluss des Kontraktes die Verpflichtung ein, die zugrunde liegende Anleihe zum Erfüllungszeitpunkt zu kaufen. Somit ist für ihn bei der Ermittlung des zu vereinbarenden Forward-Preises lediglich der Teil des Zahlungsstroms der Anleihe relevant, der nach dem Erfüllungszeitpunkt T bis zur Fälligkeit der Anleihe in T_A fließen werden. Der Kaufpreis entspricht somit dem Barwert aller dieser Zahlungen zum Erfüllungszeitpunkt. Für dessen Bestimmung benötigt man wiederum die Forward-Zero-Zinsen oder Forward-Diskontfaktoren.

Auf Basis der in **Tabelle 9.2** dargestellten Argumentation lässt sich der faire Forward-Preis einer Anleihe alternativ mittels folgender Formel errechnen:

$$F_K(T) = \sum_{T<t\leq T_A} CF_t \cdot \left(1 + FR(T,t)\right)^{-(t-T)} = \sum_{T<t\leq T_A} CF_t \cdot DF(T,t) \qquad (9.6)$$

wobei sich der Zahlungsstrom CF_t aus den Kuponzahlungen und dem Rückzahlungsbetrag der Anleihe nach dem Erfüllungszeitpunkt ableitet.

Tabelle 9.2 Motivation der Formel für den Forward-Preis einer Anleihe durch Diskontierung des relevanten Zahlungsstroms

Barwerte/Zeit	0	...	T	$T+1$	...	T_A
Zahlungsstrom aus der Anleihe	$-K(0)$	c	c	c	c	$100\% + c$
Barwert in T des für den Käufer relevanten Zahlungsstroms				$c \cdot DF(T, T+1)$	...	$(100\% + c) \cdot DF(T, T_A)$

Fallbeispiel 9.1 Berechnung des Forward-Preises einer Anleihe

Ein Händler möchte einen Forward auf eine Festzinsanleihe mit einer Restlaufzeit von vier Jahren und einem vereinbarten Kupon in Höhe von 4,75% bewerten. Die derzeitige Zinsstruktur ist gegeben durch

Zeithorizont t	1	2	3	4
$z(0,t)$	2,25%	2,75%	3,25%	4,00%

Man kann den fairen Forward-Preis für den Erfüllungszeitpunkt $T = 1$ nun auf zwei unterschiedlichen Wegen berechnen:

Benutzt man den oben diskutierten Cost of Carry-Ansatz, wonach sich der Forward-Preis aus dem Kassakurs und den Finanzierungskosten abzüglich der Finanzierungserträge zusammensetzt, so muss man zunächst die einzelnen Komponenten berechnen:

Der Kassakurs der Anleihe lässt sich mit dem Barwertverfahren berechnen, sodass

$$K(0) = 4{,}75 \cdot 1{,}0225^{-1} + 4{,}75 \cdot 1{,}0275^{-2} + 4{,}75 \cdot 1{,}0325^{-3} + 104{,}75 \cdot 1{,}04^{-4} = 103{,}00$$

Die Finanzierungskosten für ein Jahr betragen den Zinsverlust, den man durch die Anschaffung der Anleihe zum Kassakurs erleidet

$$\text{Finanzierungskosten} = 103{,}00 \cdot 2{,}25\% = 2{,}32$$

während die Finanzierungserträge sich aus dem Wert der zwischenzeitlich (in diesem Fall die direkt in $T = 1$) auftretenden Kuponzahlungen von 4,75% berechnen als

$$\text{Finanzierungserträge} = 4{,}75.$$

Somit beträgt der faire Forward-Preis der Anleihe

$$F_K(1) = 103{,}00 + 2{,}32 - 4{,}75 = 100{,}57$$

für den Zeitpunkt $t = 1$, die Cost of Carry betragen $2{,}32 - 4{,}75 = -2{,}43$.

Die zweite Möglichkeit den Forward-Preis zu berechnen beruht rein auf der Diskontierung des Teils des Zahlungsstroms aus der Anleihe nach dem Fälligkeitszeitpunkt des Forwards auf diesen Zeitpunkt selbst, zu deren Berechnung die Forward-Zero-Zinsen $FR(1{,}2)$, $FR(1{,}3)$ und $FR(1{,}4)$ benötigt werden:

$$FR(1{,}2) = \left(\frac{(1+z(0{,}2))^2}{(1+z(0{,}1))^1}\right)^{\frac{1}{2-1}} - 1 = \frac{1{,}0275^2}{1{,}0225} - 1 = 0{,}0325 = 3{,}25\%$$

$$FR(1{,}3) = \left(\frac{(1+z(0{,}3))^3}{(1+z(0{,}1))^1}\right)^{\frac{1}{3-1}} - 1 = \sqrt{\frac{1{,}0325^3}{1{,}0225}} - 1 = 0{,}0375 = 3{,}75\%$$

$$FR(1{,}4) = \left(\frac{(1+z(0{,}4))^4}{(1+z(0{,}1))^1}\right)^{\frac{1}{4-1}} - 1 = \sqrt[3]{\frac{1{,}04^4}{1{,}0225}} - 1 = 0{,}0459 = 4{,}59\%$$

Damit berechnet sich der faire Forward-Preis für die Fälligkeit in $t = 1$ unter Verwendung der Forward-Diskontfaktoren direkt als

$$F_K(1) = CF_2 \cdot (1 + FR(1{,}2))^{-2} + CF_3 \cdot (1 + FR(1{,}3))^{-3} + CF_4 \cdot (1 + FR(1{,}4))^{-4}$$

$$= 4{,}75 \cdot 1{,}0325^{-1} + 4{,}75 \cdot 1{,}0375^{-2} + 104{,}75 \cdot 1{,}0459^{-3} = 100{,}57$$

Tipp

Man kann die obige Preisformel (9.2) auch auf die direkte Anwendung der (Forward-) Diskontfaktoren erweitern, sodass der Preis nach dem Cost of Carry-Ansatz sich schreibt als

$$F_K(T) = K(0) + K(0) \cdot \left(\frac{1}{DF(0,T)} - 1\right) - \sum_{t=1}^{T} \frac{c}{DF(t,T)} \tag{9.7}$$

Alternativ kann man unter Nutzung der Definition der Forward-Diskontfaktoren und der Forward-Zero-Zinsen in Kapitel 2 auch direkt mit den Zero-Zinsen oder den aktuellen Diskontfaktoren rechnen. Preisformel (9.2) entspricht dann

$$F_K(T) = K(0) + K(0) \cdot \left(\frac{1}{DF(0,T)} - 1\right) - \sum_{t=1}^{T} c \cdot \frac{DF(0,t)}{DF(0,T)}$$

$$= K(0) + K(0) \cdot \left((1 + z(0,T))^T - 1\right) - \sum_{t=1}^{T} c \cdot (1 + z(0,t))^{-t} \cdot (1 + z(0,T))^T \tag{9.8}$$

Preisformel (9.6) der Diskontierung des relevanten Zahlungsstroms führt unter Verwendung der Zero Zinsen zur alternativen Berechnung gemäß folgender Formel

$$F_K(T) = \sum_{T<t\le T_A} CF_t \cdot \frac{DF(0,t)}{DF(0,T)} = \sum_{T<t\le T_A} CF_t \cdot (1 + z(0,t))^{-t} \cdot (1 + z(0,T))^T \tag{9.9}$$

Die aktuelle Bewertung eines bestehenden Forwards mit einem bereits fixierten Forward-Preis F und Restlaufzeit T erfolgt wiederum über den Vergleich seiner Marktgerechtigkeit mit dem aktuellen, fairen Forward-Preis $F_K(T)$. Beide Preise werden jedoch erst im

Erfüllungszeitpunkt geleistet, sodass eine barwertige Betrachtung notwendig ist. Aus Sicht des Verkäufers ist der Preis des Forwards aufgrund der Tatsache, dass er den vereinbarten Forward-Preis F im Erfüllungszeitpunkt bekommt, gleich

$$\text{Preis des Forwards aus Sicht des Verkäufers} = (F - F_K(T)) \cdot \left(1 + z(0,T)\right)^{-T} \tag{9.10}$$

während der Käufer den vereinbarten Forward-Preis F zahlen muss und damit seinen Preis wie folgt ermittelt:

$$\text{Preis des Forwards aus Sicht des Käufers} = (F_K(T) - F) \cdot \left(1 + z(0,T)\right)^{-T} \tag{9.11}$$

Fallbeispiel 9.2 Berechnung des fairen Preises eines Forwards nach Abschluss
Während seiner Laufzeit möchte ein Risikocontroller einen gehaltenen Forward auf eine Festzinsanleihe mit einem vereinbarten Kupon in Höhe von 5,00% und einer Restlaufzeit von drei Jahren bewerten. Der im Kontrakt vereinbarte Forward-Preis ist $F = 100{,}00$, die Fälligkeit des Forwards ist in zwei Jahren. Die Zinsstruktur ist gegeben durch

Zeithorizont t	1	2	3
$z(0,t)$	2,00%	2,50%	2,75%

Er bewertet den Forward mittels Diskontierung des relevanten Zahlungsstroms. Da sich der relevante Zahlungsstrom aus Sicht des Käufers auf den Rückzahlungsbetrag inklusive Zinsen beschränkt, benötigt der Risikocontroller den Forward-Zero-Zins

$$FR(2{,}3) = \left(\frac{\left(1+z(0{,}3)\right)^3}{\left(1+z(0{,}2)\right)^2}\right)^{\frac{1}{3-2}} - 1 = \frac{1{,}0275^3}{1{,}025^2} - 1 = 0{,}0325 = 3{,}25\%$$

Der faire Forward-Preis für die Anleihe berechnet sich zum Bewertungszeitpunkt als

$$F_K(2) = 105{,}00 \cdot 1{,}0325^{-1} = 101{,}69$$

Zur Ermittlung des heutigen Wertes des Kontraktes muss man die Differenz der beiden in der Zukunft liegenden Forward-Preise noch auf den heutigen Zeitpunkt mittels Diskontierung transformieren:

$$\text{Wert des Forwards aus Sicht des Käufers} = (101{,}69 - 100{,}00) \cdot 1{,}025^{-2} = 1{,}61$$

An der EUREX werden Futures auf fiktive kurzfristige, mittelfristige und langfristige Staatsanleihen der Bundesrepublik Deutschland, der Schweizer Eidgenossenschaft, der Französischen Republik und der Republik Italien gehandelt. Hierbei variieren die Laufzeiten von knapp unter zwei Jahren bis zu 35 Jahren. Durch die Wahl fiktiver Staatsanleihen, deren Kuponzahlungen sich an den aktuellen Konditionen der emittierenden Staaten orientieren und die in entsprechende Laufzeitklassen eingeordnet werden, wird eine Standardisierung der Basiswerte erreicht. Ferner sind die Kapitalmarktfutures der EUREX hinsichtlich ihrer Kontraktgröße von 100.000 EUR bzw. CHF standardisiert. Die Kontrakte werden physisch mittels existierenden Staatsanleihen der gleichen Laufzeitklasse erfüllt.[105]

Die kurzfristige Sensitivitäts- und Risikoanalyse von Anleiheforwards erfolgt mittels der Berücksichtigung der relevanten Zinssätze der Zinsstruktur anhand der in Kapitel 4 erläuterten Zinssensitivitäten, den Basis Point Values oder Zinsdeltas, indem der relevanten Zahlungsstrom aufgestellt und die jeweilige Sensitivität gegenüber einer einzelnen Zero Rate als erste Ableitung der Preisformel (9.10) bzw. (9.11) unter Berücksichtigung der Kalkulation des Forward-Preises gemäß Gleichung (9.2) bzw. (9.6) nach dieser dargestellt wird. Somit entsprechen die Zinssensitivitäten einer Kombination der Zinssensitivitäten des Anleihepreises und der Basis des Forwards.

9.2 Bewertung von Forwards auf Geldmarktgeschäfte

Forward Rate Agreements (**FRA**) gehören zu den OTC-Geschäften und werden in der Praxis auf vielfältige Art und Weise eingesetzt. Mit dem Abschluss eines FRA vereinbaren die beiden Kontraktpartner für eine zukünftige Zeitperiode einen festen, kurzfristigen Zinssatz, den **FRA-Satz**, auf einen festen Kapitalbetrag. Damit eigenen sich FRA zur Absicherung von Mittelanlagen und -aufnahmen in der Zukunft.

Mit einem FRA fixiert der Käufer den FRA-Satz $FRA(t, t + \Delta t)$ für eine zukünftige Anlage über den Anlagezeitraum in t Jahren für Δt Jahre bis zum Zeitpunkt $t + \Delta t$, auch als Laufzeit des FRA bezeichnet, auf ein festgelegtes Nominal N und sichert sich somit gegen das Risiko steigender Zinsen ab. Umgekehrt sichert sich der Verkäufer eines FRA gegen bzw. spekuliert auf fallende Zinsen. Man spricht bei einem solchen Forward auch von einem $\boldsymbol{t \times t + \Delta t}$**-FRA**.

Damit charakterisiert sich ein Forward Rate Agreement durch die folgenden Vertragsbestandteile:

- FRA-Satz $FRA(t, t + \Delta t)$,
- Nominalbetrag N,
- Vorlaufzeit t und Länge der Absicherungsperiode Δt.

Forward Rate Agreements werden in **Abbildung 9.1** im Zeitablauf dargestellt.

[105] Weitere Informationen zu den Kapitalmarktfutures finden sich in den verfügbaren Produktbroschüren der EUREX unter http://www. eurexchange.com.

Abbildung 9.1 Ablauf eines $t \times t + \Delta t$-FRA

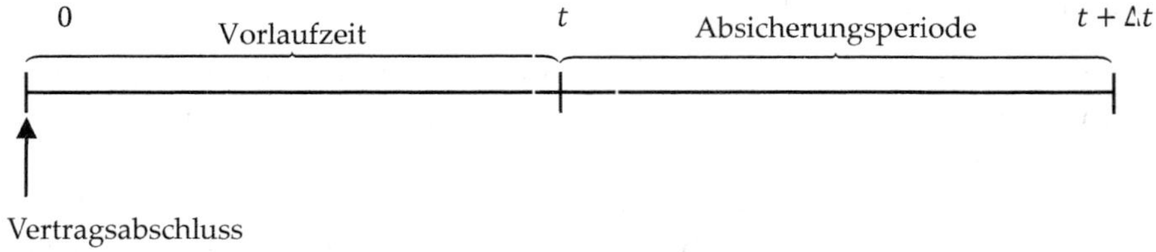

Der Zahlungsstrom aus einem FRA stellt sich dann wie in **Tabelle 9.3** dar

Tabelle 9.3 Zahlungsstrom eines fairen $t \times t + \Delta t$-FRA

Zahlungsstrom/Zeit	0	t	$t + \Delta t$
FRA Long	0	$-N$	$-N \cdot (1 + FRA(t, t + \Delta t) \cdot \Delta t)$

Handelt es sich um ein marktgerecht abgeschlossenes FRA, so muss der Wert dieses unbedingten, symmetrischen Derivates Null entsprechen. Damit wird deutlich, dass unter der Annahme eines arbitragefreien Marktes der faire FRA-Satz dem arbitragefreien Zinssatz, der heute am Markt für eine Mittelanlage oder -aufnahme in t mit Laufzeit Δt vorliegt, also dem Forward-Zinssatz $FR(t, t + \Delta T)$ entspricht.[106] In der Tat werden in der Praxis bei Abschluss eines Forward Rate Agreements die Terminzinsen $FR(t, t + \Delta t)$ als FRA-Sätze zu Grunde gelegt.

In der Praxis findet häufig anstatt der Zahlung am Ende der Absicherungsperiode ein Zinsdifferenzausgleich bezüglich des Referenzzinses zu Beginn dieser Periode statt. Das zugrunde liegende Nominal wird hierbei nicht getauscht. Die Höhe des Zinsdifferenzausgleichs richtet sich also nach dem in der Zukunft beobachtbaren Referenzzins, der am Ende der Vorlaufzeit in t für die Laufzeit Δt fixiert wird. Da die Ausgleichszahlung anstatt am Ende zu Beginn der Absicherungsperiode erfolgt, erhält der Kontraktpartner, für den der FRA in t vorteilhaft ist, die diskontierte Differenz der beiden Zinssätze. Der Käufer eines FRA erhält dann im Zeitpunkt t eine Ausgleichszahlung, falls der FRA-Satz unter dem Referenzzins liegt, und muss andernfalls eine Ausgleichszahlung an den Verkäufer leisten. Hierbei ist zu beachten, dass es sich bei FRA um Geschäfte mit Bezug zum Geldmarkt handelt und daher in der Regel die Zinsrechnungskonvention act/360 zugrunde liegt. Die Höhe der Ausgleichszahlung berechnet sich unter

[106] Die Berechnung der Terminzinsen $FR(t, t + \Delta t)$ erfolgt dabei aus der aktuellen Zinsstrukturkurve wie in Kapitel 2 dargestellt.

Berücksichtigung des Nominalbetrags N aus Sicht des Käufers dann als

$$\text{Ausgleichsbetrag} = \frac{(\text{Referenzzins} - \text{FRA-Satz}) \cdot \Delta t}{1 + \text{Referenzzins} \cdot \Delta t} \cdot \text{N} \tag{9.12}$$

Tipp
Wie schon bei Floating Rate Notes diskutiert, wird der Referenzzins in der Praxis zwei Tage vor dem eigentlichen Datum der Ausgleichszahlung fixiert.[107]

Fallbeispiel 9.3 Berechnung der Ausgleichszahlung eines Forward Rate Agreements
Zur Absicherung eines variabel verzinslichen Kredites mit einer Restlaufzeit von einem Jahr und einer Zinsbindung an den 6M-EURIBOR hat ein Industrieunternehmen bei seiner Hausbank ein FRA auf die Kreditsumme von 5 Mio. € mit einer Vorlaufzeit von 6 Monaten und einer Absicherungsperiode von 6 bis in 12 Monaten auf den 6M-EURIBOR gekauft und dabei einen FRA-Satz von 2,75% vereinbart. Nun sind sechs Monate vergangen und der aktuell fixierte 6M-EURIBOR entspricht 3,5%. Nach der Geldmarktusance beläuft sich die abgesicherte Zinsperiode auf 183 Tage. Da der Referenzzins über dem FRA-Satz liegt, erhält das Unternehmen eine Ausgleichszahlung von

$$\text{Ausgleichsbetrag} = \frac{(3{,}50\% - 2{,}75\%) \cdot \frac{183}{360}}{1 + 3{,}50\% \cdot \frac{183}{360}} \cdot 5 \text{ Mio. €} = 18.729{,}27 \text{ €}$$

Der Wert eines marktgerecht abgeschlossenen FRA ist bei Vertragsabschluss Null. Nicht marktgerecht abgeschlossene Kontrakte können ebenso wie bereits laufende Kontrakte durch einen Vergleich mit dem im Bewertungszeitpunkt aktuellen, fairen FRA-Satz oder Terminzins $FR(t, t + \Delta t)$ bewertet werden, wobei aufgrund der in der Zukunft liegenden Erfüllung des Kontraktes eine barwertige Betrachtung notwendig ist:

$$\text{Preis des FRA aus Sicht des Käufers} = (FR(t, t + \Delta t) - \text{FRA-Satz}) \cdot \Delta t \cdot DF(0, t + \Delta t) \cdot N \tag{9.13}$$

Für den Verkäufer des FRA dreht sich das Vorzeichen des Ausgleichsbetrags und des Barwertes um.

Fallbeispiel 9.4 Bewertung eines bestehenden Forward Rate Agreements
Ein Fondsmanager möchte den Gesamtwert seiner offenen Zinsposition ermitteln und benötigt dazu auch den aktuellen Wert eines FRA auf den 6M-EURIBOR auf eine Absicherungsperiode beginnend in 12 Monaten für 6 Monate, mit einem Nominal von 10 Mio. € und einem vereinbarten FRA-Satz von 4%. Die abgesicherte Zinsperiode umfasst 182 Zinstage. Es liegt ihm die aktuelle exponentielle Zinsstruktur vor:

Zeithorizont t	$0{,}5$	1	$1{,}5$
$z(0,t)$	4,15%	4,25%	4,40%

[107] Dies gilt für Referenzzinsen im Euro oder US-Dollar.

Zur Bewertung benötigt der Fondsmanager den impliziten, fairen Terminzins. Da es sich um eine exponentielle Zinsstruktur handelt, bestimmt sich der implizite, lineare Terminzins $FR^{lin}(t,T) \cdot (T-t)$ über den Zusammenhang beider Zinssatzvarianten mit den Diskontfaktoren[108]

$$1 + FR^{lin}(t,T) \cdot (T-t) = \frac{DF(0,t)}{DF(0,T)} \Leftrightarrow FR^{lin}(t,T) = \left(\frac{(1+z(0,T))^T}{(1+z(0,t))^t} - 1\right) \cdot \frac{1}{T-t} \qquad (9.14)$$

und berechnet sich somit als

$$FR^{lin}(1{,}1{,}5) = (\frac{1{,}044^{1,5}}{1{,}0425^1} - 1) \cdot \frac{360}{182} = 4{,}60\%$$

Damit ermittelt sich der Preis des FRA aus Sicht des Verkäufers als

$$\text{Preis des FRA} = (4{,}50\% - 4{,}60\%) \cdot \frac{182}{360} \cdot 1{,}044^{-1,5} \cdot 10 \text{ Mio.} € = -4.739{,}34\ €$$

Ebenso wie die OTC-gehandelten FRA beziehen sich Geldmarktfutures auf öffentlich zugängliche, quotierte Zinssätze des Geldmarktes. An der EUREX werden u.a. Futures auf den 3M-EURIBOR angeboten.[109] Diese sind wiederum hinsichtlich ihrer Kontraktvolumina – 1 Mio. € – und ihrer Laufzeiten – bis zu 5 Jahren – standardisiert. Die Quotierung und die Erfüllung der Geldmarktfutures erfolgt in 100 Prozent abzüglich des jeweiligen Referenzzinses. Ferner sind die Bezeichnung der Positionen des Käufers und des Verkäufers in einer FRA und einem EURIBOR-Future spiegelbildlich. So erwartet der Käufer eines 3M-EURIBOR-Futures, dass die Zinsen fallen werden, während der Käufer eines FRA mit Referenzzins 3M-EURIBOR aufsteigende Zinsen erwartet.

Da ein FRA ebenso wie ein Anleiheforward von unterschiedlichen Zero Rates der aktuellen Zinsstruktur abhängt, kann die kurzfristige Sensitivitäts- und Risikoanalyse von Forward Rate Agreements wiederum anhand der in Kapitel 4 erläuterten Zinssensitivitäten erfolgen.

Forward Rate Agreements und Geldmarktfutures können nicht nur zur Absicherung einer bestehenden Zahlungsverpflichtung eingesetzt werden. Liegt etwa eine inverse Zinsstruktur vor, so liegen die Forward-Zinsen unter den aktuellen Kassazinsen. Erwartet man, dass sich die Zinsen kaum ändern werden, so kann man durch Kauf eines oder mehrerer FRA die aus einem zukünftigen Kredit entstehende Zinsverpflichtung senken.

Tipp

Die Bewertung von Forwards und Futures erfolgte im Vorangegangenen zur Vereinfachung unter der Annahme einer einheitlichen Zinsstruktur, in der kreditrisikoabhängige Aufschläge keine Rolle spielten. Wie in Kapitel 2 bereits angesprochen, kann der Referenzzins vom marktgerechten, mit den Kreditrisiken der beiden Kontraktpartner verbundenen Zinssatz gleicher Laufzeit abweichen. Dies spielt

---

108 Vgl. Abschnitte 1.1.1 und 2.1.2.

109 Darüber hinaus existieren EONIA-Futures, die jedoch keine Liquidität aufweisen.

insbesondere bei der Bewertung von Forward Rate Agreements eine Rolle, in die neben der mit dem Referenzzins verbundenen Forward-Kurve auch eine mit den Kreditrisiken verbundene Diskontkurve eingehen kann. Darüber hinaus ist bei der Wahl des zur Berechnung der Finanzierungskosten erforderlichen Zinssatzes auch die Möglichkeit zu berücksichtigen, dass die Anleihe gleich nach Kauf in einem Repurchase Agreement zur Repo Rate verliehen werden kann, sodass sich diese als Kandidat für diesen Zinssatz anbietet.

9.3 Vertiefungsfragen zu Kapitel 9

Frage 1
Erläutern Sie kurz, warum in Erwartung steigender Zinsen

a. der Verkauf eines Futures auf Anleihen,
b. der Verkauf eines Geldmarktfutures,
c. der Kauf eines FRA mit Zinsdifferenzausgleich

sinnvoll sein kann.

Frage 2
Gegeben sei die folgende Zinsstruktur:

Zeithorizont t	1	2	3	4
$z(0,t)$	2,00%	2,55%	3,15%	3,80%
$DF(0,t)$	0,9804	0,9509	0,9112	0,8614

a. Berechnen Sie den fairen Forward-Kurs für den Zeitpunkt $t = 2$ einer Anleihe mit einer Restlaufzeit von vier Jahren und einem Kupon von 5%.
b. Bewerten Sie einen bestehenden Forward-Kontrakt auf diese Anleihe mit einer Fälligkeit in $t = 2$ und einem vereinbarten Forward-Preis von 99,00 € aus Sicht des Verkäufers.

Frage 3
Das Treasury eines großen Industrieunternehmens erwartet steigende Zinsen und hat daher bereits schon vor einigen Monaten mit der Absicherung der Zahlungsverpflichtungen aus den variabel verzinslichen Anleihen des Unternehmens

mittels Forward Rate Agreements begonnen. Das Unternehmen begibt grundsätzlich Anleihen, deren Zinszahlungen an den 6M-EURIBOR gebunden sind. Die Absicherungsperiode hat somit eine Länge von 6 Monaten. Das Treasury hat sich darauf geeinigt, die Absicherungsstrategie immer zu Beginn der vorherigen Absicherungsperiode zu erneuern. Die Zinszahlungen finden jeweils am 15. April, am 15. Juli, am 15. Oktober und am 15. Januar eines Kalenderjahres statt, wobei es sich weder im aktuellen noch im folgenden Jahr um ein Schaltjahr handelt. Aktuell ist der 15. April und es liegt die folgende lineare Zinsstruktur vor:

Zeithorizont t	$0,25$	$0,5$	$0,75$	$1,0$
$i(0,t)$	2,75%	2,85%	3,00%	3,10%

a. Berechnen Sie die Höhe der aktuell anfallenden Ausgleichszahlung aus Sicht des Unternehmens und unterstellen Sie dabei einen FRA-Satz von 2,90% auf ein Nominal von 20 Mio. €.

b. Berechnen Sie den marktgerechten FRA-Satz für die Absicherung der nächsten, zukünftigen Zinsperiode, die noch nicht abgesichert ist.

c. Bewerten Sie einen weiteren, aus einer anderen Absicherung bestehenden FRA für eine Absicherungsperiode vom 15. Juli des laufenden bis 15. Januar des kommenden Jahres mit einem vereinbarten FRA-Satz von 3,00% auf ein Nominal von 10 Mio. €.

Vernachlässigen Sie hierbei, dass die Zinsanpassung üblicherweise zwei Tage vor der Zahlung des Ausgleichsbetrages erfolgt und berücksichtigen Sie, dass es sich um Zinssätze und Zinszahlungen mit einer Laufzeit von unter einem Jahr handelt. Bei der vorliegenden linearen Zinsstruktur kann man den in Abschnitt 2.1.2 dargestellten Zusammenhang zwischen Diskontfaktoren und Forward-Zero-Zinsen auf die lineare Zinsrechnung übertragen:

$$1 + FR^{lin}(t,T) \cdot (T-t) = \frac{DF(0,t)}{DF(0,T)} \Leftrightarrow FR^{lin} = \left(\frac{1+i(0,T)\cdot T}{1+i(0,t)\cdot t} - 1\right) \cdot \frac{1}{T-t}$$

10 Devisenforwards und -futures

Devisenforwards und -futures sind unbedingte Termingeschäfte, die, aufgrund der Tatsache, dass als Basiswert ein Devisen- oder Wechselkurs zugrunde liegt, in der Praxis zur Spekulation auf Wechselkursentwicklungen oder zur Absicherung gegen Schwankungen des Wechselkurses eingesetzt werden. So sehen sich international agierende Unternehmen aufgrund ihres Geschäftes entsprechender Zahlungsströme in Fremdwährungen und somit dem Risiko eines sich ungünstig entwickelnden Devisenkurses ausgesetzt und können dieses Risiko u.a. mittels dieser Termingeschäfte aktiv beeinflussen. Die Globalisierung der Wirtschaft und der damit eingehende Anstieg der internationalen Güter- und Finanzströme begründen die Position des Devisenmarktes als größten Teil des internationalen Finanzmarktes. Dieser zeichnet sich nicht zuletzt aufgrund der großen Anzahl der Marktteilnehmer durch eine hohe Markttransparenz aus. Im Folgenden werden die grundlegenden Spezifika des Devisenhandels beschrieben und die Herleitung des fairen Devisenterminkurses erläutert. Ferner werden bestehende Devisenforwards bewertet und deren Preissensitivität gegenüber Änderungen des zugrunde liegenden Wechselkurses untersucht.

Vertiefende Literatur

Bloss, M. / Eil, N. / Ernst, D. / Fritsche, H. / Häcker, J. (2009): Währungsderivate – Praxisleitfaden für ein effizientes Management von Währungsrisiken, Oldenbourg Wissenschaftsverlag, München.

Feenstra, R. C. / Taylor, A. M. (2008): International Macroeconomics, Worth Publishers, New York.

Mishkin, F. S. (2010). The Economics of Money, Banking and Financial Markets, 9. überarbeitete Auflage, Pearson Education, New Jersey.

10.1 Ausgewählte Grundlagen des Devisenhandels

Der **Devisenmarkt (Foreign Exchange Market, FX Market)** ist der Teil des Kapitalmarktes an dem ausländische Währungen, sog. Devisen, angeboten und nachgefragt werden und entsprechende Währungsbeträge getauscht werden. **Wechsel- oder Devisenkurse** bzw. **FX Rates**[110] bilden hierbei die Grundlage der Devisengeschäfte, da mittels dieser Kurse Beträge in der einen Währung in Beträge in einer anderen Währung umgerechnet werden können. Somit wird bei der Betrachtung eines Wechselkurses die Beziehung eines Währungspaares abgebildet. Bei der Notierung unterscheidet man je nach Darstellung des Wechselkurses zwischen der Mengennotierung und der Preisnotierung. Bei der **Mengennotierung** wird

---

110 FX oder auch Forex steht für die englische Bezeichnung Foreign Exchange.

DOI: 10.1007/978-3-8349-4304-0_10, © Springer Fachmedien Wiesbaden 2014

die Menge der zu beziehenden Währung pro Geldeinheit der Grundwährung dargestellt, während bei der **Preisnotierung** der Preis einer Geldeinheit der zu beziehenden Währung in der Grundwährung dargestellt wird. An den europäischen Devisenmärkten hat sich die im angloamerikanischen Raum schon länger dominante Mengennotierung ebenfalls als Standard durchgesetzt. Die Mengennotierung lässt sich allerdings als Inverse der Preisnotierung leicht berechnen. Sofern nicht anders angegeben wird zur besseren Verständlichkeit im Folgenden die Preisnotierung genutzt. Der Wechselkurs bildet sich entsprechend des Angebots und der Nachfrage nach einer Währung am Devisenmarkt.[111]

International tätige Unternehmen gehen aufgrund von Import- und/oder Exporttätigkeiten oder entsprechenden Investitionen weltweite Verbindlichkeiten und Forderungen und damit Fremdwährungspositionen ein. Das hiermit verbundene **Wechselkursrisiko** (**FX-Risiko**) entsteht, wenn ein Finanzinstitut oder ein Unternehmen eine offene Position in einer Fremdwährung eingeht. Es beschreibt das Risiko, dass sich der (Bar-)Wert dieser Position verändert, und dass diese aufgrund von Wechselkursbewegungen mit einem Verlust geschlossen werden muss.

Man unterscheidet an den Devisenmärkten analog zu den Zins- und Aktienmärkten zwischen den **Devisenkassakursen** (Spot Rates) und den **Devisenterminkursen** (Forward Rates). Während sich die Devisenkassakurse auf den sofortigen Tausch zweier Währungsbeträge beziehen, ermöglichen Devisenterminkurse den zum aktuellen Marktniveau fixierten, zukünftigen Austausch von Währungsbeträgen. Somit ermöglichen Devisenterminkurse u.a. auch die heutige Bewertung zukünftiger Fremdwährungszahlungsströme in der Heimatwährung, wobei die barwertige Betrachtung hier eine Berücksichtigung der beiden Zinsstrukturen in den Währungen erforderlich macht.

Aus der Differenz zwischen dem Devisenterminkurs und dem Devisenkassakurs errechnet sich der **Swap-Satz**:

$$\text{Swap-Satz} = \text{Forward Rate} - \text{Spot Rate} \tag{10.1}$$

Ein positiver Swap-Satz bzw. ein Aufschlag auf den Devisenkassakurs wird als **Report** bezeichnet, während die Bezeichnung **Deport** für einen negativen Swap-Satz bzw. einen Abschlag auf den Devisenkassakurs steht.

Devisenterminkurse können am Devisenmarkt auf zwei verschiedene Arten quotiert werden. Bei der **Outright-Quotierung** wird die Forward Rate selbst quotiert, während bei der **Swap-Quotierung** lediglich der Auf- bzw. Abschlag gegenüber der aktuellen Spot Rate, also der Swap-Satz, angegeben wird. Die unterschiedliche Quotierung begründet sich

---

111 An dieser Stelle lassen sich unterschiedliche Währungssysteme hinsichtlich der Einflüsse jenseits des Angebots und der Nachfrage, wie bspw. Zentralbankinterventionen, unterscheiden. Da den hier vorgestellten Methoden die Annahme eines vollständigen und vollkommenen Kapitalmarktes zugrunde liegt, spielen diese Währungssysteme keine Rolle. Für eine Unterscheidung siehe bspw. Bloss et al. (2009), Mishkin (2010) oder Feenstra / Taylor (2008).

aufgrund der Verwendung der Terminkurse in unterschiedlichen Derivaten. Während die Outright-Quotierung bei der Bestimmung der im Rahmen eines marktgerechten Devisenforwards oder -futures vereinbarten Terminkurse eine Rolle spielt, liegt die Swap-Quotierung den in Abschnitt 14.1 erläuterten Devisenswaps zugrunde. Die Swap-Sätze werden hierbei in Basispunkten angegeben. Darüber hinaus wird wie am Finanzmarkt üblich zwischen einem Kauf- (bid) und dem Verkaufskurs (ask) differenziert. **Tabelle 10.1** zeigt die Quotierung von Devisenterminkursen für verschiedene Laufzeiten am Beispiel des Euro/Schweizer Franken-Wechselkurses in Mengennotierung.

Tabelle 10.1 Quotierung von Devisenterminkursen am Beispiel Euro/Schweizer Franken mit EUR/CHF-Spot Rate 1,2361 (bid) und 1,2372 (ask)

	EUR/CHF Swap Points		EUR/CHF Outrights	
Laufzeit	bid	ask	bid	ask
ON	−0,0181	0,0114	1,2361	1,2372
...	...	...	...	...
1M	−1,1661	−0,8787	1,2360	1,2371
2M	−2,9547	−2,0963	1,2358	1,2370
...	...	...	...	...
1Y	−36,5381	−31,6591	1,2325	1,2340
2Y	−117,0046	−97,3931	1,2244	1,2274

10.2 Ermittlung der fairen Devisenterminkurse

Die Ermittlung des fairen Terminwechselkurses $F_X(t)$ einer Inlands- in eine Auslandswährung für einen zukünftigen Tausch der Devisen zum Zeitpunkt t aus der heutigen Marktmeinung erfolgt unter der Annahme eines arbitragefreien Marktes anhand der üblichen Betrachtung zweier Anlagestrategien mit gleichen Zahlungsströmen. Dazu wird je ein Zero Bond mit Nominal 100% und Fälligkeit in t in der Inlands- und in der Auslandswährung betrachtet. Der heutige Wert des Zero Bonds in der Inlandswährung $K_{ZB}^I(0)$ und der heutige Wert des Zero Bonds in der Auslandswährung $K_{ZB}^A(0)$ entsprechen dem diskontierten Nominalbetrag mittels der jeweiligen Zinsstruktur:

$$K_{ZB}^I(0) = DF^I(0,\mathrm{t}) \cdot 100\% \text{ und } K_{ZB}^A(0) = DF^A(0,\mathrm{t}) \cdot 100\% \tag{10.2}$$

Hierbei stehen $DF^I(0,t)$ für den Diskontfaktor in der Inlandswährung, sowie $DF^A(0,t)$ für den Diskontfaktor in der Auslandswährung. Ferner bezeichne $X(0)$ den aktuellen Kassakurs der Inlandswährung in die Auslandswährung in der Preisnotierung.

Nun kann ein Investor zwei unterschiedliche Anlagestrategien verfolgen, um im Zeitpunkt t über einen bestimmten Geldbetrag in der Inlandswährung zu verfügen. Zum Einem kann der Investor heute direkt einen Zero Bond in der Inlandswährung zu seinem Barwert $K_{ZB}^I(0)$ kaufen. Alternativ kann er heute den gleichen Betrag in einem Zero Bond in der Auslandswährung mit Kurs $K_{ZB}^A(0)$ anlegen und einen Terminkurs $F_X(t)$ vereinbaren, zu dem er zum Zeitpunkt t den Rückzahlungsbetrag wieder in die Inlandswährung tauschen kann. Die beiden unterschiedlichen Anlagestrategien sind in **Tabelle 10.2** dargestellt:

Tabelle 10.2 Motivation des fairen Terminkurses $F_X(t)$

Strategie	(Netto-)Zahlung in $t = 0$ in Inlandswährung	Endvermögen in t in Inlandswährung
Heutiger Kauf des Zero Bonds in der Fremdwährung zum heutigen Wechselkurs $X(0)$ mit Nominal $K_{ZB}^I(0)/(K_{ZB}^A(0) \cdot X(0))$	$-K_{ZB}^A(0) \cdot X(0) \cdot \frac{K_{ZB}^I(0)}{K_{ZB}^A(0) \cdot X(0)}$ $= -K_{ZB}^I(0)$	$\frac{K_{ZB}^I(0)}{K_{ZB}^A(0) \cdot X(0)} \cdot F_X(t)$
Heutiger Kauf des Zero Bonds in Inlandswährung	$-K_{ZB}^I(0)$	100%

Da Arbitrage ausgeschlossen ist, müssen beide Strategien zum gleichen Endvermögen führen, d.h. der **faire Devisenterminkurs** zum Zeitpunkt t berechnet sich als

$$F_X(t) = X(0) \cdot \frac{DF^A(0,t)}{DF^I(0,t)} \qquad (10.3)$$

Die heute für die Zukunft festgelegten Wechselkurse $F_X(t)$ mit $t > 0$ berechnen sich also unter Berücksichtigung der beiden Zinsstrukturen in den beiden Währungen.[112]

Tipp

Gleichung (10.3) unterstellt die Preisnotierung des Wechselkurses und kann aufgrund des Zusammenhangs zwischen Preis- und Mengennotierung angepasst werden, sodass für mengennotierte Wechselkurse X^M gilt

$$F_X^M(t) = X^M(0) \cdot \frac{DF^I(0,t)}{DF^A(0,t)} \qquad (10.4)$$

112 Diese Relation wird in der Literatur als gedeckte Zinsparität bezeichnet. Sie besagt, dass die Verzinsung einer inländischen Investition der Verzinsung einer währungsgesicherten, ausländischen Investition entspricht. Eine ausführliche Diskussion der Theorie der Zinsparitäten findet sich u.a. in Bloss et al. (2009), Mishkin (2010), Feenstra / Taylor (2008).

Fallbeispiel 10.1 Berechnung des arbitragefreien, impliziten Terminkurses
Ein Devisenhändler eines Kreditinstitutes beobachtet die folgende Zinsstruktur im € und US$:

Laufzeit t	1	2	3
$DF^{EUR}0,t)$	0,9804	0,9518	0,9151
$DF^{USD}(0,t)$	0,9852	0,9612	0,9286

Der Kassakurs liegt in der Mengennotierung bei 1,25 EUR/USD und somit in der Preisnotierung bei 0,80 USD/EUR. [113]

Somit berechnen sich die fairen Terminkurse für den Tausch der beiden Währungen in einem, in zwei und in drei Jahren als:

$$F_X(1) = 0{,}80 \cdot \frac{0{,}9852}{0{,}9804} = 0{,}8039 \Rightarrow \text{Swap-Satz} = 0{,}0039 \text{ (Report)} \Rightarrow F_X^M(1) = 1{,}2439$$

$$F_X(2) = 0{,}80 \cdot \frac{0{,}9612}{0{,}9518} = 0{,}8079 \Rightarrow \text{Swap-Satz} = 0{,}0079 \text{ (Report)} \Rightarrow F_X^M(2) = 1{,}2378$$

$$F_X(3) = 0{,}80 \cdot \frac{0{,}9286}{0{,}9151} = 0{,}8118 \Rightarrow \text{Swap-Satz} = 0{,}0118 \text{ (Report)} \Rightarrow F_X^M(3) = 1{,}2318$$

Somit besteht über alle drei Laufzeiten ein Zinsvorteil im € gegenüber dem $, der allerdings durch den Wechselkurs wieder ausgeglichen wird.

Verwendet man zur Herleitung des Terminkurses für eine Laufzeit unter einem Jahr anstatt der Diskontfaktoren die linearen Zinssätze $i^I(0,t)$ und $i^A(0,t)$ der jeweiligen Währung, so lässt sich der faire Devisenterminkurs für den Zeitpunkt t und damit auch der Swap-Satz ermitteln als

$$F_X(t) = X(0) \cdot \frac{1+i^I(0,t)\cdot t}{1+i^A(0,t)\cdot t} = X(0) + \underbrace{X(0) \cdot \frac{(i^I(0,t)-i^A(0,t))\cdot t}{1+i^A(0,t)\cdot t}}_{\text{Swap-Satz}} \tag{10.5}$$

Wie bei den in Kapitel 2 vorgestellten arbitragefreien, impliziten Forward-Zinssätzen handelt es sich auch bei den arbitragefreien, impliziten Devisenterminkursen nicht um Vorhersagen der künftigen Entwicklungen der Devisenkassakurse.

[113] Die Schreibweise der Mengennotierung, hier EUR/USD, und der Preisnotierung, hier USD/EUR, lässt sich durch die Sprechweise „Wechselkurs von einer Einheit der erstgenannten Währung in die entsprechende Menge der zweitgenannten Währung" verdeutlichen.

10.3 Bewertung und Risikoanalyse von Devisenforwards

Bei einem **Devisenforward/-future** verpflichten sich die beiden Vertragspartner zum Erfüllungszeitpunkt einen festen Betrag der einen Währung zum einen bei Vertragsabschluss vereinbarten Wechselkurs in eine andere Währung zu tauschen. Damit charakterisiert sich ein Devisenforward/-future durch die folgenden Vertragsbestandteile:

- Im Forward vereinbarter Forward-Wechselkurs F,
- Nominalbetrag N in der Fremdwährung,
- Erfüllungszeitpunkt T.

Handelt es sich um einen marktgerecht abgeschlossenen Devisenforward oder -future, so muss der Wert dieses unbedingten, symmetrischen Derivates Null entsprechen. Aus den im vorherigen Abschnitt getroffenen Überlegungen wird deutlich, dass unter der Annahme eines arbitragefreien Marktes der faire Forward-Wechselkurs dem arbitragefreien, impliziten Terminzins $F_X(T)$ entspricht, der heute am Markt für einen zukünftigen Währungstausch in T vorliegt. Bei Abschluss eines marktgerechten Devisenforwards sollte der im vorherigen Abschnitt erläuterte faire Terminkurs zugrunde gelegt werden oder eine entsprechende Ausgleichszahlung erfolgen.[114]

Der Wert des Forwards bei Fälligkeit ist aus Sicht des Käufers gegeben durch den Vor- bzw. Nachteil, den er gegenüber einem direkten Tausch der Währung am Devisenmarkt erzielen würde:

$$\text{Wert des Long Forward bei Fälligkeit} = (F_X(T) - F) \cdot N \quad (10.6)$$

Fallbeispiel 10.2 Motivation für den Kauf eines Devisenforwards
Ein internationaler Konzern möchte einige seiner Zahlungsströme gegen Wechselkursschwankungen gegenüber dem amerikanischen Dollar (USD) absichern und dabei eine feste Kalkulationsbasis für die Zukunft bilden. Zu diesem Zweck schließt der Treasurer des Unternehmens mit einem Kreditinstitut u.a. einen Devisenforward auf den EUR/USD-Wechselkurs mit einem zugrunde liegenden Nominal von 1,20 Mio. $ und einer Fälligkeit in einem Jahr ab. Der heutige Kassakurs in Mengennotierung liegt bei 1,25 EUR/USD, der Terminkurs wurde mit 1,20 EUR/USD in Mengennotierung vereinbart. Somit liegt ein Deport vor. Entspricht der vereinbarte Terminkurs dem fairen Terminkurs am Markt, so kann der Treasurer direkt ableiten, dass der einjährige Zins im US$ unter dem Zinsniveau im € liegt. Alternativ hätte der Treasurer den Kassakurs auch in der Preisnotierung mit einem Kassakurs von 0,80 USD/EUR und einem Terminkurs von 0,83

114 Auf eine Herleitung mittels des Cost of Carry-Ansatzes wird an dieser Stelle verzichtet, da dieser bei Devisenforwards nur begrenzt aussagefähig ist. Die Argumentation bei der Berechnung des Terminkurses ist analog zu dem Fall eines Aktienindexforwards mit Dividendenrendite, wobei der Fremdwährungszins die Rolle der Dividendenrendite übernimmt, vgl. Abschnitte 8.1 und 10.2.

USD/EUR auf ein Nominal von 1,20 Mio. US$ vereinbaren können, sodass der vorhandene Report wiederum einen Zinsvorteil im € signalisiert. Mit diesem Forward-Geschäft sichert sich der Treasurer je nach eingenommener Position einen festen Wechselkurs im US$. Tritt er als Käufer ein, so sichert er eine dem Unternehmen in einem Jahr entstehende Zahlungsverpflichtung in der Höhe von 1,20 Mio. US$ mit dem Gegenwert von 10 Mio. € ab. In der Position des Verkäufers erfolgt eine Absicherung einer in einem Jahr erwarteten Zahlung von 1,20 Mio. € an das Unternehmen mit einem festen Kalkulationswert von 10 Mio. €.

Um einen bestehenden Devisenforward mit einem bereits fixierten Forward-Wechselkurs zu bewerten oder die Ausgleichszahlung eines nicht marktgerecht abgeschlossenen Forwards zu bestimmen, vergleicht man den fixierten Wechselkurs hinsichtlich seiner Marktgerechtigkeit mit dem aktuellen, fairen Terminkurs. Da der Tausch der Währungen jedoch erst im Erfüllungszeitpunkt des Forwards statt findet, ist auch hier wieder eine barwertige Betrachtung notwendig. Unterstellt man Preisnotierung, so ist der Preis des Devisenforwards aus Sicht des Verkäufers der Fremdwährung aufgrund der Tatsache, dass er den vereinbarten Forward-Kurs F anstatt des aktuell zu vereinbarenden Terminkurses $F_X(T)$ für den Erfüllungszeitpunkt T vereinbart hat, unter Berücksichtigung des vereinbarten Nominalbetrags N in der Fremdwährung gleich

$$\text{Preis des Devisenforwards aus Sicht des Verkäufers} = (F - F_X(T)) \cdot N \cdot DF^I(0,T) \qquad (10.7)$$

während der Käufer der Fremdwährung den vereinbarten Forward-Kurs X zahlen muss und sich damit der Preis des Devisenforwards wie folgt ermittelt:

$$\text{Preis des Devisenforwards aus Sicht des Käufers} = (F_X(T) - F) \cdot N \cdot DF^I(0,T) \qquad (10.8)$$

Fallbeispiel 10.3 Bewertung eines Devisenforwards während der Laufzeit
Ein europäisches Unternehmen hat vor einigen Wochen zur Absicherung zukünftiger Verpflichtungen gegenüber einem Lieferanten in Großbritannien in der Erwartung eines steigenden Wechselkurses einen Devisenforward auf den GBP/EUR Wechselkurs abgeschlossen.[115] Die Restlaufzeit des Kontraktes beträgt aktuell ein halbes Jahr, es wurde in Forward-Kurs von 1,15 GBP/EUR auf einen Nominalbetrag von 10 Mio. £ vereinbart. Der aktuelle Zinssatz für eine Laufzeit von einen halben Jahr beträgt im Euro 1,25% und im britischen Pfund 1,75%. Der aktuelle Kassakurs liegt bei 1,10 GBP/EUR. Es gilt also $i^I(0,0{,}5) = 1{,}25\%$, $i^A(0,0{,}5) = 1{,}75\%$ und $X(0) = 1{,}10$. Der faire Terminkurs für eine Laufzeit von einem halben Jahr berechnet sich als

$$F_X(0{,}5) = 1{,}10 \cdot \frac{1+0{,}0125 \cdot 0{,}5}{1+0{,}0175 \cdot 0{,}5} = 1{,}0973$$

Da das Unternehmen den Forward zur Absicherung zukünftiger Verpflichtungen im britischen Pfund abgeschlossen hat, ist es in der Position des Käufers der Fremdwährung.

---

115 Diese Erwartung bezieht sich auf den Wechselkurs in Preisnotierung.

Somit berechnet sich der aktuelle Wert des Kontraktes für das Unternehmen in Euro als

$$\text{Wert des Forwards} = (1{,}0973 - 1{,}15) \cdot 10.000.000 \cdot (1 + 0{,}0125 \cdot 0{,}5)^{-1} = -523.726{,}71\ €$$

Bei einer vorzeitigen Auflösung des Kontraktes wäre dies der (Mindest-)Wert, den ein Kreditinstitut dem Unternehmen für ein entsprechendes Gegengeschäft zur Glattstellung des Kontraktes in Rechnung stellen würde.[116] Das Unternehmen würde den Vertrag beispielsweise dann auflösen, wenn sich die eigene Kurserwartung aufgrund einer anderen Marktsituation geändert hat und es nicht mehr von einem steigenden Wechselkurs ausgehen könnte.

Die dargestellten Bewertungen eines Devisenforwards sind – unter Vernachlässigung der in Abschnitt 7.2 diskutierten Differenz – auf Devisenfuture-Kontrakte anwendbar, wobei analog zu anderen Forward-Kontrakten zu berücksichtigen ist, dass der Wert eines Futures für beide Parteien während seiner Laufzeit immer gleich Null ist. Devisenfutures werden an der CME und an der NYSE LIFFE gehandelt. Festgelegt werden diese Kontrakte durch ihren Liefermonat und feste, handelbare Währungsbeträge.[117] Bedingt durch die Standardisierung sind mittels Devisenfutures nur sehr liquide Wechselkurse wie etwa der USD/EUR-Kurs handelbar.[118] Im Gegensatz zu Devisenforwards werden Devisenfutures meist nicht bis zur Fälligkeit gehalten, sondern wenige Tage vorher glatt gestellt.[119]

Die Sensitivitäts- und Risikoanalyse von Devisenforwards geschieht analog zur Risikobetrachtung von Aktienforwards. Hierbei wird wiederum die erste Ableitung des Kontraktwertes nach dem aktuellen Wechselkurs zur näherungsweisen Bestimmung der Wertänderung hinzu gezogen. Das **Delta eines Devisenforwards** aus Sicht des Käufers ist, normiert auf eine Änderung um einen Tick, entsprechend 0,0001 des Wechselkurses in Preisnotierung, somit

$$\Delta_F = DF^A(0,T) \cdot N \cdot 0{,}0001 \qquad (10.9)$$

Es sei darauf hingewiesen, dass dies gleichbleibende Zinsstrukturen in den beiden Währungen unterstellt.

Fallbeispiel 10.4 Risikoanalyse eines Devisenforwards
Das Unternehmen aus Fallbeispiel 10.3. korrigiert seine Wechselkurserwartung geht nun von einem Absinken des GBP/EUR-Wechselkurses aus. Das Delta des Devisenforwards beträgt

---

116 Für die Dienstleistung des Abschlusses eines Devisenforwards mit einem Marktteilnehmer ohne direkten Zugang zum Devisenmarkt wird das Kreditinstitut zusätzlich zu diesem Marktwert eine Marge verlangen. Die sollte auch das Kontrahentenrisiko des Unternehmens berücksichtigen.

117 Bei den über die CME abgewickelten Kontrakten handelt es sich um die Laufzeiten März, Juni, September und Dezember. Die Größe eines Future-Kontraktes auf den Euro, des EURO FX Futures, ist an der CME bspw. auf 125.000 € normiert.

118 Eine Beschreibung der aktuellen Kontraktspezifikationen findet sich auf den Internetseiten der CME unter http://www.cmegroup.com und der NYSE LIFFE unter https://globalderivatives.nyx.com.

119 In der Regel handelt es sich um zwei Tage vor Fälligkeit, da dies dem letzten Handelstag des Futures an der CME und der NYSE LIFFE entspricht.

$$\Delta_F = (1 + 0{,}0175 \cdot 0{,}5)^{-1} \cdot 10.000.000 \cdot 0{,}0001 = 991{,}33$$

Unterstellt das Unternehmen bspw. einen neuen Wechselkurs von 1,09 GBP/EUR, so ist das gleichbedeutend mit einem um 100 BP geringerem GBP/EUR-Wechselkurs und damit mit einem näherungsweisen Wertverlust der Devisenforwards von $100 \cdot 991{,}33 = 99.133$ €. Der Swap hätte dann einen neuen, näherungsweisen Marktwert von $-523.726{,}71$ € $-$ 99.133€ $= -622.859{,}71$ €.

10.4 Vertiefungsfragen zu Kapitel 10

Frage 1

Zur Bewertung seines Devisenforward-Portfolios im japanischen Yen benötigt der Devisenhändler einer europäischen Bank die fairen Devisenterminkurse mit den entsprechenden Fälligkeiten in einem halben, in einem und in anderthalb Jahren. Der aktuelle Wechselkurs liegt bei 105 EUR/JPY in der Mengennotierung, die beiden Zinsstrukturen liegen dem Händler vor:

Laufzeit t	$0,5$	1	$1,5$
$DF^{EUR}(0,t)$	0,9950	0,9828	0,9707
$DF^{JPY}(0,t)$	0,9998	0,9990	0,9982

a. Ermitteln Sie die fairen Terminkurse für die gegebenen Fälligkeiten und geben Sie diese in Preis- und in Mengennotierung an.

b. Berechnen Sie den Swap-Satz und erläutern Sie die Begriffe Report und Deport. Treffen Sie auf Basis Ihrer Berechnung eine Aussage über das Verhältnis der beiden Zinsstrukturen zueinander.

Frage 2

Der Devisenhändler aus Frage 1 möchte nun sein Devisenforward-Portfolio im japanischen Yen mittels der berechneten Devisenterminkurse bewerten. In seinem Portfolio finden sich Forward-Kontrakte auf den Yen mit Fälligkeiten in einem halben, in einem und in anderthalb Jahren. Der aktuelle Wechselkurs, die Zinsstrukturen und die Wechselkurse entsprechen denen aus Frage 1, während den Laufzeiten folgende Kontrakte zugeordnet sind:

Forward-Kurs / Laufzeit t	$0,5$	1	$1,5$
103,50 / 0,0097	100 Mio. JPY (long)		200 Mio. JPY (short)
102,00 / 0,0098		500 Mio. JPY (short)	500 Mio. JPY (short)
105,50 / 0,0095	250 Mio. JPY (long)		

Die Wechselkurse sind in Mengen- und Preisnotierung angegeben.

a. Ermitteln Sie den aktuellen Wert der einzelnen Positionen.

b. Geben Sie an, welche Erwartungen der Devisenhändler an die Wechselkursentwicklungen mit seinem Devisenforward-Portfolio verwirklichen will. Gehen Sie hierbei von einer Trading-Strategie aus.

c. Berechnen Sie den Wert der Gesamtposition.

Frage 3

Der Devisenhändler aus Frage 1 und 2 möchte nun eine Sensitivitätsanalyse seines Devisenforward-Portfolios durchführen.

a. Ermitteln Sie die Sensitivität des Gesamtportfolios.

b. Ermitteln Sie den Gewinn oder Verlust, der der Bank entsteht, wenn sich der aktuelle JPY/EUR-Kurs (Preisnotierung) um 0,0025 erhöht.

IV Swaps

11 Einführung in die Swap-Geschäfte

Swaps gehören zu den unbedingten, symmetrischen Termingeschäften. Im Rahmen eines Swap-Kontraktes verpflichten sich die beiden Partner zum Tausch von zukünftigen Zahlungen. Aufgrund der Symmetrie des Derivates müssen sich hierbei die Rechte und Pflichten der beiden Kontraktpartner in einem marktgerechten Swap die Waage halten. Aus dieser allen Swap-Geschäften zugrunde liegenden Grundkonstruktion wird deren Bewertungsidee hergeleitet.

Vertiefende Literatur

Brigo, D. / Mercurio, F. (2006): Interest Rate Models – Theory and Practice: With Smile, Inflation and Credit, 2. Auflage, Springer Verlag, Berlin, Heidelberg.

Böhm-Dries, A. / Kruse, S. (2008): Kreditderivate, WISU – das Wirtschaftsstudium 06/08, S. 854-859, 901-902.

Krüger, R. / Kruse, S. / Sauerbier, P. / Wehn, C. S. (2009): Inflationsgebundene Finanzprodukte: Einblicke in eine innovative Assetklasse, Kredit und Kapital, 42(1), S. 145-165.

Rudolph, B. / Hofmann, B. / Schaber, A. / Schäfer, K. (2012): Kreditrisikotransfer – Moderne Instrumenten und Methoden, 2. Auflage, Springer, Berlin, Heidelberg.

Schofield, N. C. (2007): Commodity Derivatives – Markets and Applications, Wiley Finance, Hoboken.

11.1 Grundkonstruktion eines Swaps

Swaps sind nicht börsengehandelt – und damit OTC-Produkte – und können an die Bedürfnisse der beiden Kontraktpartner genau angepasst werden. Sie dienen unter anderem der Senkung von Finanzierungskosten oder der Erhöhung von Erträgen, werden aber häufig auch zur Absicherung von entsprechenden Kassaprodukten gegen Marktpreisrisiken genutzt. Der Swap-Markt ist groß und bietet neben den etablierten Standardgeschäften eine Vielzahl von unterschiedlichen Swap-Konstruktionen. Swaps kann man hinsichtlich der vereinbarten zukünftigen Zahlungsströme und der Referenzgröße, an die diese gekoppelt sind, u.a. unterscheiden in

- **Equity Swaps**, die den Tausch von an die Entwicklung eines Aktienindex gekoppelten zukünftigen Zahlungsstroms gegen einen festen oder variablen Zins festlegen. Bei einem **Equity Basisswap** werden zwei Zahlungsströme, die an unterschiedliche Aktienindizes gekoppelt sind, getauscht. Die Zahlungsströme leiten sich aus einem fiktiven Nominal ab, das nicht getauscht wird.

S. Kruse, *Aktien-, Zins- und Währungsderivate*,
DOI: 10.1007/978-3-8349-4304-0_11, © Springer Fachmedien Wiesbaden 2014

- **Zinsswaps**, bei denen unterschiedliche Zinszahlungen getauscht werden. Der Unterschied der Zinszahlungen beruht hier etwa auf dem Tausch von festen, langfristigen Zinsen gegen variable, kurzfristige Zinsen – dann spricht man von einem **Kuponswap** oder auch **Plain Vanilla Swap** – oder von variablen gegen variable Zinsen, die sich hinsichtlich ihrer Referenzgröße und Fristigkeit unterscheiden – in diesem Fall spricht man von **Basisswaps**. Die Zinszahlungen beziehen sich dabei auf ein Nominal, das jedoch nicht getauscht wird. Folglich stellen Zinsswaps auch ein ideales Instrument zur Fristentransformation dar.
- **Währungsswaps**, bei denen die Zinszahlungen der einen Währung in Zinszahlungen der anderen Währung getauscht werden, wobei in der Regel ebenfalls das zugrunde liegende Nominal in der jeweiligen Währung getauscht wird.
- **Commodity Swaps**, die den Tausch von an die Entwicklung bestimmter Güterpreise – vorwiegend an Edelmetalle und Rohstoffe - gekoppelten Zahlungen gegen feste oder variable Zinszahlungen verbriefen. Sofern ein Commodity Swap nicht zusätzliche Währungskomponenten beinhaltet, wird das den Zahlungen zugrunde liegende Nominal nicht getauscht.[120]
- **Inflationsswaps** beinhalten den Tausch von inflationsgebundenen Zahlungen gegen einen festen oder variablen Zins. Dieser Teil des Swap-Marktes ist noch im Entwicklungsstadium, wächst aber mit der zunehmenden Zahl von inflationsgekoppelten Staatsanleihen. Die Zahlungen eines Inflationsswaps beziehen sich auf ein Nominal, das in der Regel jedoch nicht getauscht wird.[121]
- **Credit Default Swaps**, in denen die Absicherung gegen den Ausfall eines Kreditnehmers – und damit eine Ausgleichszahlung für den Fall eines schlagend werdenden Kreditrisikos – gegen die Zahlung einer periodischen Prämie getauscht wird.[122]

Jedes dieser Swap-Geschäfte ist nach der in **Abbildung 11.1** dargestellten Grundidee aufgebaut.

---

120 Eine Einführung in den Markt der Warenderivate und eine erste Darstellung von Commodity Swaps sowie deren Einsatzmöglichkeiten und der Grundidee der Bewertung findet sich bspw. in Schofield (2007).

121 Für eine allgemeine Darstellung von Inflationsderivaten wird auf Krüger et al. (2009) verwiesen. Die Bewertung von Inflationsswaps findet sich bspw. in Brigo / Mercurio (2006).

122 Credit Default Swaps gehören zur Klasse der Kreditderivate. Eine kurze Einführung in Kreditderivate findet sich in Böhm-Dries / Kruse (2008), eine detailliertere Betrachtung in Rudolph et al. (2012).

Abbildung 11.1 Standardkonstruktion eines Swap-Geschäftes

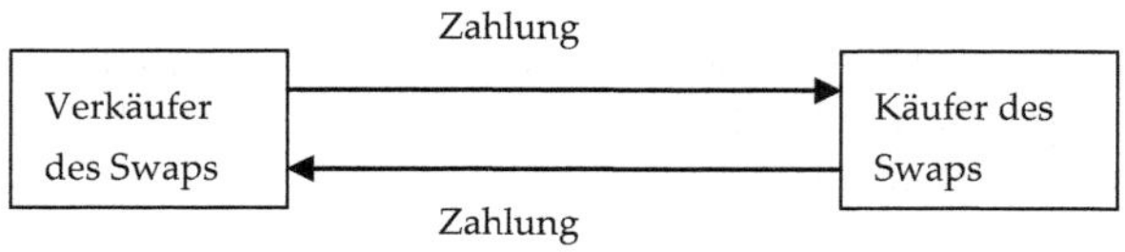

Da es sich bei den Swaps um unbedingte Derivate mit einer idealerweise symmetrischen Verteilung der Rechte und Pflichten handelt, ist der Vorteil des einen Kontraktpartners der Nachteil des anderen. Zur Bewertung eines Swaps zerlegt man diesen in die beiden gegenläufigen Zahlungsströme – in die vom Käufer zu leistenden Zahlungen und in die vom Verkäufer zu leistenden Zahlungen. Diese beiden gegenläufigen Zahlungsströme werden als die **Seiten** oder **Legs des Swaps** bezeichnet. Damit lässt sich der Wert des Swaps aus Sicht des jeweiligen Swap-Partners stets als Saldo des zu erhaltenden und des zu leistenden Zahlungsstroms ermitteln.

Je nach Motivation für den Abschluss eines Swap-Geschäftes unterscheidet man beim Hedging mittels Swaps auch zwischen einem **Asset Swap**, der zur Absicherung eines Aktivgeschäftes abgeschlossen wurde, und einem **Liability Swap**, der im Zusammenhang mit einer Passivposition der Bilanz steht.

Fallbeispiel 11.1 Absicherung einer Investition in eine Festzinsanleihe mittels eines Asset Swaps

Eine Pfandbriefbank hat auf der Aktivseite ihrer Bilanz einen großen Betrag in einem Bundeswertpapier mit einer festen Verzinsung zu 4% zu beachten. Durch die feste Verzinsung geht die Bank ein Zinsänderungsrisiko ein, denn eine Erhöhung der gesamten Zinsstruktur würde zu fallenden Kursen und damit einem Wertverlust führen. Auf der Passivseite finanziert sich die Pfandbriefbank derzeit durchschnittlich zum 6M-EURIBOR +15 bp (p.a.). Zur Reduzierung des Zinsänderungsrisikos und zur zinsrisikofreien Realisierung eigener Refinanzierungsvorteile geht die Bank mit einem anderen Finanzinstitut einen marktgerechten Zinsswap als Festzinszahler wie in **Abbildung 11.2** dargestellt ein. In diesem Swapgeschäft leitet sie den jährlichen Festzins des Bundeswertpapiers weiter und bekommt dafür den marktgerechten Zinsspread von 25 bp (p.a.) sowie den 6M-EURIBOR halbjährlich. Die Laufzeit entspricht der Laufzeit des Bundeswertpapiers. Somit hat die Pfandbriefbank nicht nur ihr Zinsänderungsrisiko reduziert, das aufgrund der zinsvariablen und damit inkongruenten Refinanzierung der Position in die festverzinsliche Bundesanleihe entstanden ist. Zusätzlich erzielt sie aus der Kombination aus Anleihe, Swap und Finanzierung über die Laufzeit der Anleihe einen von der Zinsentwicklung unabhängigen Gewinn von 10 bp (p.a.).

Abbildung 11.2 Asset Swap aus Fallbeispiel 11.1

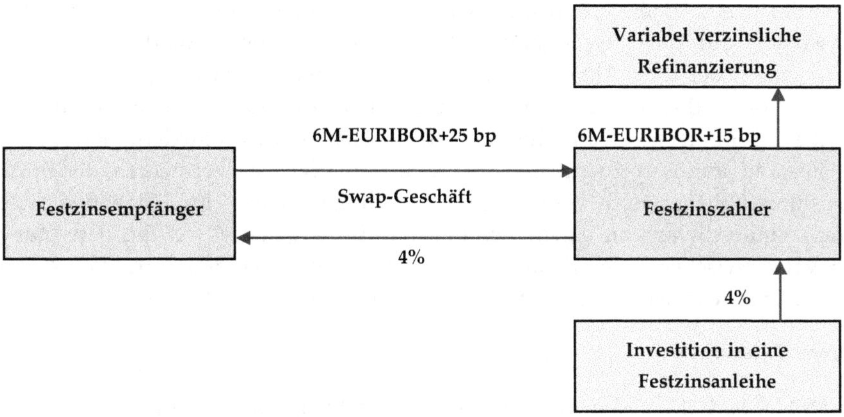

11.2 Vertiefungsfragen zu Kapitel 11

Frage 1
Charakterisieren Sie einen Liability Swap und konstruieren Sie ein Anwendungsbeispiel für einen solchen.

Frage 2
Erläutern Sie die Grundidee der Bewertung von Swap-Geschäften unter der Annahme eines arbitragefreien Marktes.

12 Equity Swaps

Im Rahmen eines Equity Swaps vereinbaren die beiden Kontraktpartner den Tausch einer Aktienrendite gegen einen festen oder variablen Zinssatz. Hierbei beziehen sich beide Zahlungsströme auf das gleiche Nominal, das nicht getauscht wird. Somit kann der Kontraktpartner, der die Aktienrendite erhält, an der Entwicklung des Basiswertes partizipieren ohne diesen selbst im Bestand halten zu müssen, während der andere beispielsweise sein eigenes Risiko hinsichtlich des Basiswertes reduzieren kann ohne den eigenen Bestand auflösen zu müssen. Beide Kontraktpartner vermeiden den mit einer Aktienposition üblicherweise verbundenen Liquiditätstransfer. Im Folgenden wird der Wert eines Equity Swaps an einem Zahlungstermin hergeleitet und die Bewertung von Equity Swaps zwischen zwei Zahlungsterminen erläutert. Ferner wird das Risiko sich ändernder Kurse des Basiswertes mittels der Sensitivität Delta des Equity Swaps analysiert.

Vertiefende Literatur

Chance, D. M. / Rich, D. (1998): The Pricing of Equity Swaps and Swaptions, The Journal of Derivatives, 5(4), S. 19-31.

12.1 Bewertung von Equity Swaps

Bei einem Equity Swap wird in gleichmäßigen Abständen eine Aktienrendite gegen einen Zinssatz getauscht, wobei sich beide Seiten des Swaps in der Regel auf den gleichen, fiktiven Nominalbetrag in einer festen Währung beziehen. Die Aktienrendite leitet sich in der Praxis aus einem Performanceindex oder Total Return Index wie beispielsweise dem DAX ab.[123] Handelt es sich bei dem vereinbarten Zinssatz um einen Festzins, so spricht man von einem **Equity for Fixed Swap** und bezeichnet die auf die Aktienrendite bezogenen Zahlungen als **Equity Leg** und die Zinszahlungsseite des Swaps als **Fixed Leg**. Alternativ spricht man bei einen Tausch der Aktienrendite gegen einen variablen Zins von einem **Equity for Floating Swap** und bezeichnet die Zinszahlungsseite als **Floating Leg**. Der Kontraktpartner, der die Aktienrendite erhält, wird als **Equity Receiver**, derjenige, der die Aktienrendite zahlt, als **Equity Payer** bezeichnet.

Bei Vertragsabschluss werden folgende Details fixiert:

- Basiswert (Aktienindex),
- Referenzzins und ein eventueller Zinsaufschlag (Spread) oder Festzins,
- Marktanpassungstermine des variablen Zinssatzes/Zahlungstermine,

[123] Bei einem Performanceindex oder Total Return Index wird der Gesamtertrag einer Aktienanlage unter der Annahme der Reinvestition der Dividenden in die Aktien, die den Index bilden, abgebildet.

S. Kruse, *Aktien-, Zins- und Währungsderivate*,
DOI: 10.1007/978-3-8349-4304-0_12, © Springer Fachmedien Wiesbaden 2014

- Länge der Zins- und Aktienrenditeperiode und Zinsberechnungsmethoden,
- Anzahl der jeweiligen Zahlungsperioden/Laufzeit des Equity Swaps,
- Swap-Volumen/Nominalbetrag.

Abbildung 12.1 Zahlungsströme eines 3-jährigen Equity for Floating Swaps aus Sicht des Equity Receivers

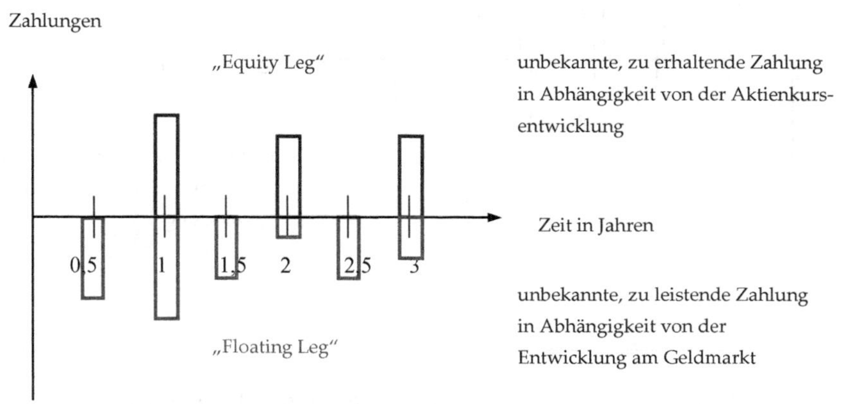

Betracht man die Zahlungsströme eines Equity for Floating Swaps, so stellen sich die Zahlungsströme – ohne Verrechnung der gegenläufigen Zahlungen – aus Sicht des Equity Receivers wie in **Abbildung 12.1** und aus Sicht des Equity Payers wie in **Abbildung 12.2** dar. Der Wert eines Swaps berechnet sich dann unter Berücksichtigung der jeweiligen Position des Kontraktpartners für den Equity Receiver als Differenz des Equity Legs und des Floating Legs und für den Equity Payer als Differenz des Floating Legs und des Equity Legs.

Abbildung 12.2 Zahlungsströme eines 3-jährigen Equity for Floating Swaps aus Sicht des Equity Payers

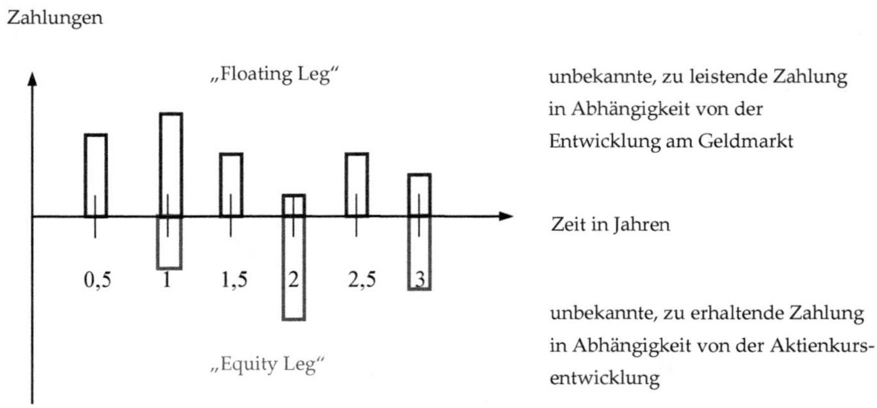

Fallbeispiel 12.1 Motivation des Einsatzes eines Equity for Floating Swaps

Eine Fondsmanagerin möchte an der Entwicklung des DAX partizipieren und dabei möglichst wenig Liquidität einsetzen. Daher schließt sie mit einem Kreditinstitut einen Equity for Floating Swap ab, bei dem sie den Tausch der jährlichen Rendite des DAX gegen den 12M-EURIBOR jeweils auf ein Nominal von 10 Mio. € über vier Jahre vereinbart und somit die Position des Equity Receivers inne hat. Während sich die Zinszahlungskonvention des Floating Legs an der Geldmarktkondition orientiert, berechnet sich die jeweilige Indexrendite aus dem Indexstand zu Beginn und Ende der Zahlungsperioden von einem Jahr.

Betrachtet man die beiden unbekannten Zahlungsströme eines Equity for Floating Swaps, so fällt auf, dass sich dieses Geschäft aus mehreren Geschäften duplizieren lässt. Es bezeichne im Weiteren $I(0)$ den Stand des Aktienindex bei Abschluss im Zeitpunkt 0 und $I(t)$ in einem Zahlungstermin t mit $t = \Delta t, 2\Delta t, \ldots, T = n \cdot \Delta t$, wobei $T = n \cdot \Delta t$ der Zeitpunkt der Fälligkeit des Equity Swaps ist. Ferner bezeichne $z(t - \Delta t, t)$ den für die Periode von $t - \Delta t$ bis t gültigen, heute unbekannten Geldmarktzinssatz mit Fristigkeit Δt, der im Zeitpunkt $t - \Delta t$ fixiert wird, während $r_I(t - \Delta t, t) = (I(t) - I(t - \Delta t))/I(t - \Delta t)$ für die in der gleichen Periode realisierte Aktienindexrendite steht. Dann lässt sich der Zahlungsstrom leicht durch die folgende Strategie duplizieren:

- Investition des Nominalbetrags N in den Aktienindex an jedem Zahlungstermin und Verkauf der Position im nächsten Zahlungstermin,
- Mittelaufnahme des Nominalbetrags N zum jeweiligen Referenzzins ohne Zinsaufschlag an jedem Zinszahlungstermin und Rückzahlung im nächsten Zahlungstermin.

Tabelle 12.1 Motivation der Marktgerechtigkeit eines Equity für Floating Swaps

Strategie/Zeit	0	Δt	...	$T-\Delta t$	T
Investition in den Aktienindex von 0 bis Δt	$-N$	$+N\cdot r_I(0,\Delta t)$	0	...	0
Mittelaufnahme von 0 bis Δt	$+N$	$-N\cdot z(0,\Delta t)\cdot\Delta t$	0	...	0
...	0	...	...	...	0
Investition in den Aktienindex von $T-\Delta t$ bis T	0	...	...	$-N$	$+N\cdot\left(\frac{I(T)-I(T-\Delta t)}{I(T-\Delta t)}\right)$
Mittelaufnahme von $T-\Delta t$ bis T	0	...	...	$+N$	$-N\cdot z(T-\Delta t,T)\cdot\Delta t$
Summe der Geschäfte	0	$N\cdot(r_I(0,\Delta t)-z(0,\Delta t)\cdot\Delta t)$	...	$N\cdot(r_I(T-2\cdot\Delta t,T-\Delta t)-z(T-2\cdot\Delta t,T-\Delta t)\cdot\Delta t)$	$N\cdot(r_I(T-\Delta t,T)-z(T-\Delta t,T)\cdot\Delta t)$
Zahlungsstrom Equity Swap	0	$N\cdot(r_I(0,\Delta t)-z(0,\Delta t)\cdot\Delta t)$	...	$N\cdot(r_I(T-2\cdot\Delta t,T-\Delta t)-z(T-2\cdot\Delta t,T-\Delta t)\cdot\Delta t)$	$N\cdot(r_I(T-\Delta t,T)-z(T-\Delta t,T)\cdot\Delta t)$

Hierbei handelt es sich also um eine selbstfinanzierende Strategie[124] mit der die zukünftigen Zahlungen des Equity Swaps, wie in **Tabelle 12.1** dargestellt, dupliziert werden können. Dies ist unter der Annahme der Arbitragefreiheit des zugrunde liegenden Kapitalmarktes und des Gesetzes des einen Preises gleichbedeutend damit, dass der Wert eines Equity for Floating Swaps, bei dem ein Geldmarktzins ohne Aufschlag gegen die Aktienrendite getauscht wird, bei Abschluss und in jedem der vereinbarten Zahlungstermine gleich Null ist.[125] Alternativ kann man einen Equity for Floating Swap auch durch ein Bündel von im jeweiligen Abschlusszeitpunkt marktgerechten Aktienforwards duplizieren und daraus auf die Marktgerechtigkeit des Gesamtgeschäftes schließen.

124 Mit anderen Worten macht diese Strategie bei Abschluss keinen Kapitaleinsatz erforderlich.

125 Es ist zu beachten, dass bei dieser Argumentation eventuelle Kreditrisikoaufschläge für das Kontrahentenrisiko vernachlässigt werden.

Tipp
In obiger Darstellung wird zur Vereinfachung die Annahme getroffen, dass der Kontraktpartner Mittel zum Geldmarktzins anlegen und leihen kann. Wie bereits in Kapitel 8 diskutiert, kann man diesen Ansatz dadurch erweitern, dass sich der Kontrahent zur Repo Rate eines Repurchase Agreements refinanziert bzw. zu dieser anlegen kann. Darüber hinaus spielen bei obiger Bewertung kreditrisikoabhängige Aufschläge keine Rolle, sodass der eigene Kreditaufschlag des Kontrahenten in der Finanzierung über den Referenzzins keine Rolle spielt.

Bei der Bewertung eines Equity Swaps zwischen zwei Zahlungszeitpunkten ist zu berücksichtigen, dass die im nächsten Zahlungstermin zu leistende Zahlung des Floating Legs bereits fixiert wurde und damit unter Umständen nicht mehr marktgerecht ist. Hierzu sei $t-\Delta t$ der letzte Zahlungstermin, in dem der Zinssatz $z(t-\Delta t, t)$ fixiert wurde. Die Bewertung findet zum Zeitpunkt t^* mit $t-\Delta t < t^* < t$ statt, der im Bewertungszeitpunkt am Markt vorliegende Zinssatz für die Periode bis zum nächsten Zahlungstermin mit Fristigkeit $t-t^*$ wird mit $z(t^*, t)$ bezeichnet.

Tabelle 12.2 Bewertung eines Equity for Floating Swaps zwischen zwei Zahlungsterminen aus Sicht des Equity Receivers

Strategie/Zeit	t^*	t
Investition in den Aktienindex von t^* bis t	$-N \cdot \frac{I(t^*)}{I(t-\Delta t)}$	$+N \cdot \frac{I(t)}{I(t-\Delta t)}$ $= +N \cdot r_I(t-\Delta t, t)$
Mittelaufnahme von t^* bis t	$+N \cdot \frac{1+z(t-\Delta t,t)\cdot\Delta t}{1+z(t^*,t)\cdot(t-t^*)}$	$-N \cdot (1 + z(t-\Delta t, t) \cdot \Delta t\ )$
Summe der Geschäfte	$N \cdot \left(\frac{I(t^*)}{I(t-\Delta t)} - \frac{1+z(t-\Delta t,t)\cdot\Delta t}{1+z(t^*,t)\cdot(t-t^*)}\right)$	$N \cdot (r_I(t-\Delta t, t)$ $-z(t-\Delta t, t) \cdot \Delta t\ )$
Equity Swap	$ES^{Receiver}(t^*)$	$N \cdot (r_I(t-\Delta t, t)$ $-z(t-\Delta t, t) \cdot \Delta t\ )$

Tabelle 12.2 zeigt die zugrunde liegende Duplikationsstrategie für die Zahlung im nächsten Zahlungstermin. Zieht man zusätzlich in Betracht, dass der Wert der anderen, zukünftigen Zahlungen aus dem Equity for Floating Swap zum Zeitpunkt t gleich Null ist,

so berechnet sich der Wert eines Equity for Floating Swaps $ES^{Receiver}(t^*)$ aus Sicht des Equity Receivers zum Zeitpunkt t^* zwischen zwei Zahlungsterminen $t-\Delta t$ und t gemäß der folgenden Formel:

$$ES^{Receiver}(t^*) = N \cdot \left(\frac{I(t^*)}{I(t-\Delta t)} - \frac{1+z(t-\Delta t,t)\cdot\Delta t}{1+z(t^*,t)\cdot(t-t^*)}\right) \qquad (12.1)$$

Aus Sicht des Equity Payers berechnet sich dieser Wert aufgrund der Gegenläufigkeit der Zahlungsströme als

$$ES^{Payer}(t^*) = N \cdot \left(\frac{1+z(t-\Delta t,t)\cdot\Delta t}{1+z(t^*,t)\cdot(t-t^*)} - \frac{I(t^*)}{I(t-\Delta t)}\right) \qquad (12.2)$$

Diese Grundidee der Bewertung lässt sich ebenfalls auf Equity for Fixed Swaps übertragen, in denen zur Herstellung der Marktgerechtigkeit anstatt des Geldmarktzinses der bei Abschluss marktgerechte Kupon vereinbart wird. Da man nun in der Lage ist, einen Equity for Floating Swap zu bewerten, kann der Wert des Equity for Fixed Swaps aus Sicht des Equity Receivers mittels einer Duplikationsstrategie aus einem Equity for Floating Swap als Equity Receiver und eines Kuponswaps aus Sicht des Festzinsempfängers abgeleitet werden.[126] Ebenso lässt sich ein eventuell vereinbarter Aufschlag auf den Referenzzins des Floating Legs berücksichtigen. Analog lassen sich **Equity Basisswaps**, bei denen zwei Zahlungsströme, die an unterschiedliche Aktienindizes gekoppelt sind, getauscht werden, mittels einer Duplikationsstrategie aus zwei Equity for Floating Swaps – einer in der Position des Equity Payers und der andere in der Position des Equity Receivers – auf den gleichen Referenzzins bewerten.[127]

Fallbeispiel 12.2 Einsatz eines Equity for Floating Swaps
Die Fondsmanagerin aus Fallbeispiel 12.1 möchte nun nach einem halben Jahr den mit dem Kreditinstitut abgeschlossenen Equity for Floating Swap auf die Rendite des DAX gegen den 12M-EURIBOR mit einer Restlaufzeit von dreieinhalb Jahren und einem vereinbarten Nominal von 10 Mio. € bewerten. Das Fixing des 12M-EURIBOR im letzten Zahlungstermin lag bei 2,05% p.a., während der für die Restlaufzeit der aktuellen Zinsperiode relevante 6M-EURIBOR im Bewertungszeitpunkt bei 1,70% p.a. liegt. Bis zum nächsten Zahlungstermin sind es 182 Tage, es handelt sich nicht um ein Schaltjahr. Der DAX steht aktuell bei 6.450 und lag im letzten Zahlungstermin vor einem halben Jahr bei 6.230.

Da sich der Equity Swap in der ersten Zahlungsperiode befindet, gilt $I(0) = 6.230$, $I(t^*) = 6.450$, $z(t-\Delta t, t) = 2{,}05\%, z(t^*, t) = 1{,}70\%$, $N = 10$ Mio. €. Der Fonds befindet sich in der Position des Equity Receivers, daher berechnet sich der aktuelle Wert als

$$ES^{Receiver}(t^*) = N \cdot \left(\frac{I(t^*)}{I(t-\Delta t)} - \frac{1+z(t-\Delta t,t)\cdot\Delta t}{1+z(t^*,t)\cdot(t-t^*)}\right)$$

[126] Für eine genauere Darstellung der Kuponswaps siehe Kapitel 13.

[127] Für die Bewertung weiterer Varianten eines Equity Swaps wird auf Chance / Rich (1998) verwiesen.

$$= 10.000.000\,€ \cdot \left(\frac{6.450}{6.230} - \frac{1+0{,}0205 \cdot \frac{365}{360}}{1+0{,}0170 \cdot \frac{182}{360}} \right) = 232.266{,}00\,€$$

Somit weiß die Fondsmanagerin, dass sich der Swap seit dem letzten Zahlungstermin für sie vorteilhaft entwickelt hat und einen aktuellen, für sie positiven Marktwert von 232.266 € aufweist.

12.2 Risikoanalyse von Equity Swaps

Offensichtlich muss der Marktwert eines Equity for Floating Swaps von der aktuellen Entwicklung des zugrunde liegenden Aktienindex abhängen, was sich auch in den beiden Bewertungsformeln (12.1) und (12.2) zeigt. Wie schon in Kapitel 4 erläutert und in Kapitel 8 für Aktienforwards dargestellt, kann der Wertgewinn oder -verlust einer Position in Abhängigkeit von dem Basiswert näherungsweise anhand der ersten Ableitung nach diesem Einflussfaktor bestimmt werden. Möchte man also die Wertentwicklung eines Equity Swaps bestimmen, so gilt es die Ableitung des obigen Marktwertes nach dem aktuellen Indexstand $I(t^*)$ zu berechnen und anhand derer die Sensitivität der Position näherungsweise zu bestimmen. Diese Ableitung wird wiederum als **Delta des Equity Swaps** bezeichnet und gilt für Equity for Floating Swaps ebenso wie für Equity for Fixed Swaps:[128]

$$\text{Delta des Equity Swaps } = N \cdot \frac{1}{I(t-\Delta t)} \qquad (12.3)$$

während sich die kurzfristige Sensitivität des Equity Swaps aus Sicht des Equity Payers darstellt als das negative Delta des Equity Swaps.

Fallbeispiel 12.3 Einsatz eines Equity for Floating Swaps
Die Fondsmanagerin aus den beiden vorherigen Fallbeispielen möchte nun nach einem halben Jahr zusätzlich zu der Marktwertentwicklung auch die Sensitivität seines Equity Swaps abbilden und berechnet das Delta als

$$\text{Delta des Equity Swaps } = N \cdot \frac{1}{I(t-\Delta t)} = \frac{10.000.000\,€}{6.230} = 1.605{,}14\,€.$$

Damit kann sie in einem Szenario eines kurzfristig um 1.000 Punkte fallenden Aktienindex auf die näherungsweise Marktverminderung von

$$\Delta_{abs} ES^{Receiver}(t^*) \approx -1.000 \cdot 1.605{,}14\,€ = -1.605.140\,€$$

schließen.

128 Dies begründet sich in der möglichen Duplikation eines Equity for Fixed Swaps durch einen Equity for Floating Swap und einen Kuponswap. Während Ersterer vom Stand des Aktienindex abhängt, ist der Zweite von dessen aktuellen Wert unabhängig.

Somit wirkt sich ein steigender Aktienmarkt zwischen zwei Zahlungsterminen positiv für den Marktwert des Equity Swaps aus Sicht des Equity Receivers und negativ aus Sicht des Equity Payers aus.

12.3 Vertiefungsfragen zu Kapitel 12

Frage 1

Erläutern Sie die Grundidee der Bewertung eines Equity for Floating Swaps aus Sicht des Equity Payers in einem Zahlungstermin.

Frage 2

Eine Versicherung hat am 15. Januar eines Jahres zur Risikobeimischung eines Aktienmarktrisikos ohne größeren Liquiditätsaufwand eine Position in Equity Swaps aufgebaut. Dazu gehört ein Equity for Floating Swap auf die Performance des DAX über fünf Jahre, dessen Floating Leg sich ohne Spread aus dem 6M-EURIBOR ableitet. Die Zahlungstermine sind jeweils am 15.1. und 15.7., der zugrunde liegende Nominalbetrag beläuft sich auf 25 Mio. €, dem Floating Leg liegt die übliche Geldmarktkonvention act/360 zugrunde. Das Jahr des Abschlusses ist kein Schaltjahr.

a. In welcher Position – Equity Payer oder Equity Receiver – befindet sich das Versicherungsunternehmen?

b. Welchen Wert weist der Equity Swap bei Abschluss für das Versicherungsunternehmen auf? Der DAX steht bei Abschluss bei 6.000 Punkten und der 6M-EURIBOR liegt bei 1,85% p.a.

c. Wie würde sich der Wert des Equity Swaps aus Sicht der Versicherung bei Abschluss verändern, wenn sich das Floating Leg aus dem 6M-EURIBOR +25 bp ableiten würde?

d. Am 15. April des gleichen Jahres, das kein Schaltjahr ist, steht der DAX bei 5.800 Punkten und der 3M-EURIBOR liegt bei 1,50% p.a. Ermitteln Sie den Marktwert des Equity Swaps am 15.4. aus Sicht der Versicherung.

Frage 3

a. Ermitteln Sie am 15. April das Aktiendelta des in Frage 2 abgeschlossenen Equity Swaps und geben Sie die Sensitivität des Swaps bei einer Änderung des Aktienindex um einen Indexpunkt aus Sicht des Kontrahenten des Versicherungsunternehmens an.

b. Wie entwickelt sich am 15. April der Marktwert des Equity Swaps, falls der Kontrahent einen kurzfristigen Absturz des Index auf 5.000 Punkte unterstellt?

c. Wie entwickelt sich am 15. April der Marktwert des Equity Swaps, falls der Kontrahent einen kurzfristigen Anstieg des Index auf 6.000 Punkte unterstellt?

13 Zinsswaps

Zinsswaps (Interest Rate Swaps) sind unbedingte, symmetrische Termingeschäfte, in deren Rahmen sich zwei Kontraktpartner zum Tausch von zukünftigen Zinszahlungen auf ein Nominal verpflichten. Je nach vertraglicher Gestaltung des Swap-Geschäftes ist die konkrete Höhe dieser Zinszahlungen nach Abschluss des Vertrages noch zu berechnen. Da in einem Zinsswap das zugrunde liegende Nominal nicht getauscht wird, erfordern diese Instrumente einen geringen Liquiditätseinsatz. Daher sind Zinsswaps bestens geeignet, das Zinsmanagement eines Kreditinstituts oder auch eines Industrieunternehmens von dessen Mittelbeschaffung zu trennen. Ferner ist die Liquidität auf den Swapmärkten i.d.R. höher als auf den meisten Segmenten des Kapitalmarktes. Der größte Teil des Swap-Marktes besteht aus den Kuponswaps, deren Bewertung und Risikoanalyse in diesem Kapitel im Mittelpunkt stehen. Darüber hinaus existiert eine Vielzahl von Varianten der Zinsswaps, von denen die Gängigsten ebenfalls vorgestellt werden. Ferner wird auf die Konstruktion und Bewertung von Zinsswaps näher eingegangen. Wie bei Zinsforwards kann die kurzfristige Sensitivitäts- und Risikoanalyse von Zinsswaps anhand der in Kapitel 4 erläuterten Zinssensitivitäten erfolgen, macht jedoch eine Berücksichtigung der relevanten Zinsstruktur erforderlich.

Vertiefende Literatur

Brigo, D. / Mercurio, F. (2006): Interest Rate Models – Theory and Practice: With Smile, Inflation and Credit, 2. Auflage, Springer Verlag, Berlin, Heidelberg.

Hull, J. C. (2012): Optionen, Futures und andere Derivate, 8., aktualisierte Auflage, Pearson Studium, München.

13.1 Kuponswaps und deren Bewertung

Zu den marktüblichsten Swap-Konstruktionen gehören die **Plain Vanilla Swaps** oder auch **Kuponswaps**. In einem Kuponswap werden feste, langfristige Zinsen gegen variable, kurzfristige Zinsen getauscht. Letztere sind in der Regel an einen Marktzins wie etwa den EURIBOR gekoppelt. In der Praxis werden hier üblicherweise langfristige feste, jährlich gezahlte Zinsen gegen variable, vierteljährlich oder halbjährlich gezahlte Zinsen vereinbart.[129] Zinsswaps können daher zur Steuerung von Zinsänderungsrisiken, als Instrumente zur Fristentransformation und natürlich zum Handel genutzt werden. Bei einem Plain Vanilla Swap wird ein für die ganze Laufzeit fester Nominalbetrag der Berechnung der Zinszahlungen zugrunde gelegt. Dieser Nominalbetrag, das sogenannte

[129] Dies bezieht sich auf einen Tausch gegen den EURIBOR. Im USD-Segment ist eine halbjährliche Festzinszahlung üblich. Seltener werden feste, jährlich gezahlte Zinsen gegen variable, jährlich gezahlte Zinsen getauscht. Zur Vereinfachung der Darstellung der Bewertungsidee wird dies aber im Folgenden ebenso benutzt.

DOI: 10.1007/978-3-8349-4304-0_13, © Springer Fachmedien Wiesbaden 2014

Swap-Volumen, wird nicht von den Vertragspartnern getauscht. Ferner werden im Swap-Vertrag die Höhe der Festzinsen, der **Swap-Satz**, (**Swap Rate**) und der Referenzzins festgelegt. Zusätzlich kann auch ein Zinsaufschlag (**Spread**) auf den Referenzzins vereinbart werden. Dieser orientiert sich u.a. an der Höhe der Festzinsen und der Laufzeit des Swaps. Der Referenzzins sollte ein öffentlich zugänglicher und überprüfbarer Zinssatz sein. Den Vertragspartner, der die festen Zinszahlungen zahlt, nennt man **Payer** oder **Festzinszahler**, während der variabel zahlende Kontraktpartner **Receiver** oder **Festzinsempfänger** heißt. Obwohl beide Vertragspartner sich zu einer Leistung verpflichten, nennt man den Payer auch den Käufer des Swaps, während der Receiver die Verkäuferposition inne hat.

Bei Vertragsabschluss werden folgende Details fixiert:

- Festzinssatz (Swap-Satz),
- Referenzzins und ein eventueller Zinsaufschlag (Spread),
- Zinsanpassungstermine des variablen Zinssatzes,
- Länge der Zinsperioden für den Festzins und für die variablen Zinszahlungen,
- Anzahl der jeweiligen Zinsperioden/Laufzeit des Zinsswaps,
- Zinszahlungstermine und zugrunde liegende Zinsberechnungsmethoden (Day Count Convention),
- Swap-Volumen/Nominalbetrag.

Bei der Berechnung der Zinszahlungen haben sich Marktusancen herausgebildet. So wird die Höhe des Referenzzinssatzes der nächsten Zinsperiode zwei Tage vor dem nächsten Zinszahlungstermin festgelegt.[130] Den Tag der Zinsanpassung nennt man **Roll Over Date** oder **Zinsanpassungstermin** und spricht von einem **Fixing Lag** von zwei Tagen, da das Roll Over Date zwei Tage vor dem Zinszahlungstermin für die laufende Zinsperiode liegt. Das Fixing Lag beschreibt somit den zeitlichen Abstand zwischen dem Beginn der betreffenden Zinsperiode und dem Zinsanpassungsdatum. Die zugrunde liegende Zinskonvention der variablen Seite mit meist halb- oder vierteljährlichen Zinszahlungen ist am Euromarkt und am amerikanischen Markt act/360. Die Zinsrechnungskonvention der festen Seite ist am Euromarkt meist 30/360 und am US-amerikanischen Markt act/360 oder 30/360. Diese Marktusancen sind jedoch nicht festgeschrieben und können zugunsten der Vertragspartner verändert werden, da es sich bei Swaps um OTC-Derivate handelt. Hierbei spielt die Zielsetzung – Hedging oder Trading – bei Abschluss des Swaps eine wichtige Rolle. Man nennt einen Swap aus Sicht des Receivers auch kurz einen **Receiver Swap**, einen Swap aus Sicht des Payers analog **Payer Swap**. Die Festzinsseite eines Kuponswaps bezeichnet man auch als **Fixed Leg** und die variable Seite als **Floating Leg** des Kuponswaps.

130 Außerhalb des EUR- und USD-Segments können hier andere Usancen zugrunde liegen.

Mit dem Abschluss eines Kuponswaps sichert sich der Payer gegen steigende Zinsen ab bzw. spekuliert auf diese, da er in diesem Fall höhere variable Zinszahlungen erwarten kann, aber weiterhin den festen Zins zahlt. Der Receiver sichert sich mit Abschluss eines Kuponswaps dagegen einen Vorteil aus einem fallenden Zinsniveau, da er bei fallenden Zinsen geringere Zinszahlungen leisten muss und im Gegenzug aber den vergleichsweise höheren Festzins bekommt.

Fallbeispiel 13.1 Absicherung des Zinsrisikos mit einem Kuponswap
Ein Unternehmen hat ein variabel verzinsliches Darlehen erhalten, dessen halbjährliche Zinszahlungen an den 6M-EURIBOR gekoppelt sind. Der Treasurer des Unternehmens erwartet steigende Zinsen und schließt daher einen Payer-Kuponswap ab, dessen Zinszahlungstermine, Nominalbetrag und Laufzeit denen des Darlehens entsprechen. Damit geht er die Verpflichtung ein, an den Receiver einen im Vergleich zu seinen Erwartungen geringen Festzins zu zahlen und erhält im Gegenzug den 6M-EURIBOR, den er direkt in das Darlehen weiterleiten kann. So ist er zwar gegen steigende Zinsen abgesichert, kann aber im Gegenzug dafür bei gegebenenfalls fallenden Zinsen nicht mehr profitieren.

Zinsswaps sind als OTC-Geschäfte nicht an einer Börse notiert. Einige Investmentbanken und Broker agieren freiwillig als Market Maker und verpflichten sich damit, zu den von ihnen gestellten Sätzen entsprechende Kuponswaps abzuschließen. Die Market Maker quotieren ihre Konditionen für Zinsswaps als **Swap-(Zins)Sätze (Swap Rates)**. Dies sind die Festzinssätze, die – ohne einen Zinsspread auf der variablen Seite, die von einem vorgegebenen Referenzzins abhängt – in einem Kuponswap vereinbart werden. Hierbei ist die Geld-Brief-Spanne (Bid-Offer-Spread) zu beachten, die ein wesentliches Motiv des Market Makers für die Bereitstellung dieser Konditionen ist.[131] **Tabelle 13.1** zeigt die typische Quotierung der Swap Rates gegen den 6M-EURIBOR.

Betrachtet man beispielsweise den Swap-Satz mit Laufzeit von fünf Jahren aus **Tabelle 13.1**, so besagt dieser, dass der Market Maker, der diese Marktkonditionen stellt, bereit ist

Tabelle 13.1 Quotierung der Swap-Sätze gegen den 6M-EURIBOR

Laufzeit	bid	-	ask
EUR 1Y	2,1020	-	2,1220
EUR 15M	2,1160	-	2,1360

[131] Da der Referenzzinssatz, bspw. der EURIBOR, typischerweise ein Zinssatz mit Interbankenrisiko ist, handelt es sich bei der Swap-Zinsstruktur nicht um eine risikolose Zinsstruktur. Vielmehr spiegeln die Swap Rates das im Interbankenhandel existierende Kreditrisiko wieder. Ebenso unterscheiden sich Swap-Zinsstrukturen auf unterschiedliche Referenzzinssätze.

EUR 18M	2,1410	-	2,1610
EUR 21M	2,1780	-	2,1980
EUR 2Y	2,2250	-	2,2550
EUR 30M	2,3090	-	2,3290
EUR 3Y	2,3970	-	2,4270
EUR 4Y	2,5640	-	2,5940
EUR 5Y	2,7210	-	2,7510
...	...	-	...
EUR 30Y	3,9230	-	3,9530

- als Payer in einen Swap mit einer Laufzeit von 5 Jahren und einem Festzinssatz von 2,7210% gegen den 6M-EURIBOR ohne Zinsaufschlag (flat) einzutreten, vgl. **Abbildung 13.1**,

Abbildung 13.1 Payer Swap aus Sicht des Market Makers

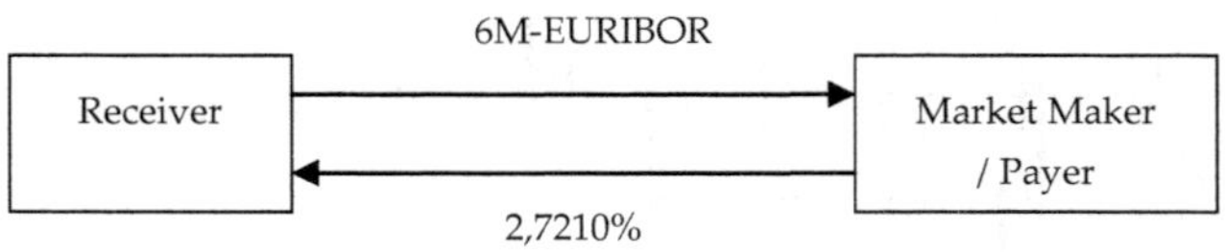

- als Receiver einen Swap mit einer Laufzeit von 5 Jahren und einem Festzinssatz von 2,7510% gegen den 6M-EURIBOR ohne Zinsaufschlag (flat) abzuschließen, vgl. **Abbildung 13.2**.

Abbildung 13.2 Receiver Swap aus Sicht des Market Makers

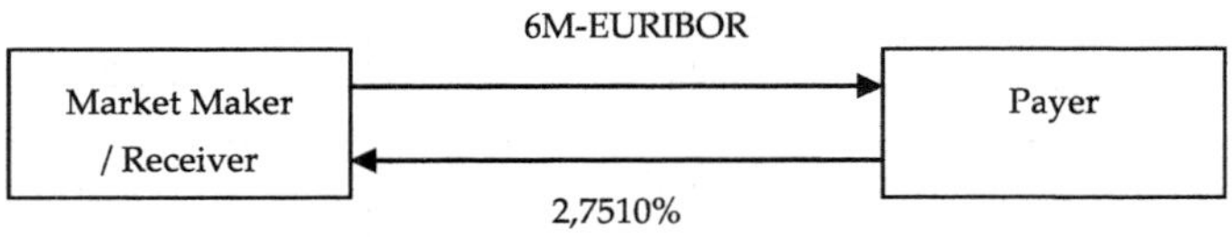

Obwohl in der Praxis lediglich die Zinszahlungen und nicht auch die Nominale getauscht werden, erleichtert es die Betrachtung von Zinsswaps, wenn man sich vorstellt, dass die Nominale ebenfalls getauscht würden. Wie **Abbildung 13.3** und **Abbildung 13.4** verdeutlichen, kann man mit Hilfe dieser Vorstellung die variable Seite und die feste Seite des Swaps auf einfache Weise getrennt betrachten und bewerten.

Abbildung 13.3 Zahlungsströme eines 3-jährigen Kuponswaps aus Sicht des Receivers

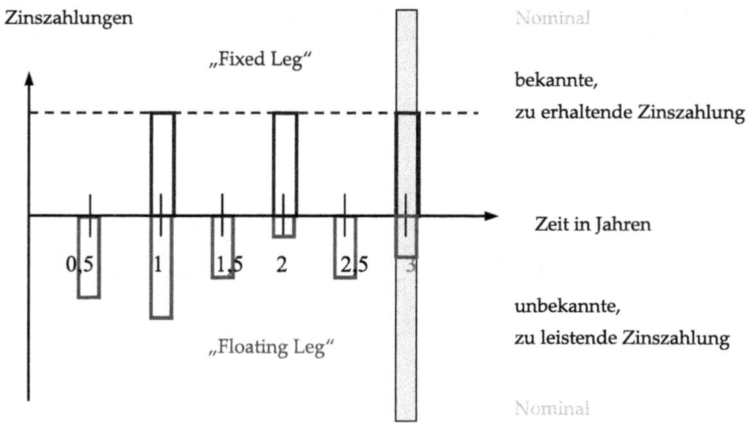

Es werden – ohne Verrechnung – die beiden Zahlungsströme aus einem Zinsswap und der fiktive Tausch der Nominale dargestellt. Zur Bewertung nutzt man wieder die Idee der Duplizierung des Zahlungsstroms. Die aus Sicht eines Receivers zu erhaltenden

Festzinszahlungen entsprechen unter Berücksichtigung des fiktiven Nominalbetrags dem Zahlungsstrom einer im Bestand befindlichen Kuponanleihe (long) mit dem vereinbarten Festzins als Kupon, während die Zinszahlungen, die der Receiver zahlt, unter Berücksichtigung des fiktiven Nominalbetrags einer variabel verzinslichen, emittierten Anleihe (short) mit dem vereinbarten Referenzzins und Spread gleichen. Somit berechnet sich – unter der Annahme eines arbitragefreien Marktes – der Wert eines Kuponswaps aus Sicht des Receivers aus dem Wert der Festzinsanleihe $K(0)$ abzüglich des Wertes der Floating Rate Note $K_{FRN}(0)$, wobei beide Werte sich auf das zugrunde liegende Swap-Volumen N beziehen:[132]

$$IRS^{Receiver}(0) = K(0) \cdot N - K_{FRN}(0) \cdot N \tag{13.1}$$

Abbildung 13.4 Zahlungsströme eins 3-jährigen Kuponswaps aus Sicht des Payers

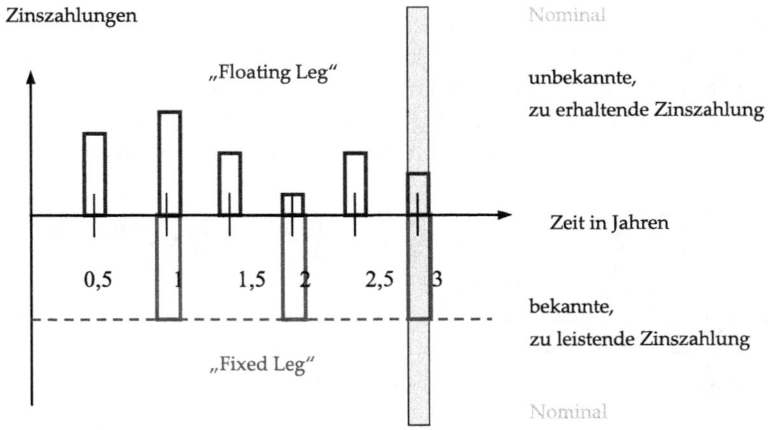

Aus Sicht eines Payers lässt sich die Summe der beiden Zahlungsströme aus einer Festzinsanleihe Short mit entsprechendem Kupon und einer Floating Rate Note Long duplizieren. Daher berechnet sich der Wert eines Kuponswaps für den Payer aus dem Wert der Floating Rate Note abzüglich des Wertes der Festzinsanleihe bezogen auf das Swap-Volumen:

$$IRS^{Payer}(0) = K_{FRN}(0) \cdot N - K(0) \cdot N \tag{13.2}$$

132 IRS steht hier für die englische Bezeichnung Interest Rate Swap.

Aufgrund der beschriebenen Quotierung gegen eine variable Seite ohne Aufschlag[133] entsprechen die quotierten Swap-Zinssätze Kuponzinssätzen marktgerechter Anleihen mit einem Kurs von 100%. Zur Bewertung eines Kuponswaps unter der Annahme einer einheitlichen Zinsstruktur[134] ist damit die Ermittlung der jeweiligen Swap-Diskontfaktoren und der Swap-Zero-Zinsen aus den Swap-Sätzen mit den in Kapitel 3 dargestellten Methoden erforderlich. Hierbei ist zu beachten, dass es sich bei den am Markt vorliegenden Swap-Sätzen um marktgerechte Kupons handelt, sodass die Festzinsseite unter Berücksichtigung der fiktiven Nominalzahlung einen Wert in Höhe von 100% des Nominals aufweist.

Fallbeispiel 13.2 Bewertung eines Kuponswaps

Ein Händler einer Pfandbriefbank möchte eine große Anleiheposition im Bestand gegen das Zinsänderungsrisiko absichern und schließt dazu einen Payer Swap ab, in dem der vereinbarte jährliche Kuponzins von 4,5% den Festzinszahlungen aus der Anleiheposition entspricht. Das Swap-Volumen entspricht dem Nominal der Anleiheposition von 5 Mio. €, ebenso entspricht die Laufzeit des Swap-Geschäftes der Restlaufzeit der Anleihe von zwei Jahren. Der eingegangene Payer Swap sieht den Tausch eines jährlichen Kupons von 4,5% gegen halbjährlich gezahlte Zinszahlungen, die sich am 6M-EURIBOR plus 32 bp (p.a.) orientieren, vor. Die Zinsrechnungskonvention auf der festen Seite entspricht act/act, auf der variablen Seite wurde die Geldmarktkonvention act/360 vereinbart. Bei Abschluss des Geschäftes ermittelt der Händler die Marktgerechtigkeit des Swaps, indem er die beiden Seiten des Swaps separat mittels der aktuellen Zinsstruktur der Swap-Zinsen bewertet.[135]

Laufzeit	0,5	1	1,5	2
Swap-Sätze $c_s(0,t)$		3,75%		4,25%
Swap-Zero-Zinsen $z_s(0,t)$	3,76%	3,75%	4,01%	4,26%
Swap-Diskontfaktoren $DF_s(0,t)$	0,9817	0,9639	0,9427	0,9200
Swap-Forward-Zinsen $FR_s(t-0,5,t)$	3,687%	3,633%	4,448%	4,854%

Der Wert des Swaps aus Sicht der Bank und damit aus Sicht des Payers entspricht der Differenz aus dem Wert der Floating Rate Note und dem Wert der Festzinsanleihe. Der

133 Hierbei wird berücksichtigt, dass eine Floating Rate Note ohne Aufschlag einen Wert von 100% aufweist.

134 Hierbei wird keine Differenzierung zwischen der Forward-Kurve und der Diskont-Kurve vorgenommen (vgl. Abschnitt 2.2.2).

135 Diese wird, wie in Kapitel 3 erläutert, mittels Bootstrapping aus den am Markt quotierten Swap Rates unter Beachtung der Marktgerechtigkeit der Festzinsseite berechnet.

Wert der Floating Rate Note $K_{FRN}(0)$ bezogen auf ein Nominal $N = 5\ Mio.€$ berechnet sich als[136]

$$K_{FRN}(0) \cdot N = [(3{,}687\% + 0{,}32\%) \cdot \tfrac{182}{360} \cdot 0{,}9817 + (3{,}633\% + 0{,}32\%) \cdot \tfrac{183}{360} \cdot 0{,}9639$$
$$+(4{,}448\% + 0{,}32\%) \cdot \tfrac{182}{360} \cdot 0{,}9427 + (1 + (4{,}854\% + 0{,}32\%) \cdot \tfrac{183}{360}) \cdot 0{,}9200] \cdot 5\ \text{Mio.} €$$
$$= 5.030.883{,}29\ €$$

während sich der Wert der Festzinsanleihe $K(0)$bezogen auf ein Nominal $N = 5\ Mio.€$ ableitet als

$$K(0) \cdot N = (4{,}5\% \cdot 0{,}9639 + (1 + 4{,}5\%) \cdot 0{,}9200) \cdot 5.000.000\ € = 5.023.877{,}50\ €$$

Daraus kann der Händler den Wert des Payer Swaps ableiten:

$$IRS^{Payer}(0) = 5.030.883{,}29\ € - 5.023.877{,}50\ € = 7.005{,}79\ €.$$

Der Händler sieht somit, dass der Swap zu seinen Gunsten gestaltet ist, da der Wert aus seiner Sicht positiv ist. Der Receiver sollte von dem Händler bei Abschluss eine Ausgleichszahlung (Upfront Payment) in der Höhe von 8.817,29 € verlangen, da er sonst ein für ihn nachteiliges Geschäft eingehen würde.

Tipp
Für eine alternative und schnellere Bewertung eines Zinsswaps kann man sich die Eigenschaft eines marktgerechten Floaters zunutze machen, dass dieser in einem Zinsanpassungstermin zu 100% quotiert. Bewertet man einen Swap ausschließlich mit einer Zinsstruktur, nämlich der Swap-Zinsstruktur, so muss dies ohnehin aufgrund der Definition der Swap Rates gelten. Somit kann man den Wert der zur Duplizierung des Swaps betrachteten Floating Rate Note alternativ bestimmen als

$$K_{FRN}(0) = 100\% + \text{Barwert des Spreads} \tag{13.3}$$

Fallbeispiel 13.3 Bewertung eines Kuponswaps
Da der Swap aus Fallbeispiel 13.2 in einem Zinsanpassungstermin bewertet wird, kann der Händler den Wert der impliziten Floating Rate Note nun mittels Gleichung (13.3) berechnen:

$$K_{FRN}(0) \cdot N = (100\% + 0{,}32\% \cdot \tfrac{182}{360} \cdot 0{,}9817 + 0{,}32\% \cdot \tfrac{183}{360} \cdot 0{,}9639 + 0{,}32\% \cdot \tfrac{182}{360} \cdot 0{,}9427$$
$$+0{,}32\% \cdot \tfrac{183}{360} \cdot 0{,}9200) \cdot 5.000.000\ € = 5.030.888{,}64\ €$$

Der Wert des Swaps beträgt mit dieser Rechnung

$$IRS^{Payer}(0) = 5.030.888{,}64\ € - 5.023.877{,}50\ € = 7011{,}14\ €.$$

---

[136] Vgl. Abschnitt 2.3.2.

Die Differenz zu dem im Fallbeispiel 13.2 berechneten Wert resultiert rein aus den in der Swap-Zinsstruktur, zur besseren Nachvollziehbarkeit gerundet dargestellten Swap-Forward-Zinssätzen.

Darüber hinaus kann man den Wert eines Swaps auch ohne den fiktiven Tausch des Nominals berechnen. Dies führt zum gleichen Ergebnis und ist ebenso richtig wie die dargestellte Bewertungsmethode. Hierzu ist allerdings zur Bewertung des Floating Legs zusätzlich die Bestimmung der relevanten Forward-Zinsen aus der Swap-Zinsstruktur erforderlich. Die Bewertung des Floating Legs entspricht dann Abschnitt 2.3.2 unter Vernachlässigung der Nominalzahlung.

Fallbeispiel 13.4 Bewertung eines Kuponswaps
Der Risikocontroller der Pfandbriefbank aus dem vorherigen Fallbeispiel überprüft den Marktwert des Swaps auf Basis der gleichen Marktkonditionen, die auch der Händler benutzt hat. Anders als der Händler berechnet er den Wert des Swaps ohne einen fiktiven Tausch der Nominale zugrunde zu legen.

Der Wert des Swaps aus Sicht der Bank entspricht der Differenz aus dem Floating Leg und dem Wert des Fixed Leg. Während sich der Wert des Fixed Leg ermittelt als

$$\text{Fixed Leg} = (4{,}5\% \cdot 0{,}9639 + 4{,}5\% \cdot 0{,}9200) \cdot 5.000.000\ € = 423.877{,}50\ €$$

bestimmt sich der Wert des Floating Legs mittels der Forward Rates wie folgt[137]

$$\begin{aligned}\text{Floating Leg} = {} & \left[(3{,}687\% + 0{,}32\%) \cdot \tfrac{182}{360} \cdot 0{,}9817 + (3{,}633\% + 0{,}32\%) \cdot \tfrac{183}{360} \cdot 0{,}9639 \right.\\ & \left. +(4{,}448\% + 0{,}32\%) \cdot \tfrac{182}{360} \cdot 0{,}9427 + (4{,}854\% + 0{,}32\%) \cdot \tfrac{183}{360} \cdot 0{,}9200\right] \cdot 5.000.000\ €\\ = {} & 430.883{,}29\ €\end{aligned}$$

Daraus kann der Risikocontroller den Wert des Swaps berechnen als

$$IRS^{Payer}(0) = \text{Fixed Leg} - \text{Floating Leg} = 430.883{,}29\ € - 423.877{,}50\ € = 7.005{,}79\ €$$

Tipp

Die obigen Vorgehensweisen basieren wiederum auf einer einheitlichen Zinsstruktur – der Swap-Zinsstruktur. Dies unterstellt, dass die Marktteilnehmer am Swap-Markt exakt den bei der Ermittlung des Referenzzinses, beispielsweise des EURIBOR, befragten Marktteilnehmern entsprechen und dass hierbei das gleiche Kreditrisiko zugrunde liegt. Dies ist jedoch in der Realität und insbesondere seit der Finanzkrise 2008 nicht der Fall, sodass in der Praxis das in der Swap-Zinsstruktur enthaltene Kreditrisiko von dem des EURIBOR abweichen kann. Dies macht den Einsatz einer Forward-Kurve – verbunden mit dem EURIBOR-Risiko – und eine Diskont-Kurve – verbunden mit dem Swap-Marktrisiko – erforderlich. Eine Bewertung von Swaps kann bei gegebenen Diskont- und Forward-Kurven analog zu Abschnitt 2.3.3 erfolgen. Alternativ

[137] Unter Berücksichtigung der Zinsrechnungskonvention act/360 des Geldmarktes und der Annahme, dass sich die Zinstage auf die beiden Jahre wie unterstellt aufteilen.

bietet sich in der Praxis zur Bewertung besicherter Zinsswaps und anderer Transaktionen die Verwendung der Overnight Indexed Swap (OIS)-Kurve als risikolose Zinsstruktur zur Diskontierung an. In einem Overnight Indexed Swap wird ein Festzins gegen das geometrische Mittel von Tagesgeldzinssätzen über die Laufzeit des Festgeldzinssatzes getauscht, wodurch der Kreditrisikoaufschlag minimiert wird..

13.2 Risikoanalyse von Kuponswaps

Bei Betrachtung des in Swap-Geschäften beinhalteten Zinsänderungsrisikos muss man analog zur Risikoanalyse eines Floaters zwei Situationen unterscheiden – zum Einen die Änderung des Marktwertes zum nächsten Zinsanpassungstermin und zum Anderen die Änderung zu einem beliebigen Termin zwischen zwei Zinsanpassungsterminen, wenn die nächste Zinszahlung der variablen Seite bekannt ist.[138] Betrachtet man die Änderung des Marktwertes von einem Zinsanpassungstermin zu einem anderen, so ist die Situation einfach. Wie in Kapitel 2 und 4 dargestellt, gilt, dass sich der Barwert eines Floaters von einem Zinsanpassungstermin zum nächsten nur in Abhängigkeit des Spreads verändert – sollte der Spread gleich Null sein, so entspricht der Barwert der Floating Rate Note sogar dem Nominalwert des Swaps. Da man den Spread auch als Festzins ansehen kann, entspricht das Zinsänderungsrisiko eines Kuponswaps von einem auf den anderen Zinsanpassungstermin dem Zinsänderungsrisiko von Festzinsanleihen und kann mit den in Kapitel 4 beschriebenen Methoden zur Risikoanalyse zinstragender Titel abgebildet werden. Zwischen zwei Roll Over Dates ändert sich jedoch auch der Wert der variablen Seite, sodass diese Schwankungen einbezogen werden müssen. Allerdings entsprechen diese Schwankungen denen der duplizierenden Floating Rate Note.[139]

Fallbeispiel 13.5 Marktwertänderung von Zinsswaps

Ein Unternehmen hat einen Swap mit einer Restlaufzeit von drei Jahren und einem Swap-Volumen von 1 Mio. € im Bestand. Es wurde der Tausch eines Festzinses von 2,50% gegen den 12M-EURIBOR mit einem Spread von einem Basispunkt (= 0,01%) vereinbart. Das Unternehmen ist in der Position des Receivers. Die aktuelle Swap-Zinsstruktur ist gegeben durch

Laufzeit t	1	2	3
Swap-Sätze $c_s(0,t)$	2,110%	2,240%	2,450%
Swap-Zero-Zinsen $z_s(0,t)$	2,110%	2,241%	2,456%

138 Siehe hierzu Kapitel 4, Vertiefungsfrage 2.

139 Diese Argumentation vernachlässigt erneut eine Veränderung des Kontrahentenrisikos. Bei der zuvor angesprochenen Bewertung mit einer separaten Diskont- und Forward-Kurve muss man die Sensitivitäten bezüglich beider Kurven ermitteln.

Damit beträgt der aktuelle Marktwert des Swaps aus Sicht des Receivers +1.154,09 €. Dieser ermittelt sich aus der Differenz des Wertes der impliziten Festzinsanleihe

$$K(0) \cdot N = (2{,}5\% \cdot 1{,}0211^{-1} + 2{,}5\% \cdot 1{,}02241^{-2} + 102{,}5\% \cdot 1{,}02456^{-3}) \cdot 1.000.000\,€$$

$$= 1.001.440{,}67\,€$$

zum Wert der impliziten Floating Rate Note[140]

$$K_{FRN}(0) \cdot \mathrm{N} = (100\% + 0{,}01\% \cdot 1{,}0211^{-1} + 0{,}01\% \cdot 1{,}02241^{-2} + 0{,}01\% \cdot 1{,}02456^{-3}) \cdot 1\text{ Mio.}\,€$$

$$= 1.000.286{,}58\,€$$

Für eine kurzfristige Risikoanalyse kann das Unternehmen mittels der in Kapitel 4 beschriebenen Basis Point Values die festgeschriebenen Zinszahlungen analysieren. Die Bewertung erfolgt in einem Zinsanpassungstermin, die Zinsrechnungskonventionen werden zur Vereinfachung vernachlässigt. Das Unternehmen berechnet mittels Gleichung (4.12) die Basis Point Values des Fixed Legs

$$BPV_1 = 1 \cdot 2{,}5\% \cdot 1.000.000\,€ \cdot 1{,}0211^{-2} \cdot 0{,}0001 = 2{,}40\,€$$

$$BPV_2 = 2 \cdot 2{,}5\% \cdot 1.000.000\,€ \cdot 1{,}02241^{-3} \cdot 0{,}0001 = 4{,}68\,€$$

$$BPV_3 = 3 \cdot 102{,}5\% \cdot 1.000.000\,€ \cdot 1{,}02456^{-4} \cdot 0{,}0001 = 279{,}06\,€$$

sowie die Basis Point Values des Floating Legs

$$BPV_1 = 1 \cdot 0{,}01\% \cdot 1.000.000\,€ \cdot 1{,}0211^{-2} \cdot 0{,}0001 = 0{,}01\,€$$

$$BPV_2 = 2 \cdot 0{,}01\% \cdot 1.000.000\,€ \cdot 1{,}02241^{-3} \cdot 0{,}0001 = 0{,}02\,€$$

$$BPV_3 = 3 \cdot 0{,}01\% \cdot 1.000.000\,€ \cdot 1{,}02456^{-4} \cdot 0{,}0001 = 0{,}03\,€$$

Somit ist das Unternehmen in der Lage, im Falle einer Änderung der Swap-Zero-Zinsen $z(0,t)$ wie im folgenden Zinsszenario

Zeitpunkt t	1	2	3
$z_s(0,t)$	2,11%	2,24%	2,45%
Δbp_t	−10 bp	+30 bp	+30 bp

die Marktwertänderung zu berechnen. Die absolute Marktwertänderung des Fixed Legs beläuft sich näherungsweise auf

140 Die Berechnung erfolgt unter Vernachlässigung der Zinsrechnungskonvention des Geldmarktes.

$$\Delta_{abs}BW^{Fixed\ Leg} \approx -\big(2{,}40\ € \cdot (-10) + 4{,}68\ € \cdot (+30) + 279{,}06\ € \cdot (+30)\big) = -8.488{,}20\ €$$

während die absolute Marktwertänderung des Floating Legs näherungsweise gleich

$$\Delta_{abs}BW^{Floating\ Leg} \approx -\big(0{,}01\ € \cdot (-10) + 0{,}02\ € \cdot (+30) + 0{,}03\ € \cdot (+30)\big) = -1{,}40\ €$$

ist. Damit entspricht die Marktwertänderung des Swaps im obigen Szenario unter Berücksichtigung der Position des Unternehmens näherungsweise

$$\Delta_{abs}IRS^{Receiver}(0) = \Delta_{abs}BW^{Fixed\ Leg} - \Delta_{abs}BW^{Floating\ Leg}$$

$$\approx= -8.488{,}20 - (-1{,}40\ €) = -8.486{,}80\ €$$

In dem unterstellten Zinsszenario kann das Unternehmen von einer Minderung des Marktwertes um näherungsweise 8.486,80 € ausgehen, sodass der neue Marktwert des Swaps im Zinsszenario näherungsweise $+1.154{,}09\ € - 8.486{,}80\ € = -7.332{,}71\ €$ entsprechen würde.

Tipp

Alternativ zu obiger Rechnung kann man die Marktwertänderung eines Kuponswaps anhand der Marktwertänderung einer Festzinsanleihe mit einem Kupon von 2,49% (= Festzins im Swap - Spread) und einem Nominal sowie einer Restlaufzeit entsprechend des Swaps näherungsweise betrachten. Mit anderen Worten lässt sich das Zinsänderungsrisiko an Zinsanpassungsterminen durch die Analyse einer entsprechenden Festzinsanleihe abbilden, deren Festzins sich aus der Differenz des im Swap vereinbarten Festzinses und des Spreads errechnet. Hierbei macht man jedoch zwei sich addierende Fehler, da eventuelle Unterschiede in der Zinszahlungsfrequenz und der Zinsrechnungskonvention vernachlässigt werden. Somit eignet sich diese Alternative nur für eine schnelle, grobe Abschätzung. Die Risikoanalyse zu einem beliebigen Zeitpunkt erfordert die gesonderte Untersuchung des Zinsänderungsrisikos des Floating Legs, sodass diese Abschätzung nicht angewandt werden kann.

13.3 Weitere Zinsswaps

Am europäischen Markt sind die **Basisswaps**, die den Tausch zweier variabler Zinssätze unterschiedlicher Fristigkeit vereinbaren, bisher weniger verbreitet als Kuponswaps, befinden sich jedoch auf dem Vormarsch. Im Rahmen dieser Swap-Geschäfte wird nicht fest gegen variabel getauscht, sondern ein variabler, kurzfristiger Geldmarktzins gegen einen anderen variablen, kurzfristigen Geldmarktzins, beispielsweise der 3M-EURIBOR gegen den 6M-EURIBOR, getauscht. Der Nutzen eines solchen Geschäftes liegt darin, dass dessen Zahlungsströme dem eines Tausches existierender Anleihen gleich kommt, beispielsweise eines Tausches eines 6-Monats-Schuldschein-Fonds-Deutsche-Einheit gegen eine Bankeinlage, die sich zum 3M-EURIBOR verzinst. Im Gegensatz zu einem tatsächlichen Tausch der Anleihen muss hier aber keine Liquidität eingesetzt werden, da in einem Zinsswap keine Nominale ausgetauscht werden. Refinanziert sich ein Kreditinstitut überwiegend zum 3M-EURIBOR, hat aber im größeren Umfang variabel verzinsliche Wertpapiere im Bestand, die an den 6M-EURIBOR gekoppelt sind, so kann es einen Basisswap zur Absicherung des Risikos eines Auseinanderdriftens dieser Zinssätze nutzen. Die Bewertung eines Basisswaps erfolgt analog zur Bewertung von Kuponswaps durch die separate Betrachtung der beiden Legs, die in diesem Fall zwei unterschiedlichen Floating Rate Notes entsprechen. Hierbei ist jedoch zu beachten, dass die Annahme einer einheitlichen Zinsstrukturkurve dazu führen würde, dass der faire Spread zwischen den beiden Referenzzinssätzen immer gleich Null sein müsste.[141] In der Praxis lassen sich i.d.R. von Null verschiedene Spreads in einem Basisswap beobachten, sodass zur Bewertung von Basisswaps die Verwendung mehrerer Kurven erforderlich ist.[142]

Im Rahmen eines **Forward Swaps** werden wiederum Zinszahlungen getauscht, allerdings liegt der Beginn der Zahlungen erst in der Zukunft. Das Geschäft wird jedoch auf Basis der bei Abschluss vorliegenden Marktsituation in Form der aktuellen Swap-Zinsstruktur abgeschlossen. Es entspricht einem Forward-Geschäft auf ein Swapgeschäft, bei dem der festzulegende Forward-Preis sich auf den zukünftigen Swap-Satz bezieht. Beispielsweise ist ein „2 + 5"-Swap ein Swapgeschäft, das erst in zwei Jahren beginnt und dann über fünf Jahre läuft, dessen Swap-Satz aber heute, bei Abschluss des Geschäftes, fixiert wird. Bei der Bewertung eines Forward Swaps werden beide Seiten wiederum separat betrachtet, indem man beide als Forward-Geschäfte (eines aus der Sicht des Käufers, das andere aus der Sicht des Verkäufers) auf die zugrunde liegenden Anleihen der Duplikationsstrategie bewertet. Das Vorliegen einer gut berechenbaren Zinsstruktur ermöglicht nicht nur die Bewertung, sondern damit auch das Angebot beliebiger Varianten eines Forward Swaps. Da sich die Summe der Zahlungsströme eines Forward Swaps u.a. durch den Kauf bzw. Verkauf entsprechender Forward-Geschäfte auf eine Festzinsanleihe bzw. eine Floating Rate Note duplizieren lassen, stützt sich deren Bewertung auf die in Kapitel 9 dargestellte Bewertung von Anleiheforwards. Der Wert eines Forward Payer Swaps entspricht dann dem Forward-Preis der duplizierenden Floating Rate Note abzüglich des Forward Preises der duplizierenden Kuponanleihe mit Kupon in Höhe des vereinbarten Swap-Satzes. Bei der Bewertung eines Forward Receiver Swaps kehren sich wiederum die Vorzeichen um. In diesem Zusammenhang betrachtet man die **Forward Swap Rates**, die die heutige Marktmeinung bzgl. des in einem Forward Swap zu vereinbarenden Swap-Satzes wiedergeben. Diese definieren sich analog den heutigen Swap-Sätzen: Handelt es sich bei dem Swap um einen Tausch des variablen Zinssatzes ohne Zinsaufschlag gegen den vereinbarten Swap-Satz des Forward Swaps und entspricht dieser der Forward Swap Rate,

141 Dies lässt sich leicht nachvollziehen, wenn man einen Basisswap mittels eines Duplikationsportfolios bestehend aus einem Payer Swap bzgl. des einen Referenzzinses und einem Receiver Swap bzgl. des anderen Referenzzinses betrachtet. Unter der Annahme einer einheitlichen Zinsstruktur müssten die beiden Swap-Sätze gleich sein und damit kein Unterschied zwischen den Aufschlägen auf den jeweiligen Referenzzins existieren.

142 Die Bewertung eines Basisswaps unter der Annahme mehrerer Zinsstrukturen erfolgt dann anhand der Bewertung der beiden impliziten Floating Rate Notes gemäß Abschnitt 2.3.2 und 2.3.3.

so hat der Forward Swap heute einen Wert von Null. Die Forward-Swap Rate $FRS(t,T)$ eines zum Zeitpunkt t beginnenden und im Zeitpunkt T fälligen „t+T-t"-Forward Swaps ohne Zinsaufschlag auf der variablen Seite bestimmt sich aus der Überlegung, dass der Wert des Forward Swaps genau dann heute Null entspricht, wenn die duplizierende, in t startende Festzinsanleihe auf Basis der heutigen Swap-Zinsstruktur einen Wert von 100% hat:

$$100\% = \sum_{i=t+1}^{T} DF(t,i) \cdot FSR(t,T) + DF(t,T) \cdot 100\% \tag{13.4}$$

Auflösung nach der Forward Swap Rate ergibt dann

$$FRS(t,T) = \frac{1-\mathrm{DF(t,T)}}{\sum_{i=t+1}^{T} \mathrm{DF(t,i)}} \tag{13.5}$$

Alternativ kann man die Methoden dieses Kapitels zugrunde legen und die Zahlungsströme eines Forward Swaps auch durch die Zahlungsströme zweier Zinsswaps unterschiedlicher Laufzeiten duplizieren. Beispielsweise lässt sich ein „2 + 5"-Swap durch den Wert eines entsprechenden Swaps mit einer Laufzeit von sieben Jahren abzüglich des Wertes eines entsprechenden Swaps mit einer Laufzeit von zwei Jahren bewerten.

Fallbeispiel 13.6 Bewertung eines Forward Swaps

Ein Händler möchte bei Abschluss die faire Ausgleichszahlung eines „2+2"-Forward Payer Swaps ermitteln, der in zwei Jahren beginnt und eine Laufzeit von zwei Jahren hat. Der Referenzzins ist der 6M-EURIBOR ohne Zinsaufschlag, der vereinbarte Swap-Satz von 3,20% wird jährlich gezahlt. Das Swap-Volumen liegt bei 25 Mio. €.

Ferner liegt dem Händler die aktuelle Swap-Zinsstruktur wie folgt vor:

Laufzeit t	**1**	**2**	**3**	**4**
Swap-Sätze $c_S(0,t)$	0,500%	1,000%	1,250%	2,000%
Swap-Zero-Zinsen $z_s(0,t)$	0,500%	1,003%	1,255%	2,030%
Swap-Diskontfaktoren $DF(0,t)$	0,9950	0,9802	0,9633	0,9228
Swap-Forward-Diskontfaktoren $DF(2,t)$			0,9827	0,9414

Die Bewertung kann der Händler nun auf zwei verschiedene Arten durchführen. Zum einen kann er den Forward Swap über die faire Forward Swap Rate bewerten, zum anderen kann er den Wert auf Basis eines Payer Swaps mit einer Laufzeit von vier Jahren und eines Receiver Swaps bewerten.

Für die Bewertung mit der Forward Swap Rate $FRS(2{,}4)$ muss er diese zunächst ermitteln. Mit obiger Formel gilt

$$FSR(2{,}4) = \frac{1-\mathrm{DF(2,4)}}{DF(2{,}3)+DF(2{,}4)} = \frac{1-0{,}9414}{0{,}9827+0{,}9414} = 3{,}046\%.$$

Somit berechnet sich der Wert des Forward Payer Swaps als

$$FPS(0) = \big((3{,}046\% - 3{,}20\%) \cdot 0{,}9633 + (3{,}046\% - 3{,}20\%) \cdot 0{,}9228\big) \cdot 25 \text{ Mio. €}$$

$$= -72.614{,}85 \text{ €}$$

Alternativ kann der Händler den Wert des vierjährigen Kuponswaps aus Sicht des Payers berechnen als[143]

$$IRS^4(0) = 25 \text{ Mio. €} \cdot (100\% - (3{,}20\% \cdot 0{,}9950 + 3{,}20\% \cdot 0{,}9802 + 3{,}20\% \cdot 0{,}9633 + 103{,}20\% \cdot 0{,}9228) = -1.159.040{,}00 \text{ €}.$$

Der Wert des zweijährigen Kuponswaps aus Sicht des Receivers beträgt dann

$$IRS^2(0) = 25 \text{ Mio. €} \cdot (3{,}20\% \cdot 0{,}9950 + 103{,}20\% \cdot 0{,}9802 - 100\%) = 1.085.160{,}00 \text{ €}.$$

Der Wert des Forward Payer Swaps ermittelt sich mit diesen Werten als[144]

$$FPS(0) = -1.159.040{,}00 \text{ €} + 1.085.160{,}00 \text{ €} = -73.880 \text{ €}.$$

Die **Constant Maturity Swaps (CMS)**, eine weitere Variante der Zinsswaps, wurden zur Absicherung bzw. Spekulation auf eine Drehung der Zinsstruktur entworfen. Diese Art der Swap-Geschäfte haben in den letzten Jahren zunächst erheblich an Beliebtheit gewonnen, sind dann aber, aufgrund der extremen Drehung und Abflachung der Zinsstruktur in der zweiten Hälfte des letzten Jahrzehnts und damit verbundenen hohen Verlusten bei Kreditinstituten und deren Kunden, in Verruf geraten. Im Rahmen eines CMS tauschen die beiden Kontraktpartner Zinszahlungen, deren Höhe sich aus unterschiedlichen Referenzzinssätzen des Kapital- bzw. Geldmarktes ableitet. Diese Referenzzinssätze unterscheiden sich hinsichtlich ihrer Laufzeit bzw. Fristigkeit, werden jedoch in der Regel zeitgleich fixiert. Ein Beispiel für einen Constant Maturity Swap wäre der jährliche Tausch des 12M-EURIBOR gegen den siebenjährigen Kapitalmarktsatz über fünf Jahre, wobei sich die Höhe der Zinszahlungen auf das zugrunde liegende Nominal bezieht, das nicht getauscht wird. Ähnlich einem Basisswap werden die Zinszahlungen also regelmäßig an einen Referenzzins angepasst, beziehen sich aber nicht ausschließlich auf Geldmarktzinsen, sondern auch auf einen Kuponzinssatz des Kapitalmarktes. Hierbei ist zu beachten, dass die Fristigkeit des Kapitalmarktsatzes nicht notwendigerweise mit der Laufzeit des CMS übereinstimmen muss und bei sich verringernder Laufzeit des Swaps gleicht bleibt – die „constant maturity". Daher sind bei der Bewertung eines CMS einige Besonderheiten zu beachten, die dieses Swapgeschäft komplexer machen, als es zunächst aussieht.[145] Bei einem **CMS Spread Ladder Swap** wird ein fester Zinssatz

143 Hierbei wird das Nominal berücksichtigt, sodass der Wert der Floating Seite mit fiktiver Nominalzahlung genau diesem Nominal entspricht.

144 Die Abweichung von ca. 1.200 € resultiert hier aus den unterschiedlichen Rundungen in den Rechenwegen und bei der Berechnung der Zinssätze.

145 Für eine Darstellung der Bewertung eines CMS wird auf Brigo / Mercurio (2006) und Hull (2012)

gegen einen variablen Zinssatz getauscht, dessen Höhe sich mittels einer Kuponformel aus dem Zinssatz der Vorperiode und der Zinsdifferenz (Spread) zweier langfristiger Marktzinssätze unterschiedlicher Fristigkeit ableitet.[146] Die Kuponformel weist, aufgrund der Koppelung an den Vorperiodenzins und eines eventuellen Anstiegs der Zinsbelastung durch die Gestaltung der Zinsformel, einen stufenförmigen Zinsverlauf (Ladder) auf. Der Tausch und die Zinsanpassung richten sich hierbei wie beim Constant Maturity Swap nach der Fristigkeit des kurzfristigeren Zinssatzes und erfolgen beide an identischen Zeitpunkten. Zusätzlich sind Constant Maturity Swaps und CMS Spread Ladder Swaps häufig mit zusätzlichen Optionskomponenten wie mit den Zinsbegrenzungsoptionen Cap und Floor[147] ausgestattet, um eine negative Verzinsung auszuschließen und eine Zinsobergrenze zu definieren.

Über die dargestellten Weiterentwicklungen der Zinsswaps hinaus existieren viele weitere Varianten, deren Etablierung vor allem davon abhängig war und ist, wie effektiv ein fairer Marktwert ermittelt werden kann und inwiefern Verträge entwickelt wurden und werden, die möglichst alle mit dem Geschäft verbundenen Risiken erfassen. Hier haben die Standardverträge der ISDA bereits einen Großteil zur Liquidität des Swap-Marktes beigetragen.

13.4 Vertiefungsfragen zu Kapitel 13

Frage 1

In Fallbeispiel 13.2 wurde die Bewertung eines Kuponswaps dargestellt. Erläutern Sie, warum der Händler ohne die aufgeführte Rechnung bereits hätte entscheiden können, ob der Swap für ihn vorteilhaft, marktgerecht oder unvorteilhaft ist.

Frage 2

Ein Unternehmer schließt, weil er fallende Zinsen erwartet, mit seiner Bank einen Receiver-Zinsswap ab. Auf Wunsch des Kunden wird dabei eine Laufzeit von drei Jahren, ein Swap-Volumen von 1 Mio. €, ein jährlich zu zahlender Festzins von 3,80% und jährliche variable Zinszahlungen, die sich an dem einjährigen Swap-Satz orientieren, fixiert. Ferner wurde ein Zinsaufschlag auf den variablen Zins von 25 bp vereinbart. Die zugrunde liegende Zinsrechnungskonvention ist auf beiden Seiten act/act.

---

verwiesen.

146 In der Praxis wird häufig der Spread zwischen dem 10-jährigen und dem 2-jährigen Swap-Satz vereinbart.

147 Diese werden in Kapitel 17 näher erläutert.

Bei Geschäftsabschluss legt die Bank die folgende Zinsstruktur der Swap-Zinsen zugrunde:

Laufzeit t	1	2	3
Swap-Sätze $c_S(0,t)$	2,75%	3,25%	3,40%
Swap-Zero-Zinsen $z_S(0,t)$	2,75%	3,26 %	3,41%
Swap-Forward-Zinsen $FR_s(t-1,t)$	2,75%	3,77%	3,71%

a. Berechnen Sie den Marktwert des Swaps bei Abschluss. Wurde dieser zu marktgerechten Konditionen abgeschlossen oder ist eine Ausgleichszahlung erforderlich?

b. Welcher Unterschied würde sich im Barwert ergeben, wenn der Zinsaufschlag auf 40 bp angehoben werden würde?

Frage 3

Die Risikomanagerin der Bank, die mit dem Unternehmen aus Frage 2 den Swap als Payer abgeschlossen hat, möchte nun das mit dem Swapgeschäft eingegangene kurzfristige Zinsänderungsrisiko abschätzen. Dabei unterstellt sie, dass sich die aktuelle Zinsstruktur wie folgt verändert:

Laufzeit t	1	2	3
Swap-Zero-Zinsen $z_S(0,t)$	2,75%	3,26 %	3,41%
Δbp_t	+20 bp	−10 bp	+40 bp

Berechnen Sie unter dieser Annahme die näherungsweise absolute Marktwertänderung des Swaps.

14 Währungsswaps

Ein Währungsswap ist ein mit dem Tausch von Devisen verbundenes Swapgeschäft. Währungsswaps werden auf den FX-Märkten gehandelt, deren Geschäfte zumeist im Interbankenhandel und per Telefonhandel abgeschlossen werden. Je nach Zielsetzung kann man mit einem Swap im Fremdwährungsbereich nur das Wechselkursrisiko absichern oder zeitgleich ebenfalls das Zinsänderungsrisiko abdecken. Die klassischen Währungsswaps sind nicht mit einem Devisenswap zu verwechseln. Aufbauend auf den bereits in Abschnitt 10.1. erläuterten Grundlagen des Devisenhandels und der in Abschnitt 10.2. dargestellten Ermittlung des Terminkurses werden zur Abgrenzung zunächst Devisenswaps betrachtet. Anschließend wird die allgemeine Konstruktion eines Währungsswaps dargestellt und deren Bewertung und Risikoanalyse vertieft.

Vertiefende Literatur

Steiner, M. / Bruns, C. / Stöckl, S. (2012): Wertpapiermanagement – Professionelle Wertpapieranalyse und Portfoliostrukturierung, 10., überarbeitete Auflage, Schäffer Poeschel Verlag, Stuttgart.

14.1 Devisenswaps

Ein **Devisenswap (FX Swap** – auch **Spot-Forward Swap** genannt – ist die Kombination eines Kassageschäftes (FX Spot) und eines zeitgleich vereinbarten, gegenläufigen Termingeschäftes (FX Forward). Beide Transaktionen werden zum gleichen Zeitpunkt und mit dem gleichen Kontraktpartner abgeschlossen. Hierbei werden die vereinbarten Kapitalbeträge zu Beginn des Devisenswaps zum Kassakurs und bei Fälligkeit zum (bei Abschluss) fixierten Terminkurs getauscht. Aus Sicht des Kontraktpartners, der per Kasse den Fremdwährungsbetrag kauft und per Termin Fremdwährung verkauft, heißt der Devisenswap auch **Buy-and-Sell Swap**, während sein Kontrahent einen **Sell-and-Buy Swap** hält. Die Kombination zweier gegensätzlicher FX Forwards unterschiedlicher Laufzeiten nennt man dann einen **Forward-Forward-Swap.** Mit Devisenswaps kann ein Finanzinstitut oder ein Unternehmen die Fälligkeit eines bestimmten Fremdwährungsbetrages zeitlich verschieben und sich mit der Festschreibung des Wechselkurses den heutigen Terminkurs sichern. Somit werden mit diesen Instrumenten im Cash Management die Fälligkeiten der Fremdwährungsbeträge optimiert. **Abbildung 14.1** zeigt die Zahlungsströme eines marktgerechten Devisenswaps.

Fallbeispiel 14.1 Motivation des Einsatzes von Devisenswaps im Cash Management eines Unternehmens

Ein deutsches Unternehmen hat eine Fertigungsmaschine in den USA bestellt. Da die Lieferung für den jetzigen Zeitpunkt versprochen war, hat sich das Unternehmen heute zur Bezahlung der Rechnung bereits in Höhe des Kaufpreises mit 500.000 USD eingedeckt und dafür 375.000 EUR bezahlt. Dies entspricht dem aktuellen Wechselkurs von 0,75

DOI: 10.1007/978-3-8349-4304-0_14, © Springer Fachmedien Wiesbaden 2014

USD/EUR.[148] Durch eine kurzfristige Lieferungsverzögerung wird dieser Kaufpreis nun erst in 2 Monaten fällig. Das deutsche Unternehmen besitzt somit eine offene Position im USD und hat die entsprechende Liquidität nicht in EUR zur Verfügung. Mit einem USD-EUR-Sell-and-Buy-Devisenswap verkauft das Unternehmen die 500.000 USD an seine Hausbank zum heutigen Kassakurs und erhält somit 375.000 EUR. Gleichzeitig kauft das Unternehmen die 500.000 USD per Termin in 2 Monaten bei einem Wechselkurs von 0,745 USD/EUR und bezahlt damit in der Zukunft nur 372.500 EUR für die Begleichung des Kaufpreises von 500.000 USD. Somit hat das Unternehmen einen Kursvorteil genutzt und kann in den zwei Monaten über die wieder frei gewordene Liquidität in EUR verfügen.

Abbildung 14.1 Zahlungsströme eines marktgerechten Devisenswaps

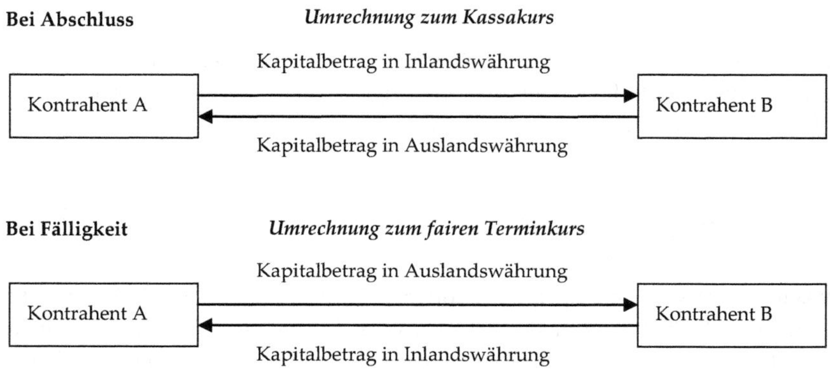

Da es sich bei einem Devisenswap um eine Kombination aus einem Kassageschäft und einem Devisenforward handelt, entspricht die Bewertung eines Devisenswaps der Bewertung dieser beiden Geschäfte unter Berücksichtigung der beiden Positionen. Legt man im Kassageschäft also den aktuellen Devisenkurs zugrunde und bestimmt den im FX Forward vereinbarten Devisenterminkurs wie in Abschnitt 10.2. erläutert, so haben beide Geschäfte und damit auch der Devisenswap einen Wert von Null.

Fallbeispiel 14.2 Bewertung eines Devisenswaps

Das deutsche Unternehmen aus dem vorherigen Fallbeispiel möchte nun den gerade abgeschlossenen Devisenswap auf Marktgerechtigkeit prüfen. Der aktuelle Wechselkurs liegt bei 0,75 USD/EUR, der aktuelle Zinssatz für zwei Monate liegt im USD bei 4,10%, im EUR bei 1,75%. Damit berechnet sich der faire Devisenterminkurs für die Laufzeit von zwei

[148] Hierbei handelt es sich um die Preisnotierung.

Monaten gemäß Gleichung (10.5) als

$$F_X(t) = X(0) \cdot \frac{1+i^I(0,t)\cdot t}{1+i^A(0,t)\cdot t} = 0{,}75 \cdot \frac{1+0{,}0175\cdot\frac{2}{12}}{1+0{,}0410\cdot\frac{2}{12}} = 0{,}7471 \text{ USD/EUR}$$

Damit liegt der vereinbarte Terminkurs von 0,745 USD/EUR zu Gunsten des Unternehmens und der Wert des FX Forwards beträgt aus Sicht des Unternehmens, das in zwei Monaten USD kaufen will, mit Gleichung (10.8)

$$(F_X(T) - X) \cdot N \cdot DF^I(0,T) = (0{,}7471 - 0{,}745) \cdot \frac{500.000}{1+0{,}0175\cdot\frac{2}{12}} = 1.046{,}95\ €$$

Das Kassageschäft erfolgt zu einem Wechselkurs von 0,75 USD/EUR. Da dieser dem aktuellen Kassakurs entspricht, hat dieser Teil des Geschäftes einen Wert von Null. Der mit der Bank vereinbarte Terminkurs liegt zu niedrig, sodass der FX Forward einen positiven Wert von 1.046,95 € aus Sicht des Unternehmens aufweist. Die Hausbank hat offensichtlich die Konditionen des FX Swaps nicht richtig ermittelt und ein Geschäft abgeschlossen, dessen Gesamtwert mit $-1.046{,}95$ € bei ihr zu Buche schlägt.

Tipp
Die Quotierung der Marktkonditionen von FX Swaps erfolgt anhand der in Abschnitt 10.1 bereits erwähnten Swap-Sätze, also als Differenz zwischen dem Devisenterminkurs und dem Devisenkassakurs. Bei der Swap-Quotierung entspricht der Swap-Satz somit dem Auf- bzw. Abschlag gegenüber der aktuellen Spot Rate und wird in Basispunkten angegeben.

14.2 Währungsswaps

Währungsswaps (Cross Currency Swaps) gehören zu den OTC-Derivaten und sind daher wie Zinsswaps äußerst flexibel in ihrer Gestaltung. Auch die Usancen und die Abwicklung der Geschäfte entsprechen denen der Zinsswaps. Im Gegensatz zu den Zinsswaps werden aber bei Währungsswaps grundsätzlich auch die Nominale getauscht. Diese werden zu Beginn und bei Fälligkeit des Swaps zu einem bei Abschluss fixierten Wechselkurs getauscht, der in der Regel dem aktuellen Kassakurs entspricht. Die Gestaltung der Zahlungsströme kann aber zwischen den Kontraktpartnern frei vereinbart werden und sollte sich bei einem marktgerechten Währungsswap an der aktuellen Zinsstruktur in beiden Währungen und der Bonität der beiden Kontrahenten orientieren. In der Praxis treten dabei die folgenden Varianten am häufigsten auf:

- Bei einem **reinen Währungsswap** wird ein festverzinslicher Zahlungsstrom in der einen Währung gegen einen festverzinslichen Zahlungsstrom in der anderen Währung getauscht. Diese Variante wird auch mit „Fix gegen Fix" bezeichnet.
- Bei einem **Zinswährungsswap** wird ein variabel verzinslicher Zahlungsstrom in der einen Währung gegen einen fest verzinslichen Zahlungsstrom in der anderen Währung getauscht. Diese Variante wird auch „Fix gegen Float" genannt.

- In einem **Basiswährungsswap** vereinbaren die beiden Kontraktpartner den Tausch variabel verzinslicher Zahlungen in beiden Währungen. Diese Variante heißt auch „Float gegen Float".

Währungsswaps gehören zu den ältesten Swap-Varianten überhaupt und haben sich seit Beginn der 80er Jahre auf den internationalen Finanzmärkten etabliert. Die Beliebtheit der Währungsswaps begründete sich zu dieser Zeit in der Ausnutzung komparativer Kostenvorteile.[149] Hierbei spielte die vergleichsweise günstigere Refinanzierung der Unternehmen auf ihrem jeweiligen Heimatmarkt eine erhebliche Rolle. Durch Währungsswaps waren die Unternehmen somit in der Lage, ihre Finanzierungsvorteile in ihrer Heimatwährung an den jeweils anderen weiterzugeben. Diese Möglichkeit zur Realisierung eines Kostenvorteils bei Preis- und Konditionsdifferenzen in Kombination mit einem Währungsswap nennt man ein **Swap-Fenster**. Mit der Globalisierung und Vernetzung der Kapitalmärkte lassen sich die Kostenvorteile heute kaum mehr ausnutzen. In den 90er Jahren veränderte sich die Situation derart, dass aufgrund der Auslastung heimischer Märkte eine Refinanzierung im Ausland attraktiver wurde. Der Beliebtheit der Währungsswaps hat dies nicht geschadet – nun nutzten Unternehmen Währungsswaps um ihre Refinanzierung im Ausland in eine heimische Währung zu tauschen. Aufgrund der gestiegenen Markterfahrung und Marktstandardisierung haben sich zudem die Kosten eines Währungsswaps erheblich reduziert.

Bei Vertragsabschluss eines reinen Währungsswaps werden folgende Details fixiert:

- Zugrunde liegender Wechselkurs,
- Festzinssatz in der Inlandswährung,
- Festzinssatz in der Auslandswährung,
- Zinszahlungstermine und Länge sowie Anzahl der Zinsperioden,
- Laufzeit des Währungsswaps,
- Swap-Volumen/Nominalbetrag in Inlands- und Auslandswährung.

Fallbeispiel 14.3 Reiner Währungsswap zur Ausnutzung eines Swap-Fensters
Die Tief- und Hochbau AG möchte einen Kredit in Höhe von 4 Mio. € über eine Laufzeit von fünf Jahren aufnehmen. In ihrer Heimatwährung, dem Euro, wird ihr bei einer jährlichen Zinszahlung ein Festzins von 5,5% p.a. geboten, während sie sich im britischen Pfund bei sonst gleichen Konditionen zu 4,5% p.a. refinanzieren könnte. Bei einem aktuellen Wechselkurs von 1,25 GBP/EUR entscheidet sich die Tief- und Hochbau AG zur Ausnutzung des Swap-Fensters und schließt mit ihrer Hausbank einen reinen Währungsswap ab, in dem sie einen Festzins von 5,25% in Euro zahlt und einen Festzins von 4,5% in britischen Pfund erhält.

---

149 Für eine ausführlichere Diskussion komparativer Kostenvorteile in Zusammenhang mit Swap-Geschäften siehe bspw. Steiner et al. (2012).

Die Zahlungsströme des Währungsswaps und der Refinanzierung sowie deren Saldo stellen sich wie folgt dar:

in 1.000 €/£	Abschluss	1. Jahr	2. Jahr	3. Jahr	4. Jahr
Kredit in GBP	+3.200.000 £	−144.000 £	−144.000 £	−144.000 £	−3.344.000 £
Swap in EUR	+4.000.000 €	−210.000 €	−210.000 €	−210.000 €	−4.210.000 €
Swap in GBP	−3.200.000 £	+144.000 £	+144.000 £	+144.000 £	+3.344.000 £
Saldo	**+4.000.000 €**	**−210.000 €**	**−210.000 €**	**−210.000 €**	**−4.210.000 €**

Somit hat die Tief- und Hochbau AG gegenüber den eigenen Konditionen einer direkten Refinanzierung im Euro von 5,5% einen Konditionsvorteil von 0,25% p.a., entsprechend 10.000 € pro Jahr, realisiert. Die Bewertung eines Währungsswaps erfolgt analog zur Bewertung eines Zinsswaps, nur unter Berücksichtigung der in der jeweiligen Währung relevanten Zinsstruktur. Die Grundidee basiert hier wiederum auf der Idee der Duplikation der Zahlungsströme wie in **Abbildung 14.2** anhand zweier Anleihen in nun unterschiedlichen Währungen.

Während es sich bei einem reinen Währungsswap um eine Duplikation mittels zweier Festzinsanleihen handelt, beruht die Bewertung eines Basiswährungsswaps auf der Duplikation mittels zweiter Floating Rate Notes und eines Zinswährungsswaps auf der Bewertung einer Festzinsanleihe in der einen Währung und einer Floating Rate Note in der Gegenwährung. Hierbei ist die Position des jeweiligen Kontrahenten zu berücksichtigen. In diesem Zusammenhang fixiert man oft die Sichtweise auf eine der beiden Währungen und bezeichnet den Kontraktpartner, der den Zahlungsstrom in der fixierten Währung erhält und dafür einen Zahlungsstrom in der anderen Währung leistet, als **Fremdwährungsempfänger** (**FX-Receiver**), beispielsweise USD-Receiver, und seinen Kontrahenten als **Fremdwährungszahler** (**FX-Payer**), beispielsweise USD-Payer.[150]

[150] Diese muss nicht unbedingt die Heimatwährung einer der beiden Parteien sein.

Abbildung 14.2 Zahlungsströme eines Cross Currency Swaps

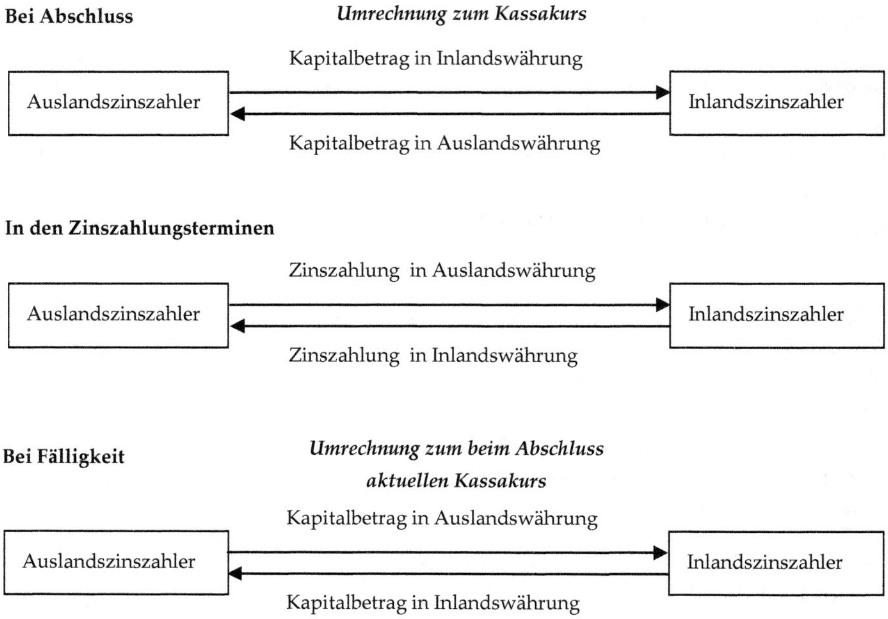

Im Folgenden wird die fixierte Währung zur Vereinfachung als Auslandswährung bezeichnet, während die andere Währung Inlandswährung benannt wird, sodass der Fremdwährungsempfänger die Position des Inlandszinszahlers inne hat, während der Fremdwährungszahler den Auslandszins zahlt. Somit berechnet sich – unter der Annahme eines arbitragefreien Marktes – der in Inlandswährung angegebene Wert $CCS^{FX-Receiver}(0)$ eines Cross Currency Swaps aus Sicht des Fremdwährungsempfängers aus dem mittels des aktuellen Wechselkurses $X(0)$ in die Inlandswährung umgerechneten Wertes der Auslandsanleihe $K^A(0)$ abzüglich des Wertes der Inlandsanleihe $K^I(0)$:

$$CCS^{FX-Receiver}(0) = K^A(0) \cdot X(0) - K^I(0) \tag{14.1}$$

Aus Sicht des Fremdwährungszahlers entspricht der Wert in Inlandswährung der Gleichung

$$CCS^{FX-Payer}(0) = K^I(0) - K^A(0) \cdot X(0) \tag{14.2}$$

Die Marktgerechtigkeit eines Währungsswaps wird analog zu Zinsswaps entweder über die Anpassung der Konditionen in den beiden Seiten des Swaps oder durch eine Ausgleichszahlung hergestellt.[151]

Fallbeispiel 14.4 Bewertung eines Währungsswaps
Der verantwortliche Treasurer der Tief- und Hochbau AG aus Fallbeispiel 14.3 möchte wissen, ob es sich um einen marktgerechten Swap handelt. Da die Tief- und Hochbau AG GBP empfängt und EUR zahlt, ist sie GBP-Receiver in dem vereinbarten Währungsswap. Der Treasurer bewertet den Währungsswap anhand der folgenden EUR- und GBP-Zinsstruktur

Laufzeit	1	2	3	4
Zero-Zinsen GBP	3,20%	3,40%	4,25%	4,75%
Zero-Zinsen EUR	3,00%	3,75%	4,50%	5,50%

unter Berücksichtigung des aktuellen Wechselkurses von 1,25 GBP/EUR. Zur Ermittlung des aktuellen Marktwertes, der bei einer fairen Gestaltung der Zahlungsströme gleich Null sein sollte, bewertet der Treasuser die beiden zukünftigen Zahlungsströme in den Währungen getrennt voneinander. So ergibt sich für den Zahlungsstrom in EUR, also die Inlandsanleihe oder das EUR-Leg, ein Wert von

$$K^I(0) = 210.000\,€ \cdot 1{,}03^{-1} + 210.000\,€ \cdot 1{,}0375^{-2} + 210.000\,€ \cdot 1{,}045^{-3} + 4.210.000\,€ \cdot 1{,}055^{-4}$$

$$= 3.981.381{,}90\,€$$

während sich der Wert der Auslandsanleihe oder das GBP-Leg ermittelt als

$$K^A(0) = 144.000\,£ \cdot 1{,}032^{-1} + 144.000\,£ \cdot 1{,}034^{-2} + 144.000\,£ \cdot 1{,}0425^{-3}$$

$$+3.344.000\,£ \cdot 1{,}0475^{-4} = 3.178.792{,}16\,£.$$

Mithilfe des aktuellen Wechselkurses lässt sich der Wert des GBP-Legs in Euro umrechnen als $K^A(0) \cdot X(0) = 3.178.792{,}16\,£ \cdot 1{,}25 = 3.973.490{,}20\,€$. Aus Sicht der Tief- und Hochbau AG hat der Währungsswap damit einen Wert von

$$CCS^{GBP-Receiver}(0) = K^A(0) \cdot X(0) - K^I(0) = 3.973.490{,}20\,€ - 3.981.381{,}90\,€$$

$$= -7.891{,}70\,€.$$

151 Vgl. Abschnitt 13.1.

Somit ist der Swap ohne die Leistung einer Ausgleichszahlung (Upfront Payment) durch die Hausbank nicht marktgerecht. Daraus kann die Tief- und Hochbau AG direkt schließen, dass diese eine ungefähre Marge[152] in Höhe von ca. 7.891,70 € für den Abschluss dieses Währungsswaps vereinnahmt.[153]

Tipp
Die obige Vorgehensweise der Bewertung basiert wiederum auf einheitlichen Zinsstrukturen in den beiden Währungen. Insbesondere für die Bewertung von Basiswährungsswaps gilt wie für Basisswaps[154], dass die in der Praxis beobachtbaren Spreads von Null abweichen und damit die Verwendung mehrere Zinskurven in den beiden Währungen erforderlich machen können.

Tipp
Nicht alle Währungen verfügen über einen liquiden direkten Markt für Währungsswaps. Die meisten Transaktionen laufen über den 3M-USD-LIBOR, der sich auf einer der beiden Seiten (Legs) des jeweiligen Währungsswaps befindet. Aufgrund der hinreichenden Liquidität und Tiefe des Marktes lassen sich aber Währungsswaps in anderen Währungen einfach durch die Kombination zweier 3M-USD-LIBOR-Swaps mit gegenläufigen USD-Legs realisieren. Beabsichtigt man etwa einen dreijährigen reinen Währungsswap von Euro gegen kanadische Dollar (d.h. EUR-Fix gegen CAD-Fix) abzuschließen, so kann man diesen Swap auch über den – aufgrund seiner Liquidität transparenteren und damit günstigeren – 3M-USD-LIBOR-Markt mittels eines Zinswährungsswaps von Euro in US-Dollar (EUR-Fix gegen 3M-USD-LIBOR) und eines Zinswährungsswaps von US-Dollar in kanadische Dollar (3M-USD-LIBOR gegen CAD-Fix) realisieren.

14.3 Risikoanalyse von Währungsswaps

Wie im vorherigen Abschnitt erläutert, hängt der Wert eines Währungsswaps wesentlich von den Zinsstrukturen in den beiden Währungen und dem aktuellen Wechselkurs ab. Den jeweiligen Einfluss der inländischen und ausländischen Zinsstruktur kann man wiederum mit den in Kapitel 4 dargestellten Methoden der kurzfristigen Zinsrisikoanalyse, den Basis Point Values, abbilden. Betrachtet man Gleichung (14.1) und (14.2), so sieht man direkt, dass sich das anhand der ersten Ableitung nach dem Wechselkurs bestimmte **Devisendelta des Währungsswaps** in Inlandswährung aus Sicht des Fremdwährungsempfängers normiert auf eine Änderung um einen Tick, entsprechend 0,0001 des Wechselkurses in Preisnotierung, bestimmt als

---

152 Hierbei ist zu beachten, dass diese in der Praxis auch die Absicherung des mit dem Unternehmen verbundenen Kontrahenten- bzw. Kreditrisikos beinhaltet und nicht keine reine Gewinnmarge ist,

153 Aufgrund eines BGH-Urteils (vgl. BGH, Urteil vom 22.03.2011, XI ZR 33/10, Juris) sind Kreditinstitute dazu verpflichtet, ihre Kunden bei Abschluss eines Derivates über dessen möglicherweise negativen Marktwert aufzuklären.

154 Vgl. Abschnitt 13.3.

$$\Delta_{abs}CCS^{FX-Receiver}(0) = K^A(0) \cdot 0{,}0001 \quad (14.3)$$

während sich die kurzfristige Sensitivität des Währungsswaps hinsichtlich Änderungen des Wechselkurses aus Sicht des Fremdwährungszahlers darstellt als

$$\Delta_{abs}CCS^{FX-Payer}(0) = -K^A(0) \cdot 0{,}0001. \quad (14.4)$$

Fallbeispiel 14.5 Risikoanalyse eines reinen Währungsswaps
Ein japanisches Unternehmen hat vor einigen Jahren zur Finanzierung des Aufbaus des eigenen Europageschäftes eine EUR-Anleihe mit einem jährlich gezahlten Kupon von 5,60% p.a. und einem Gesamtvolumen von 800 Mio. € emittiert, um so auch die mit einer Emission in Europa verbundene Werbewirksamkeit zu nutzen und das Vertrauen der Anleger und Kunden zu gewinnen. Um jedoch das Wechselkursrisiko abzusichern, hat das Unternehmen zeitgleich einen reinen JPY-Payer-Währungsswap abgeschlossen, in dem es jährlich japanische Yen (JPY) in der Höhe von 0,5% p.a. auf 75 Mrd. ¥. zahlt und im Gegenzug den Zahlungsstrom aus der Euroanleihe erhält. Die Restlaufzeit dieses Währungsswaps beträgt aktuell genau drei Jahre. Der aktuelle JPY/EUR-Wechselkurs[155] am Euromarkt beträgt 0,0110 JPY/EUR, während die Zinsstrukturen wie folgt vorliegen:

Laufzeit t	1	2	3
$DF^{EUR}(0,t)$	0,9901	0,9656	0,9423
$DF^{JPY}(0,t)$	0,9995	0,9980	0,9964

Damit berechnet sich der Marktwert des Swaps aus dem Wert des EUR-Legs von 883.683.840 € und dem Wert des JPY-Legs von 75.852.712.500 ¥ als aus Sicht des Unternehmens in japanischen Yen und in EUR als[156]

$$CCS^{JPY-Payer}(0) = \underbrace{883.683.840}_{\substack{\text{Wert des EUR-Legs}\\ \text{in EUR}}} - \underbrace{75.852.712.500}_{\substack{\text{Wert des JPY-Legs}\\ \text{in JPY}}} \cdot 0{,}011$$

$$= 49.304.002{,}50\ € = 4.482.182.045{,}00\ ¥$$

Das japanische Unternehmen möchte nun abschätzen, mit welchen kurzfristigen Wertschwankungen des Währungsswaps es rechnen muss, wenn der am Euromarkt quotierte JPY/EUR-Wechselkurs sinkt. Hierbei interessiert das Unternehmen die Wertänderung in japanischen Yen. Die Berechnung der kurzfristigen Marktwertschwankung macht eine Umrechnung des gegebenen Wechselkurses für den japanischen Markt erforderlich. So entspricht die Preisnotierung eines Wechselkurses am Auslandsmarkt der Mengennotierung im Inlandsmarkt und umgekehrt. Damit berechnet

155 In Preisnotierung aus Sicht des Euromarktes mit dem Euro als Inlandswährung.
156 Hierbei ist die Quotierung des Wechselkurses in Europa zu berücksichtigen.

sich der aktuelle Wechselkurs als 1/0,011 = 90,9091 EUR/JPY.[157] Das Unternehmen unterstellt, dass der Wechselkurs kurzfristig auf 90,95 EUR/JPY ansteigt. Die angenommene Wechselkursänderung entspricht damit einem Anstieg um (90,95 – 90,9091)/0,0001 = 409 Ticks. Geht man nun von japanischen Yen als Inlandswährung aus, so entspricht das Devisendelta des Währungsswaps aus Sicht des Unternehmens, das nun als Fremdwährungsempfänger zu sehen ist, 883.683.840 · 0,0001 = 88.368,38 pro Tick.[158] Dies entspricht exakt dem Devisendelta der EUR-Emission, sodass hiermit nochmals deutlich wird, dass der Währungsswap das FX-Risiko aus der EUR-Emission vollständig absichert. Die ungefähre, kurzfristige Schwankung des Marktwertes beider Geschäfte – des Währungsswaps und der EUR-Anleihe – beträgt somit 88.368,38 · (+409) = 36.142.667,42 ¥ . In der Gesamtbetrachtung führt dies zu einem Gesamt-Delta der Position aus Emission und Währungsswap von 0 und damit zur Immunisierung der begebenen Anleihe gegen Wechselkursschwankungen im EUR-Kurs.

14.4 Vertiefungsfragen zu Kapitel 14

Frage 1

Worauf spekuliert ein Investor, der einen USD/EUR-Zinswährungsswap in der Position des USD- und Festzinszahlers eingeht? Beschreiben Sie zunächst das Geschäft und gehen Sie dann auf die Marktvorstellung des Investors ein. Bedenken Sie hierbei, dass analog zum Währungsswap der Wechselkurs bei Abschluss des Geschäftes festgesetzt wird.

Frage 2

Ein europäisches Kreditinstitut hat einen Zinswährungsswap (EUR-Fix gegen USD-LIBOR-Float) in seinem Bestand, in dem es über eine Restlaufzeit von genau drei Jahren 4% auf ein Nominal von 20 Mio. € gegen eine variable Zahlung im USD, die sich aus dem 12M-USD-LIBOR plus 150 bp auf 25 Mio. $ ableitet, leistet. Das Kreditinstitut ist somit in der Position des Fremdwährungsempfängers bzw. des USD-Receivers. Der bei Abschluss vereinbarte Tausch der Nominale findet zu einem Wechselkurs von 0,80 USD/EUR[159] statt. Der Risikocontroller des Kreditinstituts möchte nun zunächst den Währungsswap bewerten. Hierzu benötigt er die aktuelle Zinsstruktur im EUR

Laufzeit	1	2	3
Zero-Zinsen EUR	1,75%	2,00%	2,10%
Forward-Zinsen EUR	1,75%	2,25%	2,30%

157 In Preisnotierung aus Sicht des japanischen Marktes mit dem japanischen Yen als Inlandswährung.
158 Dieses Ergebnis lässt sich einfach plausibilisieren, da ein steigender EUR/JPY-Wechselkurs aus Sicht des Unternehmens bedeutet, dass der zu erhaltende Eurozahlungsstrom in Yen mehr wert ist.
159 Dieser entspricht dem Tausch von 20 Mio. € gegen 25 Mio. $.

und im USD

Laufzeit	1	2	3
Zero-Zinsen USD	2,10%	2,45%	2,75%
Forward-Zinsen USD	2,10%	2,80%	3,35%

sowie den aktuellen USD/EUR-Wechselkurs von 0,75 USD/EUR.

Bewerten Sie den Währungsswap aus Sicht des Kreditinstituts und treffen Sie eine Aussage, mit welchen Kosten oder Gewinnen das Institut bei einer frühzeitigen Auflösung des Geschäftes rechnen kann.

Frage 3

Zusätzlich zur Ermittlung des Marktwertes will der Risikocontroller aus Frage 2 die Sensitivität des Swaps gegenüber Änderungen des EUR-Zinsniveaus, des USD-Zinsniveaus und des USD/EUR-Wechselkurses in unterschiedlichen Szenarien abbilden. Hierzu unterstellt er die folgenden, voneinander unabhängigen, kurzfristigen Zinsszenarien im EUR

Laufzeit	1	2	3
Zero-Zinsen EUR	1,75%	2,00%	2,10%
Δbp_t	−20 bp	−25 bp	−30 bp

und im USD

Laufzeit	1	2	3
Zero-Zinsen USD	2,10%	2,45%	2,75%
Δbp_t	+10 bp	+20 bp	+15 bp

sowie ein kurzfristiges Absinken des Wechselkurses um 50 Ticks (= 0,0050).

a. Ermitteln Sie die näherungsweise Änderung des Marktwertes des Swaps im EUR-Zinsszenario.
b. Ermitteln Sie die näherungsweise Änderung des Marktwertes des Swaps im USD-Zinsszenario.

c. Ermitteln Sie die näherungsweise Änderung des Marktwertes des Swaps unter der Annahme des um 50 Ticks sinkenden Wechselkurses in Preisnotierung aus Sicht des Euromarktes.

Unterstellen Sie dabei, dass die anderen Einflussfaktoren sich jeweils nicht ändern.

V Optionen

15 Einführung in die Optionsgeschäfte

Im Gegensatz zu den bereits dargestellten Forwards, Futures und Swaps sind Optionen bedingte Derivate, die dem Optionskäufer das Recht, aber nicht die Pflicht, auf die Lieferung des Basiswertes oder auf eine Ausgleichszahlung einräumen. In diesem Kapitel werden zunächst die Standardoptionen und deren Grundpositionen erläutert. Neben der Definition dieser einfachen Call- und Put-Optionen werden Analysemethoden wie die Ermittlung des Break-Even-Kurses, die Griechen oder Optionssensitivitäten sowie der Hebel einer Option und deren Moneyness vorgestellt. Ferner wird der Preis einer Option in seine Komponenten – den inneren Wert und den Zeitwert – zerlegt. Darüber hinaus wird die grundlegende Idee der Bewertung und Risikoanalyse von Optionen auf einer generellen Ebene dargestellt und auf die Rolle von mathematischen Modellen bei der Bewertung von Optionsgeschäften eingegangen.

Vertiefende Literatur

Bleymüller, J. (2012): Statistik für Wirtschaftswissenschaftler, 16. Auflage, Verlag Vahlen, München.

Haug, E. G. (2007): Complete Guide to Option Pricing Formulas, 2. Auflage, McGraw Hill Professional, New York.

Puhani, J. (2012): Statistik: Einführung mit praktischen Beispielen, 12. Auflage, Lexika Verlag, Eibelstadt.

Wiedemann, A. (2013): Financial Engineering – Bewertung von Finanzinstrumenten, 6. Auflage, Frankfurt School Verlag, Frankfurt.

Wilmott, P. (2006): Paul Wilmott on Quantitative Finance, 2. Auflage, Wiley, Chichester.

15.1 Grundpositionen in Optionen

Optionen sind derivative Finanzinstrumente, die dem Optionskäufer (Inhaber der Option) das Recht, aber nicht die Pflicht, auf die Lieferung oder Abnahme des Basiswertes oder eine Ausgleichszahlung einräumen. Optionen sind asymmetrische Produkte in dem Sinne, dass Rechte und Pflichten nicht symmetrisch verteilt sind.

Optionen kann man in börsengehandelte Optionen (gelistete Optionen) und außerbörsliche Optionen (Over the Counter- oder OTC-Optionen) unterscheiden. Gelistete Optionen unterliegen dabei den gleichen Standardisierungen wie Futures hinsichtlich Fälligkeiten, Basiswerten (Underlyings), Volumina und Basispreisen. Dies bedeutet, dass an der Börse ausschließlich Optionen auf börsennotierte Standardwerte begeben werden. Deren weitere Standardisierung erfolgt wie bei Futures durch die Fixierung einheitlicher Kontraktgrößen,

S. Kruse, *Aktien-, Zins- und Währungsderivate*,
DOI: 10.1007/978-3-8349-4304-0_15, © Springer Fachmedien Wiesbaden 2014

des Handelsplatzes, durch Festlegung fester Laufzeiten der Optionsverträge und durch die Zwischenschaltung einer Clearing-Stelle zur bereits erwähnten Reduzierung des Transaktionsrisikos.[160]

Optionen können auch Bestandteil eines komplexeren Vertrags sein, wie zum Beispiel im Falle einer Anleihe mit einem Kündigungsrecht des Emittenten. Der Zahlungsstrom einer solchen Anleihe kann man durch die Kombination einer durch den Emittenten begebenen Anleihe mit fester Laufzeit und einer vom Emittenten gekauften Call-Option auf die eigene Anleihe duplizieren. In diesem Fall spricht man von einer **impliziten Option.** Insbesondere nutzt man die Kombination aus einem Kassaprodukt wie einer Anleihe und einer oder mehrerer Optionen zur Strukturierung von Zahlungsströmen und Schaffung neuer Finanzprodukte, den **strukturierten Finanzprodukten**, um unterschiedliche Risikoprofile abbilden zu können. Man unterscheidet Optionen hinsichtlich der Komplexität ihrer Gestaltung in **Standardoptionen**, auch **Plain Vanilla Optionen** genannt, und in **exotische Optionen**. Standardoptionen unterteilt man in amerikanische und europäische Optionen. Eine Standardoption bezieht sich nur auf einen Basiswert und ihr Auszahlungsprofil hängt direkt vom Wert dieses Basiswertes bei Ausübung ab. Davon unabhängig gibt es keine weiteren Vereinbarungen, die die Rechte des Optionskäufers betreffen. Exotische Optionen weichen in ihrer Ausgestaltung von einer dieser Eigenschaften einer Standardoption ab. Einige Beispiele für exotische Optionen sind Barrierenoptionen, Forward Starting Optionen, asiatische Optionen, Basketoptionen sowie Bermudan Swaptions.[161]

Wird eine Option mittels eines Wertpapiers verbrieft, so spricht man von einem **Optionsschein.** Das **Bezugsverhältnis** oder **Optionsverhältnis** eines Optionsscheins gibt die Anzahl der Optionsscheine an, die für den Bezug eines Stücks oder einer Einheit des Basiswertes über den Optionsschein benötigt werden.[162]

Standardoptionen sind bedingte derivative Finanzinstrumente, die dem Optionskäufer (**Inhaber der Option**) das Recht, aber nicht die Pflicht einräumen,

- zu einem bestimmten Zeitpunkt (**europäische Option**) oder
- bis zu einem bestimmten Zeitpunkt (**amerikanische Option**)

einen festgelegten **Basiswert** (**Underlying**) zum vorher festgelegten Preis, dem **Basispreis** (**Strike**), zu

- kaufen (**Call-Option**) oder zu
- verkaufen (**Put-Option**).

Der Käufer einer Option besitzt eine Long-Position, der Verkäufer (**Stillhalter, Writer**) eine Short-Position. Der Verkäufer einer Call-Option ist verpflichtet, auf Verlangen des Inhabers

---

160 Vgl. Kapitel 5 und 6.

161 Diese werden in den nächsten Kapiteln behandelt.

162 Im Folgenden wird zur Vereinfachung von einem Bezugsverhältnis von 1: 1 ausgegangen. Der Kehrwert des Bezugsverhältnisses wird als Optionsratio bezeichnet.

der Option das Underlying zum vereinbarten Basispreis zu liefern (**Physical Settlement**) oder eine Ausgleichszahlung zu leisten (**Cash Settlement**), während der Writer einer Put-Option ebenfalls dazu verpflichtet ist, das Underlying auf Verlangen des Inhabers zum vereinbarten Strike Price zu kaufen oder eine Ausgleichszahlung zu leisten.[163] Während bei einem Forward oder Future eine beidseitige Verpflichtung zur Erfüllung des Kontraktes besteht, handelt es sich bei einem Call um das Wahlrecht des Inhabers zwischen Lieferung zum Basispreis bzw. einer Ausgleichszahlung und Verzicht auf das Underlying. Ein Put gewährt das Wahlrecht zwischen dem Verkauf des Basiswertes zum Basispreis bzw. einer Ausgleichszahlung und dem Nichtverkauf des Underlyings. Für die Gewährung dieses Rechtes ohne Verpflichtung erhält der Verkäufer der Option bei Abschluss des Geschäftes oder zu einem anderen vereinbarten Zeitpunkt die Optionsprämie oder den Optionspreis. Der Käufer einer Call-Option erwartet steigende Kurse, der Käufer einer Put-Option hingegen fallende Kurse.

Zur Untersuchung europäischer und amerikanischer Optionen werden häufig Gewinn- und Verlustprofile zum Ausübungszeitpunkt verwendet. Im Falle amerikanischer Optionen ist diese Betrachtung nicht wie im Folgenden nur auf ein einziges Fälligkeitsdatum beschränkt, sondern kann zu allen möglichen Ausübungszeitpunkten erfolgen. Durch die asymmetrische Gestaltung der Rechte und Pflichten bei Optionsgeschäften kann man die folgenden Grundpositionen in Optionsgeschäften unterscheiden:

- **Call Long**, der Kauf einer Kaufoption
- **Call Short**, der Verkauf einer Kaufoption

Liegt der Kassakurs des Underlyings bei Fälligkeit der Call-Option unter dem im Optionsvertrag vereinbarten Strike Price, so wird der Inhaber der Option die Option nicht ausüben, denn der Inhaber kann in diesem Fall das Underlying am Markt günstiger einkaufen. Die Option ist somit wertlos und verfällt. Der Call Long erreicht in diesem Fall seinen maximalen Verlust in Höhe der Optionsprämie, während der Optionsverkäufer, der die Gegenposition des Call Short hat, den maximalen Gewinn in Höhe der Optionsprämie erlangt. Liegt der Kassakurs des Basiswertes bei Fälligkeit nun über dem Strike Price, so wird der Inhaber die Option ausüben. Dies ist für ihn vorteilhaft, da der Käufer der Option das Underlying zum Basispreis kaufen und sofort zu einem höheren Preis am Markt verkaufen kann. Mathematisch schreibt sich das Auszahlungsprofil einer Call-Option mit Basispreis K auf ein Underlying U mit Wert $U(T)$ im Zeitpunkt T der Ausübung aus Sicht des Inhabers als[164]

$$C(T) = \max(U(T) - K; 0) \tag{15.1}$$

[163] Die Form des Settlements wird bei Abschluss der Option festgelegt.

[164] Den optionalen Charakter stellt man mit der Maximumfunktion dar, die mathematisch abbildet, dass das Auszahlungsprofil nur dann positiv ist, wenn der Marktwert des Basiswertes über dem Basispreis liegt. Ansonsten ist der Wert der Option gleich Null, was gleichbedeutend mit ihrem Verfall ist.

Theoretisch ist die Gewinnchance des Inhabers – und damit auch die Verlustchance des Writers – unbegrenzt. Der **Break-Even-Kurs** einer Call-Option, also der Kurs, an dem sich Gewinn und Verlust die Waage halten, liegt bei einem Kassakurs zum Ausübungszeitpunkt, der gleich der Summe des Basispreises plus dem Wert der Optionsprämie (zu diesem Zeitpunkt) ist: [165]

Break-Even-Kurs des Underlyings für einen Call = Basispreis + Optionsprämie (15.1)

Abbildung 15.1 Gewinn- und Verlustprofil einer Kaufoption

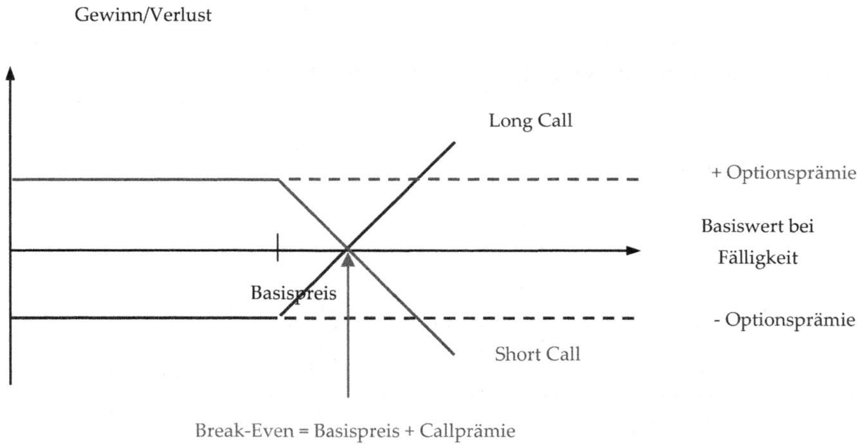

- **Put Long**, der Kauf einer Verkaufsoption
- **Put Short**, der Verkauf einer Verkaufsoption

Ebenso wie bei Call-Optionen muss man bei Put-Optionen zwischen den beiden Fällen unterscheiden, dass der Kassakurs über oder dass er unter dem vereinbarten Basispreis liegt. Liegt der Kassakurs des Underlyings bei Fälligkeit der Put-Option über dem vereinbarten Strike Price, so wird der Inhaber der Option die Option nicht ausüben, da er das Underlying am Markt zu einem besseren Preis verkaufen kann. Somit erreicht der Put Long sein maximales Verlustpotential, das dem maximalen Gewinnpotential des Put Short entspricht. Liegt der Kassakurs des Basiswertes bei Fälligkeit nun unter dem Strike Price, so wird der Inhaber die Option ausüben, denn er erzielt bei einem Verkauf des Underlyings

165 Bei dieser Argumentation wird vernachlässigt, dass die Optionsprämie bei Abschluss gezahlt wird, während sich das Gewinn- und Verlustprofil auf den Ausübungszeitpunkt der Option bezieht. Genauer wäre eine zusätzliche Berücksichtigung der bis zum Ausübungszeitpunkt anfallenden Zinsen auf die Optionsprämie, was jedoch in der Praxis zur Vereinfachung entfällt.

zum Basispreis mehr als bei einem Verkauf am Markt. Mathematisch schreibt sich das Auszahlungsprofil einer Put-Option mit Basispreis K auf ein Underlying U mit Wert $U(T)$ im Zeitpunkt T der Ausübung aus Sicht des Inhabers als[166]

$$P(T) = \max(\mathrm{K} - U(T); 0) \qquad (15.1)$$

Praktisch ist die Gewinnchance des Inhabers – und damit auch die Verlustchance des Writers – einer Put-Option durch den Basispreis abzüglich der gezahlten Optionsprämie begrenzt, da der Aktienkurs maximal auf Null absinken kann. Der Break-Even-Kurs einer Put-Option liegt bei einem Kassakurs, der gleich der Summe des Basispreises minus der Optionsprämie ist:[167]

$$\text{Break-Even-Kurs des Underlyings für einen Put} = \text{Basispreis} - \text{Optionsprämie} \qquad (15.2)$$

Abbildung 15.2 Gewinn- und Verlustprofil einer Verkaufsoption

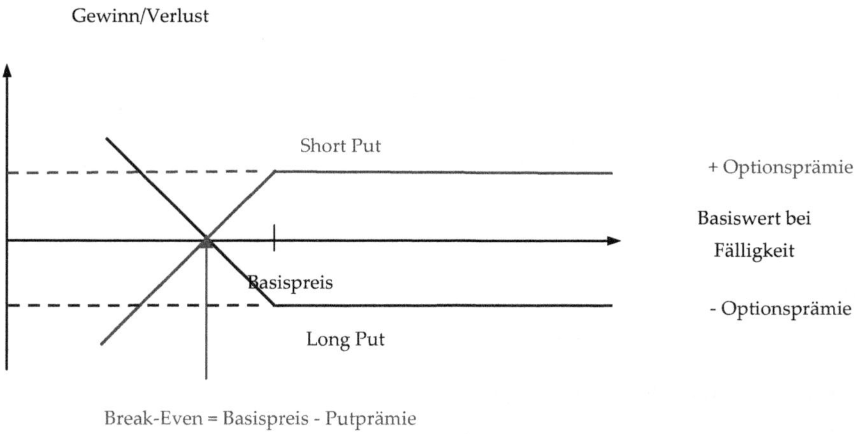

Anhand der Gewinn- und Verlustprofile, die in **Abbildung 15.1** und **Abbildung 15.2** grafisch dargestellt sind, ist man nun in der Lage die Risikocharakteristik der einzelnen Optionspositionen wie in **Tabelle 15.1** zusammenzufassen.

Die Motivation zum Handel in Optionen kann die Begrenzung des Risikos aus Bewegungen des Underlyings, das Risikomanagement eines strukturierten Portfolios (Hedging) oder der bewusste Aufbau einer Risikoposition sein.

166 Hier besagt die Maximumfunktion, dass das Auszahlungsprofil nur dann positiv ist, wenn der Marktwert des Basiswertes unter dem Basispreis liegt.

167 Wie bei Kaufoption wird auch bei der Bestimmung des Break-Even-Kurses einer Verkaufsoption vernachlässigt, dass die Optionsprämie bei Abschluss gezahlt wird, während sich das Gewinn- und Verlustprofil auf den Ausübungszeitpunkt der Option bezieht.

Tabelle 15.1 Risikocharakteristik der Optionspositionen

	Chancen	Risiken
Call Long	Unbegrenzt	Begrenzt
Short Call	Begrenzt	Unbegrenzt
Long Put	Begrenzt	Begrenzt
Put Short	Begrenzt	Begrenzt

Fallbeispiel 15.1 Kombinationen einer Option mit einem symmetrischen Produkt
Die Kombination eines Puts Long mit dem Underlying begrenzt das Risiko von fallenden Kursen: Falls der Kurs zum Ausübungszeitpunkt unter dem Basispreis notiert, kann das Underlying aus dem Portfolio zum Basispreis verkauft werden, der somit eine untere Schranke festlegt. Für diese Absicherung fällt als Kostenpunkt die Optionsprämie an. Die Kombination eines Calls Short mit dem Underlying begrenzt den Wert des Portfolios nach oben: Falls der Kurs zum Ausübungszeitpunkt über dem Basispreis notiert, muss das Underlying aus dem Portfolio zum Basispreis verkauft werden, um die Forderung der Gegenpartei zu erfüllen. Als Gegenleistung wächst das Portfolio um die Optionsprämie an. Die Kombination eines festverzinslichen Produktes mit einer Option führt zur Partizipation an Bewegungen des Underlyings. Eine solche Kombination verbindet eine Kapitalgarantie mit einer potentiellen Wertsteigerung aus Bewegungen des Underlyings.

15.2 Generelle Analyse von Optionen

Ebenso wie bei Futures und Swaps kann man bei Optionen die **Moneyness** betrachten, die eine Aussage darüber macht, ob die (fiktive) Ausübung des Derivates in der aktuellen Marktsituation für den Käufer vorteilhaft wäre oder nicht. Liegt der derzeitige Kassakurs des Basiswertes so, dass – unter der Annahme, das wäre möglich – eine sofortige Ausübung der Option zu einem positiven Auszahlungsprofil führen würde, so nennt man diese Option **im Geld** oder **in the money**. Ist der aktuelle Kassakurs genau gleich dem vereinbarten Strike Price, so sagt man auch die Option ist **am Geld** oder auch **at the money**. Wäre eine Ausübung zum aktuellen Kassakurs nicht zu empfehlen, so heißt die Option **aus dem Geld** oder auch **out of the money**. Die Moneyness ist somit eine Orientierungsgröße zur Werthaltigkeit einer Option und hängt von der zugrunde liegenden Option ab, vgl. **Tabelle 15.2.**

Tabelle 15.2 Moneyness von Optionen

	Basiswert > Basispreis	Basiswert = Basispreis	Basiswert < Basispreis
Call-Option	Im Geld	Am Geld	Aus dem Geld
Put-Option	Aus dem Geld	Am Geld	Im Geld

Der Optionspreis ist aufgrund der Asymmetrie des Derivates immer größer gleich Null: Da der Verkäufer alle Pflichten und keine Rechte aus dem Derivat übernimmt, wird er für deren Übernahme eine Prämie verlangen. Die oberen **Preisgrenzen für Call- und Put-Option** folgen aus Arbitrageüberlegungen: Würde der Preis einer Call-Option den aktuellen Kassakurs des Underlyings übersteigen, so wäre es für den Käufer der Option vorteilhafter das Underlying direkt zu kaufen, während der Käufer einer Put-Option nicht bereit sein dürfte mehr als den Strike Price, den er bei Ausübung bekommen würde, in die Option zu investieren. Anhand dieser Preisober- und -untergrenzen kann man für Call- und Put-Optionen einen Preiskorridor definieren, in dem der Optionspreis liegen muss.

Es bezeichne $U(0)$ den Wert des Underlyings zum heutigen Zeitpunkt 0 sowie $C^e(0)$ den heutigen Preis einer europäischen Call-Option mit Laufzeit T und Basispreis K. Dieser Optionspreis erfüllt folgende Bedingung:

$$0 \leq C^e(0) \leq U(0) \qquad (15.3)$$

Für Put-Optionen $P^e(0)$ gelten die folgenden Preisober- und -untergrenzen:

$$0 \leq P^e(0) \leq K \cdot DF(0,T) \qquad (15.4)$$

Zur Analyse des Wertes einer Option ohne Optionspreistheorie kann man den Optionspreis in zwei Komponenten zerlegen, nämlich in den intrinsischen oder **inneren Wert** und den **Zeitwert der Option**:

$$\text{Wert der Option} = \text{Innerer Wert} + \text{Zeitwert} \qquad (15.5)$$

Der innere Wert einer Option gibt das Ausmaß der positiven Moneyness an, mit anderen Worten wie tief die Option im Geld ist. Im Folgenden bezeichne $C_{IW}(0)$ den inneren Wert einer Call-Option mit Laufzeit T und Basispreis K und $U(0)$ den Wert des Underlyings zum Zeitpunkt 0. Mit dieser Notation gilt, dass sich der innere Wert schreiben lässt als[168]

[168] An dieser Stelle sei erwähnt, dass es in der Literatur keine einheitliche Definition des inneren

$$C_{IW}(0) = \max(U(0) - K; 0) \quad (15.6)$$

Analog beträgt der innere Wert einer Put-Option

$$P_{IW}(0) = \max(K - U(0); 0) \quad (15.7)$$

Der Zeitwert einer Option berechnet sich dann bei einem bekannten Marktpreis der Option aus der Differenz zwischen dem Optionspreis und dem inneren Wert. Er ist derjenige Wert, der dem Stillhalter der Option für die Abdeckung des zusätzlichen Verlustrisikos, dass sich das Underlying ausgehend von der heutigen Marktsituation zu seinem Nachteil entwickelt, gezahlt wird. Da der Zeitwert die mögliche Entwicklung des Underlyings über die Restlaufzeit der Option abbildet, hängt dieser von der Restlaufzeit und der Volatilität der Option ab. Je länger die Restlaufzeit und je volatiler der Wert, desto höher ist das Verlustrisiko des Stillhalters. Der Zeitwert nimmt typischerweise mit abnehmender Restlaufzeit ab und am Verfalltag den Wert Null an.

Bei amerikanischen Optionen bezeichnet man den Zeitwert auch als **Aufgeld einer Option.** Dieses gibt an, um wie viel teurer der Erwerb beziehungsweise Verkauf des Basiswertes durch Kauf des Optionsrechts und seine sofortige Ausübung gegenüber dem direkten Erwerb beziehungsweise Verkauf des Basiswerts ist. Das Aufgeld kann in der Praxis auch als prozentuales Aufgeld in Bezug auf den aktuellen Kurs des Underlyings angegeben werden.

Der **Hebel einer Option** bezeichnet das Verhältnis zwischen Optionspreis und Basiswert:

$$\text{Hebel} = \text{Bezugsverhältnis} \cdot \text{Basiswert/ Optionspreis} \quad (15.8)$$

Er beschreibt, wie viele Optionsrechte auf ein Underlying für den Preis des Underlyings erworben werden können. Der Hebel ist ein Maß für das Risiko der Option: Eine Bewegung des Basiswertes wird durch Investition in eine Option auf ein Vielfaches dieser Bewegung gehebelt.

Fallbeispiel 15.2 Generelle Analyse von Aktienoptionen
Ein Investor möchte eine europäische Put-Option auf eine Aktie mit heutigem Kurs der Aktie $U(0) = 51{,}50$ €, einem vereinbarten Basispreis $K = 50$ € und einer Laufzeit von anderthalb Jahren $T = 1{,}5$ analysieren. Der Preis der Put-Option beträgt $P^e(0) = 4{,}44$ €. Der aktuelle, stetige Zins für die Laufzeit von anderthalb Jahren sei $r(0; 1{,}5) = 3{,}00\%$. Das Bezugsverhältnis der Option ist 1: 1.

Bei dieser Option handelt es sich um einen Out of the Money-Put, da gilt $U(0) = 51{,}60$ € $>$ $K = 50$ €. Zur Überprüfung der allgemeinen Preisplausibilität vergleicht der Investor den Preis der Put-Option mit ihrem Preiskorridor. Der Innere Wert der Put-Option beträgt

Wertes gibt, eine alternative Argumentation findet sich etwa in Wiedemann (2013).

$P_{IW}(0) = \max(K - U(0); 0) = \max(50{,}00\text{ €} - 51{,}50\text{ €}; 0\text{ €}) = \max(-1{,}50\text{ €}; 0\text{ €}) = 0\text{€}$

Der Preis der Put-Option sollte zwischen der Preisuntergrenze 0 € und der Preisobergrenze $K \cdot DF\,(0,T) = 50\text{ €} \cdot e^{-0{,}03 \cdot 1{,}5} = 47{,}80\text{ €}$ liegen, was offensichtlich erfüllt ist. Ferner kann der Investor mit dem Zeitwert der Option erkennen, wie hoch die erhobene Risikoprämie des Verkäufers der Option für die Übernahme des Verlustrisikos ist:

$\text{Zeitwert} = P^e(0) - P_{IW}(0) = 4{,}44\text{ €} - 0\text{ €} = 4{,}44\text{ €}$

Der Hebel der Verkaufsoption berechnet sich wie folgt

$\text{Hebel} = 1 \cdot 51{,}50\text{ €} / 4{,}44\text{ €} = 11{,}60$

Somit kann der Investor für den Preis einer Aktie mindestens 11 Optionen erwerben.

15.3 Grundlagen der Bewertung und Risikoanalyse von Optionen

Der Preis einer Option bestimmt sich am Markt durch Angebot und Nachfrage. Dabei spielen viele Einflussfaktoren eine Rolle. Direkte Faktoren sind einerseits Kontraktdaten wie das Underlying, der vereinbarte Basispreis sowie die Restlaufzeit der Option und andererseits relevante Marktinformation wie der derzeitige Kassakurs des Underlyings, das aktuelle Zinsniveau sowie die Höhe der Preisschwankungen, die sogenannte **Volatilität**. Indirekte Faktoren sind Preisauf- oder -abschläge (Margins), Transaktionskosten, Steuern, die momentane Risikobereitschaft der Marktteilnehmer und eventuelle Zugangsbeschränkungen zu den Terminmärkten. Unter Vernachlässigung der indirekten Faktoren werden im Folgenden generelle Aussagen über die Preise von Optionen hergeleitet, die keine über die bisher getroffenen, hinausgehenden Modellannahmen erfordern.[169]

Grundsätzlich gilt, dass die Preise amerikanischer Optionen über den Preisen europäischer Optionen liegen, da diese die Ausübung des Optionsrechtes nicht nur auf einen Zeitpunkt einschränken, sondern über einen ganzen Zeitraum erlauben. Vor dem Hintergrund, dass amerikanische Optionen eine sofortige Ausübung erlauben, ergeben sich in Abhängigkeit von den Preisen äquivalenter europäischer Optionen die folgenden Preisgrenzen:

- Eine amerikanische Call-Option ist mindestens soviel wert wie die entsprechende europäische Call-Option. Liegt der Wert der europäischen Option unter dem sofortigen Ausübungswert, so ist die amerikanische Option genauso viel und mehr wert als der Ausübungswert. Eine amerikanische – und auch eine europäische – Call-Option kann nicht mehr wert sein als der Basiswert selber.

[169] Die dem Buch zugrunde liegenden Modellannahmen finden sich in Abschnitt 1.2.

- Eine amerikanische Put-Option ist ebenfalls mindestens soviel wert wie die entsprechende europäische Put-Option bzw. wie ihr sofortiger Ausübungswert. Eine amerikanische – und auch eine europäische – Put-Option kann nicht mehr wert sein als der maximale Gewinn, den man mit ihr generieren kann. Dieser ist bei einem europäischen Put gleich dem aus heutiger Sicht abgezinsten Basispreis und bei einem amerikanischen Put gleich dem Basispreis.

Für europäische Optionen kann man unter der Annahme eines arbitragefreien Marktes eine ausgesprochen nützliche Beziehung zwischen dem europäischen Put-Preis $P^e(0)$, dem heutigen Forward-Preis des Underlyings $F_U(T)$, dem Barwert des Basispreises $DF(0,T) \cdot K$ und dem europäischen Call-Preis $C^e(0)$ herleiten, wobei unterstellt wird, dass beide Optionen sich auf das gleiche Underlying U beziehen und den gleichen Basispreis K sowie die gleiche Laufzeit T aufweisen. Der Herleitung dieses Zusammenhangs liegt die in **Tabelle 15.3** dargestellte Duplikationsstrategie zugrunde.

Tabelle 15.3 Motivation der Put-Call-Parität für europäische Optionen

Strategie/Zeit	0	T
Kauf der Put-Option	$-P^e(0)$	$\max(K - U(T); 0)$
Kauf eines Forwardkontraktes	0	$+U(T) - F_U(T)$
Mittelaufnahme im Zero Bond	$+(K - F_U(T)) \cdot DF(0,T)$	$-K + F_U(T)$
Summe der Geschäfte	$-P^e(0) + (K - F_U(T)) \cdot DF(0,T)$	$\max(U(T) - K; 0)$
Kauf der Call-Option	$-C^e(0)$	$\max(U(T) - K; 0)$

Somit muss aufgrund des Gesetzes des einen Preises der folgende Zusammenhang gelten, der als **Put-Call-Parität** bezeichnet wird:

$$C^e(0) = P^e(0) + (F_U(T) - K) \cdot DF(0,T) \tag{15.9}$$

Da Optionspreise positiv sind, lassen sich damit die in (15.3) sowie (15.4) angegebenen Optionspreisschranken verfeinern:

$$\max(0, F_U(T) - K) \cdot DF(0,T) \leq C^e(0) \leq F_U(T) \cdot DF(0,T) \tag{15.10}$$

$$\max\big(0, K - F_U(T)\big) \cdot DF(0,T) \leq P^e(0) \leq K \cdot DF(0,T) \tag{15.11}$$

Fallbeispiel 15.3 Put-Call-Parität für Aktienoptionen

Dem Investor aus dem vorangegangenen Fallbeispiel liegen erneut die folgenden Marktinformation vor: Der Marktpreis einer europäischen Put-Option auf eine dividendenlose Aktie mit heutigem Kurs der Aktie $U(0) = 51{,}50$ €, mit Basispreis $K = 50$ € und einer Laufzeit von anderthalb Jahren $T = 1{,}5$ beträgt $P^e(0) = 4{,}44$ €. Der aktuelle stetige Zins für die Laufzeit von anderthalb Jahren ist gleich $r(0; 1{,}5) = 3{,}00\%$. Da die Aktie keine Dividenden zahlt, ist der diskontierte Forward-Preis gleich dem heutigen Aktienkurs.[170] Damit kann der Investor den Preis der Call-Option mit gleichem Basispreis und gleicher Laufzeit auf die gleiche dividendenlose Aktie mit der Put-Call-Parität berechnen:[171]

$$C^e(0) = P^e(0) + \underbrace{U(0)}_{=F_U(T)\cdot DF(0,T)} - K \cdot DF\,(0,T) = 4{,}44\text{ €} + 51{,}50\text{ €} - 50\text{ €} \cdot \mathrm{e}^{-0{,}03\cdot 1{,}5} = 8{,}14\text{ €}$$

Vorausgesetzt der gegebene Put-Preis ist ein fairer Preis, so beträgt der faire Preis der entsprechenden Call-Option $C^e(0) = 8{,}14$ €.

Kennzahlen zur Preissensitivität von Optionen hinsichtlich der Änderung der einzelnen direkten Einflussfaktoren spielen eine besondere Rolle im Risikomanagement eines Portfolios, das Optionspositionen enthält, sowie bei der Risikoabsicherung einzelner Finanzinstrumente. Ihre konkrete Berechnung setzt die Verwendung eines finanzmathematischen Modells voraus, sie können jedoch unabhängig von diesem definiert und – falls am Markt zugänglich – verwendet werden. Die folgenden Options(preis)sensitivitäten sind die gebräuchlichsten:

- Das **Delta Δ** einer Option entspricht der Sensitivität des Optionsgeschäftes gegenüber der Änderung des Underlyings um eine Währungseinheit, während alle anderen Einflussfaktoren wie der Basispreis, die Restlaufzeit etc. gleich bleiben. Es gibt somit an, wie sehr sich der Optionspreis ändert, wenn sich der Wert des Underlyings um eine Währungseinheit erhöht. Steigende Kurse haben zur Folge, dass es für Investoren intuitiv wahrscheinlicher wird, dass ein Call in der Zukunft zur Ausübung kommt und ein Put nicht ausgeübt werden wird. Somit führen steigende Kurse des Underlyings zu steigenden Call-Preisen und fallenden Put-Preisen. Das Delta einer Call-Option ist daher positiv, während das Delta einer Put-Option negativ ist.
- Das **Gamma Γ** einer Option gibt an, wie stark sich das Delta einer Option verändert, wenn sich der Kurs des Underlyings um eine Währungseinheit verändert. Es ist eine Kennzahl für die Sensitivität der Sensitivität bezüglich Veränderungen des Basiswertes. Das Gamma einer europäischen Call-Option ist aufgrund der Put-Call-Parität gleich dem Gamma der entsprechenden europäischen Put-Option auf das gleiche Underlying mit gleichem Basispreis und gleicher Restlaufzeit. Das Gamma einer Option ist immer positiv und reflektiert die Reaktion des Optionspreises auf große Kursänderungen des Underlyings.
- Das **Vega V** eines Optionsgeschäftes gibt an, wie sich der Wert der Option verändert, wenn sich die Volatilität des Basiswertes um einen Prozentpunkt erhöht. Das Vega einer

[170] Vgl. Kapitel 8 für die Berechnung des Forward-Preises einer Aktie.

[171] Die Berechnung der Forward-Preise unterschiedlicher Basiswerte findet sich in Teil III. Insbesondere berechnet sich der Forward-Preis einer dividendenlosen Aktie wie in Abschnitt 8.1 dargestellt.

europäischen Call-Option ist wegen der Put-Call-Parität gleich dem Vega der entsprechenden europäischen Put-Option auf das gleiche Underlying mit gleichem Basispreis und gleicher Restlaufzeit. Außerdem ist es immer positiv: Die Volatilität ist eine Kennzahl für das Risiko sich ändernder Kurse des Underlyings. Stärkere (niedrigere) Kursveränderungen in der Restlaufzeit der Option führen dazu, dass die Gewinnchancen aus Sicht des Käufers stärker (schwächer) wachsen als das Verlustrisiko, vgl. **Tabelle 15.4.**

- Das **Theta** Θ einer Option bildet ihre Sensitivität bezüglich Änderungen der Restlaufzeit ab, mit anderen Worten wie stark sich der Optionspreis durch eine Restlaufzeitverkürzung von einem Tag verändert. Optionen verlieren mit der Verringerung der Restlaufzeit an Wert. Für beide Optionstypen – Kauf- und Verkaufsoptionen – nimmt der Optionswert mit abnehmender Restlaufzeit ab. Theta ist normalerweise negativ.

Tabelle 15.4 Zusammenhang zwischen Moneyness der Option und Volatilität des Basiswertes mit Verlustrisiko und Gewinnchancen des Käufers einer Option

Volatilität/Moneyness	Aus dem Geld	Im Geld
Erhöhung der Volatilität	Sinkendes Verlustrisiko, steigende Gewinnchancen	Steigendes Verlustrisiko, steigende Gewinnchancen
Minderung der Volatilität	Steigendes Verlustrisiko, sinkende Gewinnchancen	Sinkendes Verlustrisiko, sinkende Gewinnchancen

Die oben angeführten Kennzahlen zur Messung der **Optionssensitivitäten** werden am Markt aufgrund der griechischen Buchstaben, mit denen sie benannt sind, auch als **Griechen** oder **Greeks** bezeichnet.[172] Darüber hinaus sind bei ausgewählten Basiswerten auch höhere partielle Ableitungen interessant.[173]

Analog zu den in Kapitel 4 dargestellten Sensitivitäten festverzinslicher Finanzinstrumente kann man die Griechen in einem finanzmathematischen Modell, das zu einer geschlossenen Lösung für den Optionspreis führt, als Ableitungen der Optionspreisformel nach dem gewünschten Einflussfaktor bestimmen. Unabhängig von der Bestimmung der Griechen kann man ebenso wie für festverzinsliche Finanzinstrumente die absolute Preisänderung der Option in Abhängigkeit von einem bestimmten Einflussfaktor wie dem Marktwert des

172 Über die an dieser und an anderer Stelle in diesem Buch aufgeführten Griechen hinaus existieren in der Praxis weitere, gebräuchliche Griechen, die auf höheren partiellen Ableitungen des Optionspreises basieren. Für eine tiefer gehende Darstellung wird bspw. auf Wilmott (2006) oder Haug (2007) verwiesen.

173 Bspw. Vanna und Volga im Zusammenhang mit Devisenoptionen, vgl. Kapitel 18.

Basiswertes, der Volatilität etc. mittels des relevanten Griechen bestimmen als

$$\text{Änderung des Optionspreises} \approx \text{Grieche} \cdot \text{Änderung des Einflussfaktors} \qquad (15.12)$$

Hierbei gilt ebenso wie bei der Risikoanalyse festverzinslicher Positionen für die Bestimmung der Sensitivitäten eines Portfolios, dass sich diese als Summe der Sensitivitäten der Einzelpositionen bestimmen. Die Sensitivität eines Portfolios wird nicht nur gemessen, sondern auch bewusst gesteuert – so lassen sich die Griechen auch bei der Immunisierung eines Portfolios gegen mögliche Änderungen der einzelnen Einflussfaktoren einsetzen.

Im Zusammenhang mit den Griechen einer Option werden in der Praxis häufig der Hebel und das **Omega Ω** einer Option betrachtet. Der Hebel beschreibt, wie in Abschnitt 15.2 bereits erwähnt, wie viele Optionsrechte der Käufer einer Option erwerben kann, wenn er bereit ist, Mittel in Höhe des aktuellen Marktwertes des Basiswertes zu investieren. Das Omega hingegen berechnet sich als

$$\text{Omega } \Omega = \text{Hebel} \cdot \text{Delta der Option} \qquad (15.13)$$

und gibt damit die prozentuale Änderung des Optionswertes aufgrund einer Änderung des Basiswertes um ein Prozent an. Es wird in der Praxis alternativ auch als **effektiver Hebel** bezeichnet.

Fallbeispiel 15.4 Risikoanalyse von Aktienoptionen
Eine Investorin hält ein Optionsportfolio aus 250 Call- und 80 Put-Optionen jeweils mit einem Bezugsverhältnis von 1: 1 auf die Aktien der XY AG. Das Delta der Put-Optionen mit Laufzeit von 3 Jahren und Basispreis 65,50 € liegt bei $\Delta_P = -0{,}33$ und ihr Marktwert bei 7,91 €, während die Call-Optionen mit Laufzeit von zweieinhalb Jahren und Basispreis 67,00 € ein Delta von $\Delta_C = 0{,}6255$ und einen Marktwert von 11,82 € aufweist. Der aktuelle Kurs der XY-Aktie ist 66,00 €. Damit kann die Investorin die Sensitivität der Optionen auf Marktbewegungen hin untersuchen. Ausgehend vom heutigen Aktienkurs $U(0) = 66{,}00$ € weiß sie, dass der Preis der einzelnen Call-Option auf diese Aktie bei einer Veränderung um einen Euro um 0,63 € steigt und der Preis der einzelnen Put-Option um 0,33 € sinkt. Unterstellt sie also, dass der Aktienkurs um $\Delta_U = 4{,}00$ € auf 70,00 € steigt, so kann sie die näherungsweise Änderung ihres Portfoliowertes anhand der Deltas der Optionen bestimmen als

$$\Delta PF = (250 \cdot \Delta_C + 80 \cdot \Delta_P) \cdot \Delta_U = \big(250 \cdot 0{,}6255 + 80 \cdot (-0{,}33)\big) \cdot 4{,}00\,€ = 519{,}90\,€$$

Ferner kann die Investorin die prozentuale Reaktion ihres Portfolios abschätzen. Dazu benötigt sie den Hebel der beiden Optionen:

$$\text{Hebel des Calls} = 1 \cdot \frac{66{,}00\,€}{11{,}82\,€} = 5{,}58$$

$$\text{Hebel des Puts} = 1 \cdot \frac{66{,}00\,€}{7{,}91\,€} = 8{,}34$$

Somit weiß sie, dass sie für den Investitionsbetrag für eine Aktie in der Höhe von 66,00 € aktuell mindestens 5 Call-Option oder 8 Put-Optionen kaufen kann. Zusätzlich kann sie aus der Berechnung des Omegas der beiden Optionen

$$\text{Omega des Calls} = 5{,}58 \cdot 0{,}6255 = 3{,}49$$

$$\text{Omega des Puts} = 8{,}34 \cdot (-0{,}33) = -2{,}75$$

die Information ableiten, dass sich der Wert der Call-Optionen mit einer 1-prozentigen Änderung des Aktienkurses um 3,49% in die gleiche Richtung ändert, während sich der Put um 2,75% gegenläufig verhält. Die prozentuale Veränderung ihres Portfolios bestimmt die Investorin nun unter Berücksichtigung der Portfoliogewichte, die den prozentualen Anteil der einzelnen Positionen – hier der Call- und der Put-Position – am Gesamtportfolio angeben:

$$\text{Portfolioanteil Calls} = \frac{250 \cdot 11{,}82\ €}{250 \cdot 11{,}82\ € + 80 \cdot 7{,}91 €} = 82{,}36\%$$

$$\text{Portfolioanteil Puts} = \frac{80 \cdot 7{,}91\ €}{250 \cdot 11{,}82\ € + 80 \cdot 7{,}91 €} = 17{,}64\%$$

Damit bestimmt das Omega des Portfolios als

$$\text{Omega des Portfolios} = 82{,}36\% \cdot 3{,}49 + 17{,}64\% \cdot (-2{,}75) = 2{,}39.$$

Der Wert des Portfolios ändert sich also bei einer 1-prozentigen Änderung des Aktienkurses um 2,39% in die gleiche Richtung.

15.4 Die Rolle von Modellen für die Bewertung von Derivaten

Aufgrund des asymmetrischen Ausübungsprofils sind die zukünftigen Zahlungen aus einer Option nicht deterministisch und somit ist eine stochastische Modellierung des Basiswertes – und gegebenenfalls anderer Einflussfaktoren – notwendig. In den gängigen finanzmathematischen Modellen zur risikoneutralen Bewertung von Optionen werden die Einflussfaktoren meist stark vereinfacht, indem der Optionswert als Funktion der direkten Einflussfaktoren dargestellt wird.

Bei der Wahl einer geeigneten Verteilung für den Basiswert spielt es neben der statistischen Untersuchung des Underlyings eine Rolle, inwiefern es gelingt, ein ökonomisch sinnvolles und realitätsnahes Modell aufzustellen, das in der Praxis umsetzbar ist. Dabei ist zu beachten, dass der Optionspreis von der von Marktteilnehmern angenommenen Verteilung des Underlyings in der Zukunft abhängt, während sich statistische Untersuchungen auf Informationen aus der Vergangenheit beziehen. Sofern Marktpreise für Optionen vorliegen, kann man diese heranziehen, um ein marktgerechtes Modell aufzustellen. Dieses Verfahren zur Bestimmung von Modellparametern wird **Kalibrierung** genannt. Im Idealfall liefert ein kalibriertes Modell für alle am Markt gehandelten Optionen Modellpreise, die zwischen dem aktuellen Kaufpreis (Bid) und dem Verkaufspreis (Offer) liegen. Die Bedeutung eines solchen Modells besteht daher nicht darin, Preise für Optionen zu bestimmen, für die schon Marktpreise existieren, sondern solche Derivate marktgerecht zu bewerten, für die kein Marktpreis zur Verfügung steht. Sofern keine Optionspreise zur Verfügung stehen, können an die Stelle der Kalibrierung des Modells statistische Methoden hinzugezogen werden, um marktgerechte Preise zu definieren.

In der Praxis werden Marktteilnehmer für den Handel in einem Derivat Aufschläge verlangen, die mindestens die Kosten des Risikomanagements abdecken. Diese Kosten hängen von der Komplexität des Derivates sowie von indirekten Faktoren wie Transaktionskosten, Steuern, der Liquidität des jeweiligen Marktes sowie dem Kontrahentenrisiko ab. Daher weicht der gehandelte Preis eines Derivates typischerweise vom Modellpreis ab. Diese Herangehensweise wird vor allem von Finanzinstitutionen gewählt, deren Geschäftsmodell darauf beruht, durch Preisaufschläge (Preisabschläge) beim Verkauf (Kauf) von Derivaten Gewinne zu erzielen. Dabei werden Risiken nach Möglichkeit verringert, indem Sensitivitäten des Portfolios durch das Eingehen geeigneter Gegenpositionen minimiert werden. Die Profitabilität wächst dabei mit der Anzahl, dem Volumen und der Höhe der Preisauf- und -abschläge der realisierten Transaktionen. Privatinvestoren sowie Manager von Fonds – insbesondere Hedgefonds – sind dagegen eher bereit, Risikopositionen aufzubauen, da deren Aufgabe darin besteht, durch Marktanalyse gewonnene Einsichten in gewinnbringende Handelsstrategien zu verwandeln.

Für die Derivatemärkte haben sich je nach Basiswert verschiedene Modelle durchgesetzt.

- Im **Aktienderivatemarkt** kommen häufig solche Modelle zum Einsatz, die an einen Markt, bestehend aus Optionen mit verschiedenen Basispreisen und Laufzeiten, kalibriert werden. Es gibt eine Vielzahl von Basiswerten, die alle von der gleichen Struktur sind, nämlich Aktienkurse mit periodischer Dividendenausschüttung. Derivate, die vom Kursverlauf verschiedener Aktienkurse abhängen, insbesondere Optionen auf Aktienindizes, sind verbreitet, da diese das Risiko streuen können. Die Modellierung solcher Optionen muss die Korrelation zwischen den verschiedenen Aktienkursen berücksichtigen.[174] Die Kalibrierung dieser Korrelationen ist mit großen Unsicherheiten verbunden, da es wesentlich weniger Marktinformationen aus gehandelten Derivaten als Korrelationsparameter gibt.

- Im **Zinsderivatemarkt** gibt es eine Vielzahl verschiedener Basiswerte wie Anleihekurse, Geldmarkt- sowie Swap-Sätze mit verschiedenen Kontraktausprägungen, deren Dynamik strukturell zusammenhängt. Der Optionsmarkt ist weniger liquide, sodass häufig für einen gegebenen Basiswert und eine gegebene Laufzeit nur wenige verlässliche Preise verfügbar sind. Optionen am Geld sind dabei die am liquidesten gehandelten Produkte. Eine Vereinfachung bei der Modellkalibrierung besteht daher darin, nur diese liquiden Optionen zu berücksichtigen. Eine andere in der Praxis verwendete Methode besteht darin, bei der

[174] Die Korrelation ist ein Maß für den Zusammenhang zweier Merkmale oder zufallsabhängiger Variablen, vgl. Bleymüller (2012) oder Puhani (2012).

Bewertung eines beliebigen Zinsderivates nur solche Standardoptionen für die Modellkalibrierung heranzuziehen, die strukturell dem Derivat am nächsten sind.

- Der **Devisenmarkt** ist mit dem Aktienmarkt insofern verwandt, als dass die Basiswerte alle die gleiche Struktur haben. Es gibt Standardoptionen auf diese relativ wenigen Basiswerte, die allerdings sehr liquide gehandelt werden. Darüberhinaus werden andere Derivate wie Barrierenoptionen aktiv gehandelt, sodass diese bei der Modellierung berücksichtigt werden müssen.[175] Die Korrelation verschiedener Devisenkurse spielt eine weniger prominente Rolle, da die meisten Derivate sich auf einen einzigen Basiswert beziehen.

Streng genommen lassen sich Derivatemodelle für Aktien, Zinsen und Devisen nicht voneinander trennen. Zum Beispiel hängten die Optionspreise auf Aktien und Devisen vom jeweiligen Forward-Preis mit der gleichen Laufzeit und damit von der Zinskurve ab. Die Bewertung von Devisenoptionen mit langer Laufzeit steht im Bezug zu der angenommenen Zinsdynamik, sodass solche Produkte auch als Zinsderivate aufgefasst werden können.

Auf Modelle für Derivate, die über die im Folgenden dargestellte Bewertung von Optionen hinausgehen, wird in den folgenden Kapiteln hingewiesen. Ihre detaillierte Behandlung geht jedoch über den Rahmen dieses Buches hinaus.

15.5 Vertiefungsfragen zu Kapitel 15

Frage 1

Ein Bankkunde möchte zur Absicherung seines Portfolios 100 Put-Optionen mit Bezugsverhältnis 1:1 auf die FARB AG erwerben und legt dabei die folgenden Informationen, die er von seinem Kundenberater erhalten hat, zugrunde:

- Der aktuelle Aktienkurs der FARB-Aktie beträgt 61,70 €.
- Der aktuelle exponentielle Nullkuponzins beträgt 3,00% p.a.
- Das Delta der Put-Option beträgt −0,33.
- Die Bank bietet die einzelne Put-Option zu einem Preis von 5,75 € an.

Der Kunde möchte sein Portfolio gegen eine negative Wertentwicklung über die nächsten zwei Jahre schützen und erwägt daher den Kauf einer europäischen Option mit einer Laufzeit von zwei Jahren und einem Basispreis von 60,00 €. Der allgemeinen Markteinschätzung nach wird die FARB AG in den kommenden beiden Jahren keine Dividende an ihre Aktionäre ausschütten.

a. Führen Sie für den Kunden eine generelle Analyse der Option durch und ermitteln Sie hierzu den inneren Wert und den Zeitwert der Option.

[175] Für eine genauere Darstellung von Barrierenoptionen vgl. Abschnitt 18.1.3.

b. Treffen Sie eine Aussage über die Sensitivität der Option hinsichtlich Änderungen des Aktienkurses der FARB-Aktie und bestimmen Sie die Änderung des Optionspreises bei einem Anstieg des Aktienkurses auf 65,00 €.

Frage 2

Eine Aktienoptionshändlerin möchte eine außerbörslich gehandelte, europäische Kaufoption auf die Aktie der BUNT AG bewerten und ermittelt dazu in ihrem Informationssystem, dass der aktuelle Kurs der Aktie der BUNT AG 64,60 € beträgt. Ferner kann ihr Kollege den marktgerechten Preis einer einfachen, europäischen Verkaufsoption auf die BUNT-Aktie mit einer Laufzeit von drei Jahren und einem Basispreis von 62,75 € nennen. Der Put-Preis liegt bei 6,60 €. Der hilfreiche Kollege legt außerdem einen risikolosen, exponentiellen Zins von 3,75% für die Laufzeit von drei Jahren zugrunde.

a. Berechnen Sie auf der Basis der gegebenen Informationen den fairen Call-Preis.
b. Bestimmen Sie den inneren Wert und den Zeitwert der Call-Option auf der Basis des in a. ermittelten Call-Preises.
c. Erläutern Sie, für was der Zeitwert einer Option steht. Welchen Wert nimmt der Zeitwert am Verfallstag der Option an?
d. Treffen Sie eine Aussage über die Moneyness des Calls und des Puts.

Frage 3

Der Optionshändler der XY Bank hat bereits ein Optionsportfolio aus OTC-Optionen auf die Aktie der Konkurrentin, der YZ Bank, aufgebaut:

Instrument	Position (Long/Short)	Delta	Vega
Call	+500	+0,95	0,15
Call	−1.500	+0,80	0,25
Call	−2.000	+0,40	1,80
Put	+1.000	−0,60	0,60
Put	−4.000	−0,70	0,70

Nun wird ihm eine weitere Option auf die Aktie der YZ Bank angeboten, die ein Delta von −0,50 und ein Vega von 1,00 aufweist.

a. Bestimmen Sie das Delta und das Vega des bereits bestehenden Optionsportfolios.
b. Finden Sie eine Handelsposition in der Aktie und der zum Kauf angebotenen Option, die in Kombination mit dem bereits bestehenden Optionsportfolio ein Delta und ein Vega von Null aufweist.[176]

[176] In einem solchen Fall bezeichnet man das Gesamtportfolio als delta- bzw. veganeutral, gleichbedeutend damit, dass das Portfolio nicht auf Änderungen des Marktwertes des Basiswertes bzw. auf Änderungen dessen Volatilität reagiert.

16 Aktienoptionen

Aktienoptionen sind Optionen, deren Basiswert eine Aktie ist. In diesem Kapitel werden zunächst Aktienoptionen kategorisiert und neben den Standardoptionen auch ausgewählte exotische Optionen sowie Handelsstrategien und Optionskombinationen vorgestellt. Nach einer Darstellung der Auszahlungsprofile und der Put-Call-Parität für Aktienoptionen wird deren Betrachtung durch finanzmathematische Modelle und so mit einer expliziten Bewertung von Aktienoptionen vervollständigt. Die Herleitung eines fairen Optionspreises anhand eines finanzmathematischen Modells ist insbesondere bei OTC-Optionen zur Überprüfung der Plausibilität eines geforderten Preises notwendig. Für europäische Optionen geschieht dies im Modell von Black und Scholes, das sich als Standard für diese Aktienoptionen etabliert hat. Ferner wird das Binomialmodell von Cox, Ross und Rubinstein vorgestellt, mit dem sich u.a. auch amerikanische Aktienoptionen bewerten lassen.

Vertiefende Literatur

Black, F. / Scholes, M. (1973): The Pricing of Options and Corporate Liabilities, Journal of Political Economy, 81(3), S. 637-654.

Bleymüller, J. (2012): Statistik für Wirtschaftswissenschaftler, 16. Auflage, Verlag Vahlen, München.

Brockhaus, O. (2013): Advanced Equity Derivatives, Arbeitspapier.

Cox, J. S. / Ross, S. / Rubinstein, M. (1979): Option Pricing: A Simplified Approach, Journal of Financial Economics, 7, S. 229-264.

Dupire, B. (1994): Pricing with a Smile, Risk Magazine 7(1), S. 18-20.

Gatheral, J (2006): The Volatility Surface: A Practitioner's Guide, Wiley, Hoboken.

Glasserman, P. (2003): Monte Carlo Methods in Financial Engineering, Springer Verlag, New York.

Haug, E. G. (2007): Complete Guide to Option Pricing Formulas, 2. Auflage, McGraw Hill Professional, New York.

Heston, S. L. (1993): A Closed-Form Solution for Options with Stochastic Volatility with Applications to Bond and Currency Options, Review of Financial Studies; 6(2), S. 327-343.

Merton, R. C. (1973): Theory of Rational Option Pricing, The Bell Journal of Economics and Management Science, 4(1), S. 141-183.

Musiela, M. / Rutkowski, M. (2005): Martingale Methods in Financial Modelling, 2. Auflage, Springer Verlag, New York.

Puhani, J. (2012): Statistik: Einführung mit praktischen Beispielen, 12. Auflage, Lexika Verlag, Eibelstadt.

S. Kruse, *Aktien-, Zins- und Währungsderivate*,

DOI: 10.1007/978-3-8349-4304-0_16,

Reitz, S. (2010): Mathematik in der modernen Finanzwelt: Derivate, Portfoliomodelle und Ratingverfahren, Vieweg Teubner, Wiesbaden.

Wilmott, P. (2006): Paul Wilmott on Quantitative Finance, 2. Auflage, Wiley, Chichester.

16.1 Kategorisierung von Aktienderivaten

Aktienoptionen werden an Terminbörsen wie der EUREX sowie außerbörslich zwischen institutionellen Anlegern (OTC) gehandelt. Ein besonderer Typ von börsengehandelten Aktienoptionen sind Optionsscheine (Warrants). Aktienoptionsscheine (Warrants) sind als Wertpapier gestaltete (verbriefte) Aktienoptionen, bei denen der Emittent immer die Verkaufsposition einnimmt. Im Gegensatz zu OTC- oder anderen börsengehandelten Aktienoptionen werden diese in kleineren Losgrößen gehandelt und sind daher auch für Kleinanleger und den Retailmarkt geeignet. Der Zugang zu einer Terminbörse ist beim Kauf und Verkauf von Optionsscheinen nicht erforderlich und kann über den Emittenten erfolgen. Hierbei stellt der Emittent sicher, dass der Markt hinreichend liquide ist. Häufig fungiert der Emittent zu diesem Zweck auch als Market Maker. Aufgrund der Konkurrenz in diesem Markt sind Bid-Offer-Spreads häufig geringer als für gelistete Optionen. Das Ausfallrisiko des Emittenten trägt typischerweise der Investor. Dies ist einer der wesentlichen Unterschiede zu börsengehandelten Optionen, bei denen eine Clearing-Stelle eingeschaltet ist.

Die Emission kann auf verschiedene Weisen erfolgen:

- Die Emission erfolgt als **nackter Optionsschein** (**Naked Warrant**) mit einer Laufzeit bis zu zwei Jahren. In diese Kategorie fallen auch **gedeckte Optionsscheine** (**Covered Warrants**), die sich dadurch auszeichnen, dass der Emittent den Basiswert im Depot hat und somit die Bedienung des Optionsscheins besichert. Bei diesem Geschäft ist der Emittent der Option typischerweise nicht identisch mit dem Emittenten des Basiswertes.
- Der **traditionelle Optionsschein auf Aktien** stammt aus der Emission einer Optionsanleihe. Optionsanleihen sind Schuldverschreibungen, die zusätzlich zur Anleihe mit Optionsrechten auf Aktien des Emittenten ausgestattet sind und damit als bedingte Kapitalerhöhung aufgefasst werden können. Diese Optionsrechte sind separat handelbar und in der Regel mit Laufzeiten bis zu 10 Jahren ausgestattet. Emittent des Basiswertes und Emittent des Optionsscheins sind identisch.

Im Aktienderivatehandel gibt es eine Vielzahl von Derivaten, die sowohl Privatinvestoren zugänglich als auch im institutionellen Markt verbreitet sind. Diese lassen sich in die folgende Kategorien einteilen:

- Kauf- und Verkaufsoptionen auf Aktien bzw. Aktienfutures: Plain Vanilla Optionen,[177]
- Optionen, die von mehreren Aktienpreisen abhängen: Multi Asset-Derivate,
- Pfadabhängige Aktienderivate.

Das Handelsvolumen ist für Kauf- und Verkaufsoptionen weitaus am größten. Plain Vanilla Optionen sind auch bis auf wenige Ausnahmen die einzigen börsengehandelten Derivate auf Aktienbasiswerte. Multi Asset und pfadabhängige Produkte, sogenannte exotische Optionen, haben sich seit Ende der 90er Jahre wachsender Beliebtheit erfreut, werden aber von Investoren seit der in 2007 einsetzenden Finanzkrise deutlich weniger nachgefragt.

16.1.1 Plain Vanilla Optionen

Plain Vanilla Optionen sind die gängigsten Derivate im Aktienmarkt. Alleine an der EUREX werden Optionen auf mehrere hundert verschiedene Aktien und Aktienfutures gehandelt. Die weitaus meisten dieser Kontrakte haben amerikanische Ausübungsrechte. Diese Kontrakte sind durch Laufzeitende und Basispreis spezifiziert.

Fallbeispiel 16.1 Einsatz von Aktienputs zur Portfolioabsicherung
Ein Privatkunde eines Kreditinstitutes besitzt eine größere Aktienposition, die sich unter anderem aus einer großen Position von 5.000 Aktien der LACK AG zusammensetzt. Der Kunde befürchtet nun, dass diese Aktie unter einen Aktienkurs von 25,00 € fällt. Dies wäre für ihn gleichbedeutend mit einem nicht tragbaren Verlust seines Vermögens. Daher rät ihm sein Kundenberater, zur Absicherung seines Aktienportfolios eine Put-Position auf 5.000 LACK-Aktien aufzubauen. Kauft er Put-Optionen mit einem Basispreis von 25,00 €, so sichert er sich gegen einen unter dem Basispreis liegenden Aktienkurs erfolgreich ab und kann die Aktien notfalls mit Ausübung der Option zu mindestens 25,00 € verkaufen. Diese Strategie, eine Long-Position im Basiswert durch eine Long-Strategie in Verkaufsoptionen abzusichern, nennt man einen **Covered Put**.

Abbildung 16.1 zeigt ein Beispiel für Preise europäischer Optionen in Abhängigkeit vom Basispreis, wobei alle Optionen den gleichen Basiswert sowie das gleiche Laufzeitende aufweisen.

Die Kombination von oder eine Strategie aus europäischen Optionen mit verschiedenen Basispreisen aber gleichen Laufzeiten erlaubt es theoretisch, beliebige, vom Wert des Basiswertes zum Laufzeitende abhängige Auszahlungsprofile zu konstruieren.

[177] In diesem Zusammenhang werden auch Strategien und Kombinationen aus Plain Vanilla Optionen betrachtet.

Abbildung 16.1 Preis europäischer Optionen in Abhängigkeit vom Basispreis

16.1.2 Optionsstrategien und Optionskombinationen

Optionsstrategien und Optionskombinationen setzen sich aus Plain Vanilla Optionen zusammen. **Option Spreads** zählen zu den am Markt häufigsten **Optionsstrategien.** Spreads setzen sich nur aus Calls und Puts zusammen, die sich bezüglich ihrer Position (Long/Short) sowie ihres Basispreises und/oder ihrer Laufzeiten unterscheiden können. Sind nur die Basispreise der Optionen unterschiedlich, so spricht man von **Call** oder **Put Spreads**. Liegen unterschiedliche Laufzeiten vor, so nennt man die Spread-Position einen **Calendar Spread**. Besitzen die Optionen der Spreadkombinationen unterschiedliche Basispreise und Laufzeiten, so werden sie als **Diagonal Spreads** bezeichnet. Spricht man hingegen von einer **Optionskombination**, so sind alle Optionen entweder Long oder Short. Durch die Optionsstrategien und -kombinationen lassen sich komplexere Risikoprofile erzeugen.

Fallbeispiel 16.2 Optionsstrategie Put Spread

Ein Put Spread ist eine Optionsstrategie, bestehend aus einem Long Put mit Basispreis K_L sowie einem Put Short mit Basispreis K_S, mit $K_L > K_S$. Diese Kombination zahlt zum Laufzeitende $K_L - K_S$, falls das Underlying unterhalb von K_S notiert und verfällt wertlos, falls es oberhalb von K_L notiert. Falls man das Bezugsverhältnis $1/(K_L - K_S)$ wählt, so zahlt die Strategie unterhalb von K_S eine Währungseinheit. Indem man K_L und K_S nahe beeinander wählt, kann man näherungsweise eine exotische Digitaloption erhalten, die eine

Währungseinheit zahlt, sofern das Underlying zum Laufzeitende unterhalb von K_S notiert und andernfalls wertlos ist. Die Bedeutung dieses Produktes besteht darin, dass der Preis näherungsweise die (diskontierte) Wahrscheinlichkeitsverteilung des Underlyings zum Laufzeitende an der Stelle K_S angibt.[178] Das heißt, aus Marktpreisen von europäischen Optionen lässt sich die vom Markt angenommene zukünftige Verteilung des Underlyings bestimmen. Das Auszahlungsprofil ist in **Abbildung 16.2** grafisch dargestellt.

Abbildung 16.2 Auszahlungsprofil eines Put-Spread im Fallbeispiel 16.2

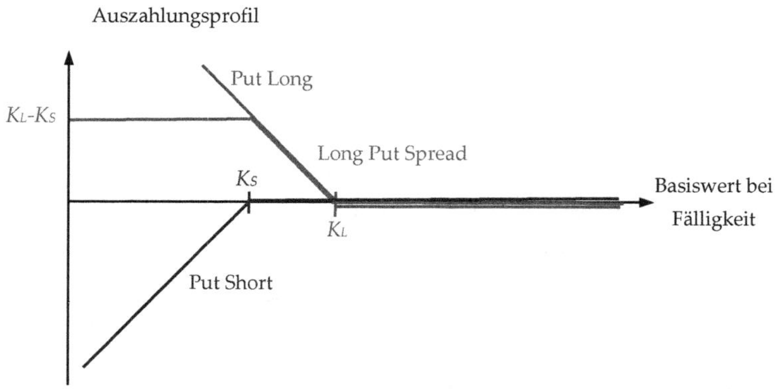

Fallbeispiel 16.3 Digitaloption als Strategie zweier Plain Vanilla Optionen
Eine Optionshändlerin möchte eine Digitaloption auf die Aktie der ABC AG verkaufen und benötigt zur Absicherung eine Hedging-Strategie. Mit dieser macht sie das Gegengeschäft auf, um den Verlust der eigenen Bank zu begrenzen. Die Digitaloption auf die Aktie ABC mit heutigem Kurs 120 € zahlt 100 €, sofern der Schlusskurs der Aktie, bezeichnet mit $S(T)$, am Ende der Laufzeit T höher als 115 € sein wird. Dieses Derivat kann durch einen **Call Spread** angenähert werden, nämlich durch ein Portfolio bestehend aus je 100 Kaufoptionen mit Basispreis 115 € sowie 116 € mit der gleichen Laufzeit, wobei die 115 €-Option gekauft und die (billigere) 116 €-Option verkauft wird, vgl. **Tabelle 16.1.** Am Auszahlungsprofil lässt sich ablesen, dass die Kombination von der gewünschten Digitaloption nach oben abweicht, sofern der Aktienkurs zum Laufzeitende zwischen 115 € und 116 € schließt.

[178] Da sich der Preis als diskontierte Erwartung an das zukünftige Auszahlungsprofil berechnet, vgl. Abschnitt 1.4, gilt
Preis der Digitaloption $= DF(0,T)(p \cdot 1 + (1-p) \cdot 0) = DF(0,t) \cdot p$
wobei p hier die Wahrscheinlichkeit dafür ist, dass der Aktienkurs zum Laufzeitende T kleiner als K_S ist.

Tabelle 16.1 Näherungsweise Nachbildung einer Digitaloption im Fallbeispiel 16.3

ABC Aktie	$t = 0$	$t = T$ $S(T) \leq 115$	$t = T$ $115 < S(T) < 116$	$t = T$ $S(T) \geq 116$
Call Long	$-100 \cdot C^{e,K=115}(0)$	0	$100 \cdot (S(T) - 115)$	$100 \cdot (S(T) - 115)$
Call Short	$+100 \cdot C^{e,K=116}(0)$	0	0	$-100 \cdot (S(T) - 116)$
Summe	$-100 \cdot C^{e,K=115}(0)$ $+100 \cdot C^{e,K=116}(0)$	**0**	$100 \cdot (S(T) - 115)$	**100**
Digitaloption	Optionsprämie	**0**	**100**	**100**

Die Bewertung des Call Spread ist theoretisch unproblematisch, sofern Marktpreise für europäische Optionen vorliegen. In diesem Beispiel ist es allerdings erforderlich, dass die Optionshändlerin jeweils 100 Stück der Optionen handelt. Da die Auszahlung des Call Spreads größer ist als die Auszahlung der Digitaloption, muss auch der faire Preis der Digitaloption unter dem Preis des Call Spreads liegen. Die in der Praxis höheren Kosten der Absicherung mittels des Call Spreads führen jedoch dazu, dass als Verkaufspreis einer Digitaloption der Preis für einen theoretisch teureren Call Spread verlangt wird.

Abbildung 16.3 Gewinn- und Verlustprofil eines Bottom-Straddle im Fallbeispiel 16.4

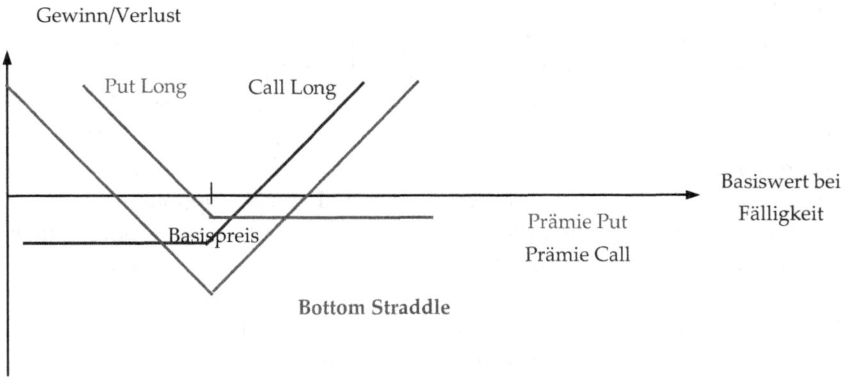

Fallbeispiel 16.4 Optionskombination Straddle

Bei einem **Straddle** handelt es sich um eine Optionskombination aus einem Call und einem Put, beide Optionen mit der gleichen Laufzeit und dem gleichen Basispreis auf das gleiche Underlying. Werden beide Optionen gekauft (long), so spricht man von einem **Bottom Straddle**, werden beide Optionen verkauft von einem **Top Straddle.** Die Optionsstrategie des Bottom Straddle setzt auf die Erwartung sich stark ändernder Kurse des Underlyings unabhängig von der Meinung über die Richtungsänderung. Der Top Straddle setzt auf einen stabilen gleichbleibenden Kursverlauf und ist mit einem hohen Risiko verbunden, da der Verlust bei großen Abweichungen theoretisch unbegrenzt ist. **Abbildung 16.3** zeigt das Gewinn- und Verlustprofil eines Bottom Straddle.

Abbildung 16.4 Gewinn- und Verlustprofil einer Top Vertical Combination im Fallbeispiel 16.5

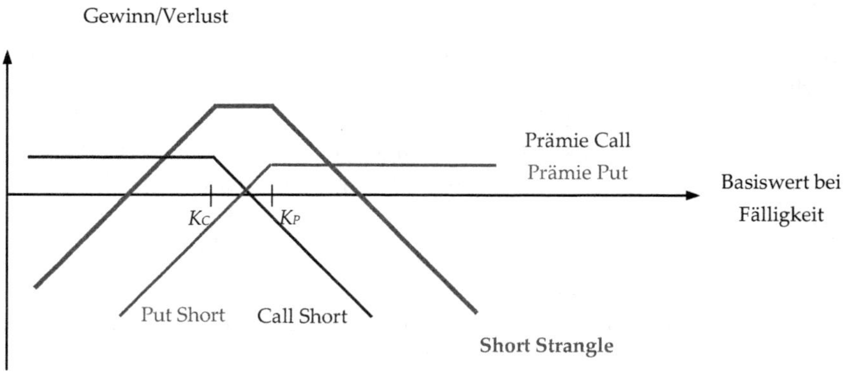

Fallbeispiel 16.5 Optionskombination Strangle
Bei einem **Strangle** besitzen beide Optionen die gleiche Laufzeit und sind auf den gleichen Basiswert ausgeschrieben, weisen aber unterschiedliche Basispreise auf. Die Basispreise der Call-Option sowie der Put-Option seien mit K_C sowie K_P bezeichnet. Sind beide Optionen gekauft (long), so spricht man von einem Long Strangle oder einer **Bottom-Vertical-Combination**, wird in beiden Optionen die Verkäuferposition eingenommen, so verkauft man einen Strangle oder eine **Top Vertical Combination**. Die Optionsstrategie der Top Vertical Combination setzt auf die Erwartungen sich nicht stark verändernder Aktienkurse und ist wie der Top Straddle mit einem hohen Risiko verbunden, während der Käufer einer Bottom-Vertical-Combination davon ausgeht, dass der Kursverlauf nicht innerhalb des durch die beiden Basispreise definierten Intervalls bleibt und seinen Verlust auf die Summe der beiden Optionsprämien begrenzt. **Abbildung 16.4** zeigt das Gewinn- und Verlustprofil einer Top Vertical Combination.

16.1.3 Multi Asset-Derivate

Es ist gängige Praxis unter Investoren, Risiko zu streuen. Dies kann zum Beispiel erreicht werden, indem nicht auf die Kursentwicklung einer einzelnen Aktie gesetzt wird, sondern auf einen ganzen Korb (**Basket**) von Aktien. Diese Körbe können nach Region oder Sektor differenziert sein. Einige Körbe sind als Index bekannt und werden liquide gehandelt. Beispiele sind regionale Aktienindizes wie EURO STOXX 50, DAX 100, und S&P 500 oder Sektorindizes wie der internationale Technologieindex NASDAQ 100. Korboptionen sind **Multi Asset-Derivate**. Im Fall von Indizes werden diese Derivate allerdings meist wie Optionen auf eine einzelne Aktie behandelt.

Darüber hinaus gibt es zum Beispiel Optionen, die das Recht verbriefen, statt dem Wert des Baskets den Wert der am stärksten gestiegenen Aktie aus einer gegebenen Gesamtheit für einen festen Basispreis zu kaufen (**Best of Option**). Solche Optionen erfordern die Betrachtung der Gesamtheit der beteiligten Aktien. Insbesondere spielt die Korrelation der Aktienkurse eine besondere Rolle bei der Analyse von Multi Asset-Derivaten.

Fallbeispiel 16.6 Auswirkung der Korrelation in Basketoptionen
Es werden zwei Aktien schematisch betrachtet, die bis zum Laufzeitende um genau 10% steigen oder fallen können. Die Wahrscheinlichkeit zu steigen sei für beide Aktien gleich 50%. Falls die Aktien sich parallel bewegen (hohe Korrelation), so wird der Korb, bestehend aus gleichen Anteilen der beiden Aktien (je 50% des Portfoliowertes), sich genauso verhalten wie eine einzelne Aktie: die Volatilität des Korbes ist gleich der Volatilität einer einzelnen Aktie. Falls eine Aktie immer dann steigt, wenn die andere fällt (negative Korrelation), so gleichen sich die Aktienbewegungen aus und der Wert des Korbes bleibt unverändert, das heißt der Korb hat keine Volatilität. Falls das Verhalten der einen Aktie in keinem Zusammenhang steht mit der Bewegung der anderen Aktie (keine Korrelation), so wird es Fälle geben, wo beide Aktien sich parallel bewegen und andere, wo eine Gegenbewegung stattfindet, sodass die Volatilität des Korbes zwischen Null und den Aktienvolatilitäten liegen wird. Aus der Betrachtung dieser drei Situationen ergibt sich, dass die Volatilität des Korbes mit wachsender Korrelation steigt. Der Erwartungswert der Rendite des Korbes hängt dagegen nicht von der Korrelation ab.

16.1.4 Pfadabhängige Derivate

Grundsätzlich kann die Auszahlung zum Laufzeitende vom gesamten Pfad des Basiswertes während der Laufzeit der Option abhängen. So gibt es eine Vielfalt von Optionen, die zum Beispiel vom Maximum bzw. Minimum des Aktienkurses, dem Mittelwert des Aktienkurses beziehungsweise der Varianz der täglichen Aktienrenditen abhängen. Diese Optionen sind bekannt als **Lookback-, asiatische** beziehungsweise **Varianzoptionen**.

Ein anderer im Aktienmarkt verbreiteter Optionstyp zielt darauf, die Optionalität auf mehrere Perioden zu verteilen und zu akkumulieren. Dies wird erreicht, indem die Auszahlung die Summe von Standardoptionen mit dem Unterschied ist, dass das Laufzeitende einer Option gleich dem Laufzeitbeginn der nächsten Option gesetzt wird. Der relevante Basispreis wird erst zum Laufzeitbeginn der jeweiligen Option als ein fester Prozentsatz des Aktienkurses gesetzt. Optionen dieses Typs heißen **Cliquets**, die einzelnen Cliquetlets heißen auch **Forward Starting Optionen**. Cliquets werden in der Regel eingesetzt, um die Mindestverzinsung eines ganzen Portfolios abzusichern und sind daher besonders bei Lebens- und Rentenversicherern sehr beliebt. Forward Starting Optionen werden auch im Rahmen von leistungsabhängigen Vergütungsprogrammen eingesetzt, da ihr Auszahlungsprofil auf die zukünftige Performance des Basiswertes – in diesem Fall die Aktie des Unternehmens – ausgerichtet ist.

Fallbeispiel 16.7 Forward Starting Option in Mitarbeiteranreizprogrammen
Eine Gruppe Angestellter einer großen Aktiengesellschaft arbeitet an einem für die AG wichtigen Forschungsprojekt, das auch für Konkurrenten sehr interessant ist. Um die Angestellten bis zum voraussichtlichen Ende des Projektes in einem halben Jahr zu binden, macht die AG das folgende Angebot: Die Angestellten bekommen einen nicht geringen Teil ihrer Vergütung durch das Versprechen der Firma, ihnen in einem halben Jahr eine bestimmte Anzahl von At the Money-Optionen mit einer Laufzeit von einem Jahr auf die eigene Aktie zu übertragen. Mit anderen Worten entspricht der Basispreis der Option dem in einem halben Jahr am Markt quotierten Kurs der Aktie. Aus Sicht der Angestellten entspricht dieses Angebot einer Anzahl von Forward Starting Optionen. Verlässt einer der Angestellten das Unternehmen vor dem voraussichtlichen Ende des Projektes, so verzichtet er auf die ihm in Aussicht gestellten Optionen und damit auf die Gelegenheit an einem über die Dauer des Forschungsprojektes hinaus sich positiv entwickelnden Aktienkurs zu partizipieren. Daher werden die im Rahmen solcher Mitarbeiteranreizprogramme verwendeten Forward Starting Optionen auch als „Golden Handcuffs" bezeichnet.

16.2 Allgemeine Bewertungsrelationen für Aktienoptionen

In Kapitel 15 wurden bereits die Grundzüge der generellen Optionsanalyse dargestellt, die im Folgenden auf Aktien bezogen werden. Dazu wird der heutige Aktienkurs (Stock Price) mit $S(0)$, der Basispreis mit K, die Laufzeit der Option mit T, der zugehörige Preis einer Kaufoption mit $C(0)$ und der Preis einer Verkaufsoption mit $P(0)$ bezeichnet. Damit stellt sich das Auszahlungsprofil eines Calls $C(T)$ auf die Aktie S mit einem vereinbarten Basispreis K im Ausübungs- oder Fälligkeitszeitpunkt T wie folgt dar

$$C(T) = \max(S(T) - K; 0) \tag{16.1}$$

während für das Auszahlungsprofil des entsprechenden Puts $P(T)$ gilt

$$P(T) = \max(K - S(T); 0) \tag{16.2}$$

Hierbei steht $S(T)$ für den heute noch unbekannten, zukünftigen Aktienkurs im Ausübungs- oder Fälligkeitszeitpunkt T.

Wie bereits beschrieben, kann der Zusammenhang zwischen einem Call und einem Put auf das gleiche Underlying, mit gleicher Laufzeit und dem gleichen Basispreis beschrieben werden durch die **Put-Call-Parität für europäische Aktienoptionen**

$$C^e(0) = P^e(0) + (F_S(T) - K) \cdot DF(0,T), \tag{16.3}$$

wobei $DF(0,T)$ der Diskontfaktor und $F_S(T)$ der Forwardpreis der Aktie mit Laufzeit T ist. Ferner bezeichnen $C^e(0)$ den Preis einer europäischen Kaufoption und $P^e(0)$den Preis einer europäischen Verkaufsoption. Hierbei ist zu beachten, dass der Besitzer von Aktien zusätzlich Anspruch auf Dividendenzahlungen haben kann, die im Falle von Optionen sowie Forward-Kontrakten entfallen. Daher gilt in der Regel

$$S(0) \geq F_S(T) \cdot DF(0,T) \tag{16.4}$$

Gleichheit kann angenommen werden, sofern die Aktie keine Dividenden zahlt.

Tipp
Optionspreise können verwendet werden, um Forward-Preise $F_S(T)$ sowie Diskontfaktoren $DF(0,T)$ getrennt zu berechnen. Dazu wendet man die Put-Call-Parität (16.3) mit zwei verschiedenen Basispreisen K_1, K_2 und gleichem Fälligkeitszeitpunkt T an:

$$C^{e,K_1}(0) - P^{e,K_1}(0) - C^{e,K_2}(0) + P^{e,K_2}(0) = (K_2 - K_1) \cdot DF\,(0,T) \tag{16.5}$$

Die Optionsposition auf der linken Seite wird auch **Box Trade** genannt.[179] Eine Analyse von Märkten zeigt, dass vor der Finanzkrise 2007 in der Regel mit einer einzigen Zinskurve bewertet wurde. Im Zuge der Finanzkrise sind Marktteilnehmer dazu übergegangen, verschiedene Kurven für Forward- und Diskontkurven zu verwenden.[180]

16.3 Standardmodelle zur Bewertung von Aktienoptionen

Aufgrund des Wahlrechtes des Käufers und der damit verbundenen Asymmetrie des Optionsgeschäftes ist der Ausgang eines solchen erst bei der Ausübung oder bei Fälligkeit bekannt. Der zukünftige Aktienkursverlauf ist aber a priori unbekannt und damit nicht deterministisch. Daher ist zur Bestimmung des Preises eine Annahme über die zugrunde liegende risikoneutrale Wahrscheinlichkeitsverteilung der Aktienkursentwicklung zu treffen.[181]

In den folgenden beiden Abschnitten werden zwei wichtige Bewertungsmethoden vorgestellt, die im Bereich der einfachen Aktienoptionen ungeachtet ihres Entstehungsdatums große Aktualität besitzen. Das Binomialmodell von Cox, Ross und Rubinstein findet Anwendung bei der Bewertung von amerikanischen Optionen oder anderen Produkten mit Ausübungsrechten wie z.B. Wandelanleihen. Die Black-Scholes-Formel kann für Produkte mit europäischem Auszahlungsprofil verwendet werden.

---

179 Für eine detaillierte Darstellung der Verwendung von Box Trades siehe Brockhaus (2013).

180 Die Notwendigkeit einer Bewertung mittels verschiedener Forward- und Diskontkurven wurde bereits bei der Bewertung von Floating Rate Notes und bei der Bewertung von Forwards und Swaps diskutiert. Als Diskontkurve für besicherte Geschäfte werden heute in der Regel OIS-Kurven verwendet, vgl. Kapitel 13.

181 Vgl. hierzu Abschnitt 1.4.

16.3.1 Optionsbewertung im Binomialmodell von Cox, Ross und Rubinstein

Zusätzlich zu den in Kapitel 1 formulierten Annahmen der arbitragefreien Bewertung gelten im **Binomialmodell von Cox, Ross und Rubinstein** aus dem Jahre 1979 die folgenden Annahmen:[182]

- **Der Aktienhandel ist diskret.** Während der Laufzeit wird die Aktie nur in zeitgleichen, diskreten Abständen gehandelt.
- **Die Aktienkursentwicklung kann durch eine Binomialverteilung beschrieben werden.**[183]
- **Der Zinssatz ist deterministisch.** Der exponentielle, risikolose Zinssatz **z** hängt nicht von der Laufzeit ab Der Diskontfaktor für Zahlungen zum Zeitpunkt t beträgt somit $DF(0,t) = (1+z)^{-t}$.
- **Die zugrunde liegende Aktie zahlt während der Laufzeit der Option keine Dividende.**[184]

Eine nützliche Methode zur Entscheidungs- und Preisfindung ist die Konstruktion eines Entscheidungsbaumes. Dabei handelt es sich um ein Diagramm, das die verschiedenen Entwicklungsmöglichkeiten oder **Pfade** des Aktienkursverlaufes darstellt. Hierbei nimmt man an, dass sich der Aktienkurs über einen festen Zeitraum mit einer bestimmten Wahrscheinlichkeit p nach oben („up") bewegt und dabei eine vorgegebene Rendite u realisiert und mit der Wahrscheinlichkeit $1-p$ nach unten („down") bewegt und dabei eine vorgegebene Rendite d realisiert. Diese Aktienkursentwicklung hat zwei mögliche Zustände und ist damit binomialverteilt mit Wahrscheinlichkeit p.

16.3.1.1 Das einstufige Binomialmodell

Beschränkt man sich auf die Betrachtung eines einzelnen, zukünftigen Zeitpunktes – bei der Bewertung einer europäischen Option ist dies deren Fälligkeit – so kann man die Aktienkursentwicklung und damit auch den Auszahlungswert einer Option auf diese Aktie mit Basispreis K mit einem Schritt im Entscheidungsbaum wie in **Abbildung 16.5** darstellen.

---

182 Vgl. Cox et al. (1979).

183 Genauer folgt die Aktienkursbewegung einem Random Walk oder Zufallsweg. Ein Ramdom Walk ist ein mathematisches Modell für eine zufällige, schrittweise Bewegung (hier in der Zeit), wobei die einzelnen Zuwächse voneinander unabhängig und identisch verteilt sind. Eine mathematisch exakte Darstellung des Binomialmodells von Cox, Ross und Rubinstein findet sich bspw. in Musiela / Rutkowski (2005).

184 Diese Annahme ist für die Ableitung eines Optionspreises im Binomialmodell nicht zwingend erforderlich.

Abbildung 16.5 Aktienkursbewegung für eine Periode im Binomialmodell

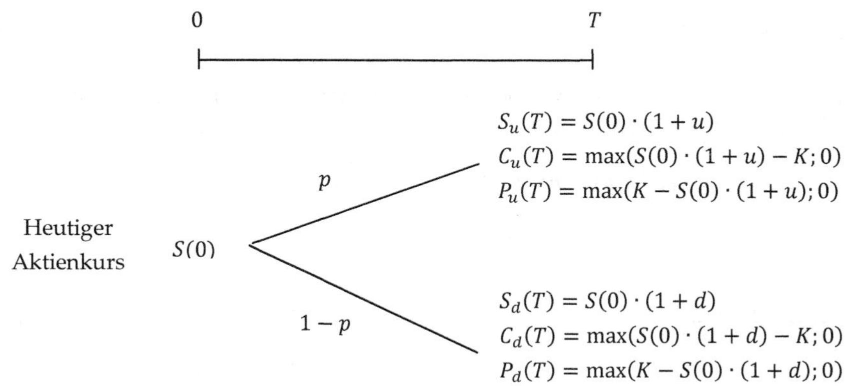

Nun kann die Argumentation aus Abschnitt 1.4 angewandt werden: Das Risiko der Option kann eliminiert werden, indem in eine geeignete Anzahl δ_0 von Aktien investiert wird. Mit

$$\delta_0 = \frac{C_u(T)-C_d(T)}{S_u(T)-S_d(T)} \tag{16.6}$$

gilt

$$C_u(T) - S_u(T) \cdot \delta_0 = C_d(T) - S_d(T) \cdot \delta_0 =: c \tag{16.7}$$

Diese Berechnung ist die Grundlage für die in **Tabelle 16.2** dargestellte Handelsstrategie, wobei der heutige Preis $C^e(0)$ der Option zunächst unbekannt ist.

Tabelle 16.2 Bewertung einer Call-Option mittels Replikation

Strategie/Zeit	0	T
Verkauf der Call-Option	$+C^e(0)$	$-C(T)$
Kauf von δ Aktien	$-\delta_0 \cdot S(0)$	$+\delta_0 \cdot S(T)$
Mittelaufnahme im Zero Bond	$-c \cdot DF(0,T)$	$+c$
Summe der Geschäfte	$+C^e(0) - \delta_0 \cdot S(0) - c \cdot DF(0,T)$	0

Unter den Annahmen der arbitragefreien Bewertung muss der heutige Preis der Geschäfte gleich Null sein, also muss

$$C^e(0) = \delta_0 \cdot S(0) + c \cdot DF(0,T) \tag{16.8}$$

gelten. Mittels Einsetzen der Definitionen von δ_0 gemäß Gleichung (16.6) und c gemäß Gleichung (16.7) folgt wie im Abschnitt 1.4

$$C^e(0) = DF(0,T) \cdot \big(p \cdot C_u(T) + (1-p) \cdot C_d(T)\big) \tag{16.9}$$

und

$$p = \frac{\frac{S(0)}{DF(0,T)} - S_d(T)}{S_u(T) - S_d(T)} = \frac{(1+z)^T - (1+d)}{u-d} \tag{16.10}$$

Daraus folgt, dass der einzig mögliche Preis des Derivates als diskontierter Erwartungswert berechnet werden kann. Dabei sind die Wahrscheinlichkeiten so gewählt, dass der heutige Aktienkurs $S(0)$ gleich dem Erwartungswert des diskontierten Aktienkurses zum Zeitpunkt T ist:[185]

$$S(0) = DF(0,T) \cdot \mathrm{E}[S(T)] = (1+z)^{-T} \cdot \big(p \cdot S(0) \cdot (1+u) + (1-p) \cdot S(0) \cdot (1+d)\big) \tag{16.11}$$

Um Arbitrage auszuschließen müssen die Aktienrenditen u und d zusammen mit dem Marktzins z folgende Bedingung erfüllen:

$$u > (1+z)^T - 1 > d \tag{16.12}$$

Dies ist gleichbedeutend damit, dass die Wahrscheinlichkeiten p und $1-p$ zwischen 0 und 1 liegen. Damit kann man den Aktienkurs zum Zeitpunkt T darstellen als $S(T) = S(0) \cdot X_1$, wobei X_1 eine Zufallsvariable ist, die mit Wahrscheinlichkeit p den Wert $1+u$ und mit Wahrscheinlichkeit $1-p$ den Wert $1+d$ annimmt. Mit dieser Wahrscheinlichkeit p kann man den risikoneutralen Preis des Derivates als diskontierten Erwartungswert der zukünftigen Auszahlung berechnen. Analog zum Preis des Calls in (16.9) ergibt sich der Put-Preis als

$$P^e(0) = DF(0,T) \cdot (p \cdot P_u(T) + (1-p) \cdot P_d(T)) \tag{16.13}$$

Tipp

Alternativ lässt sich die Wahrscheinlichkeit p mittels des Forward-Preises der zugrunde liegenden Aktie schreiben als[186]

---

185 Vgl. hierzu Abschnitt 1.4.

186 Vgl. Kapitel 8.

$$p = \frac{F_S(T) - S_d(T)}{S_u(T) - S_d(T)} \tag{16.14}$$

Falls nun die Aktie zum Zeitpunkt T eine Dividende Div zahlt, so ändert sich das Argument wie folgt: Aus dem Kauf von δ_0 Aktien ergibt sich zur Zeit T ein zusätzlicher Ertrag $\delta_0 \cdot Div$, der den aufzunehmenden Betrag c reduziert. Damit wird aus Gleichung (16.8)

$$C^e(0) = \delta_0 \cdot S(0) + (c - \delta_0 \cdot Div) \cdot DF(0,T) \tag{16.15}$$

Die risikolosen Wahrscheinlichkeiten ändern sich zu

$$p = \frac{\frac{S(0)}{DF(0,T)} - Div - S_d(T)}{S_u(T) - S_d(T)} = \frac{F_S(T) - S_d(T)}{S_u(T) - S_d(T)} \tag{16.16}$$

Hierbei ist $F_S(T)$ der Forward-Preis einer Aktie mit Dividendenzahlung aus Kapitel 8.

Fallbeispiel 16.8 Einstufiges Binomialmodell zur Bewertung einer Call-Option
Eine Risikocontrollerin will eine europäische Kaufoption auf eine Aktie mit einer Laufzeit von zwei Jahren[187] und einem Basispreis von 98,50 € bewerten. Der aktuelle Aktienkurs liegt bei 93,50 €. Der aktuelle exponentielle Zins wird der Controllerin mit 3,25% p.a. vorgegeben. Ferner ermittelt sie als Marktmeinung, dass die Aktie über die kommenden zwei Jahre eine positive Gesamtrendite u von 7,00% erwirtschaftet oder eine negative Gesamtrendite d von - 2,50% realisiert.

Die No-Arbitrage-Bedingung

$$u = 7{,}50\% > 1{,}0325^2 - 1 = 6{,}61\% > -2{,}50\%$$

ist erfüllt, so dass das Binomialmodell angewandt werden kann. Mit dieser Information kann die Risikocontrollerin die risikoneutralen Wahrscheinlichkeiten berechnen als

$$p = \frac{(1+z)^T - (1+d)}{u-d} = \frac{1{,}0325^2 - (1 - 0{,}025)}{0{,}07 - (-0{,}025)} = 0{,}9585$$

und $1 - p = 1 - 0{,}9585 = 0{,}0415$. Der von ihr aufgebaute Entscheidungsbaum sieht dann wie in **Abbildung 16.6** aus, sodass für den Optionspreis gilt

$$\begin{aligned} C^e(0) &= DF\,(0{,}2) \cdot \big(C_u(2) \cdot p + C_d(2) \cdot (1-p)\big) = 1{,}0325^{-2} \cdot (1{,}55€ \cdot 0{,}9585 - 0€ \cdot 0{,}0415) \\ &= 1{,}39\ € \end{aligned}$$

[187] Zur Vereinfachung wird im Weiteren bei der Bewertung der Optionen eine vereinbarte Zinsrechnungskonvention vernachlässigt. Streng genommen müsste diese in die genaue Angabe der Optionsfrist einfließen.

Abbildung 16.6 Entwicklung der Aktie über die Optionsfrist im Fallbeispiel 16.8

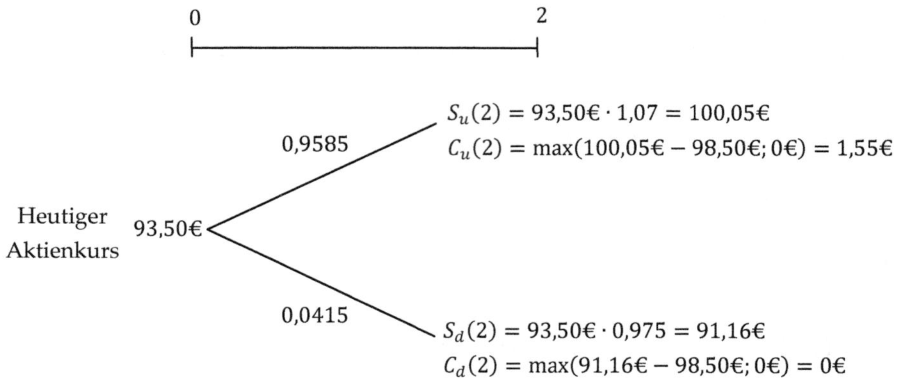

16.3.1.2 Das zweistufige Binomialmodell

Das einstufige Binomialmodell hat den Nachteil, dass man sich auf genau zwei mögliche Aktienkursentwicklungen festlegt. Dies kann man aber beheben, indem man die Aktienkursentwicklung nicht nur am Ende der Laufzeit der Option betrachtet, sondern auch die Entwicklung an zwischenzeitlichen Zeitpunkten mitberücksichtigt. Man nimmt wiederum an, dass sich der Aktienkurs über jede der betrachteten, gleich langen Perioden mit einer bestimmten Wahrscheinlichkeit p nach oben („up") bewegt und dabei entweder eine vorgegebene Rendite u realisiert und mit der Wahrscheinlichkeit $1 - p$ nach unten („down") bewegt und dabei eine vorgegebene Rendite d realisiert. Zunächst fügt man einen weiteren Beobachtungszeitpunkt in der Mitte der Optionsfrist bei $t = T/2$ ein.

Um Arbitrage auszuschließen müssen über die jeweilige Periode die Aktienrenditen u und d zusammen mit dem Marktzins z folgende Bedingung erfüllen

$$u > (1 + z)^{T/2} - 1 > d \tag{16.17}$$

wobei berücksichtigt werden muss, dass die Aktienkursentwicklung in kürzere Perioden eingeteilt wird. Die Entwicklung des Aktienkurses und der Optionspreise stellt sich dann im zweistufigen Entscheidungsbaum wie **Abbildung 16.7** dar.

Abbildung 16.7 Aktienkursbewegung für zwei Perioden im Binomialmodell

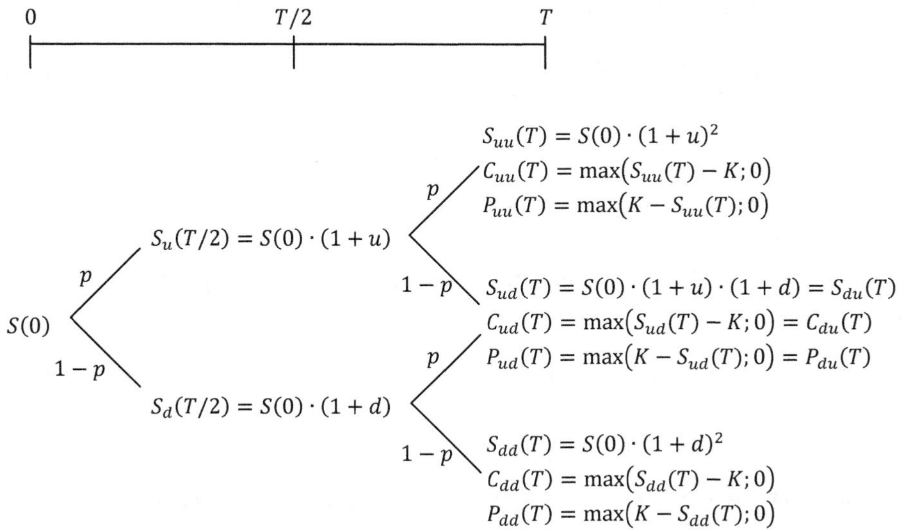

Somit kann man den Aktienkurs zum Zeitpunkt T darstellen als $S(T) = S(0) \cdot X_1 \cdot X_2$, wobei X_1 und X_2 unabhängige, identisch verteilte Zufallsvariablen sind, die mit Wahrscheinlichkeit p den Wert $1 + u$ und mit Wahrscheinlichkeit $1 - p$ den Wert $1 + d$ annehmen. Damit ist der Aktienkurs $S(T)$ binomialverteilt und mit der Annahme der Risikoneutralität kann man wiederum die risikoneutrale Wahrscheinlichkeit berechnen als

$$p = \frac{(1+z)^{T/2} - (1+d)}{u-d} \tag{16.18}$$

wobei die Binomialverteilung von der Anzahl der betrachteten Perioden (hier also zwei) abhängt. Anhand des Entscheidungsbaumes kann man wieder den Wert der Kaufoption bestimmen, indem man die unterschiedlichen Ausübungswerte mit ihrer Wahrscheinlichkeit gewichtet und diskontiert. Der Preis einer europäischen Call-Option ist dann gleich

$$C^e(0) = DF\,(0,T) \cdot \left(C_{uu}(T) \cdot p^2 + 2 \cdot C_{ud}(T) \cdot p \cdot (1-p) + C_{dd}(T) \cdot (1-p)^2\right) \tag{16.19}$$

und der Put-Preis entspricht

$$P^e(0) = DF\,(0,T) \cdot \left(P_{uu}(T) \cdot p^2 + 2 \cdot P_{ud}(T) \cdot p \cdot (1-p) + P_{dd}(T) \cdot (1-p)^2\right). \tag{16.20}$$

Tipp

Das gleiche Ergebnis erhält man, wenn man zunächst die Optionspreise zur Zeit $T/2$ ausgehend von den Preisen zur Zeit T analog zum Binomialbaum mit einem Zeitschritt berechnet: Man erhält für die beiden möglichen Positionen im Baum die Call-Preise

$$C_u^e(T/2) = DF(T/2,T) \cdot (p \cdot C_{uu}(T) + (1-p) \cdot C_{ud}(T)) \qquad (16.21)$$

und

$$C_d^e(T/2) = DF(T/2,T) \cdot (p \cdot C_{ud}(T) + (1-\text{p}) \cdot C_{dd}(T)) \qquad (16.22)$$

Der heutige Preis der Call-Option ergibt sich ausgehend von den Optionspreisen zur Zeit $T/2$ als

$$C^e(0) = DF(0,T/2) \cdot (p \cdot C_u^e(T/2) + (1-\text{p}) \cdot C_d^e(T/2)) \qquad (16.23)$$

Analoges gilt für den Preis der Put-Option.

Fallbeispiel 16.9 Zweistufiges Binomialmodell zur Bewertung einer europäischen Put-Option

Ein Optionshändler hält eine Put-Option mit einer Laufzeit von einem Jahr und einem Basispreis von 50,50 €, der aktuelle Aktienkurs ist bei 50,00 € und der exponentielle Zins sei 4,00%. Der Betrachtungszeitraum für die Aktienrenditen ist ein halbes Jahr und eine durch Betrachtung des Basispreises in der Vergangenheit gestützte Einschätzung führt zur Annahme von $u = 10{,}00\%$ und $d = -5{,}00\%$. Die Aktie zahlt keine Dividenden.

Da gilt

$$u = 10\% > (1{,}04)^{1/2} - 1 = 1{,}98\% > d = -5\%$$

ist die No Arbitrage-Bedingung erfüllt. Mit diesen Informationen kann der Optionshändler die Option im zweistufigen Binomialmodell bewerten und ermittelt zuerst die risikoneutrale Wahrscheinlichkeit p als

$$p = \frac{(1+z)^{T/2} - (1+d)}{u-d} = \frac{1{,}04^{1/2} - (1-0{,}05)}{0{,}10-(-0{,}05)} = 0{,}4654$$

und damit auch $1-p = 0{,}5346$. Damit kann er den Entscheidungsbaum zur Bewertung der Option wie in **Abbildung 16.8** aufbauen, indem er die antizipierte, zukünftige Aktienkursentwicklung berechnet

$$S_u(1/2) = 50{,}00\,€ \cdot 1{,}10 = 55{,}00\,€$$

$$S_d(1/2) = 50{,}00\,€ \cdot 0{,}95 = 47{,}50\,€$$

$$S_{uu}(1) = 50{,}00\,€ \cdot 1{,}10^2 = 60{,}50\,€$$

$S_{ud}(1) = 50{,}00\,€ \cdot 1{,}10 \cdot 0{,}95 = 52{,}25\,€$

$S_{dd}(1) = 50{,}00\,€ \cdot 0{,}95^2 = 45{,}125\,€$

und daraus die zukünftige Entwicklung der Optionspreise ableitet:

$P_{uu}(1) = \max(50{,}50\,€ - 60{,}50\,€; 0\,€) = 0\,€$

$P_{ud}(1) = \max(50{,}50\,€ - 52{,}25\,€; 0\,€) = 0\,€$

$P_{dd}(1) = \max(50{,}50\,€ - 45{,}125\,€; 0\,€) = 5{,}38\,€$

$P_u^e(1/2) = 0{,}4654 \cdot 0\,€ + 0{,}5346 \cdot 0\,€ = 0\,€$

$P_d^e(1/2) = 1{,}04^{-1/2} \cdot (0{,}4654 \cdot 0\,€ + 0{,}5346 \cdot 5{,}38\,€) = 2{,}82\,€$

Abbildung 16.8 Entwicklung der Aktie über zwei Perioden während der Optionsfrist im Fallbeispiel 16.9

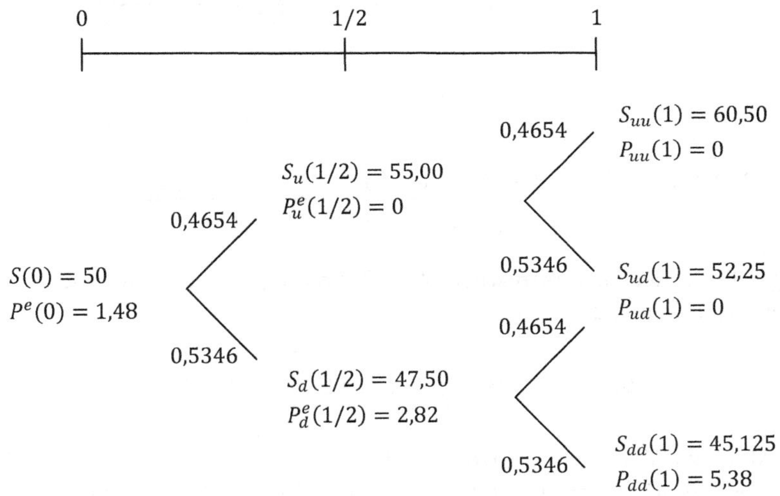

Der faire Wert der Verkaufsoption berechnet sich dann wie folgt

$$\begin{aligned} P^e(0) &= DF\,(0,1) \cdot (P_{uu}(1) \cdot p^2 + 2 \cdot P_{ud}(1) \cdot p \cdot (1-p) + P_{dd}(1) \cdot (1-p)^2) \\ &= 1{,}04^{-1} \cdot (0\,€ \cdot 0{,}4654^2 + 2 \cdot 0\,€ \cdot 0{,}4654 \cdot 0{,}5346 + 5{,}38\,€ \cdot 0{,}5346^2) \\ &= 1{,}48\,€. \end{aligned}$$

Das Ergebnis ist also die diskontierte Summe der möglichen intrinsischen Werte der Option zum Laufzeitende, gewichtet mit der Wahrscheinlichkeit des jeweiligen Zustandes. Eine alternative Berechnungsmethode basiert darauf, beginnend am Laufzeitende für jede Stelle im Baum den Wert der Option ausgehend von den jeweiligen zwei zukünftigen Werten der Option zu berechnen. Der heutige faire Preis $P^e(0)$ lässt sich dann als Erwartungswert der beiden nachfolgenden Optionswerte im Baum analog zu Gleichung (16.23) bestimmen:

$$\begin{aligned} P^e(0) &= DF(0,T/2) \cdot (p \cdot P_u^e(T/2) + (1-p) \cdot P_d^e(T/2)) \\ &= 1{,}04^{-0{,}5} \cdot (0{,}4654 \cdot 0 + 0{,}5346 \cdot 2{,}82) = 1{,}48\ € \end{aligned}$$

Tipp

Diese Überlegung erlaubt es nun, das Binomialmodell wie schon zuvor auf die Bewertung amerikanischer Ausübungsrechte zu übertragen. Der Halter einer amerikanischen Option hat zur Zeit $T/2$ die Möglichkeit, die Option auszuüben. Diese Entscheidung wird er nur dann fällen, wenn der Ausübungswert oder intrinsische Wert höher ist als der Optionswert.[188] Daher gilt im amerikanischen Fall

$$C_u^a(T/2) = \max\left(S_u(T/2) - K; DF(T/2,T) \cdot \underbrace{(p \cdot C_{uu}(T) + (1-p) \cdot C_{ud}(T))}_{=C_u^e(T/2)}\right) \tag{16.24}$$

sowie

$$C_d^a(T/2) = \max\left(S_d(T/2) - K; DF(T/2,T) \cdot \underbrace{(p \cdot C_{ud}(T) + (1-p) \cdot C_{dd}(T))}_{=C_d^e(T/2)}\right) \tag{16.25}$$

Der heutige Preis der amerikanischen Call-Option ergibt sich ausgehend von den Optionspreisen zur Zeit $T/2$ zu

$$C^a(0) = \max\left(S(0) - K; DF(0,T/2) \cdot (p \cdot C_u^a(T/2) + (1-p) \cdot C_d^a(T/2)\right) \tag{16.26}$$

Falls die Aktie zu den Zeitpunkten $T/2$ beziehungsweise T Dividenden $Div(T/2)$ beziehungsweise $Div(T)$ zahlt, so ändert sich die risikolose Wahrscheinlichkeit für den ersten Zeitschritt von 0 nach $T/2$ zu

$$p = p(0) = \frac{\frac{S(0)}{DF(0,T/2)} - Div(T/2) - S_d(T/2)}{S_u(T/2) - S_d(T/2)} = \frac{F_S(T/2) - S_d(T/2)}{S_u(T/2) - S_d(T/2)} \tag{16.27}$$

188 Diese Entscheidung stellt man wieder um mit der Maximumfunktion dar, die abbildet, dass sich der Optionsinhaber für die Handlungsalternative entscheidet, die ihm den größeren Wert liefert.

Im zweiten Zeitschritt von $T/2$ nach T hängt die Wahrscheinlichkeit vom Ort im Baum ab, womit analog zu (16.27) gilt[189]

$$p_u(T/2) = \frac{\frac{S_u(T/2)}{DF(T/2,T)} - Div(T) - S_{ud}(T)}{S_{uu}(T) - S_{ud}(T)} = \frac{F_{S,u}^{T/2}(T) - S_{ud}(T)}{S_{uu}(T) - S_{ud}(T)} \tag{16.28}$$

sowie

$$p_d(T/2) = \frac{\frac{S_d(T/2)}{DF(T/2,T)} - Div(T) - S_{dd}(T)}{S_{du}(T) - S_{dd}(T)} = \frac{F_{S,d}^{T/2}(T) - S_{dd}(T)}{S_{du}(T) - S_{dd}(T)} \tag{16.29}$$

wobei $F_{S,u}^{T/2}(T)$ und $F_{S,d}^{T/2}(T)$ die Forward-Preise der Aktie zum Zeitpunkt $T/2$ im Falle der Aufwärtsbewegung um u und der Abwärtsbewegung um d bezeichnen. Die Arbitragebedingung ist auch hier gleichbedeutend mit der Forderung, dass alle Wahrscheinlichkeiten $p(0)$ sowie $p_u(T/2)$ und $p_d(T/2)$ zwischen 0 und 1 liegen.

Fallbeispiel 16.10 Zweistufiges Baummodell zur Bewertung einer amerikanischen Call-Option mit Dividenden

Ein Risikocontroller betrachtet nun eine Kaufoption mit einer Laufzeit von zwei Jahren und einem Basispreis von 47,50 €, der aktuelle Aktienkurs ist 44,00 €. Zum Ende des Jahres ist jeweils eine Dividende von 2,00 € fällig. Der Controller nimmt den aktuellen exponentiellen Zins mit 3,00% p.a. an. Der jeweilige Betrachtungszeitraum für die Aktienrenditen beträgt ein Jahr und aufgrund beobachteter Aktienbewegungen werden $u = 4{,}00\%$ und $d = -4{,}00\%$ angenommen.

Wiederum gilt die No Arbitrage-Bedingung

$$u = 4\% > (1{,}03)^{2/2} - 1 = 3\% > d = -4\%$$

sodass der Controller das Binomialmodell anwenden kann. Mit diesen Informationen muss er zuerst auf Basis der unterstellten Aktienkursentwicklung mit

$$S(0) = 44{,}00\text{ €}$$

$$S_u(1) = 44{,}00\text{ €} \cdot 1{,}04 = 45{,}76\text{ €}$$

$$S_d(1) = 44{,}00\text{ €} \cdot (1 - 0{,}04) = 42{,}24\text{ €}$$

$$S_{uu}(2) = 44{,}00\text{ €} \cdot 1{,}04^2 = 47{,}59\text{ €}$$

$$S_{ud}(2) = 44{,}00\text{ €} \cdot 1{,}04 \cdot (1 - 0{,}04) = 43{,}93\text{ €}$$

$$S_{dd}(2) = 44{,}00\text{ €} \cdot (1 - 0{,}04)^2 = 40{,}55\text{ €}$$

[189] Somit wird die Annahme, dass die Aktienkursentwicklung durch eine Binomialverteilung beschreiben werden kann, aufgegeben, da sich die Wahrscheinlichkeiten in den einzelnen Zeitintervallen unterscheiden.

die heutigen sowie zukünftigen Forward-Preise $F_S(0,T/2)$ sowie $F_{S,u}^{T/2}(T)$ und $F_{S,d}^{T/2}(T)$ und daraus die risikoneutralen Wahrscheinlichkeiten für die beiden Zeitschritte berechnen:

$$F_S(0,T/2) = \frac{S(0)}{DF(0,T/2)} - Div(T/2) = 44{,}00\,€ \cdot 1{,}03 - 2\,€ = 43{,}32\,€ \tag{16.30}$$

$$F_{S,u}^{T/2}(T) = \frac{S_u(T/2)}{DF(T/2,T)} - Div(T) = 44{,}00\,€ \cdot 1{,}04 \cdot 1{,}03 - 2\,€ = 45{,}13\,€ \tag{16.31}$$

$$F_{S,d}^{T/2}(T) = \frac{S_d(T/2)}{DF(T/2,T)} - Div(T) = 44{,}00\,€ \cdot 0{,}96 \cdot 1{,}03 - 2\,€ = 41{,}51\,€ \tag{16.32}$$

Daraus ergeben sich die Wahrscheinlichkeiten wie folgt:

$$p(0) = \frac{F_S(T/2) - S_d(T/2)}{S_u(T/2) - S_d(T/2)} = \frac{43{,}32\,€ - 42{,}24\,€}{45{,}76\,€ - 42{,}24\,€} = 0{,}3068$$

$$p_u(1) = \frac{F_{S,u}^1(2) - S_{ud}(2)}{S_{uu}(2) - S_{ud}(2)} = \frac{45{,}13\,€ - 43{,}93\,€}{47{,}59\,€ - 43{,}93\,€} = 0{,}3279$$

$$p_d(1) = \frac{F_{S,d}^1(2) - S_{dd}(2)}{S_{ud}(2) - S_{dd}(2)} = \frac{41{,}51\,€ - 40{,}55\,€}{43{,}93\,€ - 40{,}55\,€} = 0{,}2840$$

Nun ist der Controller in der Lage den Entscheidungsbaum zur Bewertung der Option aufbauen. Dazu werden zunächst an den Knoten die Aktienkurse $S(0)$, $S_u(1)$, $S_d(1)$, $S_{uu}(2)$, $S_{ud}(2)$, $S_{dd}(2)$ eingetragen. Dann wird jede Kante mit der zugehörigen risikoneutralen Wahrscheinlichkeit $p(0)$, $p_u(1)$, $p_d(1)$ versehen. Die in **Abbildung 16.9** angegebenen Optionswerte ergeben sich anhand der folgenden Überlegungen. Zum Laufzeitende muss die amerikanische Option spätestens ausgeübt werden. Daher ist zur Zeit $T = 2$ der amerikanische sowie der europäische Optionswert durch den intrinsischen Wert gegeben und die Werte

$$C_{uu}(2) = \max(47{,}59\,€ - 43{,}50\,€; 0\,€) = 4{,}09\,€$$

$$C_{ud}(2) = \max(43{,}93\,€ - 43{,}50\,€; 0\,€) = 0{,}43\,€$$

$$C_{dd}(2) = \max(40{,}55\,€ - 43{,}50\,€; 0\,€) = 0\,€$$

können eingetragen werden. Die europäischen Optionspreise zur Zeit $T/2$ können daraus wie folgt berechnet werden:

$$C_u^e(1) = DF(1,2) \cdot \big(p_u(1) \cdot C_{uu}(2) + \big(1 - p_u(1)\big) \cdot C_{ud}(2)\big)$$

$$= 1{,}03^{-1} \cdot (4{,}09\,€ \cdot 0{,}3279 + 0{,}43\,€ \cdot 0{,}6721) = 1{,}58\,€$$

$$C_d^e(1) = DF(1,2) \cdot \big(p_d(1) \cdot C_{ud}(2) + \big(1 - p_d(1)\big) \cdot C_{dd}(2)\big)$$

$$= 1{,}03^{-1} \cdot (0{,}43\,€ \cdot 0{,}2840 + 0\,€ \cdot 0{,}7160) = 0{,}12\,€$$

Abbildung 16.9 Entwicklung der Aktie über zwei Perioden während der Optionsfrist im Fallbeispiel

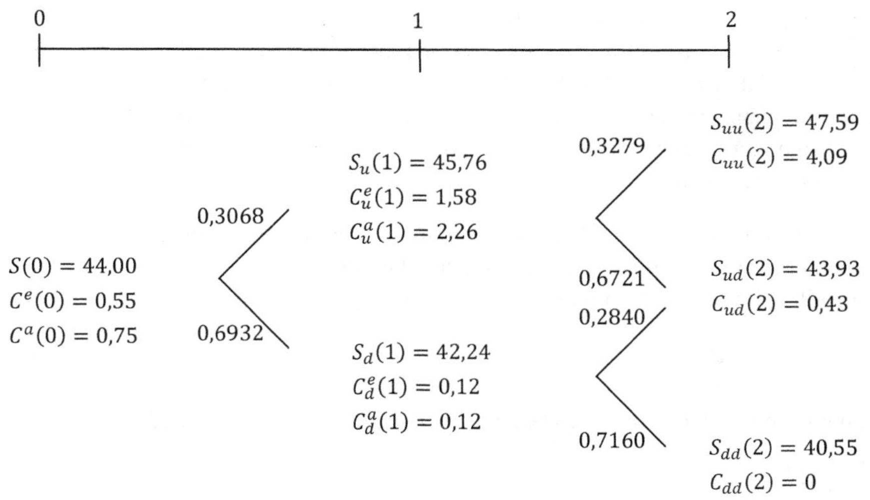

Der Inhaber der amerikanischen Option wird die Option zur Zeit $T/2$ ausüben, sofern er daraus einen Vorteil hat. Dies ist der Fall, wenn der Optionspreis unter dem Auszahlungsprofil liegt. Es gilt:

$$C_u^a(1) = \max(C_u^e(1); S_u(1) - K) = \max(1{,}58\,€\,; 45{,}76\,€ - 43{,}50\,€) = 2{,}26\,€$$

$$C_d^a(1) = \max(C_d^e(1); S_d(1) - K) = \max(0{,}12\,€\,; 42{,}24\,€ - 43{,}50\,€) = 0{,}12\,€$$

Damit sind die Optionspreise zur Zeit $T/2$ bestimmt. Im letzten Schritt werden die Optionspreise zur Zeit 0 in umgekehrter Zeitrichtung von $T/2$ nach 0 bestimmt. Der Preis der europäischen Option ergibt sich zu

$$C^e(0) = DF(0{,}1) \cdot \left(p(0) \cdot C_u^e(1) + \left(1 - p(0)\right) \cdot C_d^e(1)\right)$$

$$= 1{,}03^{-1} \cdot (0{,}3068 \cdot 1{,}58\,€ + 0{,}6932 \cdot 0{,}12\,€) = 0{,}55\,€$$

Daraus berechnet sich der Preis der amerikanischen Option als

$$C^a(0) = \max(C^e(0); S(0) - K)$$

$$= \max\left(0{,}55\,€\,; 1{,}03^{-1} \cdot (2{,}26\,€ \cdot 0{,}3068 + 0{,}12\,€ \cdot 0{,}6932)\right) = 0{,}75\,€$$

unter der Annahme, dass die Option sofort ausgeübt werden kann. Somit ist der faire Wert der europäischen Kaufoption $C^e(0) = 0{,}55$ €, während der Preis der amerikanischen Option $C^a(0) = 0{,}75$ € beträgt.

16.3.1.3 Das mehrstufige Binomialmodell

Die bislang dargestellten Binomialmodelle sind für eine genaue Optionsbewertung in der Praxis zu einfach, denn sie können bei einer oder zwei Stufen im Entscheidungsbaum nur eine sehr grobe Näherung des fairen Optionspreises liefern. Je mehr Stufen man einfügt, desto mehr mögliche Aktienkursszenarien kann man im Binomialmodell darstellen. Zur adäquaten Bewertung einer Option werden daher in der Praxis meist Binomialbäume mit mindestens 30 Stufen betrachtet.

Für eine allgemeine Anzahl von n Stufen fügt man $n-1$ äquidistante Beobachtungspunkte in die Optionsfrist ein.[190] Um Arbitrage auszuschließen müssen die Aktienrenditen u und d über die jeweilige Periode zusammen mit dem Marktzins z folgende Bedingung erfüllen

$$u > (1+z)^{T/n} - 1 > d \tag{16.33}$$

Die risikoneutrale Wahrscheinlichkeit beträgt im n-stufigen Binomialmodell

$$p = \frac{(1+z)^{T/n} - (1+d)}{u-d} \tag{16.34}$$

sodass sich der europäische Call-Preis im n-stufigen Binomialmodell berechnet als

$$C^e(0) = DF(0,T) \cdot \left(\sum_{i=0}^{n} \max\left(S(0) \cdot (1+u)^{n-i} \cdot (1+d)^i - K\,;\,0\right) \cdot \binom{n}{n-i} \cdot p^{n-i} \cdot (1-p)^i\right) \tag{16.35}$$

während der europäische Put-Preis durch

$$P^e(0) = DF(0,T) \cdot \left(\sum_{i=0}^{n} \max\left(K - S(0) \cdot (1+u)^{n-i} \cdot (1+d)^i\,;\,0\right) \cdot \binom{n}{n-i} \cdot p^{n-i} \cdot (1-p)^i\right) \tag{16.36}$$

gegeben ist, wobei $\binom{n}{n-i}$ für den Binomialkoeffizienten steht.[191]

Tipp
Berücksichtigt man im Aktienkursverlauf Dividenden zu den Zeitpunkten $t_i = i \cdot T/n$, so werden die Formeln komplizierter, da die Wahrscheinlichkeiten vom Ort im Baum abhängen. Eine Ausnahme bildet der Fall von $n-1$ Dividenden, deren Höhen proportional zum letzten Aktienkurs sind: Hierzu nimmt man an, dass die Dividende $Div(t_i)$ zur Zeit t_i gegeben ist durch eine Dividendenrendite div auf die Aktie, sodass gilt

[190] Dies ist gleichbedeutend damit, dass die gewählten Zeitpunkte alle den gleichen Abstand haben, so dass die Optionsfrist in n gleich große Zeitabschnitte eingeteilt wird.

[191] Für eine Erläuterung des Binomialkoeffizienten vgl. Puhani (2012).

$$Div(t_{i+1}) = div \cdot S(t_{i-1}) \tag{16.37}$$

Der Forward-Preis $F_S^{t_i}(t_{i+1})$ zur Zeit t_i mit Laufzeitende t_{i+1} ist dann

$$F_S^{t_i}(t_{i+1}) = \frac{S(t_i)}{DF(t_i,t_{i+1})} - Div(t_{i+1}) = \frac{S(t_i)}{DF(t_i,t_{i+1})} - div \cdot S(t_i) = S(t_i) \cdot \left((1+z)^{T/n} - div\right) \tag{16.38}$$

Die risikoneutralen Wahrscheinlichkeiten ergeben sich daraus analog zu (16.14) als

$$p(t_i) = \frac{F_S(t_i,t_{i+1}) - S(t_i)\cdot(1+d)}{S(t_i)\cdot(1+u) - S(t_i)\cdot(1+d)} = \frac{(1+z)^{T/n} - div - (1+d)}{u-d} \tag{16.39}$$

Sie hängen also nicht vom Ort im Baum ab und die Annahme der Binomialverteilung der Aktienkursentwicklung bleibt erhalten. Die obigen allgemeinen Formeln (16.35) sowie (16.36) gelten somit auch für den Fall von proportionalen Dividenden, die an jedem Zeitschritt gezahlt werden. Die einzige Anpassung besteht darin, bei der Berechnung der risikoneutralen Wahrscheinlichkeit p die Formel (16.39) zu verwenden.

Gibt man die Annahme einer Dividendenrendite auf, so gibt es für die Preise amerikanischer Optionen unter Berücksichtigung von Dividendenzahlungen keine allgemeinen Formeln, das heißt sie müssen durch schrittweises, in der Zeit zurückgehendes Rechnen im Baum ermittelt werden.

Tipp
Die einzige Ausnahme ist der Fall einer Kaufoption auf eine Aktie ohne Dividendenzahlungen: Man kann zeigen, dass es nie optimal ist, eine amerikanische Call-Option vor dem Laufzeitende auszuüben. Bei Ausübung einer amerikanischen Kaufoption erhält der Käufer der Option die Aktie zum Basispreis – wobei dieser bei der vorzeitigen Ausübung der amerikanischen Option früher zu leisten ist, als bei deren Ausübung zum späteren Zeitpunkt der Fälligkeit. Somit entgehen dem Käufer des amerikanischen Calls bei frühzeitiger Ausübung Zinsen aus einer möglichen risikolosen Anlage des Ausübungspreises. Es ist also nicht optimal, einen amerikanischen Call auf eine Aktie ohne Dividendenzahlung vorzeitig auszuüben und ihr Ausübungsprofil stimmt mit dem einer europäischen Option überein. Daher sind die Preise von amerikanischen und europäischen Kaufoptionen auf dividendenlose Aktien gleich.[192]

16.3.1.4 Konvergenz des Binomialmodells

Je mehr Handelszeitpunkte der Aktie also zugelassen werden, desto zuverlässiger wird die Berechnung des fairen, arbitragefreien und risikoneutralen Preises. Daher kann man sich fragen, was passiert, wenn man die Betrachtungsperioden immer kleiner und damit die Anzahl der Stufen immer größer macht. Dazu nutzt man den speziellen Zentralen Grenzwertsatz für die Binomialverteilung, der besagt, dass mit einer zunehmenden

---

192 Eine alternative Begründung für die Gleichheit europäischer und amerikanischer Call-Preise auf eine dividendenlose Aktie findet sich bspw. in Reitz (2010).

Wiederholung eines Zufallsexperiments mit zwei Ausgängen – und unter speziellen Voraussetzungen an die Wahrscheinlichkeit p – die Binomialverteilung der Summe der einzelnen Zufallsexperimente gegen eine Normalverteilung konvergiert. [193]

Im Binomialmodell kann man den Aktienkurs bei einer Zerlegung der Optionsfrist in n unterschiedliche Handelszeitpunkte schreiben als

$$S(T) = S(0) \cdot X_1 \cdot \ldots \cdot X_n \tag{16.40}$$

wobei die Zufallsvariablen X_i mit Wahrscheinlichkeit p den Wert $1 + u$ und mit Wahrscheinlichkeit $1 - p$ den Wert $1 + d$ annehmen. Um den speziellen Zentralen Grenzwertsatz auf eine Summe von Zufallsvariablen anwenden zu können, geht man zu logarithmischen Aktienrenditen über und ersetzt die einzelnen Zufallsvariablen X_i für $i = 1, \ldots, n$ durch

$$X_i = \mathrm{e}^{Y_i} \tag{16.41}$$

wobei die Zufallsvariablen Y_i wiederum mit Wahrscheinlichkeit p den Wert $u_\mathrm{e} = \ln(1 + u)$ und mit Wahrscheinlichkeit $1 - p$ den Wert $d_\mathrm{e} = \ln(1 + d)$ annehmen. Dann schreibt sich der Aktienkurs am Ende der Laufzeit der Option als

$$S(T) = S(0) \cdot \mathrm{e}^{Y_1 + \cdots + Y_n} \tag{16.42}$$

und durch Anwendung des Zentralen Grenzwertsatzes auf die binomialverteilte Summe $Y_1 + \cdots + Y_n$ und Umstellung der letzten Gleichung erhält man, dass die logarithmischen Aktienrenditen

$$\ln\left(\frac{S(T)}{S(0)}\right) = Y_1 + \cdots + Y_n \tag{16.43}$$

näherungsweise normalverteilt sind.

Je stärker man also die Fälligkeit der Option in kleine Handelszeiträume einteilt, desto besser kann man den Wert der Option alternativ mittels einer Normalverteilung der logarithmischen Aktienrenditen bestimmen. Auf dieser Idee normalverteilter, logarithmischer Aktienrenditen beruht nun das Black-Scholes-Modell, das im nächsten Abschnitt erläutert wird. Mathematisch kann man sogar zeigen, dass das Binomialmodell unter bestimmten Voraussetzungen an u und d mit einer größer werdenden Anzahl von Handelszeitpunkten während der Optionsfrist gegen das Black-Scholes-Modell konvergiert. [194]

---

193 Eine genaue Darstellung des Zentralen Grenzwertsatzes und insbesondere des speziellen Zentralen Grenzwertsatzes findet sich in jedem grundlegenden Statistik-Lehrbuch wie bspw. Puhani (2012) oder Bleymüller (2012). In diesem begründet sich auch die in der Praxis verbreitete Anwendung eines Binomialbaums mit 30 oder mehr Stufen.

194 Diese Voraussetzungen werden in Abschnitt 16.3.3 dargestellt.

16.3.2 Bewertung europäischer Optionen im Modell von Black und Scholes

Das **Black-Scholes-Modell** hat seinen Ursprung in den 70er Jahren und hat seit seiner Entstehung einen großen Einfluss auf die Bewertung und die Absicherung von Optionen und Optionsstrategien. Obwohl das Modell nur den Namen der beiden Autoren Fisher Black und Myron Scholes trägt, war auch Robert Merton maßgeblich an der Entstehung dieses Modells und der zugrunde liegenden Theorie beteiligt. Insbesondere wurden Myron Scholes und Robert Merton für ihre Theorie der Optionsbewertung im Jahre 1997 mit dem Nobelpreis für Wirtschaftswissenschaften ausgezeichnet.[195]

Zusätzlich zu den in Kapitel 1 formulierten Annahmen trafen Black und Scholes in ihrem in 1973 vorgestellten Modell zur Bewertung europäischer Aktienoptionen die folgenden Annahmen:[196]

- **Der Aktienhandel ist stetig.** Die Aktie kann beliebig oft und ständig gehandelt werden.
- **Die logarithmischen Aktienkursrenditen $\ln(S(T)/S(0))$ sind normalverteilt.**
- **Der Zinssatz ist deterministisch.** Der stetige, risikolose Zinssatz für die Laufzeit T beträgt r und hängt nicht von der Laufzeit ab. Der Diskontfaktor für Zahlungen zum Zeitpunkt T beträgt somit $DF(0,T) = e^{-rT}$.[197]
- **Die zugrunde liegende Aktie zahlt während der Laufzeit der Option keine Dividende.** [198]
- **Die Volatilität σ der Aktienkursentwicklung ist konstant.** Die unterstellte Schwankung der logarithmischen Aktienkursrenditen gemessen durch deren Standardabweichung verändert sich nicht und wird daher nicht durch die Länge des betrachteten Zeitraums oder durch andere Vorgaben beeinflusst.

Black-Scholes beschreiben die Aktienkursentwicklung als Random Walk anhand einer sogenannten stochastischen Differentialgleichung

$$\underbrace{dS(t)}_{\text{Aktienkursveränderung}} = \underbrace{r \cdot S(t) \cdot dt}_{\text{Verzinsung}} + \underbrace{\sigma \cdot S(t) \cdot dW(t)}_{\text{Zufallskomponente}} \qquad (16.44)$$

Diese Gleichung unterstellt, dass sich der Aktienkurs über einen bestimmten Zeitraum dt gemäß der Verzinsung plus einer Zufallskomponente entwickelt. Diese Zufallskomponente wird bestimmt durch die Änderung einer sogenannten Brownschen Bewegung W. Stark

195 Zu diesem Zeitpunkt war Fischer Black bereits verstorben. Ausgezeichnet wurden u.a. die Ergebnisse der beiden Publikationen Black / Scholes (1973) und Merton (1973).

196 Vgl. Black / Scholes (1973).

197 Da nun mit logarithmischen Aktienrenditen gearbeitet wird, ist es natürlich, einen stetigen Zins zu benutzen.

198 Wie schon im Binomialmodell ist der Ausschluss von Dividendenzahlungen für die Ableitung eines Optionspreises im Black-Scholes-Modell nicht zwingend erforderlich.

vereinfachend kann man sagen, dass sich eine Brownsche Bewegung über einen Zeitraum dt analog zu einer standardnormalverteilten Zufallsvariable $Z(dt)$ verhält, sodass gilt $dW(t) = Z(dt) \cdot \sqrt{dt}$. Hierbei sind die einzelnen Entwicklungen über unterschiedliche Zeiträume unabhängig voneinander.[199]

Die Lösung der Gleichung von Black und Scholes ist gegeben durch eine sogenannte **geometrische Brownsche Bewegung**

$$S(T) = S(0) \cdot \mathrm{e}^{r \cdot T - \frac{1}{2} \cdot \sigma^2 \cdot T + \sigma \cdot W(T)} = F_S(T) \cdot \mathrm{e}^{-\frac{1}{2} \cdot \sigma^2 \cdot T + \sigma \cdot W(T)} \tag{16.45}$$

und ist logarithmisch normalverteilt, da der zukünftige Aktienkurs durch die Exponentialfunktion einer normalverteilten Zufallsvariable, der Brownschen Bewegung, beschrieben wird. Im Black-Scholes-Modell sind die logarithmischen Aktienrenditen $\ln(S(T)/S(0))$ daher normalverteilt mit Erwartungswert $rT - 1/2\,\sigma^2 T$ und Standardabweichung $\sigma\sqrt{T}$. Unter diesen Annahmen bleibt die Risikoneutralität erhalten, sodass der heutige Aktienkurs dem diskontierten, erwarteten zukünftigen Aktienkurs entspricht

$$S(0) = \mathrm{e}^{-rT} \cdot E[S(T)] \tag{16.46}$$

gleichbedeutend damit, dass der heutige Forward-Preis der Aktie mit dem erwarteten Aktienkurs übereinstimmt

$$F_S(T) = E[S(T)] \tag{16.47}$$

Mit Hilfe stochastischer Methoden kann man in diesem Modell die Black-Scholes-Formeln[200] zur Optionsbewertung herleiten. Diese lauten für

- den **fairen Preis $C^e(0)$ einer europäischen Kaufoption** auf eine Aktie S mit Ausübungspreis K, einer Optionsfrist T und einer Volatilität σ der Aktie

  $$C^e(0) = \mathrm{e}^{-rT} \cdot (F_S(T) \cdot N(d_1) - K \cdot N(d_2)) \tag{16.48}$$

- den **fairen Preis $P^e(0)$ einer europäischen Verkaufsoption** auf eine Aktie S mit Ausübungspreis K, einer Optionsfrist T und einer Volatilität σ der Aktie

  $$P^e(0) = \mathrm{e}^{-rT} \cdot (K \cdot N(-d_2) - F_S(T) \cdot N(-d_1)) \tag{16.49}$$

wobei $N(d)$ den Wert der Normalverteilungsfunktion an einer Stelle d angibt[201], und es gilt

---

199 Eine mathematisch exakte Definition der Brownschen Bewegung sowie eine mathematisch exakte Darstellung des Black-Scholes-Modells findet sich bspw. in Musiela / Rutkowski (2005).

200 Black / Scholes (1973) haben nur den dividendenlosen Fall betrachtet. Trotzdem bezeichnet man die verallgemeinerte Formel mit ihrem Namen. Die gleiche Formel kommt auch für andere Finanzinstrumente wie Anleihen sowie Zinssätzen und Devisen zum Einsatz, vgl. Kapitel 17 und 18.

201 Zur Ermittlung der Wahrscheinlichkeiten siehe Normalverteilungstabelle im Anhang.

$$d_1 = \frac{\ln\left(\frac{F_S(T)}{K}\right) + \frac{1}{2}\sigma^2 \cdot T}{\sigma\sqrt{T}} \tag{16.50}$$

sowie

$$d_2 = d_1 - \sigma\sqrt{T} \tag{16.51}$$

Da die Aktie keine Dividenden zahlt, gilt für den heutigen Forward-Preis[202]

$$F_S(T) = S(0) \cdot \mathrm{e}^{r \cdot T} \tag{16.52}$$

In diesem Fall ergeben sich die klassischen Black-Scholes-Formeln für europäische Kaufoptionen

$$C^e(0) = S(0) \cdot N(d_1) - \mathrm{e}^{-rT} \cdot K \cdot N(d_2) \tag{16.53}$$

sowie europäische Verkaufsoptionen

$$P^e(0) = \mathrm{e}^{-rT} \cdot K \cdot N(-d_2) - S(0) \cdot N(-d_1) \tag{16.54}$$

mit

$$d_1 = \frac{\ln\left(\frac{S(0)}{K}\right) + \left(r + \frac{1}{2}\sigma^2\right) \cdot T}{\sigma\sqrt{T}} \tag{16.55}$$

und

$$d_2 = d_1 - \sigma\sqrt{T} \tag{16.56}$$

Diese Formeln gelten für Optionen mit einem Bezugsverhältnis von 1: 1. Um den Preis eines Optionsscheins mit einem abweichenden Bezugsverhältnis zu erhalten, gewichtet man in der Praxis den Black-Scholes-Preis einer Option auf eine einzelne Aktie mit dem entsprechenden Bezugsverhältnis.

Fallbeispiel 16.11 Bewertung einer Call-Option im Black-Scholes-Modell
Einem Händler liegt eine Kaufoption auf eine dividendenlose Aktie mit einem heutigen Aktienkurs von 53,20 €, einem Basispreis von 55,00 € und einer Restlaufzeit von anderthalb Jahren als Kauf- und als Verkaufsangebot vor. Ferner liegt ihm als Marktinformation der stetige Zins für die Laufzeit von anderthalb Jahren mit 3,5% p.a. und eine Volatilität der Aktie von 18,50% vor. Mathematisch lässt sich diese Information schreiben als $S(0) = 53{,}20$, $K = 55{,}00$, $T = 1{,}5$, $r = 0{,}035$ und $\sigma = 0{,}185$.

---

202 Vgl. Kapitel 8.

Zur Bewertung der Option setzt der Händler die gegebene Information in die Black-Scholes-Formel für Kaufoptionen ein und berechnet zunächst

$$d_1 = \frac{\ln\left(\frac{S(0)}{K}\right) + \left(r + \frac{1}{2}\sigma^2\right) \cdot T}{\sigma\sqrt{T}} = \frac{\ln\left(\frac{53{,}20\,€}{55{,}00\,€}\right) + \left(0{,}035 + \frac{1}{2}(0{,}185)^2\right) \cdot 1{,}5}{0{,}185\sqrt{1{,}5}} = 0{,}20$$

und damit dann

$$d_2 = d_1 - \sigma\sqrt{T} = 0{,}20 - 0{,}185\sqrt{1{,}5} = -0{,}03$$

Die Werte der Normalverteilung ermittelt er mit der Normalverteilungstabelle im Anhang als

$$N(d_1) = N(0{,}20) = 0{,}5793 \quad \text{und} \quad N(d_2) = N(-0{,}03) = 0{,}488$$

Damit ist der Händler in der Lage den Black-Scholes-Preis der Kaufoption zu berechnen:

$$\begin{aligned} C^e(0) &= S(0) \cdot N(d_1) - K \cdot \mathrm{e}^{-rT} \cdot N(d_2) \\ &= 53{,}20\,€ \cdot 0{,}5793 - 55{,}00\,€ \cdot \mathrm{e}^{-0{,}035 \cdot 1{,}5} \cdot 0{,}488 = 5{,}3515\,€ \end{aligned}$$

Der faire Preis der Kaufoption beträgt somit 5,35 €.

Tipp

Sofern angenommen wird, dass die Aktie für den Zeitraum von t bis $t + dt$ Dividenden $Div(t + dt)$ der Höhe

$$Div(t + dt) = div \cdot S(t) \cdot dt \tag{16.57}$$

ausschüttet, so ergibt sich statt Gleichung (16.44) die Differentialgleichung[203]

$$\underbrace{dS(t)}_{\text{Aktienkursveränderung}} = \underbrace{r \cdot S(t) \cdot dt}_{\text{Verzinsung}} - \underbrace{div \cdot S(t) \cdot dt}_{\text{Dividendenzahlungen}} + \underbrace{\sigma \cdot S(t) \cdot dW(t)}_{\text{Zufallskomponente}} \tag{16.58}$$

Diese Gleichung hat die Lösung

$$S(T) = S(0) \cdot \mathrm{e}^{(r-div)\cdot T - \frac{1}{2}\cdot\sigma^2\cdot T + \sigma\cdot W(T)} = F_S(T) \cdot \mathrm{e}^{-\frac{1}{2}\cdot\sigma^2\cdot T + \sigma\cdot W(T)} \tag{16.59}$$

Damit lassen sich die Black-Scholes-Formeln (16.48) und (16.49) auch im Falle einer Dividendenrendite div anwenden.[204]

---

[203] Die Verallgemeinerung der Annahmen von Black-Scholes um Dividenden geht auf Merton (1973) zurück.

[204] Dieses Resultat geht zurück auf Merton (1973).

Fallbeispiel 16.12 Bewertung einer Call-Option auf eine Aktie mit Dividendenrendite im Black-Scholes-Modell
Ein Fondsmanager möchten den ihm angebotenen Preis eines Aktiencalls auf die Aktie der Schwarz-Weiß AG mit Basispreis 75,00 € und einer Laufzeit von einem Jahr nachvollziehen. Er verfügt dabei über die Information, dass der aktuelle Preis der Aktie bei 74,50 € und ihre implizite Volatilität bei 28,50% liegt. Als Zinssatz für die Laufzeit der Option legt er einen stetigen Zins von 2,35% zugrunde, während er für die Dividendenrendite 3,00% annimmt. Mathematisch lässt sich diese Information schreiben als $S(0) = 74{,}50$, $K = 75{,}00$, $T = 1$, $r = 0{,}0235$, $\sigma = 0{,}2850$ und $div = 0{,}03$.

Der Fondsmanager nutzt die Black-Scholes-Formeln (16.48) und (16.49) und berechnet zunächst den Forward-Preis der Aktie[205]

$$F_S(1) = S(0) \cdot e^{(r-div)\cdot T} = 74{,}50 \cdot e^{(0{,}0235-0{,}03)\cdot 1} = 74{,}02\ €$$

sowie die Werte

$$d_1 = \frac{\ln\left(\frac{F_S(1)}{K}\right) + \frac{1}{2}\sigma^2 \cdot T}{\sigma\sqrt{T}} = \frac{\ln\left(\frac{53{,}20\ €}{75{,}00\ €}\right) + \frac{1}{2}0{,}0285^2 \cdot 1}{0{,}285\sqrt{1}} = 0{,}10$$

und

$$d_2 = d_1 - \sigma\sqrt{T} = 0{,}10 - 0{,}285\sqrt{1} = -0{,}19$$

Die Werte der Normalverteilung ermittelt sich anhand der Normalverteilungstabelle im Anhang als

$$N(d_1) = N(0{,}10) = 0{,}5398 \quad \text{und} \quad N(d_2) = N(-0{,}19) = 0{,}4247$$

Damit ist der Händler in der Lage den Black-Scholes-Preis der Kaufoption zu berechnen:

$$\begin{aligned} C^e(0) &= \mathrm{e}^{-rT} \cdot (F_S(T) \cdot N(d_1) - K \cdot N(d_2)) \\ &= \mathrm{e}^{-0{,}0235\cdot 1} \cdot (74{,}02\ € \cdot 0{,}5398 - 75{,}00\ € \cdot 0{,}4247) = 7{,}92\ € \end{aligned}$$

Den faire Preis der Kaufoption unter Berücksichtigung der Dividendenrendite ermittelt der Fondsmanager als 7,92 €.

Fallbeispiel 16.13 Bewertung einer Put-Option im Black-Scholes-Modell
Der Händler betrachtet nun eine Verkaufsoption mit dem gleichen Basispreis, der gleichen Laufzeit und auf die gleiche dividendenlose Aktie wie in Fallbeispiel 16.11. Damit nimmt er auch die Volatilität und den stetigen Zinssatz wie im vorherigen Beispiel an und weiß, dass $d_1 = 0{,}20$ und $d_2 = -0{,}03$ betragen. Die Werte der Normalverteilung in Bezug auf den Put ermitteln sich dann mit der Normalverteilungstabelle als

---

205 Dieser ermittelt sich analog zum Forward-Preis eines Aktienindex mit einer stetigen Dividendenrendite, vgl. Kapitel 8.

$N(-d_1) = N(-0{,}20) = 1 - 0{,}5793 = 0{,}4207$ und $N(-d_2) = N(0{,}03) = 1 - 0{,}488 = 0{,}512$

Zur Bewertung der Verkaufsoption benutzt der Händler nun die Black-Scholes-Formel für Verkaufsoptionen:

$$\begin{aligned} P^e(0) &= K \cdot e^{-rT} \cdot N(-d_2) - S(0) \cdot N(-d_1) \\ &= 55{,}00\,€ \cdot e^{-0{,}035 \cdot 1{,}5} \cdot 0{,}512 - 53{,}20\,€ \cdot 0{,}4207 = 4{,}3385\,€ \end{aligned}$$

Der faire Preis der zugehörigen Put-Option liegt bei 4,34 €.

Tipp
In diesem Beispiel hätte der Investor den Preis der Verkaufsoption auch mit der Put-Call-Parität bestimmen können, da die Kauf- und die Verkaufsoption die gleiche Laufzeit und den gleichen Basispreis haben und Rechte auf die gleiche Aktie verbriefen. Durch Umstellung der Put-Call-Parität erhält man

$$P^e(0) = C^e(0) - S(0) + K \cdot DF\,(0,T) = 5{,}35\,€ - 53{,}20\,€ + 55\,€ \cdot e^{-0{,}035 \cdot 1{,}5} = 4{,}34\,€$$

Ist der Preis der einen Option (Kauf- oder Verkaufsoption) bekannt, so kann man die weitere (Verkaufs- oder Kaufoption) auch mit der Put-Call-Parität berechnen oder diese zur Überprüfung der eigenen Rechnung nutzen.

16.3.3 Ermittlung der Modellparameter für Aktienoptionen

Wie schon in Abschnitt 15.3 diskutiert, hängt der Preis von Aktienoptionen von der Ausgestaltung des Vertrages mit Hinblick auf den Basispreis K, die Laufzeit T und den Optionstyp (amerikanisch oder europäisch) ab. Weitere direkte Einflussfaktoren, die man aus der Marktmeinung – Handels- oder Informationssysteme wie Bloomberg oder Reuters, Zeitungen etc. – ermitteln kann, sind der heutige Aktienkurs $S(0)$ der zugrunde liegenden Aktie, erwartete zukünftige Dividendenzahlungen sowie der Zinssatz. Je nachdem, welches der vorgestellten Modelle zur Bewertung der Option herangezogen wird, wird der Optionspreis zusätzlich im Black-Scholes-Modell durch die Volatilität σ des Aktienkurses oder im Binomialmodell durch die Marktmeinung bezüglich der Aufwärtsrendite u und der Abwärtsrendite d beeinflusst. Die Ermittlung dieser **Modellparameter** ist nicht unproblematisch und sogar kritisch, da die Parameter einen erheblichen Einfluss auf den Wert einer Option haben.

In Abschnitt 15.4 wurde angedeutet, dass Modelle entweder unter Verwendung historischer Daten parametrisiert oder an gegebene Optionspreise kalibriert werden können. Bezogen auf das Black-Scholes-Modell bedeutet dies, dass man zum Einen anhand historischer (logarithmischer) Aktienkursrenditen die Standardabweichung der Renditen berechnen und diese gleich der Volatilität σ setzen kann. Diese Methode beruht auf der Annahme, dass sich die Schwankung der Aktienkurse auch in der Zukunft so verhält wie im historischen Betrachtungszeitraum. Zum Anderen kann man den Modellparameter Volatilität so ermitteln, dass der Black-Scholes-Preis – unter Verwendung der bekannten

Zinskurve, des Aktienkurses, der prognostizierten Dividenden sowie der gegebenen Bestandteile des Optionsvertrages – einem gegebenen Marktpreis entspricht. Die so bestimmte Volatilität heißt auch **implizite Volatilität.** Die erste Methode findet vor allem dort Anwendung, wo kein Optionsmarkt für die Aktie vorhanden ist. Wenn Marktpreise vorhanden sind, kann die erste Methode immer noch eine Indikation liefern, wie hoch die Risikoprämie für die Option im Markt ist. Falls dagegen Marktpreise vorhanden sind, werden diese zur Preisfindung in der Regel herangezogen und die zweite Methode kommt zum Einsatz. Insofern ist kein Modell erforderlich, um den Preis einer solchen Option zu ermitteln. Die Bedeutung eines Modells besteht dann darin, unter Berücksichtigung der gegebenen impliziten Volatilitäten solche Derivate zu bewerten, die nicht am Markt gehandelt werden.

So nutzt man beispielsweise die Marktpreise europäischer Optionen zur Ermittlung der impliziten Volatilität auf Basis der Black-Scholes-Formel. Liegt die auf dieser Basis ermittelte, implizite Volatilität des Aktienkurses vor, so berechnet man die Auf- und Abwärtsrenditen u und d des Binomialmodells anhand der Zusammenhänge

$$u = \mathrm{e}^{\sigma\sqrt{T/n}} - 1 \tag{16.60}$$

und

$$d = \mathrm{e}^{-\sigma\sqrt{T/n}} - 1 \tag{16.61}$$

unter der Annahme, dass die Aktie an n verschiedenen Handelszeitpunkten während der Optionsfrist T gehandelt wird. Unterstellt man diesen Zusammenhang, so konvergiert das Binomialmodell mit einer größer werdenden Anzahl an Handelsintervallen, also mit einem größer werdenden n, gegen das Black-Scholes-Modell.[206] Unter Verwendung der so bestimmten Aktienrenditen ist das Binomialmodell eine diskrete Version des Black-Scholes-Modells und damit konsistent mit den beobachteten Markt- und Black-Scholes-Preisen. Es kann dann, ohne zu einem Widerspruch der genutzten Bewertungsmethoden untereinander zu führen, auf die Bewertung amerikanischer oder exotischer Optionen angewandt werden.

Fallbeispiel 16.14 Vergleich einer Optionsbewertung in beiden Modellen
Einer Optionshändlerin liegt ein europäischer Call auf eine Aktie mit einem Basispreis von 101 € und einer Restlaufzeit von zwei Jahren vor. Die Volatilität entnimmt die Händlerin ihrem Handelssystem als 25,00%, der exponentielle Zins über die Restlaufzeit wird dort mit 3,50% angegeben und der heutige Aktienkurs ist 100 €. Damit kann sie die notwendigen Parameter zur Optionsbewertung identifizieren als $K = 101$, $T = 2$, $\sigma = 25{,}00\%$, $z(0{,}2) = 3{,}50\%$ und $S(0) = 100$. Anhand dieser Information möchte sie nun die Modellpreise der Option ermitteln.

---

[206] Vgl. Abschnitt 16.3.1.4.

Bevor die Händlerin in der Lage ist einen zweistufigen Binomialbaum $(n = 2)$ zur Berechnung des Call-Preises aufzubauen, benötigt sie die Parameter u und d. Dazu nutzt sie den Zusammenhang zwischen u bzw. d und σ und berechnet

$$u = e^{\sigma\sqrt{T/2}} - 1 = \mathrm{e}^{0{,}25\cdot\sqrt{2/2}} - 1 = 0{,}2840 = 28{,}40\%$$

sowie

$$d = e^{-\sigma\sqrt{T/2}} - 1 = \mathrm{e}^{-0{,}25\cdot\sqrt{2/2}} - 1 = -0{,}2212 = -22{,}12\%$$

Damit kann sie die risikoneutralen Wahrscheinlichkeiten

$$p = \frac{(1+z)^{T/2} - (1+d)}{u-d} = \frac{1{,}035^{2/2} - (1-0{,}2212)}{0{,}2840-(-0{,}2212)} = 0{,}5071$$

und $1 - p = 0{,}4929$ berechnen und den zweistufigen Binomialbaum wie in **Abbildung 16.10** aufbauen. Der Call-Wert ist dann im zweistufigen Binomialmodell gleich

$$C^e(0) = 1{,}035^{-2}(63{,}87\,€ \cdot 0{,}5071^2 + 2 \cdot 0\,€ \cdot 0{,}5071 \cdot 0{,}4929 + 0\,€ \cdot 0{,}4929^2) = 15{,}33\,€$$

Abbildung 16.10 Entwicklung des Aktienkurses über zwei Perioden

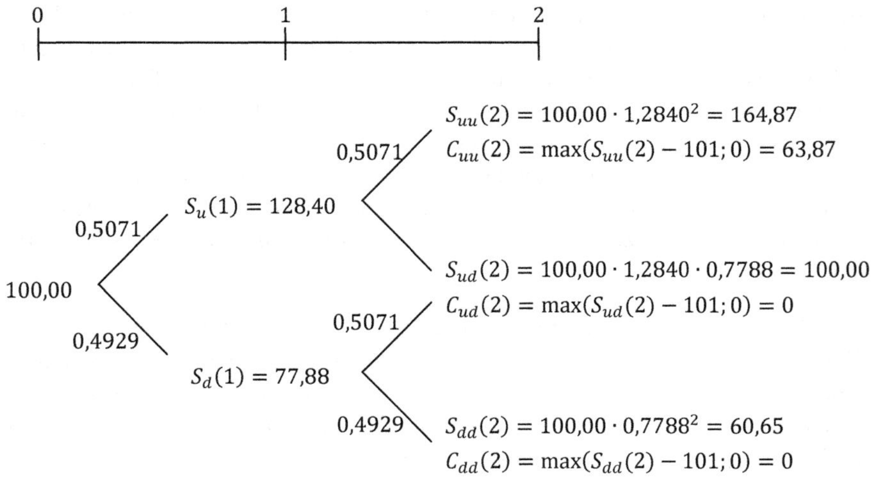

Durch Einsetzen in die Black-Scholes-Formel für Kaufoptionen erhält die Händlerin den Preis des Calls. Im Black-Scholes-Modell werden stetige Zinsen verwendet. Daher muss der vorliegende exponentielle Zins in einen stetigen Zins umgerechnet werden:

$$r = \ln(1 + 0{,}035) = 0{,}0344 = 3{,}44\%$$

Mit der vorliegenden Information berechnet die Händlerin zunächst

$$d_1 = \frac{\ln\left(\frac{S(0)}{K}\right)+(r+\frac{1}{2}\sigma^2)\cdot T}{\sigma\sqrt{T}} = \frac{\ln\left(\frac{100}{101}\right)+(0{,}0344+\frac{1}{2}(0{,}25)^2)\cdot 2}{0{,}25\sqrt{2}} = 0{,}34$$

und

$$d_2 = d_1 - \sigma\sqrt{T} = 0{,}34 - 0{,}25\sqrt{2} = -0{,}01$$

und bestimmt die Werte der Normalverteilung an der Stelle d_1 und d_2 mittels der Normalverteilungstabelle aus dem Anhang als $N(d_1) = 0{,}6331$ und $N(d_2) = 0{,}4960$. Damit erhält sie den Preis der Kaufoption im Black-Scholes-Modell

$$\begin{aligned} C^e(0) &= S(0) \cdot N(d_1) - K \cdot \mathrm{e}^{-rT} \cdot N(d_2) \\ &= 100\,€ \cdot 0{,}6331 - 101{,}00\,€ \cdot \mathrm{e}^{-0{,}0344 \cdot 2} \cdot 0{,}4960 = 16{,}54\,€ \end{aligned}$$

Tipp
An diesem Beispiel sieht man, dass die beiden Preise – der Preis anhand des Binomialmodells von 15,33 € und der Preis aus dem Black-Scholes-Modell von 16,54 € – eine recht große Abweichung aufweisen. Das begründet sich in der geringen Anzahl der Stufen im Binomialbaum und der Faustregel für den Zusammenhang der Renditen u und d mit der Volatilität σ. Hätte die Optionshändlerin anstatt des zweistufigen Entscheidungsbaumes wie in der Praxis üblich einen Binomialbaum mit mindestens 30 Stufen gewählt, so wäre die Differenz erheblich geringer.

Unter den getroffenen Annahmen über die Wahrscheinlichkeitsverteilung der Aktienkursentwicklung ist man nun in der Lage, die in Kapitel 15 vorgestellten Sensitivitätskennzahlen (oder Griechen) konkret zu berechnen. In beiden vorgestellten Modellen existieren Formeln zu deren Berechnung, die insbesondere in der Steuerung von Optionsportfolien eine Rolle spielen.

16.3.4 Risikoanalyse von Aktienoptionen im Black-Scholes-Modell

Wie bereits diskutiert, kann die Risikoanalyse und Steuerung von (Options-)Portfolien mittels Sensitivitätskennzahlen wie den Griechen erfolgen.[207] Verfügt man über ein plausibles Optionspreismodell, in dem die Lösung des Optionspreisproblems durch eine entsprechende Funktion wie etwa dem Black-Scholes-Preis in Gleichung (16.48) bzw. (16.49) gegeben ist, so kann man die Griechen mittels Ableitung der Optionspreisformel nach dem jeweiligen Einflussfaktor bestimmen. Im Black-Scholes-Modell führt diese Vorgehensweise zu den in **Tabelle 16.3** angegebenen Griechen, wobei $n(d)$ die Dichte der Standardnormalverteilung bezeichnet mit

---

[207] Vgl. Abschnitt 15.3.

$$n(d) = N'(d) = \frac{1}{\sqrt{2\pi}} e^{-\frac{d^2}{2}} \tag{16.62}$$

Tabelle 16.3 Optionssensitivitäten (Griechen) im Black-Scholes-Modell[208]

Optionssensitivität	Call	Put
Delta Δ	$\Delta_C = N(d_1)$	$\Delta_P = -N(-d_1)$
Gamma Γ	$\Gamma_C = \frac{n(d_1)}{S(0)\cdot\sigma\cdot\sqrt{T}}$	$\Gamma_P = \Gamma_C$
Vega V	$V_C = S(0) \cdot n(d_1) \cdot \sqrt{T}$	$V_P = V_C$
Theta Θ	$\Theta_C = -\frac{S(0)\cdot n(d_1)\cdot\sigma}{2\cdot\sqrt{T}}$ $-r \cdot K \cdot e^{-rT} \cdot N(d_2)$	$\Theta_P = -\frac{S(0)\cdot n(d_1)\cdot\sigma}{2\cdot\sqrt{T}}$ $+r \cdot K \cdot e^{-rT} \cdot N(-d_2)$

Aus diesen Formeln kann man direkt ablesen, dass das Delta einer Kaufoption positiv und das einer Verkaufsoption negativ ausfällt. Gamma ist für beide Optionen positiv und gleich. Vega ist gleich Gamma, multipliziert mit einer positiven Konstante, daher ebenso immer positiv. Theta ist negativ. Es gilt die folgende Beziehung zwischen den Griechen der Kaufoption:

$$\Theta_C + r \cdot S(0) \cdot \Delta_C + \frac{1}{2} \cdot \sigma^2 \cdot S(0)^2 \cdot \Gamma_C = r \cdot C \tag{16.63}$$

Eine analoge Gleichung gilt für Verkaufsoptionen:

$$\Theta_P + r \cdot S(0) \cdot \Delta_P + \frac{1}{2} \cdot \sigma^2 \cdot S(0)^2 \cdot \Gamma_P = r \cdot P \tag{16.64}$$

Diese Beziehung gilt nicht nur zur Zeit 0 oder für den Aktienkurs $S(0)$. Man kann allgemeiner zeigen, dass unter der Annahme des Black-Scholes-Modells der Preis eines beliebigen Derivates V die folgende **Black-Scholes-Gleichung** erfüllt:[209]

$$\frac{\partial V}{\partial t} + r \cdot S(t) \cdot \frac{\partial V}{\partial S} + \frac{1}{2} \cdot \sigma^2 \cdot S(t)^2 \cdot \frac{\partial^2 V}{\partial S^2} = r \cdot V \tag{16.65}$$

208 Zur Vereinfachung wird hier das Black-Scholes-Modell auf eine dividendenlose Aktie betrachtet. Ferner konzentriert sich die Darstellung auf die im Folgenden verwendeten, gebräuchlichsten Optionssensitivitäten. Für eine tiefer gehende Darstellung und weitere Griechen im Black-Scholes-Modell wird bspw. auf Wilmott (2006) oder Haug (2007) verwiesen.

209 Hierbei wird die Schreibweise der Optionssensitivitäten als partielle Ableitung des Wertes nach der Zeit bzw. dem Aktienkurs verwendet.

Fallbeispiel 16.15 Optionssensitivitäten einer Call- und einer Put-Option im Black-Scholes-Modell

Der Händler aus Fallbeispiel 16.11 und 16.13 betrachtet wieder die bekannten Optionen auf Basis der Kontraktdetails und der Marktinformationen: $S(0) = 53{,}20$; $K = 55{,}00$; $T = 1{,}5$; $r = 0{,}035$ und $\sigma = 0{,}185$. Der faire Preis der Put-Option liegt bei 4,34 €, der Preis der Call-Option bei 5,35 €. Ferner gilt $d_1 = 0{,}20$ und $d_2 = -0{,}03$ sowie $N(d_1) = 0{,}5793$, $N(-d_1) = 0{,}4207$, $N(d_2) = 0{,}4880$ und $N(-d_2) = 0{,}5120$. Um den Effekt auf die Risikosituation in seinem Optionsportfolio mit einem Delta von $\Delta = -5.310$ und einem Vega von $\mathrm{V} = 78.835$ bzgl. der angebotenen Aktie zu berücksichtigen, berechnet er das Delta und das Vega der angebotenen Optionen als

$$\Delta_C = N(d_1) = 0{,}5793$$

$$\mathrm{V}_C = S(0) \cdot \frac{1}{\sqrt{2\pi}} \mathrm{e}^{-\frac{(d_1)^2}{2}} \cdot \sqrt{T} = 53{,}20 \cdot \frac{1}{\sqrt{2\pi}} \mathrm{e}^{-\frac{(0{,}20)^2}{2}} \cdot \sqrt{1{,}5} = 25{,}4789 = \mathrm{V}_P$$

$$\Delta_P = -N(-d_1) = -0{,}4207$$

Der Händler, dem die Option als Verkaufs- und Kaufangebot vorliegt, kann nun mehrere Positionen eingehen: Er kann den Call kaufen oder verkaufen bzw. den Put kaufen oder verkaufen. Das Delta seines bestehenden Optionsportfolios ist negativ, sodass der Verkauf einer Call-Option bzw. der Kauf einer Put-Option das Delta nur erhöhen werden. Das Vega wird durch die Beimischung von gekauften Optionen ohnehin erhöht. Nur der Verkauf der Put-Option würde sich reduzierend auf beide Risikosensitivitätskennziffern auswirken. Entscheidet sich der Händler also beispielsweise dazu, eine Short-Position in 1.000 der Put-Optionen einzugehen, so wäre das Delta der Gesamtposition einschließlich dieser Short-Position:

$$\Delta_{PF} = -5.310 + (-0{,}4207) \cdot (-1.000) = -4.889{,}30$$

Aufgrund der Entscheidung eine Short-Position einzugehen, hätte diese einen positiven Effekt auf das Vega der Gesamtposition

$$V_{PF} = 78.835 + 25{,}4789 \cdot (-1.000) = -53.356{,}10$$

Mit dem Abschluss der Short Position in 1.000 Puts hat der Händler die Sensitivität seines Optionsportfolios bzgl. der Aktienkursentwicklung und der Volatilitätsentwicklung der zugrunde liegenden Aktie verringert.

16.3.5 Kritische Würdigung der vorgestellten Optionspreismodelle

Mit dem mehrstufigen Binomialmodell von Cox, Ross und Rubinstein und dem Black-Scholes-Modell ist man nun in der Lage einfache Kauf- und Verkaufsoptionen zu bewerten. In beiden Modellen wird eine präferenzfreie, risikoneutrale Bewertung einfacher europäischer Kauf- und Verkaufsoptionen durchgeführt. Im Binomialmodell wird die Präferenzfreiheit des Modells durch die Unabhängigkeit der Wahrscheinlichkeiten p und $1-p$ von der subjektiven Einschätzung des jeweiligen Investors verdeutlicht, da sich die Wahrscheinlichkeiten aus den angenommenen Aktienrenditen u und d ableiten. Die Rolle dieser Renditen entspricht im Black-Scholes-Modell dem Volatilitätsparameter σ. Unterstellt man den Zusammenhang der beiden Modelle gemäß den beiden Gleichungen (16.60) und (16.61), so beruhen beide Methoden der Optionspreisberechnung auf der gleichen Idee. Das Binomialmodell ist in diesem Zusammenhang eine diskrete Version des Black-Scholes-Modells. Es gibt Verallgemeinerungen dieser gemeinsamen Modellumgebung, die neben Dividenden auch zeitabhängige Volatilitäten und Zinssätze erlaubt.

In der Praxis werden verschiedene Optionen auf die gleiche Aktie gehandelt. Die Rolle des Black-Scholes-Modells besteht dabei vor allem in der Darstellung dieses Marktes: Für jede europäische Option gibt es eine implizite Volatilität, die, in die Black-Scholes-Formel mit marktkonformem Forward-Preis eingesetzt, den Marktpreis ergibt. Damit ergibt sich eine implizite Volatilitätsfläche in Abhängigkeit von Laufzeit und Basispreis. Für Aktien ist diese Volatilität typischerweise höher (niedriger) als für Optionen mit niedrigerem (höherem) Basispreis, was als **Smile-Effekt** bezeichnet wird. Dies kann mit einer Präferenz für Out of the Money-Puts und damit einer Risikoabsicherung gegen fallende Kurse erklärt werden. Verwandte Erklärungsansätze betonen das Ausfallrisiko des die Aktie begebenden Unternehmens oder den stärkeren Einfluss von negativen Neuigkeiten gegenüber positiven auf den Aktienkurs. Dass die implizite Volatilitätsfläche im Allgemeinen nicht konstant ist, zeigt, dass das Black-Scholes-Modell nicht zur Bewertung beliebiger Derivate verwendet werden kann. **Abbildung 16.11** zeigt eine typische Volatilitätsfläche impliziter Volatilitäten am Aktienoptionsmarkt.

Weiterführende Modellansätze bestehen darin, die Volatilität selbst als dynamischen Prozess aufzufassen. Eine der bewährtesten Methoden besteht darin, Volatilität als Funktion des Aktienkurses aufzufassen:

$$dS(t) = r \cdot S(t)dt + \sigma(t, S(t)) \cdot S(t) \cdot dW(t) \tag{16.66}$$

Diese lokale Volatilität lässt sich mittels der Dupire-Formel so berechnen, dass das Modell alle Optionen eines gegebenen Marktes von europäischen Optionen marktkonform berechnet.[210] Eine alternative Methode besteht darin, die Volatilität selbst als zufälligen Prozess aufzufassen, der typischerweise mit dem Aktienkurs korreliert ist. Der bekannteste Ansatz für ein solches Modell mit stochastischer Volatilität geht auf Heston zurück.[211]

---

210 Dupire erweiterte das Black-Scholes-Modell, sodass es mit beobachteten Marktvolatilitäten vereinbar ist; vgl. Dupire (1994) und Gatheral (2006).

211 Vgl. Heston (1993) und Gatheral (2006). Zur Bedeutung von Modellen für die Bewertung von Derivaten vgl. Abschnitt 1.4.

Abbildung 16.11 Implizite Volatilitätsfläche für Aktienoptionen

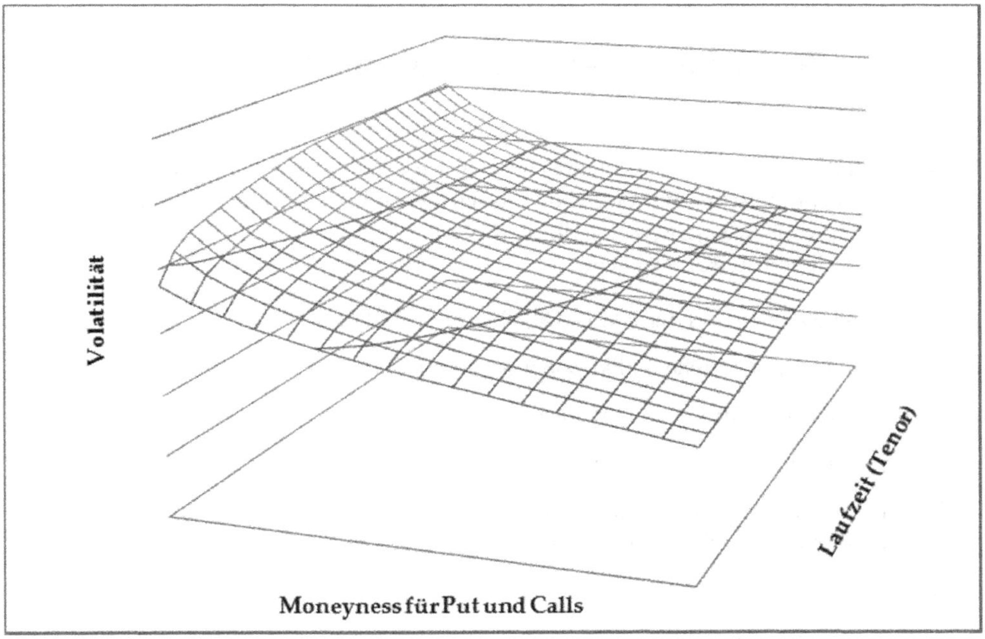

Die Berechnungsmethode mittels eines mehrstufigen Binomialbaums ist ein Spezialfall der numerischen Lösung einer Differentialgleichung, nämlich der Black-Scholes-Gleichung (16.65), mittels finiter Differenzen.[212] Die Randbedingung ist das Auszahlungsprofil zum Laufzeitende. Die Black-Scholes-Formel ist die exakte Lösung dieser Gleichung. Geschlossene Formeln sind grundsätzlich einem numerischen Ansatz wegen ihrer Genauigkeit und Rechengeschwindigkeit vorzuziehen. Für einige exotische Derivate wie asiatische, Lookback-, Basket- oder Barrierenoptionen können solche geschlossenen Formeln hergeleitet werden.[213] Für viele Produkte gibt es allerdings keine Formeln. Für Produkte mit Ausübungsrechten wie amerikanische Optionen oder Wandelanleihen bieten sich finite Differenzenmethoden an. Für Produkte mit mehreren Basiswerten wie Basketoptionen oder solche mit Pfadabhängigkeit sind diese Methoden weniger geeignet. Für solche Produkte können Simulations- oder Monte-Carlo-Methoden eingesetzt werden, in denen mögliche Pfade der Basiswerte so simuliert werden, dass die Verteilung der Pfade der gewünschten Dynamik folgt. Hierbei werden durch die Ziehung von Zufallszahlen Ergebnisse für den angenommenen stochastischen Prozess geliefert. Die Monte-Carlo-Simulation basiert auf dem Gesetz der großen Zahlen, welches besagt, dass der Mittelwert

212 Für eine Darstellung finiter Differenzenmethoden siehe bspw. Wilmott (2006).

213 In Haug (2007) finden sich Bewertungsformeln für diese und weitere Produkte.

von gleichverteilten, unabhängigen Zufallsvariablen mit zunehmender Anzahl der Simulationen stochastisch gegen den tatsächlichen Mittelwert konvergiert.[214]

16.4 Vertiefungsfragen zu Kapitel 16

Frage 1

Der Bankkunde aus Frage 1 zu Kapitel 15 hat sich zur Absicherung seines Portfolios für den Kauf von 100 europäischen Put-Optionen mit Bezugsverhältnis 1: 1; Basispreis 60,00 € und einer Laufzeit von zwei Jahren auf die FARB AG interessiert und dabei die folgenden Marktinformationen zugrunde gelegt:

- Der aktuelle Aktienkurs der FARB-Aktie beträgt 61,70 €.
- Der aktuelle exponentielle Nullkuponzins beträgt 3,00% p.a.
- Das Delta der Put-Option beträgt −0,33.
- Die Bank bietet die einzelne Put-Option zu einem Preis von 5,75 € an.
- Der allgemeinen Markteinschätzung nach wird die FARB AG in den kommenden beiden Jahren keine Dividende an ihre Aktionäre ausschütten.

Bewerten Sie

a. die europäische Put-Option im zweistufigen Binomialmodell. Nutzen Sie hierbei den Zusammenhang zwischen Volatilität und Aktienrenditen im Binomialbaum.

b. die entsprechende amerikanische Put-Option im zweistufigen Binomialmodell wie unter a.

c. die europäische Put-Option im Black-Scholes-Modell.

Hierzu liegt Ihnen die folgende, zusätzliche Information vor:

- Die Volatilität der Aktie wird von der Bank mit 22,50% geschätzt.

Interpretieren Sie Ihr Ergebnis in beiden Modellen. Ist der von der Bank angebotene Preis ein fairer Preis?

Frage 2

a. Bestimmen Sie näherungsweise die Wertänderung des Black-Scholes-Preises der Put-Option aus Frage 1, wenn die Volatilität von 22,50% auf 10% sinkt und vergleichen Sie diese mit der tatsächlichen Wertänderung.

---

214 Vgl. Glasserman (2003) für eine Darstellung der Monte-Carlo-Simulation und deren Anwendungen im Finanzbereich.

b. Bestimmen Sie näherungsweise die Wertänderung des Black-Scholes-Preises der Put-Option aus Frage 1, wenn der Aktienkurs von 61,70 € auf 60,00 € fällt und vergleichen Sie diese mit der tatsächlichen Wertänderung.

Frage 3

Die Markteinschätzung bezüglich Dividendenzahlungen der FARB AG hat sich geändert: Es wird nun angenommen, dass in Zukunft jeweils zum Ende des Jahres eine Dividende in der Höhe von 0,50 € ausgeschüttet wird. Alle anderen Marktinformationen seien wie in Frage 1.

Bewerten Sie die europäische Put-Option aus Frage 1 mit dieser neuen Annahme im zweistufigen Binomialbaum. Welcher Preis ergibt sich im Binomialbaum, sofern der Bankkunde statt der europäischen Option eine amerikanische Option wählt?

Frage 4

Eine Risikomanagerin der Bank ABC möchte marktübliche €-Diskontfaktoren sowie Forward-Preise für die Aktie ADD ermitteln, um diese mit vom bankinternen Handelssystem berechneten Werten zu vergleichen. In einem Handelsinformationssystem ermittelt sie Marktpreise für europäische Kauf- sowie Verkaufsoptionen. Aus dem Handel kommt zudem die Anfrage, wie Optionen mit Basispreisen zu bewerten sind, die von den gegebenen Optionsbasispreisen abweichen.

Die vorliegenden Preise für europäische Optionen mit einer Restlaufzeit von 410 Tagen (also der Laufzeit $T = 410/365 = 1{,}123$ in Jahren) sind:

Strike	40	44	48	52	60	68	76	84	92	100	120	140
Call	42,59	38,66	34,75	30,91	23,56	16,83	11,18	6,71	3,76	1,90	0,32	0,07
Put	0,05	0,11	0,21	0,35	0,99	2,23	4,57	8,08	13,11	19,25	37,62	57,31

a. Berechnen Sie daraus näherungsweise den Forward-Preis der Aktie ADD zum Laufzeitende sowie den €-Diskontfaktor zum Auszahlungstermin.

b. Ermitteln Sie näherungsweise die implizite Volatilitäten in Abhängigkeit vom Strike.

17 Zinsoptionen

Zinsoptionen sind Optionen, die sich auf einen Zinssatz oder Zinsinstrumente wie beispielsweise Anleihen, Swaps oder Zinsforwards beziehen. In diesem Kapitel werden die am häufigsten gehandelten Zinsoptionen, d.h. Anleiheoption, Caps und Floors sowie Swaptions, beschrieben. Dabei wird auch die Bewertung dieser Zinsoptionen anhand des in der Praxis häufig verwendeten Standardmodells von Black dargestellt. Darauf aufbauend werden Bewertungsansätze skizziert, die auch die Bewertung komplexerer Zinsoptionen zulassen.

Vertiefende Literatur

Black, F. (1976): The Pricing of Commodity Contracts, Journal of Financial Economics, 3(1-2), S. 167-179.

Brigo, D. / Mercurio, F. (2006): Interest Rate Models – Theory and Practice: With Smile, Inflation and Credit, 2. Auflage, Springer Verlag, Berlin, Heidelberg.

Wiedemann, A. (2013): Financial Engineering – Bewertung von Finanzinstrumenten, 6. Auflage, Frankfurt School Verlag, Frankfurt.

17.1 Kategorisierung von Zinsoptionen

Der Großteil der gehandelten **Zinsoptionen** lässt sich einer der folgenden drei Kategorien zuordnen:

- Kauf- und Verkaufsoptionen auf Anleihen bzw. deren Futures
- Caps und Floors
- (europäische) Swaptions

Daneben gibt es eine Vielzahl von Varianten komplexerer Zinsoptionen, deren Handelsvolumen jedoch deutlich geringer ist.

17.1.1 Calls und Puts auf Anleihen

Eine europäische Anleihekaufoption bzw. -verkaufsoption gibt dem Käufer der Option das Recht, zu einem bestimmten Zeitpunkt zu einem festgelegten Basispreis eine Kuponanleihe (Plain Vanilla Bond) zu kaufen bzw. zu verkaufen.[215] Die Laufzeit einer **Anleiheoption** ist kürzer als die Restlaufzeit der zugrunde liegenden Anleihe. Somit ist der Basiswert der

---

[215] In diesem Kapitel wird nur die Standardform der europäischen Anleiheoption beschrieben und analysiert.

S. Kruse, *Aktien-, Zins- und Währungsderivate*,
DOI: 10.1007/978-3-8349-4304-0_17, © Springer Fachmedien Wiesbaden 2014

Option der Kurs der Anleihe zum Zeitpunkt der Fälligkeit bzw. Ausübung der Option, bewertet mit den dann aktuellen Marktzinsen. Der Käufer einer Anleihekaufoption erwartet steigende Kurse, während der Käufer einer Verkaufsoption fallende Kurse erwartet. Bei Optionen mit einer sehr kurzen Laufzeit lässt sich dies in einen direkten Zusammenhang mit der Zinsstruktur bringen, denn fallende Zinsen führen zu steigenden Kursen, während steigende Zinsen zu fallenden Kursen führen. Bei längeren Optionsfristen sind hier neben der Veränderung der Zinsstruktur (Marktzinsänderungseffekt) auch die Verkürzung der Restlaufzeit der zugrunde liegenden Anleihe sowie während der Optionslaufzeit stattfindende Kuponzahlungen zu beachten.[216] Außerdem beeinflussen Änderungen des Kreditrisikos der zugrunde liegenden Anleihe den adäquaten Kreditrisikospread der Anleihe und damit auch den Wert der Anleiheoption.

Calls und Puts auf liquide Anleihen, wie beispielsweise Staatsanleihen, werden im OTC-Handel zwischen Banken und anderen professionellen Investoren gehandelt. Der Basispreis ist dabei üblicherweise der Clean Price, zu dem Anleihen gekauft und verkauft werden können. Bei Ausübung der Option fließen zusätzlich die Stückzinsen. Daneben treten Anleiheoptionen in der Praxis auch als **implizite Optionen** in kündbaren Anleihen auf. Das Optionsrecht ist in diesem Fall nicht eigenständig handelbar, sondern fester Bestandteil einer strukturierten Anleihe, wie das folgende Fallbeispiel zeigt.

Fallbeispiel 17.1 Anleiheoptionen zur Abbildung von Kündigungsrechten
Die XY AG begibt eine Festzinsanleihe mit einer Laufzeit von 15 Jahren und einem jährlich gezahlten Festzins von 5,5% auf einen Nennwert von 1.000 €. Ferner ist diese Anleihe nach 10 Jahren vom Gläubiger kündbar und damit ein **Putable Bond** oder **Redeemable Bond.** Im Vergleich liegt der Festzins der kündbaren Anleihe 75 bp unter dem Zinssatz einer vergleichbaren Festzinsanleihe des gleichen Emittenten ohne Kündigungsrecht. Diese Differenz begründet sich allein im Kündigungsrecht. Zur Ermittlung dieser Differenz – und damit der Bewertung des Kündigungsrechtes – kann man das Duplikationsprinzip bemühen und stellt den Zahlungsstrom der kündbaren Anleihe mit Laufzeit von 15 Jahren aus Sicht des Investors künstlich dar mittels eines Duplikationsportfolios aus einer nicht kündbaren Anleihe (long) mit Laufzeit von 15 Jahren und einer Put-Option (long) auf eine nicht kündbare Anleihe mit 15 Jahren Laufzeit und mit Fälligkeit der Option in 10 Jahren. Der Barwert der Zinsdifferenz im Kupon entspricht dann der Optionsprämie dieser Anleiheoption.

An der EUREX werden keine Optionen auf einzelne Anleihen gehandelt. Es gibt jedoch amerikanische Optionen auf Anleihefutures. Handelbar sind Optionen auf Euro-Schatz-Futures, Euro-Bobl-Futures und Euro-Bund-Futures. Die Underlyings dieser Futures sind fiktive deutsche Staatsanleihen. Sie verbriefen somit das Recht des Käufers bei Fälligkeit der Option eine Position in einem Zinsfuture-Kontrakt einzugehen – long im Falle eines Calls, short bei einem Put. In den USA ist die Situation vergleichbar: Dort werden am

[216] Der Effekt einer im Zeitverlauf sich verkürzenden Restlaufzeit der Anleihe wird als Restlaufzeitverkürzungseffekt oder „rolling down the yield curve" bezeichnet. Dieser kann separat berechnet werden, vgl. hierzu bspw. Wiedemann (2013).

häufigsten Optionen auf Treasury Bond Futures und Treasury Note Futures gehandelt. Für den Handel mit Futures-Optionen spricht eine Vielzahl von Gründen – neben der größeren Liquidität der Futures-Märkte im Vergleich zu den Anleihemärkten spielt sicherlich auch der Handelsplatz eine Rolle. Der gleichzeitige Handel des Futures und der Futures-Option an einer Börse ermöglichen eine effizientere Nutzung der Instrumente zur Absicherung und im Handel.

Die Belieferung der amerikanischen Optionen auf Anleihefutures an der EUREX erfolgt physisch, d.h. bei Ausübung der Option wird eine entsprechende Futures-Position eröffnet. Das Underlying ist jeweils der jeweils zur Fälligkeit der Option aktuelle Anleihefuture-Kontrakt mit der kürzesten Restlaufzeit. Das Bezugsverhältnis beträgt 1:1. Die Optionslaufzeiten der gehandelten Optionen betragen bis zu einem halben Jahr, wobei es pro Monat maximal einen Fälligkeitstermin gibt.[217] Die Optionsserien werden mit dem Namen des Folgemonats bezeichnet, sodass beispielsweise April-Optionen auf den Bund-Future gegen Ende März fällig sind. Ihr Underlying ist der Future, der Ende März die kürzeste Restlaufzeit hat, d.h. im Fall der April-Optionen ist dies der Bund-Future mit Fälligkeit im Juni. Die Prämienzahlungen erfolgen nicht zu Beginn der Laufzeit, sondern im **Futures-Style-Verfahren**. Die Optionsprämie wird bei Eingehen der Position festgelegt. Zu Beginn der Laufzeit leistet der Optionskäufer jedoch keine Zahlung. Die Prämie wird vielmehr erst am Fälligkeitstag der Option bezahlt. Verändert sich die marktgerechte Prämie innerhalb der Laufzeit der Option, so werden die zwischenzeitlichen Gewinne und Verluste aus der Option wie bei einem Future-Kontrakt täglich ausgeglichen.

17.1.2 Caps und Floors

Caps und **Floors** in ihrer Grundform (Plain Vanilla Caps bzw. Floors) sind Derivate auf Geldmarktsätze wie beispielsweise den EURIBOR. Der Käufer eines Caps bzw. Floors erwirbt gegen Zahlung der Optionsprämie das Recht, vom Verkäufer eine Ausgleichszahlung zu erhalten, wenn zu den festgelegten zukünftigen Zeitpunkten der vereinbarte Referenzzins über bzw. unter der ebenfalls festgelegten Zinsgrenze (**Basiszinssatz, Cap Rate bzw. Floor Rate *k***) liegt. Umgekehrt garantiert der Stillhalter mit dem Verkauf eines Caps bzw. Floors dem Käufer die Einhaltung einer Zinsobergrenze bzw. -untergrenze zu festgelegten Zeitpunkten, sofern der Käufer gleichzeitig variable Zinsen zahlen muss. Die Optionen beziehen sich jeweils auf ein vorher vereinbartes, abgesichertes Nominalvolumen N. Caps bzw. Floors sind Kombinationen von mehreren aufeinanderfolgenden Caplets bzw. Floorlets. Ein **Caplet** ist eine europäische Option auf den zugrunde liegenden variablen Zinssatz und sichert einen Teil der gesamten Laufzeit eines Caps ab. Der Beginn des Absicherungszeitraums wird im Folgenden mit t_1 bezeichnet und sein Ende mit $t_2 > t_1$. Im Zeitpunkt $t = t_1$ wird das aktuelle Fixing des jeweiligen variablen Referenzzinssatzes $i^{Ref}(t_1, t_2)$ für den Zeitraum von t_1 bis t_2 betrachtet. Liegt das Fixing über dem Basiszinssatz, wird im Zeitpunkt t_2 die Differenz der beiden Zinssätze

---

[217] Die Regel zur zeitlichen Lage des Fälligkeitstages ist im Produktleitfaden aufgeführt, der auf der Website der EUREX abrufbar ist. Siehe http://www.eurexchange.com.

bezogen auf die Zinsperiode des Caplets, die vereinbarte Zinskonvention (üblicherweise analog der Konvention des zugrunde liegenden Referenzzinssatzes) und den Nominalbetrag N ausgezahlt. Ansonsten erfolgt keine Zahlung. Ohne explizite Berücksichtigung der Zinskonvention beträgt die Auszahlung eines Caplets also:

$$\max\left(N \cdot (t_2 - t_1) \cdot \left(i^{Ref}(t_1, t_2) - k\right); 0\right) \quad (17.1)$$

Auch wenn die Zahlung eines Caplets somit zu Beginn der Absicherungsperiode feststeht, wird sie – analog zur Zahlungsweise variabler Zinszahlungen von Plain Vanilla Floating Rate Notes – am Ende des Absicherungszeitraums in t_2 geleistet.

Ein **Floorlet** ist analog zu einem Caplet aufgebaut. Im Gegensatz zum Caplet wird jedoch dem Inhaber nur dann die absolute Differenz des variablen Zinssatzes und des Basiszinssatzes ausgezahlt, falls das Fixing des variablen Zinssatzes zu Beginn des Absicherungszeitraums unter dem Basiszinssatz liegt, d.h. die Zahlung eines Floorlets lautet:

$$\max\left(N \cdot (t_2 - t_1) \cdot \left(k - i^{Ref}(t_1, t_2)\right); 0\right) \quad (17.2)$$

In **Abbildung 17.1** ist die Funktionsweise von Caplets und Floorlets schematisch dargestellt.

Abbildung 17.1 Absicherungsperiode eines Caplets/Floorlets

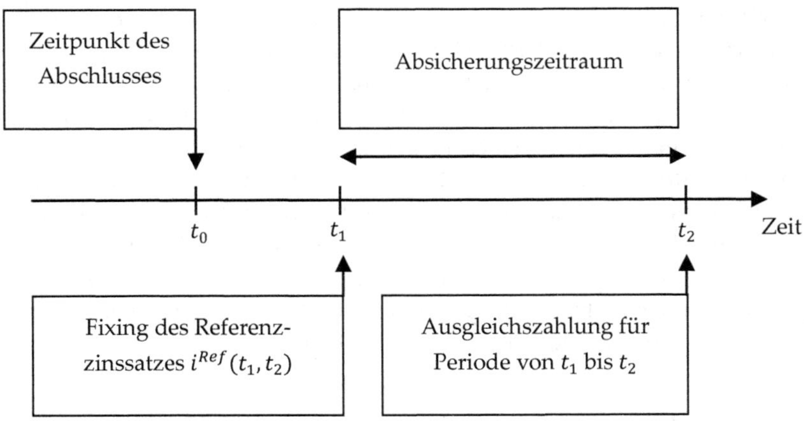

Caps bzw. Floors eignen sich zur Absicherung von Zinsverpflichtungen durch Finanzinstrumente auf der Passivseite bzw. Aktivseite. Ebenso können Caps und Floors zur Spekulation auf die zukünftige Marktentwicklung eingesetzt werden. Der Käufer eines Caps erwartet steigende Zinsen, während der Käufer eines Floors fallende Zinsen antizipiert. Caps und Floors werden typischerweise auf dem OTC-Markt zwischen Banken und anderen institutionellen Investoren gehandelt. Weniger häufig sind sie in Form eines börsengehandelten Wertpapiers in Form eines Optionsscheins anzutreffen. Außerdem treten Caps und/oder Floors oftmals als implizite Optionen in variabel verzinslichen Anleihen oder Krediten in Form einer Höchst- und/oder Mindestverzinsung auf.

Als **Collar** wird eine Strategie aus Zinsoptionen bezeichnet, bei dem ein Cap und Floor so miteinander kombiniert werden, dass eine Option gekauft (long) und die andere verkauft (short) wird. Mit diesem Geschäft können variable Zinszahlungen gleichzeitig nach oben und unten begrenzt werden. Der Inhaber eines (Long) Collars kauft einen Cap und verkauft einen Floor für die gleiche Laufzeit auf den gleichen Referenzzinssatz. Der Basispreis des Cap ist dabei höher als der des Floor. Durch die Long-Position im Cap sichert sich der Inhaber gegen steigende variable Zinszahlungen ab. Sinkt der variable Referenzzinssatz jedoch, so profitiert der Investor ab Erreichen der Floor Rate nicht mehr davon, da er aufgrund des Floor Short Kompensationszahlungen leisten muss. Durch den Collar werden also variable Zinszahlungen aus anderen Finanzinstrumenten innerhalb des Korridors zwischen Cap und Floor Rate gehalten. Die durch den Verkauf des Floors zufließende Prämie wird mit der zu leistenden Optionsprämie verrechnet, sodass ein Collar auch als eine Strategie zum verbilligten Erwerb einer Zinsabsicherung interpretiert werden kann. Die Verringerung der Optionsprämie wird dabei durch das Eingehen von Risiken aus einer Stillhalterposition in einer Option finanziert. Ein **Zero Cost Collar** ist eine Strategie aus einem Cap (Long/Short) und einem Floor (Short/Long) mit gleichen Laufzeiten und Nominalvolumina. Die Basisraten von Cap und Floor werden in diesem Geschäft so gewählt, dass der Käufer des Zero Cost Collar keine Prämie bezahlen muss.

Fallbeispiel 17.2 Caps als implizite Optionen einer variabel verzinslichen Anlage
Ein Kreditinstitut begibt eine variabel verzinsliche Anleihe mit einer Laufzeit von 7 Jahren, deren Verzinsung sich am 3M-EURIBOR plus einem Spread von 120 bp orientiert. Die Zinszahlungen sind auf maximal 6,00% begrenzt. Um die Emission innerhalb ihrer internen Systeme besser abbilden zu können, zerlegt das Kreditinstitut diese in eine Anleihe ohne Zinsbegrenzungen – einen Floater mit 3M-EURIBOR +120 bp – und einen Cap auf den 3M-EURIBOR mit einer Cap Rate von 4,80%. Das Kreditinstitut geht mit dem Floater eine Short-Position ein, da es diesen emittiert (= verkauft). Im Cap hat es allerdings eine Long-Position. Der Cap kompensiert die zu leistenden, möglicherweise über 7% steigenden Zinszahlungen aus dem reinen Floater und repräsentiert somit die Zinsobergrenze. Somit besteht das Duplikationsportfolio für diesen emittierten Capped Floater aus Short Floating Rate Note und einem Cap Long.

17.1.3 Swaptions

Swaptions sind Optionen auf einen Zinsswap. Swaptions können je nach Art des zugrunde liegenden Zinsswaps nahezu beliebig komplizierte Risikoprofile aufweisen. In diesem Kapitel wird lediglich die Grundform einer Swaption betrachtet.

Eine **europäische Plain Vanilla Swaption** gibt dem Inhaber das Recht aber nicht die Pflicht in einen Plain Vanilla Swap, also einen Kuponswap, in dem ein Festzins gegen einen variablen Referenzzins getauscht wird, einzutreten. Der Inhaber hat im Fälligkeitszeitpunkt t das Recht zu entscheiden, in den Swap einzutreten. Der Zeitraum zwischen Abschluss der Swaption und dem Fälligkeitszeitpunkt wird als Laufzeit der Swaption bezeichnet. Die Bedingungen des in der Zukunft gegebenenfalls entstehenden Swaps mit Startzeitpunkt t und Fälligkeit in T, Nominalbetrag N, Zinssatz auf der fixen Seite k und Referenzzinssatz sind bei Abschluss der Swaption bereits festgelegt. Üblicherweise startet der Swap unmittelbar nach Fälligkeit der Option. Der Festzinssatz in dem der Option zugrunde liegenden Swap wird als **Basiszinssatz** oder **Strike *k*** bezeichnet. Da der Inhaber einer Option nur Rechte aber keine Verpflichtungen hat, erhält der Stillhalter in der Option für die Einräumung dieser Rechte eine Prämie. Diese fließt typischerweise zu Beginn der Optionslaufzeit bei Abschluss der Swaption. Manchmal wird aber auch vereinbart, dass die Prämie zu einem späteren Zeitpunkt gezahlt wird.

Man unterscheidet zwischen zwei Varianten von Swaptions:

- **Payer Swaptions** gewähren dem Käufer der Swaption das Recht, aber nicht die Pflicht, bei Ausübung in der Zukunft in einen heute festgelegten Zinsswap mit vorher vereinbartem Nominal und Festzins (Basiszinssatz, Strike k) als Payer einzutreten. Der Käufer einer Payer Swaption sichert sich somit gegen ein steigendes Zinsniveau ab, da er sich mit der Option einen Festzins sichert, den er in der Zukunft anstatt des dann gegebenenfalls höheren marktgerechten Swap-Satzes zahlen kann. Im Gegensatz zu einem Swap oder Forward Swap ist die Absicherung jedoch bedingt. Sinkt der relevante Swap-Satz zum Ausübungszeitpunkt entgegen der Erwartung des Käufers unter den vereinbarten Strike, kann der Inhaber die Swaption wertlos verfallen lassen. Im Gegenzug für seine Rechte aus der Swaption muss der Inhaber dem Stillhalter eine Prämie bezahlen.
- **Receiver Swaptions** gewähren dem Käufer der Swaption das Recht, aber nicht die Pflicht, bei Ausübung in einen festgelegten Zinsswap mit vorher vereinbartem Nominal und Festzins (Basiszinssatz, Strike k) als Receiver einzutreten. Der Käufer einer Receiver Swaption erwartet ein sinkendes Zinsniveau, denn er sichert sich mit der Option den Erhalt eines Swap-Satzes für die Zukunft, während die von ihm zu leistenden variablen Zinszahlungen mit dem Zinsniveau sinken. Wie bei der Payer Swaption ist auch die Absicherung durch die Receiver Swaption bedingt, da dem Inhaber lediglich Rechte aber keine Pflichten aus der Swaption zustehen. Als Ausgleich muss dem Stillhalter eine Prämie ausgezahlt werden.

Swaptions werden ferner nach der Art des Settlements unterschieden:

- **Physical Settlement (Swap Settlement)**: Hier tritt der Inhaber bei der Ausübung der Option tatsächlich in den spezifizierten Swap ein.
- **Cash Settlement**: Ist zur Fälligkeit der Option eine Ausübung der Swaption für den Inhaber vorteilhaft, wird die Höhe des Vorteils ermittelt, in den der Inhaber eintreten darf. Dieser Vorteil entspricht dem Barwert des Swaps. Diesen Betrag erhält der Inhaber dann als Ausgleichzahlung vom Stillhalter. Vorteil des Cash Settlements ist die Tatsache, dass das Geschäft nach Fälligkeit der Option komplett abgewickelt ist,

während der bei einer physischen Erfüllung entstehende Swap noch für viele Jahre Zahlungen aufweisen kann. Zur Erfüllung einer Swaption mit Cash Settlement müssen sich Inhaber und Stillhalter auf die genaue Vorgehensweise bei der Bewertung des zugrunde liegenden Swaps einigen. Um Diskussionen zu vermeiden gibt es beispielsweise für Swaptions in Euro Marktusancen zur näherungsweisen Bestimmung des Barwerts des Swaps. Diese vereinfachten Bewertungsregeln führen dazu, dass Optionen mit physischer Erfüllung und solche mit Cash Settlement geringfügig andere Preise aufweisen.[218]

In **Abbildung 17.2** wird die Funktionsweise einer Swaption mit physischem Settlement noch einmal schematisch dargestellt.

Abbildung 17.2 Grundlegende Funktionsweise einer Swaption mit Physical Settlement

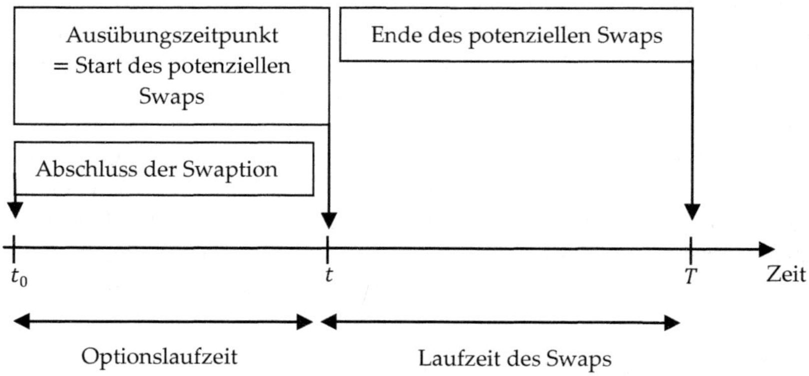

Swaptions werden im OTC-Markt zwischen Banken und anderen professionellen Investoren gehandelt. Aufgrund ihres geringeren Kontrahentenrisikos sind Swaptions mit Cash Settlement liquider und werden aktiver gehandelt. Um das Kreditrisiko weiter zu senken, wird typischerweise vereinbart, dass die Optionsprämie vom Inhaber erst bei Fälligkeit der Option zu zahlen ist und dann mit der gegebenenfalls stattfindenden Ausgleichszahlung des Stillhalters verrechnet wird. Die etwas weniger liquiden Swaptions mit physischem Settlement können dafür flexibler ausgestaltet werden, da bei Ausübung keine Einigung über die Bewertung des Swaps notwendig ist.

Aus der Duplikation von Kuponswaps wird klar, dass das Risikoprofil eines Swaps dem Risikoprofil einer Festzinsanleihe ähnlich ist. Daher kann eine Swaption auch als eine Option auf eine entsprechende fiktive Anleihe interpretiert werden. Swaptions können dementsprechend analog zur Steuerung von Zinsrisiken eingesetzt werden. Insbesondere können Swaptions auch

[218] Für eine ausführliche Darstellung siehe Brigo / Mercurio (2006).

die Zinsrisiken aus Kündigungsrechten und Verlängerungsoptionen für Kredite und Anlageinstrumente mit festem Zins absichern.

Fallbeispiel 17.3 Absicherung gegen steigende Zinsen mittels einer Payer Swaption
Ein Finanzinstitut hat sich vor einigen Jahren mittels einer Floating Rate Note (FRN) am Kapitalmarkt refinanziert. Das Gesamtvolumen der vor drei Jahren erfolgten Emission beträgt 5 Mio. €, die Gesamtlaufzeit 8 Jahre und die halbjährliche Verzinsung richtet sich nach dem 6M-EURIBOR plus 15 bp und wird alle sechs Monate zu Beginn der Zinsperiode angepasst. Der Treasurer des Finanzinstituts erwartet einen deutlichen Anstieg der Zinsen in einem Jahr und nutzt daher eine Payer Swaption zur Reduzierung der zukünftigen Zinszahlungen aus der Refinanzierung. Er schließt mit einem anderen Finanzinstitut eine Swaption mit einer Fälligkeit in einem Jahr auf einen Swap mit Laufzeit von 4 Jahren, einem Festzins von jährlich 2,65% gegen eine halbjährliche Zinszahlung, die sich am 6M-EURIBOR flat orientiert, ab. Dafür muss er heute ein Upfront Payment in Höhe von 80 bp auf das zugrunde liegende Nominal von 5 Mio. € zahlen. Trifft die Erwartung des Treasurers ein, mit anderen Worten steigt der Swap-Satz über 2,65%, so ist die Ausübung der Swaption vorteilhaft und das Finanzinstitut schreibt seine Zinszahlungen auf 2,65% jährlich plus 15 bp halbjährlich auf 5 Mio. € fest. Wird die Erwartung des Treasurers nicht erfüllt, so hat er 80 bp (40.000 €) investiert, ohne eine Gegenleistung zu bekommen. In diesem Beispiel ist zu beachten, wie sich der Abschluss der Swaption und deren mögliche Ausübung auf das Zinsänderungsrisiko auswirken. Während eine FRN nur ein geringes Zinsänderungsrisiko aufweist, ist ein festverzinslicher Zahlungsstrom stets mit einem höheren Zinsänderungsrisiko verbunden. Ferner erfolgt mittels der Swaption eine Ergebnisverschiebung, da die Prämie bei Abschluss fällig wird, während die niedrigeren Zinszahlungen für die Zukunft erwartet werden.

17.1.4 Exotische Zinsderivate

Zinsoptionen wie Caps und Swaptions werden liquide gehandelt. Daher gibt es Marktpreise, die zur Bewertung von anderen Zinsderivaten herangezogen werden können.[219] In diesem Abschnitt werden die wichtigsten exotischen Zinsderivate beschrieben. Zur marktgerechten Bewertung dieser Derivate werden geeignete Zinsmodelle benötigt.[220]

Bermudan Swaption: Dieses Produkt erlaubt dem Halter zu verschiedenen Zeitpunkten in einen vorher definierten Zinsswap einzutreten. Bei Ausübung der Option zu einem dieser Zeitpunkte werden nur die zukünftigen Cash Flows aus dem Zinsswap ausgetauscht.

Constant Maturity Spread Option: Das Underlying dieser Option ist die Differenz zwischen zwei verschiedenen Swap-Sätzen. Diese Swap-Sätze können sich auf zwei

219 Die Repräsentation dieser Marktpreise erfolgt häufig über implizite Volatilitäten, siehe Abschnitt 17.3.4.

220 Beispiele für solche Modelle werden in Abschnitt 17.4 gegeben.

verschiedene Swap-Laufzeiten beziehen. Damit ist die Auszahlung von der Steigung der Zinskurve zum Laufzeitende abhängig.[221]

Target Redemption Note (TARN): Dieses Wertpapier zahlt periodische Kupons bis zu einer gegebenen Laufzeit. Kupons werden nur gezahlt, sofern eine Triggerbedingung erfüllt ist. Die Triggerbedingung ist dadurch gegeben, dass der Referenzzinssatz über (oder unter) einem festgelegten Triggerlevel liegt. Dabei ist die Summe der Kupons festgelegt: Falls diese Summe früh erreicht wird, da die Triggerbedingung häufig erfüllt war, endet das Produkt und das Kapital wird zurückgezahlt. Falls die Summe zum Laufzeitende noch nicht erreicht wurde, wird der Fehlbetrag zum Laufzeitende ausgezahlt.

Es gibt eine Vielzahl von Varianten dieser Derivate, wobei meist eine Kombination von Ausübungsrechten, komplexen Kuponformeln und der Bezug auf zukünftige Swap-Zinsen (CMS) zum Einsatz kommt.

17.2 Allgemeine Bewertungsrelationen für Zinsoptionen

Wie für andere Optionen lassen sich auch für Zinsoptionen Bewertungsrelationen ableiten, die unabhängig von dem konkret verwendeten stochastischen Modell der Marktpreisentwicklung sind. Da der Optionsinhaber nur Rechte und keine Pflichten hat, gilt natürlich auch für jede Zinsoption die Wertuntergrenze Null. Weitere wichtige Bewertungsrelationen sind Varianten der bereits in Kapitel 15 erwähnten Put-Call-Parität, die im folgenden Abschnitt für unterschiedliche Zinsoptionen hergeleitet wird.

17.2.1 Allgemeine Bewertungsrelationen für Anleiheoptionen

Das Auszahlungsprofil eines Calls auf eine Kuponanleihe mit einem vereinbarten Basispreis K im Ausübungs- oder Fälligkeitszeitpunkt T stellt sich wie folgt dar

$$C(T) = \max(K(T) - K; 0) \tag{17.3}$$

während für das Auszahlungsprofil des entsprechenden Puts gilt

$$\mathrm{P}(T) = \max(K - K(T); 0) \tag{17.4}$$

Hierbei steht $K(T)$ für den heute noch unbekannten, zukünftigen Kurs der Kuponanleihe im Ausübungs- oder Fälligkeitszeitpunkt T.[222]

---

221 In der Praxis wird häufig die Differenz zwischen dem 10-jährigen und dem 2-jährigen Swap-Satz betrachtet.

222 Anleiheoptionen beziehen sich in der Regel auf den Kurs und damit den Clean Price und nicht auf den Dirty Price bzw. Barwert einer Anleihe. Befindet man sich heute nicht in einem Kupontermin,

Analog zu Aktienoptionen lässt sich auch für europäische Anleiheoptionen die **Put-Call-Parität** herleiten. Dazu wird ein Portfolio aus einem Call $C^e(0)$ Long und einem Put $P^e(0)$ Short auf die gleiche (Kuponanleihe mit heutigem Kurs $K(0)$ betrachtet. Beide Optionen weisen die gleiche Laufzeit T und den gleichen Basispreis K auf. Zusätzlich ist in dem Portfolio eine Short-Position in der Anleihe enthalten. Während der Laufzeit der Option zahlt die Anleihe zu den Zeitpunkten t_c Kupons in Höhe von c aus.

Tabelle 17.1 Handelsstrategie zur Herleitung der Put-Call-Parität (Anleiheoptionen)

Instrument	$t = 0$	Kupontermine t_c	$t = T$ $K(T) < K$	$t = T$ $K(T) \geq K$
Call Long	$-C^e(0)$	0	0	$K(T) - K$
Put Short	$+P^e(0)$	0	$-(K - K(T))$	0
Anleihe Short	$K(0)$	$-c$	$-K(T)$	$-K(T)$
Summe	$-\boldsymbol{C^e(0)} + \boldsymbol{P^e(0)} + \boldsymbol{K(0)}$	$-\boldsymbol{c}$	$-\boldsymbol{K}$	$-\boldsymbol{K}$

In **Tabelle 17.1** sind die aus dem Portfolio resultierenden Zahlungen dargestellt. Zur Fälligkeit der Laufzeit müssen zwei unterschiedliche Fälle betrachtet werden. Liegt der Anleihepreis in T über dem Basispreis, so erzielt der Investor durch die Ausübung der Option und der sofortigen Veräußerung der Anleihe einen Gewinn in Höhe von $K(T) - K$.[223] Der Put verfällt wertlos. Eine analoge Überlegung für den Fall $K(T) < K$ zeigt, dass sich die gleiche resultierende Zahlung für das Teilportfolio aus Call Long und Put Short ergibt. Zusammen mit der Short-Position in der Anleihe führt die Position ausschließlich zu deterministischen Zahlungen in der Zukunft. Der Wert des Portfolios kann daher einfach durch Diskontieren der resultierenden Zahlungsreihe mit dem risikolosen Zinssatz ermittelt werden. Es gilt daher:

$$C^e(0) - P^e(0) - K(0) = -\sum_{0<t_c\leq T} c \cdot DF(0,t_c) - K \cdot DF(0,T) \tag{17.5}$$

Löst man die erhaltene Gleichung nach dem Call-Preis auf, ergibt sich

$$C^e(0) = P^e(0) + \left(K(0) - \sum_{0<t_c\leq T} c \cdot DF(0,t_c)\right) - K \cdot DF(0,T) \tag{17.6}$$

so ist zu beachten, dass es sich bei dem quotierten Kurs um den Clean Price der Anleihe handelt und im Weiteren Stückzinsen berücksichtig werden müssen. Zur Vereinfachung der folgenden Darstellung wird im Folgenden angenommen, dass der Bewertungszeitpunkt und die Fälligkeit der Option mit einem Kupontermin übereinstimmen.

223 Bei der Ausübung der Option sind Stückzinsen zu zahlen. Diese fließen durch die simultane Veräußerung der Anleihe wieder zum Investor zurück, sodass sie für die Gesamtzahlung aus dem Call keine Rolle spielen.

Benutzt man den in Abschnitt 9.1 mittels der Transformation des relevanten Zahlungsstroms berechneten Forward-Preis der Anleihe, so gilt für den Forward-Preis der Anleihe

$$F_K(T) = K(0) - \sum_{0<t_c\leq T} c \cdot DF\,(0, t_c) \quad (17.7)$$

und die Put-Call-Parität lässt sich damit ausdrücken als[224]

$$C^e(0) = P^e(0) + (F_K(T) - K) \cdot DF\,(0, T) \quad (17.8)$$

Wie schon im Fall der Aktienoptionen können durch Kombination der Put-Call-Parität und den grundlegenden ökonomischen Preisuntergrenzen für Optionen $C \geq 0$ und $P \geq 0$ weitere Bewertungsunter- und -obergrenzen hergeleitet werden.

Tipp

Genauso wie für Optionen auf Anleihen können auch für Optionen auf ihre Futures ähnliche Bewertungsrelationen hergeleitet werden. Für diese Analyse ist die Art des Future-Underlyings irrelevant, sodass sie nicht nur für Anleihefutures, sondern allgemein für Futures gültig ist. Hierbei wird in der Praxis allerdings vernachlässigt, dass es sich in der Regel bei börsengehandelten Optionen auf Futures um solche amerikanischen Typs handelt und das Folgende damit nur eine Näherung sein kann. Es wird wieder ein Portfolio mit einem europäischen Call C^e Long und einem europäischen Put P^e Short auf einen Future-Kontrakt mit heutigem Preis $K(0)$ betrachtet. Beide Optionen weisen die gleiche Laufzeit T und den gleichen Basispreis K auf. Da es sich um Futures-Style-Optionen handelt, muss die Prämie für die Option nicht zu Beginn entrichtet werden, sondern erst am Ende der Optionslaufzeit. Zusätzlich besteht das Portfolio aus einer Short-Position im zugrunde liegenden Future-Kontrakt mit Future-Preis $F(0)$. Für die folgende Berechnung wird sowohl der tägliche Gewinn- und Verlustausgleich des Future-Kontrakts als auch aus der Option (bei Futures-Style-Verfahren) vernachlässigt. In **Tabelle 17.2** sind die aus dem Portfolio resultierenden Zahlungen dargestellt. Beim Eingehen der Position sind weder für den Future-Kontrakt noch für die Futures-Style-Optionen Zahlungen fällig. Zum Fälligkeitszeitpunkt der Optionen erfolgt unabhängig von dem dann gültigen Future-Preis $F(T)$ die gleiche, in $t = 0$ bekannte Zahlung. Da das Portfolio ohne Kapitaleinsatz aufgebaut wird, muss auch die Höhe der Zahlung zum Fälligkeitszeitpunkt Null sein:

$$0 = P^e(0) - C^e(0) + F(0) - K \quad (17.9)$$

Löst man die obige Gleichung nach dem Call-Preis auf, erhält man die Put-Call-Parität für Optionen auf Futures:

$$C^e(0) = P^e(0) + F(0) - K \quad (17.10)$$

---

224 Strukturell entspricht die Put-Call-Parität für Anleiheoptionen damit ihrem Pendant für Aktienoptionen. Der einzige Unterschied ist, dass der aktuelle Aktienkurs durch den Dirty Price der Anleihe ersetzt wird. Dabei wird der Dirty Price noch um Kuponzahlungen und Stückzinsen bereinigt, die zwar dem Inhaber der Anleihe, aber nicht dem Optionsinhaber zustehen, analog der Bereinigung um Dividendenzahlungen im Fall von Aktien.

Tabelle 17.2 Handelsstrategie zur Herleitung der Put-Call-Parität (Futures)

Instrument	$t = 0$	$t = T$ $F(T) < K$	$t = T$ $F(T) \geq K$
Call Long	0	$-C^e(0)$	$-C^e(0) + F(T) - K$
Put Short	0	$+P^e(0) - (K - F(T))$	$+P^e(0)$
Future-Kontrakt Short	0	$-(F(T) - F(0))$	$-(F(T) - F(0))$
Summe	0	$P^e(0) - C^e(0) + F(0) - K$	$P^e(0) - C^e(0) + F(0) - K$

Die Formel ähnelt strukturell anderen Varianten der Put-Call-Parität. Bei Futures-Style-Optionen fehlen jedoch, aufgrund der Leistung der Optionsprämien erst bei Fälligkeit, die Diskontfaktoren in der Gleichung. Zusammen mit den grundlegenden ökonomischen Preisschranken für Optionen $C^e(0) \geq 0$ und $P^e(0) \geq 0$ können wieder weitere Bewertungsrelationen hergeleitet werden.

Fallbeispiel 17.4 Optionen auf Anleihefutures an der EUREX
Ein EUREX-Händler betrachtet die Juli-Optionen auf den Bobl-Future an der EUREX. Das Underlying der Optionen, der im September fällige Bobl-Future, steht aktuell bei 118,40 Punkten. Der Preis eines Calls mit einem Basispreis von 119 Punkten beträgt 0,30 Punkte. Bezogen auf das Nominal von 100.000 € bedeutet dies einen Preis von 300 €. Vernachlässigt man die vorzeitige Ausübungsmöglichkeit (amerikanische Option) und die Effekte aufgrund des täglichen Gewinn- und Verlustausgleichs durch das Futures-Style-Abrechnungsverfahrens, ergibt sich aus der Put-Call-Parität der folgende näherungsweise Preis für einen Put mit dem Basispreis 119:

$$P^e(0) = C^e(0) - F(0) + K = 0{,}30 - 118{,}40 + 119{,}00 = 0{,}90$$

17.2.2 Allgemeine Bewertungsrelationen für Caps und Floors

Wie bereits in Abschnitt 17.1.2 dargestellt, entspricht das Auszahlungsprofil eines Caplets für die Absicherungsperiode von t_1 nach t_2

$$\max\big(N \cdot (t_2 - t_1) \cdot \big(i^{Ref}(t_1, t_2) - k\big)\,;0\big) \tag{17.11}$$

während die Auszahlung eines Floorlets lautet

$$\max\big(N \cdot (t_2 - t_1) \cdot \big(k - i^{Ref}(t_1, t_2)\big)\,;0\big) \tag{17.12}$$

Auch Caps und Floors lassen sich analog zu dem vorhergehenden Abschnitt ohne Annahme einer speziellen Stochastik der Zinssätze analysieren. Dazu sei ein Portfolio aus einem Cap Long und einem Floor Short auf den gleichen Referenzzinssatz $i^{Ref}(t_1, t_2)$ gegeben, mit gleicher Laufzeit und gleichem Basiszinssatz k. Zunächst sei angenommen, dass der Cap und der Floor nur aus einem einzigen Caplet bzw. Floorlet mit der Absicherungsperiode von t_1 bis t_2 bestehen. Das zum Zeitpunkt t_1 festgestellte Fixing des Referenzzinssatzes beträgt $i^{Ref}(t_1, t_2)$. Die Zahlungen aus dem Portfolio sind in **Tabelle 17.3** bezogen auf ein Nominal von 1 aufgeführt.

Tabelle 17.3 Handelsstrategie zur Herleitung der Put-Call-Parität für Caps und Floors

Instrument	$t = 0$	$t = t_2$ $i^{Ref}(t_1, t_2) < k$	$t = t_2$ $i^{Ref}(t_1, t_2) \geq k$
Caplet Long	−Caplet	0	$(i^{Ref}(t_1, t_2) - k) \cdot (t_2 - t_1)$
Floorlet Short	+Floorlet	$-\left(k - i^{Ref}(t_1, t_2)\right) \cdot (t_2 - t_1)$	0
Summe	−Caplet +Floorlet	$(i^{Ref}(t_1, t_2) - k) \cdot (t_2 - t_1)$	$(i^{Ref}(t_1, t_2) - k) \cdot (t_2 - t_1)$

Das Portfolio aus den beiden Optionen führt unabhängig vom Verhältnis zwischen fixiertem Referenzzinssatz und Basiszins zur gleichen Zahlung am Ende des Absicherungszeitraums. Die resultierende Auszahlung in t_2 entspricht dabei genau der Zahlung eines in t_1 startenden Forward Payer Swaps mit festem Zinssatz k, variablem Zinssatz $i^{Ref}(t_1, t_2)$ und Laufzeit bis t_2. Wie der betrachtete Cap und Floor hat auch der Swap nur eine einzige Zinsperiode. Die analoge Analyse für Caps und Floors mit mehreren Caplets bzw. Floorlets führt zu dem Ergebnis, dass ein Portfolio aus einem Cap Long und einem Floor Short (mit gleichem Strike k, gleichem Referenzzinssatz $i^{Ref}(t_1, t_2)$ und gleicher Laufzeit) durch einen Forward Payer Swap mit Festzinssatz k dupliziert werden kann.[225] Für die Prämien Floor und Cap zu Laufzeitbeginn muss also folgende Variante der Put-Call-Parität gelten:

$$\text{Cap} - \text{Floor} = FPS(0) \tag{17.13}$$

wobei $FPS(0)$ der heutige Marktwert eines Forward Payer Swaps ist, der mit der ersten Absicherungsperiode beginnt und bis zur Fälligkeit der beiden Optionen läuft. Dabei ist zu beachten, dass der Forward Payer Swap die gleichen Zinskonventionen und Zahlungszeitpunkte wie die Optionen aufweisen muss, damit die Bewertungsrelation gültig ist. Entgegen der üblichen Marktkonvention für Swaps entspricht also die Zinszahlungsfrequenz und –konvention der Festseite des betrachteten Forward Swaps der Frequenz und Konvention seiner variable Seite.

Der Barwert eines Forward Swaps mit marktgerechter Forward Swap Rate sowie ohne Zinsaufschlag auf der variablen Seite ist Null.[226] Setzt man dies in die Put-Call-Parität für Caps und Floors ein, so erhält man folgenden Zusammenhang: Wählt man den Strike

[225] Forward Swaps wurden bereits in Kapitel 13 erläutert.
[226] Vgl. Abschnitt 13.3.

gleich der marktgerechten Forward Swap Rate, deren Laufzeit genau dem Absicherungszeitraum entspricht, so sind ein Cap und ein Floor mit diesem Strike und Absicherungszeitraum gleich viel wert.

Fallbeispiel 17.5 Abschluss eines Zero Cost Collars

Eine Zinsoptionshändlerin möchte einen Zero Cost Collar Long auf den 6M-EURIBOR für die Absicherungsperiode von $t = 1$ nach $t = 2$ abschließen. Die beiden Zinsoptionen bestehen somit nur aus einem Caplet und einem Floorlet. Für den EUR-Swap-Markt liegen ihr die folgende Marktinformationen vor:[227] Der einjährige Swap-Satz für Swaps gegen den 6M-EURIBOR liegt bei 1,00%. Der entsprechende zweijährige Swap-Satz liegt bei 2,00%. Damit ermittelt die Händlerin die aktuelle Swap-Zinsstruktur als

Laufzeit t	1	2
Swap-Sätze $c_s(0,t)$	1,000%	2,000%
Swap-Zero-Zinsen $z_s(0,t)$	1,000%	2,010%

Aus der Put-Call-Parität für Caps und Floors weiß die Händlerin, dass sich die beiden Optionsprämien entsprechen, sofern sie die Strike Rates beider Optionen gleich der aktuellen Forward Swap Rate für einen „1 + 1"-Forward Swap wählt. Zu deren Berechnung benötigt sie den Forward-Diskontfaktor bzw. den Forward-Zins:

$$FR(1,2) = \left(\frac{(1+z(0,2))^2}{(1+z(0,1))^1}\right)^{1/1} - 1 = \frac{1{,}0201^2}{1{,}01^1} - 1 = 3{,}030\%$$

Mit der in Abschnitt 13.3 dargestellten Formel berechnet sich die faire Forward Swap Rate als

$$FRS(1,2) = \frac{1-DF(1,2)}{DF(1,2)} = \frac{1-1{,}0303^{-1}}{1{,}0303^{-1}} = 1{,}0303 - 1 = 3{,}030\%$$

Da der Swap eine Laufzeit von genau einem Jahr aufweist, entspricht die Forward Swap Rate dem einjährigen Terminzinssatz in einem Jahr.[228] Vereinbart die Händlerin sowohl im Cap als auch im Floor einen Basiszinssatz von 3,030%, so handelt es sich um einen Zero Cost Collar.

Ferner möchte die Optionshändlerin einen bereits abgeschlossenen Collar mit einer Restlaufzeit von zwei Jahren auf 10 Mio. € bestehend aus einem Caplet Long und einem Floorlet Long für die Absicherungsperiode von $t = 1$ nach $t = 2$ mit Cap und Floor Rate

227 Die Bewertung des Swaps erfolgt mit einem Modell mit einer Zinskurve.

228 Bei einer Laufzeit von einem Jahr existiert kein Unterschied zwischen einem Kuponzins und dem Nullkuponzins, womit sich die Forward Swap Rate hier alternativ als Swap-Nullkuponzins bestimmen lässt.

von $k = 4{,}00\%$ bewerten. Dazu kann sie den vereinbarten Basiszinssatz mit der Forward Swap Rate vergleichen und den entsprechenden Forward Payer Swap bewerten als

$$\begin{aligned} FPS(0) &= (FRS(1{,}2) - k) \cdot DF(0{,}2) \\ &= (3{,}030\% - 4{,}00\%) \cdot 1{,}02010^{-2} \cdot 10 \text{ Mio. €} = -93.215{,}09 \text{ €} \end{aligned}$$

Damit sieht sie, dass sich der Collar zu ihren Ungunsten entwickelt hat und einen negativen Marktwert von 93.215,09 € aufweist.

17.2.3 Allgemeine Bewertungsrelationen für Swaptions

Für europäische Swaptions gilt ein ähnlicher Zusammenhang wie für Caps und Floors. Dies wird sofort ersichtlich, wenn man ein Portfolio aus einer Receiver Swaption Long und einer Payer Swaption Short betrachtet, deren Fälligkeit und zugrunde liegender Swap in Laufzeit, Festzinssatz und variablem Referenzzinssatz übereinstimmen.[229] Es wird dabei davon ausgegangen, dass die Optionen physisch beliefert werden.

Am gemeinsamen Fälligkeitstermin der beiden Optionen können zwei Fälle auftreten:

- Der marktgerechte Swap-Satz für den beiden Optionen zugrunde liegenden Swap ist kleiner oder gleich dem Strike. In diesem Fall ist es vorteilhaft, die Receiver Swaption auszuüben, da der Inhaber der Option so einen Receiver Swap mit einem höheren als dem zu dieser Zeit marktüblichen Zinssatz erhält. Die Ausübung der Payer Swaption ist in diesem Szenario nicht vorteilhaft und unterbleibt daher. Nach dem Ausübungstag ist die resultierende Position ein Receiver Swap mit einem Festzinssatz in Höhe des Strikes. In Kombination mit einem ohne Kosten erworbenen Payer Swap würden sich für den Inhaber in der Summe sichere positive periodische Zahlungen ergeben.
- Der marktgerechte Swap-Satz für den den Optionen zugrunde liegenden Swap ist größer als der Strike. In diesem Fall ist es rational, die Receiver Swaption verfallen zu lassen, da am Markt ohnehin Receiver Swaps mit einem höheren Festzinssatz abgeschlossen werden können. Im Gegenzug wird jedoch die Payer Swaption ausgeübt, da der Inhaber im Austausch gegen variable Zahlungen einen niedrigeren festen Zinssatz zahlen muss, als er am Markt zu dieser Zeit zahlen müsste. Der Stillhalter der Option nimmt dann die Gegenseite, d.h. die Receiver Position, in einem Swap mit Festzinssatz in Höhe des Strikes an.

In beiden möglichen Fällen für die zukünftige Entwicklung der Zinsen hält der Investor nach Ausübung bzw. Verfall der Optionen dieselbe Position: einen Receiver Swap mit

229 Üblicherweise beginnt der einer Swaption zugrunde liegende Swap unmittelbar nach Fälligkeit der Swaption. Vom Fälligkeitstag der Option aus betrachtet handelt es sich dann um einen Zinsswap mit dem üblichen Startdatum (spot start). Für die Analyse von Swaptions sind jedoch vor allem die fairen Werte der Option vor dem Fälligkeitstermin von Interesse. Während der Laufzeit der Option liegt der Beginn des zugrunde liegenden Swaps jedoch noch in der Zukunft, d.h. es handelt sich um einen Forward Swap.

einem Festzinssatz in Höhe des Strikes. Folglich wird das oben beschriebene Portfolio aus zwei Swaptions durch den beiden Optionen zugrunde liegenden Forward Receiver Swap dupliziert. Für die Barwerte der Receiver Swaption $RS(0)$, der Payer Swaption $PS(0)$ und des Forward Receiver Swaps $FRS(0)$ und damit auch für die marktgerechten Prämien gilt daher:

$$RS(0) - PS(0) = FRS(0) \tag{17.14}$$

Aus dieser Gleichung ist ersichtlich, dass die Prämien für eine Payer Swaption und eine Receiver Swaption auf denselben Swap gleich sind, wenn der Strike der beiden Optionen in Höhe des marktgerechten Forward-Swap-Zinssatzes gewählt wird. In diesem Fall ist der Barwert des Forward Swaps gleich Null, sodass sich die Barwerte von Payer und Receiver Swaption gemäß der obigen **Put-Call-Parität für Swaptions** gerade ausgleichen.

Aus diesem Grund wird die Moneyness einer Swaption auch in der Regel nicht relativ zum aktuellen fairen Zinssatz für Swaps angegeben, die heute beginnen und die gleiche Laufzeit wie der zugrunde liegende Swap aufweisen. Vielmehr wird die Moneyness relativ zum fairen Swap-Satz des zugrunde liegenden Forward Swaps und der zugehörigen marktgerechten Forward Swap Rate berechnet. Dies gilt auch für Caps und Floors, deren Absicherungszeitraum in der Zukunft liegt.[230]

Fallbeispiel 17.6 Moneyness von Swaptions
Es liegen die Marktinformation aus dem vorangegangenen Fallbeispiel vor. Die Optionshändlerin möchte ihr Optionsportfolio um eine At the Money-Payer-Swaption mit einjähriger Laufzeit auf einen einjährigen Swap ergänzen. Sie kauft daher eine Payer Swaption mit Strike 3,030% und physischem Settlement und erwirbt damit das Recht, in einem Jahr in einem Swap 3,030% gegen den Tausch zum 6M-EURIBOR über ein Jahr zu zahlen. Läge der Strike der Option über 3,030%, so würde es sich um eine Out of the Money-Swaption handeln, umgekehrt würde eine In the Money-Swaption einen Strike unter 3,030% aufweisen.

17.3 Standardmodell zur Bewertung von Zinsoptionen

In der Praxis wird für die Bewertung der in diesem Kapitel besprochenen grundlegenden Formen von Zinsoptionen das Modell von Black verwendet.[231] Das **Black-Modell** ist in seiner ursprünglichen Form nicht für die Bewertung von Zinsoptionen, sondern für die

---

230 In der Praxis werden üblicherweise keine Caps und Floors gehandelt, deren Absicherungsperiode sofort beginnt. Da in diesem Fall die Zahlung für das erste Caplet bzw. Floorlet bereits fixiert wäre und somit keine optionale Absicherung bietet, ist es Marktusance, solche Derivate erst mit der ersten Periode mit heute noch unbekannter Zahlung zu beginnen.

231 Vgl. Black (1976).

Bewertung von Optionen auf Futures konzipiert worden.[232] Es handelt sich bei dem Black-Modell um eine Übertragung der Grundidee des Black-Scholes-Modells auf Zinsoptionen. In diesem Kapitel wird die Bewertung von grundlegenden Zinsoptionen dargestellt. Anschließend werden kritische Punkte bei der Übertragung des Black-Modells auf Zinsoptionen beleuchtet und alternative Modellansätze skizziert.

17.3.1 Risikoneutrale Bewertung von Anleiheoptionen nach dem Modell von Black

Im folgenden Abschnitt wird das Black-Modell zur Bewertung von europäischen Anleiheoptionen eingesetzt. Dazu wird ein europäischer Call auf eine Anleihe mit Basispreis K betrachtet.[233] Der Preis der zugrunde liegenden Anleihe zum Fälligkeitszeitpunkt T der Option wird mit $K(T)$ bezeichnet. Dementsprechend berechnen sich die fairen Werte der Anleiheoptionen zum Zeitpunkt $t = 0$ in Analogie zum Black-Scholes-Modell unter der Annahme eines lognormalverteilten Anleihekurses, eines stetigen Handels, eines gegebenen Diskontfaktors für die Laufzeit der Option und einer konstanten Volatilität. Die Bewertungsformeln lauten für

- den **fairen Preis C^e (0) einer europäischen Kaufoption** auf eine Kuponanleihe mit Ausübungspreis K, einer Optionsfrist T und Volatilität σ

  $$C^e(0) = DF(0,T) \cdot (F_K(T) \cdot N(d_1) - K \cdot N(d_2)) \tag{17.15}$$

- den **fairen Preis P^e (0) einer europäischen Verkaufsoption** auf eine Kuponanleihe mit Ausübungspreis K, einer Optionsfrist T und Volatilität σ

  $$P^e(0) = DF(0,T) \cdot (K \cdot N(-d_2) - F_K(T) \cdot N(-d_1)) \tag{17.16}$$

wobei $N(d)$ den Wert der Normalverteilungsfunktion an einer Stelle d angibt[234] und

$$d_1 = \frac{\ln\left(\frac{F_K(T)}{K}\right) + \frac{1}{2}\sigma^2 \cdot T}{\sigma\sqrt{T}} \tag{17.17}$$

sowie

---

[232] Eine mathematisch exakte Darstellung des Black-Modells zur Bewertung von Optionen auf Futures findet sich bspw. in Musiela / Rutkowski (2005).

[233] Der Basispreis des Calls bezieht sich in der Praxis in der Regel auf den Clean Price der Anleihe. Clean Price und Dirty Price zum Zeitpunkt T unterscheiden sich nur durch die Stückzinsen, die bereits zum Bewertungszeitpunkt bekannt sind. Falls sich der Basispreis also auf den Dirty Price beziehen sollte, kann er einfach durch Abzug der Stückzinsen einen ökonomisch äquivalenten Basispreis ermitteln, der sich auf den Clean Price bezieht (und umgekehrt). Zur Vereinfachung der folgenden Darstellung wird im Folgenden angenommen, dass sich der Bewertungszeitpunkt und die Fälligkeit der Option mit einem Kupontermin übereinstimmen, sodass der Dirty Price und der Clean Price der zugrunde liegenden Anleihe übereinstimmen.

[234] Zur Ermittlung der Wahrscheinlichkeiten siehe Normalverteilungstabelle im Anhang.

$$d_2 = d_1 - \sigma\sqrt{T} \quad (17.18)$$

gilt. Dabei bezeichnet $F_K(T)$ den Forward-Preis der zugrunde liegenden Anleihe.[235] Bezüglich des eingehenden Volatilitätsparameters ist anzumerken, dass dieser sich auf die Volatilität des Anleihepreises zum Fälligkeitszeitpunkt T bezieht. Typischerweise ändert sich das Risikoprofil von Anleihen im Zeitablauf. Auch wenn sich die Volatilitätsrate des Underlyings im Zeitablauf ändert, ist die Anwendung des Black-Modells dennoch möglich, da das Modell nur eine Annahme bezüglich der Verteilung zum Fälligkeitszeitpunkt der Option trifft. Über den zeitlichen Verlauf wird keine Annahme getroffen. Allerdings ist es insbesondere bei langlaufenden Anleiheoptionen nicht sachgerecht, die Volatilität des aktuellen Anleihepreises zur Optionsbewertung zu verwenden. Es muss die Verteilung des zukünftigen Preises der dann kürzer laufenden Anleihe betrachtet werden.

Fallbeispiel 17.7 Bewertung einer Anleiheverkaufsoption

Eine professionelle Investorin hält eine Investition mit Volumen von 2,5 Mio. € in eine Anleihe mit einer Restlaufzeit von vier Jahren und einem Kupon von 5% p.a. Der Nennwert des einzelnen Wertpapiers liegt bei 1.000 €, die zugrunde liegende Zinsrechnungskonvention ist 30/360. Die Investorin der Versicherung möchte diese Investition gegen eine Änderung des Zinsniveaus absichern und kauft daher europäische Put-Optionen auf die obige Anleihe. Hierbei ist zu beachten, dass eine Verkaufsoption zum tatsächlichen Verkauf einer einzelnen Teilschuldverschreibung berechtigt. Die Put-Optionen sollen eine Restlaufzeit von zwei Jahren[236] und einen Basispreis von 1.015 € aufweisen. Die Zinsstruktur der Nullkuponzinsen liegt der Investorin wie folgt vor:

t	1	2	3	4
$z(0,t)$	4,05%	4,24%	4,74%	4,61%

Ferner legt sie eine Volatilität der Forward-Kurse in der Höhe von 4% zugrunde.

Zur Bewertung der Anleiheverkaufsoption benötigt die Investorin den fairen Forward-Preis $F_K(T)$ der Anleihe für $T = 2$. Dieser berechnet sich mittels Transformation des relevanten Zahlungsstroms als[237]

$$F_K(T) = (50\,€ \cdot 1{,}0474^{-3} + 1.050\,€ \cdot 1{,}0461^{-4}) \cdot 1{,}0424^2 = 1.000{,}00\,€$$

Der faire Forward-Preis der Anleihe liegt damit bei 1.000,00 €. Ferner kann man die vorliegende Information mathematisch schreiben als $T = 2$, $K = 1.015$, $\sigma = 0{,}04$, $DF(0{,}2) = 1{,}0424^{-2} = 0{,}9203$ und $F = 1.000$. Ferner werden d_1 und d_2 zur Berechnung der

235 Dieser Forward-Preis kann wie in Abschnitt 9.1 dargestellt ermittelt werden.

236 Wie schon in Kapitel 16 wird zur Vereinfachung bei der Bewertung von Zinsoptionen eine vereinbarte Zinsrechnungskonvention vernachlässigt.

237 Vgl. Abschnitt 9.1.

Optionsprämie benötigt:

$$d_1 = \frac{\ln\left(\frac{1.000}{1.015}\right)+\frac{1}{2}0{,}04^2\cdot 2}{0{,}04\cdot\sqrt{2}} = -0{,}23 \text{ und } d_2 = -0{,}23 - 0{,}04\cdot\sqrt{2} = -0{,}29$$

Die zugehörigen Wahrscheinlichkeiten der Standardnormalverteilung sind $N(-d_1) = 0{,}5910$ und $N(-d_2) = 0{,}6141$. Damit berechnet sie den fairen Preis der Put-Option auf eine einzelne Teilschuldverschreibung bzw. das einzelne Wertpapier als

$$P^e(0) = 1{,}0424^{-2}\cdot(1.015\,€\cdot 0{,}6141 - 1.000\,€\cdot 0{,}5910) = 29{,}74\,€$$

Alternativ kann sie den Preis der Option in Basispunkten auf das Nominal angeben als $29{,}74\,€/(1.000\,€\cdot 0{,}0001) = 0{,}0297 = 297$ bp

Ein Kritikpunkt am Black-Modell für Anleiheoptionen ist die unterstellte Verteilung für das Underlying. Die Annahme einer Lognormalverteilung impliziert, dass der Anleihepreis jeden Wert zwischen Null und Unendlich annehmen kann. Dies bedeutet jedoch auch, dass der Anleihepreis höher sein kann als die Summe aller Cash Flows der Anleihe. Ein fairer Anleihepreis über dieser Grenze ist jedoch nur dann möglich, wenn negative Zinssätze zum Diskontieren verwendet werden. In der Praxis werden daher Anleiheoptionen stattdessen meist über Swaptions abgebildet und bewertet.[238]

Eine weitere in der Praxis bedeutsame Klasse von Anleiheoptionen stellen die an der EUREX gehandelten Optionen auf synthetische Staatsanleihefutures wie beispielsweise den Bund-Future-Kontrakt dar. Der Inhaber einer solchen Option besitzt das Recht, einen Future auf eine Anleihe zu einem festgesetzten Preis zu erwerben oder zu verkaufen. Diese Optionen sind amerikanisch, d.h. sie können an jedem Handelstag innerhalb ihrer Laufzeit ausgeübt werden. Zudem wird ihre Prämie nicht bei Abschluss bezahlt, sondern im Futures-Style-Verfahren. Beide Ausgestaltungsmerkmale führen dazu, dass diese Optionen nicht mit Hilfe der Black-Formel bewertet werden können. Stattdessen finden vielmehr solche Methoden Anwendung, wie sie in Abschnitt 17.4 skizziert werden.

17.3.2 Risikoneutrale Bewertung von Caps und Floors nach dem Modell von Black

Analog zum vorherigen Abschnitt lässt sich das **Black-Modell** auch zur Bewertung von Caps und Floors anwenden. Dazu werden zunächst ein einzelnes Caplet bzw. Floorlet auf den Referenzzinssatz $i^{Ref}(t_1, t_2)$ betrachtet. Die Absicherungsperiode beginnt in t_1 und endet in t_2.

Zur Bestimmung des heutigen Wertes eines Caplets und eines Floorlets wird erneut das Black-Modell angewendet. Unterstellt man nun anstelle des Anleihekurses eine

238 Vgl. Abschnitt 17.3.3.

lognormalverteilte Entwicklung des Referenzzinssatzes, so lauten die Bewertungsformeln für

- den **fairen Preis eines Caplets** auf einen Referenzzins mit Cap Rate k, für die Absicherungsperiode von t_1 bis t_2, auf ein Nominal N und mit Volatilität σ

$$\text{Caplet} = N \cdot (t_2 - t_1) \cdot DF(0, t_2) \cdot (FR(t_1, t_2) \cdot N(d_1) - K \cdot N(d_2)) \qquad (17.19)$$

- den **fairen Preis eines Floorlets** auf einen Referenzzins mit Floor Rate k, für die Absicherungsperiode von t_1 bis t_2, auf ein Nominal N und mit Volatilität σ

$$\text{Floorlet} = N \cdot (t_2 - t_1) \cdot DF(0, t_2) \cdot (K \cdot N(-d_2) - FR(t_1, t_2) \cdot N(-d_1)) \qquad (17.20)$$

wobei $N(d)$ den Wert der Normalverteilungsfunktion an einer Stelle d angibt[239] und

$$d_1 = \frac{\ln\left(\frac{FR(t_1,t_2)}{K}\right) + \frac{1}{2}\sigma^2 \cdot t_1}{\sigma\sqrt{t_1}} \qquad (17.21)$$

sowie

$$d_2 = d_1 - \sigma\sqrt{T} \qquad (17.22)$$

gilt. Der von der Zinsbewegung unabhängige Faktor $N \cdot (t_2 - t_1)$ überträgt sich direkt in die Bewertungsgleichung. Die Volatilität σ bezieht sich auf die Optionsfälligkeit t_1, da der zugrunde liegende Referezzinssatz in t_1 fixiert und damit nur bis zu diesem Zeitpunkt unbekannt ist. Diskontiert wird dagegen nicht zur Optionsfälligkeit, sondern zum Auszahlungstermin t_2. Der Term $FR(t_1, t_2)$ ist der heutige Forward-Zinssatz für die heute noch unbekannte Verzinsung $i^{Ref}(t_1, t_2)$ und geht daher in die Bewertungsformel als Forward-Preis des Underlyings ein.

Ein Cap ist ein Portfolio aus mehreren Caplets. Folgerichtig muss zu seiner Bewertung jedes einzelne Caplet mit der Black-Formel bewertet werden. Die Summe der Werte der Caplets bildet den fairen Preis des Caps. Analog wird der Wert eines Floors durch Aufsummieren der Werte der einzelnen Floorlets ermittelt.

Im Gegensatz zur Verwendung des Black-Modells für Anleihen ist die hier getroffene Annahme einer lognormalen Verteilung für Zinssätze ökonomisch sinnvoll. Je nach Wirtschaftslage könnten Zinssätze unterschiedlich hohe Werte zwischen Null und Unendlich annehmen.

Fallbeispiel 17.8 Bewertung eines Floors
Der Treasurer eines Kreditinstitutes, das überwiegend variabel verzinsliche Darlehen vergibt, möchte das Risiko fallender Zinsen abdecken und kauft zum 27.01. des Jahres die folgende Zinsbegrenzungsoption:

---

239 Zur Ermittlung der Wahrscheinlichkeiten siehe Normalverteilungstabelle im Anhang.

- Art der Option: Floor
- Underlying: 12M-EURIBOR
- Zinsausgleichszahlungen: jährlich auf einen Nominalbetrag von 20 Mio. €
- Basiszinssatz: 2,50%

Die Volatilität der Forward-Zinsen nimmt er mit 4,00% an. Ferner liegt dem Treasurer die folgende Zinsstruktur vor: [240]

Laufzeit t	1	2	3
$z(0,t)$	1,75%	2,00%	2,26%
$DF(0,t)$	0,9828	0,9612	0,9352
$FR(t-1,t)$	1,75%	2,26%	2,78%

Die erste Zinszahlung ist nicht Bestandteil der Option, da sie bereits fixiert wurde. Der Zins, der am nächsten 27.01. – genau ein Jahr nach Abschluss der Option – gezahlt wird, steht heute schon fest und entspricht dem 12M-EURIBOR in der Höhe von 1,75%. Hierbei spielt es keine Rolle, dass dieser Zins unter dem Basiszins liegt. [241]

Der Floor besteht somit aus zwei Floorlets. Der erste Floorlet hat eine Absicherungsperiode von einem Jahr beginnend in einem Jahr, also gilt $t_1 = 1$ und $t_2 = 2$, der relevante Forward-Zins ist $FR(t_1, t_2) = FR(1{,}2) = 2{,}26\%$ und der relevante Diskontfaktor ist $DF(0{,}2) = 0{,}9612$. Das zweite Floorlet hat eine Absicherungsperiode von einem Jahr beginnend in zwei Jahren, also gilt $t_1 = 2$ und $t_2 = 3$, der relevante Forward-Zins ist $FR(t_1, t_2) = FR(2{,}3) = 2{,}78\%$ und der relevante Diskontfaktor ist $DF(0{,}3) = 0{,}9352$. Beide Floorlets haben eine Floor Rate von 2,50% und ein Kontraktvolumen von 20 Mio. €.

Somit kann die Bewertung der beiden Floorlets mit der obigen Formel für Floorlets erfolgen:

- Bewertung des ersten Floorlets: Zunächst ermittelt der Treasurer $d_1$und d_2 als

  $$d_1 = \frac{\ln\left(\frac{0{,}0226}{0{,}025}\right) + \frac{1}{2} 0{,}04^2 \cdot 1}{0{,}04 \cdot \sqrt{1}} = -2{,}50 \text{ und } d_2 = -2{,}50 - 0{,}04 \cdot \sqrt{1} = -2{,}54$$

  Die zugehörigen Wahrscheinlichkeiten der Standardnormalverteilung sind $N(-d_1) = 0{,}9938$ und $N(-d_2) = 0{,}9945$. Damit kann er den Preis des ersten Floorlets bestimmen:

---

240 Für eine Laufzeit von einem Jahr entsprechen sich der lineare und der exponentielle Zinssatz, sodass zur besseren Verständlichkeit bei einjähriger Zinszahlungsfrequenz mit dem Zero-Zinssatz $z(t-1,t)$ anstatt mit dem linearen Referenzzins $i^{ref}(t-1,t)$ argumentiert wird.

241 Es sei darauf hingewiesen, dass hier zur Vereinfachung die am Geldmarkt übliche Zinsrechnungskonvention act/360 vernachlässigt wird.

Preis des ersten Floorlets $= 20 \text{ Mio. €} \cdot 1 \cdot 0{,}9612 \cdot (2{,}50\% \cdot 0{,}9945 - 2{,}26\% \cdot 0{,}9938)$
$= 46.187{,}97 \text{ €}$

- Bewertung des zweiten Floorlets: Zunächst ermittelt der Treasurer $d_1$und d_2 als

$$d_1 = \frac{\ln\left(\frac{0{,}0278}{0{,}025}\right)+\frac{1}{2}0{,}04^2 \cdot 2}{0{,}04 \cdot \sqrt{2}} = 1{,}90 \text{ und } d_2 = 1{,}90 - 0{,}04 \cdot \sqrt{2} = 1{,}84$$

Die zugehörigen Wahrscheinlichkeiten der Standardnormalverteilung sind $N(-d_1) = 0{,}0287$ und $N(-d_2) = 0{,}0329$. Damit kann er den Preis des zweiten Floorlets bestimmen:

Preis des zweiten Floorlets $= 20 \text{ Mio. €} \cdot 1 \cdot 0{,}9352 \cdot (2{,}50\% \cdot 0{,}0329 - 2{,}78\% \cdot 0{,}0287)$
$= 460{,}87 \text{ €}$

Damit ermittelt sich der Preis des Floors als Summe der zwei Floorlet-Preise

Floor $= 46.187{,}97 \text{ €} + 460{,}87 \text{ €} = 46.648{,}84 \text{ €}$

Zusätzlich kann der Treasurer den Preis des Floors in Basispunkten auf das Nominal angeben:

$$\text{Floor} = \frac{46.648{,}84 \text{ €}}{20 \text{ Mio. €} \cdot 0{,}0001} = 23 \text{ bp}$$

In der Praxis findet die Black-Formel häufig Anwendung für Caps und Floors. Dabei ist zu beachten, dass sich die Volatilität σ in der Black-Formel auf die Volatilität des Zinssatzes bis zum Zeitpunkt des Fixings des entsprechenden zukünftigen Caplets bzw. Floorlets bezieht. Die sich aus den Marktpreisen von Caps und Floors ergebende implizite Volatilität desselben Referenzzinssatzes für unterschiedliche Absicherungszeiträume und Basiszinsraten ist in der Regel von Caplet zu Caplet bzw. von Floorlet zu Floorlet unterschiedlich.[242] Zur Bestimmung des Preises eines Caps müssen daher unterschiedliche Volatilitäten herangezogen werden.[243]

17.3.3 Risikoneutrale Bewertung von Swaptions nach dem Modell von Black

Auch Swaptions lassen sich mit Hilfe des Modells von Black bewerten. Dazu wird zum Zeitpunkt $t = 0$ eine europäische Payer Swaption mit Nominal N und Basiszinssatz k betrachtet, die zum Zeitpunkt t fällig wird und dann physisch ausgeübt werden kann. Der zugrunde liegende Swap läuft von t bis zum Endzeitpunkt T. Zur Vereinfachung der Darstellung wird im Folgenden angenommen, dass die Swap-Periode ein Jahr ist. Damit hat der Swap $T - t - 1$ Kuponperioden, deren erste in t beginnt und in $t + 1$ zahlt, während die letzte in $T - 1$ beginnt und in T zahlt. Der zum Zeitpunkt t geltende faire

242 Vgl. Abschnitt 16.3.3 für die implizite Volatilität von Aktienoptionen.
243 Dies wird in Abschnitt 17.3.4 diskutiert.

Swap-Satz für diesen Swap sei mit $c_S(t,T)$ bezeichnet. Liegt der faire Swap-Satz unter dem Basiszinssatz, wird der Inhaber der Payer Swaption seine Option wertlos verfallen lassen. Liegt der faire Swap-Satz jedoch oberhalb des Basiszinssatzes, wird die Option ausgeübt. Der Inhaber tritt in einen Payer Swap mit Swap-Satz k ein. Schließt er simultan einen Receiver Swap zum marktgerechten Zinssatz ab, erhält er (ohne explizite Berücksichtigung der Zinskonvention) an jedem Kupontermin des zugrunde liegenden Swaps den Betrag $N \cdot (c_S(t,T) - k)$ ausgezahlt. Er entspricht der Differenz der beiden Zinssätze bezogen auf das Nominal N des Swaps. Das Vermögen des Inhabers bei Fälligkeit der Option in t entspricht der Summe dieser diskontierten Beträge, d.h.:

$$PS(t) = N \cdot \sum_{i=t+1}^{T} DF(t,i) \cdot \max\ (c_S(t,T) - k; 0) \tag{17.23}$$

Das effektive Auszahlungsprofil einer Payer Swaption $PS(t)$ entspricht also strukturell der Auszahlung eines Calls. Das relevante Underlying ist der zum Zeitpunkt des Abschlusses der Option noch unbekannte Swap-Satz $c_S(t,T)$.[244] Analog entspricht das effektive Auszahlungsprofil einer Receiver Swaption bei Fälligkeit in t:

$$RS(t) = N \cdot \sum_{i=t+1}^{T} DF(t,i) \cdot \max\ (k - c_S(t,T); 0) \tag{17.24}$$

Eine Voraussetzung zur Anwendung des Black-Modells ist die Annahme, dass dieser Swap-Satz lognormalverteilt ist. Ferner wird analog wie schon zur Bewertung von Swaps nur eine Zinsstruktur verwendet, d.h. der Forward-Swap-Satz $FRS(t,T)$ des zugrunde liegenden Swaps ergibt sich wie in Abschnitt 13.3 dargestellt. Dementsprechend berechnen sich unter der Annahme eines lognormalverteilten Swap-Satzes, eines stetigen Handels, gegebener Diskontfaktoren und einer konstanten Volatilität die fairen Werte von Swaption zum Zeitpunkt $t = 0$ im Black-Modell als

- der **faire Preis $PS(0)$ einer Payer Swaption** mit Strike k, einer Optionsfälligkeit in t auf einen Swap mit Laufzeit von t bis T auf ein Nominal N und Volatilität σ

  $$PS(0) = N \cdot \sum_{i=t+1}^{T} DF(0,i) \cdot (FRS(t,T) \cdot N(d_1) - k \cdot N(d_2)) \tag{17.25}$$

- der **faire Preis $RS(0)$ einer Receiver Swaption** mit Strike k, einer Optionsfälligkeit in t auf einen Swap mit Laufzeit von t bis T auf ein Nominal N und Volatilität σ

  $$RS(0) = N \cdot \sum_{i=t+1}^{T} DF(0,i) \cdot (k \cdot N(-d_2) - FRS(t,T) \cdot N(-d_1)) \tag{17.26}$$

wobei $N(d)$ den Wert der Normalverteilungsfunktion an einer Stelle d angibt[245] und

[244] Unter der Annahme von unbekannten zukünftigen Zinsen können die relevanten Diskontfaktoren erst zum Zeitpunkt t als bekannt angenommen werden. Die obige Darstellung anhand der aktuellen Forward-Diskontfaktoren ist gerechtfertigt durch Wahl eines geeigneten Wahrscheinlichkeitsmaßes, siehe Abschnitt 17.4.

[245] Zur Ermittlung der Wahrscheinlichkeiten siehe Normalverteilungstabelle im Anhang.

$$d_1 = \frac{\ln\left(\frac{FRS(t,T)}{k}\right) + \frac{1}{2}\sigma^2 \cdot t}{\sigma\sqrt{t}} \tag{17.27}$$

sowie

$$d_2 = d_1 - \sigma\sqrt{t} \tag{17.28}$$

gilt.

Fallbeispiel 17.9 Bewertung einer Payer Swaption
Eine Risikocontrollerin führt die Marktgerechtigkeitskontrolle eines vom Handel gekauften kündbaren Swaps mit

- Laufzeit des Swaps 3 Jahre, kündbar in 2 Jahren
- Referenzzins 12M-EURIBOR ohne Zinsaufschlag
- Vereinbarter Swap-Satz 4%
- Nominal 15 Mio. €

durch. Die Volatilität der Forward-Zinsen nimmt sie mit 55,00% an. Ferner liegt ihr die folgende Swap-Zinsstruktur vor:

Laufzeit t	1	2	3
Swap-Sätze $c_S(0,t)$	2,75%	3,25%	3,40%
Swap-Zero-Zinsen $z_S(0,t)$	2,75%	3,26 %	3,41%
Swap-Forward-Zinsen $FR_s(t-1,t)$	2,75%	3,77%	3,71%
Swap-Forward-Diskontfaktoren $DF(t-1,t)$	0,9732	0,9637	0,9642

Hierzu dupliziert sie den kündbaren Swap mittels einer Duplikationsstrategie aus einem entsprechenden, unkündbaren Swap mit Laufzeit von vier Jahren und einer Swaption mit Strike $k = 4{,}00\%$, einer Optionsfälligkeit in $t = 2$ und Laufzeit des zugrunde liegenden Swaps von $t = 2$ bis $T = 3$ auf ein Nominal $N = 15$ Mio. €. Die für die Bewertung der impliziten Swaption relevante Forward Swap Rate ermittelt sich anhand der allgemeinen Formel[246]

$$FRS(t,T) = \frac{1 - DF(t,T)}{\sum_{i=t+1}^{T} DF(t,i)}$$

[246] Vgl. Abschnitt 13.3.

als

$$FRS(2{,}3) = \frac{1-DF(2{,}3)}{DF(2{,}3)} = \frac{1-0{,}9642}{0{,}9642} = 3{,}71\%$$

Zur Bewertung der Swaption berechnet sie zunächst d_1 und d_2:

$$d_1 = \frac{\ln\left(\frac{3{,}71\%}{4\%}\right)+\frac{1}{2}0{,}55^2\cdot 2}{0{,}55\cdot\sqrt{2}} = 0{,}29 \text{ und } d_2 = 0{,}29 - 0{,}55\cdot\sqrt{2} = -0{,}49$$

Die zugehörigen Wahrscheinlichkeiten der Standardnormalverteilung sind $N(d_1) = 0{,}6141$ und $N(d_2) = 0{,}3121$. Damit berechnet sich der faire Preis der Payer Swaption als

$$PS(0) = N\cdot DF(0{,}2)\cdot\left(FRS(2{,}3)\cdot N(d_1) - k\cdot N(d_2)\right)$$

$$= 15 \text{ Mio. €}\cdot 1{,}0326^{-2}\cdot(0{,}0371\cdot 0{,}6141 - 0{,}04\cdot 0{,}3121) = 144.886{,}10 \text{ €}$$

Damit hat die Risikocontrollerin den fairen Wert der impliziten Payer Swaption mit 144.886,10 € ermittelt und kann diesen in die Gesamtbewertung des kündbaren Swaps einfließen lassen.

Tipp
Die mögliche Duplikation der Zahlungsströme eines Swaps anhand einer Festzinsanleihe und einer Floating Rate Note erlaubt eine andere Interpretation von Swaptions. So wird der Inhaber einer Payer-Swaption die Swaption ausüben, wenn der Wert der duplizierenden Festzinsanleihe mit Kupon k den Wert der Floating Rate Note, der bei Fälligkeit der Swaption bei 100% liegt, nicht übersteigt. Daraus ergibt sich, dass eine Payer-Swaption mit Basiszinssatz k als Verkaufsoption mit Basispreis 100% auf eine Anleihe mit Kupon k, Restlaufzeit bis T und Nominal N aufgefasst werden kann. Somit lassen sich die Preise von Anleiheoptionen anhand der Preise der zugehörigen Swaptions ermitteln.

17.3.4 Implizite Volatilitätsflächen

Ein zentraler Eingangsparameter zur Bewertung von Zinsoptionen ist die Volatilität des zugrunde liegenden Underlyings. Im Fall von Zinsoptionen kann das zugrunde liegende Underlying eine Anleihe, ein Forward-Zins oder ein Swap-Zins sein.

Die Preise von Caps und Floors werden im Markt durch eine implizite Volatilitätsfläche mit den Achsen Basiszinsrate sowie Laufzeit dargestellt. Ein Beispiel für die Abhängigkeit der Cap-Preise von Basiszins und Laufzeit zeigt **Abbildung 17.3.** Um daraus Preise berechnen zu können, müssen die Zinskurven gegeben sein. Diese können aus Marktpreisen von Zinsinstrumenten wie Zinsswaps und FRAs hergeleitet werden. Außerdem muss die Option genau definiert sein, insbesondere die Zahlungsfrequenz, die typischerweise bei sechs oder drei Monaten liegt. Da die Volatilitäten sich auf Caps beziehen, können diese nicht direkt zur Bewertung von Caplets verwendet werden. Vielmehr ergeben sich die

Preise der Caplets als Differenz von Cap-Preisen mit verschiedenen Laufzeiten.[247] In der Praxis wird häufig die Abhängigkeit der **impliziten Volatilität** von der Basiszinsrate oder dem Strike vernachlässigt.

Die Preise von Swaptions haben als zusätzliche Dimension die Länge des Swaps, sodass sich ein sogenannter Volatilitätskubus mit den Achsen Strike, Laufzeit sowie Länge des Swaps ergibt. Mangels Liquidität des Swaption-Marktes werden auch hier häufig nur Volatilitäten zum Basispreis am Geld berücksichtigt.

Abbildung 17.3 Cap Smile

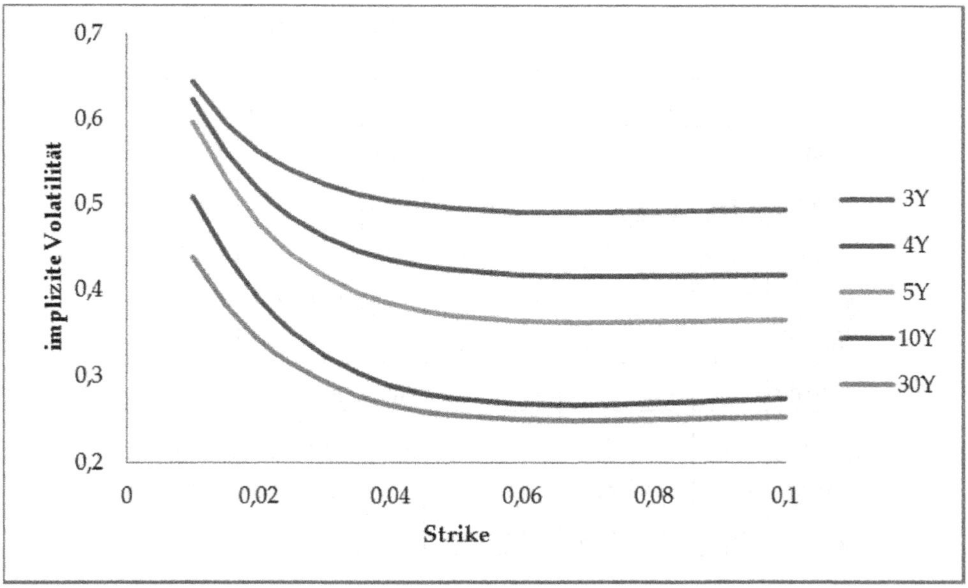

Ein Beispiel für **Swaption-Volatilitäten** ist in **Tabelle 17.4** gegeben. Die Zahl 95,1 in der dritten Zeile entspricht der Black-Volatilität in Prozent für eine Swaption mit 3 Monaten Laufzeit auf einen 2Y Swap. Der At the Money-Strike der Option ist ATM-Strike $-$ 0,5 = 0,665 $-$ 0,5 = 0,165%. Hierbei steht der ATM-Strike für die faire Forward Swap Rate $FRS(0{,}25\,;\,2{,}25) = 0{,}665\%$, hinsichtlich derer die Moneyness einer Swaption beurteilt wird.

Beliebige Caps, Swaptions sowie Anleiheoptionen können mittels dieser Volatilitäten durch geeignete Interpolation der gegebenen Marktpreise berechnet werden. Für exotische Strukturen ist dagegen ein Zinsmodell erforderlich, das so aufgebaut ist, dass die Modellpreise der liquide gehandelten Produkte möglichst mit den gegebenen Marktpreisen übereinstimmen.[248] Die

[247] Gleiches gilt für Floors und Floorlets.

[248] Modellansätze werden im nächsten Abschnitt diskutiert. Eine detaillierte Darstellung findet sich in Brigo / Mercurio (2006).

Bestimmung der Modellparameter zu diesem Zweck heißt auch Modellkalibrierung. Da Zinsmodelle typischerweise nicht erlauben, alle gegebenen Marktpreise zu treffen, beschränkt man sich bei der Bewertung eines exotischen Produktes häufig auf die Kalibrierung an die Marktpreisen anderer Finanzinstrumente, die möglichst eng mit dem exotischen Produkt verwandt sind.

Tabelle 17.4 Swaption-Volatilitäten

	−2	−1	−0,5	ATM	0,25	0,5	1	2	ATM-Strike
1Y1Y				98,6	92,8	90,1	87,7	85,2	0,428
3M2Y			95,1	66,9	66,6	67,6	70,4	74,3	0,665
2Y2Y		77,2	53,3	46,6	45,4	44,6	43,8	43,6	1,261
1Y5Y		71,7	53,8	46,7	45,1	44,0	42,7	43,1	1,556
5Y5Y	52,8	35,1	33,7	31,1	30,3	29,6	28,5	27,5	2,838
3M10Y	71,9	62,4	50,0	43,8	42,7	41,5	40,5	42,2	2,117
1Y10Y	106,2	55,8	46,7	41,8	40,7	39,5	38,0	37,7	2,308
2Y10Y	76,9	49,2	42,7	39,0	38,0	36,8	35,4	34,4	2,567
5Y10Y	53,2	39,8	35,9	33,1	32,3	31,5	30,3	29,4	3,063
10Y10Y	51,0	38,1	34,7	32,1	31,3	30,5	29,2	27,9	2,958
15Y10Y	58,9	39,6	35,2	32,3	31,4	30,5	28,9	27,3	2,511
10Y20Y	60,8	44,9	41,0	38,2	37,4	36,5	35,2	34,0	2,857
5Y30Y	73,0	55,1	50,4	47,0	46,0	45,1	43,5	42,3	3,036

Tipp

Bei der bisherigen Analyse der Bewertung von Zinsoptionen wie Swaptions, Caps und Floors ist vorausgesetzt worden, dass die Diskontkurve und die Zinskurve zur Bestimmung der Forward-Zinsen übereinstimmen. Wie in Abschnitt 2.3.3 dargestellt, können diese bei unterschiedlichen Bonitäten des Referenzzinssatzes und des Zinssatzes zur Berechnung des Barwertes voneinander abweichen. Um dies für Zinsoptionen zu berücksichtigen, ist gegebenenfalls für den Diskontfaktor eine andere Kurve zu verwenden als für die Berechnung der Forward-Zinssätze. Falls eine Transaktion besichert ist, so hat sich in der Praxis durchgesetzt, als Diskontkurve die OIS-Kurve zu verwenden.[249] Andernfalls wird das Ausfallrisiko der Kontrahenten bei der Wahl der Diskontkurve einbezogen.[250]

[249] OIS steht für Overnight Indexed Swaps, vgl. Kapitel 13.

[250] Vgl. hierzu Kapitel 2.

17.4 Kritische Würdigung des Black-Modells

Wie das Black-Scholes-Modell wurde das Black-Modell unter der Annahme von Zinssicherheit abgesehen von der stochastischen Modellierung des Basiswertes hergeleitet. Daher ist nicht unmittelbar klar, ob das Modell sinnvoll auf Anleihen oder Zinssätze angewandt werden kann: Die Verwendung der heutigen Diskontkurve in Zusammenhang mit der Annahme von zukünftigen lognormalen Anleihepreisen oder Zinssätzen scheint zunächst inkonsistent.

Die Lösung des Problems liegt im Konzept des **Numéraire**, also in der Wahl der Bewertungseinheit. Im Fall von Aktien und Devisen wurden alle Preise auf eine Währungseinheit bezogen angegeben.[251] Es ist aber denkbar und nützlich, als Numéraire nicht eine Währungseinheit sondern den Wert eines anderen handelbaren Wertpapiers B zu wählen. Sofern dessen Wert heute $B(0)$ ist, so steht der Wert der Wert des Underlying U heute bei $U(0)/B(0)$ Einheiten des Wertpapiers B. Da der Wert einer risikolosen Auszahlung einer Währungseinheit zur Zeit t in der Zukunft in dieser Bewertungseinheit heute den Wert $DF(0,t)/B(0)$ hat, muss sich die gewählte Wahrscheinlichkeitsverteilung an diesen Wechsel der Bewertungseinheit anpassen. Für diese neue Wahrscheinlichkeitsverteilung mit Numéraire B gilt dann die Beziehung

$$DF(0,T) = B(0) \cdot E_B[1/B(t)] \tag{17.29}$$

wobei E_B dem mittels dieser neuen Wahrscheinlichkeitsverteilung berechneten Erwartungswert entspricht. Allgemeiner gilt für den Preis $V(0)$ eines beliebigen Wertpapiers

$$V(0) = B(0) \cdot E_B[V(t)/B(t)] \tag{17.30}$$

Bei der Bewertung von Swaptions berücksichtigt man nun, dass die Swap-Sätze den Kupons hinsichtlich der Swap-Zinsstruktur marktgerechten Kuponanleihen entsprechen, also dass gilt

$$100\% = \sum_{i=t+1}^{T} \left(1 + z(t,i)\right)^{-(i-t)} \cdot c_S(t,T) + DF(t,T) \cdot 100\% \tag{17.31}$$

sodass die zukünftige Swap Rate $c_S(t,T)$ gegeben durch[252]

$$c_s(t,T) = \left(1 - (1 + z(t,T)^{-(T-t)}\right)/A(t) \tag{17.32}$$

wobei

$$A(t) = \sum_{i=t+1}^{T} \left(1 + z(t,i)\right)^{-(i-t)} \tag{17.33}$$

---

251 Zum Beispiel kostet eine europäische XYZ-Aktie heute 53,17 € oder 1 $ kostet 0,81 €.

252 Die Herleitung ist analog zur Herleitung der Forward Swap Rate in Abschnitt 13.3.

den Preis der Annuität zur Zeit t bezeichnet.[253] Ein Payer Swap mit Swap Rate k sowie ohne Aufschlag auf der variablen Seite hat damit zur Zeit t den Wert $(c_s(t,T) - k) \cdot A(t)$. Die Annuität $A(t)$ kann nun als Numéraire aufgefasst werden. Ausgedrückt unter Verwendung der neuen Wahrscheinlichkeitsverteilung mit Numéraire $A(t)$ ergibt sich der Preis einer Payer Swaption als

$$PS(0) = A(0) \cdot E_A[\max(c_s(t,T) - k; 0)] \quad (17.34)$$

mit

$$A(0) = \sum_{i=1}^{T} \left(1 + z(0,i)\right)^{-i} = \sum_{i=1}^{T} DF(0,i) \quad (17.35)$$

Dies entspricht genau dem Black-Preis einer Payer Swaption unter der Annahme, dass die Wahrscheinlichkeitsverteilung von $c_s(t,T)$ lognormal ist. Man spricht im Zusammenhang mit der Wahrscheinlichkeitsverteilung mit Numéraire $A(t)$ auch vom **Swap-Maß.**

Die Weiterführung dieser Überlegungen insbesondere unter Einbeziehung von Numérairewechseln führt zu einer gemeinsamen Dynamik aller Swap-Sätze, dem sogenannten **Swap-Marktmodell.** Ein Caplet kann als eine Swaption aufgefasst werden, die sich auf einen Swap mit nur einer Periode bezieht. In diesem Fall ist die Swap Rate gleich einer einfachen Zinsrate. Ebenso lässt sich der Preis einer Anleiheoption mittels der entsprechenden Swaption ermitteln. Die sich mit diesem Ansatz ergebende gemeinsame Verteilung aller Zinsraten heißt auch **Zinsmarktmodell** oder **LIBOR-Marktmodell.** Diese Marktmodelle können verwendet werden, um exotische Zinsderivate zu bewerten. Hierbei ist zu beachten, dass ein Swaption- oder Capsmile nicht berücksichtigt wird. Analog zu Aktien- und Devisenmodellen mit Smile existieren Marktmodelle, die für die Dynamik von Marktraten statt konstanter Volatilität wie im Black-Scholes-Modell einen Volatilitätsprozess annehmen.[254]

17.5 Vertiefungsfragen zu Kapitel 17

Frage 1

Eine Versicherung hält eine größere Position der folgenden Kuponanleihe mit einem Nominalvolumen von 35 Mio. € im Anlageportfolio:

- Kuponzahlung: 2,10% p.a.
- Restlaufzeit vier Jahre
- Nennwert: 1.000 €
- Zinsrechnungskonvention: act/act

---

[253] Hier ist wie in Abschnitt 17.3.3 eine jährliche Zahlungsfrequenz angenommen.

[254] Für eine detaillierte Darstellung dieser Marktmodelle vgl. Brigo / Mercurio (2006).

Der aktuelle Forward-Kurs der Anleihe für den Erfüllungszeitpunkt in einem Jahr $F_K(1)$ liegt bei 97,81%, der aktuelle Forward-Kurs für den Erfüllungszeitpunkt in zwei Jahren $F_K(2)$ liegt bei 97,82%. Die Asset Managerin der Versicherung beschließt, diese Position gegen eine Änderung des Zinsniveaus in zwei Jahren abzusichern und weist daher den Kauf von Put-Optionen auf die obige Anleihe an. Das Bezugsverhältnis der Call-Optionen ist 1:1, im Optionskontrakt wird ein Basispreis von 990 € vereinbart. Die aktuelle Zinsstruktur der Nullkuponzinsen ist gegeben durch

Laufzeit t	1	2	3	4
$z(0,t)$	1,75%	1,95%	2,10%	2,60%

Ferner liegt eine Volatilität der Forward-Kurse in Höhe von 4,5% zugrunde.

a. Bewerten Sie die Put-Option auf die Anleihe und geben Sie den Preis in Basispunkten und als absoluten Wert bezogen auf eine Teilschuldverschreibung an.

b. Geben Sie die Anzahl der zu kaufenden Put-Optionen an, die zur vollständigen Absicherung der obigen Position notwendig ist. Welchen fairen Gesamtpreis bezahlt die Versicherung für die Absicherung der Position mit diesen Put-Optionen?

c. Gegen welche Änderung des Zinsniveaus (steigende Zinsen oder fallende Zinsen) will sich die Versicherung mit dem Kauf der Optionen absichern? Wie würde sich diese Änderung des Zinsniveaus auf den Kurs der Anleihe auswirken?

Frage 2

Der Optionshändler einer Pfandbriefbank, die einen Floater mit Spread 75 bp begeben hat, möchte das Risiko steigender Zinsen abdecken und kauft den folgenden Cap passend zu der Anleihe mit einer Laufzeit von drei Jahren:

- Art der Option: Cap
- Underlying: 12M-EURIBOR
- Zinsausgleichszahlungen: jährlich auf einen Nominalbetrag von 10 Mio. €
- Basiszinssatz: 2,40%
- Laufzeit drei Jahre

Die Volatilität der Forward-Zinsen nimmt er mit 5,00% an. Ferner liegt dem Händler zusätzlich die folgende Zinsstruktur vor:

Laufzeit t	1	2	3
$z(0,t)$	1,50%	2,00%	2,26%
$z(t-1,t)$	1,50%	2,50%	2,78%

Bewerten Sie den Cap – welchen Preis kann der Händler akzeptieren? Geben Sie den Preis auch in Basispunkten an. Erläutern Sie ferner, warum die Option die zukünftige Zinszahlung in einem Jahr nicht mit abdeckt.

Frage 3

Der Manager eines Hedgefonds erwartet, dass das Zinsniveau in einem Jahr sinken wird und will sich heute schon eine mögliche Partizipation an dieser erwarteten Zinsentwicklung sichern ohne dabei das Risiko einzugehen, dass seine Erwartung nicht eintritt. Zu diesem Zweck holt er die angebotenen Preise einer Receiver Swaption von unterschiedlichen Handelspartnern ein. Er legt dabei die folgenden Kontraktdaten zugrunde:

- Fälligkeit der Swaption in zwei Jahren
- Basiswert ist ein Swap beginnend in zwei Jahren mit Referenzzins 12M-EURIBOR ohne Zinsaufschlag und Laufzeit zwei Jahre
- Strike 2,261%
- Nominal 20 Mio. €

Zusätzliche Marktinformationen hinsichtlich der Volatilität und der fairen Forward Swap Rate findet der Manager in **Tabelle 17.4**, während er den relevanten Diskontfaktor ermittelt als $DF(0{,}2) = 0{,}9850$.

Ermitteln Sie den fairen Preis der Swaption, den der Manager bei seinen Verhandlungen zugrunde legen kann.

18 Devisenoptionen

Devisenoptionen sind Optionen auf Wechselkurse. Der Devisenoptionsmarkt ist charakterisiert durch eine beschränkte Anzahl von liquide gehandelten Währungspaaren sowie durch eine hohe Standardisierung des Optionsmarktes. In diesem Kapitel werden Devisenoptionen zunächst kategorisiert und neben den Standardoptionen am Devisenmarkt auch ausgewählte exotische Optionen sowie Handelsstrategien vorgestellt. Ferner wird nach der Darstellung der Auszahlungsprofile und der Put-Call-Parität mit dem Modell von Garman und Kohlhagen ein grundlegendes Modell zur Bewertung von europäischen Devisenoptionen vorgestellt, bei dem es sich um eine Übertragung des Modells von Black und Scholes handelt. Ferner wird auf die Risikoanalyse von Devisenoptionen eingegangen und, wie in den vorherigen Kapiteln, eine kritische Würdigung des Standardmodells mit Hinweisen zu weiterführenden Modellen gegeben.

Vertiefende Literatur

Amin, K. I. / Jarrow, R. A. (1991): Pricing Foreign Currency Options under Stochastic Interest Rates, Journal of International Money and Finance, 10, S. 310-329.

Amin, K. I. / Jarrow, R. A. (1992): Pricing Options on Risky Assets in a Stochastic Interest Rate Economy, Mathematical Finance, 2, S. 217-237.

Garman, M. B. / Kohlhagen, S. W. (1983): Foreign Currency Options Values, Journal of International Money and Finance, 2(3), S. 231-237.

Wystup, U. (2006): FX Options and Structured Products, Wiley Finance, Hoboken.

18.1 Kategorisierung von Devisenoptionen

Im Derivatemarkt für Devisen sind Standardoptionen oder Plain Vanilla Optionen die weitaus liquidesten Produkte. Darüberhinaus spielen Optionsstrategien eine besondere Rolle. Unter den exotischeren Produkten sind vor allem Barrierenprodukte und asiatische Optionen verbreitet. Der Handel findet sowohl OTC als auch an Börsen statt, wobei börsengehandelte Devisenoptionen eine sehr hohe Liquidität aufweisen.

18.1.1 Plain Vanilla Optionen

Währungs- oder **Devisenoptionen** (**FX-Optionen**)werden meist als standardisierte, europäische Optionen an der Börse oder als europäische Optionen OTC gehandelt. Finanzinstitute nehmen häufig eine Verkaufsposition in einem OTC-Optionsgeschäft mit Kunden ein. Für ein Unternehmen, das international tätig ist und sein Engagement in einer Fremdwährung absichern möchte, sind Devisenoptionen gerade aufgrund ihres

S. Kruse, *Aktien-, Zins- und Währungsderivate*,
DOI: 10.1007/978-3-8349-4304-0_18, © Springer Fachmedien Wiesbaden 2014

asymmetrischen Ausübungsprofils interessant. Während der Abschluss eines reinen Währungsfutures zu einem unvorhersehbaren Verlust führen kann, ist der Verlust in einer Devisenoptionsposition auf die investierte Optionsprämie beschränkt. Die Absicherung dieser Short-Position aus Sicht der Bank erfolgt dann OTC im Interbankenhandel oder über die Börsen. In Deutschland hat sich das Angebot über die EUREX nicht bewährt, sodass im Zuge der Einführung des Euro das Angebot von Devisenoptionen eingestellt wurde. International sind die CME und NYSE LIFFE bedeutende Börsen für den Handel mit Devisenoptionen. Hierbei ist jedoch zu beachten, dass eine Vielzahl der Kontrakte auf die Standardwährungen wie USD oder EUR ausgeschrieben werden. Während an der NYSE LIFFE lediglich europäische Optionen auf den FX-Kurs ausgewählter Währungen gehandelt werden, bietet die CME Optionen europäischen und amerikanischen Typs auf den Future-FX-Kurs einer großen Auswahl an Währungen an. Die zugrunde liegenden Nominale sind an beiden Börsen standardisiert. Stark gewachsen ist hingegen das Marktsegment der Optionsscheine auf Devisen, da mit diesen schon auf kleinste Fremdwährungsbeträge spekuliert werden kann oder diese abgesichert werden können.

Fallbeispiel 18.1 Währungsoption im Kundengeschäft und an der NYSE LIFFE
Ein deutsches Industrieunternehmen erwartet für September die Begleichung einer Rechnung durch einen US-Kunden in Höhe von 250.000 US$. Der Preis der Ware wurde auf Basis eines Wechselkurses von 0,80 USD/EUR kalkuliert – ein darunter liegender Wechselkurs würde zu einem Defizit aus diesem Geschäft führen. Zur Absicherung – ohne bei einer alternativen Absicherung mittels eines FX Forwards ein symmetrisches Risiko einzugehen – schließt das Unternehmen mit seiner Hausbank direkt eine europäische OTC-Verkaufsoption auf den US$ mit Fälligkeit im September, einem Nominal von 250.000 US$ und einem Basiskurs von 0,81 USD/EUR ab. Hierbei vereinbaren das Unternehmen und die Hausbank einen direkten Tausch der Gesamtsumme als physische Lieferung. Die Hausbank möchte nun zur Absicherung des eigenen Risikos die mit einem Kunden eingegangene OTC-Devisenverkaufsoption an der NYSE LIFFE absichern und kauft daher einen US-Dollar/Euro-Put. Die Kontraktgröße an der Börse ist auf 10.000 US$ standardisiert, daher kauft die Bank 25 Kontrakte mit einem Gesamtvolumen von 250.000 $. Die Fälligkeit im September ist ebenfalls über die Börse zu realisieren. An der Börse wird der Strike in € pro 100 US$ quotiert, also mit 81. Bei einem aktuellen Wechselkurs von 0,80 USD/EUR befinden sich beide Optionen im Geld. An der NYSE LIFFE quotiert der Put zu 2,95, damit muss die Bank eine Optionsprämie von $(2{,}95/100) \cdot 25 \cdot 10.000\,\$ = 7.375\,€$ zahlen. Dies ist – zzgl. der anfallenden Transaktionskosten – die Untergrenze für den Preis, den die Hausbank von ihrem Firmenkunden für die Transaktion verlangen muss. Sinkt der USD/EUR-Kurs bei Fälligkeit im September unter 0,81 USD/EUR, so erhält das Unternehmen unabhängig von der tatsächlichen Höhe des Kurses eine Auszahlung von $0{,}81 \cdot 250.000\,\$ = 202.500\,€$. Liegt der FX-Kurs beispielsweise bei 0,75 USD/EUR, so erhält die Bank aus der Put-Option an der NYSE LIFFE eine Ausgleichszahlung von $((81 - 75)/100) \cdot 25 \cdot 10.000\,\$ = 15.000\,€$ und aus dem Verkauf der US$ aus der Option mit dem Firmenkunden zum Kassakurs $250.000\,\$ \cdot 0{,}75 = 187.500\,€$. Steigt der USD/EUR-Kurs über 0,81, so verfallen beide Optionen. Somit sind aus Sicht der Bank die Auszahlungen an Kunden abgesichert und sie kann eine –

abgesehen vom Kreditrisiko des Unternehmens – risikolose Marge vereinnahmen. Der Firmenkunde hat sich somit einen Mindestwert seines Rechnungsbetrages in der Höhe von 202.500 € gesichert. Liegt der Wechselkurs über 0,81 USD/EUR, so lässt das Unternehmen die Option verfallen und realisiert einen Wechselkursgewinn durch Tausch des US$-Betrags am Kassamarkt oder mit der Hausbank. Dies verdeutlicht **Abbildung 18.1.**

Abbildung 18.1 Währungsoptionen im Fallbeispiel 18.1

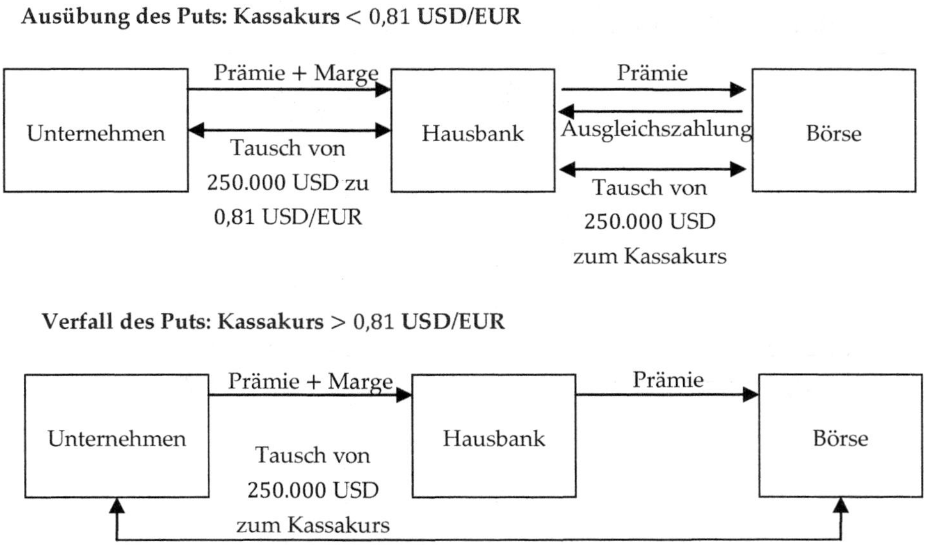

18.1.2 Optionsstrategien

Eine Optionsstrategie ist ein Zusammenspiel von Standardoptionen. Die wichtigsten Strategien mit Devisenoptionen sind Risk Reversal und Butterfly, da diese insbesondere bei der Quotierung impliziter Volatilitäten eine Rolle spielen.[255]

Bei einem **Risk Reversal** handelt es sich um eine Optionsstrategie aus einem Call Long und einem Put Short. Beide Optionen haben die gleiche Laufzeit und der Basispreis des Calls liegt über dem Basispreis des Puts. Die Optionsstrategie des Risk Reversal setzt auf die Erwartung sich stark positiv verändernder Kurse. Der Preis eines Risk Reversal spiegelt das Verhältnis der beiden Optionspreise zueinander wider, die wiederum durch die implizite Volatilität beschrieben werden können.[256] Dazu werden die Basispreise von Call und Put so

[255] Vgl. Abschnitt 18.5.

[256] Zur impliziten Volatilität vgl. neben Abschnitt 18.5 auch Abschnitt 16.3.3 und 16.3.5 für Aktienderivate sowie 17.3.4 für Zinsderivate.

gewählt, dass beide Optionen aus dem Geld sind, sowie unter Verwendung einer Referenzvolatilität den gleichen Preis haben.[257] Bei Verwendung dieser Volatilität ist also der Preis des Risk Reversals gleich Null. Optionspreise steigen mit steigender Volatilität.[258] Der Marktpreis des Risk Reversals ist daher positiv (negativ), sofern die implizite Call-Volatilität höher (niedriger) als die implizite Put-Volatilität ist. Aus dem Preis des Risk Reversal kann also abgelesen werden, ob implizite Volatilitäten in Abhängigkeit vom Basispreis steigen (positiver Risk Reversal) oder fallen (negativer Risk Reversal). **Abbildung 18.2** zeigt das Gewinn- und Verlustprofil eines Risk Reversal.

Abbildung 18.2 Gewinn- und Verlustprofil eines Risk-Reversal

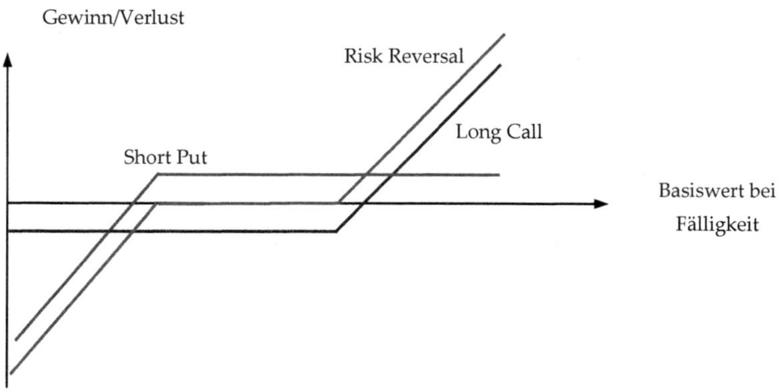

Bei einem **Butterfly** handelt es sich um eine Optionsstrategie aus vier Calls (zwei long und zwei short) mit der gleichen Laufzeit. Die zwei Short-Positionen haben den Referenzbasispreis, der meist am Geld und zwischen den Basispreisen der beiden Long-Positionen liegt:

Der Butterfly setzt auf eine Seitwärtsbewegung des Basiswertes.[259] Falls der Basiswert zum Laufzeitende außerhalb des durch die beiden Break-Even-Punkte bestimmten Intervalls schließt, so entsteht ein Verlust.

Sofern nun die impliziten Volatilitäten an den Basispreisen der Long-Positionen, also rechts und links des Referenzbasispreises, steigen, so steigt auch der Preis des Butterfly. Das

[257] Diese Referenzvolatilität entspricht in der Regel der impliziten Volatilität am Geld.

[258] Optionen besitzen ein positives Vega, vgl. Abschnitt 18.4.

[259] Mit dem Begriff der Seitwärtsbewegung beschreibt man im Allgemeinen eine Marktentwicklung, bei der sich die Kurse nur geringfügig verändern.

gleiche gilt für den Fall, dass die Volatilität am Referenzbasispreis sinkt, da dort eine Short-Position vorliegt. Beide Fälle beschreiben einen Anstieg der Konvexität der impliziten Volatilitätskurve. Daraus ergibt sich, dass der Preis des Butterfly stark von der Konvexität der impliziten Volatilitätskurve abhängt, im Gegensatz zur Steigung dieser Kurve, die für den Risk Reversal wesentlich ist.

Abbildung 18.3 Gewinn- und Verlustprofil eines Butterfly

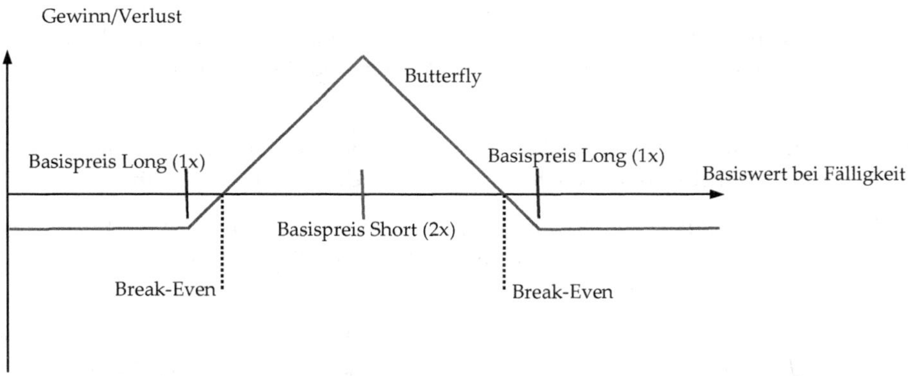

Die Bedeutung von Risk Reversal und Butterfly im Derivatemarkt besteht darin, dass in der Praxis der Volatilitätssmile für eine gegebene Laufzeit nicht in Abhängigkeit vom Basispreis wie im Fall von Aktien dargestellt wird, sondern über Optionen mit Basispreis am Geld sowie Risk Reversal und Butterfly. Diese drei Produkte repräsentieren damit die Höhe, Steigung und Konvexität des Volatilitätssmiles von Devisenoptionen.[260]

18.1.3 Barrierenprodukte

Unter den exotischen Devisenoptionen sind vor allem Barrierenoptionen zu erwähnen, für die ein relativ liquider Markt existiert. Dies stellt besondere Herausforderungen an die Modellbildung für Devisenprozesse, da zur marktnahen Bewertung nicht nur Standardoptionen berücksichtigt werden, sondern auch exotische Produkte zur Kalibrierung herangezogen werden sollten. Im Aktienbereich ist es dagegen durchaus üblich, Modelle an Marktpreise von Optionen zu kalibrieren und dann die Preise aller exotischen Produkte davon abzuleiten.

260 Vgl. Abschnitt 18.1.2.

Barrierenoptionen oder **Triggeroptionen** sind Optionen, bei denen die Ausübung bzw. der Verfall der Option davon abhängt, ob der Basiswert während der Laufzeit oder am Laufzeitende eine bestimmte Schwelle erreichen muss (**Knock-In**) oder nicht erreichen darf (**Knock-Out**). Eine Knock-Out-Option ist damit so definiert, dass die zugrunde liegende Standardoption bei Erreichen eines festgelegten Preisniveaus verfällt, während sie bei einer Knock-In-Option durch Erreichen des Preisniveaus erst gültig wird. Hierbei kann das Preisniveau, die Barriere, durch sinkende Kurse von oben (down) oder durch steigende Kurs von unten (up) erreicht werden. Damit wird die relative Lage des bei Abschluss aktuellen Marktwertes zu der Preisschwelle beschrieben. Berücksichtigt man die Grundposition der Standardoption (Call oder Put), so existieren acht verschiedene Varianten einer Barrierenoption:

- Ein **Down-In-Call** ist ein Call auf den Basiswert, der bei Erreichen einer Preisschwelle, die unter dem Kurs des Underlyings bei Abschluss liegt, erst gültig wird. Gleiches gilt für den **Down-In-Put**.
- Ein **Up-In-Call** ist eine Kaufoption, die bei Erreichen der Preisschwelle, die in Relation zum Kurswert bei Abschluss höher liegt, erst validiert. Gleiches gilt für den **Up-In-Put**.
- Ein **Down-Out-Put** ist eine Verkaufsoption, die durch das Erreichen der Preisschwelle, die unter dem bei Abschluss vorliegenden Marktpreis liegt, ungültig wird. Gleiches gilt für den **Down-Out-Call**.
- Ein **Up-Out-Put** ist ein Put, der bei Erreichen der Preisschwelle, die oberhalb des bei Abschluss aktuellen Marktpreises liegt, verfällt. Gleiches gilt für den **Up-Out-Call**.

Wird das Erreichen während der Laufzeit als Knock-Out- oder Knock-In-Kriterium definiert, so ist die Barrierenoption pfadabhängig.[261]

Fallbeispiel 18.2 Einsatz von FX-Barrierenoptionen im Währungsmanagement
Ein europäisches Unternehmen erwartet aus einem bestehenden Vertrag mit einem japanischen Unternehmen eine feste Zahlung in JPY in einem Jahr. Der Treasurer des Unternehmens möchte sich gegen einen sinkenden JPY/EUR-Wechselkurs schützen und fragt bei seiner Hausbank wegen eines geeigneten Derivates an. Seine Hausbank bietet ihm die beiden folgenden Alternativen:

1. Kauf einer europäischen Put-Option auf den JPY/EUR-Wechselkurs mit einem Basispreis, der dem heutigen Wechselkurs entspricht, und Fälligkeit in einem Jahr.
2. Kauf einer vergleichbaren Up-Out-Put-Option mit einer Kursschwelle, die oberhalb des heutigen Wechselkurses liegt, und einem Basispreis, der gleich dem heutigen Wechselkurs ist. Die Überprüfung der Schwellenbedingung soll dabei aus Kostengründen kontinuierlich jeden Monat während der Laufzeit von einem Jahr erfolgen.

---

261 Barrierenoptionen spielen nicht nur auf dem Devisenmarkt eine große Rolle. Insbesondere sind diese häufig als implizite Optionen in strukturierten Aktienprodukten zu finden.

Sinkt der Kurs ab dem Zeitpunkt des Optionserwerbs bis zur Fälligkeit monoton (d.h. ohne innerhalb der Laufzeit zu steigen), so führen beide Alternativen zu identischen Auszahlungen in Höhe der Differenz aus dem Basispreis und dem dann vorliegenden Wechselkurs. Somit bietet der Up-Out-Put bei monoton fallenden Wechselkursen eine zum Plain Vanilla Put identische Absicherung. Steigt der Wechselkurs hingegen während der Laufzeit über die vereinbarte Kursschwelle, so verfällt der Up-Out-Put, unabhängig davon, wie der Wechselkurs am Laufzeitende liegt. Liegt dieser unter dem Basispreis, wird der Standard Put ausgeübt, während der Up-Out-Put längst verfallen ist. Hiermit wird klar, dass der Preis eines Up-Out-Put unter dem Preis einer Standardverkaufsoption liegen muss. Allerdings entsteht im Fall der Barrierenoption das Risiko, dass der Wechselkurs zunächst über die Barriere ansteigt, aber bis zum Laufzeitende unter den Basispreis sinkt. In diesem Fall wäre das Unternehmen nicht abgesichert.

18.1.4 Asiatische Devisenoptionen

Europäische Optionen haben das Risiko, dass aufgrund kurzfristiger Schwankungen ausgerechnet zum Laufzeitende der Kurs nachteilig für den Investor sein kann, obwohl der Kurstrend richtig vorhergesagt wurde. Dieses Risiko kann gestreut werden, indem die Auszahlung bei Ausübung als Mittelwert des Kurses zu verschiedenen Terminen innerhalb der Laufzeit der Option berechnet wird. Solche Optionen heißen **asiatische Optionen**. Aufgrund der Mittelung ist die Volatilität und damit der Preis einer asiatischen Option im Vergleich zu einer entsprechenden europäischen Option niedriger.

Fallbeispiel 18.3 Asiatische Option im Währungsmanagement
Der Treasurer eines großen, in Deutschland ansässigen, international tätigen Unternehmens erwartet aus einer chinesischen Tochterfirma einen monatlichen, konstanten Mittelzufluss in USD. Zur kostengünstigeren Absicherung der nächsten zwölf Zahlungen entscheidet er sich für den Abschluss einer asiatischen Average Price-Währungsoption auf den USD/EUR anstatt der einzelnen Absicherung der Zahlungen mittels eines Standard-EUR/USD-Puts, da es ihm für die langfristige Planung genügt, wenn der durchschnittliche Wechselkurs innerhalb des nächsten Jahres über dem Mindestniveau, das er als Strike vereinbart, liegt.

18.2 Allgemeine Bewertungsrelationen für Devisenoptionen

In diesem Abschnitt werden zunächst die Grundzüge der generellen Optionsanalyse auf Wechselkurse bezogen dargestellt. Das Auszahlungsprofil eines Calls auf den Wechselkurs X mit einem vereinbarten Basispreis K im Ausübungs- oder Fälligkeitszeitpunkt T stellt sich wie folgt dar[262]

---

262 Diese Darstellung bezieht sich auf eine einzelne Währungseinheit.

$$C(T) = \max(X(T) - K; 0) \tag{18.1}$$

während für das Auszahlungsprofil des entsprechenden Puts gilt

$$P(T) = \max(K - X(T); 0) \tag{18.2}$$

Hierbei steht $X(T)$ für den heute noch unbekannten, zukünftigen Wechselkurs der Inlandswährung in die Auslandswährung in Preisnotierung im Ausübungs- oder Fälligkeitszeitpunkt T.[263]

Wie bei allen Optionen gibt es auch im Fall der Devisenoptionen eine Put-Call-Parität für europäische Optionen mit gleichem Basiswert K und Laufzeit T:

$$C^e(0) = P^e(0) + (F_X(T) - K) \cdot DF^I(0,T) \tag{18.3}$$

Dabei ist der Diskontfaktor $DF^I(0,T)$ derjenige der Inlands- oder Eigenwährung. Der Forward-Preis $F_X(T)$ ist gegeben als

$$F_X(T) = X(0) \cdot \frac{DF^A(0,T)}{DF^I(0,T)} \tag{18.4}$$

wobei $DF^A(0,T)$ den Diskontfaktor der Auslands- bzw. Fremdwährung bezeichnet.[264] Damit lässt sich die Put-Call-Parität auch schreiben als

$$C^e(0) = P^e(0) + X(0) \cdot DF^A(0,T) - K \cdot DF^I(0,T) \tag{18.5}$$

Darüber hinaus gibt es im Fall der Devisenoptionen eine Symmetrie, die über diese Relation zwischen Calls und Puts hinausgeht. Bei einem Devisengeschäft gibt es immer eine Eigen- oder Inlandswährung sowie eine Fremd- oder Auslandswährung. Aus Sicht eines ausländischen Investors sind diese Rollen vertauscht. Bezogen auf Optionen ergibt sich daraus, dass eine Kaufoption des heimischen Investors für den ausländischen Investor eine Verkaufsoption ist. Zur Verdeutlichung dieses Zusammenhangs betrachtet man den heutigen Preis einer Kaufoption auf eine Fremdwährungseinheit ausgedrückt in Fremdwährungseinheiten. Dieser ist gegeben durch[265]

$$\frac{C_I(0)}{X(0)} = \frac{DF(0,T) \cdot E[\max(X(T) - K; 0)]}{X(0)} \tag{18.6}$$

Aus Sicht eines Investors, dessen natürliche Währung die Fremdwährung ist, ist der Wert der Fremdwährung immer 1, während der Wert des Basispreises zum Laufzeitende durch $K/X(T)$ gegeben ist.[266] Zudem verwendet dieser Investor eine risikoneutrale Wahrscheinlichkeitsverteilung, die es erlaubt, Auszahlungen in der Fremdwährung zu

263 Vgl. hierzu auch Kapitel 10.
264 Vgl. hierzu auch Abschnitt 10.3
265 Vgl. Abschnitt 1.4.
266 Ist $X(0)$ der Wechselkurs aus Inlandssicht, so ist $1/X(0)$ der Wechselkurs aus Auslandssicht.

bewerten. An dieser Stelle sei darauf hingewiesen, dass bisher angenommen wurde, dass es nur eine risikoneutrale Wahrscheinlichkeitsverteilung gibt, die es erlaubt, zukünftige Zahlungsströme zu bewerten. Diese Annahme kann man aber nur machen, sofern alle Auszahlungen in der gleichen Währung ausgedrückt werden. Wie schon zuvor für Zinsoptionen und insbesondere Swaptions diskutiert, kann man durch einen Wechsel der Referenzeinheit, des Numéraires A, zu einer alternativen Wahrscheinlichkeitsverteilung übergehen, die die Sichtweise der Auslandswährung übernimmt.[267] Mittels dieser hat das gleiche Produkt für diesen Investor den Wert

$$DF_A(0,T) \cdot E_A\left[\max\left(1 - \frac{K}{X(T)}; 0\right)\right] = K \cdot DF_A(0,T) \cdot E_A\left[\max\left(\frac{1}{K} - \frac{1}{X(T)}; 0\right)\right] = K \cdot P_A^{\frac{1}{K}}(0) \qquad (18.7)$$

Es handelt sich somit um einen Put auf ein Nominal K und Basispreis $1/K$. Somit gilt der folgende Zusammenhang:

$$C_I(0) = P_A^{\frac{1}{K}}(0) \cdot K \cdot X(0) \qquad (18.8)$$

Fallbeispiel 18.4 Devisenoptionen in Eigen- und Fremdwährung

Ein deutscher Investor hält eine Kaufoption mit einjähriger Laufzeit auf 1.000.000 US\$. Der Ausübungspreis pro Fremdwährungseinheit sei $K = 0{,}75$, also 0,75 USD/EUR. Der Wechselkurs in Preisnotierung sei $X(T)$ mit heutigem Wert $X(0) = 0{,}80$ USD/EUR. Der heutige Optionspreis $C_€(0)$ sei 0,06 € pro zugrunde liegendem US\$, d.h. der heutige Wert der Optionsposition entspricht

$$N \cdot C_€(0) = 1.000.000\,\$ \cdot 0{,}06 = 60.000\,€$$

Für den ausländischen Kontrahenten des Investors ist die Option ein Put Short auf ein Nominal von 1.000.000 \$ · 0,75 = 750.000 € mit einem Strike von 1/0,75 = 1,33 EUR/USD. Da es sich um das gleiche Produkt handelt, müssen die Preise, umgerechnet in die gleiche Währung, übereinstimmen, sofern Währungspräferenzen sowie die verschiedenen Ausfallrisiken der jeweiligen Kontrahenten des Geschäftes vernachlässigt werden. Damit hat die Option für den ausländischen Investor einen Wert von

$$\frac{N \cdot C_€(0)}{X(0)} = \frac{60.000\,€}{0{,}80} = 75.000\,\$$$

18.3 Das Modell von Garman und Kohlhagen zur Bewertung von Devisenoptionen

Das Standardmodell zur Bewertung von Devisenoptionen ist das **Modell von Garman und Kohlhagen.**[268] Hierbei handelt es sich wie schon im Fall des Black-Modells für

[267] Vgl. Abschnitt 17.4

[268] Vgl. Garman / Kohlhagen (1983).

Zinsoptionen um eine Adaption des Black-Scholes-Modells auf Devisenoptionen. Wie auch im Fall von Aktien- und Zinsderivaten besteht die Bedeutung dieses Modells heute vor allem darin, mittels impliziter Volatilitäten Marktpreise zu quotieren. Handelspartner einigen sich dabei auf eine implizite Volatilität, zu der sie handeln wollen, aus der sich dann mittels der folgenden Optionspreisformeln der tatsächlich zu entrichtende Preis ergibt. Um Eindeutigkeit zu erreichen, wird dabei häufig zusätzlich der angenommene Devisenterminkurs angegeben.

Für europäische Optionen gelten die folgenden Formeln, die analog zur Black-Scholes-Formel für Aktien hergeleitet werden können: [269]

- Der **Preis $C^e(0)$ einer europäischen Kaufoption** auf eine Währungseinheit X mit heutigem Preis $X(0)$, Ausübungspreis K, Optionsfrist T, Volatilität σ sowie den Zinssätzen der Eigenwährung r_I und der Fremdwährung r_A ist gegeben durch

$$C^e(0) = X(0) \cdot \mathrm{e}^{-r_A T} \cdot N(d_1) - K \cdot \mathrm{e}^{-r_I T} \cdot N(d_2) \tag{18.9}$$

- Der entsprechende **Preis $P^e(0)$ einer europäischen Verkaufsoption** ist gegeben durch

$$P^e(0) = K \cdot \mathrm{e}^{-r_I T} \cdot N(-d_2) - X(0) \cdot \mathrm{e}^{-r_A T} \cdot N(-d_1) \tag{18.10}$$

wobei $N(d)$ den Wert der Normalverteilungsfunktion an einer Stelle d angibt.[270] Außerdem gilt

$$d_1 = \frac{\ln\left(\frac{X(0)}{K}\right) + (r_I - r_A + \frac{1}{2}\sigma^2) \cdot T}{\sigma\sqrt{T}} \tag{18.11}$$

sowie

$$d_2 = d_1 - \sigma\sqrt{T} \tag{18.12}$$

Unter Verwendung des Devisenterminkurses[271]

$$F_X(T) = X(0)\mathrm{e}^{(r_I - r_A)\cdot T} = X(0) \cdot \frac{DF^A(0,T)}{DF^I(0,T)} \tag{18.13}$$

lassen sich die Bewertungsformeln auch schreiben als

$$C^e(0) = \mathrm{e}^{-r_I T} \cdot (F_X(T) \cdot N(d_1) - K \cdot N(d_2)) \tag{18.14}$$

---

269 Eine mathematisch exakte Darstellung der Übertragung des Black-Scholes-Modells auf Devisenoptionen findet sich bspw. in Musiela / Rutkowski (2005).

270 Zur Ermittlung der Wahrscheinlichkeiten siehe Normalverteilungstabelle im Anhang.

271 Aufgrund der Übertragung des Black-Scholes-Modells auf die Bewertung von Devisenoptionen ergibt sich hiermit die Notwendigkeit zur Verwendung stetiger Zinssätze, sodass gilt $DF^I(0,T) = \mathrm{e}^{-r_I \cdot T}$ und $DF^A(0,T) = \mathrm{e}^{-r_A \cdot T}$.

und

$$P^e(0) = e^{-r_I T} \cdot (K \cdot N(-d_2) - F_X(T) \cdot N(-d_1)) \qquad (18.15)$$

mit

$$d_1 = \frac{\ln\left(\frac{F_X(T)}{K}\right) + \frac{1}{2}\sigma^2 \cdot T}{\sigma\sqrt{T}} \qquad (18.16)$$

sowie

$$d_2 = d_1 - \sigma\sqrt{T} \qquad (18.17)$$

Tipp
Der eingangs erwähnte Zusammenhang zwischen Kaufoptionen des heimischen Investors und Verkaufsoptionen des ausländischen Investors gilt auch für die Formel von Garman und Kohlhagen. Um dies zu zeigen, vertauscht man die Zinssätze r_I und r_A und ersetzt $X(0)$ durch $1/X(0)$, um die Rolle des ausländischen Investors anzunehmen.

Fallbeispiel 18.5 Bewertung von Devisenoptionen im Modell von Garman und Kohlhagen
Im Risikocontrolling einer Investmentbank soll die Long-Position eines Devisenhändlers analysiert werden. Dazu benötigt der Risikocontroller den Preis einer Position aus einem europäischen Devisencall auf den GBP/EUR-Wechselkurs auf ein Nominal von 10 Mio. £ und einem europäischen Devisenput auf den GBP/EUR-Wechselkurs auf ein Nominal von 12 Mio. £. Beide Optionen weisen eine Laufzeit von zwei Jahren und einen Basispreis von 1,25 auf.[272] Der heutige Wechselkurs liegt bei 1,18 GBP/EUR, ferner kann der Risikocontroller eine Volatilität des Wechselkurses von 13,50% zugrunde legen. Der zweijährige stetige Zins im Euro liegt bei 1,50%, der stetige Zins im britischen Pfund bei 1,95%. Somit liegt ihm die folgende Information vor:

$X(0) = 1{,}18;\ K = 1{,}25;\ r_I = 1{,}50\%;\ r_A = 1{,}95\%;\ T = 2;\ \sigma = 0{,}135$

Zur Bewertung beider Optionen müssen zunächst die Werte von $d_1$und d_2 bestimmt werden:

$$d_1 = \frac{\ln\left(\frac{1{,}18}{1{,}25}\right) + (0{,}015 - 0{,}0195 + \frac{1}{2}0{,}135^2) \cdot 2}{0{,}135 \cdot \sqrt{2}} = -0{,}25 \text{ sowie } d_2 = -0{,}25 - 0{,}135 \cdot \sqrt{2} = -0{,}44$$

Die zugehörigen Werte der Normalverteilung sind $N(d_1) = 0{,}4013$, $N(d_2) = 0{,}3300$, $N(-d_1) = 0{,}5987$ und $N(-d_2) = 0{,}6700$. Damit berechnet sich der Wert des Devisencalls auf ein einzelnes britisches Pfund als

$$C^e(0) = 1{,}18 \cdot e^{-0{,}0195 \cdot 2} \cdot 0{,}4013 - 1{,}25 \cdot e^{-0{,}015 \cdot 2} \cdot 0{,}3300 = 0{,}0551$$

272 Zur Vereinfachung wird im Folgenden wieder die Zinsrechnungskonvention vernachlässigt.

sowie der Preis des Devisenputs auf ein britisches Pfund als

$$P^e(0) = 1{,}25 \cdot \mathrm{e}^{-0{,}015\cdot 2} \cdot 0{,}6700 - 1{,}18 \cdot \mathrm{e}^{-0{,}0195\cdot 2} \cdot 0{,}5987 = 0{,}1333$$

Alternativ kann man den Wert des Devisencalls auch mittels der Put-Call-Parität bestimmen, wozu man deren Version auf den Devisenkassakurs benutzen kann

$$P^e(0) = C^e(0) - X(0) \cdot DF^A(0,T) + K \cdot DF^I(0,T)$$

$$= 0{,}0551 - 1{,}18 \cdot \mathrm{e}^{-0{,}0195\cdot 2} + 1{,}25 \cdot \mathrm{e}^{-0{,}015\cdot 2} = 0{,}1333$$

Somit hat die Gesamtposition aus Devisencall und -put für die Investmentbank einen Wert von $0{,}0511 \cdot 10.000.000\,£ + 0{,}1333 \cdot 12.000.000\,£ = 2.110.600\,€$.

18.4 Risikoanalyse von Devisenoptionen im Modell von Garman und Kohlhagen

Für die Bewertung von Devisenoptionen spielen u.a. die Sensitivitäten erster und zweiter Ordnung bezüglich der Parameter Devisenkassakurs (Spot) und Volatilität eine besondere Rolle.[273] Die in **Tabelle 18.1** dargestellten Formeln lassen sich durch Differenzieren der Optionspreisformel von Garman und Kohlhagen herleiten, wobei n die Dichte der Normalverteilung bezeichnet, d.h.

$$n(d) = N'(d) = \frac{1}{\sqrt{2\pi}} \mathrm{e}^{-\frac{d^2}{2}} \tag{18.18}$$

Tabelle 18.1 Optionssensitivitäten (Griechen) im Modell von Garman und Kohlhagen

Optionssensitivität	Call	Put
Delta Δ	$\Delta_C = \mathrm{e}^{-r_A \cdot T} \cdot N(d_1)$	$\Delta_P = -\mathrm{e}^{-r_A \cdot T} \cdot N(-d_1)$
Vega V	$V_C = X(0) \cdot \mathrm{e}^{-r_A \cdot T} \cdot \sqrt{T} \cdot n(d_1)$	$V_P = V_C$
Vanna	$\mathrm{Vanna}_C = \frac{\partial^2 C}{\partial X(0)\partial\sigma} = -\mathrm{e}^{-r_A \cdot T} \cdot n(d_1) \cdot \frac{d_2}{\sigma}$	$\mathrm{Vanna}_P = \frac{\partial^2 P}{\partial X(0)\partial\sigma} = \mathrm{Vanna}_C$
Volga	$\mathrm{Volga}_C = \frac{\partial^2 C}{\partial\sigma^2} = X(0) \cdot \mathrm{e}^{-r_A \cdot T} \cdot \sqrt{T} \cdot n(d_1) \cdot \frac{d_1 . d_2}{\sigma}$	$\mathrm{Volga}_P = \frac{\partial^2 P}{\partial\sigma^2} = \mathrm{Volga}_C$

273 Die Sensitivitäten zweiter Ordnung geben dem Vanna-Volga-Modell ihren Namen. Dieses Modell geht zurück auf Wystup zurück, vgl. Wystup (2006). Es spielt bei der Bewertung von exotischen Devisenoptionen eine wichtige Rolle.

Fallbeispiel 18.6 Sensitivitätsanalyse eines Devisenoptionsportfolios
Der Risikocontroller aus Fallbeispiel 18.5 benötigt neben dem Wert der Devisenoptionsposition auch deren Sensitivität gegenüber Änderungen des GBP/EUR-Wechselkurses und dessen Volatilität und berechnet daher das Delta und das Vega beider Optionen:

$$\Delta_C = e^{-0{,}0195\cdot 2}\cdot 0{,}4013 = 0{,}3860 \text{ und } \Delta_P = -e^{-0{,}0195\cdot 2}\cdot 0{,}5987 = -0{,}5758$$

$$V_C = 1{,}18\cdot e^{-0{,}0195\cdot 2}\cdot\sqrt{2}\cdot\frac{1}{\sqrt{2\pi}}e^{-\frac{(-0{,}25)^2}{2}} = 0{,}6206$$

Das Delta der Gesamtposition entspricht damit $0{,}3860\cdot 10.000.000\,£ - 0{,}5758\cdot 12.000.000\,£ = -3.049.600\,€$ während die Gesamtposition ein Vega von $0{,}6206\cdot 22.000.000\,£ = 13.653.200\,€$ aufweist. Daraus kann der Risikocontroller schließen, dass eine Erhöhung des Devisenkassakurses von 1,18 auf 1,20 um 0,02 zu einem ungefähren Wertverlust der Position in Höhe von $-3.049.600\,€\cdot 0{,}02 = -60.992\,€$ führen wird.

18.5 Der Volatilitätssmile von Devisenoptionen

Die Formel von Garman und Kohlhagen für Devisenoptionen gibt den Preis einer Devisenoption an, sofern Marktinformationen hinsichtlich des aktuellen Wechselkurses $X(0)$, der Volatilität σ, des Zinses in der Eigenwährung r_I sowie des Zinses in der Fremdwährung r_A gegeben sind. In der Praxis werden Zinssätze durch Zinsprodukte wie FRA oder Swap bestimmt.[274] Ebenso kann der heutige Wechselkurs von Marktdatenprovidern zeitnah ermittelt werden. Sind diese Informationen vorhanden, so hängt der Preis einer gegebenen europäischen Devisenoption nur noch von der Volatilität σ ab. Falls der Marktpreis einer Option bekannt ist, so gibt es in der Regel genau einen Wert für σ, sodass dieser Marktpreis dem Modellpreis von Garman und Kohlhagen entspricht. Wie im Aktien- und Zinsmarkt hängt diese implizite Volatilität vom Basispreis und der Laufzeit der Option ab. Daher lassen sich auch hier für jedes Währungspaar implizite Volatilitäten für verschiedene Laufzeiten und Basispreise beobachten.

Im Gegensatz zum Aktienderivatemarkt, der durch Preise amerikanischer und europäischer Optionen zu standardisierten Laufzeiten und Basispreisen bestimmt wird, werden im Devisenoptionsmarkt implizite Volatilitäten angegeben. Die Laufzeiten werden relativ zum aktuellen Datum quotiert, beispielsweise 3M oder 1Y für Optionen mit Laufzeitende 2. April desselben Jahres oder 2. Januar des folgenden Jahres im Fall des Referenzdatums 2. Januar des aktuellen Jahres. Anstelle von gelisteten Basispreisen wie im Aktienmarkt werden implizite Volatilitäten auf standardisierte Options-Deltas bezogen.

Die Volatilität am Geld (ATM-Volatilität σ_{ATM}) bezieht sich dabei auf eine Option, deren Basispreis dadurch gegeben ist, dass das Delta der Option 50% des maximalen Deltas ist.[275]

---

[274] Vgl. hierzu Kapitel 9 und 13.

[275] Das maximale Delta entspricht im Modell von Garman und Kohlhagen dem Diskontfaktor in der Auslandswährung, vgl. Abschnitt 18.4.

Im Falle von Puts ist hierbei der Absolutbetrag des Deltawertes gemeint. Diese Definition entspricht einem Basispreis K_{ATM}, der durch den Ausdruck

$$K_{ATM} = X(0) \cdot e^{\left(r_I - r_A + \frac{\sigma_{ATM}^2}{2}\right) \cdot T} = F_X(T) \cdot e^{\sigma_{ATM}^2 \cdot T/2} \tag{18.19}$$

gegeben ist.[276] Analog gibt es 25%- und 10%-Delta-Volatilitäten, die sich auf Calls (Puts) mit entsprechend höherem (niedrigerem) Basispreis beziehen. Hierbei ist zu beachten, dass Delta selbst von der Volatilität abhängt. Die Volatilität $\sigma(x)$ zum normalisierten Call-Delta $\Delta_C^n(K) = x$ bezieht sich also auf die Call-Option mit Basispreis[277]

$$K_c(x) = F_X(T) \cdot e^{-N^{-1}(x) \cdot \sigma(x) \cdot \sqrt{T} + \sigma^2(x) \cdot T/2} \tag{18.20}$$

wie sich durch Auflösung der Gleichung

$$\Delta_C^n(K) = N(d_1) = x \tag{18.21}$$

nach K berechnen lässt. Die Volatilität zum entsprechenden Put-Delta bezieht sich auf den Basispreis

$$K_p(x) = F_X(T) \cdot e^{N^{-1}(x) \cdot \sigma(x) \cdot \sqrt{T} + \sigma^2(x) \cdot T/2} \tag{18.22}$$

Zur Beschreibung des Devisenoptionsmarktes werden typischerweise die Basispreise

$$K_c(10\%), K_c(25\%), K_c(50\%) = K_p(50\%), K_p(25\%), K_p(10\%) \tag{18.23}$$

herangezogen. Diese Basispreise hängen gemäß obiger Definition von der Laufzeit ab und sind damit für verschiedene Laufzeiten unterschiedlich. Der Basispreis zu einer Put-Option mit Delta 25% und Restlaufzeit von einem Monat ist näher am Spot $X(0)$ als der Basispreis zu einer Put-Option mit Delta 25% und Restlaufzeit von einem Jahr.

Damit beschreibt die Marktbewegung einer impliziten Volatilität in Deltaquotierung nicht die Preisänderung einer bestimmten Option wie im Fall von Aktienoptionen, sondern auch die Änderung der Option selber, da sich sowohl der Basispreis als auch die zugehörige implizite Volatilität bewegen.

Eine typische Beschreibung des Optionsmarktes für EUR-USD sieht wie in **Tabelle 18.2** aus, wobei $P10$, $P25$, ATM, $C25$, $C10$ für $\sigma\big(K_p(10\%)\big)$, $\sigma\big(K_p(25\%)\big)$, $\sigma(K_{ATM})$, $\sigma(K_c(25\%))$, $\sigma(K_c(10\%))$ in der am Markt üblichen Quotierung stehen.

---

276 Es existieren alternative Definitionen für Delta and damit für den ATM-Basispreis und die Volatilität. Eine ausführliche Darstellung findet sich in Wystup (2006).

277 $N^{-1}(x)$ steht für die Inverse der Standardnormalverteilungsfunktion.

Tabelle 18.2 Quotierung von Volatilitäten für Währungsoptionen

	P10	*P25*	*ATM*	*C25*	*C10*
1M	14,85%	13,60%	12,45%	11,85%	11,70%
3M	16,18%	14,15%	12,35%	11,30%	11,03%
6M	17,66%	15,03%	12,80%	11,73%	11,49%
1Y	18,71%	15,75%	13,30%	12,15%	11,94%
2Y	18,85%	15,65%	13,50%	12,20%	12,20%

Die Beschreibung der Volatilitäten in Abhängigkeit des Options-Deltas entspricht der Dynamik von Devisenoptionspreisen, die daher auch mit dem Begriff **Sticky Delta** bezeichnet wird, im Gegensatz zur Dynamik von Aktienoptionen, die besser mit dem Begriff **Sticky Strike** beschrieben wird.

Fallbeispiel 18.7 Volatilitätsdynamik einer Währungsoption
Ein Devisenoptionshändler beobachtet die Änderung der impliziten Volatilität von drei Optionen in Abhängigkeit von Änderungen des Spot FX-Preises. Die von ihm beobachteten Optionen seien die Standardoptionen mit Basispreisen $K_c(25\%)$, K_{ATM} sowie $K_p(25\%)$ mit Laufzeit 1Y. Der Optionsmarkt sei wie in **Tabelle 18.2** dargestellt. Der 1Y Devisenterminkurs sei $F_X(1) = 1{,}2530$. Damit können die Basispreise wie oben dargestellt ermittelt werden. Der FX Spot und damit auch der Devisenterminkurs steige nun um 10% an. Damit beziehen sich die als unverändert angenommenen Volatilitäten nun auf um 10% höhere Basispreise. Die impliziten Volatilitäten, dargestellt in Abhängigkeit vom Basispreis, folgen also der Bewegung des FX Spot wie in **Abbildung 18.4** dargestellt.

Die Abhängigkeit der impliziten Volatilitäten für eine gegebene Laufzeit von Delta bzw. Strike wird analog zum Aktienoptionsmarkt auch als **Volatilitätssmile** bezeichnet.[278] Im Devisenmarkt werden statt der drei wichtigsten Volatilitäten zu den Basispreisen $K_c(25\%)$, K_{ATM} sowie $K_p(25\%)$ häufig abgeleitete Größen verwendet, die Höhe, Steigung sowie Konvexität der impliziten Volatilität beschreiben. Hierbei steht RR für Risk Reversal und BF für Butterfly. Die Definitionen sind wie folgt:

$$\mathrm{RR}(25\%) = \sigma(K_c(25\%)) - \sigma\big(K_p(25\%)\big) \tag{18.24}$$

$$\mathrm{BF}(25\%) = \frac{\sigma(K_c(25\%)) + \sigma\big(K_p(25\%)\big)}{2} - \sigma_{ATM} \tag{18.25}$$

278 Vgl. hierzu auch den im Kapitel 16 diskutierten Smile-Effekt für Aktienoptionen.

Abbildung 18.4 Bewegung impliziter FX-Volatilitäten

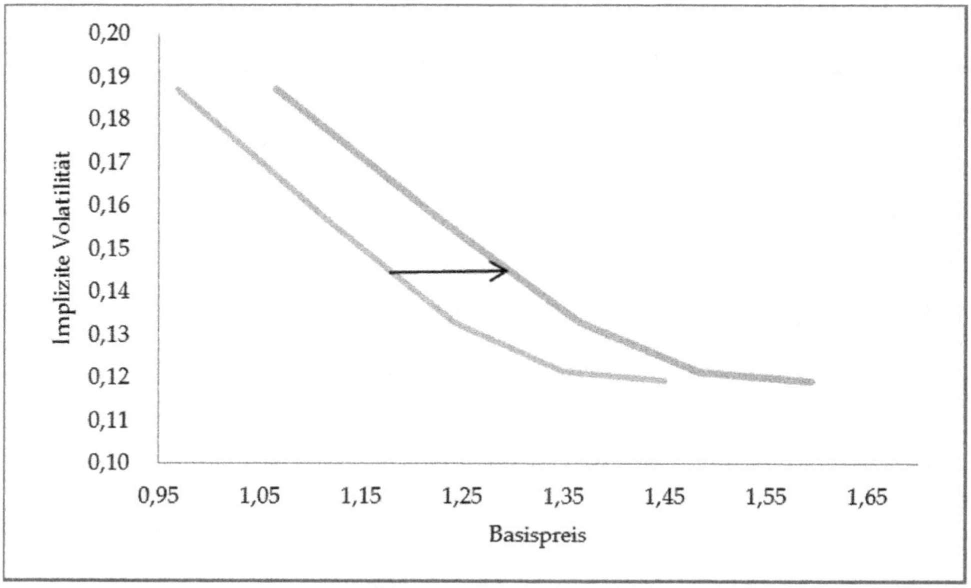

Eine alternative Beschreibung des obigen Marktes ist somit wie in **Tabelle 18.3** dargestellt.

Tabelle 18.3 Quotierung von Volatilitäten für Währungsoptionen mittels Risk Reversal und Butterfly

	ATM	RR25	BF25	RR10	BF10
1M	12,45%	−1,75%	0,28%	−3,15%	0,83%
3M	12,35%	−2,85%	0,38%	−5,15%	1,26%
6M	12,80%	−3,30%	0,58%	−6,17%	1,78%
1Y	13,30%	−3,60%	0,65%	−6,77%	2,03%
2Y	13,50%	−3,45%	0,43%	−6,65%	2,03%

Der Vorteil dieser Beschreibung ist, dass die Eigenschaften des Volatilitätssmiles unmittelbar abgelesen werden können: Die Funktion ist im Beispiel für alle Laufzeiten monoton fallend und konvex. In der alternativen Beschreibung verhalten sich die Marktdaten sinnvoll, falls sich einzelne Parameter wie Spot FX $X(0)$ oder die Volatilität am Geld σ_{ATM} bewegen, ohne dass die weniger volatilen Parameter RR oder BF angepasst werden. In beiden Darstellungen werden Optionen mit anderen Basiswerten oder Laufzeiten marktgerecht bewertet, indem die gegebenen impliziten Volatilitäten entsprechend interpoliert werden.

18.6 Kritische Würdigung des Standardmodells

Die grundlegende Idee des Black-Scholes-Modells und seiner Übertragung auf andere Basiswerte ist schon im Zusammenhang mit Aktien- und Zinsmodellen diskutiert worden. Speziell in Bezug auf Währungen ist zu bemerken, dass sich der Wechselkurs vollkommen eigendynamisch entwickelt und dabei die Zins- und Kaufkraftparitäten der beiden Währungen vernachlässigt werden. Insbesondere für Derivate mit langer Laufzeit kann jedoch der Einfluss der Zinsdynamik nicht vernachlässigt werden. Daher existieren Weiterentwicklungen wie etwa von Amin und Jarrow, die diesen Zusammenhang durch die gleichzeitige Modellierung der beiden Zinsstrukturen und des Wechselkurses herstellen.[279]

Die Rolle des Modells von Garman und Kohlhagen im Handel von Devisenoptionen besteht vor allem darin, mit Handelspartnern Marktniveaus zu kommunizieren. Aufgrund der Liquidität des Optionsmarktes, der Variabilität des Währungskurses sowie des engen Bid-Ask Spreads bevorzugen es Händler statt Preisen die implizite Volatilität zu verhandeln. Bei der Repräsentation des Devisenoptionsmarktes spielt neben der impliziten Volatilität das Modell-Delta eine besondere Rolle, das zur Bestimmung von standardisierten Basispreisen verwendet wird.

Im Derivatemarkt für Devisen gibt es neben Plain Vanilla Optionen einen liquiden Markt von Barrierenoptionen. Um diese pfadabhängigen Produkte effizient zu bewerten wird häufig das Vanna-Volga-Modell verwendet, das den Preis nach Garman und Kohlhagen unter Verwendung der impliziten Volatilitäten sowie der Sensitivitäten erster und zweiter Ordnung der Option zu Änderungen von Spot und Volatilität erweitert.[280] Anders als das Modell von Garman und Kohlhagen kann diese Vorgehensweise streng genommen nicht als Modell bezeichnet werden. Vielmehr handelt es sich um eine Adjustierung des Preises von Garman und Kohlhagen um Absicherungskosten. Diese Adjustierung kann in Extremfällen zu Arbitrage oder sogar negativen Preisen führen. Da das Vanna-Volga-Modell keine konsistente Bewertung in beliebigen Marktsituationen sowie für Standardprodukte erlaubt, gibt es wie auch im Devisenderivatemarkt einen Trend zu Modellen mit stochastischer Volatilität. Diese Modelle nehmen statt einer konstanten Volatilität einen zufälligen Prozess für die Volatilität an. Dieser Prozess kann so gewählt

---

279 Vgl. Amin / Jarrow (1992) und Amin / Jarrow (1991).

280 Vgl. Wystup (2006).

werden, dass Marktpreise von liquiden Optionen korrekt bewertet werden. Typischerweise werden dabei pro Laufzeit drei liquide Standardoptionen, nämlich eine Option am Geld sowie ein Call und ein Put mit einem Delta von jeweils 25%, berücksichtigt. Im Unterschied zu Aktienmärkten ist es darüber hinaus erforderlich, auch Preise von pfadabhängigen Produkten wie Barrierenoptionen zu berücksichtigen. In der Regel kann dies mittels numerischer Methoden erfolgen, die jedoch in ihrer Implementierung deutlich aufwendiger sind.[281] Aus diesem Grund haben diese bis heute formelbasierte Bewertungsmethoden, wie die Bewertung nach Garman und Kohlhagen oder Vanna-Volga, nicht vollständig verdrängen können.

18.7 Vertiefungsfragen zu Kapitel 18

Frage 1

Ein Versicherungsunternehmen kauft zur Absicherung von Fremdwährungsverbindlichkeiten einen Devisencall auf den USD/EUR-Wechselkurs mit einer Laufzeit von einem Jahr und einem Basiskurs von 65 € auf ein Nominal von 2 Mio. $ über die NYSE LIFFE. Ein Call über 10.000 USD quotiert an der Börse zu 3,25 €, der aktuelle Wechselkurs beträgt 0,70 USD/EUR. Das Delta der Option ist mit 0,15 gegeben.

a. Treffen Sie eine Aussage über die Moneyness der Option.

b. Welche Erwartung hat das Versicherungsunternehmen an die Entwicklung des USD/EUR-Wechselkurses in einem Jahr?

c. Berechnen Sie das Omega der Position in diesem Devisencall und interpretieren Sie diese Zahl. Welchen Wert hat die Optionsposition, wenn der Wechselkurs um 1% sinkt?[282]

d. Berechnen Sie den Break-Even-Kurs der Option.

Frage 2

Ein japanischer Optionshändler will zur Absicherung des Währungsrisikos eine europäische Kaufoption auf USD/JPY mit Laufzeit von einem Jahr und Basispreis 10.000 USD/JPY kaufen. Der Händler ermittelt stetige Zinssätze von 0,05% für Yen und 3% für US$ sowie einen aktuellen USD/JPY-Wechselkurs von 10.000. Die Volatilität sei 15%. Das zugrunde liegende Nominal liegt bei 1,5 Mio. US$.

a. Berechnen Sie den Preis für die Kaufoption ohne Berücksichtigung der Barriere.

b. Unterstellen Sie, dass der USD/JPY-Kurs kurzfristig auf 9.900 USD/JPY fällt und ermitteln Sie die ungefähre Wertänderung des Calls unter dieser Annahme.

---

281 Vgl. Abschnitt 16.3.5.

282 Der Hebel einer Option wurde in Kapitel 15 definiert.

Frage 3

Ein amerikanischer Bankkunde will eine europäische At the Money-Kaufoption auf EUR/USD mit einjähriger Laufzeit kaufen. Der heutige Wechselkurs liegt bei 1,21 EUR/USD, der stetige Zinssatz im US$ bei 2,50% sowie der stetige Zinssatz im € bei 1,10%. Die impliziten Volatilitäten entsprechen denjenigen in **Tabelle 18.2**.

a. Ermitteln Sie den ATM-Basispreis einer Option mit Laufzeit von einem Jahr.

b. Berechnen Sie den Preis der Kaufoption mit Basispreis am Geld.

c. Ermitteln Sie den Preis des zugehörigen ATM-Puts gleicher Laufzeit.

d. Geben Sie das Delta des ATM-Calls und des ATM-Puts an.

Lösungen der Vertiefungsfragen

S. Kruse, *Aktien-, Zins- und Währungsderivate*,
DOI: 10.1007/978-3-8349-4304-0, © Springer Fachmedien Wiesbaden 2014

Lösungen der Vertiefungsfragen zu Kapitel 1

Frage 1
In einem Kreditinstitut liegt im Aktienhandel die folgende Zinsinformation vor.

t	1	2	3	4	5
$r(0,t)$	2,00%	2,25%	2,50%	2,75%	3,00%

Ermitteln Sie die zugehörigen Diskontfaktoren und exponentiellen Zinsen für die unterschiedlichen Laufzeiten.

Lösung:

Mit Hilfe der Formeln (1.11) und (1.8) ermitteln sich die exponentiellen Zinsen und die Diskontfaktoren als:

t	1	2	3	4	5
$r(0,t)$	2,00%	2,25%	2,50%	2,75%	3,00%
$z(0,t)$	2,020%	2,276%	2,532%	2,788%	3,045%
$DF(0,t)$	0,9802	0,9560	0,9277	0,8958	0,8607

Frage 2
Zur Abschätzung des bisher aufgelaufenen Aufwands aus dem Einlagengeschäft seit dem Jahreswechsel benötigt der Treasurer eines kleineren Kreditinstitutes die seit Jahresbeginn aufgelaufenen Zinstage zum 28. Juni. Gehen Sie ihm hierbei zur Hand und ermitteln Sie für alle Ihnen bekannten Zinsrechnungskonventionen die vollen Zinstage bis zu diesem Termin sowie den Anteil des Jahres, der bereits verstrichen ist. Berücksichtigen Sie dabei, dass es sich um ein Schaltjahr handelt.

Lösung:

Die vollen Zinstage zeigt die folgende Tabelle:

Bezeichnung	Volle Zinstage seit Jahresbeginn
Act	$179 = 31 + 29 + 31 + 30 + 31 + 27$
30	$177 = (6 - 1) \cdot 30 + 27$

woraus sich bezogen auf die unterschiedlichen Zählweisen der Tage eines Jahres der Anteil des Jahres ergibt:

Zinsrechnungskonvention	Zinstage im Jahr	Anteil des Jahres
act/act	366	48,91%
act/365	365	49,04%
act/360	360	49,72%
30/360	360	49,17%

Frage 3

Berechnen Sie den Barwert einer Nullkuponanleihe mit einer Laufzeit von drei Jahren, und vergleichen Sie diesen mit dem Barwert einer Festkuponanleihe mit einem jährlichen Kupon von 4% und einer Laufzeit von drei Jahren. Unterstellen Sie dabei ein Nominal von 10.000 € und einen über alle Laufzeiten einheitlichen exponentiellen, jährlichen Zins von 3,5% p.a. Was können Sie aus den Barwerten über die beiden Anlagen schließen?

Lösung:

Aus Gleichung (1.3) ermitteln sich folgende Diskontfaktoren:

t	1	2	3
$z(0,t)$	3,50%	3,50%	3,50%
$DF(0,t)$	0,9662	0,9335	0,9019

Der Barwert einer Nullkuponanleihe bestimmt sich durch Diskontierung des Nominals als

$$BW_{Nullkupon} = 10.000\,€ \cdot 0{,}9019 = 9.019{,}00\,€$$

Der Barwert der Kuponanleihe berechnet sich als

$$BW_{Kuponanleihe} = \sum_{t=0}^{T} CF_t \cdot DF(0,t)$$

$$= 4\% \cdot 10.000\,€ \cdot 0{,}9662 + 4\% \cdot 10.000\,€ \cdot 0{,}9335 + 104\% \cdot 10.000\,€ \cdot 0{,}9019$$

$$= 10.139{,}64\,€$$

Offensichtlich weichen die Barwerte der beiden Anleihen voneinander ab. Allein auf Basis der Barwerte lässt sich jedoch keine Aussage treffen, welche der beiden Anlagen vorteilhafter ist. Dazu müssen die Barwerte mit den im Handel geforderten Preisen der Anleihen verglichen werden.

Frage 4
Ein Aktienhändler möchte den Preis eines Derivates bestimmen, das ihm in Abhängigkeit von der zugrunde liegenden Aktie entweder eine Auszahlung einer Geldeinheit bei einem genau auf 55,00 € steigenden Kurs oder sonst keine Auszahlung verbrieft.[283] Zur starken Vereinfachung der Situation nimmt der Aktienhändler zwei mögliche Zustände des Aktienkurses bei Fälligkeit des Derivates in einem Jahr an. Ausgehend vom heutigen Aktienkurs von 51,50 € kann die Aktie auf 55,00 € steigen oder auf 49,00 € fallen. Der (risikolose) Diskontfaktor für die Laufzeit von einem Jahr liegt bei 0,9524. Bewerten Sie für den Händler das Derivat und stellen Sie eine entsprechende Handelsstrategie auf.

<u>Lösung:</u>

Mathematisch formuliert sich die vorliegende Information wie folgt: $T = 1$, $U(0) = 51{,}50$ €, $U_u(1) = 55{,}00$ €, $U_d(1) = 49{,}00$ €, $D_u(1) = 1{,}00$ €, $D_d(1) = 0{,}00$ €, $DF(0{,}1) = 0{,}9524$. Unter diesen Annahmen kann der Händler nun das Derivat bewerten, indem er die obigen Formeln zur Ermittlung der risikoneutralen Wahrscheinlichkeiten nutzt und p berechnet als

$$p = \frac{\frac{U(0)}{DF(0,T)} - U_d(T)}{U_u(T) - U_d(T)} = \frac{\frac{51{,}50\,€}{0{,}9524} - 49{,}00\,€}{55{,}00\,€ - 49{,}00\,€} = 0{,}8457$$

und diese zur Bewertung des Derivates in die Gleichung (1.23) einsetzt

$$D(0) = \left(p \cdot D_u(T) + (1-p) \cdot D_d(T)\right) \cdot DF(0,T)$$

$$= (0{,}8457 \cdot 1{,}00\,€ + 0{,}1543 \cdot 0{,}00\,€) \cdot 0{,}9524 = 0{,}81\,€$$

Ferner kann er eine Handelsstrategie in der Aktie und dem Zero Bond aufstellen, die die Auszahlung in einem Jahr nachbildet. Dazu berechnet er

$$\delta_0 = \frac{D_u(T) - D_d(T)}{U_u(T) - U_d(T)} = \frac{1{,}00\,€ - 0{,}00\,€}{55{,}00\,€ - 49{,}00\,€} = \frac{1}{6}$$

Der Händler sollte also 1/6 Aktie kaufen, m.a.W. $51{,}50/6\,€ = 8{,}58\,€$ in die Aktie investieren und $D(0) - \delta_0 \cdot U(0) = 0{,}81\,€ - 8{,}58\,€ = -7{,}77\,€$ mittels des Zero Bondes finanzieren.

283 Dieses Derivat wird in der Literatur als Arrow-Debreu-Security bezeichnet.

Lösungen der Vertiefungsfragen zu Kapitel 2

Frage 1

Ein Händler bietet Ihnen eine Anleihe mit den folgenden Worten an: „Ich habe noch Stücke der Anleihe X mit einem Nominalkupon von 4% da, die in 2¾ Jahren auslaufen wird. Ich biete Dir die Stücke bei einer Rendite von 2,50% an." Welchen Kurs stellt der Händler in Prozent des Nominalvolumens der Anleihe? Geben Sie sowohl den Clean als auch den Dirty Price an. Unterstellen Sie dabei, dass die Anleihe eine ursprüngliche Laufzeit von 10 Jahren aufweist und jährlich Kupons zahlt.

Lösung:

Mit Hilfe der Definition der Anleiherendite gemäß Gleichung (2.14) lässt sich der Dirty Price der Anleihe ermitteln (Zinskonventionen werden vernachlässigt):

$$BW = 4\% \cdot (1 + 2{,}50\%)^{-0{,}75} + 4\% \cdot (1 + 2{,}50\%)^{-1{,}75} + 104\% \cdot (1 + 2{,}50\%)^{-2{,}75} = 104{,}93\%$$

Die letzte Kuponauszahlung der Anleihe fand vor einem Vierteljahr statt. Für den Zeitraum von diesem Termin bis heute sind beim Kauf der Anleihe Stückzinsen zu entrichten. Deren Höhe beträgt:

$$c_0 = 4{,}00\% \cdot 0{,}25 = 1{,}00\%$$

Der Clean Price oder Kurs der Anleihe beträgt also:

$$CP(0) = 104{,}93\% - 1{,}00\% = 103{,}93\%$$

Frage 2

In einem Segment des Anleihemarkts liegt folgende Zinsstrukturkurve vor:

T	1	2	3	4
$z(0,t)$	5,00%	3,00%	2,50%	2,25%

a. Wie nennt man diese Form der Zinsstrukturkurve?
b. Überprüfen Sie die Arbitragefreiheit der Zinsstrukturkurve durch die Berechnung der resultierenden Preise für Zero Bonds.
c. Verifizieren Sie Ihr Ergebnis, indem Sie die impliziten einjährigen Terminzinssätze ausrechnen.
d. Nehmen Sie nun an, dass die Höhe des Kassazinssatzes $z(0,2)$ nicht bekannt ist. Alle anderen Zinssätze bleiben unverändert. In welchem Bereich darf $z(0,2)$ liegen, damit die Zinsstrukturkurve weiterhin arbitragefrei ist? Geben Sie eine obere und eine untere Schranke an.

Lösung:

a. Es liegt eine inverse Zinsstrukturkurve vor.

b. Die Preise von Zero Bonds bzw. die Diskontfaktoren $DF(0,t)$ können mit Hilfe von Gleichung (2.1) aus der Zinsstrukturkurve bestimmt werden.

$$DF(0{,}1) = \left(1 + z(0{,}1)\right)^{-1} = (1 + 5{,}00\%)^{-1} = 95{,}24\%$$

$$DF(0{,}2) = (1 + 3{,}00\%)^{-2} = 94{,}26\%$$

$$DF(0{,}3) = (1 + 2{,}50\%)^{-3} = 92{,}86\%$$

$$DF(0{,}4) = (1 + 2{,}25\%)^{-4} = 91{,}48\%$$

Die Zerobondpreise fallen monoton mit steigender Restlaufzeit. Die Zinsstrukturkurve ist also arbitragefrei.

c. Gleichung (2.8) kann zur Berechnung der einjährigen Forward-Zinssätze herangezogen werden.

$$FR(1{,}2) = \left(1 + z(0{,}2)\right)^{2} \cdot \left(1 + z(0{,}1)\right)^{-1} - 1 = (1 + 3\%)^{2} \cdot (1 + 5\%)^{-1} - 1 = 1{,}038\%$$

$$FR(2{,}3) = (1 + 2{,}50\%)^{3} \cdot (1 + 3{,}00\%)^{-2} - 1 = 1{,}507\%$$

$$FR(3{,}4) = (1 + 2{,}25\%)^{4} \cdot (1 + 2{,}50\%)^{-3} - 1 = 1{,}504\%$$

Die Terminzinssätze sind alle positiv. Die Überprüfung der Arbitragefreiheit liefert logischerweise das gleiche Ergebnis wie in der vorigen Teilaufgabe.

d. Zur Lösung dieser Aufgabe kann die Arbitragefreiheitsbedingung an die Preise von Zero Bonds (Teilaufgabe b) oder an die Terminzinssätze (Teilaufgabe c) benutzt werden. Im Folgenden wird die Nichtnegativität der Terminzinssätze verwendet.

$$FR(1{,}2) = \left(1 + z(0{,}2)\right)^{2} \cdot (1 + 5{,}00\%)^{-1} - 1 \geq 0$$

$$\Leftrightarrow \quad \left(1 + z(0{,}2)\right)^{2} \cdot (1 + 5{,}00\%)^{-1} \geq 1$$

$$\Leftrightarrow \quad \left(1 + z(0{,}2)\right)^{2} \geq 1 + 5{,}00\%$$

Vernachlässigt man die ökonomisch unplausible Lösung mit negativen Zinssätzen, ergibt sich aus der obigen quadratischen Gleichung:

$$z(0{,}2) \geq \sqrt{1{,}05} - 1 = 2{,}470\%$$

Die zweite Nichtnegativitätsbedingung liefert:

$$FR(2{,}3) = (1 + 2{,}50\%)^3 \cdot \left(1 + z(0{,}2)\right)^{-2} - 1 \geq 0$$

$$\Leftrightarrow \quad (1 + 2{,}50\%)^3 \cdot \left(1 + z(0{,}2)\right)^{-2} \geq 1$$

$$\Leftrightarrow \quad (1 + 2{,}50\%)^3 \geq \left(1 + z(0{,}2)\right)^2$$

Wieder ergibt sich unter Vernachlässigung der negativen Lösung:

$z(0{,}2) \leq \sqrt{(1 + 2{,}50\%)^3} - 1 = 3{,}773\%.$

Liegt also der zweijährige Kassazinssatz $z(0{,}2)$ zwischen 2,470% und 3,773%, ist die Zinskurve arbitragefrei.

Frage 3

Es liegt folgende Zinsstrukturkurve für ausfallrisikofreie Staatsanleihen vor:

T	1	2	3
$z(0,t)$	2,00%	2,50%	4,00%

a. Zu welchem Kurs notiert eine Staatsanleihe mit 4% Nominalkupon und dreijähriger Restlaufzeit?
b. Zu welchem Kurs notiert eine identisch zu der Staatsanleihe aus Teilaufgabe a ausgestattete Unternehmensanleihe, wenn die Zinsstrukturkurve für diese Unternehmensanleihe einen Kreditspread von 150 Basispunkten zu den Staatsanleihen aufweisen?

Lösung:

a. Das Einsetzen der vorliegenden Informationen in Gleichung (2.16) liefert:
$K(0) = 4\% \cdot (1 + 2{,}0\%)^{-1} + 4\% \cdot (1 + 2{,}5\%)^{-2} + 104\% \cdot (1 + 4{,}0\%)^{-3} = 100{,}18\%$
b. Um die kreditrisikobehaftete Unternehmensanleihe zu bewerten, muss der Kreditspread zu dem risikofreien Zero-Zinssatz hinzuaddiert werden. Der Kurs wird dann wieder einfach durch die Barwertformel ermittelt.
$K(0) = 4\% \cdot (1 + 3{,}5\%)^{-1} + 4\% \cdot (1 + 4{,}0\%)^{-2} + 104\% \cdot (1 + 5{,}5\%)^{-3} = 96{,}13\%$
Aufgrund des Kreditrisikos handelt diese Anleihe mit einem Abschlag im Vergleich zu der Staatsanleihe.

Frage 4

Auf dem in Frage 3 betrachteten Kapitalmarkt werden zwei variabel verzinsliche Anleihen gehandelt. Anleihe F1 ist eine zweijährige Staatsanleihe mit einem Kupon von 12M-EURIBOR – 7 bp. Anleihe F2 besitzt einen Kupon von 12M-EURIBOR +120 bp und hat eine Restlaufzeit von 3 Jahren. Es liegt folgende Zinsstrukturkurve verbunden mit dem 12M-EURIBOR vor:

T	1	2	3
$z^{Ref}(0,t)$	3,00%	3,10%	3,50%

Bestimmen Sie die Kurse der beiden Anleihen.

Lösung:

Zunächst müssen die Forward-Zinssätze für den 12M-EURIBOR bestimmt werden. Gleichung (2.8) liefert:

$$FR^{Ref}(0{,}1) = 3{,}000\%$$

$$FR^{Ref}(1{,}2) = ((1+3{,}10\%)^2 \cdot (1+3{,}00\%)^{-1})^{1/1} - 1 = 3{,}200\%$$

$$FR^{Ref}(2{,}3) = ((1+3{,}50\%)^3 \cdot (1+3{,}10\%)^{-2})^{1/1} - 1 = 4{,}305\%$$

Addiert (bzw. subtrahiert) man den Spread der jeweiligen Anleihe auf diese Terminzinssätze, erhält man die äquivalenten Cash Flows zur Bewertung der Anleihen. Zur Bewertung müssen diese Cash Flows noch mit der entsprechenden Zinsstrukturkurve abgezinst werden. Für die Staatsanleihe gilt:

$$K_{F1}(0) = (3\% - 0{,}07\%) \cdot (1+2{,}0\%)^{-1} + (103{,}200\% - 0{,}07\%) \cdot (1+2{,}5\%)^{-2} = 101{,}03\%$$

Für die Unternehmensanleihe gilt analog:

$$K_{F2}(0) = (3\% + 1{,}2\%) \cdot (1+3{,}5\%)^{-1} + (3{,}200\% + 1{,}2\%) \cdot (1+4{,}0\%)^{-2}$$

$$+(104{,}305\% + 1{,}2\%) \cdot (1+5{,}5\%)^{-3}$$

$$= 97{,}98\%$$

Lösungen der Vertiefungsfragen zu Kapitel 3

Frage 1

Auf einem Kapitalmarkt werden die Kurse von drei Staatsanleihen mit den folgenden Ausstattungen beobachtet:

Anleihe	A	B	C
Restlaufzeit [Jahre]	1	2	3
Kupon	2,25%	0,00%	4,00%
Kurs	100,50%	94,90%	101,80%

Bestimmen Sie die Zinsstrukturkurve für Staatsanleihen.

<u>Lösung:</u>

Die Ermittlung der Zinsstrukturkurve erfolgt durch das sukzessive Bootstrapping, indem man die Bewertungsgleichung für die Anleihen nach den Zinssätzen auflöst:

$$K^A(0) = 102{,}25\% \cdot (1 + z(0{,}1))^{-1} = 100{,}50\%$$

$$\Rightarrow z(0{,}1) = \frac{102{,}25\%}{100{,}50\%} - 1 = 1{,}741\%$$

Da die zweite Anleihe ein Zerobond ist, kann der gesuchte Zero-Zinssatz unmittelbar ermittelt werden:

$$z(0{,}2) = \sqrt{\frac{100{,}00\%}{94{,}90\%}} - 1 = 2{,}652\%$$

Zur Ermittlung des dreijährigen Zero-Zinssatzes muss wieder auf das Bootstrapping zurückgegriffen werden. Gleichung (3.4) liefert:

$$z(0{,}3) = \sqrt[3]{104\%/(101{,}80\% - 4\% \cdot (1 + 1{,}741\%)^{-1} - 4\% \cdot (1 + 2{,}652\%)^{-2})} - 1 = 3{,}401\%$$

Frage 2

a. Ermitteln Sie für die in Frage 1 gegebenen Staatsanleihen den Zero-Zinssatz für 1,5-jährige und 2,5-jährige Anleihen durch lineare Interpolation der Zero-Zinssätze.
b. Errechnen Sie aus den Ergebnissen von Teilaufgabe a den einjährigen Forward-Zinssatz in 1,5 Jahren. Zeigen Sie, dass der so ermittelte Forward-Zinssatz nicht durch lineare Interpolation der Forward-Zinssätze zustande kam.

<u>Lösung:</u>

a. Lineare Interpolation (ohne Berücksichtigung von Tageszählkonventionen) der Zero-Zinssätze für ein- und zweijährige Anleihen liefert:

$z(0,1{,}5) = \frac{2-1{,}5}{2-1} \cdot 1{,}741\% + \frac{1{,}5-1}{2-1} \cdot 2{,}652\% = 2{,}197\%$

Analog liegt der Zinssatz für 2,5-jährige Anleihen genau in der Mitte der Zinssätze für zwei- und dreijährige Anleihen:

$z(0,2{,}5) = 0{,}5 \cdot 2{,}652\% + 0{,}5 \cdot 3{,}401\% = 3{,}027\%$

b. Der gesuchte Forward-Zinssatz ergibt sich als:

$FR(1{,}5,2{,}5) = (1 + 3{,}027\%)^{2{,}5} \cdot (1 + 2{,}197\%)^{-1{,}5} - 1 = 4{,}285\%$

Wie man leicht nachrechnen kann, liegt er nicht genau in der Mitte zwischen den einjährigen Forward-Zinssätzen in ein und zwei Jahren:

$FR(1{,}2) = (1 + 2{,}652\%)^2 \cdot (1 + 1{,}741\%)^{-1} - 1 = 3{,}571\%$

$FR(2{,}3) = (1 + 3{,}401\%)^3 \cdot (1 + 2{,}652\%)^{-2} - 1 = 4{,}915\%$

Der Mittelwert der Terminzinssätze liegt mit 4,243% etwas unter dem zuvor errechneten Zinssatz. Dieser ist also nicht durch lineare Interpolation der Forward-Zinssätze berechnet worden. Die lineare Interpolation einer Zinskurve liefert also je nach interpolierter Größe unterschiedliche Ergebnisse.

Frage 3

Die risikoadäquate Zinsstrukturkurve für einen betrachteten Markt für Unternehmensanleihen ist flach bei 4,50%. Hierbei handelt es sich wie üblich um eine exponentielle Verzinsung mit jährlicher Zinszahlung. Auf diesem Markt gibt es zwei variabel verzinsliche Floating Rate Notes F1 und F2 mit den folgenden Ausstattungen und Kursen:

Anleihe	F1	F2
Kupon	6M-EURIBOR +80 bp	6M-EURIBOR +150 bp
Konvention	act/360	act/360
Restlaufzeit	1 Jahr	1,5 Jahre
Kurs	99,50%	100,75%

Das 6M-EURIBOR-Fixing für die aktuelle, 183 Zinstage lange Halbjahresperiode beträgt 2,762%. Berechnen Sie die Forward-Zinssätze für die folgenden beiden Halbjahre. Unterstellen Sie dabei, dass die nächsten beiden Halbjahre 182 bzw. 183 Zinstage lang sind.

Lösung:

Die Forward-Zinssätze werden sukzessive mit Hilfe der Bootstrapping-Methode ermittelt. Dazu werden die Bewertungsgleichungen der Anleihen nach den gesuchten Zinssätzen aufgelöst:

$$K^{F1}(0) = (2{,}762\% + 0{,}80\%) \cdot 183/360 \cdot (1 + 4{,}5\%)^{-0{,}5}$$

$$+(100\% + (FR^{Fwd}(0{,}5\,,1) + 0{,}80\%) \cdot 182/360) \cdot (1 + 4{,}5\%)^{-1} = 99{,}50\%$$

$$\Rightarrow FR^{Fwd}(0{,}5\,,1) = 3{,}406\%$$

Mit der Kenntnis des Forwards für das zweite Halbjahr kann der entsprechende Satz für das Folgehalbjahr anhand der Bewertungsgleichung für Anleihe F2 ermittelt werden:

$$K^{F2}(0) = (2{,}762\% + 1{,}50\%) \cdot 183/360 \cdot (1 + 4{,}5\%)^{-0{,}5}$$

$$+(3{,}406\% + 1{,}50\%) \cdot 182/360 \cdot (1 + 4{,}5\%)^{-1}$$

$$+(100\% + (FR^{Fwd}(1{,}1{,}5) + 1{,}50\%) \cdot 183/360) \cdot (1 + 4{,}5\%)^{-1{,}5} = 100{,}75\%$$

$$\Rightarrow FR^{Fwd}(1{,}1{,}5) = 4{,}062\%$$

Lösungen der Vertiefungsfragen zu Kapitel 4

Frage 1

Ein Risikomanager möchte in einem bestimmten, kurzfristigen Zinsszenario mit Hilfe der Basis Point Values die Änderung des Barwertes einer Investition in eine Festkuponanleihe mit vier Jahren Restlaufzeit, einem jährlichen Kupon von 4,75% und einem Nominalwert von 1 Mio. € abbilden. Die Anleihe befindet sich in einem Kupontermin. Die aktuelle Zinsstruktur der Nullkuponzinsen ist die folgende

Zeitpunkt t	1	2	3	4
$z(0,t)$	3,25%	3,75%	4,25%	5,00%

während der Risikomanager folgendes Zinsszenario unterstellt

Zeitpunkt t	1	2	3	4
Δbp_t	+5 bp	−5 bp	+1 bp	−10 bp

a. Gehen Sie dem Risikomanager zur Hand und berechnen Sie neben dem aktuellen Barwert der Investition die Barwertänderung der Investition im unterstellten Zinsszenario mit Hilfe der Basis Point Values.

b. Berechnen Sie die tatsächliche Barwertänderung auf Basis der Zinsstruktur im Zinsszenario.

c. Vergleichen Sie die näherungsweise Barwertänderung mittels der Basis Point Values mit der tatsächlichen Barwertänderungen und begründen Sie deren Abweichung.

<u>Lösung:</u>

a. Die Berechnung des Barwertes erfolgt mittels Diskontierung. Da es sich bei der angegebenen Zinsstruktur um Nullkuponzinsen handelt, kann man direkt diskontieren und erhält den aktuellen Barwert der Investition:

$$BW^{akt} = 4{,}75\% \cdot 1.000.000\,€ \cdot (1+3{,}25\%)^{-1} + 4{,}75\% \cdot 1.000.000\,€ \cdot (1+3{,}75\%)^{-2}$$
$$+ 4{,}75\% \cdot 1.000.000\,€ \cdot (1+4{,}25\%)^{-3} + 104{,}75\% \cdot 1.000.000\,€\,(1+5{,}00\%)^{-4}$$
$$= 993.838{,}27\,€$$

Die Berechnung der Basis Point Values kann anstatt auf den Kurswert auch direkt auf das Investitionsvolumen bezogen werden, sodass sich die BPV_t als Eurobeträge pro Basispunkt wie folgt ermitteln:

$$BPV_1 = 1 \cdot 4{,}75\% \cdot 1.000.000\,€ \cdot (1+3{,}25\%)^{-2} \cdot 0{,}0001 = 4{,}46€/\text{bp}$$

$$BPV_2 = 2 \cdot 4{,}75\% \cdot 1.000.000\,€ \cdot (1+3{,}75\%)^{-3} \cdot 0{,}0001 = 8{,}51€/\text{bp}$$

$BPV_3 = 3 \cdot 4{,}75\% \cdot 1.000.000\,€ \cdot (1 + 4{,}25\%)^{-4} \cdot 0{,}0001 = 12{,}06\,€/\mathrm{bp}$

$BPV_4 = 4 \cdot 104{,}75\% \cdot 1.000.000€ \cdot (1 + 5{,}00\%)^{-5} \cdot 0{,}0001 = 328{,}30\,€/\mathrm{bp}$

Damit ist der Risikomanager in der Lage, die Näherung der absoluten Barwertänderung mit den Basis Point Values im obigen Szenario zu berechnen:

$\Delta_{abs}BW \approx -\big(4{,}46 \cdot 5 + 8{,}51 \cdot (-5) + 12{,}06 \cdot 1 + 328{,}30 \cdot (-10)\big) = +3.291{,}19\,€$

b. Unter Berücksichtigung des Zinsszenarios stellt sich die neue Zinsstruktur wie folgt dar:

Zeitpunkt t	1	2	3	4
$z(0,t)$	3,30%	3,70%	4,26%	4,90%

erhält den tatsächlichen Barwert der Investition im Zinsszenario:

$$BW^{szen} = 4{,}75\% \cdot 1.000.000\,€ \cdot (1 + 3{,}30\%)^{-1} + 4{,}75\% \cdot 1.000.000\,€ \cdot (1 + 3{,}70\%)^{-2}$$
$$+ 4{,}75\% \cdot 1.000.000\,€ \cdot (1 + 4{,}26\%)^{-3} + 104{,}75\% \cdot 1.000.000\,€\,(1 + 4{,}90\%)^{-4}$$
$$= 997.137{,}31\,€$$

und somit beträgt die tatsächliche Barwertänderung im unterstellten Zinsszenario

$\Delta_{abs}\,BW = 997.137{,}31\,€ - 993.838{,}27\,€ = 3.299{,}04\,€$

c. Während die tatsächliche Barwertänderung bei 3.299,04 € liegt, bestimmt sich die näherungsweise mit den Basis Point Values als 3.291,19 €. Die mittels der einzelnen Basispoint Values berechnete absolute Barwertänderung weicht von der tatsächlichen absoluten Barwertänderung ab, da es sich hier nur um eine Approximation der Letzteren handelt. Das Konzept der Basis Point Values betrachtet die Änderung des Barwertes auf der Grundlage der ersten Ableitung nach dem jeweiligen Zero-Zins und bildet somit die Steigung der Barwertfunktion in Abhängigkeit vom Zero-Zins ab. Die Krümmung der konvexen Barwertfunktion wird hierbei vernachlässigt und es findet somit eine Unterbewertung der Anleihe statt. Kurs- bzw. Barwertveränderungen werden bei Zinssenkungen unterbewertet und bei Zinsanstieg überbewertet. Die relativ geringe Differenz von 7,85 € zwischen den beiden Barwertänderungen lässt sich aufgrund der sich im Zinsszenario nur moderat um wenige Basispunkte verändernden Zero-Zinssätze erklären. Bei stärkeren Zinsänderungen wäre die Differenz größer.

Frage 2

Auf Basis einer Zinsentwicklungsprognose eines volkswirtschaftlichen Instituts möchte eine Portfoliomanagerin mit Hilfe der Basis Point Values die Sensitivität einer umfangreichen Position in einer Floating Rate Note mit fünf Jahren Restlaufzeit, einer jährlichen Nominalzahlung von 12M-EURIBOR +45 bp und einem zugrunde liegenden Nominal von 25

Mio. € abbilden. Die Anleihe befindet sich genau in einem Zinsanpassungstermin, das Fixing des Referenzzinssatzes liegt bei 1,50%. Die relevante, aktuelle Zinsstruktur der Nullkuponzinsen ist die folgende

Zeitpunkt t	1	2	3	4	5
$z(0,t)$	1,95%	2,25%	2,33%	2,40%	2,75%

während sich aus der Zinsprognose die folgende kurzfristige Änderung der Zinsstruktur ergibt

Zeitpunkt t	1	2	3	4	5
Δbp_t	+30 bp	−20 bp	+15 bp	+10 bp	−10 bp

Berechnen Sie die absolute und relative Barwertänderung der Position unter der Annahme der Zinsprognose und geben Sie an, wie hoch der neue Barwert im Zinsszenario ungefähr sein wird. Unterstellen Sie dabei, dass der vereinbarte Spread von 0,45% (45 bp) marktgerecht ist und sich die Situation bis zum nächsten Zinsanpassungstermin nicht ändert.

Lösung:

Da es sich um eine Floating Rate Note mit einem marktgerechten Zinsaufschlag handelt und das obige Zinsszenario nur eine Änderung der zugrunde liegenden Diskontfaktor- bzw. Zinsstruktur und keine Änderung der Forward-Kurve der 12M-EURIBOR-Sätze unterstellt[284], kann man hier davon ausgehen, dass die Anleihe zum nächsten Zinsanpassungstermin wieder zu 100% quotiert. Mit Hilfe der angegebenen Zinsstruktur, von der somit lediglich der einjährige Zinssatz $z(0,1)$ relevant ist, kann man direkt diskontieren und erhält den heutigen Barwert der Position:

$$BW^{akt} = \left((1{,}50\% + 0{,}45\%) \cdot (1 + 1{,}95\%)^{-1} + 100\% \cdot (1 + 1{,}95\%)^{-1} \right) \cdot 25.000.000\,€$$

$$= 25.000.000\,€$$

Dies entspricht einem Kurs der Anleihe von 100%, was sich in der Marktgerechtigkeit des Spreads begründet. Zur Näherung der relativen Barwertänderung ermittelt man zunächst die Key Rate Duration der Anleihe

$$KRD_1 = \frac{1 \cdot 101{,}95\% \cdot (1 + 0{,}0195)^{-2}}{100\%} = 98{,}087\%$$

Rechnet man die in Basispunkten angegebene Zinsänderung in Zinssätze um, so berechnet sich die relative Barwertänderung näherungsweise als

[284] Vgl. Abschnitt2.3.3.

$\Delta_{rel}K(0) \approx -(98{,}087\% \cdot (+0{,}30\%)) = -0{,}294\%$

Zur Ermittlung der absoluten Barwertänderung kann man nun den relevanten Basis Point Value auf Basis der Key Rate Duration gemäß Formel (4.8) ermitteln:

$BPV_1 = 98{,}087\% \cdot 100\% \cdot 0{,}0001 = 0{,}0098\%$

Setzt man den errechneten Basis Point Value im vorliegenden Zinsszenario ein, so ergibt sich eine absolute Änderung des Kurswertes von

$\Delta_{abs}K(0) \approx -(0{,}0098\% \cdot 30) = -0{,}294\%$

Bezogen auf das Nominal von 25 Mio. € ergibt diese eine näherungsweise absolute Barwertänderung der Position von $-0{,}294\% \cdot 25.000.000\ € = -73.500\ €$. Damit sinkt der neue Barwert der Floating Rate Note bei Realisation des angenommenen Zinsszenarios näherungsweise auf $25.000.000\ € - 73.500\ € = 24.926.500\ €$.

Frage 3

Ein Kreditinstitut hat eine Anleihe mit einem Nominalvolumen von 15 Mio. € und den folgenden Eigenschaften im Bestand:

■ Kuponzahlung	4,00%, jährlich, nachschüssige Zahlung,
■ Fälligkeit	in drei Jahren
■ Nennwert	1.000 €
■ Zinsrechnungskonvention	30/360
■ Aktuelle Yield to Maturity	2,23%

Die Anleihe befindet sich in einem Zinszahlungstermin. Die aktuelle Marktzinsstruktur der Nullkuponzinsen ist gegeben durch

Zeitpunkt t	1	2	3
$z(0,t)$	1,50%	2,00%	2,25%

a. Berechnen Sie die Basis Point Values der Anleihe und interpretieren Sie Ihr Ergebnis hinsichtlich der absoluten Wertänderung des Anleihebestandes des Kreditinstitutes unter der Annahme des folgenden Zinsszenarios:

Zeitpunkt t	1	2	3
Δbp_t	+10 bp	+10 bp	+10 bp

b. Berechnen Sie die Modified Duration der Anleihe und interpretieren Sie Ihr Ergebnis hinsichtlich der absoluten Wertänderung des Anleihebestandes des Kreditinstitutes unter der Annahme einer Zinssteigerung um 10 bp.

c. Benennen Sie den wesentlichen Unterschied in den Annahmen, die einer Näherung der Barwertänderung durch die Modified Duration bzw. durch die Basis Point Values zugrunde liegen.

Lösung:

a. Der aktuelle Barwert der Investition in die Festkuponanleihe berechnet sich als

$$BW_{akt} = (4\% \cdot 1{,}015^{-1} + 4\% \cdot 1{,}02^{-2} + 104\% \cdot 1{,}0225^{-3}) \cdot 15.000.000\ €$$

$$= 15.760.500{,}47\ €$$

Dies entspricht einem Kurs von 105,07%.

Die Basis Point Values ermitteln sich nun direkt bezogen auf den Nominalwert der Investition:

$$BPV_1 = 1 \cdot 4\% \cdot 15.000.000 \cdot (1 + 1{,}5\%)^{-2} \cdot 0{,}0001 = 58{,}24\ €/\text{bp}$$

$$BPV_2 = 2 \cdot 4\% \cdot 15.000.000 \cdot (1 + 2{,}0\%)^{-3} \cdot 0{,}0001 = 113{,}08\ €/\text{bp}$$

$$BPV_3 = 3 \cdot 104\% \cdot 15.000.000 \cdot (1 + 2{,}25\%)^{-4} \cdot 0{,}0001 = 4.281{,}47\ €/\text{bp}$$

Unterstellt man das obige Zinsszenario einer einheitlichen Zinssteigerung um 10 bp, so sinkt der Wert des Anleihebestandes um

$$\Delta_{abs}BW \approx -BPV_1 \cdot \Delta bp_1 - BPV_2 \cdot \Delta bp_2 - BPV_3 \cdot \Delta bp_3$$

$$= -58{,}24 \cdot 10 - 113{,}08 \cdot 10 - 4.281{,}47 \cdot 10 = -44.527{,}90\ €$$

auf einen näherungsweise neuen Barwert der Investition von 15.760.500,47 € − 44.527,90 € = 15.715.972,57 €.

b. Die Berechnung des aktuellen Barwertes kann alternativ mittels der Yield to Maturity erfolgen, wobei sich leichte Rundungsdifferenzen zum Ergebnis in a ergeben können:

$$BW^{akt} = (4\% \cdot 1{,}0223^{-1} + 4\% \cdot 1{,}0223^{-2} + 104\% \cdot 1{,}0223^{-3}) \cdot 15.000.000\ €$$

$$= 15.762.253{,}58\ €$$

Dies entspricht einem Kurs von 105,08%.

Das Konzept der Yield to Maturity y impliziert die Annahme einer flachen Zinsstruktur. Dies gilt genauso für die Modified Duration MD, bei der man nicht mehr die Effekte von Zinsänderungen einzelner Laufzeiten unterscheidet, sondern den Gesamteffekt der Änderung des einheitlichen Zinssatzes in Relation zum Barwert betrachtet:

$MD = -\frac{\sum_{t=0}^{T} t \cdot CF_t \cdot (1+y)^{-(t+1)}}{BW^{akt}}$

Die Berechnung des Zählers der Modified Duration ergibt

$$\sum_{t=0}^{T} t \cdot CF_t \cdot (1+y)^{-(t+1)}$$

$$= 1 \cdot 4\% \cdot 15.000.000\,€ \cdot 1{,}0223^{-2} + 2 \cdot 4\% \cdot 15.000.000\,€ \cdot 1{,}0223^{-3}$$

$$+3 \cdot 104\% \cdot 15.000.000\,€ \cdot 1{,}0223^{-4} = 44.545.463{,}93\,€$$

Damit berechnet sich die Modified Duration als

$MD = \frac{44.545.463{,}93\,€}{15.762.253{,}58\,€} = 2{,}8261$

Unterstellt man eine Zinssteigerung um 10 bp, so steigt die Yield to Maturity auf 2,33% und damit sinkt der Wert des Anleihebestandes um

$$\Delta BW \approx -MD \cdot BW^{akt} \cdot \Delta y = -2{,}8261 \cdot 15.762.253{,}58\,€ \cdot 0{,}10\% = -44.545{,}70\,€$$

auf $15.762.253{,}58\,€ - 44.545{,}70\,€ = 15.717.707{,}88\,€$.

c. Während das Konzept der Modified Duration auf der Annahme einer flachen Zinsstruktur beruht und damit nur Parallelverschiebungen der Zinsstrukturkurve erlaubt, begründet sich die Näherung der Barwertänderung mittels Basis Point Values auf der Annahme einer nichtflachen Zinsstruktur und ermöglicht damit auch beispielsweise die Analyse von Drehungen der Zinsstrukturkurve.

Lösungen der Vertiefungsfragen zu Kapitel 5

Frage 1

a. Definieren Sie symmetrische und asymmetrische Derivate.

b. Argumentieren Sie, warum der Wert eines symmetrischen Derivates immer gleich Null sein muss oder ansonsten eine Ausgleichszahlung erfolgen muss.

Lösung:

a. Bei symmetrischen Derivaten handelt es sich um unbedingte Termingeschäfte. Diese zeichnen sich dadurch aus, dass für beide Kontraktpartner feste, verbindliche Rechte und Pflichten bestehen. Asymmetrische Derivate werden auch als bedingte Termingeschäfte bezeichnet. Der Käufer eines asymmetrischen Derivates hat das Wahlrecht vom Verkäufer eine Leistung zu verlangen, während dem Verkäufer gegen Erhalt der Prämie eine Verpflichtung entsteht.

b. Der Wert eines marktgerecht abgeschlossenen symmetrischen Derivates sollte Null entsprechen, da sonst die Rechte und Pflichten ungleich verteilt sind. Weist das Geschäft aus der Sicht des einen Vertragspartners einen positiven Marktwert auf, so ist der Marktwert für seinen Kontrahenten negativ. Somit würde der Kontrahent ein für ihn nachteiliges Geschäft abschließen – und daher bei Abschluss eines symmetrischen Derivates mit einem negativen Marktwert eine Ausgleichszahlung vom Vertragspartner verlangen.

Frage 2

Nennen Sie die Formen der Erfüllung von Derivaten und erläutern Sie, wie sich diese hinsichtlich ihrer Risikoübertragung unterscheiden.

Lösung:

Man unterscheidet Derivate hinsichtlich der Form der Erfüllung des Kontraktes in Derivate mit einem Cash Settlement und einem Physical Settlement. Beim Cash Settlement erfolgt die Erfüllung des Vertrages durch die Auszahlung eines Betrages. Dieser orientiert sich in der Regel an dem Verhältnis des zugrunde liegenden Basiswertes zum vereinbarten Basispreis. Erfolgt die Auszahlung als bei Vertragsabschluss fixierter Betrag, so spricht man von einem Digital Settlement. Beim Physical Settlement wird der Vertrag durch die Lieferung eines festgelegten Wertes zum Basispreis erfüllt. Die Formen des Settlements unterscheiden sich insbesondere hinsichtlich ihrer Risikoübertragung. Während beim Cash Settlement lediglich ein Geldbetrag transferiert wird, erfolgt beim Physical Settlement eine Übertragung der mit den gelieferten Werten verbundenen Risiken zwischen den beiden Kontraktpartnern.

Frage 3
Beschreiben Sie das Organisationsrisiko und gehen Sie dabei auf mögliche Risikovermeidungsstrategien ein.

Lösung:

Das Organisationsrisiko ist ein operationelles Risiko und entsteht durch interne Unkenntnis über den aktuellen Stand des Portfolios, die Chancen und Risiken der einzelnen Derivate und Fehler im Handel und in der Abwicklung. Mit der zunehmenden Komplexität der Produkte steigt gerade das Abwicklungsrisiko, das ein nicht unwesentlicher Bestandteil des Organisationsrisikos ist. Das Organisationsrisiko kann durch die Definition von Risikolimiten und die Überprüfung deren Einhaltung und des Gesamtrisikos durch das Risikocontrolling, durch eine Prüfung der Einzelgeschäfte im Middle Office, durch Aufstellung von Zahlungs- und Ausübungsplänen und durch eine Prüfung der Einhaltung der Compliance-Regeln reduziert werden. Durch das Herunterbrechen der Limite auf einzelne Positionen und handelnde Personen wird sicher gestellt, dass der einzelne keine extrem hohe Risikoposition aufbaut. Dies führt zu einer stetigen Überwachung des Handels durch das Risikocontrolling und durch die entsprechende Compliance-Abteilung. Damit wird deutlich, dass die in den MaRisk vorgegebene Trennung des Handels (Front Office), des Risikomanagements (Middle Office) und der Abwicklung (Back Office) sinnvoll ist. Ferner unterliegt auch das Risikocontrolling der Kontrolle. Insbesondere ist hier das Modellrisiko, das für den Einsatz nicht adäquater Bewertungsmodelle steht, und dessen Kontrolle durch die interne Revision von Bedeutung. Allgemein ist bei der Vermeidung des Organisationsrisikos eine entsprechende Schulung aller beteiligter Mitarbeiter zur Sicherstellung, dass die Mitarbeiter Kenntnisse über die mit den gehandelten Derivaten verbundenen Pflichten und Rechte der Kontraktpartner besitzen, essentiell.

Lösungen der Vertiefungsfragen zu Kapitel 6

Frage 1
Analysieren Sie unterschiedliche Typen von Orders an der EUREX.

a. Beschreiben Sie die Funktionsweise einer limitierten Kauforder.

b. Beschreiben Sie die Funktionsweise einer Stop Verkaufsorder.

c. Nicht ausgeführte Limitorders sind (in aggregierter Form) im jeweiligen Orderbuch der EUREX für alle Börsenteilnehmer sichtbar. Gilt dies auch für Stop Orders? Falls nein, geben Sie bitte einen ökonomischen Grund dafür an, Stop Orders anders zu behandeln.

<u>Lösung:</u>

a. Eine Limitorder zum Kauf eines Derivates ist mit einem Höchstkurs versehen. Die Order wird nur dann ausgeführt, wenn die Derivate zu diesem Preis oder zu einem günstigeren Kurs erworben werden können.

b. Jede Stop Order zum Verkauf eines Derivates ist mit einem Schwellwert (Kurs) versehen. Fällt der Kurs des Derivates auf oder unter diese Schwelle, wird automatisch eine unlimitierte Verkaufsorder an der EUREX eingestellt.

c. Nicht ausgeführte Stop Orders sind nicht aus dem Orderbuch ersichtlich. Man spricht daher auch von Iceberg Orders. Ein Grund hierfür liegt in den Auswirkungen von Stop Orders auf den Kurs eines Derivates. Stop Orders verstärken grundsätzlich die Kursbewegungen. Fällt beispielsweise der Kurs eines Derivates und löst somit eine Stop Verkaufsorder aus, so verstärkt das zusätzliche Angebot an Derivaten den bereits vorhandenen Abwärtstrend des Kurses. Damit andere Marktteilnehmer diesen Zusammenhang nicht ausnutzen können, sind Stop Orders nicht offen einsehbar.

Frage 2
Beschreiben Sie die Rolle einer Clearing-Stelle bei Termingeschäften.

a. Welche Vorteile ergeben sich für die Kontraktpartner?

b. Wie sichert sich die Clearing-Stelle der EUREX gegen gegebenenfalls entstehende Risiken ab?

c. Worin besteht in diesem Zusammenhang der Unterschied zwischen einem Forward und einem Future-Kontrakt?

<u>Lösung:</u>

Eine Clearing-Stelle wird bei der Abwicklung eines standardisierten Termingeschäftes über die Börse eingesetzt. Sie tritt bei Abschluss des Termingeschäftes mit in den Vertrag ein und wickelt als Zwischenstelle das Geschäft ab.

a. Durch den Einsatz einer Clearing-Stelle wird das Bonitätsrisiko der Kontraktpartner reduziert, da sich die Clearing-Stelle mit der Abwicklung zu dessen Übernahme verpflichtet. Dies führt bei den Kontraktpartnern zu sinkenden Transaktionskosten, da nun anstatt des Risikos des jeweiligen Kontraktpartners das Bonitätsrisiko der Clearing-Stelle relevant ist, und somit bei Abschluss mehrerer Termingeschäfte über die Börse lediglich die Bonitätsprüfung der Clearing-Stelle erfolgen muss.

b. Die Clearing-Stelle der EUREX ist die EUREX Clearing AG. Die EUREX schützt sich durch mehrere Maßnahmen gegen den potenziellen Ausfall ihrer Teilnehmer. Zunächst müssen Clearing-Mitglieder (GCM, DCM) über eine bestimmte Menge an Eigenkapital verfügen. Zudem kann die EUREX Positionslimite erlassen, die das maximal mögliche Engagement einzelner Teilnehmer begrenzen. Kernpunkt der Absicherung sind die täglichen Margin-Zahlungen. Dabei werden börsentäglich Gewinne und Verluste nach dem Prinzip des Mark to Market ausgeglichen. Darüber hinaus werden im Rahmen des Risk Based Margining Sicherheitsleistungen von den Teilnehmern erhoben, die die potenziellen Verluste durch Marktschwankungen bis zum Gewinn- und Verlustausgleich am nächsten Handelstag abdecken sollen. Diese Zahlungen werden über das Margin-Konto des jeweiligen Clearing-Mitglieds abgerechnet.

c. Ein Future-Kontrakt ist ein im Rahmen eines standardisierten Vertrages über die Börse abgeschlossenes Termingeschäft, während es sich bei einem Forward um ein OTC-Geschäft handelt. Damit unterliegen Futures der Abwicklung über die Clearing-Stelle und dem Margin-System. Es findet ein tägliches Mark to Market statt. Im Gegensatz dazu ruht der außerbörsliche Terminkontrakt eines Forwards bis zur Erfüllung, wodurch die beiden Kontraktpartner das volle Bonitätsrisiko des jeweils Anderen tragen.

Frage 3
Beschreiben Sie das Margin-System der EUREX.

a. Welche Funktion hat die Variation Margin?

b. Welche Funktion hat die Additional Margin?

c. Was versteht man unter Cross-Margining und warum wird es durchgeführt?

<u>Lösung:</u>

a. Erzielt ein Händler an der EUREX in Futures und ähnlichen Kontrakten durch Kursbewegungen einen Gewinn bzw. Verlust gegenüber dem Vortag, so wird dieser Betrag am Ende des Handelstags durch die Zahlung der Variation Margin ausgeglichen. Dadurch wird verhindert, dass sich hohe Forderungen aus Derivaten (und damit hohe Ausfallrisiken) aufbauen können.

b. Die Additional Margin ist eine Sicherheitsleistung, die ein Handelspartner an der EUREX in Abhängigkeit der Größe seiner Positionen in Derivaten entrichten muss. Der hinterlegte Betrag sichert die mögliche Forderung der EUREX auf Zahlung einer Variation Margin aufgrund der zu erwartenden Marktschwankungen am Ende des nächsten Handelstags ab. Die Höhe der Additional Margin bemisst sich nach dem Risiko der Positionen des Börsenteilnehmers.

c. Aufgrund der ähnlichen Risikostruktur hat beispielsweise ein Portfolio aus Futures und gegenläufigen Optionen auf den gleichen Basiswert ein geringeres Risiko als die Summe der Einzelpositionen. Beim Cross-Margining wird dieser Portfolioeffekt, d.h. die Risikoreduktion über verschiedene Arten von Kontrakten hinweg, für die Ermittlung der Additional Margin berücksichtigt. Die Höhe der Additional Margin spiegelt somit das Ausfallrisiko des Handelspartners genauer wieder. Dadurch sinken die Handelskosten und es werden Anreize für risikoreduzierende Handelsgeschäfte gesetzt.

Lösungen der Vertiefungsfragen zu Kapitel 7

Frage 1
Erläutern Sie die Idee des Cost of Carry-Ansatzes bei der Bewertung von Forward-Geschäften.

Lösung:

Der Cost of Carry-Ansatz nutzt die Sicht des Käufers des Forwards und vergleicht den Zahlungsstrom des Forwards bzw. Futures mit dem direkten Kauf des Basiswertes. Diese Idee beruht auf der Duplikation des Zahlungsstroms, bei der aus dem Kauf des Basiswertes und einer Mittelfinanzierung der Zahlungsstrom des Forwards nachgebildet wird. Da durch den Kauf des Basiswertes zum aktuellen Kassapreis Mittel abfließen, müssen diese wiederum zum aktuellen Zinssatz aufgenommen werden und führen somit zu einer Rückzahlung des Kassapreises und den darauf anfallenden Zinsen, den Finanzierungskosten. Der Basiswert, den der Käufer beim direkten Kauf im Bestand hat, kann aber gegebenenfalls Erträge (Dividenden, Kuponzahlungen, etc.) liefern. Hier spricht man von Finanzierungserträgen. Der Forward-Preis entspricht dann dem Wert der Duplikationsstrategie:

$$\text{Forward–Preis} = \text{Kassakurs} + \text{Finanzierungskosten} - \text{Finanzierungserträge}$$

Die Differenz aus Finanzierungskosten und -erträgen stellt die Haltekosten, die Cost of Carry, dar, die dieser Bewertungsmethode ihren Namen geben.

Frage 2
Erklären Sie, was man unter einem Upfront Payment bei Abschluss eines Forwards versteht. Inwiefern ist es sinnvoll, ein nicht marktgerechtes Geschäft abzuschließen und eine solche Ausgleichszahlung in Kauf zu nehmen?

Lösung:

Das Upfront Payment fällt bei Abschluss eines nicht marktgerechten Forwards an. Wäre der vereinbarte Forward-Preis für das Underlying marktgerecht, so müsste der Forward bei Abschluss einen Wert von Null haben. Aufgrund der Abweichung des vereinbarten Forward-Preises vom marktgerechten Forward-Preis kann der Kontrakt für den Käufer (Verkäufer) einen positiven (negativen) oder negativen (positiven) Wert annehmen. Der Kontraktpartner, aus dessen Sicht der Kontrakt einen positiven Wert hat, muss bei Abschluss des Kontraktes eine Ausgleichszahlung an den Kontraktpartner, aus dessen Sicht der Kontrakt einen negativen Wert hat, leisten. Somit summieren sich der Wert des Forwards und der Ausgleichszahlung wieder zu Null und die Symmetrie des Derivates wird wieder hergestellt. Der Abschluss eines nicht marktgerechten Forwards kann sinnvoll sein, wenn man ein bestimmtes Kursniveau absichern oder auf dieses spekulieren will und dabei von der aktuellen Marktmeinung abweicht.

Frage 3

Stellen Sie den Gewinn- und Verlust eines marktgerecht abgeschlossenen Forwards bei Fälligkeit in Abhängigkeit von dem Wert des Basiswertes im Fälligkeitszeitpunkt grafisch dar. Unterscheiden Sie dabei zwischen der Position eines Long Forward und eines Short Forward.

Lösung:

Da es sich um einen marktgerechten Forward handelt, muss bei der Darstellung des Gewinn- und Verlustprofils eine bei Abschluss geleistete Ausgleichszahlung nicht berücksichtigt werden:.

Gewinn- und Verlustprofil eines marktgerechten Forwards

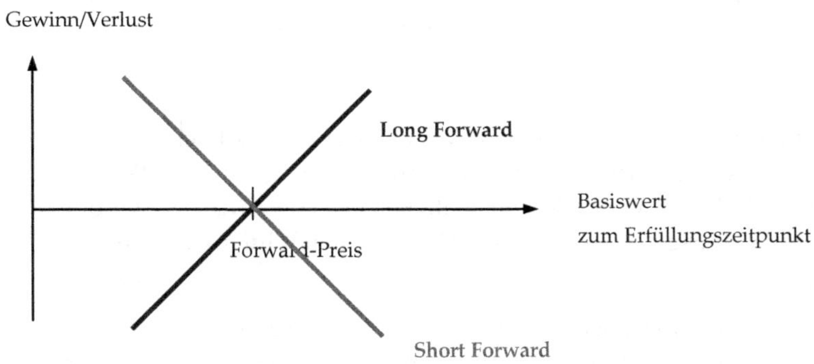

Lösungen der Vertiefungsfragen zu Kapitel 8

Frage 1

Ein Investor erwartet im Dezember 2013 die Lieferung einer Aktienposition der Aktie der XY AG von 1.000 Stück mit einem Nennwert von 50 € für den Dezember 2015. Zur Absicherung des zukünftigen Verkaufspreises schließt er mit einer Bank im Telefonhandel einen Forward auf 1.000 Stück dieser Aktie mit einem Forward-Preis der Aktie von 59,02 € ab. Der zweijährige, stetige Zins liegt bei Abschluss des Kontraktes bei 2,0%, während die Aktie zu 56,71 € notiert. Die Aktie zahlt in den Jahren 2013, 2014 und 2015 keine Dividende.

a. Welche Position – long oder short – ist der Investor in diesem Kontrakt eingegangen?

b. Überprüfen Sie die Marktgerechtigkeit des Forwards im Dezember 2013. Hätte einer der beiden Kontraktpartner ein Upfront Payment leisten müssen?

b. Im Dezember 2014 liegt der einjährige Zins bei 2,75%, während die Aktie zu 60,00 € notiert. Bewerten Sie den Kontrakt aus Sicht des Investors.

Lösung:

a. Da der Investor die Lieferung der Aktien im Dezember 2015 erwartet und sich den Verkaufspreis absichern will, hat er die Short-Position in diesem Forward-Geschäft inne und ist somit dessen Verkäufer. Bei Fälligkeit des Forwards ist er verpflichtet – Physical Settlement vorausgesetzt – die 1.000 Aktien an den Käufer zum Preis von 59,02 € zu liefern.

b. Die Marktgerechtigkeit lässt sich durch die Ermittlung des fairen Forward-Preises überprüfen. Dieser ermittelt sich anhand des Kassakurses, der Finanzierungskosten und der Finanzierungserträge (diese sind bei einer dividendenlosen Aktie gleich Null):

$$\text{Forward–Preis} = \text{Kassakurs} + \text{Finanzierungskosten} - \text{Finanzerträge}$$

$$= 56{,}71\,€ + (e^{0{,}02 \cdot 2} - 1) \cdot 56{,}71\,€ - 0\,€ = 56{,}71\,€ + 2{,}31\,€ = 59{,}02\,€$$

Somit hat der Investor einen absolut marktgerechten Forward abgeschlossen und es ist keine Ausgleichzahlung (Upfront Payment) erforderlich.

c. Zur Bewertung eines laufenden Kontraktes muss der aktuelle, faire Forward-Preis ermittelt werden. Dieser beträgt im Dezember 2014:

$$\text{Forward-Preis} = \text{Kassakurs} + \text{Finanzierungskosten} - \text{Finanzerträge}$$

$$= 60\,€ + (e^{0{,}0275 \cdot 1} - 1) \cdot 60\,€ - 0\,€ = 60\,€ + 1{,}67\,€ = 61{,}67\,€$$

Dieser liegt über dem vereinbarten Forward-Preis, somit ist das Geschäft aus Sicht des Investors unvorteilhaft. Der Wert des Geschäftes aus Sicht des Verkäufers bestimmt sich dann aus der diskontierten Differenz des vereinbarten und des aktuellen Forward-Preises als

Preis des Forwards aus Sicht des Verkäufers = $(59{,}02\,€ - 61{,}67\,€) \cdot e^{-0{,}0275 \cdot 1} = -2{,}58\,€$

Der Wert des gesamten Forward-Geschäftes liegt dann für den Investor bei $-2{,}58\,€ \cdot 1.000 = -2.580\,€$ und ist somit im Dezember 2014 für ihn unvorteilhaft.

Frage 2

Ein Aktienhändler hält eine Forward-Position auf 50.000 Aktien der XYZ AG. Alle Forward-Kontrakte haben eine Restlaufzeit von 1,5 Jahren und einen vereinbarten Forward-Preis von 24,50 €. Die Aktie der XYZ AG zahlt in einem halben Jahr eine Dividende von 2,20 €, ihr aktueller Kurs liegt bei 26,70 €. Dem Aktienhändler liegt die aktuelle Zinsstruktur in Form von Diskontfaktoren vor:

t	$0,5$	1	$1,5$
$DF(0,t)$	0,9876	0,9709	0,9497

a. Welchen Forward-Preis müsste der Aktienhändler heute für einen marktgerechten Kontrakt auf die Aktie der XYZ AG mit der gleichen (Rest-)Laufzeit vereinbaren?

b. Ermitteln Sie die Cost of Carry des heute marktgerecht abgeschlossenen Forwards aus a.

c. Bewerten Sie die Forward-Position aus Sicht des Aktienhändlers vor dem Hintergrund der aktuellen Marktsituation. Unter welcher Markterwartung wäre es besser, die Position zum aktuellen Stand aufzulösen?

<u>Lösung:</u>

Es ist hilfreich, die in der Praxissituation auftauchenden Informationen zunächst in die Variablen der Formeln zu überführen:

$S(0) = 26{,}70,\ Div = 2{,}20,\ T = 1{,}5,\ t = 0{,}5,\ F = 24{,}50,\ \ DF(0;0{,}5) = 0{,}9876,$

$DF(0;1{,}5) = 0{,}9497$

a. Der aktuelle, faire Forward-Preis berechnet sich aus den vorliegenden Informationen als
$F_S(T) = \frac{S(0)}{DF(0,T)} - Div \cdot \frac{DF(0,t)}{DF(0,T)} = \frac{26{,}70\,€}{0{,}9497} - 2{,}20\,€ \cdot \frac{0{,}9876}{0{,}9497} = 25{,}83\,€$
Dieser wäre damit in einem marktgerechten Forward zu vereinbaren.

b. Die Cost of Carry entspricht der Differenz aus Finanzierungskosten und -erträgen und damit

$$\text{Cost of Carry} = S(0) \cdot \left(\frac{1}{DF(0,T)} - 1\right) - Div \cdot \frac{DF(0,t)}{DF(0,T)}$$
$$= 26{,}70\,€ \cdot \left(\frac{1}{0{,}9497} - 1\right) - 2{,}20\,€ \cdot \frac{0{,}9876}{0{,}9497} = -0{,}87\,€$$

c. Zur Ermittlung des Wertes der Forward-Position wird der aktuelle Forward-Preis mit dem Vereinbarten verglichen. Aus Sicht des Käufers entspricht dieser

   Wert des Forwards $= (F_S(T) - F) \cdot e^{-r(0,T) \cdot T} = (25{,}83\,€ - 24{,}50\,€) \cdot 0{,}9497 = 1{,}26\,€$

   Damit ist der Forward für den Aktienhändler vorteilhaft. Würde er die Position heute auflösen, so könnte er insgesamt einen barwertigen Gewinn von $1{,}26\,€ \cdot 50.000 = 63.000\,€$ realisieren. Eine Auflösung wäre unter der Erwartung bis zum Erfüllungszeitpunkt sinkender Kurse sinnvoll.

Frage 3

Der Kontraktpartner des Aktienhändlers aus Frage 2 betrachtet nun seine gegenläufige Forward-Position auf 50.000 Aktien der XYZ AG mit einer Restlaufzeit von 1,5 Jahren und einem vereinbarten Forward-Preis von 24,50 €. Bei der Ermittlung des fairen Forward-Preises, zu dem das Forward-Geschäft marktgerecht abgeschlossen würde, legt er die gleichen Marktinformationen wie sein Kontrahent zugrunde.

a. Welchen Forward-Preis müsste der Kontraktpartner des Aktienhändlers heute für einen marktgerechten Kontrakt auf die Aktie der XYZ AG mit der gleichen (Rest-)Laufzeit vereinbaren?

b. Bewerten Sie die Forward-Position aus Sicht des Kontraktpartners vor dem Hintergrund der aktuellen Marktsituation. Unter welcher Markterwartung wäre es aus Sicht des Kontraktpartners besser, die Position zum aktuellen Stand aufzulösen?

c. Geben Sie das Delta der Gesamtposition aus Sicht des Kontraktpartners an und berechnen Sie bei einer unterstellten Erhöhung des aktuellen Aktienpreises auf 28,00 € den näherungsweisen Gewinn bzw. Verlust.

Lösung:

a. Da es sich bei einem Forward um ein unbedingtes, symmetrisches Derivat handelt, bestimmt sich der aktuelle, faire Forward-Preis unabhängig von der Position des jeweiligen Kontrahenten und liegt somit, wie schon in Frage 2 a. ermittelt, bei 25,83 €.

b. Die Bewertung entspricht unter Berücksichtigung der Position des Kontraktpartners als Verkäufer des Forwards der Bewertung des Forwards in Frage 2:

   Wert des Forwards $= \left(F - F_S(T)\right) \cdot e^{-r(0,T) \cdot T} = (24{,}50\,€ - 25{,}83\,€) \cdot 0{,}9497 = -1{,}26\,€$

   Damit ist der Forward für den Kontraktpartner unvorteilhaft. Würde er die Position heute auflösen, so wäre das gleichbedeutend mit einem Verlust von $1{,}26\,€ \cdot 50.000 = 63.000\,€$. Eine Auflösung wäre daher nur sinnvoll für den Kontraktpartner, falls er einen stark ansteigenden Aktienkurs und damit noch höhere Verluste aus dem Forward erwartet.

c. Das Delta eines einzelnen Kontraktes beträgt unabhängig von der gezahlten Dividende 1. Da der Händler als Verkäufer auftritt und eine Gesamtposition in Forwards auf

50.000 Aktien verkauft hat, ist das Delta der Gesamtposition gleich $-1 \cdot 50.000 = -50.000$. Steigt der Aktienkurs kurzfristig von 26,70 € um 1,30 € auf 28,00 €, so beträgt der näherungsweise Verlust aus dem Forward-Geschäft $50.000 \cdot 1{,}30$ € $=$ 65.000 €.

Lösungen der Vertiefungsfragen zu Kapitel 9

Frage 1
Erläutern Sie kurz, warum in Erwartung steigender Zinsen

a. der Verkauf eines Futures auf Anleihen,

b. der Verkauf eines Geldmarktfutures,

c. der Kauf eines FRA mit Zinsdifferenzausgleich

sinnvoll sein kann.

Lösung:

a. Die Erwartung steigender Zinsen impliziert, dass die Preise entsprechender Festzinsanleihen und damit auch der Basiswert eines Futures in der Zukunft fallen werden. Um sich den beim aktuellen Zinsniveau vergleichsweise hohen impliziten, zukünftigen Preis und damit einen erwarteten Gewinn zu sichern, kann man – beispielsweise unter der Erwartung eines langfristigen Zinsanstiegs – einen Euro-Bund-Future an der EUREX verkaufen.

b. Die Erwartung steigender Zinsen impliziert ebenfalls fallende Kurse des Geldmarktfutures, sodass sich der Verkäufer eines solchen bei Abschluss einen vergleichsweise niedrigen Zinssatz bzw. hohen Future-Kurs und somit einen erwarteten Gewinn bei steigenden Zinsen sichert.

c. Der Käufer eines FRA sichert sich heute einen niedrigen Zins. Je höher die Zinsen steigen, desto größer wird im Falle eines Zinsdifferenzausgleichs sein Ausgleichsbetrag sein, den er am Ende der Vorlaufzeit bekommt.

Frage 2
Gegeben sei die folgende Zinsstruktur:

Zeithorizont t	1	2	3	4
$z(0,t)$	2,00%	2,55%	3,15%	3,80%
$DF(0,t)$	0,9804	0,9509	0,9112	0,8614

a. Berechnen Sie den fairen Forward-Kurs für den Zeitpunkt $t = 2$ einer Anleihe mit einer Restlaufzeit von vier Jahren und einem Kupon von 5%.

b. Bewerten Sie einen bestehenden Forward-Kontrakt auf diese Anleihe mit einer Fälligkeit in $t = 2$ und einem vereinbarten Forward-Preis von 99,00 € aus Sicht des Verkäufers.

Lösung:

Die folgende Lösung nutzt die gegebenen Diskontfaktoren. Die alternative Berechnung mittels Zero-Zinsen führt bis auf kleine Rundungsdifferenzen zum gleichen Ergebnis.

a. Wie bereits dargestellt, kann man den fairen Forward-Preis für $t = 2$ auf zwei unterschiedlichen Wegen berechnen:

   1. Berechnung des Forward-Preises mit dem Cost of Carry-Ansatz:

   Der faire Kurs der Anleihe lässt sich wie üblich mit dem Barwertverfahren berechnen, sodass

   $$\text{Kassakurs} = 5 \cdot 0{,}9804 + 5 \cdot 0{,}9509 + 5 \cdot 0{,}9112 + 105 \cdot 0{,}8614 = 104{,}66$$

   Die Finanzierungskosten für zwei Jahre entsprechen dem Zinsverlust, den man durch die Anschaffung der Anleihe zum Kassakurs erleidet

   $$\text{Finanzierungskosten} = 104{,}66 \cdot \left(\frac{1}{0{,}9509} - 1\right) = 5{,}40$$

   während die Finanzierungserträge sich aus dem Wert der zwischenzeitlich in $t = 1$ und $t = 2$ auftretenden und zum jeweiligen Forward-Zins wieder angelegten Kuponzahlungen von 5% berechnen

   $$\text{Finanzierungserträge} = 5 \cdot \frac{0{,}9804}{0{,}9509} + 5 = 10{,}16$$

   wobei die Kuponzahlung aus $t = 1$ von $t = 1$ bis $t = 2$ angelegt wird. Damit wird der Forward-Diskontfaktor $D(1{,}2) = D(0{,}2)/D(0{,}1)$ benötigt. Der faire Forward-Preis der Anleihe beträgt für den Zeitpunkt $t = 2$

   $$F_K(2) = 104{,}66 + 5{,}40 - 10{,}16 = 99{,}90$$

   während sich die Cost of Carry auf $5{,}40 - 10{,}16 = -4{,}76$ belaufen.

   2. Berechnung des Forward-Preises durch Transformation des relevanten Zahlungsstroms mittels Gleichung (9.6):

   $$F_K(2) = CF_3 \cdot DF(2{,}3) + CF_4 \cdot DF(2{,}4) = 5 \cdot 0{,}9583 + 105 \cdot 0{,}9059 = 99{,}91$$

b. Aus Sicht des Verkäufers ist der Preis des bestehenden Forward-Kontraktes gleich $(F - F_K(2)) \cdot DF(0{,}2) = (99{,}00\,€ - 99{,}91\,€) \cdot 0{,}9509 = -0{,}87\,€$

Frage 3

Das Treasury eines großen Industrieunternehmens erwartet steigende Zinsen und hat daher bereits schon vor einigen Monaten mit der Absicherung der Zahlungsverpflichtungen aus den variabel verzinslichen Anleihen des Unternehmens mittels Forward Rate Agreements begonnen. Das Unternehmen begibt grundsätzlich Anleihen, deren Zinszahlungen an den 6M-EURIBOR gebunden sind. Die Absicherungsperiode hat somit eine Länge von 6 Monaten. Das Treasury hat sich darauf geeinigt, die Absicherungsstrategie immer zu Beginn der vorherigen Absicherungsperiode zu erneuern. Die Zinszahlungen finden jeweils am 15. April, am 15. Juli, am 15. Oktober und am 15. Januar eines Kalenderjahres statt, wobei es sich weder im aktuellen noch im folgenden Jahr um ein Schaltjahr handelt. Aktuell ist der 15. April und es liegt die folgende lineare Zinsstruktur vor:

Zeithorizont t	$0,25$	$0,5$	$0,75$	$1,0$
$i(0,t)$	2,75%	2,85%	3,00%	3,10%

a. Berechnen Sie die Höhe der aktuell anfallenden Ausgleichszahlung aus Sicht des Unternehmens und unterstellen Sie dabei einen FRA-Satz von 2,90% auf ein Nominal von 20 Mio. €.

b. Berechnen Sie den marktgerechten FRA-Satz für die Absicherung der nächsten, zukünftigen Zinsperiode, die noch nicht abgesichert ist.

c. Bewerten Sie einen weiteren, aus einer anderen Absicherung bestehenden FRA für eine Absicherungsperiode vom 15. Juli des laufenden bis 15. Januar des kommenden Jahres mit einem vereinbarten FRA-Satz von 3,00% auf ein Nominal von 10 Mio. €.

Vernachlässigen Sie hierbei, dass die Zinsanpassung üblicherweise zwei Tage vor der Zahlung des Ausgleichsbetrages erfolgt und berücksichtigen Sie, dass es sich um Zinssätze und Zinszahlungen mit einer Laufzeit von unter einem Jahr handelt. Bei der vorliegenden linearen Zinsstruktur kann man den in Abschnitt 2.1.2 dargestellten Zusammenhang zwischen Diskontfaktoren und Forward-Zero-Zinsen auf die lineare Zinsrechnung übertragen:

$$1 + FR^{lin}(t,T) \cdot (T-t) = \frac{DF(0,t)}{DF(0,T)} \Leftrightarrow FR^{lin} = \left(\frac{1+i(0,T)\cdot T}{1+i(0,t)\cdot t} - 1\right) \cdot \frac{1}{T-t}$$

<u>Lösung:</u>

Das Unternehmen tritt, da es sich um eine Absicherung bestehender Zahlungsverpflichtungen gegen steigende Zinsen handelt, als Käufer der Forward Rate Agreements auf. Es existieren zwei unterschiedliche Absicherungsstrategien mittels FRA: Zum Einem wird 20 Mio. € Nominal abgesichert, auf das jeweils im April und im Oktober eine variable Zinszahlung zu entrichten ist. Zum Anderen erfolgt die Absicherung weiterer 10 Mio. €, deren Zinsverpflichtung im Juli und im Januar entsteht.

a. Die Länge der aktuellen Absicherungsperiode vom 15.4. bis 15.10. ist gleich $\Delta t = 182/360$. Damit entspricht der Ausgleichsbetrag

$$\text{Ausgleichsbetrag} = \frac{(2{,}85\% - 2{,}90\%) \cdot \frac{182}{360}}{1 + 2{,}85\% \cdot \frac{182}{360}} \cdot 20\ \text{Mio.€} = -4.983{,}75\ €$$

Das Unternehmen muss somit einen Ausgleichsbetrag von 4.983,75 € an seinen Kontraktpartner entrichten.

b. Da das aktuelle Datum der 15. April ist, wurde die Zinsperiode vom 15. Juli bis zum 15. Januar bereits abgesichert (siehe c.). Somit entspricht die nächste offene Absicherungsperiode dem Zeitraum vom 15. Oktober diesen Jahres bis zum 15. April nächsten Jahres mit einer Länge von 183 Tagen. Der FRA-Satz berechnet sich unter Berücksichtigung der kurzen Laufzeiten also aus dem einjährigen und dem halbjährigen Zinssatz als

$$FR^{lin}(0{,}5;1)=\left(\frac{1+3{,}10\%\cdot\frac{365}{360}}{1+2{,}85\%\cdot\frac{182}{360}}-1\right)\cdot\frac{360}{183}=0{,}0330=3{,}30\%$$

Der marktgerechte, zu vereinbarende FRA-Satz für einen 0,5 × 1-FRA auf den 6M-EURIBOR liegt für eine Absicherungsperiode vom 15. Oktober bis 15. April bei 3,30%.

c. Der zu bewertende FRA hat eine Vorlaufzeit von 0,25 Jahren bis zum 15. Juli. Bis zur Fälligkeit des Vertrages vergehen vom 15. April bis zum 15. Januar des Folgejahres 275 Tage. Zur Bewertung ist zunächst der implizite, faire Terminzins $FR^{lin}(0{,}25;0{,}75)$ zu berechnen:

$$FR^{lin}(0{,}25;0{,}75)=\left(\frac{1+3{,}00\%\cdot\frac{275}{360}}{1+2{,}75\%\cdot\frac{91}{360}}-1\right)\cdot\frac{360}{184}=0{,}0310=3{,}10\%$$

Damit ermittelt sich der Preis des FRA aus Sicht des Unternehmens als

$$\text{Preis}=\frac{(3{,}10\%-3{,}00\%)\cdot\frac{184}{360}}{1+3{,}00\%\cdot\frac{275}{360}}\cdot 10\text{ Mio.}\,€=+4.996{,}61\,€$$

Der bereits bestehende Forward für die Absicherungsperiode vom 15. Juli bis zum 15. Januar ist also mit einem Wert von +4.996,61 € aus Sicht des Unternehmens vorteilhaft.

Lösungen der Vertiefungsfragen zu Kapitel 10

Frage 1

Zur Bewertung seines Devisenforward-Portfolios im japanischen Yen benötigt der Devisenhändler einer europäischen Bank die fairen Devisenterminkurse mit den entsprechenden Fälligkeiten in einem halben, in einem und in anderthalb Jahren. Der aktuelle Wechselkurs liegt bei 105 EUR/JPY in der Mengennotierung, die beiden Zinsstrukturen liegen dem Händler vor:

Laufzeit t	$0,5$	1	$1,5$
$DF^{EUR}(0,t)$	0,9950	0,9828	0,9707
$DF^{JPY}(0,t)$	0,9998	0,9990	0,9982

a. Ermitteln Sie die fairen Terminkurse für die gegebenen Fälligkeiten und geben Sie diese in Preis- und in Mengennotierung an.

b. Berechnen Sie den Swap-Satz und erläutern Sie die Begriffe Report und Deport. Treffen Sie auf Basis Ihrer Berechnung eine Aussage über das Verhältnis der beiden Zinsstrukturen zueinander.

Lösung:

a. Die Ermittlung der Terminkurse kann direkt über Gleichung (10.4) für die Mengennotierung erfolgen:

$$F_X^M(0{,}5) = 105 \cdot \frac{0{,}9950}{0{,}9998} = 104{,}4959$$

$$F_X^M(1) = 105 \cdot \frac{0{,}9828}{0{,}9990} = 103{,}2973$$

$$F_X^M(1{,}5) = 105 \cdot \frac{0{,}9707}{0{,}9982} = 102{,}1073$$

Dies liefert direkt die Terminkurse $F_X^P(t)$ in Preisnotierung als Kehrwert.

Wechselkurs/Laufzeit t	$0,5$	1	$1,5$
$F_X^P(t)$	0,0096	0,0097	0,0098
$F_X^M(t)$	104,4959	103,2973	102,1073

b. Der Swap-Satz ist die Differenz aus dem Terminkurs und den Kassakurs und berechnet sich unabhängig von der Notierung als

Swap-Satz = Forward Rate – Spot Rate
Damit ist der Swap-Satz in der Preis- und in der Mengennotierung gegeben durch[285]

Swap-Satz/Laufzeit *t*	0,5	1	1,5
Swap-Satz in Preisnotierung	0,0001	0,0002	0,0003
Swap-Satz in Mengennotierung	−0,5041	−1,7027	−2,8927

Ein negativer Swap-Satz wird als Deport, ein positiver als Report bezeichnet. Je nach Notierung kann man aus einem Deport bzw. Report entsprechende Informationen über das Verhältnis der Zinsstrukturen in den beiden Währungen erkennen. Hierbei entspricht ein Report in der Preisnotierung einem Deport in der Mengennotierung und umgekehrt. Ein Report in der Preisnotierung lässt erkennen, dass das Zinsniveau in der Inlandswährung über dem Zinsniveau in der Auslandswährung liegt. Somit liegt das Zinsniveau im Euro über alle Laufzeiten über dem Zinsniveau im japanischen Yen.

Frage 2

Der Devisenhändler aus Frage 1 möchte nun sein Devisenforward-Portfolio im japanischen Yen mittels der berechneten Devisenterminkurse bewerten. In seinem Portfolio finden sich Forward-Kontrakte auf den Yen mit Fälligkeiten in einem halben, in einem und in anderthalb Jahren. Der aktuelle Wechselkurs, die Zinsstrukturen und die Wechselkurse entsprechen denen aus Frage 1, während den Laufzeiten folgende Kontrakte zugeordnet sind:

Forward-Kurs / Laufzeit *t*	0,5	1	1,5
103,50 / 0,0097	100 Mio. JPY (long)		200 Mio. JPY (short)
102,00 / 0,0098		500 Mio. JPY (short)	500 Mio. JPY (short)
105,50 / 0,0095	250 Mio. JPY (long)		

Die Wechselkurse sind in Mengen- und Preisnotierung angegeben.

a. Ermitteln Sie den aktuellen Wert der einzelnen Positionen.

b. Geben Sie an, welche Erwartungen der Devisenhändler an die Wechselkursentwicklungen mit seinem Devisenforward-Portfolio verwirklichen will. Gehen Sie hierbei von einer Trading-Strategie aus.

c. Berechnen Sie den Wert der Gesamtposition.

285 Die Abweichungen zwischen Swap-Satz in Preis- und Mengennotierung ergeben sich durch die Rundung des Ergebnisses bei der Berechnung aktuellen Wechselkurses in die Preisnotierung.

Lösung:

a. Der aktuelle Wert der einzelnen Positionen wird – je nach Position des Händlers – mit den Gleichungen (10.7) und (10.8) ermittelt und kann tabellarisch dargestellt werden:

Position	Laufzeit T	Nominal N (JPY)	Diskontfaktor $DF^I(0,T)$	Forward-Kurs X	Terminkurs $F_X(T)$	Position (EUR)
Long	0,5	+100 Mio.	0,9950	0,0097	0,0096	−9.950,00
Short	1,5	−200 Mio.	0,9707	0,0097	0,0098	−19.414,00
Short	1	−500 Mio.	0,9828	0,0098	0,0097	+49.140,00
Short	1,5	−500 Mio.	0,9707	0,0098	0,0098	0,00
Long	0,5	+250 Mio.	0,9950	0,0095	0,0096	+24.875,00

b. Der Devisenhändler ist bei einer Laufzeit von einem halben Jahr in der Position des Käufers von JPY (Long) und in den Laufzeiten von einem Jahr und anderthalb Jahren in der Position des Verkäufers von JPY (Short). Ausgehend davon, dass das Portfolio zur Ausnutzung von Markterwartungen (Trading) hinsichtlich des JPY/EUR-Wechselkurses aufgebaut wurde, geht der Devisenhändler von einem kurzfristig (also bis zu einem halben Jahr) steigenden und einem mittelfristig (in einem bis anderthalb Jahren) fallenden JPY/EUR-Kurs (Preisnotierung) aus.

c. Der Wert der Gesamtposition ergibt sich unter Berücksichtigung der Vorzeichen als Summe aus den Einzelpositionen:

Portfolio-Wert = −9.950 € − 19.414 € + 49.140 € + 0 € + 24.875 € = 44.651 €

Frage 3

Der Devisenhändler aus Frage 1 und 2 möchte nun eine Sensitivitätsanalyse seines Devisenforward-Portfolios durchführen.

a. Ermitteln Sie die Sensitivität des Gesamtportfolios.

b. Ermitteln Sie den Gewinn oder Verlust, der der Bank entsteht, wenn sich der aktuelle JPY/EUR-Kurs (Preisnotierung) um 0,0025 erhöht.

Lösung:

a. Das Delta der einzelnen Forward-Kontrakte ermittelt sich gemäß Gleichung (10.9) unter Berücksichtigung der Position als

Position	Laufzeit T	Nominal (JPY) N	Diskontfaktor $DF^A(0,T)$	Delta Δ_F
Long	0,5	+100.000.000,00	0,9998	+9.998,00
Short	1,5	− 200.000.000,00	0,9982	−19.964,00
Short	1	− 500.000.000,00	0,9990	−49.950,00
Short	1,5	− 500.000.000,00	0,9982	−49.910,00
Long	0,5	+250.000.000,00	0,9980	+24.950,00

b. Der Gewinn bzw. Verlust, der der Bank entsteht, berechnet sich aus der Summe der Deltas der unterschiedlichen Kontrakte als

Absolute Wertänderung des Devisenforward-Portfolios

$$\approx (9.998 - 19.964 - 49.950 - 49.910 + 24.950) \cdot 25 = -2.121.900{,}00$$

Die Bank würde bei einer Erhöhung des Wechselkurs um 25 Ticks einen ungefähren Verlust von 2.121.900 € realisieren.

Lösungen der Vertiefungsfragen zu Kapitel 11

Frage 1

Charakterisieren Sie einen Liability Swap und konstruieren Sie ein Anwendungsbeispiel für einen solchen.

Lösung:

Ein Liability Swap ist ein Swapgeschäft, das mit einer Position auf der Passivseite der Bilanz eines Unternehmens zusammenhängt. Ein Beispiel zur Anwendung eines Liability Swaps wäre die Absicherung einer Anleiheemission in einer Fremdwährung gegen das Risiko sich ändernder Wechselkurse. Angenommen ein deutsches Unternehmen hat sich langfristig für zehn Jahre mit einer Summe von 50 Mio. im US-Dollar refinanziert und möchte sich gegen Schwankungen des USD/EUR-Wechselkurses absichern. Zu diesem Zweck schließt das Unternehmen einen Währungsswap ab, in dem es einen USD-Zahlungsstrom erhält, der genau den zu leistenden Zahlungen aus der Emission entspricht. Im Gegenzug zahlt es die marktgerechte Gegenleistung im EUR. Damit ist diese Refinanzierung des Unternehmens unabhängig von Wechselkursschwankungen des USD zum EUR.

Frage 2

Erläutern Sie die Grundidee der Bewertung von Swap-Geschäften unter der Annahme eines arbitragefreien Marktes.

Lösung:

Der Bewertung von Swap-Geschäften liegt unter der Annahme eines arbitragefreien Marktes die Erfüllung des Gesetzes des einen Preises zugrunde. Zu dessen Anwendung wird der Swap in zwei Teilgeschäfte zerlegt, deren Zahlungsstrom jeweils den zu erhaltenden bzw. den zu leistenden Zahlungen entspricht. Unter Berücksichtigung der Position des Marktteilnehmers, aus dessen Sicht der Swap bewertet werden soll, entspricht dessen Marktwert dann der Differenz aus dem Teilgeschäft, das den zu erhaltenden Zahlungen entspricht, und dem Teilgeschäft, das den zu leistenden Zahlungen entspricht.

Lösungen der Vertiefungsfragen zu Kapitel 12

Frage 1
Erläutern Sie die Grundidee der Bewertung eines Equity for Floating Swaps aus Sicht des Equity Payers in einem Zahlungstermin.

Lösung:

Die Bewertung eines Equity for Floating Swaps aus Sicht des Payers beruht auf der Duplikation der Summe der Zahlungsströme mittels einer jeweils im Zahlungstermin zu erneuernden Strategie aus dem Verkauf des Aktienindex zu Beginn der jeweiligen Periode und dem Rückkauf am Ende der Periode sowie der zeitgleichen Anlage des bei Verkauf erzielten Betrags zum zu Beginn der Zahlungsperiode aktuellen Geldmarktzins. Hierbei ist zu beachten, dass der Nominalbetrag gleich bleibt und den Umfang der Position im Aktienindex bestimmt.

Frage 2
Eine Versicherung hat am 15. Januar eines Jahres zur Risikobeimischung eines Aktienmarktrisikos ohne größeren Liquiditätsaufwand eine Position in Equity Swaps aufgebaut. Dazu gehört ein Equity for Floating Swap auf die Performance des DAX über fünf Jahre, dessen Floating Leg sich ohne Spread aus dem 6M-EURIBOR ableitet. Die Zahlungstermine sind jeweils am 15.1. und 15.7., der zugrunde liegende Nominalbetrag beläuft sich auf 25 Mio. €, dem Floating Leg liegt die übliche Geldmarktkonvention act/360 zugrunde. Das Jahr des Abschlusses ist kein Schaltjahr.

a. In welcher Position – Equity Payer oder Equity Receiver – befindet sich das Versicherungsunternehmen?

b. Welchen Wert weist der Equity Swap bei Abschluss für das Versicherungsunternehmen auf? Der DAX steht bei Abschluss bei 6.000 Punkten und der 6M-EURIBOR liegt bei 1,85% p.a.

c. Wie würde sich der Wert des Equity Swaps aus Sicht der Versicherung bei Abschluss verändern, wenn sich das Floating Leg aus dem 6M-EURIBOR + 25 bp ableiten würde?

d. Am 15. April des gleichen Jahres, das kein Schaltjahr ist, steht der DAX bei 5.800 Punkten und der 3M-EURIBOR liegt bei 1,50% p.a. Ermitteln Sie den Marktwert des Equity Swaps am 15.4. aus Sicht der Versicherung.

Lösung:

a. Das Versicherungsunternehmen möchte das Aktienrisiko beimischen und damit die Rendite des Aktienindex empfangen. Es ist somit in der Position des Equity Receivers.

b. Unabhängig von den bei Abschluss aktuellen Marktdaten ist ein Equity for Floating

Swap, bei dem sich das Floating Leg aus dem Geldmarktzins ohne Zinsaufschlag ableitet, (unter Vernachlässigung eventueller Kontrahentenrisiken) immer marktgerecht und hat damit einen Wert von Null.

c. Die Versicherung müsste dann mehr (+25 bp) leisten, als sie empfängt. Somit würde der Swap aus Sicht der Versicherung einen negativen Marktwert aufweisen, dessen Wert sich als Barwert der 25 bp in halbjährlicher Zahlweise über die Laufzeit von fünf Jahren berechnet. Aus Sicht der Versicherung ist dieser Wert negativ.

d. Der Equity Swap befindet sich in der ersten Zahlungsperiode. Somit kann man unter Berücksichtigung der zugrunde liegenden Geldmarktkonvention die obige Information wie folgt mathematisch formulieren: t =15. Juli, Δt = act/360 = 181/360, t^* = 15. April, $I(15.1.) = 6.000$, $I(15.4.) = 5.800$, $z(t-\Delta t, t) = 1{,}85\%$, $z(t^*, t) = 1{,}50\%$, $N = 25$ Mio. €.

Damit berechnet sich der aktuelle Wert des Swaps aus Sicht der Versicherung als

$$ES^{Receiver}(t^*) = 25.000.000\text{ €} \cdot \left(\frac{5.800}{6.000} - \frac{1+0{,}0185\cdot\frac{181}{360}}{1+0{,}0150\cdot\frac{91}{360}}\right) = -970.556{,}09\text{ €}$$

Der Equity Swap hat sich für die Versicherung unvorteilhaft entwickelt und hat einen negativen Marktwert von −970.556,09 €. Würde die Versicherung diese Position am 15. April schließen wollen, würde sie das ungefähr diesen Betrag kosten.

Frage 3

a. Ermitteln Sie am 15. April das Aktiendelta des in Frage 2 abgeschlossenen Equity Swaps und geben Sie die Sensitivität des Swaps bei einer Änderung des Aktienindex um einen Indexpunkt aus Sicht des Kontrahenten des Versicherungsunternehmens an.

b. Wie entwickelt sich am 15. April der Marktwert des Equity Swaps, falls der Kontrahent einen kurzfristigen Absturz des Index auf 5.000 Punkte unterstellt?

c. Wie entwickelt sich am 15. April der Marktwert des Equity Swaps, falls der Kontrahent einen kurzfristigen Anstieg des Index auf 6.000 Punkte unterstellt?

Lösung:

a. Das Delta des Equity Swaps berechnet sich als 25.000.000 €/5.800 = 4.310,34 €. Da sich der Kontrahent in der Position des Equity Payers befindet, weist die Position eine Sensitivität von −4.310,34 € pro Indexpunktveränderung auf.

b. Bei einem kurzfristigen Absturz des DAX von 5.800 auf 5.000 Punkte kann der Kontrahent mit einer Marktwertsteigerung von ungefähr −800 · (−4.310,34 €) = 3.448.272,00 € rechnen.

Bei einem kurzfristigen Anstieg des DAX von 5.800 auf 6.000 Punkte muss der Kontrahent mit einer Marktminderung von ungefähr +200 · (−4.310,34 €) = −862.086 € rechnen.

Lösungen der Vertiefungsfragen zu Kapitel 13

Frage 1
In Fallbeispiel 13.2 wurde die Bewertung eines Kuponswaps dargestellt. Erläutern Sie, warum der Händler ohne die aufgeführte Rechnung bereits hätte entscheiden können, ob der Swap für ihn vorteilhaft, marktgerecht, oder unvorteilhaft ist.

Lösung

Zur Erinnerung: Der Händler einer Bank schließt einen Payer Swap mit einem Swap-Satz von 4,5%, einem Nominal von 5 Mio. €, einer Laufzeit von zwei Jahren und einem positiven Spread auf den Referenzzins, dem 6M-EURIBOR, von 32 bp (p.a.) ab.

Die aktuelle Swap-Zinsstruktur ist die folgende:

Laufzeit t	$0,5$	1	$1,5$	2
Swap-Sätze $c_{s(0,t)}$		3,75%		4,25%
Swap-Zero-Zinsen $z_s(0,t)$	3,76%	3,75%	4,01%	4,26%
Swap-Diskontfaktoren $DF_s(0,t)$	0,9817	0,9639	0,9427	0,9200

Anhand dieser Zinsstruktur sieht der Händler, dass in einem marktgerechten Swap, dessen Wert immer gleich Null ist, mit einer Laufzeit von zwei Jahren und dem Referenzzins 6M-EURIBOR ohne Spread die variablen Zinszahlungen gegen einen Kupon von 4,25% getauscht werden. In seinem Swap werden aber 4,5% als Festzins gezahlt, also 25 bp jährlich mehr als der marktgerechte Zinssatz angibt. Um das Gleichgewicht, entsprechend der Tatsache, dass beide Legs den gleichen Wert haben sollten, wieder herzustellen, muss der Zinsaufschlag auf den Referenzzins so gestaltet sein, dass er diese 25 bp jährlich wieder ausgleicht. Dazu sind aber 32 bp (p.a.) zu viel. Somit ist das Floating Leg mehr wert als das Fixed Leg des Swaps und der Swap aus Sicht des Payers vorteilhaft.

Tipp
Bei einer unterschiedlichen Fristigkeit der beiden Swap-Seiten entsprechen 25 bp Aufschlag auf der Festzinsseite nicht 25 bp auf der variablen Seite des Swaps. Der exakte, faire Spread auf der variablen Seite muss dann so gewählt werden, dass die Barwerte der Aufschläge auf beiden Seiten exakt übereinstimmen. Der Barwert des Festzinsspreads beträgt

$$(0{,}25\% \cdot 0{,}9639 + 0{,}25\% \cdot 0{,}9200) \cdot 5.000.000\ € = 23.548{,}75\ €$$

Der Barwert der variablen Seite entspricht

$$(\text{Spread} \cdot 182/360 \cdot 0{,}9817 + \text{Spread} \cdot 183/360 \cdot 0{,}9639 + \text{Spread} \cdot 182/360 \cdot 0{,}9427 + \text{Spread} \cdot 183/360 \cdot 0{,}9200) \cdot 5.000.000\ €.$$

Setzt man nun beide Barwerte gleich und löst nach dem gesuchten Spread auf der variablen Seite auf, so ergibt sich ein exakter, fairer Spread von 24,4 bp p.a.

Frage 2
Ein Unternehmer schließt, weil er fallende Zinsen erwartet, mit seiner Bank einen Receiver-Zinsswap ab. Auf Wunsch des Kunden wird dabei eine Laufzeit von drei Jahren, ein Swap-Volumen von 1 Mio. €, ein jährlich zu zahlender Festzins von 3,80% und jährliche variable Zinszahlungen, die sich an dem einjährigen Swap-Satz orientieren, fixiert. Ferner wurde ein Zinsaufschlag auf den variablen Zins von 25 bp vereinbart. Die zugrunde liegende Zinsrechnungskonvention ist auf beiden Seiten act/act.

Bei Geschäftsabschluss legt die Bank die folgende Zinsstruktur der Swap-Zinsen zugrunde:

Laufzeit t	1	2	3
Swap-Sätze $c_S(0,t)$	2,75%	3,25%	3,40%
Swap-Zero-Zinsen $z_S(0,t)$	2,75%	3,26 %	3,41%
Swap-Forward-Zinsen $FR_s(t-1,t)$	2,75%	3,77%	3,71%

a. Berechnen Sie den Marktwert des Swaps bei Abschluss. Wurde dieser zu marktgerechten Konditionen abgeschlossen oder ist eine Ausgleichszahlung erforderlich?

b. Welcher Unterschied würde sich im Barwert ergeben, wenn der Zinsaufschlag auf 40 bp angehoben werden würde?

Lösung:

a. Da der Swap bei Abschluss des Geschäftes bewertet wird, befindet man sich in einem Zinsanpassungstermin. Anhand der gegebenen Zinsstruktur berechnet sich der Wert der Festzinsanleihe als

$$K(0) \cdot N = (3{,}80\% \cdot 1{,}0275^{-1} + 3{,}80\% \cdot 1{,}0326^{-2} + (1 + 3{,}80\%) \cdot 1{,}0341^{-3}) \cdot 1.000.000\ €$$

$$= 1.011.284{,}55\ €$$

Der Wert der variablen Anleihe lässt sich durch die Forward Swap Rates und die Diskontierung mit den Nullkuponzinsen der gegebenen Zinsstruktur berechnen:

$$K_{FRN}(0) \cdot N = ((2{,}75\% + 0{,}25\%) \cdot 1{,}0275^{-1} + (3{,}77\% + 0{,}25\%) \cdot 1{,}0326^{-2}$$

$$+(1 + 3{,}71\% + 0{,}25\%) \cdot 1.000.000\ € \cdot 1{,}0341^{-3}) \cdot 1.000.000\ €$$

$$= 1.007.008{,}82\ €$$

Aus Sicht des Receivers berechnet sich der

$$IRS^{Receiver}(0) = K(0) \cdot N - K_{FRN}(0) \cdot N = 1.011.284{,}55\ € - 1.007.008{,}82\ € = 4.275{,}73\ €$$

Da der Swap einen Wert ungleich Null besitzt, ist er nicht zu aktuellen Marktkonditionen abgeschlossen. Der positive Marktwert aus Sicht des Receivers, also des Unternehmers, sagt aus, dass der Swap aus Sicht der Bank nicht kostendeckend abgeschlossen wurde und dass die Bank eine Ausgleichszahlung bei Abschluss des Geschäftes in der Höhe von mindestens 4.275,73 € (zzgl. Marge) von ihrem Kunden verlangen sollte.

Tipp
Wie im Abschnitt 13.1 erwähnt, kann man den Wert eines Swaps auch ohne den fiktiven Tausch der Nominale berechnen. Damit ergibt sich für die Aufgabenstellung der folgende alternative Lösungsweg:

Wert des Fixed Legs

$$= 3{,}80\% \cdot 1.000.000\ € \cdot 1{,}0275^{-1} + 3{,}80\% \cdot 1.000.000\ € \cdot 1{,}0326^{-2}$$

$$+3{,}80\% \cdot 1.000.000\ € \cdot 1{,}0341^{-3} = 106.984{,}85\ €$$

sowie

Wert des Floating Legs

$$= (2{,}75\% + 0{,}25\%) \cdot 1.000.000\ € \cdot 1{,}0275^{-1} + (3{,}77\% + 0{,}25\%) \cdot 1.000.000\ € \cdot 1{,}0326^{-2}$$

$$+(3{,}71\% + 0{,}25\%) \cdot 1.000.000\ € \cdot 1{,}0341^{-3} = 102.709{,}12\ €$$

Damit berechnet sich der Wert des Swaps als

$$IRS^{Receiver}(0) = \text{Wert des Fixed Legs} - \text{Wert des Floating Legs}$$

$$= 106.984{,}85\ € - 102.709{,}12\ € = 4.275{,}73\ €$$

b. Bei Änderung des Zinsaufschlags auf der variablen Seite ändert sich der Wert der Festzinsanleihe nicht. Man muss daher nur den Wert der variablen Seite neu berechnen:

$$K_{FRN}(0) \cdot N = ((2{,}75\% + 0{,}40\%) \cdot 1{,}0275^{-1} + (3{,}77\% + 0{,}40\%) \cdot 1{,}0326^{-2}$$

$$+(3{,}71\% + 0{,}40\%) \cdot 1{,}0341^{-3} + 1 \cdot 1{,}0341^{-3}) \cdot 1.000.000\ €$$

$$= 1.011.231{,}91\ €$$

Dann berechnet sich der neue Wert aus Sicht des Receivers als

$$IRS^{Receiver}(0) = K(0) \cdot N - K_{FRN}(0) \cdot N = 1.011.284{,}55\ € - 1.011.231{,}91\ € = 52{,}64\ €$$

Tipp

Allerdings werden in diesem Geschäft jährliche Festzinszahlungen gegen jährliche variable Zinsen getauscht. Aus diesem Grund ist es möglich, eine Neuberechnung des Barwertes der variablen Seite zu umgehen und den fairen Wert logisch herzuleiten. Die Swap-Zinsstruktur zeigt, dass der marktgerechte Festzins, den man gegen den vereinbarten variablen Zins ohne Zinsaufschlag tauscht, 3,40% beträgt. Der Unternehmer hat nun einen Festzins von 3,80% vereinbart, was dem marktgerechten Festzins plus 40 bp entspricht. Andererseits zahlt die Bank den variablen Zins plus 40 bp Spread. Wenn nun also der jährliche Tausch von 3,40% gegen den variablen Zins marktgerecht ist, so muss auch der jährliche Tausch von 3,80% gegen den variablen Zins plus 40 bp marktgerecht sein. Der Wert des Swaps ist also Null. Das errechnete Ergebnis weicht allerdings von Null ab, da mit der gegebenen, gerundeten Zinsstruktur gerechnet und die Zinsrechnungskonventionen der beiden Seiten des Swaps vernachlässigt wurden.

Frage 3

Die Risikomanagerin der Bank, die mit dem Unternehmen aus Frage 2 den Swap als Payer abgeschlossen hat, möchte nun das mit dem Swapgeschäft eingegangene kurzfristige Zinsänderungsrisiko abschätzen. Dabei unterstellt sie, dass sich die aktuelle Zinsstruktur wie folgt verändert:

Laufzeit t	1	2	3
Swap-Zero-Zinsen $z_S(0,t)$	2,75%	3,26 %	3,41%
Δbp_t	+20 bp	−10 bp	+40 bp

Berechnen Sie unter dieser Annahme die näherungsweise absolute Marktwertänderung des Swaps.

Lösung:

Die Risikoanalyse erfolgt im Zinsanpassungstermin, die Zinsrechnungskonvention ist auf beiden Seiten act/act. Bei der Festzinsseite handelt es sich um einen Festzins von 3,8% p.a., während das Zinsänderungsrisiko der variablen Seite durch den Spread von 0,25% p.a. in halbjährlicher Zahlweise entsteht. Das Swap-Volumen beträgt 1.000.000 €.

Für das Floating Leg berechnen sich die Basis Point Values somit als:

$$BPV_1 = 1 \cdot 0{,}25\% \cdot 1.000.000\,€ \cdot 1{,}0275^{-2} \cdot 0{,}0001 = 0{,}24\,€$$

$$BPV_2 = 2 \cdot 0{,}25\% \cdot 1.000.000\,€ \cdot 1{,}0326^{-3} \cdot 0{,}0001 = 0{,}45\,€$$

$BPV_3 \quad = 3 \cdot 0{,}25\% \cdot 1.000.000\,€ \cdot 1{,}0341^{-4} \cdot 0{,}0001 = 0{,}66\,€$

$\Delta_{\text{abs}} BW^{Floating\ Leg} \approx -\sum_{t=0}^{T} BPV_t \cdot \Delta bp_t$

$$= -\big(0{,}24\,€ \cdot (+20) + 0{,}45\,€ \cdot (-10) + 0{,}66\,€ \cdot (+40)\big) = -26{,}70\,€.$$

Für das Fixed Leg berechnen sich die Basis Point Values somit als:

$BPV_1 \quad = 1 \cdot 3{,}80\% \cdot 1.000.000\,€ \cdot 1{,}0275^{-2} \cdot 0{,}0001 = 3{,}60\,€$

$BPV_2 \quad = 2 \cdot 3{,}80\% \cdot 1.000.000\,€ \cdot 1{,}0326^{-3} \cdot 0{,}0001 = 6{,}90\,€$

$BPV_3 \quad = 3 \cdot 103{,}80\% \cdot 1.000.000\,€ \cdot 1{,}0341^{-4} \cdot 0{,}0001 = 272{,}31\,€$

$\Delta_{\text{abs}} BW^{Fixed\ Leg} \approx -\sum_{t=0}^{T} BPV_t \cdot \Delta bp_t$

$$= -\big(3{,}60\,€ \cdot (+20) + 6{,}90\,€ \cdot (-10) + 272{,}31\,€ \cdot (+40)\big) = -10.895{,}40\,€$$

Bei der Betrachtung des Zinsänderungsrisikos des gesamten Swaps ist zu beachten, dass sich die Bank in der Position des Receivers befindet und somit den Festzins erhält und den variablen Zins zahlen muss. Damit beläuft sich die Marktwertänderung des Swaps unter Berücksichtigung dieser Gegenläufigkeit der Zinszahlungen auf

$\Delta_{abs} IRS^{Payer}(0) = \Delta_{\text{abs}} BW^{Floating\ Leg} - \Delta_{\text{abs}} BW^{Fixed\ Leg}$

$$\approx -26{,}70\,€ - (-10.895{,}40\,€) = 10.868{,}70\,€$$

In dem unterstellten Zinsszenario kann die Risikomanagerin von einem Anstieg des Marktwertes von näherungsweise 10.868,70 € ausgehen.

Dieses Ergebnis lässt sich einfach plausibilisieren: Da der Payer in einem Kuponswap auf steigende Zinsen setzt, entwickelt sich der Barwert bei steigenden Zinsen zu seinen Gunsten. Da hier der zur Laufzeit gehörige, dreijährige Zinssatz deutlich stärker sinkt als die anderen Zinssätze in der Summe, muss sich dieser Effekt hier bestätigen.

Lösungen der Vertiefungsfragen zu Kapitel 14

Frage 1
Worauf spekuliert ein Investor, der einen USD/EUR-Zinswährungsswap in der Position des USD- und Festzinszahlers eingeht? Beschreiben Sie zunächst das Geschäft und gehen Sie dann auf die Marktvorstellung des Investors ein. Bedenken Sie hierbei, dass analog zum reinen Währungsswap der Wechselkurs bei Abschluss des Geschäftes festgesetzt wird.

Lösung:

In einem USD/EUR -Zinswährungsswap tauscht der Kontraktpartner, der die Position des USD- und Festzinszahlers inne hat, Festzinszahlungen im USD gegen variable Zinszahlungen im EUR. Der Investor geht somit davon aus, dass das Zinsniveau im EUR während der Laufzeit des Währungsswaps steigen wird, während das Zinsniveau im USD gleich bleibt oder im Vergleich zum EUR weniger stark steigt. Da der Wechselkurs fixiert ist, kann er im Swap von dieser Änderung der Zinsstrukturen in den beiden Währungen profitieren.

Frage 2
Ein europäisches Kreditinstitut hat einen Zinswährungsswap (EUR-Fix gegen USD-LIBOR-Float) in seinem Bestand, in dem es über eine Restlaufzeit von genau drei Jahren 4% auf ein Nominal von 20 Mio. € gegen eine variable Zahlung im USD, die sich aus dem 12M-USD-LIBOR plus 150 bp auf 25 Mio. $ ableitet, leistet. Das Kreditinstitut ist somit in der Position des Fremdwährungsempfängers bzw. des USD-Receivers. Der bei Abschluss vereinbarte Tausch der Nominale findet zu einem Wechselkurs von 0,80 USD/EUR[286] statt. Der Risikocontroller des Kreditinstituts möchte nun zunächst den Währungsswap bewerten. Hierzu benötigt er den aktuellen USD/EUR-Wechselkurs von 0,75 USD/EUR sowie die aktuelle Zinsstruktur im EUR

Laufzeit	1	2	3
Zero-Zinsen EUR	1,75%	2,00%	2,10%
Forward-Zinsen EUR	1,75%	2,25%	2,30%

und im USD

[286] Dieser entspricht dem Tausch von 20 Mio. € gegen 25 Mio. $.

Laufzeit	1	2	3
Zero-Zinsen USD	2,10%	2,45%	2,75%
Forward-Zinsen USD	2,10%	2,80%	3,35%

Bewerten Sie den Währungsswap aus Sicht des Kreditinstituts und treffen Sie eine Aussage, mit welchen Kosten oder Gewinnen das Institut bei einer frühzeitigen Auflösung des Geschäftes rechnen kann.

Lösung:

Mit den Zero-Zinsen im EUR ermittelt sich der Wert des EUR-Legs als

$$K^I(0) = (4\% \cdot 1{,}0175^{-1} + 4\% \cdot 1{,}02^{-2} + 104\% \cdot 1{,}021^{-3}) \cdot 20.000.000\ € = 21.097.945{,}27\ €$$

während sich der Wert des USD-Legs unter Verwendung der Zero-Zinsen und der Forward-Zinsen berechnet als

$$K^A(0) = \big((2{,}10\% + 1{,}50\%) \cdot 1{,}021^{-1} + (2{,}80\% + 1{,}50\%) \cdot 1{,}0245^{-2} + (100\% + 3{,}35\% + 1{,}50\%) \cdot 1{,}0275^{-3}\big) \cdot 25.000.000\ \$$$

$$= 26.069.361{,}29\ \$$$

Mithilfe des aktuellen Wechselkurses lässt sich der Wert des USD-Legs in Euro umrechnen als $K^A(0) \cdot X(0) = 26.069.361{,}29\ \$ \cdot 0{,}75 = 19.552.020{,}97\ €$. Der Wert des Währungsswaps berechnet sich somit aus Sicht des Kreditinstituts, das die Position des USD-Receivers inne hat, als $CCS^{USD-Receiver}(0) = 19.552.020{,}97\ € - 21.097.945{,}27\ € = -1.545.924{,}30\ €$. Der Währungsswap hat somit aktuell einen negativen Marktwert und es würde das Kreditinstitut 1.545.924,30 € kosten, den Swap vorzeitig aufzulösen bzw. durch ein Gegengeschäft zu schließen.

Frage 3

Zusätzlich zur Ermittlung des Marktwertes will der Risikocontroller aus Frage 2 die Sensitivität des Swaps gegenüber Änderungen des EUR-Zinsniveaus, des USD-Zinsniveaus und des USD/EUR-Wechselkurses in unterschiedlichen Szenarien abbilden. Hierzu unterstellt er ein kurzfristiges Absinken des Wechselkurses um 50 Ticks (= 0,0050) sowie die folgenden, voneinander unabhängigen, kurzfristigen Zinsszenarien im EUR

Laufzeit	1	2	3
Zero-Zinsen EUR	1,75%	2,00%	2,10%
Δbp_t	−20 bp	−25 bp	−30 bp

und im USD

Laufzeit	1	2	3
Zero-Zinsen USD	2,10%	2,45%	2,75%
Δbp_t	+10 bp	+20 bp	+15 bp

a. Ermitteln Sie die näherungsweise Änderung des Marktwertes des Swaps im EUR-Zinsszenario.

b. Ermitteln Sie die näherungsweise Änderung des Marktwertes des Swaps im USD-Zinsszenario.

c. Ermitteln Sie die näherungsweise Änderung des Marktwertes des Swaps unter der Annahme des um 50 Ticks sinkenden Wechselkurses in Preisnotierung aus Sicht des Euromarktes.

Unterstellen Sie dabei, dass die anderen Einflussfaktoren sich jeweils nicht ändern.

Lösung:

a. Eine Änderung der EUR-Zinsstruktur würde sich unter Annahme eines gleichbleibenden Wechselkurses und einer gleichbleibenden Zinsstruktur im USD lediglich auf den Wert des EUR-Legs auswirken. Dies entspricht einer EUR-Anleihe mit 4%, und dessen kurzfristige Sensitivität kann näherungsweise mit den Basis Point Values abgebildet werden:

$$BPV_1 = 1 \cdot 4{,}0\% \cdot 20.000.000\text{ €} \cdot 1{,}0175^{-2} \cdot 0{,}0001 = 77{,}27\text{ €}$$

$$BPV_2 = 2 \cdot 4{,}0\% \cdot 20.000.000\text{ €} \cdot 1{,}02^{-3} \cdot 0{,}0001 = 150{,}77\text{ €}$$

$$BPV_3 = 3 \cdot 104{,}0\% \cdot 20.000.000\text{ €} \cdot 1{,}021^{-4} \cdot 0{,}0001 = 5.742{,}24\text{ €}$$

$$\Delta_{abs}BW^{EUR-Leg} \approx -\big(77{,}27\text{ €} \cdot (-20) + 150{,}77\text{ €} \cdot (-25) + 5.742{,}24\text{ €} \cdot (-30)\big)$$

$$= +177.,581{,}85\text{ €}$$

Aus Sicht des Kreditinstituts, das die Position des USD-Receivers inne hat und damit das EUR-Leg bedient bzw. Short im Euro ist, würde sich der Marktwert des Währungsswaps näherungsweise in dem obigen EUR-Zinsszenario um 177.,581,85 € verringern.

b. Eine Änderung der USD-Zinsstruktur würde sich unter Annahme eines gleichbleibenden Wechselkurses und einer gleichbleibenden Zinsstruktur im EUR wie in a. lediglich auf den Wert des USD-Legs auswirken. Dies entspricht einer USD-Anleihe mit einer Zinszahlung in der Höhe des 12M-USD-LIBOR plus 150 bp, deren kurzfristige Sensitivität näherungsweise mit den Basis Point Values des Spreads abgebildet werden kann:

$$BPV_1 = 1 \cdot 1{,}50\% \cdot 25.000.000\,\$ \cdot 1{,}021^{-2} \cdot 0{,}0001 = 35{,}97\,\$$$

$$BPV_2 = 2 \cdot 1{,}50\% \cdot 25.000.000\,\$ \cdot 1{,}0245^{-3} \cdot 0{,}0001 = 69{,}75\,\$$$

$$BPV_3 = 3 \cdot 101{,}50\% \cdot 25.000.000\,\$ \cdot 1{,}0275^{-4} \cdot 0{,}0001 = 6.829{,}67\,\$$$

$$\Delta_{abs} BW^{USD-Leg} \approx -\big(35{,}97\,\$ \cdot (+10) + 69{,}75\,\$ \cdot (+20) + 6.829{,}67\,\$ \cdot (+15)\big)$$

$$= -104.199{,}75\,\$$$

Aus Sicht des Kreditinstituts, das die Position des USD-Receivers inne hat, würde sich der Marktwert des Währungsswaps näherungsweise in dem obigen USD-Zinsszenario um 104.199,75 \$ verringern. Unter der Annahme eines gleichbleibenden USD/EUR-Wechselkurses von 0,75 USD/EUR entspricht dies einem möglichen Verlust von $104.199{,}75 \cdot 0{,}75 = 78.149{,}81$ €.

c. Das Devisendelta des Währungsswaps beträgt aus Sicht des USD-Receivers mit Gleichung (14.3) $26.069.361{,}29 \cdot 0{,}0001 = 2.606{,}94$ € pro Tick.[287] Unterstellt man einen um 50 Ticks (= 0,0050) sinkenden USD/EUR-Wechselkurs, so beläuft sich die näherungsweise Marktänderung auf $-50 \cdot 2.606{,}94 = -130.347{,}00$ €. In diesem Wechselkursszenario muss das Kreditinstitut also mit einem ungefähren Verlust von 130.347 € rechnen.

---

[287] Hierbei ist zu beachten, dass die Heimatwährung des Kreditinstitutes der Euro ist.

Lösungen der Vertiefungsfragen zu Kapitel 15

Frage 1

Ein Bankkunde möchte zur Absicherung seines Portfolios 100 Put-Optionen mit Bezugsverhältnis 1:1 auf die FARB AG erwerben und legt dabei die folgenden Informationen, die er von seinem Kundenberater erhalten hat, zugrunde:

- Der aktuelle Aktienkurs der FARB-Aktie beträgt 61,70 €.
- Der aktuelle exponentielle Nullkuponzins beträgt 3,00% p.a.
- Das Delta der Put-Option beträgt −0,33.
- Die Bank bietet die einzelne Put-Option zu einem Preis von 5,75 € an.

Der Kunde möchte sein Portfolio gegen eine negative Wertentwicklung über die nächsten zwei Jahre schützen und erwägt daher den Kauf einer europäischen Option mit einer Laufzeit von zwei Jahren und einem Basispreis von 60,00 €. Der allgemeinen Markteinschätzung nach wird die FARB AG in den kommenden beiden Jahren keine Dividende an ihre Aktionäre ausschütten.

a. Führen Sie für den Kunden eine generelle Analyse der Option durch und ermitteln Sie hierzu den inneren Wert und den Zeitwert der Option.
b. Treffen Sie eine Aussage über die Sensitivität der Option hinsichtlich Änderungen des Aktienkurses der FARB-Aktie und bestimmen Sie die Änderung des Optionspreises bei einem Anstieg des Aktienkurses auf 65,00 €.

Lösung:

Mathematisch formuliert sich die folgende Information als

$S(0) = 61{,}70;\ K = 60{,}00;\ z(0{,}2) = 3{,}00\%;\ T = 2;\ \Delta_P = -0{,}33;\ P^e(0) = 5{,}75$

a. Mit der Formel für den inneren Wert einer Put-Option berechnet sich dieser als $P_{IW}(0) = \max(K - U(0); 0) = \max(60{,}00\text{ €} - 61{,}70\text{ €}; 0\text{ €}) = 0\text{ €}$ und damit der Zeitwert = Put-Preis − Innerer Wert = 5,75 € − 0 € = 5,75 €
Der Innere Wert von Null sagt aus, dass die Option bei einem unveränderten Aktienkurs in zwei Jahren wertlos verfallen würde und dass die Option aktuell aus dem Geld liegt. Der Zeitwert in Höhe des Optionspreises sagt aus, dass die gesamte Optionsprämie für die Übernahme des Verlustrisikos durch den Verkäufer der Put-Option gezahlt wird. Mit anderen Worten entspricht der Optionspreis in voller Höhe der Risikoprämie des Stillhalters.
b. Das Delta der Put-Option von −0,33 gibt an, dass sich der Optionspreis um 33 Cent verringert, falls die Aktie um 1,00 € steigt. Unterstellt man nun einen neuen Aktienkurs von 65,00 €, so ist die Aktie von 61,70 € auf 65,00 € um 3,30 € gestiegen. Somit kann man die näherungsweise Änderung des Optionspreises anhand des gegebenen Deltas bestimmen als $\Delta_{abs}P \approx -0{,}33 \cdot 3{,}30\text{ €} = -1{,}09\text{ €}$. Steigt also der Aktienkurs von 61,70 € auf 65,00 €, so wird der Preis der Put-Option um näherungsweise 1,09 € fallen.

Frage 2

Eine Aktienoptionshändlerin möchte eine außerbörslich gehandelte, europäische Kaufoption auf die Aktie der BUNT AG bewerten und ermittelt dazu in ihrem Informationssystem, dass der aktuelle Kurs der Aktie der BUNT AG 64,60 € beträgt. Ferner kann ihr Kollege den marktgerechten Preis einer einfachen, europäischen Verkaufsoption auf die BUNT-Aktie mit einer Laufzeit von drei Jahren und einem Basispreis von 62,75 € nennen. Der Put-Preis liegt bei 6,60 €. Der hilfreiche Kollege legt außerdem einen risikolosen, exponentiellen Zins von 3,75% für die Laufzeit von drei Jahren zugrunde.

a. Berechnen Sie auf der Basis der gegebenen Informationen den fairen Call-Preis.

b. Bestimmen Sie den inneren Wert und den Zeitwert der Call-Option auf der Basis des in a. ermittelten Call-Preises.

c. Erläutern Sie, für was der Zeitwert einer Option steht. Welchen Wert nimmt der Zeitwert am Verfallstag der Option an?

d. Treffen Sie eine Aussage über die Moneyness des Calls und des Puts.

<u>Lösung:</u>

Mathematisch formuliert sich die in der Aufgabenstellung gegebene Information als

$U(0) = 64{,}60;\ K = 62{,}75;\ T = 3;\ P^e(0) = 6{,}60;\ z = 3{,}75\%$

a. Da der Put-Preis vorliegt, kann man den Preis der europäischen Call-Option anhand der Put-Call-Parität

$$C^e(0) = P^e(0) + U(0) - K \cdot DF(0,T)$$

berechnen. Der exponentielle Zinssatz ist bekannt, daher berechnet sich der Diskontfaktor als $DF(0,T) = (1 + 0{,}0375)^{-3} = 0{,}8954$. Setzt man dies in die Put-Call-Parität ein, so ermittelt sich der Call-Preis als

$$C^e(0) = 6{,}60\text{ €} + 64{,}60\text{ €} - 62{,}75\text{ €} \cdot 0{,}8954 = 15{,}01\text{ €}$$

Der faire Call-Preis beträgt 15,01 €.

b. Der innere Wert der Call-Option berechnet sich als

$$C_{IW}(0) = \max(U(0) - \mathrm{K}; 0) = \max(64{,}60\text{ €} - 62{,}75\text{ €}; 0\text{ €}) = 1{,}85\text{ €}$$

sodass der

$$\text{Zeitwert} = \text{Optionspreis} - \text{Innerer Wert} = 15{,}01\text{ €} - 1{,}85\text{ €} = 13{,}16\text{ €}$$

beträgt.

c. Der Zeitwert ist der Teil der Optionsprämie, den der Stillhalter oder Verkäufer der Option, des Calls, als Entschädigung für die Übernahme des Verlustrisikos, dass sich das Underlying ausgehend vom heutigen Aktienkurs von 64,60 € zu seinem Nachteil entwickelt, also noch stärker steigt, erhält. Der Zeitwert verringert sich mit abnehmender Restlaufzeit der Option und ist am Tag der Fälligkeit der Option gleich Null, da dann der Ausübungswert bekannt und gleich dem Wert der Option ist.

d. Da der Call einen inneren Wert aufweist bzw. der Aktienkurs über dem Basispreis der Option liegt, ist der Call im Geld, während der Put aus dem Geld liegt.

Frage 3

Der Optionshändler der XY Bank hat bereits ein Optionsportfolio aus OTC-Optionen auf die Aktie der Konkurrentin, der YZ Bank, aufgebaut:

Instrument	Position (Long/Short)	Delta	Vega
Call	+500	+0,95	0,15
Call	−1.500	+0,80	0,25
Call	−2.000	+0,40	1,80
Put	+1.000	−0,60	0,60
Put	−4.000	−0,70	0,70

Nun wird ihm eine weitere Option auf die Aktie der YZ Bank angeboten, die ein Delta von −0,50 und ein Vega von 1,00 aufweist.

a. Bestimmen Sie das Delta und das Vega des bereits bestehenden Optionsportfolios.

b. Finden Sie eine Handelsposition in der Aktie und der zum Kauf angebotenen Option, die in Kombination mit dem bereits bestehenden Optionsportfolio ein Delta und ein Vega von Null aufweist.[288]

Lösung:

a. Das Delta und das Vega des bestehenden Optionsportfolios bestimmt sich als Summe der einzelnen Deltas und Vegas gewichtet mit der Anzahl der Long- und Short-Positionen:

$$\Delta_{PF} = 0{,}95 \cdot 500 + 0{,}80 \cdot (-1.500) + 0{,}40 \cdot (-2.000)$$
$$+(-0{,}60) \cdot 1.000 + (-0{,}70) \cdot (-4.000) = 675{,}00$$

$$V_{PF} = 0{,}15 \cdot 500 + 0{,}25 \cdot (-1.500) + 1{,}80 \cdot (-2.000)$$
$$+0{,}60 \cdot 1.000 + 0{,}70 \cdot (-4.000) = -6.100{,}00$$

288 In einem solchen Fall bezeichnet man das Gesamtportfolio als delta- bzw. veganeutral, gleichbedeutend damit, dass das Portfolio nicht auf Änderungen des Marktwertes des Basiswertes bzw. auf Änderungen dessen Volatilität reagiert.

Instrument	Position	Delta	Vega
Call	+500	+0,95	0,15
Call	−1.500	+0,80	0,25
Call	−2.000	+0,40	1,80
Put	+1.000	−0,60	0,60
Put	−4.000	−0,70	0,70
Portfolio		**675,00**	**−6.100**

b. Wie in a. berechnet, weist das bestehende Portfolio ein Delta von +675 und ein Vega von −6.100 auf. Kauft der Händler zunächst 6.100 der ihm nun angebotenen Option, so ist das entstehende Portfolio veganeutral, da gilt

$$\Delta_{PF} = 0{,}95 \cdot 500 + 0{,}80 \cdot (-1.500) + 0{,}40 \cdot (-2.000) + (-0{,}60) \cdot 1.000$$
$$+(-0{,}70) \cdot (-4.000) + (-0{,}50) \cdot 6.100 = -2.375{,}00$$

$$V_{PF} = 0{,}15 \cdot 500 + 0{,}25 \cdot (-1.500) + 1{,}80 \cdot (-2.000) + 0{,}60 \cdot 1.000$$
$$+0{,}70 \cdot (-4.000) + 6.100 \cdot 1{,}00 = 0{,}00$$

Instrument	Position	Delta	Vega
Call	+500	+0,95	0,15
Call	−1.500	+0,80	0,25
Call	−2.000	+0,40	1,80
Put	+1.000	−0,60	0,60
Put	−4.000	−0,70	0,70
Option	+6.100	−0,50	1,00
Portfolio		**−2.375,00**	**0,00**

Somit ist die Position aus dem bestehenden Optionsportfolio in Kombination mit der neu erworbenen Option veganeutral, weist aber ein erhöhtes Delta von −2.375 auf. Darauf kann der Händler reagieren, indem er zusätzlich zu den Optionen Aktien der YZ AG kauft. Hierbei ist zu berücksichtigen, dass das Delta einer Aktie immer gleich 1 und das Vega gleich 0 ist.[289] Kauft er also 2.375 Aktien zusätzlich zu dem veganeutralen Portfolio, so ist das entstehende Gesamtportfolio aus Optionen und Aktien zusätzlich auch noch deltaneutral:

$$\Delta_{PF} = 0{,}95 \cdot 500 + 0{,}80 \cdot (-1.500) + 0{,}40 \cdot (-2.000) + (-0{,}60) \cdot 1.000$$
$$+(-0{,}70) \cdot (-4.000) + (-0{,}50) \cdot 6.100 + 1{,}00 \cdot 2.375 = 0{,}00$$

Instrument	Position	Delta	Vega
Call	+500	+0,95	0,15
Call	−1.500	+0,80	0,25
Call	−2.000	+0,40	1,80
Put	+1.000	−0,60	0,60
Put	−4.000	−0,70	0,70
Option	+6.100	−0,50	1,00
Aktie	+2.375	+1,00	0,00
Portfolio		**0,00**	**0,00**

[289] Da das Delta Änderungen des Finanzinstrumentes gegenüber Änderungen des Basiswertes abbildet, muss das Delta des Basiswertes immer gleich 1 sein, während sich aktuelle Änderungen in der Volatilität der Aktie nicht selbst auf den heutigen Aktienkurs auswirken und somit das Vega gleich 0 ist.

Lösungen der Vertiefungsfragen zu Kapitel 16

Frage 1

Der Bankkunde aus Frage 1 zu Kapitel 15 hat sich zur Absicherung seines Portfolios für den Kauf von 100 europäischen Put-Optionen mit Bezugsverhältnis 1: 1; Basispreis 60,00 € und einer Laufzeit von zwei Jahren auf die FARB AG interessiert und dabei die folgenden Marktinformationen zugrunde gelegt:

- Der aktuelle Aktienkurs der FARB-Aktie beträgt 61,70 €.
- Der aktuelle exponentielle Nullkuponzins beträgt 3,00% p.a.
- Das Delta der Put-Option beträgt −0,33.
- Die Bank bietet die einzelne Put-Option zu einem Preis von 5,75 € an.
- Der allgemeinen Markteinschätzung nach wird die FARB AG in den kommenden beiden Jahren keine Dividende an ihre Aktionäre ausschütten.

Bewerten Sie

a. die europäische Put-Option im zweistufigen Binomialmodell. Nutzen Sie hierbei den Zusammenhang zwischen Volatilität und Aktienrenditen im Binomialbaum.

b. die entsprechende amerikanische Put-Option im zweistufigen Binomialmodell wie unter a.

c. die europäische Put-Option im Black-Scholes-Modell.

Hierzu liegt Ihnen die folgende, zusätzliche Information vor:

- Die Volatilität der Aktie wird von der Bank mit 22,50% geschätzt.

Interpretieren Sie Ihr Ergebnis in beiden Modellen. Ist der von der Bank angebotene Preis ein fairer Preis?

Lösung:

Die für eine risikoneutrale Bewertung relevante Information liegt vor:

$S(0) = 61{,}70;\ K = 60{,}00;\ z = 3{,}00\%;\ T = 2;\ \sigma = 0{,}2250$

a. Zur Bewertung im zweistufigen Binomialmodell sind alle erforderlichen Informationen vorhanden. Die Auf- und Abwärtsrendite kann anhand des Zusammenhangs mit der Volatilität bestimmt werden als

$$u = \mathrm{e}^{\sigma\sqrt{T/n}} - 1 = \mathrm{e}^{0{,}2250\sqrt{2/2}} - 1 = 25{,}23\%$$

und

$$d = \mathrm{e}^{-\sigma\sqrt{T/n}} - 1 = \mathrm{e}^{-0{,}2250\sqrt{2/2}} - 1 = -20{,}15\%$$

Daraus ergeben sich die risikoneutralen Wahrscheinlichkeiten zu

$$p = \frac{(1+z)^{T/2} - (1+d)}{u-d} = \frac{1{,}03^{2/2} - (1 - 0{,}2015)}{0{,}2523 - (-0{,}2015)} = 0{,}5101$$

sowie $1 - p = 0{,}4899$. Es ergibt sich der folgende, zweistufige Binomialbaum:

Zweistufiger Binomialbaum zu Vertiefungsfrage 1a, Kapitel 16

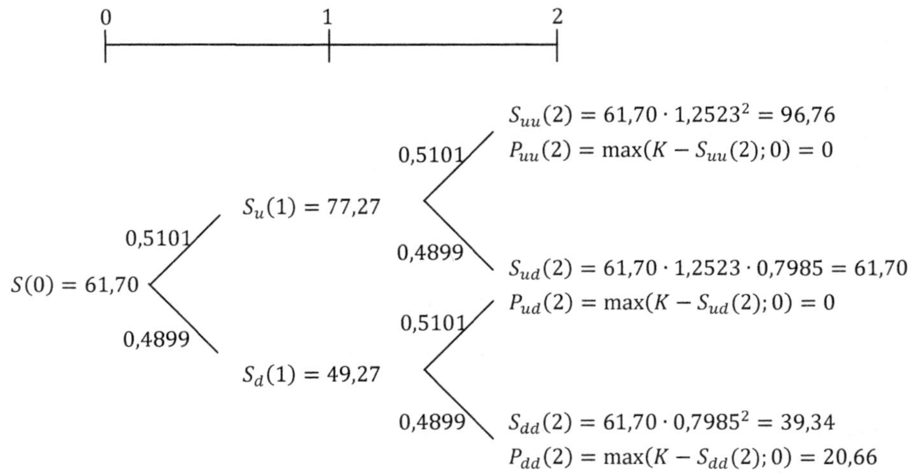

Damit berechnet sich der faire europäische Put-Preis im zweistufigen Binomialmodell als

$$P^e(0) = DF(0{,}2) \cdot (P_{uu}(2) \cdot p^2 + 2P_{ud}(2) \cdot p \cdot (1-p) + P_{dd}(2) \cdot (1-p)^2)$$

$$= 1{,}03^{-2}(0\,€ \cdot 0{,}5101^2 + 2 \cdot 0\,€ \cdot 0{,}5101 \cdot 0{,}4899 + 20{,}66\,€ \cdot 0{,}4899^2) = 4{,}67\,€$$

Der Preis im zweistufigen Binomialmodell liegt unter dem von der Bank genannten Preis von 5,75 €. Allerdings kann man aufgrund der geringen Zahl der Stufen keine konkrete Aussage über den fairen Preis einer Option machen. Hierzu wäre eine Erhöhung der Anzahl der Stufen notwendig.

b. Die schon berechneten Aktienkurse und Wahrscheinlichkeiten an den verschiedenen Knoten und Kanten im Baum bleiben unverändert, da nur das Derivat verändert werden soll, nicht aber der Aktienprozess. Bei Ausübung am Laufzeitende zahlen sowohl die europäische als auch die amerikanische Option den intrinsischen Wert aus, daher können alle im Baum aus Lösungsteil a. dargestellten Werte übernommen werden. Daraus können als neue Werte die Optionspreise zur Zeit $t = 1$ bestimmt werden: Es gilt zunächst für die europäischen Preise

$$P_u^e(1) = DF(1,2) \cdot \big(p \cdot P_{uu}(2) + (1-p) \cdot P_{ud}(2)\big) = 0\ €$$

$$P_d^e(1) = DF(1,2) \cdot \big(p \cdot P_{du}(2) + (1-p) \cdot P_{dd}(2)\big)$$

$$= 1{,}03^{-1} \cdot (0{,}5101 \cdot 0\ € + 0{,}4899 \cdot 20{,}66\ €) = 9{,}83\ €$$

Der Halter der amerikanischen Option hat zur Zeit $t = 1$ die Wahl, auszuüben und den intrinsischen Wert zu erhalten oder nicht auszuüben. Im letzteren Fall ist der Wert der amerikanischen Option:

$$P_u^a(1) = \max(P_u^e(1)\ ;\ K - S_u(1)) = \max(0\ €\ ;\ 60{,}00\ € - 77{,}27\ €) = 0\ €$$

$$P_d^a(1) = \max(P_d^e(1)\ ;\ K - S_d(1)) = \max(9{,}83\ €\ ;\ 60{,}00\ € - 49{,}27\ €) = 10{,}73\ €$$

Die berechneten Werte können im Baum dargestellt werden:

Zweistufiger Binomialbaum zu Vertiefungsfrage 1b, Kapitel 16

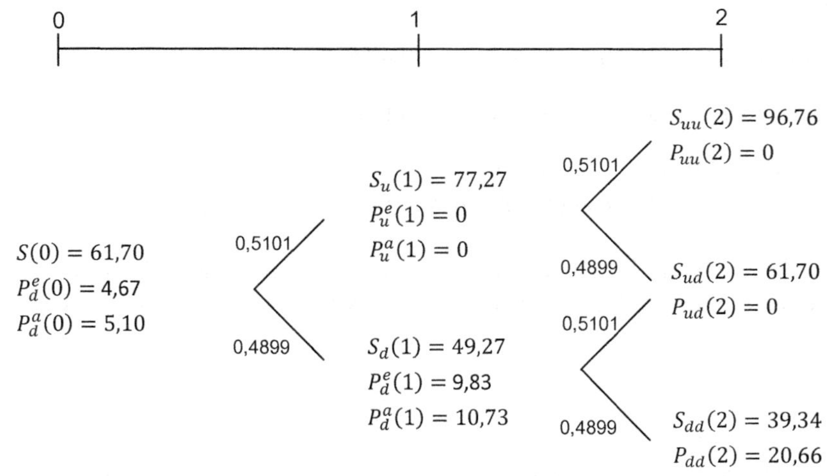

In umgekehrter Zeitrichtung lässt sich daraus wiederum der amerikanische Optionspreis zur Zeit $t = 0$ berechnen: Sofern zur Zeit $t = 0$ nicht ausgeübt – d.h. die Option wird gehalten – wird, ergibt sich der sogenannte Haltewert aus der diskontierten Summe der Werte an den beiden folgenden Knoten, gewichtet mit der jeweiligen Wahrscheinlichkeit. Da der Halter der amerikanischen Option das Recht hat, sofort auszuüben, wird er den Haltewert mit dem intrinsischen Wert vergleichen:

$$P^a(0) = \max\left(DF(0{,}1) \cdot \left(p \cdot P_u^a(1) + (1-p) \cdot P_d^a(1)\right) ; \ K - S(0)\right)$$
$$= \max \ (1{,}03^{-1} \cdot (0{,}5101 \cdot 0 \text{ €} + 0{,}4899 \cdot 10{,}73 \text{ €}) ; \ 60{,}00 \text{ €} - 77{,}27 \text{ €}) = 5{,}10 \text{ €}$$

Die amerikanische Put-Option hat also den höheren Preis von 5,10 €. Dieser höhere Preis kommt dadurch zustande, dass es für den Halter optimal ist, die Option nach dem ersten Zeitschritt auszuüben, sofern der Aktienkurs im ersten Zeitschritt fällt. Der Halter der europäischen Option hat diese Möglichkeit nicht.

c. Die Bewertung im Black-Scholes-Modell erfordert den stetigen Zinssatz r. Es gilt $r = \ln(1+z) = \ln(1{,}03) = 2{,}96\%$. Damit sind alle notwendigen Parameter bekannt und es ergibt sich in einem ersten Schritt

$$d_1 = \frac{\ln\left(\frac{S(0)}{K}\right) + \left(r + \frac{1}{2}\sigma^2\right) \cdot T}{\sigma\sqrt{T}} = \frac{\ln\left(\frac{61{,}70\text{€}}{60{,}00\text{€}}\right) + \left(0{,}0296 + \frac{1}{2}0{,}225^2\right) \cdot 2}{0{,}225\sqrt{2}} = 0{,}43$$

und

$$d_2 = d_1 - \sigma\sqrt{T} = 0{,}43 - 0{,}225\sqrt{2} = 0{,}11$$

Die Bestimmung des Put-Preises erfordert die Werte der Normalverteilung an den Stellen $-d_1$ und $-d_2$:[290]

$N(-d_1) = N(-0{,}43) = 0{,}3336$ und $N(-d_2) = N(-0{,}11) = 0{,}4562$

Daraus berechnet sich der faire Preis der Put-Option nach Black-Scholes als

$$P^e(0) = K \cdot \mathrm{e}^{-rT} \cdot N(-d_2) - S(0) \cdot N(-d_1)$$
$$= 60{,}00 \text{ €} \cdot \mathrm{e}^{-0{,}0296 \cdot 2} \cdot 0{,}4562 - 61{,}70 \text{ €} \cdot 0{,}3336 = 5{,}22 \text{ €}$$

Der Black-Scholes-Preis liegt unter dem von der Bank genannten Preis von 5,75 €. Damit ist der von der Bank angebotene Preis zu hoch und beinhaltet bereits die Marge der Bank.

Frage 2

a. Bestimmen Sie näherungsweise die Wertänderung des Black-Scholes-Preises der Put-Option aus Frage 1, wenn die Volatilität von 22,50% auf 10% sinkt und vergleichen Sie diese mit der tatsächlichen Wertänderung.

b. Bestimmen Sie näherungsweise die Wertänderung des Black-Scholes-Preises der Put-Option aus Frage 1, wenn der Aktienkurs von 61,70 € auf 60,00 € fällt und vergleichen Sie diese mit der tatsächlichen Wertänderung.

290 Zur Ermittlung der Wahrscheinlichkeiten siehe Normalverteilungstabelle im Anhang.

Lösung:

Aus Frage 1 liegen bereits die folgenden Informationen vor:

$S(0) = 61{,}70;\ K = 60{,}00;\ r = 2{,}96\%;\ T = 2,\ \sigma = 0{,}10$

a. Die näherungsweise Wertänderung der Put-Option aufgrund von Volatilitätsänderungen berechnet sich auf Basis des Vegas der Option. Wie bereits in Frage 1 berechnet, nimmt d_1 bei einer Volatilität von 22,50% einen Wert von $d_1 = 0{,}43$ an. Damit berechnet sich Vega als

$$V_P = S(0) \cdot \frac{1}{\sqrt{2\pi}} e^{-\frac{(d_1)^2}{2}} \cdot \sqrt{T} = 61{,}70\,€ \cdot \frac{1}{\sqrt{2\pi}} e^{-\frac{(0{,}43)^2}{2}} \cdot \sqrt{2} = 31{,}74\,€$$

Unterstellt man eine Volatilitätsminderung von 22,50% um $\Delta_\sigma = 12{,}50\%$ auf 10%, so ermittelt sich die näherungsweise Wertänderung der Put-Option als

$$\Delta_{abs}P \approx V_P \cdot \Delta_\sigma = 31{,}74\,€ \cdot (-12{,}50\%) = -3{,}97\,€$$

Für den direkten Vergleich mit der tatsächlichen Wertänderung wird der neue Put-Preis auf Basis der Volatilität von 10% bestimmt. Es gilt zunächst

$$d_1 = \frac{\ln\left(\frac{S(0)}{K}\right) + (r + \frac{1}{2}\sigma^2) \cdot T}{\sigma\sqrt{T}} = \frac{\ln\left(\frac{61{,}70€}{60{,}00€}\right) + (0{,}0296 + \frac{1}{2}0{,}10^2) \cdot 2}{0{,}10\sqrt{2}} = 0{,}69$$

und

$$d_2 = d_1 - \sigma\sqrt{T} = 0{,}69 - 0{,}10\sqrt{2} = 0{,}55$$

Die Werte der Normalverteilung an den Stellen $-d_1$ und $-d_2$ sind

$N(-d_1) = N(-0{,}69) = 0{,}2451$ und $N(d_2) = N(-0{,}55) = 0{,}2912$

Daraus berechnet sich der faire Preis der Put-Option nach Black und Scholes als

$$\begin{aligned} P_e &= K \cdot e^{-rT} \cdot N(-d_2) - S(0) \cdot N(-d_1) \\ &= 60{,}00\,€ \cdot e^{-0{,}0296 \cdot 2} \cdot 0{,}2912 - 61{,}70\,€ \cdot 0{,}2451 = 1{,}35\,€ \end{aligned}$$

Die Wertänderung ist die Differenz dieses Wertes zu dem Ergebnis 5,22 € aus Frage 1. Vergleicht man diese Differenz mit obiger Näherung unter Verwendung des Vegas der Option

$$\Delta_{abs}P = 1{,}35\,€ - 5{,}22\,€ = -3{,}87\,€ \approx V_P \cdot \Delta_\sigma = -3{,}97\,€$$

so liegt der Fehler der Näherung bei 10 Cent.

Der Put-Preis liegt also für eine Volatilität von 10% unter dem Put-Preis für eine Volatilität von 22,50%. Mit anderen Worten sinkt der Optionspreis für eine abnehmende Volatilität. Dies ist einleuchtend, da mit einer stärkeren Schwankung der Kurse die Prämie des Stillhalters für die Übernahme des Verlustrisikos steigen wird und damit der Zeitwert steigt, während der innere Wert ja unverändert bleibt.

b. Die näherungsweise Wertänderung der Put-Option aufgrund von Aktienkursänderungen berechnet sich auf Basis des Deltas der Option. Wie bereits in Frage 1 berechnet, nimmt d_1 bei einem Aktienkurs von 61,70 € einen Wert von $d_1 = 0{,}43$ an. Damit berechnet sich Delta als

$$\Delta_P = -N(-d_1) = -N(-0{,}43) = -0{,}33$$

Bei einem Sinken des Aktienkurses von 61,70 € auf 60,00 € ermittelt sich die näherungsweise Wertänderung der Put-Option als

$$\Delta_{abs}P \approx \Delta_P \cdot \Delta_S = -0{,}33 \cdot (60{,}00\text{ €} - 61{,}70\text{ €}) = 0{,}56\text{ €}$$

Für den Vergleich mit der tatsächlichen Wertänderung wird der Preis auf der Basis des Aktienkurses 60,00 € bestimmt. Es gilt zunächst

$$d_1 = \frac{\ln\left(\frac{S(0)}{K}\right)+\left(r+\frac{1}{2}\sigma^2\right)\cdot T}{\sigma\sqrt{T}} = \frac{\ln\left(\frac{60{,}00\text{€}}{60{,}00\text{€}}\right)+\left(0{,}0296+\frac{1}{2}0{,}225^2\right)\cdot 2}{0{,}225\sqrt{2}} = 0{,}35$$

und

$$d_2 = d_1 - \sigma\sqrt{T} = 0{,}35 - 0{,}225\sqrt{2} = 0{,}03$$

Die Bestimmung des Put-Preises erfordert die Werte der Normalverteilung an den Stellen $-d_1$ und $-d_2$:[291]

$$N(-d_1) = N(-0{,}43) = 0{,}3631 \text{ und } N(d_2) = N(-0{,}11) = 0{,}4880$$

Daraus berechnet sich der faire Preis der Put-Option nach Black und Scholes als

$$P_e = K \cdot e^{-rT} \cdot N(-d_2) - S(0) \cdot N(-d_1)$$
$$= 60{,}00\text{ €} \cdot e^{-0{,}0296\cdot 2} \cdot 0{,}4880 - 60{,}00\text{ €} \cdot 0{,}3631 = 5{,}81\text{ €}$$

Die Wertänderung ist die Differenz dieses Wertes zu dem Ergebnis 5,22 € aus Frage 1. Vergleicht man diese Differenz mit der Näherung unter Verwendung des Deltas der Option

$$\Delta_{abs}P = 5{,}81\text{ €} - 5{,}22\text{ €} = 0{,}59\text{ €} \approx \Delta_P \cdot \Delta_S = 0{,}56\text{ €}$$

so liegt der Fehler der Näherung bei 3 Cent.

Der Put-Preis liegt für einem niedrigeren Aktienkurs von 60,00 € über dem Put-Preis für einen Aktienkurs von 60,70 €. Mit anderen Worten steigt der Optionspreis bei sinkendem Aktienkurs.

---

291 Zur Ermittlung der Wahrscheinlichkeiten siehe Normalverteilungstabelle im Anhang.

Frage 3

Die Markteinschätzung bezüglich Dividendenzahlungen der FARB AG hat sich geändert: Es wird nun angenommen, dass in Zukunft jeweils zum Ende des Jahres eine Dividende in der Höhe von 0,50 € ausgeschüttet wird. Alle anderen Marktinformationen seien wie in Frage 1.

Bewerten Sie die europäische Put-Option aus Frage 1 mit dieser neuen Annahme im zweistufigen Binomialbaum. Welcher Preis ergibt sich im Binomialbaum, sofern der Bankkunde statt der europäischen Option eine amerikanische Option wählt?

Lösung:

Zur Bewertung im zweistufigen Binomialmodell sind alle erforderlichen Informationen vorhanden. Die Auf- und Abwärtsrendite kann aus Frage 1 übernommen werden. Die Forwards an den Knoten ergeben sich zu

$$F_S(1) = \frac{S(0)}{DF(0,1)} - Div(1) = 61{,}70\text{ €} \cdot 1{,}03 - 0{,}50\text{ €} = 63{,}05\text{ €}$$

$$F_{S,u}^1(2) = \frac{S_u(1)}{DF(1,2)} - Div(2) = 77{,}27\text{ €} \cdot 1{,}03 - 0{,}50\text{ €} = 79{,}09\text{ €}$$

$$F_{S,d}^1(2) = \frac{S_d(1)}{DF(1,2)} - Div(2) = 49{,}27\text{ €} \cdot 1{,}03 - 0{,}50\text{ €} = 50{,}25\text{ €}$$

Daraus ergeben sich die Wahrscheinlichkeiten wie folgt:

$$p(0) = \frac{F_S(1) - S_d(1)}{S_u(1) - S_d(1)} = \frac{63{,}05\text{ €} - 49{,}27\text{ €}}{77{,}27\text{ €} - 49{,}27\text{ €}} = 0{,}4921$$

$$p_u(1) = \frac{F_{S,u}^1(2) - S_{ud}(2)}{S_{uu}(2) - S_{ud}(2)} = \frac{79{,}09\text{ €} - 61{,}70\text{ €}}{96{,}76\text{ €} - 61{,}70\text{ €}} = 0{,}4960$$

$$p_d(1) = \frac{F_{S,d}^1(2) - S_{dd}(2)}{S_{ud}(2) - S_{dd}(2)} = \frac{50{,}25\text{ €} - 39{,}34\text{ €}}{61{,}70\text{ €} - 39{,}34\text{ €}} = 0{,}4879$$

Die Aktienkurse an den Knoten bleiben wie in Frage 1 a. und b., da diese nur von der Volatilität und vom heutigen Aktienkurs ausgehend gewählt wurden. Wegen der Dividenden haben sich nur die risikoneutralen Wahrscheinlichkeiten verändert.

Mit diesen neuen Wahrscheinlichkeiten kann analog zur Frage 1 b. der Verlauf der Optionspreise bestimmt werden: Es gilt wie schon in Frage 1 a. für die intrinsischen Werte beider Optionstypen in $t = 2$:

$$P_{uu}(2) = 0\text{ €};\ P_{ud}(2) = 0\text{ €};\ P_{dd}(2) = 20{,}66\text{ €}$$

Damit gilt für die europäischen Put-Preise in $t = 1$:

$$\begin{aligned} P_u^e(1) &= DF(1,2) \cdot \left(p_u(1) \cdot P_{uu}(2) + \left(1 - p_u(1)\right) \cdot P_{ud}(2)\right) \\ &= 1{,}03^{-1} \cdot (0{,}4960 \cdot 0\text{ €} + 0{,}5040 \cdot 0\text{ €}) = 0\text{ €} \end{aligned}$$

$$P_d^e(1) = DF(1,2) \cdot \left(p_d(1) \cdot P_{du}(2) + \left(1 - p_d(1)\right) \cdot P_{dd}(2)\right)$$
$$= 1{,}03^{-1} \cdot (0{,}4879 \cdot 0\ € + 0{,}5121 \cdot 20{,}66\ €) = 10{,}27\ €$$

Der Halter der amerikanischen Option hat zur Zeit $t = 1$ die Wahl, auszuüben und den intrinsischen Wert zu erhalten oder nicht auszuüben. Im letzteren Fall entspricht der Wert der amerikanischen Option dem der europäischen Option:

$$P_u^a(1) = \max(P_u^e(1)\,;\ K - S_u(1)) = \max(0\ €\,;\ 60{,}00\ € - 77{,}27\ €) = 0\ €$$

$$P_d^a(1) = \max(P_d^e(1)\,;\ K - S_d(1)) = \max(10{,}27\ €\,;\ 60{,}00\ € - 49{,}27\ €) = 10{,}73\ €$$

Der zugehörige Binomialbaum stellt sich wie folgt dar:

Zweistufiger Binomialbaum zu Vertiefungsfrage 3, Kapitel 16

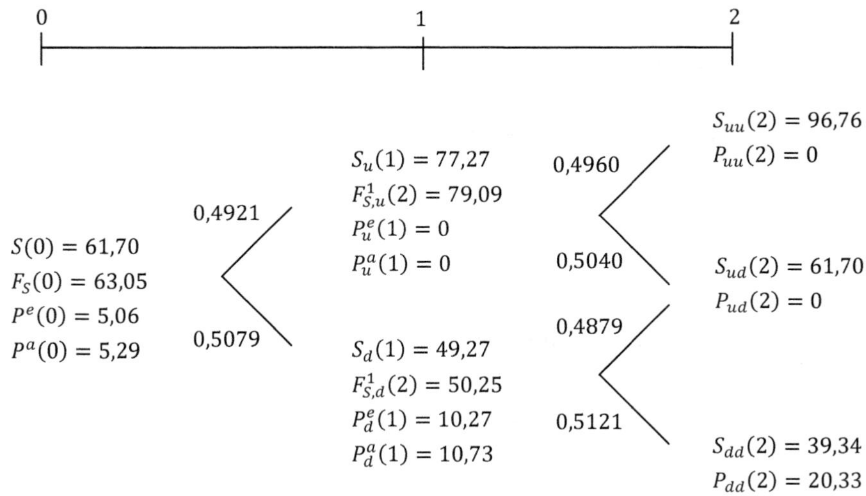

In umgekehrter Zeitrichtung lässt sich daraus wiederum der amerikanische Optionspreis zur Zeit $t = 0$ berechnen: Sofern zur Zeit $t = 0$ nicht ausgeübt bzw. die Option gehalten wird, ergibt sich der sogenannte Haltewert aus der diskontierten Summe der Werte an den beiden folgenden Knoten, gewichtet mit der jeweiligen Wahrscheinlichkeit. Da der Halter der amerikanischen Option das Recht hat, sofort auszuüben, wird er den Haltewert mit dem intrinsischen Wert vergleichen:

$$P^a(0) = \max\left(DF(0{,}1) \cdot \left(p(0) \cdot P_u^a(1) + \left(1 - p(0)\right) \cdot P_d^a(1)\right);\ K - S(0)\right)$$
$$= \max\ \ (1{,}03^{-1} \cdot (0{,}4921 \cdot 0\ € + 0{,}5079 \cdot 10{,}73\ €)\,;\ 60{,}00\ € - 61{,}70\ €) = 5{,}29\ €$$

Der europäische Preis ist gegeben durch

$$P^e(0) = DF(0{,}1) \cdot \left(p(0) \cdot P_u^a(1) + \left(1 - p(0)\right) \cdot P_d^a(1)\right)$$

$$= 1{,}03^{-1} \cdot (0{,}4921 \cdot 0\,€ + 0{,}5079 \cdot 10{,}27\,€) = 5{,}06\,€$$

Die amerikanische Put-Option hat also einen Preis von 5,29 €, der über dem Preis der europäischen Put-Option von 5,06 € liegt. Dieser höhere Preis der amerikanischen Verkaufsoption kommt dadurch zustande, dass es für den Halter optimal ist, die Option nach dem ersten Zeitschritt auszuüben, sofern der Aktienkurs im ersten Zeitschritt fällt. Der Halter der europäischen Option hat diese Möglichkeit nicht.

Frage 4

Eine Risikomanagerin der Bank ABC möchte marktübliche €-Diskontfaktoren sowie Forward-Preise für die Aktie ADD ermitteln, um diese mit vom bankinternen Handelssystem berechneten Werten zu vergleichen. In einem Handelsinformationssystem ermittelt sie Marktpreise für europäische Kauf- sowie Verkaufsoptionen. Aus dem Handel kommt zudem die Anfrage, wie Optionen mit Basispreisen zu bewerten sind, die von den gegebenen Optionsbasispreisen abweichen.

Die vorliegenden Preise für europäische Optionen mit einer Restlaufzeit von 410 Tagen (also der Laufzeit $T = 410/365 = 1{,}123$ in Jahren) sind:

Strike	40	44	48	52	60	68	76	84	92	100	120	140
Call	42,59	38,66	34,75	30,91	23,56	16,83	11,18	6,71	3,76	1,90	0,32	0,07
Put	0,05	0,11	0,21	0,35	0,99	2,23	4,57	8,08	13,11	19,25	37,62	57,31

a. Berechnen Sie daraus näherungsweise den Forward-Preis der Aktie ADD zum Laufzeitende sowie den €-Diskontfaktor zum Auszahlungstermin.

b. Ermitteln Sie näherungsweise die implizite Volatilitäten in Abhängigkeit vom Strike.

Lösung:

a. Aus dem Box Trade von Formel (16.5) zu den Basispreisen (oder Strikes) 76 sowie 84 ermittelt sich der Diskontfaktor wie folgt:

$$DF(0,T) = \mathrm{e}^{-rT} = \frac{C^{e,79}(0) - P^{e,76}(0) - C^{e,84}(0) + P^{e,84}(0)}{84-76} = \frac{11{,}18 - 4{,}57 - 6{,}71 + 8{,}08}{8} = 0{,}9975$$

Die Auflösung der Put-Call-Parität aus Gleichung (16.3) für den Basispreis 84 ergibt:

$$F_S(T) = \frac{C^{e,84}(0) - P^{e,84}(0) + 84 \cdot DF(0,T)}{DF(0,T)} = \frac{6{,}71 - 8{,}08 + 84 \cdot 0{,}9975}{0{,}9975} = 82{,}63$$

Tipp
Zur Kontrolle lassen sich diese Rechnungen auch für andere Basispreise durchführen. Daraus ergibt sich, dass die letzte signifikante Stelle für Forward-Preis und Diskontfaktor geringfügig abweichen kann.

b. Aus der Black-Scholes-Formel für Call-Optionen gemäß den Gleichungen (16.48), (16.50) und (16.51) für den Basispreis 84 ergibt sich die Gleichung

$$6{,}71 = C^{e,84}(0) = DF(0,T) \cdot \left(F_S(T) \cdot N\left(\frac{\ln\left(\frac{F_S(T)}{K}\right) + \frac{1}{2}\sigma^2 \cdot T}{\sigma \cdot \sqrt{T}}\right) - 84 \cdot N\left(\frac{\ln\left(\frac{F_S(T)}{K}\right) + \frac{1}{2}\sigma^2 \cdot T}{\sigma \cdot \sqrt{T}} - \sigma \cdot \sqrt{T}\right)\right)$$

$$= 0{,}9975 \cdot \left(82{,}63 \cdot N\left(\frac{-0{,}0165 + \frac{1}{2}\sigma^2 \cdot 1{,}123}{\sigma \cdot \sqrt{1{,}123}}\right) - 84 \cdot N\left(\frac{-0{,}0165 - \frac{1}{2}\sigma^2 \cdot 1{,}123}{\sigma \cdot \sqrt{1{,}123}}\right)\right)$$

Einsetzen von verschiedenen Werten für σ in die rechte Seite der Gleichung ergibt eine Näherungslösung von $\sigma = 0{,}2077 = 20{,}77\%$. Damit beträgt die zum Basispreis $K = 84$ gehörige Volatilität 20,77%. Diese Rechnung lässt sich für alle Basispreise durchführen und führt zum sogenannten Volatilitätssmile :

Volatilitätssmile der Aktie mit einer Laufzeit von 410 Tagen, Frage 4 zu Kapitel 16

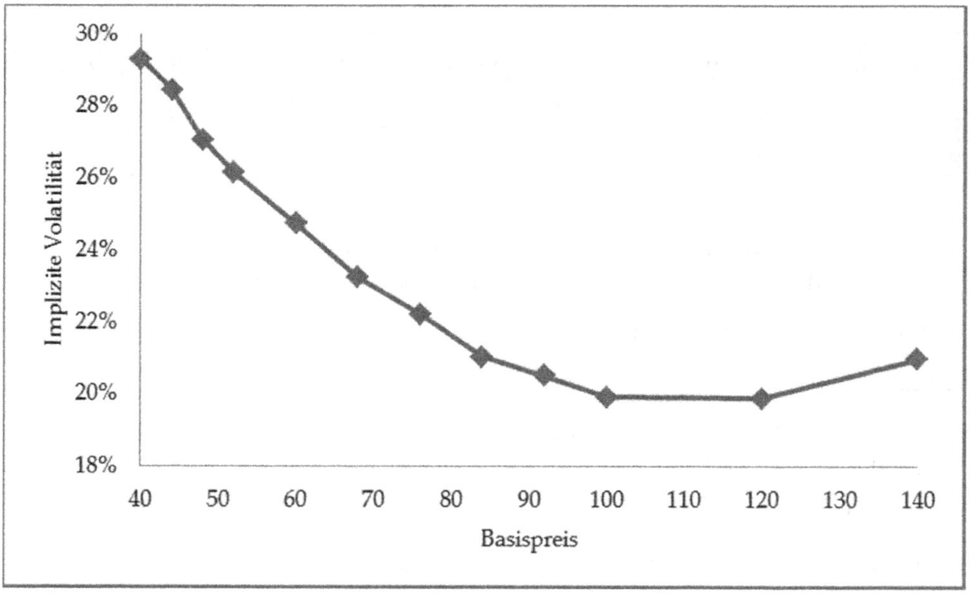

Lösungen der Vertiefungsfragen zu Kapitel 17

Frage 1

Eine Versicherung hält eine größere Position der folgenden Kuponanleihe mit einem Nominalvolumen von 35 Mio. € im Anlageportfolio:

- Kuponzahlung: 2,10% p.a.
- Restlaufzeit vier Jahre
- Nennwert: 1.000 €
- Zinsrechnungskonvention: act/act

Der aktuelle Forward-Kurs der Anleihe für den Erfüllungszeitpunkt in einem Jahr $F_K(1)$ liegt bei 97,81%, der aktuelle Forward-Kurs für den Erfüllungszeitpunkt in zwei Jahren $F_K(2)$ liegt bei 97,82%. Die Asset Managerin der Versicherung beschließt, diese Position gegen eine Änderung des Zinsniveaus in zwei Jahren abzusichern und weist daher den Kauf von Put-Optionen auf die obige Anleihe an. Das Bezugsverhältnis der Call-Optionen ist 1:1, im Optionskontrakt wird ein Basispreis von 990 € vereinbart. Die aktuelle Zinsstruktur der Nullkuponzinsen ist gegeben durch

Laufzeit t	**1**	**2**	**3**	**4**
$z(0,t)$	1,75%	1,95%	2,10%	2,60%

Ferner liegt eine Volatilität der Forward-Kurse in Höhe von 4,5% zugrunde.

a. Bewerten Sie die Put-Option auf die Anleihe und geben Sie den Preis in Basispunkten und als absoluten Wert bezogen auf eine Teilschuldverschreibung an.

b. Geben Sie die Anzahl der zu kaufenden Put-Optionen an, die zur vollständigen Absicherung der obigen Position notwendig ist. Welchen fairen Gesamtpreis bezahlt die Versicherung für die Absicherung der Position mit diesen Put-Optionen?

c. Gegen welche Änderung des Zinsniveaus (steigende Zinsen oder fallende Zinsen) will sich die Versicherung mit dem Kauf der Optionen absichern? Wie würde sich diese Änderung des Zinsniveaus auf den Kurs der Anleihe auswirken?

Lösung:

a. Aus der vorliegenden Information kennt man die folgenden Parameter der Optionsformel von Black zur Bewertung von Anleiheoptionen: $T = 2$, $K = 990$, $\sigma = 0{,}045$, $DF(0{,}2) = 1{,}0195^{-2} = 0{,}9621$. Ferner beträgt der aktuelle, faire Forward-Preis der einzelnen Anleihe zur Fälligkeit in zwei Jahren $F = 97{,}82\% \cdot 1.000\,€ = 978{,}20\,€$. Somit ist man in der Lage die Formel von Black für Put-Optionen anzuwenden, wobei

$$d_1 = \frac{\ln\left(\frac{978,20}{990}\right)+\frac{1}{2}\cdot 0,045^2\cdot 2}{0,045\cdot\sqrt{2}} = -0,16 \text{ und } d_2 = -0,16 - 0,045\cdot\sqrt{2} = -0,22$$

sind. Somit können die Normalverteilungswerte in der Tabelle im Anhang abgelesen werden: $N(-d_1) = 0,5636$ und $N(-d_2) = 0,5871$.

Der faire Preis der Option auf eine Teilschuldverschreibung beträgt folglich

$P = 0,9621 \cdot (990\text{ €} \cdot 0,5871 - 978,20\text{ €} \cdot 0,5636) = 28,78\text{ €}$

In Basispunkten auf das Nominal bedeutet das, dass die Optionsprämie 28,78 €/ (1.000 € · 0,0001) = 0,0288 = 288 bp beträgt.

b. Für die vollständige Absicherung der Position mit einem Nominalwert von 35 Mio € sind aufgrund des Bezugs einer Anleihe mit Nennwert von 1.000 € pro Put-Option 35.000 = 35.000.000 €/1.000 € einzelne Put-Optionskontrakte zu kaufen. Damit muss die Versicherung 35.000 · 28,78 € = 1.007.300 € (alternativ 288 bp auf 35 Mio. € gleich 1.008.000 €) für die Absicherung dieser Position mit obigen Put-Optionen investieren.

c. Steigende Zinsen führen zu fallenden Kursen, während fallende Zinsen zu steigenden Kursen führen. Bei der Absicherung einer Anlageposition mittels Put-Optionen möchte man diese vor Verfall der Anleihepreise schützen – beim Kauf einer Put-Option sichert man sich also gegen fallende Kurse und damit gegen einen niedrigeren Wert der Anleiheposition bei Fälligkeit der Option ab. Somit geht die Versicherung davon aus, dass die Zinsen in zwei Jahren gestiegen sein werden.

Frage 2

Der Optionshändler einer Pfandbriefbank, die einen Floater mit Spread 75 bp begeben hat, möchte das Risiko steigender Zinsen abdecken und kauft den folgenden Cap passend zu der Anleihe mit einer Laufzeit von drei Jahren:

- Art der Option: Cap, Basiszinssatz: 2,40%, Laufzeit drei Jahre
- Underlying: 12M-EURIBOR
- Zinsausgleichszahlungen: jährlich auf einen Nominalbetrag von 10 Mio. €

Die Volatilität der Forward-Zinsen nimmt er mit 5,00% an. Ferner liegt dem Händler zusätzlich die folgende Zinsstruktur vor:

Laufzeit t	**1**	**2**	**3**
$z(0,t)$	1,50%	2,00%	2,26%
$z(t-1,t)$	1,50%	2,50%	2,78%

Bewerten Sie den Cap – welchen Preis kann der Händler akzeptieren? Geben Sie den Preis auch in Basispunkten an. Erläutern Sie ferner, warum die Option die zukünftige Zinszahlung in einem Jahr nicht mit abdeckt.

Lösung:

Hinweis: *Der Basisspread aus der zu sichernden Anleihe nimmt keinerlei Einfluss auf die Bewertung der Option und ist somit keine wichtige Information!*

Der Cap besteht aus zwei Caplets. Der erste Caplet hat eine Absicherungsperiode von einem Jahr beginnend in einem Jahr, also gilt $t_1 = 1$ und $t_2 = 2$, der relevante Forward-Zins ist $z(1{,}2) = 2{,}50\%$, die Volatilität beträgt 5% und der relevante Diskontfaktor ist $DF(0{,}2) = 1{,}02^{-2} = 0{,}9612$. Das zweite Caplet hat eine Absicherungsperiode von einem Jahr beginnend in zwei Jahren, also gilt $t_1 = 2$ und $t_2 = 3$, der relevante Forward-Zinssatz ist $z(2{,}3) = 2{,}78\%$, die Volatilität beträgt 5% und der relevante Diskontfaktor ist $DF(0{,}3) = 1{,}0226^{-3} = 0{,}9352$. Beide Optionen haben einen Basiszins von 2,40% und ein Kontraktvolumen von 10.000.000 €.

Zur Bewertung des Cap-Preises ermittelt der Optionshändler die Preise der beiden Caplets

- Bewertung des ersten Caplets: Zunächst ermittelt der Optionshändler d_1 und d_2 als

  $$d_1 = \frac{\ln\left(\frac{0{,}025}{0{,}024}\right) + \frac{1}{2} 0{,}05^2 \cdot 1}{0{,}05 \cdot \sqrt{1}} = 0{,}84 \text{ und } d_2 = 0{,}84 - 0{,}05 \cdot \sqrt{1} = 0{,}79$$

  Die zugehörigen Wahrscheinlichkeiten der Standardnormalverteilung sind $N(d_1) = 0{,}7995$ und $N(d_2) = 0{,}7852$. Damit kann er den Preis des ersten Caplets bestimmen:

  $$\text{Preis des ersten Caplets} = 10 \text{ Mio. €} \cdot 1 \cdot 0{,}9612 \cdot (2{,}50\% \cdot 0{,}7995 - 2{,}4\% \cdot 0{,}7852) = 10.983{,}63 \text{ €}$$

- Bewertung des zweiten Caplets: Zunächst ermittelt er d_1 und d_2 als

  $$d_1 = \frac{\ln\left(\frac{0{,}0278}{0{,}024}\right) + \frac{1}{2} 0{,}05^2 \cdot 2}{0{,}05 \cdot \sqrt{2}} = 2{,}11 \text{ und } d_2 = 2{,}11 - 0{,}05 \cdot \sqrt{2} = 2{,}04$$

  Die zugehörigen Wahrscheinlichkeiten der Standardnormalverteilung sind $N(d_1) = 0{,}9826$ und $N(d_2) = 0{,}9793$. Damit kann er den Preis des zweiten Caplets bestimmen:

  $$\text{Preis des zweiten Caplets} = 10 \text{ Mio. €} \cdot 1 \cdot 0{,}9352 \cdot (2{,}78\% \cdot 0{,}9826 - 2{,}40\% \cdot 0{,}9793) = 35.659{,}92 \text{ €}$$

Damit ermittelt sich der Preis des Caps als Summe der zwei Caplet-Preise

$$\text{Cap} = 10.983{,}63 \text{ €} + 35.659{,}92 \text{ €} = 46.643{,}55 \text{ €}$$

Der Optionshändler kann einen Preis von 46.643,55 € akzeptieren.[292] Der Preis des Caps in Basispunkten beträgt 46.643,56 €/(10.000.000 € · 0,0001) = 47 bp auf ein Nominal von 10 Mio. €.

Der Zins der am Ende des ersten Jahres – genau ein Jahr nach Abschluss der Option – gezahlt wird, steht heute schon fest und entspricht dem 12M-EURIBOR in Höhe von 1,5%. Hierbei spielt es keine Rolle, dass dieser Zins unter dem Basiszins liegt – die erste Zinszahlung ist nicht Bestandteil der Option, da sie nicht zufallsabhängig und somit deterministisch ist.

Frage 3

Der Manager eines Hedgefonds erwartet, dass das Zinsniveau in einem Jahr sinken wird und will sich heute schon eine mögliche Partizipation an dieser erwarteten Zinsentwicklung sichern ohne dabei das Risiko einzugehen, dass seine Erwartung nicht eintritt. Zu diesem Zweck holt er Preise einer Receiver Swaption von unterschiedlichen Handelspartnern ein. Er legt dabei die folgenden Kontraktdaten zugrunde:

- Fälligkeit der Swaption in zwei Jahren
- Basiswert ist ein Swap beginnend in zwei Jahren mit Referenzzins 12M-EURIBOR ohne Zinsaufschlag und Laufzeit zwei Jahre
- Strike 2,261%
- Nominal 20 Mio. €

Zusätzliche Marktinformationen hinsichtlich der Volatilität und der fairen Forward Swap Rate findet der Manager in **Tabelle 17.4**, während er den relevanten Diskontfaktor ermittelt als $DF(0,2) = 0{,}9850$.

Ermitteln Sie den fairen Preis der Swaption, den der Manager bei seinen Verhandlungen zugrunde legen kann.

Lösung:

Es handelt sich bei der Swaption um eine Option mit Strike $k = 2{,}261\%$, einer Optionsfälligkeit in $t = 2$ auf einen 2Y2Y-Swap, d.h. mit Laufzeit von $t = 2$ bis $T = 4$, auf ein Nominal von $N = 20.000.000$ €. Die Volatilität der Entwicklung der Swap-Sätze lässt sich aus **Tabelle 17.4** ermitteln als $\sigma = 43{,}60\%$, da der Strike der Option genau der aktuellen Forward Swap Rate $FRS(2,2) = 1{,}261\%$ plus 1% entspricht.

Zur Bewertung der Swaption berechnet der Manager des Hedgefonds zunächst d_1 und d_2 als

[292] Selbstverständlich kann er auch einen geringeren Preis akzeptieren, da die Option dann aus seiner Sicht zu günstig verkauft werden würde.

$$d_1 = \frac{\ln\left(\frac{1{,}261\%}{2{,}261\%}\right) + \frac{1}{2}0{,}4360^2 \cdot 2}{0{,}4360 \cdot \sqrt{2}} = -0{,}64 \text{ und } d_2 = -0{,}64 - 0{,}4360 \cdot \sqrt{2} = -1{,}26$$

Die zugehörigen Wahrscheinlichkeiten der Standardnormalverteilung sind $N(-d_1) = 0{,}7389$ und $N(-d_2) = 0{,}8961$. Damit berechnet sich der faire Preis der Payer Swaption als

$$RS(0) = N \cdot DF(0{,}2) \cdot \left(k \cdot N(-d_2) - FRS(2{,}4) \cdot N(-d_1)\right)$$

$$= 20 \text{ Mio. €} \cdot 0{,}9850 \cdot (0{,}02261 \cdot 0{,}8961 - 0{,}01261 \cdot 0{,}7389) = 215.582{,}85 \text{ €}$$

Damit beträgt der faire Wert der Receiver Swaption 215.582,85 €.

Lösungen der Vertiefungsfragen zu Kapitel 18

Frage 1

Ein Versicherungsunternehmen kauft zur Absicherung von Fremdwährungsverbindlichkeiten einen Devisencall auf den USD/EUR-Wechselkurs mit einer Laufzeit von einem Jahr und einem Basiskurs von 65 € auf ein Nominal von 2 Mio. $ über die NYSE LIFFE. Ein Call über 10.000 USD quotiert an der Börse zu 3,25 €, der aktuelle Wechselkurs beträgt 0,70 USD/EUR. Das Delta der Option ist mit 0,15 gegeben.

a. Treffen Sie eine Aussage über die Moneyness der Option.

b. Welche Erwartung hat das Versicherungsunternehmen an die Entwicklung des USD/EUR-Wechselkurses in einem Jahr?

c. Berechnen Sie das Omega der Position in diesem Devisencall und interpretieren Sie diese Zahl.[293] Welchen Wert hat die Optionsposition, wenn der Wechselkurs um 1% sinkt?

d. Berechnen Sie den Break-Even-Kurs der Option.

Lösung:

a. Da der aktuelle Wechselkurs über dem vereinbarten Basiskurs liegt und es sich um einen Devisencall handelt, ist die Option im Geld bzw. in the money.

b. Das Versicherungsunternehmen erwartet, dass der USD/EUR-Kurs in einem Jahr über 0,65 USD/EUR liegen wird. Dies ergibt sich aus der Quotierung von 65 EUR bezogen auf 100 USD an der NYSE LIFFE.

c. Das Omega Ω einer Call-Option berechnet sich mit Hilfe des Deltas Δ als

$$\Omega = \Delta \cdot \frac{X(0)}{C(0)} = 0{,}15 \cdot \frac{70}{3{,}25} = 3{,}23$$

Damit weiß das Versicherungsunternehmen, dass der Call-Preis um 3,23% steigt (fällt), wenn der Wechselkurs um 1% steigt (fällt). In absoluten Zahlen bedeutet das ausgehend von der aktuellen Situation, dass bei einer Änderung des Wechselkurs um 1% auf 0,693 USD/EUR, der Wert der Gesamtposition in Optionen von aktuell $3{,}25\,€/100 \cdot 10.000 \cdot 200 = 65.000\,€$ auf einen Betrag von $65.000\,€ \cdot (1 - 3{,}23\%) = 62.900{,}50\,€$ reduziert wird.

d. Der Break-Even-Kurs einen Calls entspricht der Summe aus dem Basispreis und der Optionsprämie und somit $65\,€ + 3{,}25\,€ = 68{,}25\,€$ in der Quotierung der NYSE LIFFE oder als Wechselkurs 0,6825 USD/EUR.

---

[293] Der Hebel und das Omega einer Option wurde in Kapitel 15 definiert.

Frage 2

Ein japanischer Optionshändler will zur Absicherung des Währungsrisikos eine europäische Kaufoption auf USD/JPY mit Laufzeit von einem Jahr und Basispreis 10.000 USD/JPY kaufen. Der Händler ermittelt stetige Zinssätze von 0,05% für Yen und 3% für US$ sowie einen aktuellen USD/JPY-Wechselkurs von 10.000. Die Volatilität sei 15%. Das zugrunde liegende Nominal liegt bei 1,5 Mio. US$.

a. Berechnen Sie den Preis für die Kaufoption ohne Berücksichtigung der Barriere.

b. Unterstellen Sie, dass der USD/JPY-Kurs kurzfristig auf 9.900 USD/JPY fällt und ermitteln Sie die ungefähre Wertänderung des Calls unter dieser Annahme.

Lösung:

Die für eine risikoneutrale Bewertung und Risikoanalyse im Modell von Garman und Kohlhagen relevante Information liegt vor:

$X(0) = 10.000;\ K = 10.000;\ r_I = 0{,}05\%;\ r_A = 3{,}00\%;\ T = 1;\ \sigma = 0{,}15$

Der Devisenterminkurs ermittelt sich als

$$F_X(1) = X(0) \cdot \frac{DF^A(0,T)}{DF^I(0,T)} = 10.000 \cdot \mathrm{e}^{-0{,}03 \cdot 1} \cdot \mathrm{e}^{+0{,}005 \cdot 1} = 9.753{,}0991$$

a. Aufgrund der gegebenen Marktinformation berechnen sich zunächst d_1 und d_2 als

$$d_1 = \frac{\ln\left(\frac{F_X(0)}{K}\right) + \frac{1}{2}\sigma^2 \cdot T}{\sigma\sqrt{T}} = \frac{\ln\left(\frac{9.753{,}10}{10.000}\right) + \frac{1}{2}0{,}15^2 \cdot 1}{0{,}15 \cdot \sqrt{1}} = -0{,}09$$

und

$$d_2 = d_1 - \sigma\sqrt{T} = -0{,}09 - 0{,}15 \cdot \sqrt{1} = -0{,}24$$

Ferner erfordert die Berechnung des Preises die Bestimmung der Werte der Normalverteilung an den Stellen d_1 und d_2:[294]

$N(d_1) = N(-0{,}09) = 0{,}4641$ und $N(d_2) = N(-0{,}24) = 0{,}4052$

Daraus berechnet sich der faire Preis des Devisencalls nach Garman und Kohlhagen als

$$C^e(0) = \mathrm{e}^{-r_I T} \cdot (F_X(T) \cdot N(d_1) - K \cdot N(d_2))$$

$$= \mathrm{e}^{-0{,}005 \cdot 1} \cdot (9.753{,}0991 \cdot 0{,}4641 - 10.000 \cdot 0{,}4052) = 472{,}05\ ¥$$

Der Preis der Option beträgt damit 472,04 ¥.

294 Zur Ermittlung der Wahrscheinlichkeiten siehe Normalverteilungstabelle im Anhang.

b. Die ungefähre absolute Preisänderung der Option bestimmt sich über das Delta des Calls. Dieses berechnet sich als

$$\Delta_C = \mathrm{e}^{-r_A \cdot T} \cdot N(d_1) = \mathrm{e}^{-0{,}03 \cdot 1} \cdot 0{,}4641 = 0{,}4504$$

Bei einem Sinken des Wechselkurses von 10.000 auf 9.900 USD/JPY ermittelt sich die näherungsweise Wertänderung der Call-Option als

$$\Delta_P \cdot \Delta_X = 0{,}4504 \cdot (9.900 - 10.000) = -45{,}04$$

Mit anderen Worten fällt der Preis des Devisencalls auf ungefähr 472,05 ¥ – 45,04 ¥ = 427,01 ¥ falls der Wechselkurs um 100 nachgibt.

Frage 3

Ein amerikanischer Bankkunde will eine europäische At the Money-Kaufoption auf EUR/USD mit einjähriger Laufzeit auf ein Nominal von 100.000 € kaufen. Der heutige Wechselkurs liegt bei 1,21 EUR/USD, der stetige Zinssatz im US$ bei 2,50% sowie der stetige Zinssatz im € bei 1,10%. Die impliziten Volatilitäten entsprechen denjenigen in **Tabelle 18.2.**

a. Ermitteln Sie den ATM-Basispreis einer Option mit Laufzeit von einem Jahr.

b. Berechnen Sie den Preis der Kaufoption mit Basispreis am Geld.

c. Ermitteln Sie den Preis des zugehörigen ATM-Puts gleicher Laufzeit.

d. Geben Sie das Delta des ATM-Calls und des ATM-Puts an.

Lösung:

Die ATM-Volatilität für eine Option mit Laufzeit von einem Jahr entspricht in **Tabelle 18.2** 13,30%. Ferner ist zu beachten, dass der US$ aus Sicht des Bankkunden der Inlandswährung entspricht, während der € die Rolle der Auslandswährung einnimmt.

Die gegebene Information lässt sich mathematisch darstellen als:

$X(0) = 1{,}21;\ r_I = 2{,}50\%;\ r_A = 1{,}10\%;\ T = 1;\ \sigma = 0{,}133$

a. Der Basispreis eines ATM-Calls entspricht gemäß der Quotierung von impliziten Volatilitäten

$$K_{ATM} = X(0) \cdot \mathrm{e}^{\left(r_I - r_A + \frac{\sigma_{ATM}^2}{2}\right) \cdot T} = 1{,}21 \cdot \mathrm{e}^{\left(0{,}025 - 0{,}011 + \frac{1}{2} \cdot 0{,}133^2\right) \cdot 1} = 1{,}2380$$

b. Den Preis der europäischen Option kann man mit dem Modell von Garman und Kohlhagen bestimmen. Dazu werden zunächst die Werte für d_1 und d_2 berechnet

$$d_1 = \frac{\ln\left(\frac{1{,}21}{1{,}2380}\right) + \left(0{,}0225 - 0{,}011 + \frac{1}{2} 0{,}133^2\right) \cdot 1}{0{,}133 \cdot \sqrt{1}} = 0 \ \text{ und } d_2 = 0 - 0{,}133 \cdot \sqrt{1} = -0{,}13$$

und die zugehörigen Werte der Normalverteilung

$N(d_1) = N(0) = 0{,}5000$ und $N(d_2) = N(-0{,}13) = 0{,}4483$

Der Wert des ATM-Devisencalls beträgt damit

$C^e(0) = 1{,}21 \cdot e^{-0{,}011 \cdot 1} \cdot 0{,}5000 - 1{,}2380 \cdot e^{-0{,}025 \cdot 1} \cdot 0{,}4483 = 0{,}0571$

Der Preis der Absicherung beträgt somit 100.000 · 0,0571 = 5.710 $.

c. Da es sich um europäische Optionen handelt, kann man den Preis des Puts alternativ über die Put-Call-Parität für Devisenoptionen bestimmen als

$P^e(0) = 0{,}0571 - 1{,}21 \cdot e^{-0{,}011 \cdot 1} + 1{,}2380 \cdot e^{-0{,}025 \cdot 1} = 0{,}0677$

d. Das Delta des ATM-Calls beträgt

$\Delta_C = e^{-r_A \cdot T} \cdot N(d_1) = e^{-0{,}011 \cdot 1} \cdot 0{,}5000 = 0{,}4945$

während das Delta des Puts sich berechnet als

$\Delta_P = -e^{-r_A \cdot T} \cdot N(-d_1) = -e^{-0{,}011 \cdot 1} \cdot 0{,}5000 = -0{,}4945$

Dies ist konsistent mit der Quotierung der impliziten Volatilitäten und der zugehörigen Basispreise, da der ATM-Basispreis gerade so gewählt wird, dass die zugehörige Option ein Delta aufweist, das 50% des maximalen Deltas entspricht. Das maximale Delta wäre in diesem Fall $\Delta_C^{\max} = e^{-0{,}011 \cdot 1} \cdot 1 = 0{,}9890$.

Anhang

Normalverteilungstabelle

S. Kruse, *Aktien-, Zins- und Währungsderivate*,
DOI: 10.1007/978-3-8349-4304-0, © Springer Fachmedien Wiesbaden 2014

Tabelle (Standard-)Normalverteilungstabelle für d-Werte von 0,01 bis 0,50

d	$N(-d)$	$N(d)$	d	$N(-d)$	$N(d)$
0,01	0,4960	0,5040	0,26	0,3974	0,6026
0,02	0,4920	0,5080	0,27	0,3936	0,6064
0,03	0,4880	0,5120	0,28	0,3897	0,6103
0,04	0,4840	0,5160	0,29	0,3859	0,6141
0,05	0,4801	0,5199	0,30	0,3821	0,6179
0,06	0,4761	0,5239	0,31	0,3783	0,6217
0,07	0,4721	0,5279	0,32	0,3745	0,6255
0,08	0,4681	0,5319	0,33	0,3707	0,6293
0,09	0,4641	0,5359	0,34	0,3669	0,6331
0,10	0,4602	0,5398	0,35	0,3632	0,6368
0,11	0,4562	0,5438	0,36	0,3594	0,6406
0,12	0,4522	0,5478	0,37	0,3557	0,6443
0,13	0,4483	0,5517	0,38	0,3520	0,6480
0,14	0,4443	0,5557	0,39	0,3483	0,6517
0,15	0,4404	0,5596	0,40	0,3446	0,6554
0,16	0,4364	0,5636	0,41	0,3409	0,6591
0,17	0,4325	0,5675	0,42	0,3372	0,6628
0,18	0,4286	0,5714	0,43	0,3336	0,6664
0,19	0,4247	0,5753	0,44	0,3300	0,6700
0,20	0,4207	0,5793	0,45	0,3264	0,6736
0,21	0,4168	0,5832	0,46	0,3228	0,6772
0,22	0,4129	0,5871	0,47	0,3192	0,6808
0,23	0,4090	0,5910	0,48	0,3156	0,6844
0,24	0,4052	0,5948	0,49	0,3121	0,6879
0,25	0,4013	0,5987	0,50	0,3085	0,6915

Tabelle (Standard-)Normalverteilungstabelle für d-Werte von 0,51 bis 1,00

d	$N(-d)$	$N(d)$	d	$N(-d)$	$N(d)$
0,51	0,3050	0,6950	0,76	0,2236	0,7764
0,52	0,3015	0,6985	0,77	0,2206	0,7794
0,53	0,2981	0,7019	0,78	0,2177	0,7823
0,54	0,2946	0,7054	0,79	0,2148	0,7852
0,55	0,2912	0,7088	0,80	0,2119	0,7881
0,56	0,2877	0,7123	0,81	0,2090	0,7910
0,57	0,2843	0,7157	0,82	0,2061	0,7939
0,58	0,2810	0,7190	0,83	0,2033	0,7967
0,59	0,2776	0,7224	0,84	0,2005	0,7995
0,60	0,2743	0,7257	0,85	0,1977	0,8023
0,61	0,2709	0,7291	0,86	0,1949	0,8051
0,62	0,2676	0,7324	0,87	0,1922	0,8078
0,63	0,2643	0,7357	0,88	0,1894	0,8106
0,64	0,2611	0,7389	0,89	0,1867	0,8133
0,65	0,2578	0,7422	0,90	0,1841	0,8159
0,66	0,2546	0,7454	0,91	0,1814	0,8186
0,67	0,2514	0,7486	0,92	0,1788	0,8212
0,68	0,2483	0,7517	0,93	0,1762	0,8238
0,69	0,2451	0,7549	0,94	0,1736	0,8264
0,70	0,2420	0,7580	0,95	0,1711	0,8289
0,71	0,2389	0,7611	0,96	0,1685	0,8315
0,72	0,2358	0,7642	0,97	0,1660	0,8340
0,73	0,2327	0,7673	0,98	0,1635	0,8365
0,74	0,2296	0,7704	0,99	0,1611	0,8389
0,75	0,2266	0,7734	1,00	0,1587	0,8413

Tabelle (Standard-)Normalverteilungstabelle für d-Werte von 1,01 bis 1,50

d	$N(-d)$	$N(d)$	d	$N(-d)$	$N(d)$
1,01	0,1562	0,8438	1,26	0,1038	0,8962
1,02	0,1539	0,8461	1,27	0,1020	0,8980
1,03	0,1515	0,8485	1,28	0,1003	0,8997
1,04	0,1492	0,8508	1,29	0,0985	0,9015
1,05	0,1469	0,8531	1,30	0,0968	0,9032
1,06	0,1446	0,8554	1,31	0,0951	0,9049
1,07	0,1423	0,8577	1,32	0,0934	0,9066
1,08	0,1401	0,8599	1,33	0,0918	0,9082
1,09	0,1379	0,8621	1,34	0,0901	0,9099
1,10	0,1357	0,8643	1,35	0,0885	0,9115
1,11	0,1335	0,8665	1,36	0,0869	0,9131
1,12	0,1314	0,8686	1,37	0,0853	0,9147
1,13	0,1292	0,8708	1,38	0,0838	0,9162
1,14	0,1271	0,8729	1,39	0,0823	0,9177
1,15	0,1251	0,8749	1,40	0,0808	0,9192
1,16	0,1230	0,8770	1,41	0,0793	0,9207
1,17	0,1210	0,8790	1,42	0,0778	0,9222
1,18	0,1190	0,8810	1,43	0,0764	0,9236
1,19	0,1170	0,8830	1,44	0,0749	0,9251
1,20	0,1151	0,8849	1,45	0,0735	0,9265
1,21	0,1131	0,8869	1,46	0,0721	0,9279
1,22	0,1112	0,8888	1,47	0,0708	0,9292
1,23	0,1093	0,8907	1,48	0,0694	0,9306
1,24	0,1075	0,8925	1,49	0,0681	0,9319
1,25	0,1056	0,8944	1,50	0,0668	0,9332

Tabelle (Standard-)Normalverteilungstabelle für d-Werte von 1,51 bis 2,00

d	$N(-d)$	$N(d)$	d	$N(-d)$	$N(d)$
1,51	0,0655	0,9345	1,76	0,0392	0,9608
1,52	0,0643	0,9357	1,77	0,0384	0,9616
1,53	0,0630	0,9370	1,78	0,0375	0,9625
1,54	0,0618	0,9382	1,79	0,0367	0,9633
1,55	0,0606	0,9394	1,80	0,0359	0,9641
1,56	0,0594	0,9406	1,81	0,0351	0,9649
1,57	0,0582	0,9418	1,82	0,0344	0,9656
1,58	0,0571	0,9429	1,83	0,0336	0,9664
1,59	0,0559	0,9441	1,84	0,0329	0,9671
1,60	0,0548	0,9452	1,85	0,0322	0,9678
1,61	0,0537	0,9463	1,86	0,0314	0,9686
1,62	0,0526	0,9474	1,87	0,0307	0,9693
1,63	0,0516	0,9484	1,88	0,0301	0,9699
1,64	0,0505	0,9495	1,89	0,0294	0,9706
1,65	0,0495	0,9505	1,90	0,0287	0,9713
1,66	0,0485	0,9515	1,91	0,0281	0,9719
1,67	0,0475	0,9525	1,92	0,0274	0,9726
1,68	0,0465	0,9535	1,93	0,0268	0,9732
1,69	0,0455	0,9545	1,94	0,0262	0,9738
1,70	0,0446	0,9554	1,95	0,0256	0,9744
1,71	0,0436	0,9564	1,96	0,0250	0,9750
1,72	0,0427	0,9573	1,97	0,0244	0,9756
1,73	0,0418	0,9582	1,98	0,0239	0,9761
1,74	0,0409	0,9591	1,99	0,0233	0,9767
1,75	0,0401	0,9599	2,00	0,0228	0,9772

Tabelle (Standard-)Normalverteilungstabelle für d-Werte von 2,01 bis 2,50

d	$N(-d)$	$N(d)$	d	$N(-d)$	$N(d)$
2,01	0,0222	0,9778	2,26	0,0119	0,9881
2,02	0,0217	0,9783	2,27	0,0116	0,9884
2,03	0,0212	0,9788	2,28	0,0113	0,9887
2,04	0,0207	0,9793	2,29	0,0110	0,9890
2,05	0,0202	0,9798	2,30	0,0107	0,9893
2,06	0,0197	0,9803	2,31	0,0104	0,9896
2,07	0,0192	0,9808	2,32	0,0102	0,9898
2,08	0,0188	0,9812	2,33	0,0099	0,9901
2,09	0,0183	0,9817	2,34	0,0096	0,9904
2,10	0,0179	0,9821	2,35	0,0094	0,9906
2,11	0,0174	0,9826	2,36	0,0091	0,9909
2,12	0,0170	0,9830	2,37	0,0089	0,9911
2,13	0,0166	0,9834	2,38	0,0087	0,9913
2,14	0,0162	0,9838	2,39	0,0084	0,9916
2,15	0,0158	0,9842	2,40	0,0082	0,9918
2,16	0,0154	0,9846	2,41	0,0080	0,9920
2,17	0,0150	0,9850	2,42	0,0078	0,9922
2,18	0,0146	0,9854	2,43	0,0075	0,9925
2,19	0,0143	0,9857	2,44	0,0073	0,9927
2,20	0,0139	0,9861	2,45	0,0071	0,9929
2,21	0,0136	0,9864	2,46	0,0069	0,9931
2,22	0,0132	0,9868	2,47	0,0068	0,9932
2,23	0,0129	0,9871	2,48	0,0066	0,9934
2,24	0,0125	0,9875	2,49	0,0064	0,9936
2,25	0,0122	0,9878	2,50	0,0062	0,9938

Tabelle (Standard-)Normalverteilungstabelle für d-Werte von 2,51 bis 3,00

d	$N(-d)$	$N(d)$	d	$N(-d)$	$N(d)$
2,51	0,0060	0,9940	2,76	0,0029	0,9971
2,52	0,0059	0,9941	2,77	0,0028	0,9972
2,53	0,0057	0,9943	2,78	0,0027	0,9973
2,54	0,0055	0,9945	2,79	0,0026	0,9974
2,55	0,0054	0,9946	2,80	0,0026	0,9974
2,56	0,0052	0,9948	2,81	0,0025	0,9975
2,57	0,0051	0,9949	2,82	0,0024	0,9976
2,58	0,0049	0,9951	2,83	0,0023	0,9977
2,59	0,0048	0,9952	2,84	0,0023	0,9977
2,60	0,0047	0,9953	2,85	0,0022	0,9978
2,61	0,0045	0,9955	2,86	0,0021	0,9979
2,62	0,0044	0,9956	2,87	0,0021	0,9979
2,63	0,0043	0,9957	2,88	0,0020	0,9980
2,64	0,0041	0,9959	2,89	0,0019	0,9981
2,65	0,0040	0,9960	2,90	0,0019	0,9981
2,66	0,0039	0,9961	2,91	0,0018	0,9982
2,67	0,0038	0,9962	2,92	0,0018	0,9982
2,68	0,0037	0,9963	2,93	0,0017	0,9983
2,69	0,0036	0,9964	2,94	0,0016	0,9984
2,70	0,0035	0,9965	2,95	0,0016	0,9984
2,71	0,0034	0,9966	2,96	0,0015	0,9985
2,72	0,0033	0,9967	2,97	0,0015	0,9985
2,73	0,0032	0,9968	2,98	0,0014	0,9986
2,74	0,0031	0,9969	2,99	0,0014	0,9986
2,75	0,0030	0,9970	3,00	0,0013	0,9987

Für $d > 3$ gilt näherungsweise $N(d) = 1$ und $N(-d) = 0$.

Literaturverzeichnis

Amin, K. I. / Jarrow, R. A. (1991): Pricing Foreign Currency Options under Stochastic Interest Rates, Journal of International Money and Finance, 10, S. 310-329.

Amin, K. I. / Jarrow, R. A. (1992): Pricing Options on Risky Assets in a Stochastic Interest Rate Economy, Mathematical Finance, 2, S. 217-237.

Bianchetti, M. (2010): Two Curves, One Price, Risk Magazine 23(8), S. 66-72.

Bianchetti, M. / Carlicchi, M. (2011): Interest Rates After the Credit Crunch: Multiple-Curve Vanilla Derivatives and SABR, SSRN Working Paper, Banca Intesa San Paolo, Mailand.

Black, F. (1976): The Pricing of Commodity Contracts, Journal of Financial Economics, 3(1-2), S. 167-179.

Black, F. / Scholes, M. (1973): The Pricing of Options and Corporate Liabilities, Journal of Political Economy, 81(3), S. 637-654.

Bleymüller, J. (2012): Statistik für Wirtschaftswissenschaftler, 16. Auflage, Verlag Vahlen, München.

Bloss, M. / Eil, N. / Ernst, D. / Fritsche, H. / Häcker, J. (2009): Währungsderivate – Praxisleitfaden für ein effizientes Management von Währungsrisiken, Oldenbourg Wissenschaftsverlag, München.

Böhm-Dries, A. / Kruse, S. (2008): Kreditderivate, WISU – das Wirtschaftsstudium 06/08, S. 854-859, 901-902.

Brigo, D. / Mercurio, F. (2006): Interest Rate Models – Theory and Practice: With Smile, Inflation and Credit, 2. Auflage, Springer Verlag, Berlin, Heidelberg.

Brockhaus, O. (2013): Advanced Equity Derivatives, Arbeitspapier.

Cecchetti, S. G. / Gyntelberg, J. / Hollanders, M. (2009): Central counterparties for over-the-counter derivatives, Bank for International Settlement (BIS) (Hrsg.), Bis Quaterly Review, September 2009, S. 45-58.

Chance, D. M. / Rich, D. (1998): The Pricing of Equity Swaps and Swaptions, The Journal of Derivatives, 5(4), S. 19-31.

Cox, J. C. / Ingersoll, J. E. / Ross, S. A. (1981): The Relation Between Forward Prices and Future Prices, Journal of Financial Economics 9(4), S. 321-346.

Cox, J. S. / Ross, S. / Rubinstein, M. (1979): Option Pricing: A Simplified Approach, Journal of Financial Economics, 7, S. 229-264.

DOI: 10.1007/978-3-8349-4304-0, © Springer Fachmedien Wiesbaden 2014

Deutsche Bundesbank (Hrsg.) (1997): Schätzung von Zinsstrukturkurven, Deutsche Bundesbank Monatsbericht Oktober 1997, S. 61-66.

Duffie, D. / Liu, J. (2001): Floating-Fixed Credit Spreads, Financial Analyst Journal 57(3), S. 76-87.

Duffie, D. / Singleton, K. J. (2003): Credit Risk: Pricing, Measurement, and Management, Princeton University Press, Princeton.

Dupire, B. (1994): Pricing with a Smile, Risk Magazine 7(1), S. 18-20.

Feenstra, R. C. / Taylor, A. M. (2008): International Macroeconomics, Worth Publishers, New York.

Garman, M. B. / Kohlhagen, S. W. (1983): Foreign Currency Options Values, Journal of International Money and Finance, 2(3), S. 231-237.

Gatheral, J (2006): The Volatility Surface: A Practitioner's Guide, Wiley, Hoboken.

Glasserman, P. (2003): Monte Carlo Methods in Financial Engineering, Springer Verlag, New York.

Hagan, P. S. / West, G. (2006): Interpolation Methods for Curve Construction, Applied Mathematical Finance 13 (2), S. 89-129.

Harrison, J. / Kreps, D. M. (1979): Martingales and Arbitrage in Multiperiod Securities Markets, Journal of Economic Theory 20 (3), S. 381-408.

Harrison, J. M. / Pliska, S. R. (1981): Martingales and Stochastic Integrals in the Theory of Continuous Trading, Stochastic Processes and Their Applications 11 (3), S. 215-260.

Haug, E. G. (2007): Complete Guide to Option Pricing Formulas, 2. Auflage, McGraw Hill Professional, New York.

Henrard, M. P. A. (2010): The Irony in the Derivatives Discounting Part II: The Crisis, Wilmott Journal 2010 (2), S. 301-316.

Heston, S. L. (1993): A Closed-Form Solution for Options with Stochastic Volatility with Applications to Bond and Currency Options, Review of Financial Studies; 6(2), S. 327-343.

Hull, J. C. (2012): Optionen, Futures und andere Derivative, 8., aktualisierte Auflage, Pearson Studium, München.

ISDA (Hrsg.) (2006): 2006 ISDA Definitions, International Swaps and Derivatives Association, New York.

Kiff, J. et al. (2010): Making Over-The-Counter Derivatives Safer: The Role of Central Counterparties, International Monetary Fund, Global Financial Stability Report April 2010, S. 91-114.

Kerviel, J. (2010): Nur ein Rad im Getriebe – Memoiren eines Traders, FinanzBuch Verlag, München.

Krüger, R. / Kruse, S. / Sauerbier, P. / Wehn, C. S. (2009): Inflationsgebundene Finanzprodukte: Einblicke in eine innovative Assetklasse, Kredit und Kapital, 42(1), S. 145-165.

Le Bret, H. (2010): Die Woche, in der Jérôme Kerviel beinahe das Weltfinanzsystem gesprengt hätte: Ein Insiderbericht, Kunstmann, München.

Leeson, N. / Whitley, E. (1999): High Speed Money – Das Milliardenspiel, Goldmann, München.

Mercurio, F. (2009): Interest Rates and the Credit Crunch: New Formulas and Market Models, Bloomberg Portfolio Research Paper 2010(1), New York.

Merton, R. C. (1973): Theory of Rational Option Pricing, The Bell Journal of Economics and Management Science, 4(1), S. 141-183.

Mishkin, F. S. (2010). The Economics of Money, Banking and Financial Markets, 9., überarbeitete Auflage, Pearson Education, New Jersey.

Morini, M. (2009): Solving the Puzzle in the Interest Rate Market, SSRN Working Paper, Bocconi University, Mailand.

Musiela, M. / Rutkowski, M. (2005): Martingale Methods in Financial Modelling, 2. Auflage, Springer Verlag, New York.

Peters, H. (2012): Wirtschaftsmathematik, 4., aktualisierte Auflage, Kohlhammer Verlag, Stuttgart.

Puhani, J. (2012): Statistik: Einführung mit praktischen Beispielen, 12. Auflage, Lexika Verlag, Eibelstadt.

Reitz, S. (2010): Mathematik in der modernen Finanzwelt: Derivate, Portfoliomodelle und Ratingverfahren, Vieweg Teubner, Wiesbaden.

Rudolph, B. / Hofmann, B. / Schaber, A. / Schäfer, K. (2012): Kreditrisikotransfer – Moderne Instrumente und Methoden, 2. Auflage, Springer, Berlin, Heidelberg.

Schofield, N. C. (2007): Commodity Derivatives – Markets and Applications, Wiley Finance, Hoboken.

Steiner, M. / Bruns, C. / Stöckl, S. (2012): Wertpapiermanagement – Professionelle Wertpapieranalyse und Portfoliostrukturierung, 10., überarbeitete Auflage, Schäffer Poeschel Verlag, Stuttgart.

Svensson, L. E. O. (1994): Estimating and Interpreting Forward Interest Rates: Sweden 1992-1994, NBER Working Paper 4871, Stockholm University, Stockholm.

Wiedemann, A. (2013): Financial Engineering – Bewertung von Finanzinstrumenten, 6. Auflage, Frankfurt School Verlag, Frankfurt.

Wilmott, P. (2006): Paul Wilmott on Quantitative Finance, 2. Auflage, Wiley, Chichester.

Wystup, U. (2006): FX Options and Structured Products, Wiley Finance, Hoboken.

Schlagwortverzeichnis

Abwicklung, 78
act, 6
Additional Margin, 95
Advanced Market Making, 85
Aktienforward, 103, 108
  Delta, 114
Aktienfuture, 103, 108
Aktienoption, 201
am Geld, 187
Amerikanische Option, 183
Anleiheforward, 103, 117
Anleihefuture, 103, 117
Anleiheoption, 240
Arbitrage, 74
Arbitragefreiheit, 8
Asiatische Option, 207, 277
ask price, 71
Asset Swap, 142
at the money. *Siehe* am Geld
aus dem Geld, 187
Ausgleichszahlung, 69, 105
Back Office, 78
Barrierenoption, 276
Barwert
  Zahlung, 9
  Zahlungsstrom, 10
Basis, 105
Basis Point Value, 58
Basis Points. *Siehe* Basispunkt
Basispreis, 183
Basispunkt, 29
Basisrisiko, 75
Basisswap, 141, 163
Basis-Trade, 105
Basiswährungsswap, 172
Basiswert, 11, 67, 183
Basiszinssatz, 242, 245
Bermudan Swaption, 247
Bewertung,risikoneutral, 15
Bezugsverhältnis, 183
bid price, 71
Binomialmodell, 210
Black-Modell, 255, 258
Black-Preis
  Anleiheoption, 256
  Caplet, 259
  Floorlet, 259
  Swaption, 262
Black-Scholes-Gleichung, 234
Black-Scholes-Modell, 225
Black-Scholes-Preis, 226
Bootstrapping, 42
Box Trade, 209
Break-Even-Kurs, 185
Brownsche Bewegung, 226
Butterfly, 274
Calendar Spread, 203
Call Long, 184
Call Short, 184
Call Spread, 203, 204
Call-Option, 183
Cap, 242
Cap Rate, 242
Caplet, 242
Cash Settlement, 72, 184, 245, 246
Central Counterparty, 71, 96
Clean Price, 26
Clearing-Stelle, 79
Cliquet, 207
CMS Spread Ladder Swap, 166
Collar, 244
Constant Maturity Spread Option, 247
Constant Maturity Swap, 166
Cost of Carry, 105, 108, 117, 118
Covered Put, 202
Covered Warrant, 201
Credit Forward, 103
Credit Future, 103

DOI: 10.1007/978-3-8349-4304-0, © Springer Fachmedien Wiesbaden 2014

Cross Currency Swap. *Siehe* Währungsswap
Cross-Margining-Verfahren, 95
Day Count Convention. *Siehe* Zinsrechnungskonvention
Delta, 80
Deport, 130
Derivat, 66
asymmetrisch, 69
börsengehandelt, 69, 71
OTC, 69, 70
symmetrisch, 68
Devisenforward, Delta, 136
Devisenkassakurs, 130
Devisenmarkt, 129
Devisenswap, 169
Devisenterminkurs, 130, 132
Diagonal Spread, 203
Digital Settlement, 72
Direct-Clearing-Mitglied, 84
Dirty Price, 26
Diskontfaktor, 3, 18
Diskontfaktorkurve, 18
Diskontpapier. *Siehe* Zero Bond
Dividendenrendite, 112
Down-In-Call, 276
Down-In-Put, 276
Down-Out-Call, 276
Down-Out-Put, 276
Duplikationsstrategie, 11
Equity Basisswap, 140, 149
Equity Leg, 144
Equity Payer, 144
Equity Receiver, 144
Equity Swap, 140
Equity Swap, Delta, 150
Erfüllungszeitpunkt, 103
EUREX, 82
Mitglied, 84
EURIBOR, 28
Europäische Option, 183
Exotische Option, 183
Finanzierungsertrag, 105
Finanzierungskosten, 104
Finanzmarkt, vollkommener und vollständiger, 8
Fixed Leg, 144, 153
flat, 29, 155
Floater. *Siehe* Floating Rate Note
Floating Leg, 153
Floating Rate Note, 28
Floor, 242
Floor Rate, 242
Floorlet, 243
Forward, 68, 102
Forward Forward, 103
Forward Rate, 21, 130
Forward Rate Agreement, 103, 123
Forward Starting Option, 207
Forward Swap, 164
Forward Swap Rate, 164
Forward-Diskontfaktor, 21
Forward-Kurve, 35
Forward-Preis, 102
Forward-Zinssatz, 21
FRA-Satz, 123
Fremdwährungsempfänger, 173
Fremdwährungszahler, 173
Front Office, 78
Future, 68, 103
Rollen, 87
Futures-Spread-Margin, 95
Futures-Style-Verfahren, 242
FX Forward. *Siehe* Währungsforward
FX Future. *Siehe* Währungsfuture
FX Market. *Siehe* Devisenmarkt
FX Rate. *Siehe* Wechselkurs
FX-Payer. *Siehe* Fremdwährungszahler
FX-Receiver. *Siehe* Fremdwährungsempfänger
FX-Risiko. *Siehe* Wechselkursrisiko
FX-Swap. *Siehe* Devisenswap
Garman-Kohlhagen-Modell, 279

Geldmarktforward, 103
Geldmarktfuture, 103
General-Clearing-Mitglied, 84
Gesetz des einen Preises, 8
Greeks, Griechen. *Siehe* Optionssensitivitäten
Hebel, 194
Hedging, 72
im Geld, 187
implizite Option, 241
implizite Volatilität, 231, 236, 265, 283
in the money. *Siehe* im Geld
Interpolationsverfahren
  global, 44
  lokal, 46
Kalibrierung, 195
Kapitalmarktforward, 103
Kapitalmarktfuture, 103
Kassazinssatz, 19
Key Rate Duration, 57
Knock-In-Option, 276
Knock-Out-Option, 276
Kontrahentenrisiko, 75
Kreditrisikospread, 24
Kuponanleihe, 25
Kuponswap, 141, 152
Law of One Price. *Siehe* Gesetz des einen Preises
Leerverkauf, 107
Liability Swap, 142
LIBOR, 29
Limitorder, 86
Liquiditätsrisiko, 76, 79
long, 11
Lookbackoption, 207
Margin Account, 71
MaRisk, 79
Mark to Market, 71, 94
Market Maker, 68, 84
Marktänderungsrisiko, 76
Marktorder, 86
Mengennotierung, 129
Middle Office, 78
Modified Duration, 61
Moneyness, 187
Multi Asset-Derivat, 207
Multiple Settlement, 72
Naked Warrant, 201
Nominalbetrag, Nominal, 3
Non-Clearing-Mitglied, 84
Nullkuponanleihe. *Siehe* Zero Bond
Nullkuponzins, 4
Opening-Periode, 87
Option, 69, 182
  Aufgeld, 189
  Delta, 192
  Gamma, 192
  Hebel, 189
  implizite, 183
  Inhaber, 183
  innerer Wert, 188
  Omega, 194
  Theta, 193
  Vega, 192
  Zeitwert, 188
Optionskombination, 203
Optionsschein, 183, 201
Optionssensitivitäten, 193, 233, 282
Optionsstrategie, 203
Optionsverhältnis, 183
Orderbuch, 88
Organisationsrisiko, 75
out of the money. *Siehe* aus dem Geld
Outright-Quotierung, 130
Payer, 153
Payer Swap, 153
Payer Swaption, 245
Permanent Market Making, 85
Physical Settlement, 72, 184, 245
Plain Vanilla Bond. *Siehe* Kuponanleihe
Plain Vanilla Option. *Siehe* Standardoption
Plain Vanilla Swap. *Siehe* Kuponswap

Post-Trading-Phase, 88
Preisnotierung, 130
Premium Margin, 95
Pre-Trading-Phase, 87
Put Long, 185
Put Short, 185
Put Spread, 203
Put-Call-Parität, 191
  Aktienoption, 208
  Anleiheoption, 249
  Cap und Floor, 252
  Future-Style-Optionen, 250
  Swaption, 255
Put-Option, 183
Quoted Margin, 29
Rating, 24
Receiver, 153
Receiver Swap, 153
Receiver Swaption, 245
Referenzzinssatz
  Forward-Kurve, 35
Regular Market Making, 85
Rendite bis Fälligkeit. *Siehe* Yield to Maturity
Repo Rate, 114
Report, 130
Risikomanagement, 78
Risk Reversal, 273
Roll Over Date, 153
short, 11
Short Sale, 107
Single Settlement, 72
Smile-Effekt, 236
Spot Rate, 4, 130
Spot-Forward-Swap. *Siehe* Devisenswap
Spread, 29, 153
Standardoption, 183
Sticky Delta, 285
Sticky Strike, 285
Stillhalter, 183
Stop Order, 86
Straddle, 205
Strangle, 206
Strike. *Siehe* Basiswert/-zins
Stückzinsen, 26
Swap, 68, 140
Swap Rate. *Siehe* Swap-Satz
Swap Settlement, 245
Swap-Fenster, 172
Swap-Quotierung, 130
Swap-Satz, 130, 153, 154
Swaption, 244
Swaption-Volatilitäten, 265
Swap-Volumen, 153
Target Redemption Note, 248
Termingeschäft
  bedingt, 69
  unbedingt, 68
Terminzinssatz. *Siehe* Forward-Zinssatz
Tertiärmarkt, 67
Theta, 80
Trading, 73
Trading-Fast Market, 88
Trading-Halt, 88
Trading-Phase, 88
Transaktionsrisiko, 75
Triggeroption, 276
Underlying. *Siehe Basiswert*
Upfront Payment. *Siehe* Ausgleichszahlung
Up-In-Call, 276
Up-In-Put, 276
Up-Out-Call, 276
Up-Out-Put, 276
Variation Margin, 95
Vega, 80
Volatilität, 80, 190
Volatilitätssmile, 285
Volatility Interrupt, 88
Wahrscheinlichkeit, risikoneutral, 14
Währungsforward, 103
Währungsfuture, 103
Währungsswap, 141, 171
  Delta, 176

  rein, 171
Wechselkurs, 129
Wechselkursrisiko, 130
Writer, 183
Yield to Maturity, 3, 26
Zentrale Gegenpartei. *Siehe Central Counterparty*
Zero Bond, 3
  exponentielle Rendite, 4
  lineare Rendite, 4
  stetige Rendite, 5
Zero Cost Collar, 244
Zero-Zinssatz, 19
Zinsänderungsrisiko, 53, 77
Zinsforward, 103
Zinsfuture, 103
Zinsoptionen, 240
Zinsrechnungskonvention, 6
Zinsstrukturkurve, 19
  flach, 19
  invers, 19
  normal, 19
Zinsswap, 141
Zinswährungsswap, 171

MIX
Papier aus verantwortungsvollen Quellen
Paper from responsible sources
FSC® C105338

Printed by Books on Demand, Germany